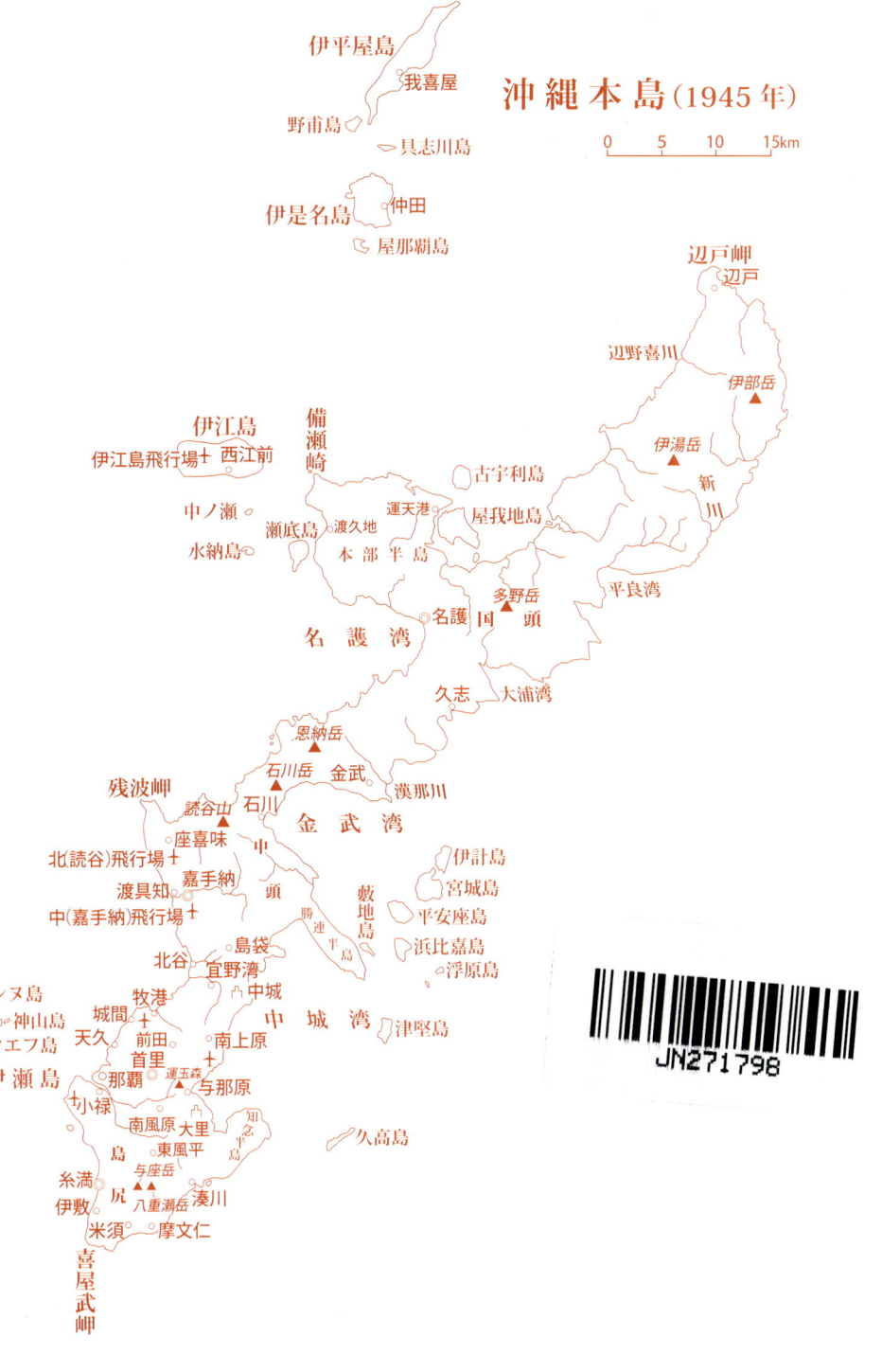

法廷で裁かれる沖縄戦
訴状編
初めて問う日本軍の国家賠償責任

沖縄戦被害・国家賠償訴訟弁護団長
弁護士 瑞慶山 茂 編著

〈特別寄稿〉西埜 章（行政法学者）
蟻塚 亮二（精神科医）

高文研

◎──もくじ

◆はじめに
1　戦死者の弔いと恒久平和のために　5
2　沖縄戦被害者、初めての国家賠償訴訟　7
3　戦争被害は最大の基本的人権の侵害　8
4　国家賠償訴訟提起の歴史的意義　10
5　私がこの訴訟にかかわることになった経緯　11
6　本書の執筆・編集・出版について　18

解説 「沖縄戦」被害・国家賠償訴訟の概要　20
❋原告79名の氏名
❋請求の内容
❋「沖縄戦」に至る歴史的事実経過
❋日米英軍の加害行為の類型
❋原告らの被害の立証
❋法的主張の概略
❋被告国の反論の概要
❋被告国の反論に対する原告の反論の概要
❋国体護持(天皇制護持)
❋沖縄10・10大空襲
❋「沖縄戦」被害の顕著な特徴と多岐にわたる被害類型
❋原告らの受けた多岐にわたる被害類型（法的主張と請求の根拠）
❋原告らが罹患した外傷性精神障害の症状の種類
❋被告国の公式文書でも認めた日本軍の残虐非道行為の数々
❋地上戦中心の沖縄戦被害と本土の各空襲被害との相違点
❋憲法で定める法の下の平等原則違反
❋軍隊・軍人の国民保護義務違反
❋日本軍の国内法上の「戦争犯罪行為」
❋アメリカ軍の国際法上の戦争犯罪

| 訴状 | 「沖縄戦」被害・謝罪及び損害賠償請求事件　35

　　詳細もくじ　36~45
■訴訟の目的・謝罪と償いと平和を求めて　46
■本件訴訟の法的構成（要約）　48
■請求の趣旨　49
■請求の原因
　第１章　原告らの本件被害と請求額　50
　第２章　「沖縄戦」に至る歴史的事実経過　83
　第３章　「沖縄戦」民間人被害の特徴・実態と全容　141
　第４章　「沖縄戦」被害の特徴と多岐な被害類型　163
　第５章　米軍の軍事行動における国際法違反　168
　第６章　沖縄戦被害者への援護行政・救済運動の経過及び現況　226
　第７章　被告国の法的責任(その１)―国民保護義務違反による不法行為責任　294
　第８章　被告国の法的責任(その２)―公法上の危険責任　323
　第９章　被告国の法的責任(その３)―立法の不作為責任　334
　第10章　沖縄戦被害に「戦争被害受忍論」は通用するのか　413
　終　章　「平和の礎」に込められた沖縄県民の優しさと憂い　416
■結び　真実の究明を―沖縄戦の死者を歴史の闇に葬ってはならない　418

　・謝罪文　419
　・原告名簿　420
　・弁護団（原告代理人）名簿　423
　・原告各人の被害内容一覧　424
　・被害類型原告一覧表　428

◆特別寄稿①　沖縄戦被害と国家賠償責任　　　　西埜　章
　Ⅰ　沖縄戦被害の諸相　431
　Ⅱ　被告国の国家責任否定の論拠　433
　Ⅲ　沖縄戦被害と国家責任　435
　Ⅳ　公法上の危険責任論　442

◆特別寄稿② 沖縄戦のトラウマ(心の傷)と精神被害　　蟻塚　亮二
1　はじめに　445
2　PTSDなどの発症を高めた要因　446
3　沖縄戦を体験された方たちの診察から　450
4　トラウマを受けて否定的認知―『まちかんてぃ！』から　458
5　高齢者に対して戦争記憶が与える影響　463
6　終わりに　464

【資料編】
・訴訟経過一覧表　468
・口頭弁論期日一覧表　468
・提出証拠等一覧　471
・本書関連の用語解説　503
・用語解説のための主な参考引用文献　550

写真提供＝沖縄国際平和研究所

大田昌秀：編著『決定版写真記録・沖縄戦』(高文研)より

装丁＝商業デザインセンター・増田絵里

人びとが逃げまどう南部戦場の上空に米軍の照明弾が打ち上げられ、地上は真昼のような明るさとなった。

❖ はじめに

1 戦死者の弔いと恒久平和のために

※歴史上未曾有の沖縄戦被害とアイデンティティー

　先の日米の太平洋戦争（1941年12月8日～1945年8月15日）の末期における「沖縄戦」では、日米の苛烈で凄惨な戦闘行為が行われ、無辜の沖縄一般住民約15万人が戦死した。その戦死者は、当時の沖縄県の人口約60万人の4分の1の数である。沖縄戦の主な戦闘行為は、1944年8月22日の学童疎開船対馬丸のアメリカ海軍の潜水艦による撃沈攻撃に始まり、1944年10月10日の沖縄（那覇）大空襲が行われ、1945年3月26日に慶良間諸島に対する上陸作戦、4月1日には沖縄本島への本格的な上陸作戦が実行された。その後日本軍は南部地域に追撃され、住民を巻き込んで激しい戦闘が行われて壊滅状態となり、6月23日に日本軍の組織的戦闘が終了し、9月7日に日米の沖縄現地軍司令官による降伏文書の調印が行われ、沖縄戦は終了した。しかし、その後も約3カ月間は散発的な戦闘が行われた。

　沖縄戦では、日米軍の住民居住地を主戦場とする地上戦を中心に、海・空からの攻撃が加えられた、総合的で苛烈な戦闘行為が実行された。約15万人の死亡者と、それを超える数え切れない数の重傷者を出し、一木一草まで焼き尽くされ、地形は変形し、社会的生存基盤が根底から破壊し尽くされた。
　追い打ちをかけるように、住民を守るべき立場にある日本軍の住民虐殺や「集団自決」など、残虐非道行為によるまさかの被害も加わった。まさに地獄と屍の島となった。「島ぐるみ」の被害である。さらに現在においても、沖縄戦の戦場体験に起因する心的外傷後ストレス障害（PTSD）を含む外傷性精神障害者が多発し、それが世代間を越えて承継され、深刻な社会問題となっている。
　まさに「終わりなき沖縄戦」である。沖縄は有史以来、未曾有の人的・物的・精神的な被害を被っているのである。しかしながら、日本政府は未だにこのような沖縄戦被害について、国家としての謝罪も償いもせずに放置している。そのう

え、日本政府は沖縄県以外の46都道府県については戦争被害調査をしたが、沖縄県についてのみ被害の実態調査さえもしないでいる。それらの事実は、日本国家の沖縄に対する根深い「不平等扱い」「差別政策」といえる。

　沖縄にとって、歴史的な大事件であった1609年の薩摩による武力侵略や、1879年の武力による琉球処分（「琉球王国」を廃止し、沖縄県とする処置）などの場合の死者・負傷者は、わずかであると言われている。
　戦後の米軍支配下における事件による死者・負傷者も許すことのできないことではあるが、沖縄戦による人的被害・物的被害の深刻さは、桁違いである。
　まず、私たちは沖縄戦被害についてのこのような認識を明確にすべきである。私は「沖縄戦被害」の特質が、「沖縄の人々の独自性・自立性・主体性」、すなわち「アイデンティティー」の基本の一つをなすに至ったものと考える。
　「沖縄のアイデンティティー」とは、沖縄の人々の来歴・自然・風土・文化・社会的な事件などを通じて、総体として歴史的に形成された「沖縄の人々の独自性・自立性・主体性」のことである。歴史上未曾有の惨禍を受け、沖縄戦はそれらの諸要素の中でも特筆すべきものである。
　この「島ぐるみ」で受けた沖縄戦の被害体験が、その後の沖縄と沖縄の人々の行動・思想などの基本となる。恒久平和的思考は、この教訓から導き出される。恒久平和こそが沖縄のアイデンティティー（沖縄の沖縄たるゆえん）である。

＊憲法が定める不戦の誓いと恒久平和の実現

　日本国憲法は、アジア太平洋戦争の深い反省のうえに1946年11月3日に公布された。憲法前文は不戦を誓い、恒久平和の実現と平和的生存権の保障について、次のように定める。
　「政府の行為によって再び戦争の惨禍が起ることのないようにすることを決意し、ここに主権が国民に存することを宣言し、この憲法を確定する」
　「日本国民は、恒久の平和を念願し、人間相互の関係を支配する崇高な理想を深く自覚するのであつて、平和を愛する諸国民の公正と信義に信頼して、われらの安全と生存を保持しようと決意した。われらは、平和を維持し、専制と隷従、圧迫と偏狭を地上から永遠に除去しようと努めている国際社会において、名誉あ

◆はじめに

る地位を占めたいと思う。われらは、全世界の国民が、ひとしく恐怖と欠乏から免かれ、平和のうちに生存する権利を有することを確認する」

このような憲法の定めからすると、沖縄の恒久平和的思考は「沖縄アイデンティティー」として普遍的原理であることが理解できる。

この国家賠償訴訟は、戦死者を弔い、恒久平和を実現する目的で提訴されたものである。

2 沖縄戦被害者、初めての国家賠償訴訟

❋沖縄戦を遂行した国を被告に

沖縄戦民間被災者40名が長い沈黙を破って、沖縄戦終結67年目の2012(平成24)年8月15日、那覇地方裁判所に国を被告にして、沖縄戦被害について謝罪及び一律1100万円の損害賠償請求の訴訟(国家賠償訴訟)を提起した。未補償のまま放置された沖縄戦の一般民間戦争被害者が、沖縄戦を遂行した国を被告として正面から国家賠償訴訟を起こしたのは、初めてのことであった。沖縄戦被害について、日本の国家責任を問う国家賠償訴訟は、久しく沖縄県民が待望していたことであった。

❋命どぅ宝・人生最後の闘い

原告ら沖縄戦の生存被害者は、訴訟提起時の平均年齢が80歳を超え、最高年齢が94歳で、残された人生にはあまり時間がない。沖縄には昔から「命どぅ宝」という至言がある。人の命は何よりも尊いもの、至宝であるという意味である。

原告らは戦死した肉親の霊を弔い、自らの悲惨な戦争被害にけじめをつける人生最後の深い思いを込め、国の責任を問うためこの裁判を提起した。

先の大戦の外国人被害者である「従軍慰安婦」訴訟・強制連行訴訟は、数十件も提起された。日本国内における日本国民の被害者が、アメリカ軍の空襲被害を理由に国相手に国家賠償訴訟を提起した例は、東京大空襲訴訟と大阪空襲訴訟があるが、いずれも戦争被害受忍論などを理由に却下された。

この沖縄戦国賠訴訟は、空襲被害のみでなく、主に地上戦闘行為に起因する被害を根拠に賠償請求している点において、「地上戦訴訟」であり、「空襲訴訟」と

は明らかに違いがある。被告国（日本軍）の加害行為を対象とする沖縄戦訴訟は、アメリカ軍の加害行為（空襲）を対象とする空襲訴訟とは明らかな違いがある。その点が判決の結論に違いが出てくる可能性があると注目されている。

※第二次世界大戦最後の凄惨な闘い

　2015年で先の大戦が終結して70年が経過した。1945年（昭和20年）6月23日に日米の組織的戦闘行為が事実上終結したとされている沖縄戦は、日米によるアジア太平洋戦争の最大の闘いであり、当時のイギリスのチャーチル首相をして、第二次世界大戦の最後の戦闘行為であったと言わしめた、凄惨な戦争であった。

　アジア太平洋戦争での死者数は、日本を含めたアジア全体で2000万人を超えるといわれている。第二次世界大戦でのヨーロッパ、ソ連等の死者数は、3000万人を越えると言われている。戦死者の世界合計は、5000万人超と推定されている。

　アジア太平洋戦争の日本国民の戦死者は310万人と推定され、うち軍人・軍属（準軍属）230万人、空襲被害者、沖縄地上戦被害者など一般民間戦争被害者が80万人とされている。

　軍人・軍属には恩給法や「戦傷病者戦没者遺族等援護法」（以下「援護法」）により手厚い恩給支給、「援護」がなされてきたが、80万人の民間戦争被害者のほとんどが、何らの補償もなされず放置されてきた。また財産損害は、援護法の適用除外となっている。

3　戦争被害は最大の基本的人権の侵害

※人間の生命・身体・精神は基本的人権

　戦争被害は、生命・身体・精神等に対する侵害であり、戦争被害は最大の基本的人権の侵害・蹂躙であるので、国家は人権の回復措置をとる義務がある。戦争被害のうち、生命・身体・精神に対する侵害は、最大の基本的人権侵害であることに留意しなければならない。

　基本的人権は、人間が人間として当然に（国法によって与えられるまでもなく）

◆はじめに

持っている基本的な権利である。これは1688年のイギリスの名誉革命に際して定めた権利宣言として、人間または国民の権利を宣言し保障する規定の一群のことであり、権利章典とも言われる。これは、18世紀末のアメリカ各州の憲法以来、諸国の成文憲法には原則として含まれている。

✺先の大戦の反省から生まれた世界人権宣言

1948年12月10日に国際連合で、世界人権宣言を採択された。これは第二次世界大戦で基本的人権の蹂躙が行われたこと、人権尊重と平和とが深い関係にあることに鑑み、基本的人権の尊重をその目的として宣言したのである。

第二次世界大戦の最後で最大の激戦となった日米軍の戦闘となった沖縄戦では、沖縄県民15万人が戦死し、多数の身体的精神的障害者を出した。これは日米軍による基本的人権の蹂躙が行われたからである。

このような第二次世界大戦の反省のうえに日本国憲法は、前文、第9条で戦争放棄を定め、13条では生命・自由及び幸福追求権が明記されたのである。

✺戦争の特別犠牲を強いられている沖縄戦一般被災者

本件訴訟の原告らの沖縄戦被害は、明治憲法下で行われた生命・身体・精神の侵害・蹂躙であるから、人権回復が行われなければならない。その被害が身体的精神的後遺障害等として継続しているのであるから、現行日本国憲法下でも基本的人権の侵害・蹂躙が続いていることになる。明治憲法下の被害であっても、現行日本国憲法下で人権侵害の回復としての謝罪と補償が行われなければならない。

先の戦争で、何らかの被害を受けた日本国民が多数いることは事実であるが、一般住民を直接戦闘行為に巻き込んだ、国内唯一の地上戦が行われた沖縄では、県民の被害はその量においても質においても他被害者に比して深刻であり、到底受容することのできない特別な犠牲を強いられている。従って沖縄戦被害については、戦争では皆被害を受けたのだから我慢すべきだという「戦争被害受忍論」は適用されるべきではない。

✺戦争を開始し遂行した国の賠償責任

アジア太平洋戦争を開始し実行した国には、戦争被害者に対する謝罪及び賠償

する法的責任がある（国家賠償責任）。

　国は軍人・軍属には54兆円を費やして手厚い「援護」をしている。一方、一般戦争被害者に対しては「戦争被害は等しく全国民が等しく受忍すべきである」として、「援護」してこなかった。戦争被害は「全国民が等しく受忍すべきである」ならば、どうして軍人・軍属には手厚い援護をし、一般民間戦争被害者に対してだけ受忍を強いるのだろうか。それ自体矛盾である。

　人の命に尊い命とそうでない命があるのであろうか。差別は不条理である。命は平等である。憲法の定める法の下の平等の原則により、軍人・軍属と同様に「等しく補償する」ことが、天下国家の道理である。

※ヨーロッパでは平等補償が常識

　ヨーロッパでは自国民・外国人を問わず、一般民間戦争被害者が軍人・軍属と平等に補償されている。軍民・内外人平等補償が国際常識である。

　日本では、軍人・軍属には54兆円にのぼる莫大な金額が支払われているのに、一般民間戦争被害者は補償されていない。日本のような軍人・軍属中心の補償は、極めていびつな補償体系と言われている。日本では、民間戦争被害者が補償を求めるとすれば、本件訴訟のように国賠訴訟を提起せざるを得ない特別な事情がある。

4　国家賠償訴訟提起の歴史的意義

※一体不可分の被害継承運動と被害回復運動

　沖縄戦被害については、沖縄県内において県レベル、市町村字等レベル、研究者や県民においても、戦争被害承継運動が行われている。そのことは当然のことであり、ますます力を入れて行うべきであると考える。

　しかし、それに比べて沖縄では日本国に対する戦争被害回復運動は極めて弱く、皆無に等しい。これまでに戦争を開始し、遂行した国の法的責任（国家責任）を問うための訴訟はなかった（本土においては、前述した東京大空襲訴訟と大阪空襲訴訟の2つがある）。

　被害を受けたならば、その被害回復運動や加害者に対する法的責任を追及し、

◆はじめに

法的責任を認めさせなければ、真の承継運動の目的を達したことにならない。被害継承運動だけでは一面的というほかはない。

後世の沖縄県民は、沖縄戦における被害を被ったことは判ったが、その国家責任を問う闘いがなかったとすれば、自分たちの先人たちは何をしていたのであろうかと疑問を持つことであろう。そこに被害承継運動と被害回復運動とは、一体不可分のことであることがわかる。

※沖縄戦被害の国家責任を問う

沖縄の長い歴史の中で、沖縄の人々は日本の国家政策の下で常に甚大な被害を被りながらも、それに対し有効な抵抗・反撃ができずに、ケジメをつけられない歴史を繰り返してきた。1609年の薩摩の武力侵略を受けた琉球は、「王国」のまま幕藩体制に組み込まれ、長く差別的政策のもとに呻吟した。

さらに1879年の明治政府の武力による廃琉置県（琉球処分）により、確定的に日本領土に組み込まれ、日本の侵略戦争のために沖縄戦の悲劇の道へ引きずり込まれた。沖縄戦終了後は、アメリカの直接軍事占領となり、新たな苦悩が始まった。

1972年の日本復帰後も、引き続き巨大な米軍基地に圧迫され続けて、軍事基地による危険がますます高まってきている。

このような歴史的経過の中で、この沖縄戦国家賠償訴訟提起は沖縄の歴史の中でも、80歳を超えた沖縄の民衆らが、日本国の国家政策に対する抵抗として国家責任を追及するために起こした、勇気ある歴史的行動であると言える。

5　私がこの訴訟にかかわることになった経緯

※南洋諸島・パラオで出生、戦禍に遭い奇跡の生還

私は1943（昭和18）年6月に南洋諸島・パラオのコロール島で生まれた。両親は、沖縄県から出稼ぎのためパラオに移住していた。アメリカ軍のパラオ空襲が昭和19年3月頃から激しくなったため、空襲を避けるため乗っていた避難船が沈没し、1歳の私は母に抱かれて数時間漂流したが救助され、奇跡ともいえる生還をした。母と5歳の兄は無事だったが、3歳の姉は水死。父は現地パラオ

の日本軍に徴用されたが無事であった。

　戦後、父母と兄の4人で沖縄県に引き揚げたところ、沖縄に残っていた父方の祖母は、アメリカ軍に狙撃され死亡していた。私が沖縄戦国賠訴訟と南洋戦国賠訴訟の各弁護団長になって国の法的責任を追及していることは、天命によるものではないかと思っている。

※ 弁護士として生きる

　私は大学生の時に沖縄の米軍基地撤去と祖国復帰運動に傾注し、アメリカ軍の人権侵害行為に心から怒り、その中で人権擁護のために弁護士の道を志した。アメリカの沖縄占領は、私の人生にとって反面教師となった。

　1969(昭和44)年4月に、司法修習生として最高裁判所の司法研修所に入所するために故郷・沖縄を離れて、千葉県松戸市に住むこととなった。1971年に弁護士登録して以来、主に東京、千葉で弁護活動をしてきた。

　1972年の沖縄返還に際しては、沖縄返還協定を総合的に批判した長論文「沖縄返還協定の研究─幻想の核ぬき本土なみ返還論」を書いた(後に株式会社汐文社から出版)。当時も、私は沖縄の過去と現在と将来について心を痛めていた。

　5年間東京弁護士会に所属した後、1975(昭和50)年12月に、住んでいた千葉県松戸市内で法律事務所を開設し、各種の弁護活動を行った。最も心を痛めていたことは、沖縄返還協定で指摘したように、故郷沖縄の米軍基地が祖国復帰後も強化され、アメリカ軍による沖縄県民に対する人権侵害行為が発生していることであった。

　同時に、再び極東において戦争が発生すれば、沖縄が先の大戦による被害よりもさらに大きな被害が発生し、文字どおり沖縄は人的にも社会的にも壊滅的被害を受けるであろうという危惧であった。

※ 沖縄戦の一般民間戦争被害者が放置されている事実

　沖縄のことを考える中で気になったことは、沖縄戦の一般民間戦争被害者の救済がなされているか否かということであった。

　2006(平成18)年5月頃、友人の中山武敏弁護士(東京大空襲訴訟弁護団長)から日本の一般戦争被害者の救済運動として、一夜に10万人がアメリカ軍の爆

◆はじめに

撃で死亡した東京大空襲の被害者が、国を被告として国家賠償訴訟を提起する動きがあるが、その弁護団に加わらないかとの誘いがあった。

私は好機とばかりその誘いに即座にOKの返事を出し、常任弁護団として訴訟の提起から加わることにした。東京大空襲訴訟の中で、空襲被害の事実の調査や戦争損害補償裁判の理論や判例などを調べていく中で、沖縄戦被害についても調査などを深めずにはいられなくなった。

調査を進めてみると、国内唯一の日米の地上戦により、当時の県民60万人のうちの4分の1の約15万人が戦死し、数え切れないほどの身体的後遺障害者、PTSDを含む精神的後遺障害や戦争孤児などが、未補償のまま放置されていることが明らかとなった。私は沖縄県内で国に対する法的責任追及が全く行われていないことや、救済運動が行われなくなっていた事実などを知ることになり、愕然とした。

※沖縄に法律事務所を開設、戦争被害の無料法律相談を開始

早速、私は沖縄戦被害救済問題に取り組むために、2009（平成21）年7月1日に那覇市内に弁護士法人瑞慶山総合法律事務所の沖縄事務所を開設し、常勤弁護士2人を配置した。私は松戸の事務所から、月2、3回程度沖縄事務所で仕事をするかたわら、千葉事務所と沖縄事務所間のテレビ会議システムを導入し、松戸の事務所でも常時対処できる態勢をとった。

当初は沖縄戦被害の調査や、戦後における沖縄戦被害救済運動の歴史や問題点を調べた。沖縄戦に関しては、被害の承継運動はかなりなされていた。一方、被害や救済運動については援護法の戦闘参加者拡大適用運動が中心で、行政に対する要請運動であったが、その運動は壁にぶち当たり、打開策も講ずることなく40年以上も途絶えていた。

この援護法の拡大適用による救済運動は、政府・行政当局に対する国家賠償の法的権利主張ではなく、要請行動として行われていたのである。戦闘参加者認定手続上、戦争で被害（死亡・負傷）を被ったときの状況を証明するために、3人の現認証明書等が必要条件になるなど不可能と思われる条件が付されていたため、この行政当局に対する拡大適用運動は限界に達しており、私は「行政的方法」

では打開はできないと判断した。

　そこで私は沖縄戦の一般民間人被害者を救済するためには、軍人・軍属救済中心の従前の援護法を基本とするのではなく、一般民間被害者を救済する目的の「新援護法」の制定運動（立法的解決）と、国を被告として謝罪と損害賠償請求の国家賠償訴訟を提起する道（司法的解決）を実行することを決めた。この立法的解決と司法的解決は、車の車輪として位置づけた。

　私はこの２つの解決方法について、2010年7月15日に沖縄タイムス・黒島美奈子記者に話したところ、同月18日の沖縄タイム紙面一面トップ、社会面トップで大きく取り上げられ、詳しく紹介された。
　すると、翌日から新聞を見た戦争被害者から法律相談の申し込みがひっきりなしにあり、きめ細かく相談にのった。２カ月位で相談者は60人を超えた。相談者は70歳代、80歳代、90歳代が多かった。
　相談者からは、「どうして先生はもっと早く相談にのってくれなかったのか。10年前であれば生存者もたくさんいた」「遅すぎる」との強い期待と「批判」が寄せられて、身が引き締まる思いがした。
　相談者一人ひとりの体験に違いがあるが、いずれも生々しい戦場体験の事実のため、私は砲弾が飛び交う戦場で法律相談を行っているかのような気持ちにとらわれ、一つひとつの相談にのめり込んだ。私の気持ちは、戦争被害者である相談者と一体になった。
　それまで沖縄では、戦争被害救済のための法律相談などは行われたことがなかったようだった。沖縄の戦争被害者が、戦争被害についての救済を心から待望していたことが明らかとなった。こうして私は被害者救済のために、新援護法立法運動と国家賠訴訟提起を決意したのである。

※沖縄・民間戦争被害の会の結成（2010〈平成22〉年10月9日）
　私は一般民間戦争被害者を結集し、戦争被害回復運動と国家（日本）の法的責任を追及するための継続的な組織の結成が必要不可欠と考え、戦争被害の相談者を中心に呼びかけて、2010年10月9日に「沖縄10・10大空襲・砲弾等被害者の会」（沖縄・民間戦争被害者の会）を結成した。２カ月足らずの結成準備であっ

たが、40名の加入者で結成した。むろん会の活動の大目標は、新立法運動と国家賠償訴訟の提起であった。

当初は10・10空襲の被害者の救済から議論したが、新立法運動は一般民間戦争被害者を救済するための立法運動へと発展した。現行の援護法が軍人・軍属中心の救援法であり、日本軍に協力した一般戦災者の一部は「戦闘参加者」として救済されるが、大半は無補償のまま放置されてきたので、一般民間戦争被害者を直接の救援対象とする運動である。

その運動はすでに2010年8月に結成された全国空襲被害者等連絡協議会（全国空襲連）が、空襲被害者救済として打ち出していた方針であり、沖縄10・10大空襲・砲弾等被害の会も直ちに全国空襲連に加盟した。空襲被害者のみの救済ではなく、沖縄の地上戦被害者を救済する方向へと救済対象を拡大した。2011年、会の名称を「沖縄・民間戦争被害者の会」とした。現在、沖縄・民間戦争被害者の会（会長・野里千恵子）は、約200名の会員がいる。私は会の結成以来、顧問弁護団長に就任している。

次の目標の国家賠償訴訟は、国を被告として謝罪と損害賠償請求により、国の法的責任（国家責任、国家賠償責任）を追求するということである。

従前の援護法の拡大適用運動は、行政に対する運動であった。軍人・軍属中心の援護法を、一般民間被害者救済として拡大適用運動はそもそも限界があった。そこで被害者の会の方針は、沖縄県内にあった従前の発想を大転換して、行政的解決ではなく、立法と司法による解決の方向に舵を切った新方針を打ち出した。

※訴え提起の準備と原告団の結成

私は、沖縄・民間戦争被害者の会の結成後の直ちに2010年11月から、原告団の結成と弁護団の結成のために力を注いだ。

そして引き続き、沖縄戦関係の文献・資料等の収集と精読に努めた。

私は、戦争被害者の会の会員に国家賠償訴訟への参加を呼びかけるとともに、無料法律相談を常時開催し、相談の中で国家賠償訴訟の提起の意義を詳しく分かりやすく説明し、訴訟への参加希望者を増やしていった。

相談者は70歳位から94歳の高齢で、しかも沖縄戦による身体障害者も多かっ

た。精神障害、耳が聞こえない、目が見えない、字が書けないなど、異常な状態であった。ほとんどの人が生活保護を受けているなど、収入も少なく貧しい生活を送っていたのである。

　これらのことは正式に事実関係を把握し、聞き取って文書化することに困難をきたした点もあった。とにかく相談被害者にとっても苦労の連続であったと思う。

　しかし被害者は戦死した肉心の霊を弔い、仇を討つ思いでこの訴訟に参加したいと述べた人も多数いた。このままだと死んでも死にきれない、この世に生まれた証を残したい、この裁判で国に勝って、その良い結果をもって沖縄戦で死んだ肉親の眠るあの世に行きたいなど、さまざまであった。

　2012年5月に原告団を結成した（団長・野里千恵子）。

　訴訟費用として60000円の印紙代などを納めることのできないため、訴訟参加を辞退した人が数十名もいた。国を被告とするこの種類の訴訟の場合には、訴訟費用の立て替えは認められていないのである。弁護士費用は勝った場合のみ一定程度を払う出世払いで、着手金なし、交通費等の実費もなし、で受任した。

　私が直接相談を受けた戦争被害者は300名を超えた。現在も相談申込者が絶えない。

❋ 弁護団の結成—41名の弁護士が訴訟代理人に

　私は、沖縄戦訴訟は集団訴訟となるので、それにふさわしい弁護団を結成するために努力した。2011年の沖縄弁護士会会員（220名）に対して、弁護団結成の学習会の案内を沖縄弁護士会の全弁護士に、2回送付した。

　学習会を重ねるなどして沖縄戦国賠訴訟の意義の理解者が増え、主に沖縄県内の弁護士に訴訟代理人就任を依頼した。沖縄弁護士会の弁護士を中心に41名の弁護士が訴訟代理人になることを快諾してくれた。弁護団長は私、副団長には加藤裕弁護士（元沖縄弁護士会会長）が就任し、この弁護団が法廷闘争の中心を担うこととなった。

❋ 訴状作成と訴えの提起

　訴状作成にあたって何度も弁護団で議論したのは、沖縄戦被害の実態にあった

◆はじめに

　法的主張と事実的主張を考えることであった。沖縄戦被害が、地上戦闘行為を中心とする、海・空攻撃の総合的な戦闘であるので、その加害行為と被害実態に合った国家賠償法上の法的主張を確定する必要があった。
　私は、まず国賠法の権威である行政法学者の西埜章明治大学法科大学院教授を大学の研究室に訪ねて、協力をお願いした。西埜先生は、私の申し入れを快諾してくれた。
　私と西埜先生は議論を重ね、西埜先生と法的主張として、①民法上の不法行為責任、②公法上の危険責任論、③立法不作為の違法、と主張にすることで一致をみた。
　それをもとに弁護団で討議を重ね、訴状を作成した。後に述べるとおり、東京大空襲訴訟や大阪空襲訴訟の法的主張とは、立法不作為の違法の主張は同じであるが、不法行為論と公法上の危険責任論は異なる柱である。その点が沖縄戦国賠訴訟の特徴となっている。
　私は訴状作成のために、沖縄戦に関する文献・研究書・資料など約300冊（点）に目を通し、国家賠償法学関連の本（約50冊）や戦争損害賠償訴訟の判例（約100例）などを読み、分析し、それらをもとに訴状を作成した。

　2012年8月15日の戦争終結日には、第一陣として40名が原告となり、謝罪と1100万円の損害賠償（慰謝料）請求の国家賠償訴訟を提起した。平均年齢80歳、最高年齢94歳であった。
　訴状は長文の462頁であった。こうして沖縄戦被害について、初の謝罪と損害賠償請求の国家賠償訴訟を提起した。沖縄の民衆が、人間性の回復を求めて国との闘いの第一歩を踏み出したのである。
　その後、この訴訟は第6次提訴まで行われ、本土や米国在住の沖縄戦被害者も原告に加わり、原告は79名になった。法廷が17回も開かれ、3年余の審理を経て、2015年9月30日に最終弁論を行い結審し、判決言渡日時は2016年3月16日午後2時と指定された。

　南洋群島・フィリピン群島は戦前「沖縄県南洋群島」と呼ばれ、沖縄県民が約8万人も住んでいた。「南洋戦」による沖縄県人の一般民間戦争被害者（死者）は約3万人と推定されている。

2013（平成25）年8月15日には、その未補償の被害者が、沖縄戦訴訟と同様に国を被告として謝罪と補償を求める国家賠償訴訟を提起し、現在審理が続いている（2016年2月現在の原告数45名）。

　ちなみに、私がこの沖縄戦被害・国賠訴訟等のために、千葉から沖縄へ「出張」した回数は150回（300日）にのぼった。これからも沖縄行きはさらに続くことになる。

　なお、付言するに一般民間戦争被害者を救済するための新立法運動は、現在国会内においては、超党派の国会議員連盟が発足し、立法運動も広がりを見せている。私はこの立法運動にも加わり、院内集会などで沖縄の立場から積極的に活動に参加している。

6　本書の執筆・編集・出版について

✳本書刊行の目的

　本書刊行の動機・目的は、国に対して沖縄戦の被害者に対する謝罪と償いを求め、沖縄戦の死者をはじめ、先の大戦の死者の魂を弔うとともに、沖縄をはじめ日本・アジア・世界の恒久平和の実現に多少なりとも寄与することにある。

　そして沖縄戦被害者が、国に対して戦争被害の国家責任を問う法廷闘争を行ったことを記録として、後世に伝えることにある。

　本書は弁護団の協力を得て、主に私がまとめて執筆した。編集に協力いただいた団体は、沖縄戦被害・国賠訴訟原告団、沖縄戦被害・国賠訴訟弁護団、沖縄・民間戦争被害者の会などである。そのうえ原告79名とそのご家族の方々に対しては、氏名掲載と各人の被害内容等を本書で取り上げることにご配慮とご協力をいただきました。この本は、原告団のご協力があったからこそ出版することができました。心よりお礼を申し上げます。

　また行政法学者の西埜章先生（現・新潟大学名誉教授、元・明治大学法科大学院教授）に「沖縄戦被害と国家責任」を、さらに精神科医の蟻塚亮二先生（福島県相馬市メンタルクリニックなごみ所長、元沖縄協同病院心療内科部長）に「沖縄戦のトラウマ（心の傷）と精神被害」を、ご寄稿いただきました。西埜章先生、

◆はじめに

蟻塚亮二先生には心から感謝いたします。

　最後に編集・出版に当たっては、株式会社高文研の山本邦彦氏に特段の配慮とご協力をいただき、出版することができましたことに感謝いたします。
　なお、原告全員が個別被害を総合的にまとめた『法廷で裁かれる沖縄戦〔被害編〕』を、近々刊行する予定です。

　私は、この「はじめに」を書き終えるに当たり、加害者被告国に対して次の詩を朗読して送り、筆を置く。

　戦争責任
　他から問われて感ずるものではない、自らに問うて意識すべき罪。
　忘れてあげようといってくれても、時効にしてはならないもの。
　信頼の源。

　2016年2月

瑞慶山　茂

「沖縄戦」被害・国家賠償訴訟の概要

　訴訟の中で原告らが明らかにした事実的主張と法的主張と被告国の反論等について解説する。原告らが提訴の時に提出した訴状が462頁、17回の口頭弁論で提出した準備書面14通、合計614頁、3年余りにわたる審理の結果まとめた最終準備書面は1073頁、いずれも長文である（総合計2149頁）。被害事実や法的主張などを立証するために、陳述書、文献、資料、診断書などを基本証拠として、合計1076点提出した。枝番の細部にわたる証拠は、さらに300点以上となる。膨大な証拠である（提出証拠等は末尾の「提出証拠等一覧表」参照）。
　本書の本論は、訴状を中心としてまとめた内容である。訴状等は長文かつ論点が多岐に渡っている。そこでまず、この全体の内容が判るように概要を解説する。

※原告79名の氏名
　原告79名の氏名については末尾の原告名簿一覧表に、弁護団の氏名（41名）については末尾の弁護団名簿一覧表にそれぞれ記載している。

※請求の内容
　原告ら79名は、被告国に対して沖縄戦被害を根拠とする謝罪（謝罪文の交付と官報への掲載）と慰謝料として一律1100万円（内100万円は弁護士費用・出世払い）の請求をしている。

※「沖縄戦」に至る歴史的事実経過──沖縄戦における日米英軍の加害行為の立証
　ここでは日米英軍、あるいは日本軍単独の残虐非道な加害行為の類型と実態について述べている。これらは被告国が発行した日本陸軍や海軍の戦史叢書や、アメリカ軍の発行した戦史など、その他の多数の直接根拠に基づいてまとめて主張・立証した。

※日米英軍の加害行為の類型

　原告らが主張・立証してきた日米英軍の加害行為類型としては、次のとおりまとめることができる。

　1　米英軍の日本軍との戦闘行為・軍事行動
　　①米英軍の爆撃機・艦載機による空襲
　　②米英艦船による艦砲射撃
　　③地上戦闘における米軍の砲・銃撃
　　④米軍の「馬乗り攻撃」（避難している洞窟・壕内出入り口や洞窟の天井部分に地上から削岩機で穴を開け、ガソリン・爆雷・ガス弾などでの攻撃）
　　⑤米軍の最高指揮官、バックナー中将の戦死に対する無差別報復攻撃
　　⑥米軍の潜水艦攻撃による船舶撃沈（沖縄－本土航路・台湾への貨客船や疎開船、南洋・比島などからの引揚船の撃沈）
　　⑦米軍の設置した戦場収容所内での事故・衰弱・負傷・栄養失調・病気など
　　⑧上記①ないし⑦の加害行為（戦闘行為）に起因する外傷性精神障害者

　2　日本軍による加害行為と被害類型（日本軍による直接加害行為と被害の態様）
　①スパイ視して殺害
　②食糧・家畜などの強奪
　③避難壕追い出し
　④軍民雑居の壕内で、乳幼児が泣き叫ぶのを殺害すると脅迫して親をして乳幼児を殺害・負傷
　⑤米軍の投降勧告ビラを拾って所持している者をスパイ・非国民視して殺害
　⑥米軍への投降行為を非国民視して投降行為者を殺害
　⑦米軍の民間人収容所に保護された住民を非国民視・スパイ視して襲撃して殺害
　⑧米軍に保護され、投降勧告要員にされた住民を非国民・スパイ視して殺害

　3　日本軍の軍命・軍の要請、政府の決定等
　①退去命令による死亡（退去先が食料の入手困難な地域で栄養失調・悪性マラリア発生地で罹患）

②「作戦地域内」からの立ち退き、立入禁止によって砲煙弾雨の中で被弾
③日本兵の自決の巻き添え
④砲撃の恐怖・肉親の死などによる精神的ショックで精神障害者になった者及び戦場をさまよい被弾
⑤日本軍の集団自決の強制
⑥砲煙弾雨の中での弾薬運搬・食料運搬・患者の輸送等の強制
⑦砲煙弾雨の中での水汲み・炊事・救護等雑役の強要行為
⑧砲煙弾雨の中での陣地構築の強要
⑨防衛招集以後に残存していた住民を義勇隊として強制的に編成し戦闘に参加させる等の行為
⑩避難住民を直接戦闘に参加することの強要行為
⑪立ち退き命令などによる肉親の遺棄(高齢者、障害者＝精神障害者・聾唖者、病人などの衰弱・被弾)
⑫軍の要請並びに閣議決定等に基づく疎開遂行途上の海上死没者
　ア　本土疎開途上の海上死没者・負傷者
　イ　台湾疎開途上の海上死没者・負傷者
　ウ　南方より疎開途上の海上死没者・負傷者
⑬以上の2-①ないし3-⑫の加害行為に起因する外傷性精神障害者

4　戦争の事後的影響による被害
①米英・日本軍の使用して残した不発弾・地雷等による現在に至るまでの事故
②沖縄戦に起因する外傷性精神障害者のうち、発症時期が戦後となっている者

❋原告らの被害の立証

　原告らの法的請求の根拠になる事実は、原告らの79名の身体的被害と精神的被害一覧表や、原告ら79名に対する日米軍の個別的加害行為と被害内容を詳細に述べている。ここでは日米軍の残虐非道行為による多種多様な加害行為の類型と、凄惨な被害事実について述べている。
　特に最終準備書面においては、沖縄戦に起因する一般住民の精神的被害(外傷性精神障害)の実態と原告37名に対する診断・鑑定についても詳しく述べている。

最終準備書面では、沖縄戦被害について3年余りの審理の証拠調べを中心に集約し、原告らの被害の深刻さ・残虐さなどについて詳述している。

✳法的主張の概略
被告国の法的責任（国家賠償責任・国家責任）を根拠づける法的主張は、次のとおりである。
（1）不法行為責任
「沖縄戦」時における国の被用者（公務員）である日本軍の軍事的公権力の行使としての米軍との戦闘行為等が、国権の発動それ自体としては適法だとしても、その行使の形態・態様等において、国及び軍隊の国民保護義務等に違反する不法行為に該当する残虐非道な事実があるとして、被害者の原告らが国に対して、明治憲法及び同憲法下で制定された不法行為規定の民法709条、710条、715条等の規定を根拠に、国の責任を問う主張である。

軍隊の国民保護義務違反は、不法行為責任の要件である故意・過失の内容である。
（2）公法上の危険責任
上記沖縄戦における旧日本軍の行った軍事的公権力の行使である戦闘行為等が、原告らやその親族の生命・身体に対し、特別な危険を創出（惹起）させた国の先行行為であり、その結果発生した損害につき故意・過失という行為の違法性を要件とせずに発生する危険責任であり、その回復のための責任は危険を創出した国が負うべきものであるとする、国に対する行政上の無過失責任の主張である。

法的根拠としては、①条理法としての正義公平の原則、②憲法13条（幸福追求権）、③憲法14条1項（法の下の平等の原則）を主張している。
（3）立法不作為責任
旧日本軍の軍事的公権力行使等の結果生じた原告らの損害につき、立法を担当する国会議員が、①憲法14条の法の下の平等原則、②憲法13条の特別犠牲を強いられない権利、③先行行為に基づく条理上の作為義務、④国際法違反の行為を行ったアメリカに対する外交保護権法規に基づく救済義務に基づき、その職務上遂行すべき立法義務に違反し、長期間に渡り、新しく救済法を制定せず、原告らの被害を救済せずに漫然と放置し続けたという不作為の違法を問うものであり、国の違法行為により重大な権利侵害を被った原告らが国家賠償法1条1項に

基づきその賠償を求めるものである。

　この主張は、2005年最高裁判所大法廷判決（在外日本人選挙権剥奪違法確認請求事件）が、立法不作為の違憲・違法要件として判断している――①人権侵害の重大性と継続性、②立法課題の明確性と立法義務の存在、③合理的期間を超える立法不作為――の3要件を具備していると主張している。

　行政法学者（国家賠償法）の西埜章先生（新潟大学名誉教授、旧・明治大学法科大学院教授）作成の法的意見書を5通と法学者の文献等を多数提出して、立証した。

　アメリカ軍の軍事行動における国際法違反には、次の3点を主張しているが、その主張は、前述の被告国の立法不作為責任の④の根拠の1つになるものである。
　第1　沖縄10・10大空襲の焼夷弾による無差別爆撃の国際法違反
　第2　潜水艦による学童疎開船対馬丸撃沈の国際法違反
　第3　艦砲による無差別絨毯砲撃（約1800万発）の国際法違反
　弁護団としては、これらの3点について、ハーグ陸戦法規違反、ハーグ海戦法規違反を主張し、日本政府やアメリカ軍発行の文書など直接証拠や文献を証拠として提出し、充分に証明した。

　特筆すべきことには、アメリカ軍が沖縄の狭い土地（中部、南部中心）に砲撃した艦砲弾の数は約1800万発であることが明らかとなった。『沖縄戦　第二次世界大戦最後の闘い』（編者・アメリカ陸軍戦史局―1947年7月1日刊行・訳者　喜納健勇・訳書発行日2011年3月27日）。日本軍の砲弾まで加えると合計で3000万発近い砲弾が使用されていることになる（推定）。アメリカ軍だけでも、日に24万発の艦砲弾等各種砲弾を、中南部を中心に撃ち込んだ計算となる。

※被告国の反論の概要―戦争損害受忍論・国家無答責論・除斥期間経過論

　国は原告主張の日本軍の軍事行動や戦争被害の事実に対して、特に「認否」（事実関係を認めるか、認めないか）の応答を全くせずに「上から目線」の訴訟態度に終始し、法的主張として、①戦争被害は国民が等しく我慢すべきであるとする

戦争被害受忍論、②明治憲法下では国の不法行為によって生じた損害については、国は責任を負わないことになっているとする国家無答責論、③不法行為の時から20年（除斥期間）が経過することによって、請求権が消滅し、責任を負わなくてすむという除斥期間経過論を主張している。

※被告国の反論に対する原告の反論の概要

これに対して、原告は戦争被害など事実関係について認否（応答）しないことは、歴史の真実に目を背ける「上から目線」の無責任な応訴態度であると批判し、法的各主張に対しては、前述した沖縄戦被害が日本軍の残虐非道行為によってもたらされたことを根拠にこれらの各主張は誤りであり、人道と正義の観念から沖縄戦被害には適用されないと詳しく反論している。

これらの反論の証拠として、前述の西埜章先生の法的意見書5通のほか、多数の文献等を提出した。

※国体護持（天皇制護持）―本土防衛のために「捨て石」にされた沖縄県民の命

沖縄戦はアジア太平洋戦争において、一般住民の住む地域で日本国内において唯一戦場となった戦争である。米英軍は、日本軍の拠点である沖縄を軍事占領し、沖縄全島を軍事基地化して南西諸島の制海権・制空権を確保して日本本土攻略の拠点を築こうとした。

これに対して、天皇直属の日本軍最高司令部である大本営は、沖縄で本土侵攻を可能な限り食い止めるための出血持久戦を実行した。即ち沖縄県民の命は、皇室を宗家とする国家・国体護持と本土防衛のための〝捨て石〟とされたのである。

※沖縄10・10大空襲―初の焼夷弾による無差別爆撃（国際法違反の一つ）

米軍は1944年10月10日に県都那覇市を中心に南西諸島に、国際法違反の日本で初めての焼夷弾による無差別空襲を実行し、甚大な人的物的被害を与えた。

連合軍は1945年4月1日、沖縄本島中部に上陸し、その中心部隊は米軍の55万人、艦艇1400隻以上であった。日米両軍は住民居住地域を主な戦場として、地・空・海の戦闘行為を繰り広げ、日本軍と住民は6月には沖縄本島南部まで追い詰められ、6月23日に牛島軍司令官などが自決し、組織的戦闘が終わった。

沖縄戦の過程で、日本軍は住民に対し残虐非道な行為を繰り返し、その結果、沖縄県民は人口の4分の1の約15万人が戦死し、数万人の重度の後遺障害者を出した。

※「沖縄戦」被害の顕著な特徴と多岐にわたる被害類型
（1）民間人の死者が軍人の死者を上回った世界戦史上、例のない異常な事実
　空襲・艦砲射撃・住民殺害・「集団自決」・銃撃戦等により、県民の4分の1の約15万人が死亡し、それを上回る数の重軽傷者を出した。沖縄の民間人の死者が日米両軍の死者を上回った。その事実は、世界戦史の中でも例のないことである。

（2）多数の戦争孤児の発生と、戦場体験による外傷性精神障害者の多発
　そのうえ戦争孤児等が多数発生など子供も甚大な被害を被り、戦場体験に起因する外傷性精神障害（PTSDなど）が現在まで継続するなど、依然として深刻な状態が続いている。沖縄戦は「未だに終わっていない」。

（3）日本軍が「集団自決」を強制し、住民殺害などを行い、加害者となった事実
　「県民を守るべき立場にあった日本軍」（家永教科書検定第三次訴訟の最高裁1997年8月29日判決）は、住民に対し「集団自決」を強制し、スパイ容疑や食料強奪などのため住民を虐殺し、壕から住民を追い出して死に追いやるなど、住民保護義務に反し、自らの身の安全のために住民に対する加害行為さえ実行した。

（4）県土全体が焦土と化し、社会的共同体と生存基盤が根本的に破壊された
　一木一草焼け尽くされ、県土は焦土と化し、住宅の9割を焼失、一家全滅も多数発生、戦死率5割以上の村も多く、「消滅」した村もあり、家畜も9割以上滅失、農業、漁業など産業に壊滅的な打撃を受けて、基本的な生活手段・生存基盤を失い、社会的共同体が根本から破壊された。

（5）戸籍や土地・建物謄本等の焼失により権利関係・身分関係が大混乱
　戸籍謄本や権利関係を証明する土地・建物謄本なども全県にわたって焼失して、社会的に大混乱をもたらし、権利関係や身分関係の確定に重大な支障をきたした。この混乱状態は未だに継続している。

（6）米軍の国際法違反行為
　米軍は国際法違反の無差別空襲・無差別艦砲射撃・無差別無警告船舶撃沈攻

撃を実行し、一般民間人を多数殺傷した。沖縄・南洋群島関係で沖縄県人の死者3427人、最大の悲劇は学童疎開船対馬丸の潜水艦攻撃による撃沈により一般民間人1481人の死者を出した事件であった。

※原告らの受けた多岐にわたる被害類型（法的主張と請求の根拠）
　原告らが訴訟で主張している具体的な被害類型も、次のように複雑多岐にわたっている。沖縄戦において原告ら一般住民が受けた被害が多岐にわたっていることが判り、凄惨な戦場が目に浮かんでくる（ひとりで複数の被害を受けている原告もいるので、その場合は複数回をそれぞれ数えている）。

　①「集団自決」（2人）、②軍にスパイ容疑で斬殺（1人）、③壕の追い出しによる死亡・負傷（12人）、④食糧強奪による死亡（1人）、⑤年少者の強制労働中の機銃射撃による負傷（2人）、⑥栄養失調による死亡・餓死・病死（10人）、⑦戦争マラリアによる死亡（2人）、⑧銃撃戦・艦砲射撃・砲弾等の戦闘行為による死亡・負傷（47人）、⑨特殊爆弾（黄燐弾）による負傷（1人）、⑩火炎放射器による焼殺（1人）、⑪米兵に短刀で刺殺（1人）、⑫米兵により焼殺（1人）、⑬空襲による死亡（5人）、⑭疎開船撃沈・対馬丸で死亡（3人）、⑮戦争孤児（21人）、⑯日本軍の道案内による負傷（1人）、⑰不発弾被害の死亡（1人）、⑱戦争に起因する外傷性精神障害＝PTSDなど（37人）、⑲避難中の壕が洪水により流され家族死亡（1人）、⑳軍へ協力作業中の死亡（1人）、㉑祖父が戦場で行方不明（1人）、㉒軍の爆薬搭載の汽車（沖縄の当時の軽便鉄道）に乗車し、爆発して叔母が死亡（1人）、㉓日本軍の命令による水汲み作業中の負傷（1人）

※原告らが罹患した外傷性精神障害の症状の種類
　39名の原告が精神科医蟻塚亮二の診断を受けたところ、37名が沖縄戦の戦時・戦場体験に起因する外傷性精神障害と診断された。その具体的な症状は、21種類もあり、ひとりで4種類の症状を呈している人もいた。症状の種類が多いこと自体深刻である。戦後70年経ってもその症状が新たに発症している例もあり、世代間に承継されている。ＰＴＳＤは、外傷性精神障害の症状の1つである。蟻塚亮二医師作成の37名の診断書と医学的鑑定書を証拠として提出した。

①アタッチメント障害　②外傷性否定的認知　③外傷性否定的認知（回避性人格障害）④回避性人格障害　⑤解離性意識障害　⑥解離性障害　⑦過覚醒刺激　⑧過覚醒不眠⑨感情失禁　⑩記憶の再想起　⑪身体化障害　⑫身体表現性障害　⑬心的外傷後ストレス障害（PTSD）　⑭ストレス後自律神経過敏状態　⑮戦争体験によるストレストラウマ反応　⑯トラウマ後回避性人格障害　⑰トラウマ性否定的認知　⑱パニック障害　⑲非精神病性幻覚状態　⑳非定型うつ病　㉑フラッシュバック

※被告国の公式文書でも認めた日本軍の残虐非道行為の数々
（1）『沖縄戦における沖縄住民の行動に関する史実』（陸上自衛隊幹部学校・昭和35年5月発行）で、国が自認した日本軍の沖縄住民に対する残虐非道行為

　この陸上自衛隊の公式文書の「住民処理の状況」は、引揚援護局勤務の厚生事務官馬淵新治氏（元大本営船舶参謀）が、終戦後援護業務のため、沖縄に出張滞在間、防衛研修所戦史室の依頼によって調査執筆された資料を複製したものである。信憑性の高い資料である。その中に、日本軍の沖縄住民に対する残虐非道行為として、次のように記載されている。

（2）壕からの住民立ち退き強制、食料略奪、住民射殺、赤児強制殺害など皇軍の行為

「2　軍の行き過ぎ行為が住民を刺激することは国内戦においては避け得られないものである。戦況我に有利な場合はまだしも、戦況一度不利となって軍の統制が徹底しなくなると益々この種の遺憾な行き過ぎ行為が各地で行われた。例えば心ない将兵の一部が勝手に住民の壕に立ち入り、必要もないのに軍の作戦遂行上の至上命令である立ち退かないのは非国民、通敵者として厳罰に処する等の言辞を敢えてして、住民を威嚇強制のうえ壕からの立ち退きを命じて己の身の安全を図ったもの、ただでさえ貧弱極まりない住民の個人の非常用糧食を徴発と称して掠奪するもの、住民の壕に一身の保身から無断進入した兵士の一団が無心に泣き叫ぶ赤児に対してこのまま放置すれば米軍に発見されるとその母親を強制して殺害させたもの、罪のない住民をあらぬ誤解、又は誤った威信保持等のため「ス

パイ」視して射殺する等の蛮行を敢えてし、これが精鋭無比の皇軍のなれの果てかと思わせる程の事例を残している」

（3）民家へ住民侵入・占拠・婦女子姦淫問題等
「日本兵は住民の住宅に雑居するに至り、結局島民の生活に割り込む結果となって物資不足に悩む未亡人や、若い娘達の間に忌まわしい問題を惹起し、道義の頽廃が目立ってふえ、軍横暴の声となり島民の反感を買った例が散見される」

（4）記録として残っているもの
近衛文麿の秘書官 細川護貞の日記や第32軍第62師団（石兵団）の「砲兵会報綴」等は、那覇10・10大空襲後の軍の横暴な振る舞いとして、民家の徴発・住民の物を勝手に使用・婦女子を陵辱・占領地にあるが如き振る舞いが記録している。

これらの日本軍（人）の行為は、当時の刑法上、殺人罪・強盗罪・強姦罪・強要罪などで処罰対象となる犯罪行為であり、民事上は不法行為とし賠償責任を負う違法行為である。審理の過程において、原告らは日本軍の残虐非道行為について、全体的行為としても原告個々に対する行為としても詳しく具体的に主張立証してきた。旧大本営の参謀が言明した皇軍（天皇の軍隊）のなれの果ての行為である。軍隊の国民保護義務の放棄であり、国は自国民に対して明らかに加害者となったのである。こうして被告国の沖縄戦被害に対する国家賠償責任は明らかとなる。

※地上戦中心の沖縄戦被害と本土の各空襲被害との相違点

本件訴訟と空襲訴訟（東京大空襲訴訟や大阪空襲訴訟）の主張との相違点は、空襲訴訟が立法不作為責任のみの主張をしている点にある。
その理由は、沖縄戦の特殊性にある。沖縄戦は日本軍が全島要塞化したうえで、3カ月にわたる地上戦闘行為が、一般住民居住地などで一般住民を巻き込んで行われたことのみならず、日本軍が一般住民に「集団自決」を強いたこと、住民を保護すべき立場にあった日本軍により住民虐殺が行われ、壕追い出しや食糧強奪

などによる残虐非道な積極的な加害行為などが特徴となっている。

それに対して、原爆投下や空襲被害は、国の開戦行為がそれらを招いたとしてもアメリカ軍の一方的加害行為によるものであり、地上戦闘行為や日本軍の加害行為もなかった。両者には加害行為や被害実態の形態において基本的に異なっているのである。本件の特徴は「地上戦訴訟」である。南洋戦訴訟においても同様のことが言える。

本件においては、日米軍の攻撃的行為のみならず、日本軍の残虐非道の加害行為が前述の各法的責任を問うための理論構成の基本的事実となっている。

これらの事実を基礎とすると、沖縄戦国賠訴訟の結論（判決）が敗、訴した東京大空襲訴訟や大阪空襲訴訟と異なったとしても不思議ではない。

✻憲法で定める法の下の平等原則違反―軍人・軍属との差別と民間戦争被害者間の差別（二重差別）

原告ら沖縄戦の一般民間戦争被害者は軍人・軍属と差別されているうえ、一般民間戦争被害者間においても差別が生じている。この二重の差別問題は、立法不作為の違法の主張のうち憲法14条1項（法の下の平等原則）違反の主張に関するものである。

1 援護法の米軍占領下の沖縄への適用運動―軍人・軍属への適用は実現、一般民間被害者は適用外

「沖縄戦」終結後も引き続き米軍に軍事占領された沖縄には、軍人・軍属中心の戦傷病者戦没者遺族等援護法（1952年制定）が当初適用されず、沖縄戦の軍人・軍属さえ「援護金」は支給されなかった。

県民の4分の1の死者と多数の負傷者を出し、焦土と化した沖縄では、県民の生存が危機に瀕していた。沖縄遺族連合会を中心に、国に対して一丸となり、援護法の適用運動を展開し、1953年に援護法が適用された。

しかし、それは軍人・軍属のみに補償され（沖縄県関係では28228人）、圧倒的多数の一般民間被害者（121772人）は適用外とされた。

2 行政的措置として「戦闘参加者」認定―限定的一般民間戦争被害者救済

解説：「沖縄戦」被害・国家賠償訴訟の概要

　これに対して、沖縄遺族連合会を中心に全民間戦争被害者救済運動が広がった。その結果、国は1957年に行政的措置により一般住民被害者の中で「戦闘参加者」と取り扱うべき事例として次の20項目を決め、それらに該当すると認定されたときは「戦闘参加者」、すなわち「準軍属」として援護法を適用すると決定し、事後的に一部の住民を救済する行政的措置をとった。

　①義勇隊　②直接戦闘　③弾薬、食糧、患者等の輸送　④陣地構築　⑤炊事、救護等の雑役　⑥食糧供出　⑦四散部隊への協力　⑧壕の提供　⑨職域（県庁職員、報道関係者）　⑩区（村）長としての協力　⑪海上脱出者の刳舟輸送　⑫特殊技術者（鍛冶工、大工等）　⑬馬糧蒐集　⑭飛行場破壊　⑮集団自決　⑯道案内　⑰遊撃戦協力　⑱スパイ嫌疑による斬殺　⑲漁撈勤務　⑳勤労奉仕作業

　3　二重差別を生み出した恣意的な戦闘参加者認定手続
　この行政的措置は一定の救済が行われたので、その限度においては評価しうるものである。しかし、認定手続は、例えば戦場での被害を立証するため3人以上の第三者の現認者の証言が必要とされるなど、不可能を強いる厳しい要件のため認定されなかった例が続出した。そして、この措置は同じ被害を受けた一般住民の中に選別（差別）を持ち込み、それによって県民世論は分断され、その後、全民間戦争被害者救済運動は沈滞し、事実上消えてゆく。
　戦後になって事後的に日本政府が作り出した行政基準による一般住民の「戦闘参加者」認定は、同じ戦争被害者である一般住民の選別（差別）でもあった。沖縄戦の民間人被害者という点では全く同じ被害者を、二分したのである。沖縄戦の被害者はすべて日本軍の軍事作戦行動等が原因で被害を受けたものであり、選別自体根拠はなく不当なものである。認定手続が被害住民に戦時の危険状況等を考慮することなく不可能な立証を強いたり、不公平かつ恣意的に運用されたため、多数の未補償者を発生させているのである。原告らは、その未補償者である。

　4　不当な選別の結果放置されている死者約7万人、後遺障害者5万人（推定）
　援護法未適用の民間戦争被害者は、県の不充分な統計資料によっても38900人余である。それ以外に、船舶撃沈の死者や戦争マラリア死者などを加えた多数

の死没者や後遺障害者五万人（推定）が放置されている。なお、県民の戦死者を15万人と推定した場合は、未補償の死没者数は、15万人から、軍人・軍属28228人と戦闘参加者として取り扱われた52332名を除いた69440人と計算される。原告ら未補償の「沖縄戦」民間戦争被害者は、軍人・軍属との差別のみならず、同じ沖縄民間戦争被害者間でも差別されていることになる。憲法の定める法の下の平等原則違反である。

※軍隊・軍人の国民保護義務違反

日本軍が住民を守らなかったことは、明治憲法下の諸法規と臣民の生命・身体・自由・安全・財産の保護規定に違反している。

軍隊・軍人といえども帝国憲法上の憲法・法律遵守義務からして、刑法・民法などの諸法規・諸法令を遵守する義務があるので、戦争中であっても一般住民に対する民法上不法行為法が適用され、刑事上は殺人、強盗などとして刑法などの処罰法規や刑事手続法規が適用されるのである。

沖縄戦における日本軍の個々の行為である住民虐殺や「集団自決」、壕追い出し、食糧強奪などは民法上不法行為に該当し、損害賠償責任が問われ、刑法など処罰法規により犯罪行為として最高刑死刑で処罰されることとなる（そもそも軍隊には国民保護義務はないという考え方もあるが、前述したとおりの明治憲法等の規定からして、それは間違っている。例えば、殺人を犯した人が多数いたからといって、殺人を犯してもいいということにならないのと同様のことである）。

※日本軍の国内法上の「戦争犯罪行為」──戒厳令の未施行と軍隊・軍人の民事・刑事責任、刑法では最高刑は死刑

戦時の沖縄では戒厳令が施行されなかった。戒厳令が施行されていれば、司法・立法・行政の基本的権限は戒厳司令官が掌握することになるが、戒厳令が施行されない場合は、通常の平時と同様の法的手続きで民事・刑事についての裁判が行われることになる。明治憲法下においても、軍隊といえども法で定められた手続きなしにみだりに国民の生命、身体、安全等を侵害してはならないのである。何らの法的手続きを経ることなく、いきなり住民を殺傷等を行うと、その行為には軍人といえども民法・刑法等の法規が適用され、民事責任を負うとともに刑事上

も殺人罪、傷害罪等に該当することになるのである。
　以上の点から日本軍による住民虐殺、「集団自決」「壕追い出し」「食糧強奪」などの行為は違法となり、刑事・民事上の責任を負わなければならない。いわば、国内法の戦争犯罪になる。しかし、誰一人処罰された軍人はいない。
　この訴訟は、日本軍の「戦争犯罪」を民事的に問う裁判でもある。日本軍の残虐非道な犯罪行為については、今後の課題として「残虐非道な犯罪」としての刑事告発を行い、厳罰を求め続けていくことが必要である。

※アメリカ軍の国際法上の戦争犯罪
　戦時における外国軍隊が敵国の一般住民を殺害したり、財産を奪取したりするなどの行為を働いた場合は、国際法違反の戦争犯罪であり、加害軍人及び加害国は法的責任を負うのである。今後の課題として、アメリカに対する法的責任の追求も行っていく必要がある。
　日本軍の沖縄一般住民に対する残虐非道行為など自体は、国際法上からみても犯罪に該当すると評価しうるものである。旧日本軍の行為は国内法的にみても違法性は明確である。もし、アメリカ軍が沖縄の一般住民の殺害を行えば戦争犯罪に該当し、死刑などの重罪に処せられることになる。

日本軍の特攻機に対する米軍の対空砲火。

「沖縄戦」被害・謝罪及び損害賠償請求事件

訴　　状

2012（平成24）年8月15日

那覇地方裁判所　民事部　御中

　　　　　　　　　　　　　原告ら訴訟代理人
　　　　　　　　　　　　　　弁護士　瑞慶山　茂（代表他40名）

原告の表示　　　　別紙原告目録記載のとおり
原告代理人の表示　別紙原告ら代理人目録記載のとおり
被告の表示
　　被　告　　　国

「沖縄戦」被害・謝罪及び損害賠償請求事件

◎「沖縄戦」被害・謝罪及び損害賠償請求事件
訴状詳細もくじ

■訴訟の目的―謝罪と償いと平和を求めて　46
■本件訴訟の法的構成（要約）　48
■請求の趣旨　49
■請求の原因　50

第1章　原告らの本件被害と請求額
第1　はじめに　50
第2　被告国が「終戦の詔書・内閣告諭」で「戦死者、戦災者の遺族」の「援護」を約束した事実　50
第3　原告ら各人の被害の時期・態様・質・程度　51
第4　損害　82

第2章　「沖縄戦」に至る歴史的事実経過
第1　非武の島・沖縄〔かのナポレオン皇帝を驚かせた沖縄の話〕　83
第2　「沖縄戦」に至る経過の概要　84
　1　沖縄戦はアジア太平洋戦争や第二次世界大戦末期の戦い
　2　被告国における本件沖縄戦当時の戦争指導体制
　3　日米開戦後の戦局推移状況と沖縄の戦略的位置
第3　沖縄戦直前の沖縄諸島の地誌概要　89
　1　地勢の大要
　2　行政区分

3　人口
　　4　面積
　　5　産業
　　6　墓地
　第4　日本軍の「沖縄戦」戦闘準備態勢の確立に至る経過　95
　　1　絶対防衛圏と南西諸島防衛態勢の構築
　　2　第32軍の創設と不沈空母基地建設のための住民動員
　　3　「10・10空襲」と「軍官民共生共死の一体化」方針
　　4　沖縄の一般住民の戦闘行為・戦場動員体制確立
　　5　戦闘行為・戦場動員体制具体化の原因と目的―「捨て石」作戦と住民の戦闘行為・戦場動員の具体化
　　6　法令上の根拠を欠く戦闘行為・戦場動員の実行状況①＝一般住民動員
　　7　法令上の根拠を欠く戦闘行為・戦場動員の実行状況②＝学徒動員
　第5　「沖縄戦」の戦闘経過　123
　　1　日本軍の配置・戦闘状況の概況
　　2　米軍の上陸作戦・戦闘体制
　　3　沖縄戦の特色と日米両軍、沖縄住民の損害
　　4　沖縄戦末期における各部隊の態勢
　　5　沖縄戦の戦闘経過の概要
　　6　沖縄・南西諸島空襲概況

第3章　「沖縄戦」民間人被害の特徴・実態と全容
　第1　被告国は「沖縄戦」戦争被害調査を実施していない　141
　第2　沖縄一般住民の15万人を上回る死者と算出不能な重軽傷者　142
　　1　沖縄戦被害は軍人よりも民間人被害が多いという異常性
　　2　年齢別人口比調査において明らかとなった異常性
　第3　市町村単位の戦死率や一家全滅率で一般住民被害が鮮明に　144
　　1　住民の高い戦死率や一家全滅率の異常性―西原町は63.60％
　　2　激戦地旧浦添村の一般住民の戦死率・一家全滅・家屋焼失率
　　3　消滅した3つの村―「皆殺し」（ジェノサイド）の犠牲に

第4　14歳未満の戦没者数及び死因――児童・幼児も射殺対象に　149
第5　「集団自決」　151
　　1　「集団自決」の発生原因
　　2　主な「集団自決」の例
　　3　「集団自決」を「強制」した者は殺人罪が成立する
第6　住民虐殺――殺人罪に該当する　154
　　1　いまだに全容が明らかとなっていない住民虐殺
　　2　代表的な事例
第7　戦争孤児（戦災孤児）　158
第8　軍人より民間人犠牲がなぜ多いか――日本軍は住民を守らなかった　159
　　1　軍隊は住民を守らない
　　2　県民の命は本土防衛の「捨て石」に
　　3　南部撤退で軍が住民地区へ侵入・侵出
　　4　日本軍が自国民（沖縄県民）を殺害
　　5　軍隊がいた地域で一般住民の犠牲大――主な戦場は住民居住地

第4章　「沖縄戦」被害の顕著な特徴と多岐な被害類型

第1　民間人の死者が軍人の死者を上回った異例な事実　163
第2　住民殺害、「集団自決」など日本軍が住民加害行為者となった　163
第3　国土が焦土と化し、社会的共同体と生存の基盤が破壊された　163
第4　沖縄戦被害（体験）の特質――人間性が完全に破壊された狂気　164
第5　朝鮮人軍夫と朝鮮人「従軍慰安婦」の被害　164
第6　「沖縄戦」被害類型　165
　　1　米英軍による被害
　　2　日本軍による被害
　　3　日本軍の軍命・要請、政府の決定等による被害を受けた人の態様
　　4　戦争の事後的影響による被害
第7　アジア太平洋戦争におけるアジア各国の犠牲者数　167

第5章　米軍の軍事行動における国際法違反
第1節　国際法違反（その1）―沖縄10・10大空襲
- 第1　沖縄10・10大空襲の残虐な無差別爆撃の実態　168
  1. 10・10空襲―南西諸島全域にわたる大空襲
  2. 那覇空襲―日本初の焼夷弾による無差別爆撃
  3. 沖縄本島全域と周辺諸島空襲の状況
  4. 離島の空襲状況
  5. 防空責任を果たさず国民保護を怠った32軍
  6. 甚大な人的物的被害
  7. 空襲後の日本軍の横暴な振る舞い
- 第2　沖縄10・10大空襲の国際法違反性　183
  1. 戦争の変容に伴う国際法上の戦争（武力行使）の規制
  2. 戦争そのものの規制の方向へ
  3. 第二次世界大戦における空爆の国際法規則の存在
  4. 10・10空襲と東京大空襲が国際法違反であると米国政府に厳重に抗議した事実と、指摘した事実を米国政府が認めた上で沈黙し黙殺した事実
  5. 日本政府が国際法と人道の原則に対する最も深刻かつ重大な違反であると指摘して、米国政府に厳重に抗議した事実は重要
  6. 日米両政府は沖縄10・10大空襲の被害につき国際法上も条理上も責任を負うべき

第2節　国際法違反（その2）―対馬丸撃沈
- 第1　沖縄近海の海は早くから戦場化　197
- 第2　撃沈された船舶数とその犠牲者等　197
- 第3　当時の国際法による無警告砲撃等の禁止　200
  1. パリ講和会議の戦争法規慣例
  2. 潜水艦・毒ガス条約（潜水艦及毒瓦斯ニ関スル五国条約）

第3節　国際法違反（その3）―戦時海軍砲撃条約等違反
- 第1　「艦砲ヌ喰ェー残サー」（艦砲の食い残し）の意味するもの　203
- 第2　米軍が沖縄戦に使用した艦砲など砲撃数は約1800万発　205
  1. 艦砲射撃支援艦隊の編成・砲撃部隊の配置

2　米軍が沖縄戦で発砲使用した砲弾数と量
　第3　住民居住地等への砲撃は戦時海軍砲撃条約と戦争法規慣例違反　211
　　1　陸戦ノ法規慣例ニ関スル条約及び条約附属書による砲撃の禁止
　　2　戦時海軍砲撃条約による砲撃禁止対象
　　3　戦争法規慣例による砲撃等の禁止
　第4　当時も国際法として確立されていた軍事目標主義─無差別砲爆撃は国際法違反　219
　　1　軍事目標主義とは
　　2　アメリカの無差別艦砲射撃は戦争犯罪
　第5　戦争抛棄に関する条約（不戦条約）の締結へ　223

第6章　沖縄戦被害者への援護行政・救済運動の経過及び現況
　第1　戦争犠牲者遺族組織の軍人・軍属・戦争被害者への援護行政推進運動と救済運動　226
　　1　沖縄の日本との行政権の分離（アメリカの直接支配）
　　2　日本における遺族会結成と遺族会による戦争犠牲者への援護・救済運動の開始
　　3　沖縄遺族連合会を中心とする県民の軍人・軍属への援護行政の推進活動と全戦争犠牲者に対する補償要求運動
　　4　一般住民戦災者の処遇（援護）活動
　　5　全戦争犠牲者に対する沖縄遺族連合会の援護補償要求運動
　　6　祖国復帰前後の沖縄遺族連合会の活動
　第2　沖縄での軍人・軍属・戦争被害者への援護行政と救済運動　252
　　1　沖縄県における援護行政事務
　　2　沖縄戦における戦没者と援護法の適用
　　3　困難を極めた遺骨収集の状況
　　4　慰霊の塔・碑等の建立
　　5　戦没者の慰霊
　第3　沖縄戦被害補償（援護）運動の経過と到達点　275
　　1　対馬丸遭難学童補償問題

2　八重山地域におけるマラリア犠牲者補償問題
　　3　戦時遭難船舶犠牲者補償問題
　　4　沖縄戦一般被災者補償問題
　　5　平和祈念事業――一般戦争被害者への補償は対象外

第7章　被告国の法的責任（その1）
　　　　――国民保護義務違反による不法行為責任

　第1　問題の所在　294
　　1　「沖縄戦」人的被害の法的責任の解明の必要性
　　2　戦争当時、有事（戦時）における「国民保護法」が制定されておらず、国内戦における住民保護対策が完全に欠落していた事実
　　3　軍事的危機状態の中での国の住民保護義務を認めた判例の立場
　第2　明治憲法下の法令に基づく法的主張　297
　第3　国民（人民）保護義務（責任）の法的根拠　298
　　1　基本的な考え方（国家と軍隊の存在理由）
　　2　条理・判例（『法の本質』美濃部達吉著）
　　3　五箇条の御誓文（明治元年3月14日発布）
　　4　讀法（軍人の基本的規範）（明治4年12月発布、同5年3月改正）
　　5　軍人勅諭（明治15年1月4日発布）
　　6　大日本帝国憲法（明治22年2月11日発布）・告文・憲法発布勅語
　　7　戦陣訓（昭和16年1月8日発す）
　　8　官報號外・内閣告諭（内閣総理大臣鈴木貫太郎・昭和20年8月14日）
　第4　大日本帝国憲法・告文・憲法発布勅語　302
　　1　成立経過と概要
　　2　告文
　　3　憲法発布勅語
　　4　大日本帝国憲法の規定
　　5　刑法などの定めと臣民の生命・身体・自由・安全・財産の保護
　第5　戦時・国家事変の場合と臣民の生命・身体・自由・安全・財産の保護
　　　　（保護義務）　306

第 6　民法の不法行為の成立要件―国民保護義務違反との関係　306
第 7　国民保護義務に違反する具体的な不法行為事実の例示　308
 1　戦局の悪化に伴う国民保護義務に基づく戦争回避義務とその不履行
 2　陣地構築における国民保護義務違反
 3　戦闘作戦方法における国民保護義務違反
 4　戦闘行為終結時期の遅れなど
 5　北部の山中への住民避難で日本軍がとるべき対策を懈怠した
 6　沖縄戦の中での日本軍による直接的、間接的な住民虐殺

第 8 章　被告国の法的責任（その 2）　―公法上の危険責任

第 1　沖縄戦被害と危険責任の関係　323
第 2　本件における危険責任の成立　324
 1　危険責任の意義
 2　公法上の危険責任該当性
第 3　公法上の危険責任の法的根拠　327
 1　条理法としての正義公平の原則
 2　憲法上の根拠（行政法の法源としての憲法）
第 4　被告国の公法上の危険責任　333
第 5　立法不作為責任等との関係　333

第 9 章　被告国の法的責任（その 3）　―立法の不作為責任

第 1 節　立法不作為の国家賠償の要件
第 1　昭和 62 名古屋空襲訴訟最高裁第 2 小法廷判決　334
 1　昭和 62 年最高裁第 2 小法廷判決の判示内容「例外的な場合」
 2　平成 17 年最高裁判決による昭和 62 年最高裁判決「例外的な場合」の基礎の変更
第 2　平成 17 年最高裁大法廷判決―立法不作為の国家賠償要件の変化　336
第 3　平成 17 年最高裁判決等の具体化としての違憲違法要件　347

1　原告らの主張する立法不作為の国家賠償要件とその充足
　　2　本件における立法不作為の国家賠償3要件の充足
第2節　立法の不作為責任（その1）
　第1　法の下の平等原則違反（憲法14条1項）　350
　第2　「沖縄戦」民間戦争被害者間の補償差別問題の存在　351
　　1　民間戦争被害者間の差別（格差）の実態
　　2　沖縄の全民間戦争被害者への戦争被害救済「援護」拡大運動の経過
　第3　日本の戦争被害補償立法の経緯と一般民間戦争被害者差別の実態　355
　　1　戦争被害補償立法の問題点
　　2　戦時中、終戦直後までは戦時災害保護法により、旧軍人・軍属とともに民間戦争被害者も援護の対象
　　3　軍人・軍属を中核とした援護制度
　　4　援護法適用の拡大による軍人・軍属中心主義の変容
第3節　立法の不作為責任（その2）
　第1　特別犠牲を強いられない権利（憲法13条）　388
　第2　国家補償法と特別犠牲を強いられない権利　389
　　1　国家行為による公平負担と特別犠牲
　　2　憲法と特別犠牲を強いられない権利
　　3　国家補償における社会的正義の基本的重要性
　第3　憲法上・行政法上からも特別犠牲を強いられない権利　395
第4節　立法の不作為責任（その3）
　第1　先行行為に基づく条理上の作為義務　396
　第2　条理（法源または実定法解釈の根本的指導原理としての準則）　397
　第3　先行行為と作為義務と作為義務違反　399
　第4　被告国の沖縄戦における危険な先行行為　400
　第5　作為義務とその違反　400
　第6　条理を「法源」「判断基準」「判断根拠」として認め、損害賠償義務等を肯定（否定）した判例　400
　第7　「先行行為による条理上の作為義務」を認めた判例　402
　　1　レール置石事件の最高裁判所第1小法廷判決（昭和62年1月27日）

2　日本軍遺棄毒ガス・砲弾事件1審判決（平成15年9月29日）
　3　中国残留孤児訴訟神戸地裁判決（平成18年12月1日）
　4　劉連仁訴訟一審判決（平成13年7月12日）
　5　松江地裁判決（1957年12月27日）
　6　東京地裁判決（1959年9月19日）
　7　最高裁判決（1971年11月30日）
　8　東京地裁判決（1974年12月18日）
第5節　立法の不作為責任（その4）
　第1　外交保護権放棄による補償立法の義務　408
　第2　個人の賠償請求権と平和条約　408
　　1　被害者個人のアメリカ政府に対する損害賠償請求権
　　2　被告国の外交保護義務違反
　第3　国内補償条項が存在しない放棄条項の異常性　411

第10章　沖縄戦被害に「戦争被害受忍論」は通用するのか
　第1　言語を絶する沖縄戦被害の特徴・実態　413
　第2　戦争被害受忍論は机上の空論に等しい考え方である　413
　第3　時代の推移と共に一貫しなくなった受忍論　414
　　1　受忍論は法的にも現実的にも破綻している
　　2　「戦争被害受忍論」を援用しなくなった最近の判例の立場

終　章　「平和の礎」に込められた沖縄県民の優しさと憂い　416
　　1　後世に戦争を伝えても怨みを伝えない県民の選択
　　2　平和のための記念碑として世界に例のない「平和の礎」の建立
　　3　大田昌秀知事の挨拶「平和の息吹が世界に波及することを……」
　　4　沖縄県民は「平和への戦い」を続ける

■結　び　真実の究明を——沖縄戦の死者を歴史の闇に葬ってはならない　418

詳細もくじ

・謝罪文　419
・原告名簿　420
・原告代理人名簿　423
・原告各人の被害内容一覧表　424
・被害類型原告一覧表　428

■訴訟の目的
謝罪と償いと平和を求めて

〔至言―命どぅ宝〕沖縄には昔から「命どぅ宝」という至言がある。人の命は何よりも尊いもの、至宝であるという意味である。先のアジア太平洋戦争末期における「沖縄戦」においては、無辜の沖縄一般住民、日本軍人、米軍人など数えきれない人の命が奪われた。

〔人生最後の思い〕原告ら沖縄戦の生存被害者は戦後67余年後の現在、平均年齢が80歳を超えており、残された人生にはほとんど時間がない。戦死者の霊を弔い、自らの悲惨な戦争被害にけじめをつける人生最後の深い思いを込めてこの裁判を提起する。

〔国民の戦争被害〕アジア太平洋戦争における日本国民の戦死者は310万人と推定され、うち軍人・軍属（準軍属）230万人、空襲被害者など一般民間戦争被害者が80万人と言われている。軍人・軍属には恩給法や「戦傷病者戦没者遺族等援護法」（以下「援護法」と称する）により手厚い恩給支給、「援護」がなされてきたが、80万人の民間戦争被害者のうち、そのほとんどが何らの補償もなされず放置されてきた。財産損害は援護法の適用除外となっている。

〔悲惨な沖縄戦被害〕沖縄においては一般住民を巻き込んだ国内唯一の壮絶な日米の地上戦があり、この戦争が原因で当時の県民人口の4分の1の15万人（推定）が命を失い、数え切れない程の身体的精神的後遺障害者や「沖縄戦」心的外傷後ストレス障害（PTSD）の発症者を生み出し、甚大な財産的損害を被り、言語に絶する苦しみや悲しみを体験し今日に至っている。南洋諸島や台湾などに移住していた多数の沖縄県民も同様な被害・苦しみを体験した。

〔未補償のまま放置されている沖縄戦の10万人近い一般戦争被害者〕ところで、沖縄県福祉・援護課の援護法適用申請手続の資料によると空襲・艦砲射撃等、地上戦闘行為による一般民間住民の戦死者は94000人とされ、そのうち、後に「戦闘参加者」として55246人が援護法の対象とされたが、それ以外の死者38754人はその適用除外となっている。さらに船舶撃沈による死者約4500人及び数万人（推定）の後遺障害者等に対しても、この援護法の適用除外とされている。また、

一家全滅などの不明者も相当数推定されているが、詳細は未調査のまま放置されている。沖縄・民間戦争被害者の会の調査によると、沖縄戦の一般民間戦争被害者の内、推定67000人の死没者と約50000人の後遺障害者が未補償のまま放置されてきた。正確な全戦死者数や負傷者数などは依然として不明である。沖縄は戦後ゼロ年である。

〔戦争を開始し沖縄戦を実行した国の責任〕戦争を開始し沖縄戦を実行した国には、自ら引き起こした戦争被害にけじめをつけ、これを補償する条理上の責任・行政や立法により解決すべき法的責任がある。

〔命は平等〕国は軍人・軍属には52兆円を費やし手厚い「援護」をして、一般戦争被害者に対しては「戦争被害は等しく全国民が等しく受忍すべきである」として「援護」してこなかった。戦争被害は「全国民が等しく受忍すべきである」ならば、どうして軍人・軍属には手厚い援護をしていながら一般民間戦争被害者に対してだけ受忍を強いるのだろうか。それ自体矛盾である。人の命に尊い命とそうでない命があるのであろうか。差別は不条理である。命は平等である。憲法の定める法の下の平等の原則により軍人・軍属と同様に「等しく補償する」ことが天下国家の道理である。

〔戦争の特別犠牲を強いられている沖縄戦一般被災者〕先の戦争で何らかの被害を受けた日本国民が多数いることは事実であるが、一般住民を戦闘行為に直接巻き込んだ国内唯一の地上戦が行われた沖縄では、県民の被害はその量においても質においても他被害者に比して深刻であり到底受容することのできない特別な犠牲を強いられている。

〔ヨーロッパでは平等補償が常識〕ヨーロッパでは、自国民・外国人を問わず一般民間戦争被害者が軍人・軍属と平等に補償されている。軍民・内外人平等補償が国際的常識である。

〔人道主義と基本的人権尊重の立場に立った人間性回復の訴訟〕原告らは人間性回復のための人生最後の行動として、「沖縄戦」の戦争被害につき「命どぅ宝」の至言のもとに、被告国の謝罪そしてその証としての国家補償、そして恒久平和確立のために本件訴えを提起する。

■本件訴訟の法的構成（要約）

1　請求の法的根拠（訴訟物）としては、主位的に被告国の不法行為責任に基づく謝罪と損害賠償請求であり（民法709条、同715条）、第1次予備的に公法上の危険責任に基づく謝罪と国家補償請求を求め、第2次的予備的に立法不作為の違法による謝罪と国家賠償請求である。

2　主位的請求の場合は、「沖縄戦」における被告国の被用者とする日本軍の米軍との戦闘行為・戦時行為等が被告国及び軍隊の国民保護義務等に違反する不法行為に該当し、それによって被った原告らの損害に関する民法上の損害賠償請求である。

3　第1次予備的請求の公法上の危険責任とは、上記沖縄戦における戦闘行為等は、原告らやその親族の生命・身体に対し危険を創出（惹起）させた被告国の先行行為であり、その結果発生した損害につき故意・過失や行為違法性を要件とせずに発生する危険責任である。

4　第2次予備的請求の立法不作為は、立法を担当する国会議員が、①憲法14条の法の下の平等原則、②憲法13条の特別犠牲を強いられない権利、③先行行為に基づく条理上の作為義務、④アメリカに対する外交保護権放棄に基づく救済義務に基づき、その職務上遂行すべき立法義務に違反し、長期間に渡り、原告らの被害を救済せずに漫然と放置し続けたという不作為の違法を問うものであり、その国の違法行為により重大な権利侵害を被った原告らが国賠法1条1項に基づきその賠償を求めるものである。

■請求の趣旨

1　主位的請求
（1）被告は原告ら各自に対して、別紙謝罪文を交付し、かつ同謝罪文を官報に掲載せよ。
（2）被告は原告ら各自に対して、金11000000円及びこれに対する昭和20年8月15日から支払済みまで年5分の割合による金員を支払え。
（3）訴訟費用は被告の負担とする。
との判決及び第2項につき仮執行の宣言を求める。

2　予備的請求（1）
（1）被告は原告ら各自に対して、別紙謝罪文を交付し、かつ同謝罪文を官報に掲載せよ。
（2）被告は原告ら各自に対して、金11000000円及びこれに対する昭和22年5月3日から支払済みまで年5分の割合による金員を支払え。
（3）訴訟費用は被告の負担とする。
との判決及び第2項につき仮執行の宣言を求める。

3　予備的請求（2）
（1）被告は原告ら各自に対して、別紙謝罪文を交付し、かつ同謝罪文を官報に掲載せよ。
（2）被告は原告ら各自に対して、金11000000円及びこれに対する本訴状送達日の翌日から支払済みまで年5分の割合による金員を支払え。
（3）訴訟費用は被告の負担とする。
との判決及び第2項につき仮執行の宣言を求める。

■請求の原因

〈第1章〉
原告らの本件被害と請求額

第1 はじめに

　沖縄においては、後述するように1941年12月8日の日米開戦直後から、沖縄近海の海上・海中において米軍の潜水艦や空襲等による民間輸送船・疎開船の撃沈が行われ、地上戦が始まる前から「海は戦場化」していた。1944年10月10日の那覇大空襲・沖縄大空襲以降地上戦が開始されるまでの間も無差別空襲や無差別艦砲射撃が実行され、一般住民を巻き込んだ激烈かつ残酷な地上戦が闘われ、宮古島や八重山諸島に対して地上戦はなかったものの、引き続き6月23日の地上戦終了後も空襲が行われた。原告らの肉親が死亡し、傷つき、原告らも戦争孤児となったり、負傷するなどして損害を被った。
　そこで、原告らにつき次に被害の時期、態様、種類、特質をあげ、原告らの損害を特定し本件請求金額について主張するものである。

第2　被告国が「終戦の詔書・内閣告諭」で「戦死者、戦災者の遺族」の「援護」を約束した事実

　被告国は、アジア太平洋戦争の終結に当たり1945年（昭和20年）8月14日付「終戦の詔書」と一体となる内閣告諭で「戦死者、戦災者ノ遺族及傷痍軍人ノ援護」について約束した。にもかかわらず、被告国は軍人・軍属中心の援護を行い、原告ら一般民間戦災者に対して援護を行ってこなかった。そこで、原告らは被告国に対して本件請求を行うものである。

第3　原告ら各人の被害の時期・態様・質・程度

原告らの各人につき被害の時期、態様、被害の質、程度等を具体的個別的に次のとおり主張する。原告番号順に述べる。

1 野里　千恵子（昭和11年5月11日生）
①被害の時期・場所

　昭和19年10月10日。那覇市若狭。

②被害の態様・質・程度

　祖母が死亡した。祖母は若狭に住んでいたが、第1回目の空襲の後、子や孫の安否を心配して様子を見に外に出ていき、そのまま帰らなかった。第2回目の街中への空襲に巻き込まれたと思われる。

　昭和63年4月14日に原告の母が、那覇市長あてに祖母が戦死した旨の申述書を提出していたが、戸籍は訂正されることなくそのままになっていた。その後、平成22年11月2日付で高齢者消除されている。

　祖母の死に対する償いを求めて、市や県法務局に対して援護申請を何度もしてきたが叶えられなかった母の思いを継いで、国に償いを求めたい。

2 稲福　和男（昭和10年7月5日生）
①被害の時期・場所

　昭和20年6月10日。東村高江。

②被害の態様・質・程度

　本人が負傷した。昭和20年5月ころに、アメリカの戦闘機がガソリンを散布して部落が全焼したため、避難していた。避難先の小屋から5キロほど離れた川に8名でエビを捕りに行った際に、アメリカ兵に銃で撃たれて負傷した。

3 上運天　トミ（昭和6年3月5日生）
①被害の時期・場所

　昭和20年ころ。金武村石謝。

②被害の態様・質・程度

母が死亡した。母は家の中で食事の準備中、米軍の走行車から銃で撃たれ死亡した。兄は、フィリピンにいる叔母に呼ばれたが、現地兵隊となり死亡した。

4 上原　良子（昭和4年10月28日生）
①被害の時期・場所
　昭和20年4月20日。今帰仁村字古宇利。
②被害の態様・質・程度
　本人が負傷した。15歳のころ、女子青年団に入隊して軍の命令により壕掘り作業に徴用されていた。
　昭和20年4月20日午前8時ころ、屋我地方面を攻撃していた軍艦が標的を変えて古宇利島へ攻撃してきた。その時、左足の甲を艦砲弾が貫通し、右足薬指付け根から切断される傷害を受けた。古宇利島にあった土地3000坪と建物は焼失した。
　救助されてから1日1回の消毒を受けたが、痛みが消えることはなく、見かねた祖母が灸治療をしてくれたが、そのせいかだんだん癒着していくようになった。受傷して2年位は介助なしで歩くことができない生活だった。

5 上間　千代子（昭和10年1月6日）
①被害の時期・場所
　昭和20年ころ。那覇市真嘉比。
②被害の態様・質・程度
　本人が負傷。また戦争孤児となった。
　米軍の艦砲射撃の破片により頭部裂傷し、掌が入るほどのケガを負った。負傷後に消毒等をすることができず、姉が自己流の治療法でヨモギと塩水で洗って治療してくれた。今でも傷跡が痛む。

6 内間　善孝（昭和11年11月10日生）
①被害の時期・場所
　昭和20年6月。現糸満市大里。
②被害の態様・質・程度

家族が死亡し、戦争孤児となった。

　昭和20年4月、沖縄戦の激化のために、原告の父が防衛隊に招集され、残された家族5人も、自宅近くの壕に避難していた。なお、原告の父は戦死した。

　6月ころ、原告の家族がいた壕に、日本兵たちが来て、この壕を司令所として使用する旨を要請されたので、原告ら家族は、壕を日本兵たちに提供して、壕を出て行った。

　その後、原告の叔母も合流し、原告の家族ら6名は、村内を大里、国吉、真栄里と避難して歩いたすえ、大里の民家に逃れたが、その民家が艦砲射撃の直撃を受け、家主をはじめ大勢の人々が亡くなり、叔母も膝に破片が入り込む怪我を負った。そのため、原告の家族らは、大里の公民館付近にあった壕に避難した。

　原告の家族が大里の壕に避難した23日後、壕が米軍の攻撃を受け、原告は、大里の壕を出て、米軍に捕まり捕虜となったが、原告以外の家族は壕を出ることができず、さらに1週間ほど大里の壕に留まっていた。

　原告が大里の壕を出てから約1週間後、壕に残っていた原告の家族らは、与座に戻ろうと壕を出たが、少し歩いたところで母と弟が米兵の銃撃を受けて、死亡したので、他の家族は再び壕に戻った。

　その後、再び壕が米軍の攻撃を受けたため、壕を出たが、米兵に捕まり、捕虜となり、国頭郡久志村（現名護市）字大浦まで移動したが、弟はそこで栄養不良等のため死亡した。

7　運天　先記（昭和20年9月20日生）
①被害の時期・場所
　昭和19年10月10日。現南城市久高沖海上。
②被害の態様・質・程度
　祖父が死亡した。祖父は、半農半漁で生活して食料を兵隊へ提供していた。当日は、イカ釣り漁をしていた祖父たちの船に対して、津堅島から戻る戦闘機が銃撃し、祖父の船を直撃して祖父は死亡。

　同船していた2人は生き延び、そのうち1人は健在である。

8 大城　勲（昭和17年8月23日生）
①被害の時期・場所
　昭和20年6月5日。島尻郡三和村。
②被害の態様・質・程度
　家族が死亡し、戦争孤児となった。
　昭和19年2月24日に父は戦死した。昭和20年6月5日、母に背負われて避難しているときに、銃弾が原告に掠ってから母に当たり、母は死亡した。姉も銃弾が胸を貫通した。

9 大城　絹枝（昭和26年6月26日）
①被害の時期・場所
　昭和20年5月28日。南風原町。
②被害の態様・質・程度
　兄が死亡した。近所の人と一緒に避難していたが、乳児が泣くので家族だけで避難した。母の母乳が出ずに兄が餓死した。

10 大城　トミ（大正13年9月10日生）
①被害の時期・場所
　昭和20年5月10日。真壁村字真壁寺山（旧三和村）。
②被害の態様・質・程度
　本人が負傷した。原告は、沖縄戦開始と同時に負傷兵を収容していた壕にて炊事婦として従軍負傷兵の世話、炊事の任に当たっていた。
　昭和20年5月10日朝、真壁寺山の中隊負傷兵を収容した壕に攻撃を受け、右足に弾が貫通し、さらに壕に逃げ込んだ際艦砲射撃の爆風を受け右耳難聴となった。

11 大城　政子（昭和15年8月10日生）
①被害の時期・場所
　昭和20年6月9日。那覇市小禄。
②被害の態様・質・程度

本人が負傷した。また、家族が死亡し戦争孤児となった。
　祖母、母、原告と母方の親戚で小禄方面を逃げていた際に、原告を背負っていた母が銃弾に当たり死亡した。祖母も同時に死亡した。原告は左足に銃弾が貫通した。現在も右膝上に破片が残っている。
　父は昭和19年11月10日に南洋群島方面で戦病死した。

12 大城　安信（昭和10年6月30日生）
①被害の時期・場所
　昭和20年4月23日。伊江村東江前一ッ岸原。
②被害の態様・質・程度
　本人が負傷。家族とともに壕に避難していた際に、フィリピン兵から壕から出るように言われたが、皆が応じずにいると煙弾を投げ込まれた。その時、一緒にいた防衛隊員から自決を強いられ、壕の中で爆雷を爆発させられた。2個目の爆雷でほとんどの人が亡くなった。
　原告と母は、首まで土砂に埋まり動けない状態だったが、父に助け出された。原告は、下半身が骨折していて動けない状態であったが、父が背負って外に出た。壕から出ると米兵が待ち構えていてすぐに捕まった。歩けない母は、置き去りにされた。
　原告は十分な治療を受けられなかったため、足がゆがんだままの状態で、歩行に支障がある。

13 大西　正子（昭和6年11月6日生）
①被害の時期・場所
　昭和20年5月ころ。糸満市照屋。
②被害の態様・質・程度
　本人は負傷し、家族は死亡した。米軍の砲撃にあい、両足に重傷を負った。その際、姪やいとこが3名亡くなった。両足をケガした原告を父が背負い、皆で喜屋武岬まで避難した。
　昭和20年6月19日には、糸満の喜屋武岬で艦砲射撃によって父と姉が死亡し、母も身体にケガを負った。

14 大嶺　宗利（昭和9年9月29日生）
①被害の時期・場所
昭和20年ころ。国頭郡饒地。
②被害の態様・質・程度
本人が負傷。夜間、畑に食料の芋を取りに行ったところ、機関銃射撃を受けた。周りの人は即死状態だった。左足と右手の甲を撃たれ動けないでいると捕虜にされた。左足すねから腿にかけて貫通、傷口は4ケ所ある。

米軍に病院へ連れて行かれ、治療をしてもたらったが、今でも冬場は痛くなる。精神的な影響か不明だが、受傷から2年経っても足を冷やさないと歩けなかった。

15 神谷　洋子（昭和12年11月4日生）
①被害の時期・場所
昭和20年ころ。南風原町津嘉山の野戦病院近く。
②被害の態様・質・程度
母が死亡し、戦争孤児となった。那覇市国場に母とふたり暮らしをしていたが、10・10空襲により、2人で国場から真玉橋を通り避難して歩いた。南風原町津嘉山の野戦病院近くの壕にたどり着いた時に、入口付近で艦砲を受け、母親を含めて避難していた多くの人が亡くなった。

母親死亡後は、どこへ逃げていいのかわからず、1人で戦場を逃げ回った。その後、知らない男性に孤児院に連れて行かれ、コザ孤児院での生活中に養女となり、野菜売りの手伝いをして生活した。

16 宜保　千恵子（昭和11年10月1日生）
①被害の時期・場所
昭和20年6月20日。糸満市摩文仁。
②被害の態様・質・程度
本人は負傷し、祖父母は死亡した。当時は、祖父母に育てられており、昭和20年春ころ、首里の自宅から3名で避難した。途中、身を寄せていた牛舎に日本兵が逃げ込んできた途端、米軍からの攻撃があり、祖母が死亡した。

原告も、右ももに穴があき、左手薬指がちぎれそうになり、足にも無数の傷を

負い捕虜となった。祖父も捕虜となったがそのまま消息不明である。
　怪我をした後、金武の病院で治療を受けた。今でも細かい破片が入っており、右ももに大きな傷跡が残っている。左手薬指は手術で治ったが、高校のころまでは冬になると痛かった。

17 金武　正市（昭和10年5月6日生）
①被害の時期・場所
　昭和20年3月下旬から4月上旬ころ。中頭郡与那原村字桃原。
②被害の態様・質・程度
　本人が負傷し、家族は死亡した。屋敷、母屋、理髪店銭湯木造瓦葺きの建築物が10・10空襲で全焼した。
　父は中飛行場（嘉手納）の格納庫防空壕建設に徴用されていたが、10・10空襲の際に壕が破壊され、半身生き埋め状態で救出された。その後は家族の介助なしに生活できず、半身不随の状態で苦しんだ。
　祖母は避難していた壕が破壊され餓死、洪水で流された。
原告は避難中に米兵に拳銃を突き付けられ逃走したが、左腕を叩き折られた。骨折後、民家の屋敷内に友人と一緒に身を隠したが十分な治療を受けることができず、友人が原告の左腕を簡単に接合したため、まっすぐ接合していない。

18 金城　眞德（昭和13年9月14日生）
①被害の時期・場所
　昭和20年6月。糸満市糸洲。
②被害の態様・質・程度
　本人が負傷し、兄姉妹は死亡した。糸洲部落の壕に避難していたところを日本軍に追い出され転々としていたときに、四方に砲弾が炸裂して、姉は即死した。兄も従軍中に死亡し死亡。妹も6月18日に喜屋武で死亡した。
現在も右頭頂部に破片が入っており、頭痛は受傷後より出現している。

19 金城　千枝（昭和4年3月20日生）
①被害の時期・場所

昭和20年5月ころ。具志頭。
②被害の態様・質・程度
　母と妹が死亡し、戦争孤児となった。昭和20年5月ころから、母親と姉妹5人で具志頭へ避難していたが、壕は大勢の人で入れる状態でなかったため、近くの岩場に隠れていた。しかし、5月28日に母と妹が爆撃により死亡した（その際に原告の足に破片が当たり怪我をした。援護法による給付を受けている）。
　足の負傷により歩行が困難であったため、他の姉妹も遠くに逃げることができずそのまま岩場の近くに隠れていた。妹たちが次から次に亡くなり、原告のみが生き残った。その後、米兵に見つかり捕虜となった。

20 久保田　正男（大正10年11月25日生）
①被害の時期・場所
　昭和20年5月20日。玉城の捕虜収容所。
②被害の態様・質・程度
　父が死亡した。原告は、陸軍に徴兵され熊本にいた。
　父は小禄の飛行場で働かされていた。その後、戦争が激しくなり家族がバラバラになったので詳細は不明だが、父は玉城の捕虜収容所で病気により死亡した。

21 古波倉　政子（昭和16年12月15日生）
①被害の時期・場所
　昭和20年6月20日から昭和20年6月23日ころ。糸満市糸洲。
②被害の態様・質・程度
　本人が負傷。祖母、両親、兄2人とともに避難中に、大きな壕で投降するように呼びかけられたが出て行かなかったために黄燐弾を投げ込まれ、顔面（鼻や口）、腕に大火傷を負った。
　受傷後、米軍に宜野座へ連れていかれて治療したが、現在もケロイド状に痕が残っている。20歳の時に形成手術、47歳の時に両眼は白内障の手術を受けた。

22 崎山　朝助（昭和3年6月10日生）
①被害の時期・場所

昭和20年4月13日。本部町マーブ山。
②被害の態様・質・程度
　本人が負傷。父親は防衛隊であったが戦死した。
　原告は、15歳か16歳のころに防衛隊になった。米兵に後ろから撃たれ弾丸が腹を貫通した。腸が飛び出しそれを抱えて歩いていたが気を失った。気がついた時には他人の家にいた。叔母が探し当ててくれ、叔母の家で治療してもらったが現在も破片が入ったままである。

23 當眞　嗣文（昭和12年10月19日生）
①被害の時期・場所
　昭和20年6月3日。那覇市首里。
②被害の態様・質・程度
　家族が死亡した。妹が昭和19年10月3日出生したが、戦争の混乱で届け出が出来ないでいた。
　昭和20年6月3日は壕に避難していたが、日本兵に壕の明渡しを強制され、他の壕に移る際、艦砲弾が爆発し、その破片が姉が背負っていた妹の横腹を貫通し即死した。妹については、戸籍がないため援護法申請ができない。
　戸籍訂正の申立後に戸籍に節子の名を登載したが、死亡年月日が終戦後と間違って記載されているので、援護法申請ができない。

24 豊見山　貢宜（昭和13年9月10日生）
①被害の時期・場所
　昭和20年4月ころ。宮古島市下地町字上地。
②被害の態様・質・程度
　本人が負傷。昭和20年に、吉岡少佐が指揮する第714飛行場設営隊から滑走路の造成作業の要請があり、当時、母、兄、姉3人、妹と生活していたところ、原告宅の畑も建設の為とられて、家族で作業にかりだされていた。
　原告は、小学前であったが体が大きかったために手伝わされた。昭和20年4月ころ、午後の作業に移る際、敵艦載機の機銃掃射により被弾受傷した。両足大腿部4か所に貫通し、ただちに手当を受けたが十分な治療も受けられず帰宅させ

られた。その後、危篤状態が続きどうにか一命は取り留めたものの歩けるまで5年程かかった。
　原告は、現在も後遺症（めまい、足の痺れ、股関節痛、腰痛）に悩まされている。足は、引きずった形で「びっこ」をしている。

25 仲間　弘（昭和7年9月9日生）
①被害の時期・場所
　昭和19年10月10日。宮古島市池間。
②被害の態様・質・程度
　本人が負傷。母親は畑に出かけていて、父、原告、弟は、自宅近くの自然壕に避難していた。そのときに、米軍の飛行機から投下された爆弾が、壕から10メートルあたりの場所に落ち、破片が頭に当たった。出血はしたが治療を受けることはできなかった。
　現在も左頭部・左前腕に傷がありレントゲンでは頭部に数ミリ大の異物の残留が認められる。

26 仲嶺　眞通（昭和17年7月15日生）
①被害の時期・場所
　昭和20年4月27日。那覇市首里汀良町。
②被害の態様・質・程度
　祖父の兄家族が死亡したため、家督相続をした。
　仲嶺眞盛一家は自宅敷地内の壕に避難しようとしていたが、艦砲がまだ自宅内にいた一家をほぼ直撃したため、全員が即死した。度重なる艦砲射撃等で身体は吹き飛ばされてしまい、遺骨も残らない状態で、住宅も畑の作物もすべて消失した。

27 比嘉　千代子（昭和8年7月13日生）
①被害の時期・場所
　昭和20年ころ。糸満市新垣。
②被害の態様・質・程度
　本人が負傷し、父は死亡した。長堂の部落の防空壕にいたが日本兵に追い出さ

れた。南部の新垣の防空壕に避難中に米兵に手榴弾を投げ込まれ、母は右手首がかろうじて繋がっている状態になるケガを負った。

原告は破片で体中にケガをし、父は逃げている途中で撃たれ死亡した。傷跡は11ヶ所（手3ヶ所、足3ヶ所、顔1ヶ所、胸1ヶ所等）あり、現在も左胸に破片が入っている。足は冬になると痛む。

28 前原　生子（昭和11年3月31日生）
①被害の時期・場所
　昭和20年5月から6月。糸満市真栄田又は新垣付近。
②被害の態様・質・程度
　本人が負傷した。また両親と祖母が死亡し戦争孤児となった。

10・10空襲から2、3カ月後に家が焼失し、その後は壕を転々としていた。父は東風平付近で足破片等で足を負傷し別行動となった。

原告が民家で休んでところ低空飛行の飛行機から銃撃を受け、母と祖母は、民家の下敷きになり死亡した。その際、原告は肩に怪我を負った。原告は、戦争孤児になり、顔見知りの人について避難した。

その後、しばらくして米軍のトラックに乗せられて、コザの孤児院に連れて行かれた。孤児院にいる時には、兄が時々様子を見に来てくれ、その後、母方の伯父宅に引き取られた。

肩の傷が恥ずかしくて水泳をすることはできず、現在でも、肩は出せないし、冬になると痺れることもある。

29 又吉　康鐵（昭和14年11月30日生）
①被害の時期・場所
　昭和20年4月7日。名護市中山。
②被害の態様・質・程度
　本人が負傷し、家族（母・姉・兄・弟）が死亡した。

先に防空壕に避難していた父と姉二人の所へ行くために、母と移動中に艦砲射撃を受けた。艦砲射撃により、母、姉、弟は、即死。兄は、ケガをして翌日死亡。原告は、左足に砲弾の破片が貫通したが、十分な治療も受けられず歩行ができ

ず杖をついていた。現在は杖は使用していないが、長時間歩行はすることができない。また、左耳も難聴である。

30 又吉　眞雄（昭和13年9月10日生）
①被害の時期・場所
　昭和20年ころ。場所不明。
②被害の態様・質・程度
　本人が負傷。父親は、防衛隊で本土へ行っており、母方の祖父母と住んでいた。母・祖父母と4人で避難中に艦砲射撃をうけ、左下肢太股を負傷した。
　小学校までは「びっこ」だった。現在でも歩行の際には影響があり、また、傷跡があるので、半ズボンをはくことができない。

31 松田　タモ（大正11年10月30日生）
①被害の時期・場所
　昭和20年ころ。今帰仁村字古宇利。
②被害の態様・質・程度
　本人は負傷し、内縁の夫は死亡した。
　日本兵を捜している米軍が壕に入ってきたために逃げだしたが、手榴弾を投げられその破片が胸と首筋に入っている。
　息子は壕の中で出産。生後7日で死亡したので名前もない。

32 宮城　ヨシ子（大正14年8月9日生）
①被害の時期・場所
　昭和20年6月4日。伊芸・屋嘉付近。
②被害の態様・質・程度
　本人が負傷した。家族でヤンバル（羽地・源河）へ避難後、家へ戻る途中、伊芸・屋嘉付近で米軍の機銃掃射から銃撃を受けた。年寄りと子持ちなので歩行も遅いため、夜中に移動していたが本人の右肩に銃弾があたった。その後は雨の中、夜中痛さを我慢していた。
　夜明けとともに米軍の捕虜となり、宜野座の病院へ運ばれたが、右肩が大きく

陥没しているため、当時から水平より上に腕が上がらない状態である。利き手である右手の負傷で何をするにも不便を感じた。

33 宮里　清昌（昭和16年3月10日生）
①被害の時期・場所
　昭和20年5月20日。浦添市前田。
②被害の態様・質・程度
　母が死亡した。当時、母は兄家族と住んでいたが、5歳の姪をおぶって避難中に砲弾の爆風にあって死亡した。

34 宮里　秀子（昭和16年6月24日生）
①被害の時期・場所
　昭和20年ころ。
②被害の態様・質・程度
　両親が死亡し、戦争孤児となった。父親は、中国に出兵して戦死した。母親は軍に協力して、草刈りをしている最中にハブにかまれて死亡した。

35 屋嘉比　柴徳（大正11年10月21日生）
①被害の時期・場所
　昭和20年6月ころ。南風原町津嘉山。
②被害の態様・質・程度
　本人が負傷した。津嘉山の病院隣の壕で日本軍の食糧運び等の手伝いをしていたときに、砲弾の破片で負傷した。右上腕骨骨頭内に異物が残っている（砲弾の破片）。右耳は混合難聴（重度）。

36 山川　幸子（昭和16年4月16日生）
①被害の時期・場所
　昭和20年ころ。糸満市新垣。
②被害の態様・質・程度
　両親と妹が死亡し、戦争孤児となった。長堂の部落の防空壕にいたが日本兵に

追い出された。

　その後、原告番号10の比嘉千代子と原告山川の家族は一緒に南部の新垣の防空壕に避難していたが、米兵が来たため父は逃げようとしたが撃たれて死亡した。米兵により手榴弾を投げ込まれて、壕の入口近くで母と妹が死亡した。

37 山城　照子（昭和8年9月25日生）
①被害の時期・場所
　昭和20年6月ころ。糸満市南波平。
②被害の態様・質・程度
　本人が負傷した。自分たちで作った壕避難していたが、日本軍に追い出されて爆風で亡くなった人を移動する作業をしていた。
　作業中に砲弾の破片を足と頭に受け負傷。曾祖父母も死亡。塩と豚の脂で治療した。ケガから3週間ほど後に座安に集められて治療を受けた。今でも頭部左側に痕がある。

38 山城　弘永（昭和9年2月14日生）
①被害の時期・場所
　昭和20年4月23日。名護市字仲尾次所在多野岳。
②被害の態様・質・程度
　本人が負傷した。多野岳麓の親戚の避難小屋にいたところ、頂上に日本軍の陣地があったために下から砲撃された。小屋で布団をかぶって寝ていた時に弾が飛んできて、肩甲骨の右側に当たった。治療は受けていない。
　受傷直後は治療を受けることができず、終戦後に部落に帰ってからの検診の際に破片があるのは確認されたが、肺の病気だと診断された。ケガのため右手を高く上げるとしびれて力が入らず、農業の手伝いに支障があった。
　現在でも整形外科で治療を続けている。

39 與古田　光順（昭和9年8月15日生）
①被害の時期・場所
　昭和20年6月18日。糸満市摩文仁。

第1章　原告らの本件被害と請求額

②被害の態様・質・程度
　10・10空襲で那覇市西新町の祖父母の雑貨商が焼失した。その他財産的被害を受けた。
　地上戦となってから、弟（光雄）と妹3名8シズ子、清子、恵子）が米軍の空爆により昭和20年6月18日に死亡した。母は、子どもたちを亡くしてから、母方の祖母（オト）を介助して、ふたりで山原に避難した。祖母は避難中に、山原の山中で栄養失調で死亡した。

40 吉元　恵美子（昭和19年1月16日生）
①被害の時期・場所
　昭和20年ころ。三和村（現糸満市）。
②被害の態様・質・程度
　本人は負傷し、祖母が死亡した。祖父母、母、兄とともに南部へ避難中、三和村の民家に逃げ込んだ時、米軍の砲弾が民家を直撃し火災となった。
　原告は、祖母に抱きかかえられていたが、祖母は弾に当たり死亡、母が祖母の腕から引き離したが、左二の腕、左膝内側、右手肘内側、腹部に火傷を負った。火傷の為、抱き抱えられたり、背負われたりができない状態で一週間泣き続けていたと聞かされた。
　火傷跡が恥ずかしくて長袖を来てばかりいた。今でも飛行機の爆音が聞こえてくるような気がして目が覚めることもある。

41 新垣　太郎（昭和18年1月6日生）
①被害の時期・場所
　昭和20年6月。糸満市喜屋武。
②被害の態様・質・程度
　戦況が南部に迫ってきたため家族（母親、母親の妹、原告本人）で避難中に喜屋武の壕に避難した。
　原告本人は、壕の中で母に抱きかかえられている時に艦砲射撃を受け、弾の破片が壕の中にまで飛んできて右腕を負傷した。父親死亡後は、母親とおばと過ごしていたが、戦争の食糧事情の悪化等が原因で母親は、昭和20年11月17日

に栄養失調により死亡し、その後はおばに育てられた。

　原告本人の右腕には、7センチ×3センチ程度の傷痕があり、現在も冬になると痛む後遺症がある。

42 嘉数　ノブ（昭和2年9月5日生）
①被害の時期・場所
　昭和20年4月。糸満市名城付近。
②被害の態様・質・程度
　原告本人が負傷した（左足）。10・10の空襲の後、戦争が激しくなり、区長の命令で女子青年部も強制的に戦闘の手伝いをさせられた。弾薬を頭に乗せての運搬や炊事・水汲み、戦車妨害など何でもさせられた。

　その後、それぞれに避難することになり、兵隊2人と原告本人を含む女子4人で山原方面に非難するつもりで壕から出た途端に、兵隊が照明弾の音と共に姿が見えなくなったので、4人で逃げたものの、すぐに3人が死亡した。

　そして原告本人は、呆然としているところを米軍の機関銃で左足を撃たれた。負傷後、破傷風にもなり、苦しい思いもしてきたが、ひとりだけ生き残っていることに申し訳なく感じていた。

　結婚して子どももできたが、左足の傷の後遺症のために足が痛んでも口に出して言えず、気を失って倒れたり、寝込むこともあった。また全身が痛むこともあった。現在でもこれらの後遺障害がある。

43 金城　惠美子（昭和6年10月13日生）
①被害の時期・場所
　昭和20年3月28日。慶良間諸島渡嘉敷島。
②被害の態様・質・程度
　家族6人が集団自決により死亡。渡嘉敷島駐屯の陸軍赤松隊長の命令により住民の「集団自決」が決行された際に10人家族のうち6人（母、長男、二男、三男、三女、四女）が死亡し、姉（長女）は生存した。これら家族の死亡、姉の負傷により、原告本人が重い精神的苦痛を受けて現在に至っている。

　祖父は自宅を離れなかったために被害から免れ、父は防衛隊から無事帰還した。

原告本人は、家族と別行動になって山へ避難し、「集団自決」の前に米軍に保護された。

姉は、集団自決の際に誰かに刺される被害に遭い、背中から胸まで貫通する傷を負い、長い間後遺症に苦しんでいたが、平成18年6月26日に死亡した。

44 金城　盛昭（昭和17年8月7日生）
①被害の時期・場所

昭和20年4月20日父死亡、同年11月に母死亡。

②被害の態様・質・程度

戦争孤児となった。

大宜味村喜如嘉に家族（母親、長女、次男、三男、四男、姉2人、原告本人）で住み、戦時中は大宜味周辺で避難を続けていた。父親は防衛隊にいたが、昭和20年4月20日に本部町真部山で戦死した。長男は昭和18年2月1日に九州南西海面で戦死。

戦後昭和20年8月に三男が栄養失調のため死亡、続いて昭和20年11月に母親がも栄養失調で死亡。

母親死亡後は、次男以外の兄弟は羽地平良の孤児院へ預けられた。それぞれ仕事についたら離れ離れに生活して、原告本人は中学2年の時から次男と生活するようになった。

45 島袋　朝正（昭和18年8月6日生）
①被害の時期・場所

昭和20年5月下旬。糸満市真壁。

②被害の態様・質・程度

原告本人が負傷した（左目失明、顔が変形）。

首里で母方の家族・父方の家族と3世帯が近くに住んでいたので、避難の際も一緒に行動していた。真壁の民家の床下にかくれている時爆弾が落下し、3世帯16人のうち3人が亡くなり、その時に原告本人は左眼を負傷した。

左眼のけがは、大きくくぼみとなり顔の形も変わるほどだった。負傷後は、母親が背負って避難を続けたが、6月21日に喜屋武で捕虜となった。翌日には病

院へ行ったが、すでに失明していた。

　終戦直後に病院で再度診察したが、やはり失明となっていて義眼を勧められた。30年前に義眼にしたが、3、4年おきに義眼を作り直す必要がある。

46 新里　キク（昭和4年3月20日生）
①被害の時期・場所
　昭和20年4月7日。名護市中山。
②被害の態様・質・程度
　家族3人が死亡した。自宅近くに母親の実家があり、母親が下の兄弟（弟の康王、康鉄、康弘、妹のマサエ）を連れて実家に行く途中に艦砲射撃により3人（母親、マサエ、康弘）が死亡した。
　康王は腕に大けがをし、康鉄（第1次原告）は右大腿部に弾が貫通し、2人とも動けなかった。すぐに康鉄は米軍に連れて行かれ、康王は何の施しようもなかったのか、そのまま置いて行かれ、父親が後で確認に行き埋葬した。

47 新城　宣勇（昭和9年6月9日生）
①被害の時期・場所
　昭和20年4月20日。
②被害の態様・質・程度
　戦争孤児となった。父は昭和20年4月20日死亡（母は戦前に死亡）。
　10・10空襲以降に戦争が激しくなり、原告本人は、学童疎開で熊本へ、祖父と妹、弟は今帰仁へ疎開した。祖父は嘉手納へ食糧の調達に出かけて死亡した。
　原告本人は、昭和20年に沖縄に帰り大阪で生活していたおじと首里で生活していた。祖父の行方不明後は、弟は孤児院へ預けられ、妹は、嘉陽さんという人の家に引き取られた。戦後、妹を迎えに行ったが兄弟の証明ができなくて悔しい思いをした。

48 田仲　初枝（昭和2年9月6日生）
①被害の時期・場所
　昭和19年11月ころ。沖縄県本部古島。

②被害の態様・質・程度

　本人が負傷し家族が死亡した。昭和8年9月に父が死亡したため、そのころに弟と一緒に大阪から祖父のもと（本部）へ来て生活をしていた。

　昭和19年11月ころ、家に艦砲が直撃し、弟は眼・足・首の3か所を負傷し、それが原因で化膿や発熱がありその後2週間ほどで死亡した。原告本人は耳の後ろに破片が刺さり、祖父が草の葉の青汁等で手当てをしてくれた。

　動けるようになってからは、兵隊の食事作りや高射砲台を作らされたが、一発も発射されることなく米軍の艦砲を受け、たくさんの兵隊が死亡した。死体の埋葬作業も手伝わされた。

　傷は今も10円玉ぐらいの大きさで残っている。弟は眼が見えないと泣いていたのを昨日のことのように覚えている。

49 田場　弘子（昭和8年3月15日生）
①被害の時期・場所

　昭和20年6月1日。父は南風原、母は具志頭で戦死した。
②被害の態様・質・程度

　戦争孤児となった。

　父は、防衛隊で南風原で死亡した。母は家族5人で具志頭に避難中、昭和20年6月1日に艦砲射撃により右腹を負傷し壕の中で死亡した。母死亡後は、おじ達と南部へ避難し、具志頭の浜で捕虜となった。

　両親が死亡し、おじの家で兄弟世話になっていたが、長女だったため、学校にも行かず12歳で親戚の家を手伝わされた。原告本人が17歳の時には兄弟だけで生活することになり生活を支えた。

50 當眞　實（昭和16年11月10日生）
①被害の時期・場所

　昭和20年5月21日。糸満市真壁付近。
②被害の態様・質・程度

　家族2人が死亡し、原告本人が負傷した（右眼失明）。壕を追い出された。

　昭和20年5月ころ、戦況の悪化により豊見城の自宅近くの防空壕から、近所

の人達と南部へ避難した。真壁付近で大きくて広く頑丈な自然壕を見つけ、安全な場所と思い家族と共に避難していた。しかし昭和20年5月21日に、山部隊の兵隊が壕に入って来て、壕を明け渡すよう命令され、壕を追い出された。

次の壕を探し求めている時に艦砲の砲弾が命中し、兄（栄）と妹（末子）が死亡、もう一人の兄（邦保）は頭に破片創を負い、原告本人は爆風の直撃を受けて、右眼を失明した。

51 仲井間　憲裕（昭和11年4月3日生）
①被害の時期・場所

昭和20年4月ころ。本部町大嘉陽。

②被害の態様・質・程度

母が戦死し、原告本人が負傷した。

自宅近くの親戚の庭で、友軍の朝食の準備をしている時に偵察機が来て、それから約20分後に爆撃を受けた。母は破片が背中から心臓近くに貫通し、一週間後に死亡。

本人は頭に破片が当たり出血したが、友軍が止血してくれた。戦後も傷による頭痛があった。

52　仲田　幸子（昭和18年7月20日生）
①被害の時期・場所

昭和20年4月28日ころ。祖父は金武、おじは浦添、おばは大里稲嶺で死亡。

②被害の態様・質・程度

おじとおば（父の弟と妹）が死亡した。父はパラオで昭和19年に戦死した。戦争が激しくなり北部に避難していたが、祖父（與儀清政）は親戚とはぐれてしまい、金武の大川の近くで亡くなっているのを発見したと、親戚の人から聞いている。

当時14歳だった歳の少年兵のおじ（與儀清孝）が、浦添で戦死した（昭和20年4月28日）。おば（與儀ツル子）は昭和19年12月1日に、軍の手伝いの帰りに稲嶺駅近くで軍の爆薬を積んでいた汽車が爆発し、乗っていたおばも死亡。

おじとおばには、原告本人以外に相続人がいない。

53 中村　ミツ（昭和12年8月16日生）
①被害の時期・場所
　昭和20年6月ころ。東風平。
②被害の態様・質・程度
　原告本人は負傷した。父亀三は、昭和20年5月10日、首里市赤田町で戦死。祖父とおじも死亡した。壕を追い出された。
　7歳のころ、辺野古へ家族で疎開していたが、戦争が激しくなってきたので、どうせ死ぬなら生まれ育った所へ戻ろうと東風平へ戻った。家族で壕に避難していた所を、日本軍に追い出された時に爆撃を受け、祖父とおじが死亡した。
　原告本人は、両足腿に弾が貫通し、受傷後、歩行に不自由をきたしており、現在も後遺障害があり、痛む時があるので通院している。

54 普天間　道子（昭和10年12月12日生）
①被害の時期・場所
　昭和20年5月27日。恩納村。
②被害の態様・質・程度
　母が米兵による銃弾を受けて動けない状態になっているところを、米兵に短刀で刺殺された。
　父が軍属でジャワに行っていた時に、10・10空襲で家を焼かれ、母と兄弟6人で山原へ避難した。昭和20年5月、母は食糧を取りに出かけた際に米兵に撃たれ、動けない状態だった。大人の手を借りやっと助け出したが、のちに家族で避難した恩納岳で米兵にみつかり、短刀で刺され死亡した。原告本人と他の兄弟は隠れていたが、母親は動けなかったために被害にあった。
　母の死亡後は、父が帰国するまで兄弟6人で生活して苦しい思いをしてきた。姉（当時18歳）が教員をして生活を見てくれていた

55 宮里　朝幸（昭和17年3月16日生）
①被害の時期・場所
　昭和20年4月1日。沖縄市。
②被害の態様・質・程度

祖父が死亡した。本人はテニアンで生まれて、昭和21年3月に帰沖した。

沖縄にいた祖父（宮里朝永）は、曾祖父を背負いながら避難していた。沖縄市の壕の中で米兵が近づいて来た時、戦闘参加者が「最後まで戦うんだ」と言い、祖父は前に押し出され、米軍が投げた手榴弾によって死亡した。

56 宮里　政登（昭和17年5月23日生）
①被害の時期・場所

昭和20年4月ころ。東村高江。

②被害の態様・質・程度

本人が負傷した（左目失明）。

昭和20年4月ころ、日本の特攻機が故障で東村の浜辺に不時着した飛行士の児玉正美中尉の命令により、そこに居合わせた両親が、国頭村奥の部落から本土に向けて出航する日本軍の船に乗るため、道案内をすることになった。

父親は東村の議員で部落の仕事をしなければいけなかったため、母親が当時3歳の本人を背負って、児玉中尉の命令により夜間、山深い道なき山道を道案内して国頭村奥まで行くことになった。

夜間歩行中、山道端の草木などがささるなどしたことにより、左眼を負傷した。何日間か出血や発熱が続いていた。約1週間後に診療所で手当てをしてもらったが、すでに失明の状態であった。

学校では片目であることで馬鹿にされ、高校進学時も希望学科を変えざる得なかったし、就職の際も片目であることで内定取り消しもあった。

57 大田　ツル（昭和9年9月15日生）
①被害の時期・場所

昭和20年4月。久米島。

②被害の態様・質・程度

原告本人が負傷した（両足、右腕）。

11歳のころ、家族と共に防空壕に避難していた時、艦砲射撃を受け、破片が足を貫通し、さらにその破片が弟に命中して、弟は死亡した。

原告本人は、破片が足を貫通したことが原因で歩行に影響が残っており、右腕、

両足には破片が入ったままになっている。

58 島根　照子（昭和21年12月10日）
①被害の時期・場所
　昭和31年12月1日。糸満市喜屋武。
②被害の態様・質・程度
　おじ（上間平信・母の弟）が死亡した。
　おじは、本部町瀬底から出稼ぎのため糸満に行っていたが、農作業中に、地中に残っていた米軍の投下した不発弾に鍬が当たり、その爆発により死亡した。

59 島袋　繁雄（昭和5年9月29日生）
①被害の時期・場所
　昭和20年5月。糸満市真栄里。
②被害の態様・質・程度
　祖父が死亡した。
　沖縄戦当時は、首里寒川町で祖父、おじ家族ら10人で生活をしていたが、10・10空襲により実家と飼っていたヤギ16頭を消失した。
　その後、首里の壕に避難していたが、昭和20年5月9日の夜に日本兵から壕を明け渡して東風平に行くように言われたが、祖父は当時77歳と高齢であり歩くのも遅かったので、祖父だけが首里の壕に留まることして、家族・親戚は南部に避難することになった。
　しかし、祖父はその後に壕を追い出されたようで東風平で再開して合流したが、6月10日に糸満市真栄里で家族と離れ離れになり、そのまま消息不明となって死亡した。

60 武島　キヨ（昭和6年11月6日生）
①被害の時期・場所
　昭和20年6月2日。糸満市名城。
②被害の態様・質・程度
　本人が負傷し（左足、頭部、背中）、祖母が死亡した。

幼小のころより両親がいなかったため、豊見城で母方の祖母とおば・いとこと暮らしていた。昭和20年6月ころ、豊見城一帯も激戦化し、家族で島尻方面へ避難した。

　糸満市名城の岩間で避難していると日本兵が4、5人やって来て、当時14歳だった原告に対して水を汲みに行くように命令した。原告は、山を降りて川を見つけて水を汲んで戻る途中に、艦砲射撃の流れ弾により左足、頭部、背中等を負傷した。原告を心配して外に出てきた祖母も、流れ弾に当たり死亡した。

　原告は負傷後に応急処置を受けたが、祖母は出血多量でその日のうちに死亡した。数日後、叔母たちは避難を続けることになったが、原告は歩くことができなかったため、祖母の遺体と共に岩間の陰に潜んでいた。

　その後、米兵に連れられて収容所で治療を受けたが、左足の治療が不十分なまま退院させられ、現在も歩行に支障があり（身体障害者等級5級（戦傷による左足間接機能喪失）、月1回程度の割合で戦傷のため通院している。

61 新田　一（昭和7年11月29日生）
①被害の時期・場所
　昭和20年6月。糸満市糸洲。
②被害の態様・質・程度
　本人が負傷した（頭、肩、背中）。

　沖縄戦当時は、那覇市繁多川で家族で暮らしており、自宅近くの自然壕に避難していたところ、日本兵に壕を追い出され、東風平の壕に移るよう言われたため、家族で東風平に移動した。東風平の壕に付いてから一週間程したころ、また日本兵に壕を追い出された。

　仕方なく、糸満の糸洲にあった山羊小屋に家族で隠れていたが、山羊小屋が砲撃を受け、弾の破片で頭、肩、背中を負傷した。南部で終戦を迎え、米軍で治療を受け破片を摘出したが、肩には大きな陥没があり、後遺症で右腕の可動域が狭くなっている。

62 比嘉　繁直（昭和2年8月3日生）
①被害の時期・場所

昭和19年8月22日。トカラ列島悪石島沖（対馬丸）。
②被害の態様・質・程度
　戦争孤児（母マツ、弟常吉と寛が死亡した、父は戦前に死亡）。
　昭和19年8月22日午後10時ころ、九州へ集団疎開する国民学校学童を含む1788人が乗った対馬丸が、米潜水艦の国際法違反の魚雷攻撃を受け沈没し、乗船者のうち氏名が判明している犠牲者の数は、1418人であった。
　母と弟2人は対馬丸に乗船しており死亡した。しかし当時は、対馬丸が沈没したことは隠されていたので、死亡したことをすぐに知ることはできなかった。

63 山岡　芳子（昭和16年9月3日生）
①被害の時期・場所
　昭和20年6月12日。島尻郡真壁村字新垣。
②被害の態様・質・程度
　両親と弟、妹、祖父が死亡した。
　首里大名町の自宅から避難して識名の墓で生活していたが、昭和19年5月24日の明け方ころに、日本兵に墓の明渡しを命令され、南部へ避難した。
　真壁の自然壕で生活していたところ、昭和20年6月11日に将校と兵隊がやってきて、祖父・父・母は軍の手伝いをするために壕に留まるように言われ、昼間は弾薬運搬、炊事等をしていた。
　残された家族は壕を出て行くように言われて家族がバラバラになった。壕から出て移動中の昭和20年6月12日明け方ころ、すぐ近くで砲弾が炸裂し、弟と妹が即死した。壕に残っていた両親と祖父も同じ日に、壕が米軍の艦砲射撃を受けて死亡した。

64 上間　幸仁（昭和8年12月17日生）
①被害の時期・場所
　昭和20年4月21日（母が死亡）。屋我地。
　昭和20年8月13日（父が死亡）。中国。
②被害の態様・質・程度
　両親（父金光、母キヨ）が死亡し、戦争孤児となった。弟（達也）と妹（安江）

も栄養失調で死亡した。
　名護市屋我地で生まれたが、父は本人が10歳のころ満州開拓団へ。昭和20年8月13日に中国にて死亡。
　母は父が中国に行った後に再婚した。本人は、祖父に育てられる予定だったが、一緒に住んで2日後に祖父が死亡したため、母の再婚相手の家で暮らすことになった。母は、屋我地に住んでいる時に自宅近くで艦砲の直撃により死亡した。4歳の弟（達也）と2歳の妹（安江）も栄養失調で死亡。
　母の死亡後は、母親の再婚相手の親戚の家に行かされたが、学校も行かせてもらえなかった。

65 大城　ツネ（大正8年3月3日生）
①被害の時期・場所
　昭和20年ころ。伊江島・久志。
②被害の態様・質・程度
　夫の両親（大城鎌助，大城マツ）が死亡した。
　昭和20年4月16日に伊江島へ米軍上陸した。その前日に船で、集団で伊江島の久志に強制疎開させられた。マラリアで夫の両親が死亡した。久志では多数の住民が死亡した。

66 大城　太（昭和26年9月24日）原告番号65・大城ツネの子
①被害の時期・場所
　昭和20年ころ。伊江島・久志。
②被害の態様・質・程度
　父の両親（大城鎌助，大城マツ）が死亡した。
　昭和20年4月16日に伊江島へ米軍上陸した。その前日に船で、集団で伊江島の久志に強制疎開させられた。マラリアで父の両親が死亡した。久志では多数の住民が死亡した。

67 金城　ツル子（昭和11年6月7日生）
①被害の時期・場所

昭和20年。南風原・糸満方面。
②被害の態様・質・程度
　両親（父亀一、母マカ）、兄（徳一）姉（ヨシ、ハル子）、妹（ヒデ）、弟（徳仁）が死亡し、本人以外の家族全員が死亡した戦争孤児。
　戦争当時は、中城に住んでいたが、家族で避難して普天間の壕から中城の墓、西原首里を徹って南風原の陸軍病院に着くと、兵隊が来ると言うので追い出され、糸満まで南下していった。
　父は陸軍病院から壕を堀に行くといって、外に出たところ弾に当たり死亡。母は、弟徳仁をおんぶし、妹ヒデの手を引いて民家を見つけ、中に入った時に砲弾を受けて3人即死。姉ハル子も母のすぐ後にいたため砲弾により死亡。
　その後、姉ヨシと捕虜となったが、ヨシは肩に弾を受けて傷があったが、それが原因で野戦病院のテントの中で死亡した。兄は召集され摩文仁で死亡した。
　戦争孤児となってから、同じテントにいた朝鮮人が沖縄市の孤児院に連れていってくれた。孤児院では朝鮮人に連れられていたためいじめられた。越来にある朝鮮人のテントで生活していた。テント近くで親戚のおじさんに会い、引き取られた。

68 新垣勝江ガーナー（昭和12年9月25日生）
①被害の時期・場所
　昭和19年（父蒲が死亡）。パラオ。
　昭和20年6月10日（母ヒデ子が死亡）。
②被害の態様・質・程度
　両親が死亡して戦争孤児となった。
　父の蒲は家族を沖縄に残してパラオに移民していたが、昭和19年にパラオの空襲で死亡した。
　米軍の沖縄上陸後に、本人は母のヒデ子や祖母らと中城村から那覇方面に向けて避難しようとしている途中、防空壕を見つけて隠れていたら、爆弾が落ちてきて壕の屋根が吹き飛んだ。
　夜になり中城村伊集あたりで会った日本兵から、南部は激戦だから引き返せと言われ、母と母のいとこ、いとこの子（3人）は引き返そうとした。本人と祖母

はそのまま那覇方面に向かおうとしたが、祖母が母を大声で呼んだために、照明弾が上がり機関銃が鳴り響いたため家族が散り散りになり、母とはぐれ、その後、ふたたび会うことはなかった。

母のいとこからは、母は大里村で壕に避難してしているところを焼き殺されたと聞いている。両親を亡くし、終戦後は頼る人もなく小さいころから働いていた。

69 當銘　德吉（昭和4年4月13日生）
①被害の時期・場所
　昭和20年5月23日（父徳助）死亡。島尻郡高嶺村。
　昭和20年6月20日（母カミ、妹ミツ）死亡。糸満。
②被害の態様・質・程度
　両親（父徳助、母カミ）と妹（ミツ）が死亡した。戦争孤児。
　家族で豊見城に住んで農業をしていた。昭和20年6月10日ころから糸満方面へ避難した。喜屋武の民家に、一家で身を隠しているところへ米軍の弾が飛んできて母親の腰に当たり、その時母親が背負っていた妹ミツと母が死亡した。その後、食糧調達に出かけた父親は消息不明。後日、知人から父が死亡していたことを聞いた（戸籍の記載とは異なる）。

　終戦後は、実家のあった土地にバラックを建て、農業をしながら自給自足の生活で弟と妹を育てた。

70 比嘉　ヨシ子（昭和4年2月28日生）
①被害の時期・場所
　昭和20年。喜屋武。
②被害の態様・質・程度
　妹が2人死亡した。
　浦添に住んでいたが、家を焼かれ、南部まで追いつめられて喜屋武岬付近まで逃げた。妹君子は、歩行不能になる程、足にケガをしていたので、破傷風となり収容所で死亡した。

　妹貞子は、母親が死亡していたのでヤギのミルクをあげていたが、日本兵がヤギを食べてしまったので、栄養が足りず餓死した。

第1章　原告らの本件被害と請求額

71 池原　徳次（昭和 27 年 11 月 13 日生）
①被害の時期・場所
　昭和 19 年 8 月 22 日。鹿児島県悪石島西方沖。
②被害の態様・質・程度
　アメリカ海軍の潜水艦による学童疎開船・対馬丸の撃沈により、乗船していた姉・比（15 歳）、兄・金雄（6 歳）、姉・ノブ子（4 歳）、兄・清（2 歳）、姉・文子（1 カ月）の 5 名が死亡した。5 名は原告の異母兄弟である。兄らの実母（ウタ）も対馬丸に一緒に乗船しており、同人も死亡した。
　これらのことは亡父池原金五郎からよく聞かされてきたので、父の遺志を受けて原告に加わった。

72 新城　正幹（昭和 44 年 9 月 6 日生）
①被害の時期・場所
　昭和 20 年 3 月 12 日。東奥武島（現在は無人島となっている）。
②被害の態様・質・程度
　原告の曾祖母（新城ムタ）の親族は、部落の人たちと一緒に久米島の山に避難していたが、ムタは足が悪いから避難できないと言い東奥武島に残っていた。
　空襲が終わって避難先から親族が戻ってきたところ、家が全焼・全壊しており、曾祖母は死亡していた。

73 桃原　政秋（昭和 7 年 4 月 25 日生）
①被害の時期・場所
　昭和 20 年 9 月 17 日。辺野古の収容施設。
②被害の態様・質・程度
　妹（春子）辺野古の収容所で死亡した。
　原告は今帰仁村今泊で生まれ育ち、戦時中に今泊の部落から米軍のトラックに乗せられて、辺野古の収容施設に入れられた。
　収容所で米軍から支給される食料は全然足りず、原告が食料を探して名護の山を歩き回ったが、当時 5 歳だった春子は、辺野古の収容施設で栄養失調で亡くなった。

春子死亡後は、辺野古の部落に埋葬したが、1年後に遺骨収集に行くと米軍により掘り起こされており、米軍が土地を使用するとのことで、糸満の不明者墓地に移動されたようだが、遺骨は見つかっていない。

74 富村　初美（昭和 16 年 10 月 22 日生）
①被害の時期・場所
　昭和 20 年 6 月 15 日。与那国島。
②被害の態様・質・程度
　父（登）、与那国で主に農業を行っており、ときおり漁に行くこともあった。昭和 20 年 6 月 15 日、日本軍の命令により母方祖父（伊盛秀雄）ら 5 名で漁に出たところ、空爆を受けて死亡した。

75 國吉　新徳（昭和 11 年 5 月 10 日生）
①被害の時期・場所
　昭和 20 年 6 月に南城市で母ウト、糸満で父宇志が死亡。戦争孤児となり本人も 6 月に糸満で負傷。戸籍に記載されなかった妹も避難中に死亡。
②被害の態様・質・程度
　戦前は那覇市識名に家族で住んでいたが、昭和 20 年 3 月頃から避難をし、識名の墓等に隠れていた。4 月頃から南部へ避難し、大里の陸軍病院近くの大きな壕に避難したが、兵隊が使うというので壕を追い出され、民家の牛小屋に避難していた。

　6 月の早朝 6 時頃、艦砲射撃で母が負傷し、2、3 日後に死亡した。その後も糸満方面を避難し続け、馬小屋のような場所に隠れていたが、迫撃砲を受けて、父が負傷、原告も左太ももを負傷した。

　原告は立てずに、這って馬小屋から出たところを米軍の捕虜となり、糸満の収容所から久志に連れて行かれた。そこで治療を受けた。父はそのまま死亡したと思われる。両親の死亡により、原告は戦争孤児となった、

　他の兄弟のことはわからず、久志で 1 カ月くらい治療を受けてから孤児院に入れられ、中学 3 年生まで孤児院で生活をした。その後 18 歳になってから、他の兄弟と再会した。今でも寒いときや咳をしたときには、戦争で負った傷が痛む。

76　沢岻　孝助（昭和8年8月20日生）
①被害の時期・場所

昭和20年6月18日に糸満で母ウシが死亡し、6月20日に父金五郎と長兄孝榮が死亡した。原告本人は、6月21日に負傷した。

両親の死亡により戦争孤児となった。

②被害の態様・質・程度

戦前は家族8人で西原町幸地に住んでいたが、原告が11歳の時に家族で避難中、糸満で母が死亡し、その2日後に父親と兄が死亡した。

翌日、糸満の新垣で原告の頭・足に砲弾が当たり負傷した。近くにいた兵隊により診療所に運ばれたが、手足も動かないほどの重傷だったため、野放し状態にされていた。妹たちとはその時はぐれた。

2日後に自力で這い出て行った時に米軍の捕虜となり、治療を受けてコザ孤児院に送られ、そこで妹たちと再会した。

高校生まで孤児院で育ち、その後は、妹たちの世話をするため働いた。

成人してから何年か後に、原因不明の全身の痛みに襲われた。どんな体勢でも痛み続け、眠れない状態が続き、病院も転々とした。赤十字病院で脊髄に破片が入っていることがわかり、手術することになった。麻酔をかけられないので、麻酔なしで、激痛に耐え大手術を行った。

77　比嘉　洋子（昭和18年4月8日）
①被害の時期・場所

昭和20年5月20日に祖父（省三）が日本軍に斬殺された。

②被害の態様・質・程度

原告はパラオで生まれたが、父が徴兵され、母と一緒に渡名喜村へ来た。祖父は戦争当時、沖縄本島の知念村で生活をしていたが、昼食時に2人の日本兵が家に来て、スパイ容疑で連行された。

祖父は、戦前にペルーに行き来しており当時としては珍しくスペイン語を話すことができたので、密告されたようである。連行される際に、「もう戻ってくることはできない」と話しており、数日後に、具志川の山中で首から肩にかけて斬られている状態で亡くなっているのを、部落の人が教えてくれた。

原告のおじが現場に行き、祖父であることを確認した。父もケガをして病院船で本島へ戻ってきた。

78 山田　秋子（昭和12年5月22日生）
①被害の時期・場所
　昭和20年5月8日。南風原町
②被害の態様・質・程度
　戦争当時は、南風原町神里に家族6人で住んでいた。自宅の屋敷内に壕があり、家族で避難していた昭和20年5月8日に、姉が軍の水汲みの手伝いをしていたので、その姉について行った。水汲みの帰りに、壕に入ろうとした瞬間に艦砲が近くに落ち、爆風で破片が、首から頸椎すれすれに体内に入って背中まで貫通した。すぐに姉が軍の診療所に運んでくれて一命をとりとめたが、負傷後は歩けなかったので、姉と母に交互に背負ってもらい、避難を続けた。
　背中の傷は大きくて、銭湯にも行けず、いつも首が隠れる服を着ていた。母親も女の子だからと、他人に知られないようにしていた。
　現在も整形外科に通院しているが、冬になると特に傷口が痛くなる。

79 宮里　勇（昭和22年5月30日生）
①被害の時期・場所
　昭和19年8月22日に、異母兄弟2人が対馬丸で死亡。
②被害の態様・質・程度
　学童疎開船・対馬丸に異母兄弟（操、京子）が乗船、撃沈されて死亡した。

第4　損害

　以上述べたとおり、原告らは、沖縄戦によって、自らの負傷、家族等の死亡等、様々な被害を被っている。家族等の死亡の場合は、慰謝料などその損害を相続により取得している。
　原告らのかかる深刻な被害により生じる精神的苦痛を慰謝するに足りる額は、金1000万円を下らない。また、原告らは本件訴訟の提起及び遂行を弁護士に委任しており、弁護士費用は金100万円が相当である。

〈第2章〉
「沖縄戦」に至る歴史的事実経過
―非武の島から戦の犠牲となった島へ―

第1　非武の島・沖縄〔かのナポレオン皇帝を驚かせた沖縄の話〕

　琉球を英国をはじめヨーロッパ全土にあまねく知らせる役を担ったのが、英国の探検家バジル・ホールであった。バジル・ホールは英艦ライラ号の艦長として琉球に達し、1816年9月から40日間あまり琉球に滞在した。バジル・ホールは、帰途、地中海のセントヘレナ島に立ち寄り、そこに「百日天下」後に流刑の身となっていたナポレオンと会見する機会を得て、自ら体験した「東洋事情」を話し聞かせ、話題も琉球に及んだ。両者の間では、琉球について大要次のようなやりとりがあったと伝えられている（バジル・ホール著、須藤利一訳『バズィル・ホール　大琉球島航海記　増補改訂版』琉球新報社、1955年発刊、207頁～）。

　ホール　琉球の人々は、武器というものを一切もっておりません。
　ナポレオン　武器をもたないだと！　大砲や小銃もないのか。
　ホール　いえ、マスケット銃さえもっていません。
　ナポレオン　では、槍は。せめて、弓矢といったようなものは。
　ホール　いえ、それもありません。
　ナポレオン　しかし、武器なくして一体どうやって戦争をするのだ。
　ホール　琉球の人々は戦争というものをしたことがなく、内憂外患のない平和な状態を保っております。
　ナポレオン　戦争がないだって！（この間、ナポレオンは「太陽の下、戦争をやらぬ民族などあろうはずがない」といった表情を浮かべていた）

この「大琉球島航海記」は文章が名文なうえ、当時の製本技術、色彩印刷技術の粋を集めた豪華本として刊行されたことが相俟って、当時の英国でベストセラーとなり、ヨーロッパ全土で読まれるようになったと伝えられている。大軍事戦略家ナポレオンが驚いたこの会話には「軍事の論理」に対峙する「非武の論理」をみる。しかし、その後の沖縄の歴史は、逆転し、沖縄の人々の意思に反して、沖縄は日米両軍の決戦場となり「非武の島」から「戦さの犠牲の島」と変わり果てていくことになった。

第2　「沖縄戦」に至る経過の概要

1　沖縄戦はアジア太平洋戦争や第二次世界大戦末期の戦い

　この沖縄戦に至る経過について概略説明する。

　〔アジア太平洋戦争〕満州事変（1931年9月18日）から日本の敗戦（45年8月15日）に至る日中15年戦争と、日米戦争（41年12月8日開始）を中心とするアジア太平洋地域で行われた戦争の総称である。沖縄戦はアジア太平洋戦争の末期における日米の戦争である。

　〔中国東北戦争〕満州事変から満州帝国建国に至る中国東北戦争は、中国東北部（満州）を日本の勢力下に置くことを意図したもので（1931年9月24日の「満州事変に関する政府第1次声明」）、アジア地域での日本及び欧米帝国主義国家の勢力圏範囲を取り決めたベルサイユ・ワシントン体制の解体を招くものであった。中国東北戦争は、日中戦争の第1段階であり、第二次世界大戦の前哨戦とも言うべき戦争と言える。

　〔日中全面戦争〕1937年7月7日、日中15年戦争の第2段階としての盧溝橋事件に端を発する日中全面戦争が開始される。日本軍は中国の主要地域を軍事占領し、"日満支"経済ブロックを形成して自給自足体制の確立を目指した。中国の首都南京陥落以後、日本政府（第1次近衛文麿内閣）は、〈爾後国民政府を相手とせず〉との第一次近衛声明（1938年1月16日）を発して、中国国民党政府との和平交渉を一方的に打ち切る。代わりに傀儡国民政府（南京の汪兆銘政権）の樹立を狙い、日本と満州、それに汪兆銘政権の中国による東亜新秩序の建設を内外に向け表明する（第2次近衛声明、同11月3日）。

第2章 「沖縄戦」に至る歴史的事実経過

これら日本政府の一連の姿勢は中国侵略の事実を覆い隠すためのもので、英米を中心として激しい反発と不信を招き、日本は国際世論の批判を浴びた。国際的な孤立に追い込まれた日本は、日独防共協定（36年11月25日。のちイタリアも加盟）を日独伊三国同盟（40年9月27日）へと強化するが、かえって英米を中心とする連合国との間に一段と深い溝をつくることになる。それが、対英米戦争に「進展」していった。

〔南進政策により米英と対立〕日本は、日中戦争を推進しながら、北進路線を進めてソ連との間にノモンハン事件（1939年5月）などの武力衝突を引き起こしたが、壊滅的敗戦を喫した。そこで、日本は路線を変更して資源確保等の目的のために武力による南進政策を押し進め、米英と武力対立を引き起こすこととなった。

〔アジア太平洋戦争から第二次世界大戦へ〕以上述べた中国東北戦争から日中戦争への戦争の展開は、仏印進駐と日米戦争（41年12月8日）の開始によって、日中15年戦争の第3段階とも言うべきアジア太平洋戦争へと拡大していく。日独伊三国同盟はこのように日中15年戦争と第二次世界大戦とを接合する役割を果たす。すなわち、アジア太平洋戦争は日中15年戦争の第3段階という性格と同時に、第二次世界大戦の主要な一部としての位置をも占めることになったのである。

〔沖縄戦〕はアジア太平洋戦争末期における戦争であると同時に、第二次世界大戦最後の地上戦闘であった。

2　被告国における本件沖縄戦当時の戦争指導体制

本件沖縄戦当時の被告国の全般的戦争指導責任体制と被告国の責任を明らかにするために、天皇の軍事大権と統帥権、最高戦争指導機関である大本営、天皇も出席して関わる重要な政治決定を行う御前会議等について説明する。

1．天皇の軍事大権と統帥権

明治憲法によって天皇に与えられた条約大権、非常大権（第31条）など12ある大権の1つ。軍令大権と軍政大権とに区別される。西南戦争の翌年に起きた竹橋事件（1878年。日本で初めての兵士反乱事件）の参加将校に、自由民権運動の影響が認められたことを教訓に、政治の軍事への影響を排除するため、同年

12月、参謀本部が設置された。これにより太政官（政府）が保持していた軍隊指揮権（統帥権）が天皇に移行し、天皇の統帥権保持による兵政分離の措置が採られることになった。

さらに、内閣制度を発足させた内閣職権（85年12月制定）で、軍事に関する事項は内閣＝政府が直接には触れることのできない領域と定められた。大日本帝国憲法（明治憲法、89年制定公布）は、西欧型の議会とは異なり、開設された帝国議会の権能を極力抑えるために〈統治権の総攬者〉として天皇に絶対的な権限を与えた。それを天皇大権と呼ぶ。そして天皇制国家を物理的に支える実力装置としての軍隊も、明治憲法11条の軍令（＝統帥）大権と第12条の軍制（＝編制）大権の2つからなる軍事大権の名において、天皇直轄による指揮管理が形式上整えられることになった。ヨーロッパ諸国のうち英仏では、議会による軍隊＝兵権に対する統制管理が徹底され、議会＝文権優越の制度が確立していったが、ドイツ・プロイセンでは、絶対君主政体から立憲君主政体への移行過程においても、武権が文権によって統制管理されることを回避するために、統帥権の確立を急いだ。日本の統帥権独立制も、このドイツ・プロイセンに倣ったものである。

明治憲法公布の年に内閣官制により、内閣とは別に陸海軍大臣にも軍機命令に関する上奏権が与えられた。さらに、「軍令に関する件」（1907年9月制定）により、"陸海軍の統帥に関し勅定を経たる規定"について軍令という法令規定を設け、一段と統帥権の強化を行った。このように軍事大権こそ、軍部が政治的に大きな地位を占めるに至る法的裏付けとなった。

2．大本営（天皇に直属する司令部・戦争指導機関）→最高戦争指導会議

戦時において作戦立案や作戦を指導する旧日本帝国の戦争指導機関。戦時大本営条例（1893年5月22日交付）によって設置され、当初は陸軍の参謀総長を幕僚長とし、海軍も含めた全軍の作戦指揮を統括した。1944年8月4日に小磯国昭内閣下で最高戦争指導会議に取って代わられるまで、日本の最高の戦争指導機関としての役割を果たした。

アジア太平洋戦争期にあって大本営は、本来ならば統一的な戦争指導機関として機能することが期待されたが、陸海軍間の作戦や軍需物資の配分をめぐる深刻な対立は、大本営によっても最後まで解決することができず、また日本の陸海軍に特有の独善性もあって、アメリカやイギリスなどに見られるような戦争指導と

政治指導の連携を作り出すことができないままであった。つまり、大本営は政治指導部を排除する形で戦争指導を強引に押し進め、常に政略と戦略の連携を欠落させる限界を露呈した制度だった。

3．御前会議

重大な政治決定を行う場合に、天皇が出席して開かれた超憲法的機関。日清・日露戦争時にも開催されたが、政治や戦争を指導するうえで、内閣行政権の主導性を発揮するため天皇の権威が利用される場として企画された。日清・日露戦争時に開催された。日清・日露戦争の折には大本営が設置され、その場で御前会議が開催されて挙国一致体制が図られた。

太平洋戦争直前の御前会議が12月1日に開催され、ここで対米交渉の打ち切りと日米開戦の最終決定の断を下すことになる。戦争突入後も重要な政戦略の変更を決する御前会議が7回開かれ、最後がポツダム宣言を受諾するものであった。このように日米戦争の開始と遂行が明治憲法に規定のない超憲法機関によって決定されたことは、明治国家の非立憲制と絶対主義的構造を示すものであった。また、戦争決定過程に日本国民がまったく関与できなかった事実が戦後における民衆の戦争責任観を希薄なものにし、戦争責任・戦後責任問題の深まりを妨げる原因となっている。

4．宣戦・終戦の詔勅

宣戦及び講和に関する天皇大権の施行に関する勅旨として、国民に向けて宣布されたもの。1941（昭和16）年12月8日に公布された「米国及び英国に対する宣戦の詔書」、45年8月14日、最後の御前会議で決定・公布された「終戦の詔書」がある。

5．沖縄戦に関する戦争指導体制

沖縄戦の戦争指導体制は、大本営等から台湾に設置された第10軍指揮下の32軍へ、または32軍に直接的に行われた。その具体的な軍事指導の実行については、順次後述する。

3　日米開戦後の戦局推移状況と沖縄の戦略的位置

日本の海軍航空部隊は1941（昭和16）年12月8日の真珠湾奇襲攻撃や、マレー沖海戦において驚異的な戦果をあげてみずから現代戦における航空戦力の重

要性を実証した。しかしながら42年6月のミッドウェー海戦では一転して、戦艦中心の日本の連合艦隊が米軍の航空母艦中心の攻撃のまえに惨敗を喫した。

この海戦で多くの航空母艦を失った日本海軍は、続く中部太平洋における諸作戦では、制空権を握った米英軍などの連合軍の反攻のまえに敗退を重ね、最高戦争指導部（大本営）でも航空戦力の早急なる再建と強化を痛感し、国家総動員態勢で飛行機の増産を急いだ。しかし、物資不足と労力不足の中で航空母艦群の損耗の穴を埋めることは絶望的であった。ここに浮上してきたのが、沖縄などの島嶼群に飛行場を設定して、地上基地から航空作戦を展開するという"不沈空母"構想であった。

太平洋戦争は、世界の軍事戦略思想の流れを大艦巨砲作戦主義から航空主力作戦主義へ転換させたのである。

1943（昭和18）年9月、大本営は戦局の劣勢を挽回すべく「絶対国防圏」を設定した。確保すべき圏域を千島～小笠原～マリアナ諸島～西部ニューギニア～スンダ～ビルマの範囲に絞り、体制のたてなおしをはかった。新作戦方針を実行あらしめるためには前線に展開した航空部隊を支援する後方基地が必要不可欠であった。

具体的にはマリアナ諸島（サイパン、テニアン、グアム）の航空基地に展開した航空部隊を支援するために南西諸島に中継基地を設定する必要があった。陸軍航空本部は43年夏から南西諸島に多数の飛行場を設定する計画を立て実施に移しつつあった。

1944（昭和19）年2月17日から18日にかけて、米機動部隊は日本海軍の南洋諸島における中枢基地のあるトラック島に奇襲攻撃をかけて、艦船及び飛行機に壊滅的な打撃をあたえた。中部太平洋における日本軍の航空戦力は危機的状態に陥り、制空権の確保も著しく困難となり、絶対国防圏の第一線をなすマリアナ諸島の防衛も危惧される状態になった。

陸海軍ともに絶対国防圏を堅持するためには、沖縄の「不沈空母」化が緊急の課題となってきたのである。

1944（昭和19）年3月、大本営は戦局の急迫に対応した新たな作戦方針を策定した。内容は2本の柱からなり、まず沖縄本島を中心とする南西諸島に第32軍を新設し、同時に発令された「十号作戦準備要綱」に基づいて航空作戦を最重

点とする作戦準備を命ずるものであった。

　大本営は3月22日に新作戦方針を命令した。これまで比較的平穏に暮らしてきた沖縄県民もこの日を分水嶺として急激に戦争の渦中にまきこまれていくことになり、歴史上未曾有の惨禍をもたらす本件沖縄戦へと戦局は推移していくことになる。

第3　沖縄戦直前の沖縄諸島の地誌概要

　沖縄戦被害の実態や未曾有の被害を発生させた原因及び被告国の法的責任の前提事実として、沖縄戦直前の沖縄諸島の地誌について理解を深めることは必要不可欠である。そこで、次の沖縄諸島の地誌について主として軍事上必要な事項および沖縄戦被害に関連すると思料される事実等について記述する。

1　地勢の大要

　沖縄諸島の属する南西諸島は九州の南端から台湾の北東端間に、約800キロにわたって連なる弧状の列島である。列島のほぼ中央部（北緯27度付近）で二分し、その北東部を薩南諸島、南西部を琉球諸島と称する。

　薩南諸島は、大隈群島、吐噶喇群島、奄美群島、琉球諸島は、沖縄群島、先島群島（宮古列島、八重山列島を総称）からなる。なお沖縄群島の東方に大東諸島、先島群島の北方に尖閣群島がある。

　日本陸軍では南西諸島を「硫黄島─竹島─種子島を含む以南の鹿児島県及び沖縄県の島嶼」と規定していた。（陸軍報告規程）

　沖縄諸島は、日本本土から遠く離れた（東京から約1500キロ、鹿児島から650キロ）小島であることが判る。

2　行政区分

　戦前南西諸島は鹿児島県と沖縄県に二分され、輿論島以北は鹿児島県大島郡に属しており、19年末ころの大島郡の人口は約200000人であった。

　沖縄県は沖縄島（伊平屋列島を含む）以南55個の島で、2市（那覇、首里）、5郡（国頭郡、中頭郡、島尻郡、宮古郡、八重山郡）、3町、51村に分けられ県庁は那覇市にあった。当時の那覇市の人口は約55,000人であった。

■戦時の沖縄市町村図

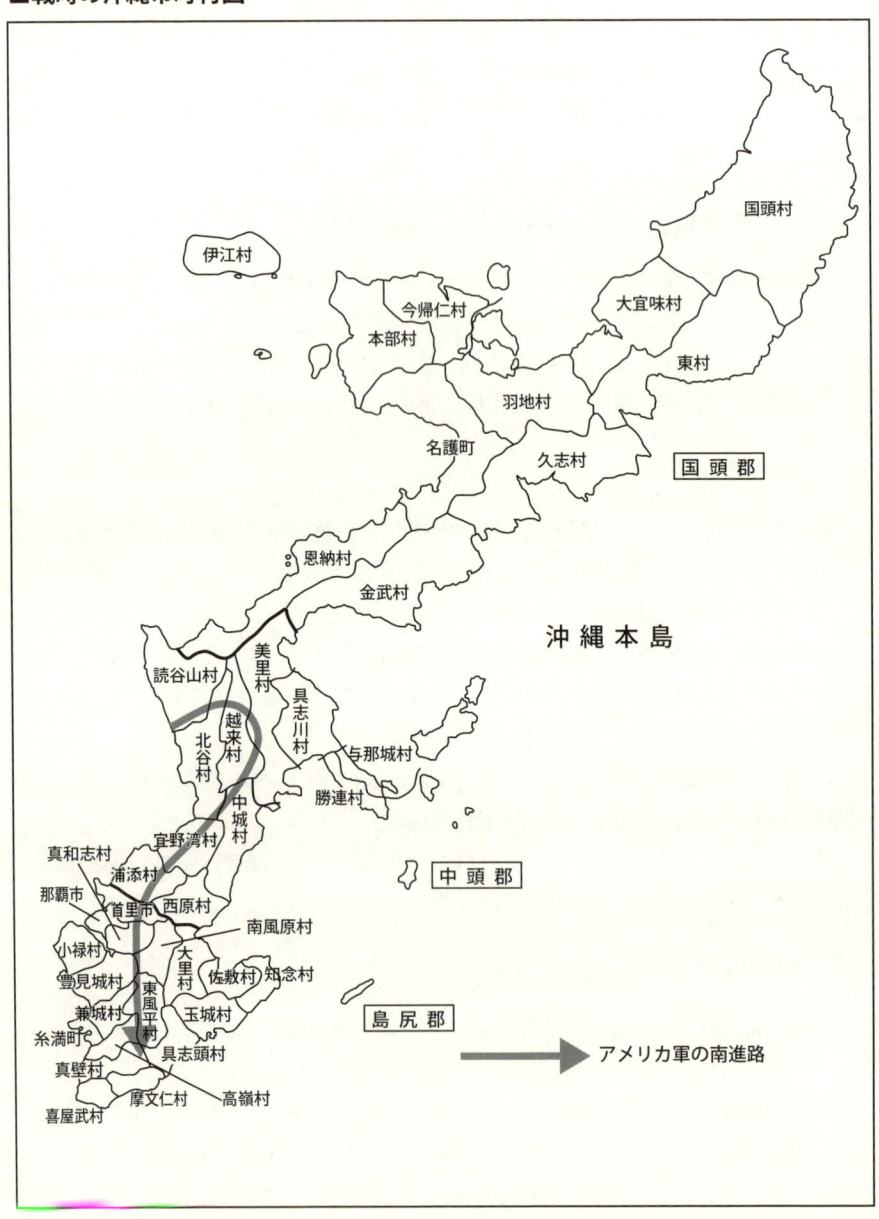

国頭村
伊江村
今帰仁村
大宜味村
本部村
東村
羽地村
名護町
久志村
国頭郡
恩納村
金武村
沖縄本島
読谷山村
美里村
具志川村
越来村
北谷村
与那城村
中城村
勝連村
宜野湾村
真和志村
浦添村
那覇市
首里市
西原村
中頭郡
南風原村
小禄村
大里村
豊見城村
東風平村
佐敷村
知念村
兼城村
玉城村
糸満町
島尻郡
真壁村
具志頭村
摩文仁村
高嶺村
喜屋武村

→ アメリカ軍の南進路

90

■沖縄戦時と現在の市町村

●合併市町村 年度	●合併市町村 年度	●分村町村 年度	●名称変更町村 年度
新　旧	新　旧	新　旧	新　旧
糸満市　　　1971	那覇市　　　1957	中城村　　　1946	読谷村　　　1946
糸満町	那覇市	中城村	読谷山町
兼城村	真和志村	北中城村	
高嶺村	首里市	北谷村　　　1948	
真壁村	小禄村	北谷町	
喜屋武村	沖縄市　　　1974	嘉手納町	
摩武仁村	コザ市	金武町　　　1946	
八重瀬町　　2006	美里村	金武村	
東風平町	うるま市　　2005	宜野座村	
具志頭村	石川市	大里村　　　1949	
南城市　　　2006	具志川市	南城市	
大里村	与那城町	与那原町	
佐敷町	勝連町		
玉城村	名護市　　　1970		
知念村	名護町		
	久志村		
	羽地村		
	屋部村		
	屋我地村		

※市町村名は現在の名称を表示。合併等の時点の市町村名とは異なる場合がある。
※途中経過は省略して最終の変更年度を示した。
※市町村名だけの変更（豊見城村→豊見城市）は、表示していない。

3　人口

　昭和19（1944）年末の沖縄県の人口は約590000人で、そのうち約490000人が沖縄本島地区に在住した。沖縄作戦が懸念されだした19年7月ころから島外疎開が勧奨され、戦闘開始までに約80000人が疎開した。したがって、沖縄地上戦開始時の沖縄本島地区の人口は、疎開した数を差引くと約400,000人程度であった。
　昭和19年12月の沖縄県の人口状況は次のとおりである。

昭和 19 年 12 月 31 日調査

　　戸数　　　124,001 戸
　　総人口　　590,480 人［492,128 人］
　　男　　　　265,530 人［219,786 人］
　　女　　　　324,950 人［272,342 人］
　　　　注［　　］は沖縄本島（群島を含む）の人口
　　密度（1 平方キロ）　　247.24
年齢及び性別人口
　　14 歳以下　　　男　109,676　　女　107,062
　　15 歳～39 歳　　男　 78,414　　女　112,377
　　40 歳～59 歳　　男　 48,431　　女　 61,793
　　60 歳以上　　　男　 29,009　　女　 43,718

（注）沖縄本島だけの人口密度（1 平方キロ）は高くなり（403 人）、特に、激戦地となった沖縄中部・南部の人口は 350000 人程度、面積は 250 平方キロ程度であるから、人口密度（1 平方キロ）は、実に 1400 人程度となり、過密な人口であった。狭い過密な地域で住民保護策を実行しないまま激烈な地上戦が闘われたことが多数の住民犠牲者を発生させることになった原因である。

4　面積

沖縄県の総面積は約 2388 平方キロで、主要な島の面積（平方キロ）は次のようである。分かりやすくするために他県の島、激戦の硫黄島、サイパン、グアムをあげたが、沖縄本島に附属する伊江島（歩兵 1 コ大隊基幹を配備）が硫黄島（歩兵 9 コ大隊基幹を配備）より大きいことは注目に値する。

沖縄本島	1,220	伊江島	23.98
奄美大島（本島）	718.1	喜界島	60.2
徳之島	252	沖永良部島	97
與論島	21.9	宮古島	250
石垣島	258	西表島	323

北大東島	15.89	南大東島	25.91
沖大東島	4.16		
九州	約41,000	四国	18,773
淡路島	592.93	佐渡島	857
小豆島	155.53	硫黄島	20.1
サイパン島	約185	グアム	568

（注）沖縄本島は細長い島であり、狭い部分は幅4キロ位しかない。淡路島の2倍程度であり、小さな島であることが判る。沖縄本島1220平方キロのうち、激戦地の中部・南部の面積は250平方キロ程度あり、人口が密集している。日本軍はあえてこの地を戦場として設定してアメリカとの戦闘行為の主戦場とした。最大時には日米両軍の合計は300000人に達していた。

5　産業

戦前の沖縄県は次の産業別人口に見られるように農業人口が77％強であり、耕地面積は昭和15年（1940年）の統計によれば水田4705町歩、畑地37663町歩となっている。

主要作物は甘藷、甘蔗、大豆、蔬菜、水稲で、昭和15年の生産高は米約11万石、甘藷775万斤（約46.5万トン）、甘蔗約138万担（約8.2万屯）となっている。米は不足し甘藷が農家の主食と家畜飼料の大部を占め、沖縄県は戦前約20万石の米を台湾から移入していた。平時においても食糧事情は、困窮していた。

昭和19年の産業別人口は次のとおりである。

		有業者の比率
人口総数	590,480	
有業者数	237,663	100.00%
農業	183,248	77.10%
水産業	4,764	2.00%
鉱業	2,332	1.00%
工業	17,550	7.40%
商業	8,399	3.60%
交通業	5,362	2.30%
公務自由業	12,436	5.20%
家事使用人	3,469	1.40%
その他	67	0.00%
無業者数	352,817	

（注）沖縄は農業県であり、激烈な地上戦のため山容が変わり果て、一木一草まで焼き尽くされたため、生計の手段が根本から失われた。

家畜は古くから発達し、豚及び山羊の飼育数では戦前は日本全国で第一位を占めていた。昭和12年（1937年）の統計によれば次のようである（注：戦争直後の1946年の調査によれば、（　）内のとおりである。沖縄戦の被害のすさまじさが畜産物の減少率によっても明らかとなる）。

　　　　　　沖縄県　　　　　日本本土（沖縄県を含まず）
　牛　　30,463頭　　　1,825,760頭
　　　　　　（112頭、減少率99.5％）
　馬　　40,000頭　　　1,541,086頭
　　　　　　（899頭、減少率96.0％）
　山羊　145,363頭　　　 293,302頭
　　　　　　（1,165頭、減少率98.9％）
　豚　　149,004頭　　　1,088,187頭
　　　　　　（1,647頭、減少率98.4％）

　沖縄県の林野面積は約20万ヘクタール（戦後調査）でその総蓄積は約140万石と推定され、戦前沖縄県の年間需用は約50万石で用材の大部は日本本土から送られていた。今次の戦争で林産資源の約14％が失われたという。
　沖縄漁民は海に対してきわめて勇敢であり優秀な漁撈技術を有しているが産業としては一般に不振であった。昭和14年の漁獲高(魚類)は約3000トンである。
　沖縄作戦においては、漁民は挺身連絡や水上特攻によくその特技を発揮して他の県民同様に軍の作戦に協力したと日本軍から「評価」された。

6　墓地

　沖縄県人は一般に祖先崇拝の念が強くその墳墓は壮大なものが多く、海岸や丘陵に山石と称する石灰岩などを積み上げて美術的に築かれてある。近代のものは破風墓及び亀の甲墓と称され、その特長は入口を漆喰で固めその前面を石垣で囲んだ庭を有する点である。
　これらの墓地は作戦にあたり陣地の一部として極めて有効に利用された。

第4　日本軍の「沖縄戦」戦闘準備態勢の確立に至る経過

　沖縄一般住民の生命・身体・安全・財産に対する具体的危険を惹起させた日本軍の沖縄における軍事政策・軍事遂行体制はいかにして構築されたのか。

1　絶対防衛圏と南西諸島防衛態勢の構築

1．開戦直後から戦場化した沖縄近海の海（制海権は米軍に）―米潜水艦による国際法違反の無警告・無制限攻撃

　1941（昭和16）年12月8日、日本海軍による真珠湾攻撃を受けた米軍は、以後、航空作戦と併せて潜水艦作戦を採って、日本への「無制限船舶攻撃」を強行することにしたのである。この作戦によって、沖縄諸島における日米両軍の最後の地上戦闘以前に、南西諸島近海（九州西岸および南西諸島を含む海域を指す）の海は戦場化していくことになった。

　南西諸島近海では、陸海軍に徴用された民間船舶（500トン以上）のうち、日米開戦後の1942年から44年7月までの2年7カ月で58隻が沈没した。

　全体の半数近い27隻は44年1月から7月にかけて発生。原因別に見ると、国際法上禁じられている潜水艦による攻撃が8割を占めている。米国は、日本軍によるハワイの真珠湾攻撃から数時間後、日本船舶に対する無警告・無制限潜水艦戦を実行した。特に43年からは日本商船の撃沈作戦に踏み出しており、多くの日本船舶が米軍の攻撃にさらされている。

　南西諸島近海での米潜水艦による船舶攻撃は、42年2月から始まり、同6月から一時沈静化するが、43年3月から活動を再開、同10月から44年8月まで毎月発生。この間、嘉義丸が43年5月26日に撃沈されたほか、湖南丸（同12月21日）、台中丸（44年4月12日）、富山丸（同6月29日）、宮古丸（同8月5日）がそれぞれ撃沈された。死者・不詳不明者は800に達している。

　米軍による船舶攻撃が相次ぐ背景には、南方から日本向け資源輸送路の遮断に加え、44年3月の沖縄守備軍（第32軍）創設に伴う中国大陸からの大掛かりな兵員、軍需物資の沖縄輸送作戦（ロ号作戦）への対処とみられる。

　潜水艦や航空機による商船への無警告・無制限攻撃は、パリ講和会議の戦争法規慣例及び潜水艦・毒ガス条約により禁止されている（後述の国際法違反・その2）。

しかし米国は、日本軍のハワイ真珠湾攻撃が戦時国際法に反する「闇討ち」に当たるとして、それを口実に潜水艦による無制限作戦に方針転換した。船舶は戦争中、重要任務を負っているとして、石油、石炭、鉄、ゴムなどを運ぶ日本の貨物船を戦艦や空母と同様に「戦争機械の一部分」とみなし攻撃対象にした。

これに対して日本は、一般船舶の護衛を軽視し、42年4月までは船団を組まず独航させていた。同年7月に護衛艦隊を新設し船舶護送を開始したが、護送船団は1隻の旧式駆逐艦か小艦艇に護衛された小規模もので、米潜水艦部隊の攻撃に十分対処できなかった。

南西諸島近海での米潜水艦による船舶攻撃は、1942（昭和17）年2月18日、海軍徴用船の信洋丸（1500トン）を撃沈して以後、学童疎開船対馬丸の撃沈、第32軍牛島満司令官が自決した後の1945年7月3日、石垣島を出航した最後の台湾疎開船第5千早丸（50トン）が空襲されるまで、米潜水艦の雷撃によって撃沈された59隻をはじめ空爆その他で撃沈された船舶は合計で152隻にものぼった。

とくに1944年8月22日に中国から沖縄へ移駐する兵員を輸送し終えたばかりの対馬丸が九州への「学童疎開船」として使用され、悪石島沖合で米潜水艦ボーフィン号に撃沈された。そしてその被害者の半数近くがいたいけな児童生徒（名前判明者数1418名中、学童775名）であったため、事実が知れ渡らないように強く「かん口令」を敷いていたにもかかわらず「口コミ」によって広く伝わっていき、住民にとっては衝撃的事件として受け止められた。

1945（昭和20）年3月26日、米軍が慶良間諸島へ上陸後、沖縄諸島で日米両軍の最後の地上戦闘が展開したが、それ以前に沖縄周辺の海は、早くから戦場化し、すでに制海権はアメリカが握っていたのである。

2．「絶対国防圏」の確立と南西諸島の航空戦力を主体とする「不沈空母」化

米軍の潜水艦攻撃に為す術もなかった日本は、1943（昭和18）年9月15日に大本営が「絶対防衛圏」を策定し、同月30日の「今後採ルヘキ戦争指導ノ大綱」の決定とともに発動した。それまで日本軍の強固な軍事基地が建設されていなかった南西諸島地域に、陸海航空基地を建設することを決定した。

それまでは戦線のはるか後方に位置する南西諸島方面には日本軍の戦闘部隊も

第2章 「沖縄戦」に至る歴史的事実経過

配置されず、したがって本格的な防衛陣地も建設されていなかった。しかし、この「大綱」によると、1944（昭和19）年には米英軍との戦局の大勢を決する目途づけのために、日本の決戦戦力として特に航空戦力を急速に増強したうえで、米英戦を遂行する方針を採ることになった。つまり、日本海軍がミッドウェー海戦でアメリカ艦隊に敗北した1942（昭和17）年半ば以降、連合軍が反転攻撃し、戦線が北上しつつあったので、急きょ、戦略態勢を確立しようとしたのである。

「大綱」では「絶対防衛圏」を「帝国戦争遂行上太平洋及印度洋方面ニ於テ絶対確保スヘキ要域ヲ千島、小笠原、内南洋（中西部）及西部『ニューギニア』『スンダ』『ビルマ』ヲ含ム圏域トス」とし、「戦争ノ終始ヲ通シ圏内海上交通ヲ確保ス」とあり、ここでいう「海上交通」確保のため、すでに海は戦場化している南西諸島各地に、特攻作戦を展開するために「不沈空母」としての役割を果すべく航空基地建設が急務となったのである。それは沖縄、台湾方面における航空作戦の基盤の整備を主体にした「10号作戦準備（昭和19年2月～5月）」という名称で、皇土防衛と南方圏の輸送路を確保するために台湾の第10方面軍と南西諸島の第32軍が海軍とも協同して作戦準備を強化し、敵の奇襲攻撃にも備えるというものであった。

そこで南西諸島における特攻作戦としての航空基地建設が、米軍の沖縄上陸直前まで、住民をも動員し突貫工事で行われた。それまでに建設されていた飛行場と合わせると、第32軍（南西諸島方面防衛）には19の飛行場が存在することになった。その建設した航空基地は下記の通り19箇所の多数にのぼった。日本軍は沖縄戦前夜まで、「不沈空母」という役割を担った航空基地建設のため、兵士はもとより住民をも強制徴用し、荷馬車も最大動員し、全力を傾倒していった。

現在の那覇空港の一部となっている①海軍小禄飛行場を筆頭に、②海軍平喜名飛行場（海軍石垣島北飛行場）、③海軍南大東島飛行場、④喜界島飛行場、⑤平得飛行場（海軍石垣島南・大濱飛行場）、⑥読谷飛行場（陸軍沖縄北飛行場）、⑦嘉手納・屋良飛行場（陸軍中飛行場）、⑧伊江島飛行場（陸軍東・中・西飛行場）、⑨平良飛行場（海軍宮古島飛行場）、⑩野原飛行場（陸軍宮古島飛行場）、⑪洲鎌飛行場（陸軍宮古島西飛行場）、⑫陸軍白保飛行場（陸軍石垣島東飛行場）、⑬西原・小那覇飛行場（陸軍東飛行場）、⑭仲西・城間・浦添飛行場（陸軍南飛行場）、⑮

石嶺飛行場（陸軍首里秘密飛行場）、⑯伊良波飛行場（海軍与根秘密飛行場）、⑰宮良秘匿飛行場（昭和20年建設・石垣島）、⑱徳之島北飛行場、⑲徳之島南飛行場

　飛行機の呼称名は、それぞれの地域住民の俗称と日本軍の正式名称が混在している。

　沖縄本島核飛行場労務者の集合状況は、毎日2000ないし3000名で、（1944年）5月中の総計は、おおよそ沖縄南7.3万、沖縄東7万、沖縄中6.3万であった。そのうち約20％は婦女子であった（防衛庁防衛研修所戦史室『戦史叢書　沖縄・壷湾・硫黄島方面　陸軍航空作戦』朝雲新聞社　1970　46頁）

　しかし、1945年3月26日の米軍上陸を間近にすると、米軍に使用されるのを未然に防ぐ目的で、自らの手で滑走路を破壊する（陸軍伊江島飛行場）一方、秘密飛行場（伊良波飛行場など）の建設は密かに進めていくことになった。

2　第32軍の創設と不沈空母基地建設のための住民動員

1．大本営第32軍（南西諸島方面防衛軍）の創設

　南西諸島での航空基地建設が進行中の1944（昭和19）年2月17日～18日、中部太平洋カロリン諸島中央部に位置する日本の委任統治領トラック諸島（現在チューク諸島）の日本軍が米機動部隊の艦砲射撃や空襲を受け、艦船等40余隻が沈められ、飛行機約270機を失うという大被害をうけた。大本営にとってそれはきわめて深刻な打撃であった。なぜならその前日の2月16日、米英の反撃を阻止するためサイパン・テニアンなどマリアナ諸島方面の兵備強化を目的に、第31軍の創設を企図したばかりだったからである。

　そこで同年2月19日に大本営は、日本本土、南西諸島、台湾方面の防衛の強化を決定した。そのうえに、佐世保鎮守府司令長官が南西諸島防衛強化の詳細な意見具申を行った。それによると、南西諸島海域で米軍潜水艦攻撃を頻繁に受けていたので、対潜水艦作戦と海上交通路確保のため、航空基地建設にとりかかりつつあったが、敵の空襲並びに上陸作戦に対しては無防備の状態だった。そこで海軍としてはマリアナ諸島同様の兵力を南西諸島防備のため急速に強化することを求めたのである。

　大本営はその意をうけ、南西諸島防衛強化のために、1944（昭和19）年3月

22日に屋久島から南、台湾から北に大本営直轄の第32軍を創設したのである。

創設当初の地上兵力は2個の混成旅団と1個の混成連隊だけであり、それらの部隊の任務は、南西諸島一帯に不沈空母としての飛行場を建設することであった。

一般に、第32軍を「沖縄守備軍」という呼び方をしてきたので、その作戦範囲は恰も沖縄県域だけに限定されているように思われがちである。しかし、第32軍の作戦地域は、沖縄県だけでなく、鹿児島県の奄美諸島にまたがっており、沖縄戦は、特攻攻撃を含めて九州から南、台湾から北の南西諸島全域に渡って展開することになったのである。

第32軍は創設後に3個師団と5個混成旅団が配備された。その配備先は、沖縄本島を中心に、北は奄美諸島、南は宮古、八重山、東は大東島にまたがっていたので、第32軍直属の52個大隊のうち軍司令部が設置された沖縄本島には半数以下の24個大隊が配され、残りの28個大隊は各地域に散在することになった。つまり、この段階における「沖縄守備軍」というのは24個大隊からなり、残りの28個大隊は、「奄美守備軍」と「先島守備軍」の役割を担い、米軍が上陸しなかった南西諸島の各島々に配備されていくことになった。したがって、第32軍の「沖縄守備軍」以外は、広大な南西諸島地域に点在することになったのである。

当初の第32軍の編成は下記表1の通りであった。

表1　第32軍の主な編成

第32軍司令官　渡邊正夫陸軍中将
第32軍司令部（沖縄本島）
奄美大島要塞
中城湾要塞（沖縄本島）
船浮要塞（西表島）
第19航空地区司令部
第50飛行場大隊
第205飛行場大隊
第3飛行場中隊
要塞建築勤務第6中隊
要塞建築勤務第7中隊
要塞建築勤務第8中隊

（『沖縄方面陸軍作戦』23～24頁）

もともと南西諸島に配備されていたわずかな人数の要塞部隊に新たに配備された飛行場大隊で航空基地を建設することが主要任務だった。したがって地上兵力で南西諸島を本格的に防御する目的ではなかったので、兵力をほとんど保有していなかった。

　大本営は第32軍を創設すると同時に「航空作戦を最重点とする10号作戦準備」を指示し、敵の奇襲に備えてフィリピン同様南西諸島および台湾東部に飛行師団が展開できるようにした。

　こうして、絶対防衛圏の後方に位置する沖縄が「皇土防衛」の日本国内では最前線基地になることが予想された。第32軍の軍司令部は、4月上旬に沖縄現地に到着し、南西諸島各地に飛行場を設営する「10号作戦」をもって、沖縄を中心に移駐する地上部隊を含めて軍官民が一致協力することを求めたのである。

　第32軍主要部隊がそれぞれの地域に到着前、軍隊区分は3つの守備隊等であった（表2）。

表2　第32軍の軍隊区分

大東島支隊	大東島支隊基幹
奄美守備隊	独立混成第21総隊基幹
沖縄守備隊	独立混成第44旅団基幹
先島守備隊	独立混成第45旅団基幹
第19航空地区部隊	
軍直轄部隊	
軍区処部隊	

（『陸軍航空作戦』41頁）

2．絶対国防圏の崩壊による大本営と第32軍の作戦変更

　1944（昭和19）年6月15日、沖縄県人約2万人が農業を中心とした出稼ぎ移住しているサイパン島へ、米軍が上陸を開始した。それに先立って6月11日に米機動部隊がマリアナ海域に進出したのに伴い、日本連合艦隊は「あ号作戦」を発動した。そして日本海軍は空母9隻を基幹とし、米海軍は空母15隻を基幹とする空前の日米両艦隊の決戦が19〜20日にマリアナ沖で行われた。この海戦で日本軍は壊滅的打撃をうけた。以後、米軍は制海権、制空権を日本から奪って、

圧倒的有利な立場で作戦を遂行していった。そして、同年7月7日、サイパン島の日本軍は全滅した。主な絶対国防圏の崩壊である。そこで米軍はマリアナ諸島を基地として、日本本土を激しく空襲することが可能となった。さっそく、小笠原諸島の硫黄島や父島に米軍は空襲を加えていった。

さらに、日本軍はインドのインパール作戦も失敗に帰した。一方、米軍はグアム島、テニアン島、ペリリュー島、モロタイ島へ相次いで上陸して、日本軍を撃破していった。8月末日には日本の絶対国防圏と設定している小笠原諸島、台湾にさらに空襲を加えており、沖縄にも来襲するのは時間の問題という状況になった。

日本海軍がマリアナ沖海戦で壊滅的打撃をうけ、さらに第31軍がサイパン沖で激戦中、南西諸島防衛強化策として、第32軍に参入するために沖縄へ向った独立混成第44旅団、第45旅団の兵員を乗せた富山丸が、1944（昭和19）年6月29日、徳之島沖合いで米潜水艦攻撃に遭って撃沈され、約4600名中、約3700名の犠牲が出るという大被害が発生した。それで大本営としては、航空作戦準備の「10号作戦」を支える兵力を失い、作戦の変更を迫られることになったのである。

そこで、大本営はサイパン島での日本軍大敗北直後の7月下旬、連合軍に航空戦で勝利する決戦準備として「捷号作戦」と称する計画をたてた。それは決戦方面を捷1号から捷4号（1号はフィリピン、2号は南西諸島、3号は本土、4号は10月以降に本土北方の戦闘）に区分し、各地域での戦闘を想定したものである。そして航空要塞を建設するために日本軍の兵力を展開させることにしたのである。

3．沖縄全島を要塞化し持久戦指示―航空基地を主体とする「不沈空母基地」から、長期持久戦遂行のための堅固な「沖縄全島要塞化」

大本営（天皇直属の最高軍事司令機関）陸軍部は8月19日、すべての軍事司令官に対して、米軍上陸に対する戦闘方針「島嶼守備要領」を指示した。海岸線で上陸軍を阻止する「水際防御」に失敗したサイパン島での戦闘を教訓に、国土防衛を想定して陣地の選定や戦闘要領を定めた。沖縄の戦略上の位置付けは、これまでの航空基地を主体とする「不沈空母」から、長期持久戦を目指して堅固な

陣地を設ける「全島要塞化」へと変わった。

　同要領によると、「島嶼守備に任ずる部隊は熾烈なる敵の砲爆撃に抗堪しつつ長期持久に適するごとく（ように）陣地を編成」する。特に主陣地は米軍の熾烈な砲爆撃と戦車攻撃に対処するため、「地形を利用し、縦深横広に最も堅固に設備」するよう求めている。

　さらに「状況まことにやむを得ざるに至るも、最後の一兵まで抵抗を持続するため複郭陣地を準備す」とし、徹底抗戦を念頭に置いた司令が盛り込まれている。「島嶼守備要領」から地上戦闘を想定した沖縄の日本軍が住民を総動員しながら沖縄戦に備えた重要部分を列記する。

　　第2　島嶼守備ニ任スル部隊ハ熾烈ナル敵ノ砲爆撃ニ抗堪シツツ長期持久ニ適スル如ク陣地ヲ編成、設備シ敵ノ攻撃ヲ破摧スルヲ要ス
　　決戦ヲ企図スル島嶼ニ在リテハ諸種ノ手段ヲ尽シ敵戦力ノ撲滅ヲ図リ機ヲ見テ攻撃ニ転シ一挙ニ敵ヲ撃滅スルヲ要ス
　　此ノ際我海空軍攻撃ノ機ヲ利用スルコト緊要ナリ
　　兵力ノ関係ニ依リ当初ヨリ飛行場、港湾等ノミヲ防御スル場合ハ専守防御ノ要領ニ依ルモノトス
　　第4　主陣地帯ハ熾烈ナル砲爆撃及戦車ノ攻撃ニ対シ得ル如ク地形ヲ利用シ縦深横広ニ最モ堅固ニ設備シ靭強ナル戦闘ヲ遂行シ得シム
　　第5　（前略）敵橋頭堡構成予想地域ニ恰適ナル地形ヲ利用シテ一部ノ兵力ヲ配置シテ敵ノ橋頭堡ノ構成ヲ拘束シ或ハ潜伏遊撃拠点、背射自動火器、潜伏対戦車拠点、各種障碍物ヲ配置シテ敵ヲ撹乱スルトともに多大ノ損害ヲ与フ
　　第6　状況真ニ止ムヲ得サルニ至ルモ最後ノ一兵迄抵抗ヲ持続スル為複廓陣地ヲ準備ス
　　複廓陣地ハ地形上堅固ニシテ自活ニ便ナルトともに勉メテ飛行場、港湾等ヲ制扼シ得ル地点ニ選定ス
　　第8　（前略）又敵火力ヲ分散セシメ防禦戦闘ヲ容易ナラシムル為大規模ニ偽陣地ヲ設クルコト必要ナリ

第2章 「沖縄戦」に至る歴史的事実経過

4．第32軍牛島満軍司令官の訓示―「沖縄作戦最高法規」

　沖縄作戦において日本軍が遵守すべき最高法規は「軍司令官訓示」である。軍司令官訓示とは、戦陣における軍隊の作戦・戦時行動規範である。戦後になって判明したことであるが、日本陸軍の全作戦は、大本営参謀部から各前線の全部隊に対して直接「指令」を発して指揮したという。「軍司令官訓示」は、大本営統帥部からの「軍令（軍命）」である。

　サイパン島などマリアナ諸島の日本軍が壊滅した後、次の米軍の上陸は第32軍司令部が設置してある南西諸島だということは十分予想することができた。そこで大本営陸軍部は、1944（昭和19）年8月19日、サイパン島などにおける日米両軍の戦闘から教訓を得て、島の面積と兵力を考慮しつつ、重要地域を防御するために、前述したとおり、いかに米軍の猛烈な砲爆撃に対処するかという「島嶼守備要領」を作成した。特にサイパン島は地形的にも沖縄本島と酷似しており、それは直接沖縄での陣地構築の指針ともいえる内容を含んでいた。

　全島要塞化をめざした第32軍の陣地構築の状況は、各部隊の「陣中日誌」や兵士の「手記」、住民証言などでみても、この「島嶼守備要領」に準拠していることがわかる。つまり、沖縄の日本軍は沖縄の地形を利用して縦深陣地、複廓陣地を張りめぐらせていった。戦力としては圧倒的に優勢な米軍を相手に戦闘するにあたって、いわば、日本軍はゲリラ戦を混じえた陣地戦を展開することにしたのである。事実、日本軍のその戦法は、米軍の548000余の兵員と1400隻以上の艦船を3カ月余も沖縄に釘付けにするという「成果」を生むことになった。

　ところで、この「要領」が指示された時期に、第32軍の司令官の交代も行われた。第32軍司令官渡邊正夫中将が過労のため病床に伏したので退任し、44年8月10日牛島満中将が新司令官として着任した。そして、8月31日、第32軍兵団長会議で、司令官として沖縄作戦を全軍に訓示した。その大綱は以下の7項目から成っている。この訓示は、沖縄戦における最高法規として軍人のみならず、その後、昭和19年11月18日に軍による一般県民指導として極秘に「軍官民共生共死の一体化」の方針を打ち出し、一般住民の運命を直接的に左右していくことになった拘束性のある内容なので、とくに主要部分を列記しておきたい。

　第1　「森厳ナル軍紀ノ下鉄石ノ団結ヲ固成スヘシ」
　第2　「敢闘精神ヲ発揚スヘシ」

第3 「速カニ戦備ヲ整ヘ且訓練ニ徹底シ断シテ不覚ヲ取ルヘカラス」
第4 「海軍航空及船舶ト緊密ナル協同連繫ヲ保持スヘシ」
第5 「現地自活ニ徹スヘシ」
 極力資材ノ節用増産貯蔵等ニ努ムルトともに創意工夫ヲ加ヘテ現地物資ヲ活用シ一木一草ト雖モ之ヲ戦力化スヘシ
第6 「地方官民ヲシテ喜ンテ軍ノ作戦ニ寄与シ進テ郷土ヲ防衛スル如ク指導スヘシ」
 之カ為懇ニ地方官民ヲ指導シ軍ノ作戦準備ニ協力セシムルトともに敵ノ来攻ニ方リテハ軍ノ作戦ヲ阻害セサルノミナラス進テ戦力増強ニ寄与シテ郷土ヲ防衛セシムル如ク指導スヘシ
第7 「防諜ニ厳ニ注意スヘシ」
 右訓示ス
 尚細部ニ関シテハ軍参謀長ヲシテ指示セシム
　　　昭和19年8月31日　　　　　　軍司令官　　牛島　満

　なお、師団長が牛島軍司令官の訓示として将兵に伝達する際の講話に、「捕虜ニナリタル場合ハ必ズ死ヌコト」という項目もある。
　この牛島軍司令官の訓示は、日米最後の地上戦闘となった沖縄戦における兵士の遵守すべき戦闘指針・最高方針であり、官吏と住民をも根こそぎ動員すべきことを明示している。と同時に、住民の家屋敷の使用はもとより食糧供出や徴用、徴発などが極限的に実行されていったのは、この訓示における「一木一草ト雖モ之ヲ戦力化」「現地自活ニ徹スヘシ」という訓示が、忠実に実行されていったからに他ならない。

5．軍の住民居住地へ移駐と住民居住地へ陣地構築

　第32軍の軍司令部は、首里城地下奥深くに築城部隊によって昼夜兼行で建設されていったが、沖縄へ移駐した多くの部隊は三角兵舎を建設する時間や資材もなく、そのほとんどが移動先の学校、倶楽部（村屋・字事務所＝現在の公民館に相当）だけでなく、一般民家でその家人と強制的に「同居」することになった。
■軍の住民地域への突然の進駐

軍部隊の移動は、その構成員の兵士にさえ秘密であり、ましてや前もって移動先の住民に連絡するということはなかった。住民にとっては突如、しかも、おおかた夜中に、集落に日本軍の一団が現れ、その地域の有力者が対応に大わらわになるというのが、一般的形態であった。その部隊長と地域有力者との打ち合わせによって、ただちに部隊兵士が各民家へ割り当てられたり、糧秣や装備なども校舎やアシャギ（家の離れ）などに配備されたりしていった。部隊によっては、後方施設と称して兵士の性的はけぐちとしての「慰安所」も設置し、「辻遊郭の遊女」や強制連行してきた「朝鮮人慰安婦」を帯同していた。

■住民追い出し　集落・民家も日本軍の陣地化

日本軍部隊は、集落全体を陣地化していき、とくに浦添の前田集落では一般民家の門にも兵士が立哨し、その家人が夜間出入りする時、兵士の誰何をうけて名乗りあげてから自宅に入るという状況すら発生している。「独立歩兵第12大隊第5中隊」の陣中日誌の「八木隊前田配宿要図」では、空き家とされている家も、住民との雑居または住民を追い出した後に兵舎としたもので、集落・民家が日本軍の陣地と化し、極秘の軍事機密が、日本軍にとって信用できない一般住民に知られていった状況が裏付けられる。

■主陣地構築に「信用」できない一般住民を動員

また、「独立混成第15連隊第2大隊本部」の陣中日誌のなかで、「西地区守備隊主陣地構築計画」の実施要領には「2・主陣地ノ構築ヲ第一ニ着手シ偽陣地前進陣地海岸陣地ノ順ニ構築ス　主陣地以外ハ成シ得ル限リ士民ヲ利用ス」とある。少なくともこの部隊では沖縄県民を「士民」視して、陣地の存在を一般住民に知られることを警戒していたことがわかるが、米軍上陸が間近に迫ると、主陣地構築にも日本軍のいう「士民」をも動員せざるを得なくなった。

■低学年児童生徒にも登校時に小石集積を義務付け

飛行場建設をはじめとする陣地構築にどれほど住民を動員せざるを得なかったかという実情を示す事例として、国民学校低学年児童生徒でも登校時には小石を拾ってポケットに入れて、学校の一角に集積することが義務づけられていたという住民証言が多々存在している。

それを裏付ける資料として、「戦時中の校長会（宮古郡）昭和19年5月16日」（琉球政府文教局研究調査課編『琉球史料　第三集』琉球政府文教局　1958年 507

頁）には、以下のように記録されている。
「戦力増強について
　国民学校
　　　1　高学年は○○工事の作業　作業内容　土運び、滑走路の石並び
　　　2　低学年は滑走路に敷く小石を登校の時持って来る
　　　3　船団の水汲み
　　　4　野菜の供出、運搬
　　　5　供出薪の運搬
　　　6　道路造り
　　　7　食糧増産……共同農園の開拓 」

　低学年児童生徒に登校時に小石を持参させることを指示するというのは、日本軍の住民動員が究極の段階まで来ていたことを示している。

6. 沖縄住民不信の日本軍部

　日本軍部の沖縄住民不信は一朝一夕に形成されたのではない。1898（明治31）年に沖縄にも「徴兵制」を施行、その徴兵業務をとおして直接沖縄住民と接触することによって「軍隊の視座」から沖縄住民に対し不信の念を抱くことになった。防衛省防衛研究所蔵の1910（明治43）年度の『沖縄警備隊区徴募概況』にそれが記されている。

　まず、徴兵検査が困難であるという理由をあげている。沖縄では、日本語（普通語）が通じないので、検査官には通訳をつける必要があり、徴兵忌避観念が強い地域では、普通語を知らないふりをして徴兵逃れをしようとするものが多いことをまず報告している。「軍事思想」については、沖縄県人は全般的に軍事思想が不十分である。島尻郡の各離島と八重山の成績は少々良いが、その他の地域は良くない。島尻郡の中でも本島各村、国頭郡の本部・今帰仁村では、とくに徴兵忌避の行動が多いのは問題である。このように軍事思想や国家意識が不十分で徴兵忌避をするというのは、沖縄県人は歴史的に勇気が欠如しているからである、と分析している。

　明治以来昭和戦前期にかけて日本軍部は沖縄県人に対して、天皇のために死ん

でも皇国を守るという「殉国思想」やその気概がないことに一貫して強い懸念をいだき、軍部の沖縄不信は根深いものがあった。

7．緊急の学童疎開と対馬丸の撃沈

　1942（昭和17）年6月、日本艦隊がミッドウェー海戦で米艦隊に大敗北を喫して以後、米軍の攻撃は南西諸島や日本本土に及んできた。そこで、1943（昭和18）年9月21日に閣議決定した「現情勢下ニ於ケル国政運営要綱」の趣旨をうけて、10月15日に「帝都及重要都市ニ於ケル工場家屋等ノ疎開及人員ノ地方転出ニ関スル件」、12月21日に「都市疎開実施要綱」を閣議決定した。これは日本本土内における疎開について、政府・軍部が政策として打ち出したものである。

　さらに、1944（昭和19）年2月25日、米軍の南西諸島への進攻がもはや時間の問題になったとき、政府は「決戦非常措置要綱」を閣議決定した。そこでは、「一般疎開の実施を強度に促進する」ことが記されており、それをうけて、3月3日に「一般疎開促進要綱」が閣議決定され、その計画が具体化されていった。
一方、学童疎開を強力に促進するために、6月30日、「学童疎開促進要綱」を閣議決定した。それから一週間後に、沖縄の出稼ぎ移民者が大多数を占めるサイパン島は、日米両軍の激闘の末に米軍に占領された。

　これまでの疎開に関する閣議決定は、日本本土内の学童や一般住民を対象にしたものであったが、このサイパン島が米軍に占領されたということは、サイパンの日本軍第31軍に連動して沖縄に設置されている第32軍（南西諸島方面防衛）との戦闘が予想された。

　そこで大本営は1944（昭和19）年7月1日、長勇少将を沖縄に派遣し、兵備と非戦闘員の疎開について視察・調査させた。その結果、第32軍渡辺司令官は、陸軍省に県民の疎開について意見を具申した。それをふまえた形で、7月7日、サイパン島の日本軍が壊滅した同日、緊急閣議を開き、奄美群島や沖縄・宮古・八重山諸島の老若男女を九州・台湾へ疎開させることを決定した。そして政府は、鹿児島県・沖縄県知事へ緊急指令を発信して、沖縄県から九州へ80000人、台湾へ20000人、計100000人を7月中に疎開させるという計画を実行するよう求めたのである。その費用として、大蔵省第二予備費から1500万円が準備さ

れた。

　それで、沖縄県では、警察部の所管に特別援護室を設置し、初めての疎開業務を推進することにした。

　そして、受け入れ業務について、宮崎県への疎開者は、鹿児島港、熊本・大分県への疎開者は佐世保港における南西諸島引揚援護局が担当することになった。さらに、台湾への疎開者は基隆港から、台湾総督府が準備した疎開地へ送られることになっていた。

　しかし、そのころ、すでにみてきたように南西諸島の海域には米軍潜水艦が出没して、「戦場化」していたのである。

3　「10・10空襲」と「軍官民共生共死の一体化」方針

1．「10・10空襲」の前後

　第32軍は、1944年9月ころ南西諸島への米軍の攻撃を分析し、戦略を立てていた。それは、米軍は台湾を飛び越えて南西諸島へ上陸する可能性があること、その時期は1945（昭和20）年春以降になるであろうこと、その備えとしては島嶼持久作戦をとることと、沖縄本島では「南半部」を決戦場とするというものであった。

　一方、10月3日に、米国は沖縄攻略作戦・アイスバーグ作戦計画を決定し、45年3月23日から上陸作戦を展開したので、第32軍の分析は正確だったといえる。

　米軍機の南西諸島への飛来は、44年9月ころから散見され、空中撮影のために頻繁に沖縄本島上空に侵入した。「10・10空襲」の前に9月27日から10月3日にかけて沖大東島への空襲も行った。そして10月10日に沖縄の県都那覇市を大空襲して、その日から13日にかけて南西諸島一帯に空襲を断行し、米機動部隊はフィリピン戦線へ移動した。米軍は、フィリピン戦線での日本軍の輸送路を断つのが大きな狙いだった。南西諸島空襲のため南北大東島沖合付近に待機していた米空母は、艦載機を積んで反転して南下していったのである。日本軍は港湾施設をはじめ、各航空基地を攻撃されてもほとんど無抵抗のまま一日中、敵に蹂躙された。沖縄県民としては「鬼畜米英」と敵愾心を植えつけられていた敵軍機の攻撃を初めて目の当たりにした。しかし、「無敵を誇る皇軍」の反撃を

何らみることなく、一日で那覇市の9割にあたる約11440戸が焼失し、市民約50000人が罹災して本島の中北部へ避難した。

米空襲の直後、日本本土でも「捷号作戦」が発令され、九州から数百機の日本軍機が追撃して、12日に台湾沖航空作戦を展開した。実際にはそれも日本軍の敗北に終わったが大本営は日本軍が大戦果をあげたと「誤情報」を発表した。

2．「軍官民共生共死の一体化」――一般住民の生命・身体・安全に対する安全配慮の完全欠落

一方、そのころ第32軍は迫り来る米軍との地上戦闘に備えて、住民をどのように扱うかという重要な方針を下した。それは昭和19年11月18日、球1616部隊が発した極秘文書「報道宣伝防諜等ニ関スル県民指導要綱」のなかに記されている。

それによると、方針として「軍官民共生共死ノ一体化ヲ具現シ如何ナル難局ニ遭遇スルモ毅然トシテ必勝道ニ邁進スルニ至ラシム」と、明記している。第32軍としては、前述したとおり沖縄県人が軍事的に信用できないにもかかわらず、軍民同居せざるを得なくなり、しかも軍機保護法で厳重に取り締まる対象である砲台などの陣地などについてもその住民にことごとく知られていたし、その偽装のために住民を動員させたりもしていたのである。このような住民を巻き込んだ地上戦闘を展開するにあたって「軍官民共生共死の一体化」こそが、軍にとっても最も優先すべき県民指導方針となった。その第32軍の方針によって、沖縄住民は兵士同様に敵への投降が絶対に許されず、県民はスパイ視され、日本軍の指導・誘導・説得・強制・命令などによって住民同士での殺し合いの形となった「集団自決」につながる、沖縄戦最大の悲劇をもたらすことになった。

日本軍の編成・動向や陣地構築は、軍隊にとって極秘の軍事機密である。にもかかわらず、信用できない一般住民に知られざるを得なかった。つまり第32軍としては、極秘の軍事機密を知られてしまった住民とともに地上戦闘を展開せざるを得なくなったということを前提にして、「県民指導」の方針を打ち出すことになったのである。

かくして沖縄戦前夜に、沖縄の歴史上未曾有の惨劇がすでに準備されていた。

4　沖縄の一般住民の戦闘行為・戦場動員体制確立

　以上は、沖縄における日本軍による全島要塞化や沖縄県民に対する戦闘行為・戦場動員について経過を追って詳論したものである。

　ここでは、本訴訟が被告国（旧日本軍）の国民保護義務違反による不法行為責任を問うものであるので、一般住民に対する戦場動員体制とその実行状況は、本件訴えの核心的基礎的事実であるので、まとめた上で若干の敷衍していくことにする。

　沖縄県下における一般住民の戦闘行為・戦場動員体制の確立過程をたどる。

ア．島嶼守備要領策定（8月19日）

　絶対国防圏の後方に位置づけられた沖縄では、航空基地の建設が各地に計画され（不沈空母化基地）、沖縄県民に対して本土国民とは異なった形で、戦場動員体制がとられていった。それは1944（昭和19）年3月22日、沖縄に第32軍が創設され、本土決戦に先立って沖縄が連合軍との地上戦闘が展開されることが必至の状況となった以後、急ピッチで進められていった。

　その戦場動員体制は、米軍がサイパン島に上陸して日本軍が死闘を展開していた1944年6月、大本営が南西諸島の老幼婦女子を対象に、疎開させ地上戦闘態勢を確立にむけて方針を決定した。そして、1500万円の予備金で、本土へ80000人、台湾へ20000人、計100000人を7月中に疎開させるよう鹿児島・沖縄両県の知事へただちに通達を出した。

　さらに前述したとおり翌月8月19日、大本営陸軍部は、サイパン、グアム島などにおける戦闘経験をふまえ、「島嶼守備要領」を策定した。

　それは、日本軍の沖縄における地上戦闘行動の具体的戦術を決定づけるものであった。それはまた、米軍が上陸して戦闘が開始されたとき、沖縄の住民が戦場動員されていくことにもなった沖縄の日本軍を特徴づける戦術でもあった。

　この要領に基づいて、沖縄の日本軍は、長期持久戦を遂行するために縦深陣地、複廓陣地を張りめぐらし、全島を陣地要塞化して、敵に備えることになった。沖縄戦は、基本的にはこの「島嶼守備要領」に従った戦術で圧倒的優勢を誇る米軍に、多大な損害を与えつつ、3カ月余も持久戦を展開することになった。これら

の作戦遂行のために、一般住民の戦場動員体制が確立されていくことになったのである。

イ．牛島軍司令官訓示（8月31日）
　この大本営陸軍部が策定した「島嶼守備要領」をふまえ、その直後の同年8月31日に第32軍牛島軍司令官は、沖縄全軍に訓示した。その中から特に一般住民の戦闘行為・戦場動員体制に係わる部分を再度引用する。
　第5「現地自活ニ徹スヘシ」
　　極力資材ノ節用増産貯蔵等ニ努ムルトともに創意工夫ヲ加ヘテ現地物資ヲ活用シ一木一草ト雖モ之ヲ戦力化スヘシ
　第6「地方官民ヲシテ喜ンテ軍ノ作戦ニ寄与シ進テ郷土ヲ防衛スル如ク指導スヘシ」
　　之カ為懇ニ地方官民ヲ指導シ軍ノ作戦準備ニ協力セシムルトトモニ敵ノ来攻ニ方リテハ軍ノ作戦ヲ阻害セサルノミナラス進テ戦力増強ニ寄与シテ郷土ヲ防衛セシムル如ク指導スヘシ

　この現地自活に徹して、一木一草を戦力化すべしという第32軍の軍事方針は、全島要塞化のために足腰の立つ老幼婦女子を総動員して陣地構築に駆り立てながら、なおかつ軍の食糧供出もさせ軍事作戦行動をも強要していくという二、三重の犠牲を住民に押しつけていくものであり、一般住民の生命・身体・安全を具体的な危険に晒すという軍隊の国民（住民）保護義務に背反する内容であった。
　上記第5でも述べている「一木一草」といえども戦力化すべきであるということは、一般住民も当然、戦力化すべきであることを意味している。
　そのうえで上記第6では、「郷土防衛」の名の下に一般住民を日本軍の「戦力増強」要因として明確に位置づけている。

ウ．大本営も承認した「軍官民共生共死の一体化」（死への道連れ作戦）の基本的軍事方針―第32軍司令部作成の極秘文書「県民指導要綱」（11月18日）
　①日本軍の沖縄への移駐は1944年6月から9月ころにかけて、集中しており、学校校舎、倶楽部・村屋（＝現在の公民館）、民家を兵舎や慰安所（＝軍部は後

方施設とも称していた）代わりに強制使用していき、集落を事実上支配し皇軍兵士と住民が、ひとつ屋根の下に皇軍兵士が強制的に住民と同居するという「軍民同居」という異常な形をとっていた。

②敗北の一途を辿っていた日本軍は、「皇土防衛」の楯として沖縄の一般住民を戦力増強の要員に加えなければ、戦力を維持できないという切羽詰まった状況が生まれていたのである。

それで、「軍事思想に乏しく」「皇室国体の観念も徹底していない」信用できない沖縄住民とともに地上戦闘を展開するうえで、もっとも重要な方針を第32軍牛島軍司令部は、打ち出していった。

それは、次の「県民指導要綱」の中に明示されている。

極秘　　　報道宣伝防諜等ニ関スル県民指導要綱
昭和19年11月18日　　　球第1616部隊
第1　方針
　皇国ノ使命及ビ大東亜戦争ノ目的ノ深刻ニ銘肝セシメ我ガ国ノ存亡ハ東亜諸民族ノ生死興亡ノ岐ルール所以ヲ認識セシメ真ニ60万県民ノ総蹶起ヲ促シ以テ総力戦態勢ヘノ移行ヲ急速ニ推進シ軍官民共生共死ノ一体化ヲ具現シ如何ナル難局ニ遭遇スルモ毅然トシテ必勝道ニ邁進スルニ至ラシム（以下略）

球第1616部隊というのは、第32軍司令部の通称名である。日本軍の沖縄県民観は、既述のとおり「信用できない」というのが一貫した見方であった。ところが、日本軍はその信用できない住民と雑居して、陣地構築に駆り出さざるを得なくなり、重要な軍事機密である日本軍の編成・動向・陣地の位置などを住民にしられてしまったのである。そこでこのような信用できない住民とともに地上戦闘を展開するにあたって、第32軍司令部は、「軍官民共生共死の一体化」を県民指導の方針として、根底にすえていった。

つまり、戦闘の足手まといになる老幼婦女子を疎開させた後、残った地方官民は、軍と生死をともにすべき「戦力増強」要員として、位置づけられていったということである。ここに、沖縄県民が戦闘行為・戦場動員体制へ組み込まれていく背景が、日本軍部の残した史料の中に明瞭に示されていることがわかる。それ

は、米軍上陸後地上戦闘下の沖縄で、日本軍が自国民である沖縄県民をスパイ視して殺害したり、死に追い込んでいく根源をなすものであった。

5　戦闘行為・戦場動員体制具体化の原因と目的─「捨て石」作戦と住民の戦闘行為・戦場動員の具体化

1．大本営は 32 軍の第 9 師団転出後の兵団を補充する意図はなかった

日本の統治下の台湾では、1944 年 10 月段階、3 個師団の日本軍が防衛の任にあたっていた。11 月初旬、その台湾の日本軍部隊から一個師団がフィリピンに抽出されることになり、大本営は沖縄の日本軍から一個師団を台湾へ抽出するよう命令を下した。そこで同年 7 月ころ沖縄へ配属されたばかりの「精鋭師団」といわれていた第 9 師団（武部隊）が、台湾へ抽出されることになり、12 月中旬から翌年 1 月中旬にかけて、米軍の攻撃をぬうように移動していった。精強部隊といわれていた武部隊の移動は、第 32 軍の首脳陣の中にも、また、それを知る一般住民の間にも動揺がうまれた。

しかし、大本営は、第 32 軍に第 9 師団抽出後の兵団を補充する意図はなかった。それは、大本営にはそれを補充する兵力が底をついていたからというのが、これまでの一般常識であった。

2．兵団補充をしないのは当然の措置─大本営の沖縄作戦の基本方針

ところで、その「認識」はまったく事実経過に反していたことが戦後久しくしてから被告国の資料によって明らかとなった。

1996 年 12 月 7 日の新聞各紙は帝国議会衆議院秘密会議事速記録集が公開されたことを報じている。その速記録集に柴山兼四郎陸軍次官が沖縄作戦について質問に答えており、そのなかで兵力問題に関して兵団をそもそも補充する意思も必要もないとの基本的考え方を述べている。

「兵力ガ多ケレバ多イ程其ノ他ノ補給品ヲ要スルノデアリマス、假ニ茲ニ十箇師団入レタトスルト、十箇師団ニ要スル兵器、弾薬及ビ糧秣ト云フモノハ莫大ナル数ニ達スル、ソレニ假ニ半年ナリ一年ナリノ補給品ヲ集積スルニハ莫大ナル輸送力ト時日ヲ要スルノミナラズ、小サナ地域ニ多クノ兵力ヲ入レルト云フコトハ、必ズシモ其ノ多クノ兵力ヲ悉ク戦力化スルト云フ所以ニハナラナイノデアリマス、（中略）地域ニ応ジテソレ相応ニ全兵力ガ全戦力ニナルト云フ兵力ニハ自

113

ラ限度ガアルノデアリマス、斯様ナ次第デ、沖縄ハ最初カラ計画サレマシテ、此処ニ守備ヲ命ジタノデアリマス（以下略）」

3．沖縄は本土防衛の「捨て石」が被告国の資料によって明らかに

　日本の最高の戦争指導層の1人が、衆議院の秘密会議で述べている沖縄作戦の方針は、沖縄より広大な地域である台湾に兵力を投入することが理に適っており、第9師団の抽出後、兵団を補充しないのも当然の措置である、ということになる。つまり、沖縄は当初から「皇土防衛」のための「捨て石」として位置づけていたことを明白に示している。

　そこで、第32軍は、「現地自給作戦」を展開することになり、第9師団の台湾移動と同時に住民の戦場動員体制が発動されていったのである。

6　法令上の根拠を欠く戦闘行為・戦場動員の実行状況①　　＝一般住民動員

　次に、明治憲法下の徴兵制について概略述べた上で沖縄の一般住民に対する戦闘行為・戦場動員は、具体的に何時、どのような方法で実行されていったかについて詳述する。

1．徴兵制の仕組み―徴兵適齢満20歳の男子

　兵役法によれば、帝国臣民たる男子は兵役に服す義務があり（第1条）、それが徴兵制である。満20歳に達した男子は原則徴兵検査を受ける義務があった（同法23条）。女子は徴兵の対象ではなかった。徴兵適齢は敗戦が近づいた昭和18年12月24日には19歳に変更された（徴兵適齢臨時特例）。兵役は常備兵役、補充兵役、国民兵役に分けられた。常備兵役は現役及び予備役に、補充兵役は第1補充兵役及び第2補充兵役に、国民兵役は第1国民兵役及び第2国民兵役に分けられた（同法2条）。現役は陸軍2年、海軍3年であった（同法3条）。

　沖縄戦の一般住民から兵役徴集で問題となった第2国民兵役は、常備兵役、補充兵役、第1国民兵役ではない年齢17歳より40歳までの者が服することになっていたが（同法9条）、昭和18年11月1日改正より45歳までの者となった（兵役法の一部改正）。その改正を受けて昭和19年10月18日に兵役法施行規則を改正し年齢の上限を40歳から45歳に改めた。

　帰休兵、予備兵、補充兵、国民兵は戦時又は事変に際し必要に応じて召集する

ことができた（同法54条）。

　志願兵は年齢17歳以上、徴兵適齢（20歳）未満の者は現役兵として志願することができた（兵役法施行令第87条）。

　兵員を徴集するため徴兵区を設け、徴兵方法等について勅令で定める手続によらなければならない（兵役法25条）。

2．防衛隊・義勇隊としての一般住民の戦場動員

ア．兵役法に基づく郷土防衛部隊・「特設警備隊」を編成・動員

　1943（昭和18）年暮ころから、飛行場設営部隊が移駐してき沖縄各地で日本軍の飛行場建設工事が本格的に開始された。そして翌年1月ただちに郷土防衛の名の下に防衛召集が実施され、昭和19年3月22日第32軍・沖縄守備軍が創設される2カ月ほど前から、兵役法に基づく郷土防衛隊・「特設警備隊」が編成されはじめた。任務は、飛行場建設だけではなく、海岸、原野、山林、山岳で墓、自然洞窟なども利用した陣地構築や軍事訓練なども行っていた。当初の召集対象者は、主として予備役の比較的若い人達を中心に行われていった。

イ．法令上の根拠を欠く「防衛隊」「義勇隊」の編制・動員

　さらに、大日本在郷軍人会沖縄支部は昭和19年7月10日ころ管内に防衛隊を編成した。防衛隊は予備役などの在郷軍人を中核として市町村の部落単位で中隊を編成し、装備及び訓練は軍の指導を受け、作戦に当たっては軍の指揮下に入ることとした。大日本在郷軍人会は2年から3年の現役を済ませて家に帰り一般人となっている兵役経験者の各地の同窓会のようなグループを全国的に組織したものである。ここでいう「防衛隊」とは、全員が兵役経験者ではなく、兵役経験者が中心となった多数の兵役未経験者のグループであった。

　この防衛隊には法令的に根拠がなく、いわゆる義勇隊であって、特設警備第○○中隊のような兵役法による防衛召集とは性質を異にするものである。しかし、軍はこの防衛隊（義勇隊）を実質的に戦闘、警戒、陣地構築、後方勤務などの任務に当たらせた。

ウ．兵役法・兵役法施行規則を改正し、召集対象者を17歳から45歳まで拡大し、一般住民を補助兵力として召集―芝居役者、雑業者、老人、病人、身体障碍者などまで対象（根こそぎ動員）

　ところで、前述したとおり、政府は兵役法と兵役法施行規則を改正し召集対象

者を17歳から45歳までとした。沖縄は初の米軍機の空襲を1944（昭和19）年10月10日に受けた（沖縄10・10大空）。その後、同月29日から12月にかけて改正後の第1次防衛召集を大々的に実施した（21歳から45歳の男子を防衛隊として召集）。それは、現地自給作戦をとる第32軍正規軍部隊の補助兵力として召集されたものであり、戦闘下における弾薬運搬、水汲み、負傷兵の担架輸送などが主たる任務だった。

　政府は昭和20年1月20日「沖縄防衛強化実施要綱」を閣議決定し、地上戦に備え、一般住民の総動員体制を一層強化した。さらに昭和19年11月17日に第9師団が台湾へ転出したため、それによる兵力不足を補うため、引き続き昭和20年1月から3月に至る期間、第2次防衛召集が実施された（17歳から45歳までの男子を対象）。この期間の防衛召集は、沖縄聯隊区司令官名の召集令状が発せられることを原則としていた。この召集の実態は、芝居役者、雑業者、老人、病人、身体障碍者などまで対象とした「根こそぎ動員」による異常な戦場動員体制というべきものであった。

エ．兵役法を逸脱した違法な召集の実態―年齢・召集手続の違法

　これらの2次にわたる召集は現地部隊により米軍の沖縄への上陸が時間の問題という緊迫した時期という状況のもとで実施され、召集対象者の年齢や召集手続が兵役法を逸脱した違法な召集が常態化していくのである。

　そのことは、引揚援護局厚生事務官・馬淵新治（元大本営船舶参謀）は次のように述懐している。

　「或る北部の町の兵事主任の言によると昭和20年2月の某日某部隊下士官が町役所に来って、防召が行われる旨伝え、人員が1名でも不足しては許されぬとの厳命で、当日は病人、不具者も指定の場所に出頭せしめよとのことであった。兵事主任は総て指令のとおり集合させた。ところがその内には癩患者あり、病人あり、不具者ありであった。さすがに癩患者はその場で帰されたが、ちん跛、病人は一応連行するとの事で其の儘出発せしめられた。其の後、不具者は不要であるとのことで帰郷せしめられたのであるが、当時の出発状況は誠に異様なものであった」

　「原則的にみて、敵上陸後においては防衛召集は行われていないが、一部の防衛召集が南部の駐屯部隊長の召集令状で満16歳以上満50歳迄と年限を拡げて

行われている事実がある」
　この召集手続は各部隊ごとの任意の召集手続が行われたため数時間後に集合させようという各部落の集会所に貼り出したりする「略式令状」などによる違法な召集手続が常態化していた。
オ．戦場で女性や老齢者など手当たり次第に徴集した違法な召集の実態
　その実態は、米軍上陸後においても、戦場で手当たり次第に戦闘員や戦闘補助兵力として駆り出された。戦場で避難壕にいる70代の年配者でも防衛召集の名目で弾薬運搬、水汲みなどにかりだされた例もある。さらに、急造爆雷で敵戦車への体当たり攻撃の訓練を受けさせられた防衛隊員も存在している。
　また、兵役法の性別規定（男子限定）を逸脱した15歳から40代の女性なども挺身隊員、炊事班、救護班（救急看護）員、弾薬運搬要員として、戦闘中の部隊に動員されていった。それも最前線の部隊が、家族と避難中の女子を恣意的に召集した形をとり、実際に軍人扱いをしていくものとして、軍服なども支給し、戦死したら靖国神社に祀るとまでいい、遺髪として髪の毛を儀式に則って爪も切り、封筒に納めさせた部隊もある。
カ．正規軍の補助兵力としての「防衛隊」—ほとんどが違法に召集された
　沖縄での正規軍の補助兵力としての「防衛隊」には、①兵役法に基づく郷土防衛部隊の「特設警備隊」、②法的根拠がなく義勇隊というべき防衛隊、③防衛召集兵役法改正後に2次にわたって召集された防衛隊、④各部隊が法的根拠がないにも係わらず恣意的に足腰の立つ男女を戦場で徴集した「義勇隊」と称されている「防衛隊」の4種類がある。
　上記②と④は明らかに召集それ自体に法的根拠なくして違法に召集された一般住民であり、③についても召集対象者の年齢や召集手続が兵役法を逸脱した違法な召集であった。
　沖縄戦において、このような違法な形で召集された防衛隊員とその戦死者数は防衛庁（現防衛省）の資料によると、第32軍の全作戦期間を通じて防衛召集を受けた者は約25000人、うち約3000人は中途で正規兵に編入され、最後まで残った約22000人のうち、約6割に相当する13000人が戦死したという。
キ．法令上の根拠を欠く護郷隊（遊撃隊・ゲリラ部隊）
　昭和19年10月25日には、「朕ココに第3第4遊撃隊の編成を令ス」という

勅令が下り、ここに遊撃隊が発足した。

　護郷隊とは遊撃隊(ゲリラ部隊)の秘匿名である。太平洋戦争で日本軍は、ニューギニアに第1遊撃隊、フィリピンに第2遊撃隊、沖縄本島国頭郡に第3、第4遊撃隊を配置した。第3遊撃隊(隊長村上治夫大尉)は名護から本部半島を守備範囲とし、第4遊撃隊(隊長岩波寿大尉)は恩納岳一帯に根拠地を置いて、それぞれ第1、第2護郷隊と称した。

　遊撃隊は秘密遊撃戦を本務とする特殊部隊であるため部隊編成も正規部隊とは異なる。隊員は、国家総力戦の指導要領にもとづいて、ただちに戦力化できる17歳以上徴兵適令期以前の一般青年を防衛召集し(実際には16歳の少年もいた)、これを基幹として編成し、小隊長、分隊長クラスには現地の在郷軍人を再召集して指揮にあたらせ、さらに、陸軍中野学校で特殊教育を受けた将校、下士官が隊長、中隊長、指揮班に配置されるという編成だった。中隊総員100～130名、第4遊撃隊総員約400名。このほか、県立第3中の鉄血勤皇隊約150名は第3遊撃隊(第1護郷隊)に配属されている。

　護郷隊の編成と配置は、2つの点で重要な意味をもっている。1つは、この部隊の編成が先例となって後の学徒隊編成の基準とされたことである。これらは厳密には義勇隊であって軍隊ではない。しかし、義勇兵役法が公布され全国的に義勇隊が編成されるのは沖縄戦の後のことであって、沖縄の護郷隊や学徒隊は法の定めもないままに、本土決戦における義勇隊の実験版にされたことになる。しかも、本土では8月15日の降伏によって実際に義勇隊が戦闘に参加することはなかった。義勇兵役法の公布は国家総力戦＝国民総動員体制の極限の形態といわれているが、ひとり沖縄だけがその極限を体験したことになる。

　護郷隊の編成・配置のもつもう1つの意味は、日本軍の作戦方針がそこによく現されている点である。大本営は沖縄作戦を「決戦」とは考えなかった。あくまでも本土決戦に備えるための「持久戦」であった。いわば時間かせぎの捨て石作戦である。本土に兵力を温存するために沖縄軍には十分な補給は行わなかった。そのため、沖縄軍は現地自給主義をとって「現地物資ヲ活用シ一木一草ト雖モ之ヲ戦力ト化スベシ」という方針で根こそぎ動員を行ったうえ、乏しい兵力を中南部の地下陣地に集中させ、石川～仲泊線以北の国頭山岳地帯は秘密遊撃戦の作戦地区に指定した。主力の第32軍が全滅した後も、なお北部山岳地帯でゲリラ戦

を続行して米軍を一日も長く沖縄に釘づけするというのがそのねらいであった。護郷隊すなわち遊撃隊はかかる作戦任務をおびていたのである。

7 法令上の根拠を欠く戦闘行為・戦場動員の実行状況②
　　＝学徒動員

　さらに、法的根拠なくして戦場動員されていったのに、学徒の戦場動員がある。

　沖縄は昭和20年春には、米軍上陸必至という情勢となったため、第32軍の住民動員についても緊迫の度を一層増してきた。

　昭和20年1月3日、1月22日、3月1日には沖縄本島を中心に宮古・八重山諸島などが米機動部隊の艦載機による大規模攻撃が実行され、住民に多数の被害者が生じた（後述沖縄・南西諸島空襲概況を参照）。

　1月12日には泉守紀知事が解任され、第27代島田叡沖縄県知事が任命された（1月31日着任）。

　1月20日には前述したとおり「沖縄県防衛強化実施要綱」が閣議決定され、沖縄防衛が一段と強化された。前述のとおり1月から第二次現地防衛召集（満17歳〜45歳までの男子）が実施された。

　2月7日には県庁は平時行政から戦場行政に切り換えられ、2月19日には県下男女中等学校単位の防衛隊が結成された。これらの防衛召集や学徒防衛隊の結成は、いずれも兵役法及び兵役法施行規則などに基づかない違法な「防衛召集」であったことは前述したとおりである。

　第32軍は米軍上陸必至の状況の下で、兵員不足の中、沖縄県下の学徒を戦場動員して戦闘行為等に参加させることを急いだ。沖縄は当時は大学が設置されておらず（大学が設置されていなかった都道府県は沖縄県のみであった）、沖縄師範学校が最高学府であった。

　男女学徒動員は昭和20年1月に第32軍司令部と沖縄県庁間で交渉して決められた。その対象学制は中学校以上であった。3月末、米軍の上陸が必至となるや、男女学徒は動員されて臨戦体制下の第32軍の各部隊に配属されるに至ったのである。

　この男女学徒の戦場動員こそ、沖縄戦における住民保護義務違反の最たるものである。

兵役法では女子は徴兵の対象外であったが、①それに違反して女子もその対象とし、しかも、②年齢が男女ともに 13～16 歳、17 歳までを対象とし、③実際にも少年兵を戦闘行為に従事させ従軍看護婦として働かせるなどしていた。

その年齢の点について述べると、当時の学制では中学入学は小学校高等科を卒業した者（12 歳）が入学できたのであるから、最年少で 12 歳である。

太平洋戦争末期の学制（中等教育機関、高等教育機関）は次のとおりとなっていた。特に年齢に注目すべきである。少年少女を戦闘員などとして戦場動員していったのである。

中等教育機関

学校種	修業年限		修業年齢
1 国民学校高等科	2年制		12歳～
2 実業学校	4年制		
	国民学校高等科から	男子：3年制	14歳～
		女子：2年制	
3 青年学校普通科	2年制		12歳～
4 青年学校	男子	5年制	14歳～
	女子	3年制	14～17歳
5 青年師範学校予科	2年制		14歳～
6 師範学校予科			
7 高等女学校	4年制		12歳～
8 中等学校			
9 高等学校尋常科			
10 聾唖/盲学校中等部	4～5年制		
11 実業学校専攻科	1～2年制		16歳～
12 青年学校研究科	年限不定		男子：19歳～
			女子：17歳～
13 高等女学校専攻科	2～3年制		
14 高等女学校高等科	2年制		

高等教育機関

学校種	修業年限	修業年齢
1　青年師範学校	3年制	16歳〜
2　師範学校		

（中略）

　男女生徒が戦闘員などとして兵役法に基づかない単なる第32軍の指令・伝達により戦場動員されていった学校名をあげる。当時の沖縄における中等・高等教育機関のすべてである。
　①沖縄師範学校男子部
　②沖縄県立第一中学校（一中）
　③沖縄県立第二中学校（二中）
　④沖縄県立第三中学校（三中）
　⑤沖縄県立工業学校
　⑥沖縄県立農林学校
　⑦那覇市立商業学校
　⑧沖縄県立水産学校
　⑨私立開南中学校
　⑩沖縄師範学校女子部・沖縄県立第一高等女学校
　　（ひめゆり学徒隊、南風原陸軍野戦病院配属）
　⑪沖縄県立第二高等女学校（白梅学徒隊、第24師団第1野戦病院）
　⑫沖縄県立第三高等女学校（なごらん学徒隊）
　⑬昭和高等女学校（梯梧学徒隊、第62師団野戦病院）
　⑭積徳高等女学校（積徳学徒隊、第24師団第2野戦病院）
　⑮沖縄県立首里高等女学校（瑞泉学徒隊、第62師団野戦病院）
　⑯宮古・石垣島の中学校生徒（鉄血勤皇隊、女子学徒看護隊）

　前記⑩〜⑮までの女学校などは、衛生兵、正規看護師などとして野戦病院等に配属となった。有名なひめゆり部隊などである。①〜⑨までの男子校は、第

32軍の各部隊に配属となり、鉄血勤皇隊員、戦闘部隊員、斬込隊員、情報担当員、通信隊員、護郷隊員（秘密遊撃隊・ゲリラ部隊）などの要員として直接戦闘に参加するなどして多数が戦死し負傷した。学徒動員された男女生徒の人員は約2360名であり、そのうち1224名が戦死した（死亡率51・9％）。

　以上述べたように沖縄戦において、「兵役法」（満17歳以上45歳男子が対象）にさえ該当しない13歳の少年や15、16歳の少女らから戦闘部隊と行動をともにするという戦場動員が強制的に実行され、かれらは正規軍部隊の補助兵力として役立つことを証明した。その「成果」をふまえ政府は、沖縄戦における日本軍の敗北が決定的になったころの1945年5月21日、勅令で「戦時教育令」を裁可し、22日の官報で公布した。それは、沖縄の男女中等学生が学徒隊を編成させられた具体的内容と酷似している。政府は本土決戦に備えて中学学徒動員体制をしいたのである。つまりそれ以前の沖縄の男女中等学校生徒は法的根拠なしに戦場動員されたことを裏付けるものといえる。それを抜粋して以下に掲載する。

　「第三条　食料増産、軍需生産、防空防衛、重要研究等戦時ニ緊切ナル要務ニ挺身セシムルトともに戦時ニ緊要ナル教育訓練ヲ行フ為学校毎ニ教職員及学徒ヲ以テ学徒隊ヲ組織シ地域毎ニ学徒隊ヲ以テ其ノ連合体ヲ組織スルモノトシ二以上ノ学徒隊ノ一部又ハ全部ガ同一ノ職場ニ於テ挺身スルトキハ文部大臣ノ定ムル場合ヲ除クノ外其ノ職場毎ニ教職員及学徒ヲ以テ学徒隊ヲ組織シ又ハ学徒隊ヲ以テ其ノ連合体ヲ組織スルモノトス（以下略）

　第四条　戦局ノ推移ニ即応スル学校教育ノ運営ノ為特ニ必要アルトキハ文部大臣ハ其ノ定ムル所ニ依リ教科目及授業時数ニ付特例ヲ設ケ其ノ他学校教育ノ実施ニ関シ特別ノ措置ヲ為スコトヲ得

　第五条　戦時ニ際シ特ニ必要アルトキハ学徒ニシテ徴集、召集等ノ事由ニ因リ軍人（陸海軍ノ学生生徒ヲ含ム）ト為リ、戦時ニ緊切ナル要務ニ挺身シテ死亡シ若ハ傷痍ヲ受ケ又ハ戦時ニ緊要ナル専攻学科ヲ修ムルモノハ文部大臣ノ定ムル所ニ依リ正規ノ期間在学セズ又ハ正規ノ試験ヲ受ケザル場合ト雖モ之ヲ卒業（之ニ準ズルモノヲ含ム）セシムルコトヲ得」

　沖縄戦において、沖縄県民は法的根拠もなく「義勇隊」として戦場動員されていったのは、沖縄が非戦闘員である一般国民を巻き込んだ地上戦闘が展開した場合の「実験場」であったといえる。このような義勇兵役を法的に認めた義勇兵役

法が制定されたのは、まさに沖縄守備軍・第32軍司令官牛島満中将が自決したといわれている昭和20年6月22日（23日両説あり）のことである。政府と軍部が、なんら法的根拠もなく住民を戦場に動員し、その最高指揮官が自決したとき、義勇兵役法（官報　第5532号　昭和20年6月23日　土曜日）を裁可し、23日の官報に公布したということは、そのことを示す象徴的出来事である。

その第2条には、「義勇兵役ハ男子ニ在リテハ年齢十五年ニ達スル年ノ一月一日ヨリ年齢六十年ニ達スル年ノ十二月三十一日迄ノ者（勅令ヲ以テ定ムル者ヲ除ク）、女子ニ在リテハ年齢十七年ニ達スル年ノ一月一日ヨリ年齢四十年ニ達スル年ノ十二月三十一日迄ノ者之ニ服ス」

と規定されている。沖縄戦において兵役法を逸脱して戦場動員していった一般住民の年齢にほぼ見合っていると同時に、第3条において、「前条ニ掲グル者ヲ除クノ外義勇兵役ニ服スルコトヲ志願スル者ハ勅令ノ定ムル所ニ依リ之ヲ義勇兵ニ採用スルコトヲ得」と規定されている。

そのことは、沖縄戦において実際には15歳以下の年少者、さらに60歳以上の高齢者まで戦場動員していった実態をふまえ、このような条文が作成されたものと考えられる。

また、第5条において「義勇兵ハ必要ニ応ジ勅令ノ定ムル所ニ依リ之ヲ召集シ国民義勇戦闘隊ニ編入ス」とあるが、それは、1944年7月ころから各市町村単位で、帝国在郷軍人会沖縄支部が防衛隊を編成した正式の法令に基づかない「義勇隊」が、地域によっては沖縄戦の終結まで機能していた実績をふまえ、「国民義勇戦闘隊」として法的根拠を与え追認したとみてよい。

第5　「沖縄戦」の戦闘経過

1　日本軍の配置・戦闘状況の概況

沖縄戦開始以前より沖縄戦終焉（昭和20年6月23日　牛島中将自刃まで）に至る迄の32軍及隷下部隊の所在及び戦闘経過の概況について以下述べる。

32軍の基幹部隊（24師、62師、独混44旅）及び32軍直轄隊の主として戦闘部隊についての、沖縄着任から戦闘配備態勢（附図参照）反撃作戦時の態勢、摩文仁終焉時の態勢の概況は次のとおりであった。

ア．32軍基幹部隊の沖縄着任時期及所在地

固有部隊名	通称名	着任月日	所在地
32軍司令部	球部隊	昭和19年6月1日	真和志村松川
第24師団	山部隊	昭和19年8月10日	昭和19年8月10日那覇上陸 同年12月10日迄師団司令部 嘉手納農林校、中頭、守備、 19年12月11日より20年 4月15日迄高嶺村与座、 4月15日以降首里戦線参加
第62師団	石部隊	昭和19年8月10日頃	昭和19年8月より20年4月 下旬迄首里浦添、 20年6月真壁
独混第44旅団	球1880	昭和19年8月10日頃	昭和19年9月嘉手納農校、 昭和19年11月具志川、 19年12月より昭和20年5 月28日迄第2大里
第9師団	武部隊	昭和19年8月頃	当初、首里師範学校 昭和19年12月台湾へ転進

（注）独混44旅団は昭和19年9月より嘉手納農校に駐留したが、約1カ月程して具志川村へ移動、そのあとに山部隊が駐留した。

イ．沖縄戦開始直前の基幹部隊の配備位置

　第32軍は其の第1戦（普天間、東西の線）に62師団を、さらに臨時編成の前進部隊として読谷村、嘉手納東方に青柳支隊を、知念半島方面に独混44旅団を、豊見城、糸満、名城、喜屋武摩文仁の外廓に24師団（山部隊）を、小禄方面に海軍陸戦隊（大田少将の率いる約9000名）をそれぞれ配備し、米軍の上陸に備えた。

第2章 「沖縄戦」に至る歴史的事実経過

ウ．沖縄戦における日米両軍の編成

沖縄防衛の日本軍主要部隊の編成

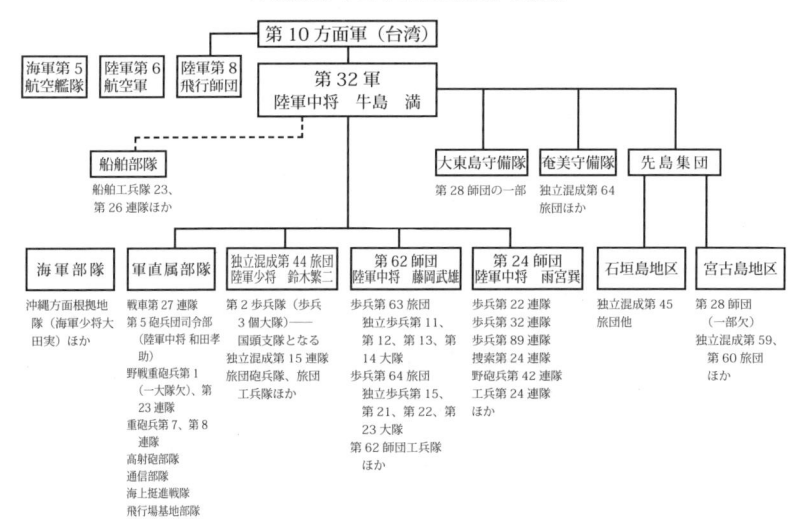

```
                          第10方面軍（台湾）
                                │
    ┌──────┬──────┬──────┤
  海軍第5   陸軍第6   陸軍第8    第32軍
  航空艦隊  航空軍   飛行師団   陸軍中将 牛島 満
                                │
    ┌────────┬────┴────┬────────┐
  船舶部隊              大東島守備隊  奄美守備隊   先島集団
  船舶工兵隊23、        第28師団の一部 独立混成第64
  第26連隊ほか                        旅団ほか
```

海軍部隊	軍直属部隊	独立混成第44旅団 陸軍少将 鈴木繁二	第62師団 陸軍中将 藤岡武雄	第24師団 陸軍中将 雨宮巽	石垣島地区	宮古島地区
沖縄方面根拠地隊（海軍少将大田実）ほか	戦車第27連隊 第5砲兵団司令部（陸軍中将和田孝助） 野戦重砲兵第1（一大隊欠）、第23連隊 重砲兵第7、第8連隊 高射砲部隊 通信部隊 海上挺進戦隊 飛行場基地部隊	第2歩兵隊（歩兵3個大隊）──国頭支隊となる 独立混成第15連隊 旅団砲兵隊、旅団工兵隊ほか	歩兵第63旅団 独立歩兵第11、第12、第13、第14大隊 歩兵第64旅団 独立歩兵第15、第21、第22、第23大隊 第62師団工兵隊ほか	歩兵第22連隊 歩兵第32連隊 歩兵第89連隊 捜索第24連隊 野砲兵第42連隊 工兵第24連隊 ほか	独立混成第45旅団他	第28師団（一部欠） 独立混成第59、第60旅団ほか

琉球作戦アメリカ軍中部太平洋機動部隊の編成

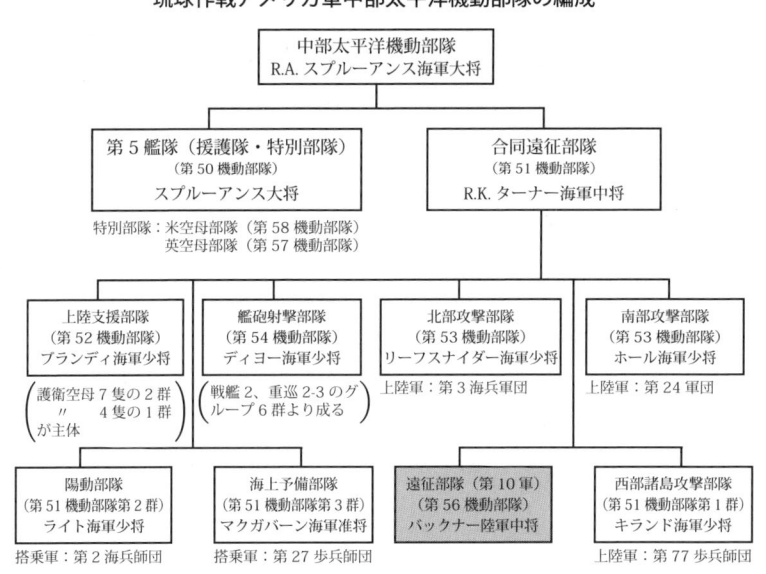

```
                    中部太平洋機動部隊
                    R.A.スプルーアンス海軍大将
                              │
              ┌──────────┴──────────┐
        第5艦隊（援護隊・特別部隊）     合同遠征部隊
        （第50機動部隊）              （第51機動部隊）
        スプルーアンス大将            R.K.ターナー海軍中将
        特別部隊：米空母部隊（第58機動部隊）
                 英空母部隊（第57機動部隊）
```

上陸支援部隊 （第52機動部隊） ブランディ海軍少将	艦砲射撃部隊 （第54機動部隊） ディヨー海軍少将	北部攻撃部隊 （第53機動部隊） リーフスナイダー海軍少将	南部攻撃部隊 （第53機動部隊） ホール海軍少将
護衛空母7隻の2群 〃 4隻の1群 が主体	戦艦2、重巡2-3のグループ6群より成る	上陸軍：第3海兵軍団	上陸軍：第24軍団

陽動部隊 （第51機動部隊第2群） ライト海軍少将	海上予備部隊 （第51機動部隊第3群） マクガバーン海軍准将	遠征部隊（第10軍） （第56機動部隊） バックナー陸軍中将	西部諸島攻撃部隊 （第51機動部隊第1群） キランド海軍少将
搭乗軍：第2海兵師団	搭乗軍：第27歩兵師団		上陸軍：第77歩兵師団

125

エ．沖縄作戦概況図と沖縄戦北部地区戦闘概況図

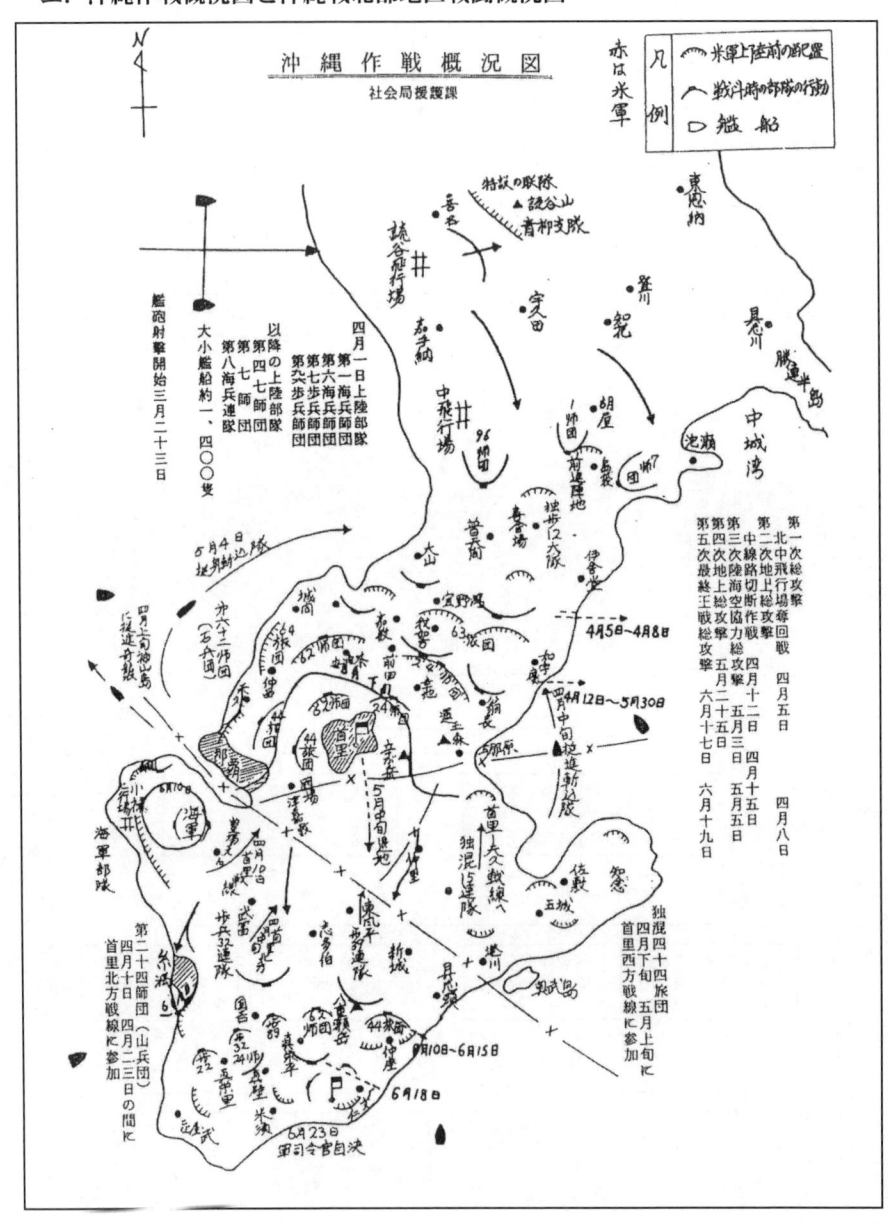

第2章 「沖縄戦」に至る歴史的事実経過

［沖縄戦北部地区戦闘概況図］

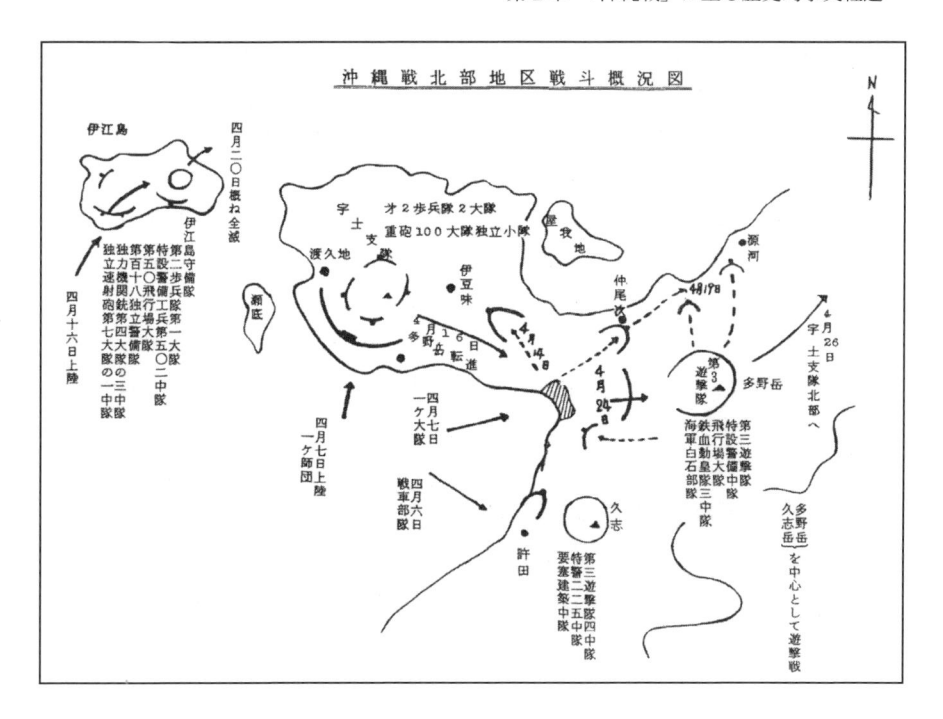

2 米軍の上陸作戦・戦闘体制

　アメリカ・イギリス連合軍は、総合計 548000 人の兵員と、侵攻艦艇数 1457 隻の史上最大の作戦態勢であった。

　1945 年 3 月 23 日には、午前 7 時から沖縄本島は米軍第 58 機動部隊の艦載機 355 機による大空襲を受けた。沖縄上陸作戦が始まったのである。

　沖縄戦で米艦船による海上からの艦砲射撃による攻撃が始まったのは、1945（昭和 20）年 3 月 24 日であった。艦砲射撃援護部隊（TF54）及び空母機動部隊（TF58）の戦艦・巡洋艦等が島尻郡摩文仁村、喜屋武村、具志頭村、玉城村などに 700 発以上の艦砲射撃を加え、空爆する艦載機は延べ 770 機にのぼった。以降沖縄戦終結に至るまで艦砲など「鉄の暴風」が沖縄に吹き荒れたのである。

　沖縄戦は島尻への艦砲射撃で始まった。島尻は沖縄戦の始まりの地であり、また終わりの地でもある。

　1944 年の 10・10 空襲を皮切りに、空爆や機銃掃射を続け、地上戦が始まる

と海から艦砲射撃、空からは爆撃、陸では銃砲撃に加えて戦車や火炎放射器など住民への無差別攻撃を繰り返した。南部地域では激戦のあった6月の1カ月間に、畳1畳に1発の割合で集中的に無差別に砲弾が撃ち込まれたと言われている。

沖縄戦では「鉄の暴風」と形容されるほどの激しい砲爆撃が3カ月以上も続くことになった。米軍は硫黄島作戦で第二次世界大戦で最大規模の艦砲射撃を行って強行上陸したが、長期戦となった沖縄ではこれを上回る砲弾が使用されたことになる。山容があらたまるほどの巨弾の雨は沖縄戦の特徴の一つであったが、米軍は、もともと戦艦10、重巡洋艦9からなる艦砲射撃支援艦隊を組織して、艦砲射撃を沖縄攻略の戦術の基本としていた。もともと海戦用の戦艦、巡洋艦の主砲が長期的に地上射撃に用いられたこと自体が戦史上異例のことであった。この時期、日本海軍の連合艦隊はほぼ壊滅し、世界最強をほこる米第五艦隊にはもはや海戦の相手が存在しなくなっていた。したがって、米軍は大量の有り余る砲弾を沖縄本島の絨毯砲撃に集中したのである。

3　沖縄戦の特色と日米両軍、沖縄住民の損害

沖縄戦の特色は何といっても、史上空前の圧倒的鉄量を、沖縄本島に完膚なきまでにたたき込まれ全島、まったく山容をあらため、緑の島は完全に抹殺され、幾多の県民が直接戦闘に参加しその犠牲になった事であった。

17歳より45歳までの男子を始め、可憐なる男女中学生に至るまで軍命により召集をうけ、戦闘、通信、衛生公報等の各種勤務に参加し、文字通り県民一丸となって戦った。

数万の老幼婦女子もまたこの死闘の渦中に巻き込まれて、将兵と運命をともにした。

本作戦における日本軍は防衛隊員も含めて約9万名が玉砕し更に島民非戦闘員の犠牲は実に15万名に上った。

軍の生存者は7800余名を数えたのが、その半分は負傷者であり他の多くは沖縄作戦終焉後なお坑道陣地に立てこもって、抗戦を継続し、その中にはこの年の秋に及んだものがあった。一方、米軍の損害もまた49000名（内戦死11400名）に達し、米軍司令官バックナー中将も6月18日午後、真壁村真栄里陣地において、陣頭指揮中に倒れた。

4　沖縄戦末期における各部隊の態勢

　沖縄作戦は首里を最後の拠点として悪戦苦闘を続けたが、5月上旬総攻撃の失敗以来、石、山各部隊の主力は四分五裂に陥り、友軍は部隊の再編成に困り果てた状態になった。
　首里にあった軍司令部は遂に5月26日、南下すべく先発隊を進発させ最後の拠点・摩文仁海岸高地にその位置を移した。つづいて、5月28日牛島軍司令官は幕僚とともに摩文仁へ到着、高地に陣取った。
　山部隊は現存兵力を真壁、真栄里、喜屋武の地域に、石部隊は摩文仁、米須の地域に、独混44及球部隊は東風平村具志頭の線に、それぞれ全戦線を南部の一角に収縮した。
　6月上旬より、破竹の勢いで米軍の攻撃は猛烈を極め、6月10日ころより、友軍は部隊組織をまったく失い、石、山、独混、球の部隊のけじめはつかなくなり、各部隊入り乱れ、混沌たる状態になった南部戦線は、ついに真壁、喜屋武、摩文仁の南端へと圧縮された。軍司令部の最後所在地は沖縄島の眼前に海を俯瞰する島尻の果てにある。
　6月19日、軍司令官は大本営第10方面軍及び南西諸島各部隊に、決別の電文を発信した。決別の辞の中に特に住民に対して、上は老人から下は紅顔の少年に至るまで住民は軍によく協力した旨の言葉が含まれており、沖縄戦における、住民の協力が如何に大であり、如何に大いなる犠牲を払わされたかが如実に示されたのである。
　6月23日、沖縄防衛軍司令官牛島満中将は参謀長、長勇中将とともに、摩文仁岳の壕内において遂に割腹し果てた。
　こうして米軍上陸以来83日目に沖縄戦は終幕を告げたのであった。

5　沖縄戦の戦闘経過の概要

　沖縄戦における日米の戦闘経過の概要は次のとおりである。

昭和19年	
7月7日	日本軍中枢部が沖縄作戦の公算大なりと想定したのはこのころで、この日はサイパン島玉砕の日であった。

昭和19年	
7月中旬	日本政府はその夜、深更（しんこう）審議を開いて南西諸島中、奄美大島以の5大島嶼から老幼婦女子の日本本土並びに台湾への緊急疎開を決定して即夜、沖縄県知事宛急電を発し、即急実施方を命じてきた。
7月下旬	態勢の悪化とともに非常緊急措置が講じられ、老幼婦女子の本土疎開が開始された。
10月10日	早朝より、米軍艦載機による大空襲が行われ、其の機数500機に及んだ。そのため、那覇市は完膚なきまでに灰燼に帰し、読谷・嘉手納の両飛行場及びその他の軍施設も相当な損害を受けた。
昭和20年	
3月23日	早朝より突如として米軍の艦砲射撃が開始され、慶良間列島及び島尻南部へ砲撃がしきりに加えられた。
3月25日	沖縄本島南方70、乃至170哩の海域に3群の米機動部隊を認め、沖縄本島周辺の米艦船は70隻に達した。 米軍の一部は慶良間列島に上陸して全力を挙げて沖縄本島に対する本格的上陸が企図された。
3月27日	「神風特別攻撃隊」と呼ばれた日本軍特別攻撃飛行隊の約10機が最初に慶良間列島海域の米艦船群に対し体当りを敢行した。
3月29日	英国太平洋艦隊の1部が主として奄美大島、先島列島方面を攻撃した。沖縄本島に対する艦砲射撃は1日数千発という熾烈を加えた。
3月30日	米軍の一部は神山島に上陸、首里城跡に砲弾の雨を浴せた。
4月1日	米軍の本島上陸開始。 午前7時ころから主力部隊を約1500機の航空機と、1400隻以上の大小艦船の協力のもとに本島西海岸の嘉手納方面に揚陸、島尻南端の港川方面では艦砲射撃と上陸用舟艇による牽制的な陽動作戦が繰り返された。 4月1日から2日にわたり第8飛行師団は特攻機（40機）爆撃機（19機）誘導機（20機）を使用し、嘉手納沖敵艦船に対し果敢な攻撃を加え多大の戦果を報じたが、大勢を左右するには至らなかった。

昭和20年	
4月2日	読谷飛行場と嘉手納飛行場が米軍の手中に落ち更に美里村の桃原や東海岸の泡瀬一帯にも進出を見た。一方嘉手納方面では北谷から残波岬に至る間、米軍はどしどし兵力を増強してきた。 沖縄島最初の上陸部隊は第24兵団と海兵隊第3水陸両部隊で、この2つで米第10軍を編成し、その司令官はサイモン・ポリウア・バックナー中将であった。
4月4日	米軍は北谷、島袋、付近から更に大山や宜野湾の線まで進出し、5日には沖縄で一番狭い幅1里ほどの、石川地峡を遮断し沖縄島を完全に南北に両断してしまった。
4月6日	「第32軍は北中飛行場に向い攻撃すべし、攻撃開始は4月8日より」との電命により、午後2時これに関する命令を各部隊へ下達した。
4月7日	海上特攻隊は基地航空部隊の援護もなく1機の搭載機も持たず猛牛の如く沖縄の敵泊地に突進をつづけたが、午後零時40分と午後1時30分の二次にわたり、米艦戦機約300機の攻撃を受け、戦艦大和をはじめ主力が沈没した。不沈を誇る64000トンの戦艦大和が沈没したのは午後2時30分であった。
4月8日	8日ころ、日本軍の強力な抵抗をうけて大山、津覇の線に釘付けにされ1日200ヤード～400ヤード程度しか前進出来なかった。前進の血斗は困難とはげしさを増した。 米軍は戦車約150輛と5000の兵力をもって、猛烈な砲撃の擁護のもとに大挙して大山南方2キロの嘉数の日本軍を攻撃し、彼我の間に砲撃斬込の死闘が続けられた。一方大山南方高地（85高地）では同高地の奪回をめぐって、寸土を争う肉弾戦が行われた。 神山島より米軍は長距離砲により首里の主要陣地を砲撃した。
4月9日	米軍は本部半島の半分を制圧し、さらにその翌日、運天港と津堅島を占拠した。
4月11日	米軍第24兵団の1個連隊は那覇北方の日本軍要塞陣地に殺到した。

昭和20年	
4月12日	大本営から北中飛行場奪回を要望する激しい電報が相次いだ。32軍は、12日夕方から攻撃を開始した。しかし部署と決意の不徹底も災いし、かえって莫大な損害を蒙って中止した。
4月16日	米軍戦車80輌、兵力約1000が伊江島に上陸、日本軍は20日ころおおむね全滅した。18日、同島の戦闘に於いてアメリカ従軍記者アニーパイルが戦死した。
4月19日	米軍の行動は急に積極化し、第24兵団、第7師団、第27師団、第96師団の兵力をもって、地上砲兵と艦船その他集中砲撃の擁護のもとに、牧港一帯の日本防築陣地に対し大規模兵力による攻撃を開始した。 すなわち米軍は東海岸の津波南方から我如古を経て嘉数に至る東西約6キロの戦線に約1万の兵力を繰り返し、死闘旬日にわたりたるために附近の全部落は潰滅し残骸を残すのみとなった。
4月22日	石部隊は連日の死闘により戦線の保持漸く危殆に当面しつつあったので、23日南方の知念半島方面にあった独混44旅団を第1線（棚原、前田の線）に増強するの余儀なきに至った。城間を占拠された25日までには、首里東北約4キロの翁長の東北高地から西原南側、城間の北方を連ねる線まで出た。
4月28日	朝から米軍は幸地以東の地区でひた押しの攻撃を開始、前田（浦添村）以西の地区では前田、仲間、城間の線に進出した。
4月29日	大本営（天皇）の命令により32軍は最後の攻撃を決意し命令を下達した。攻撃決行は5月4日と予定され、第32軍の全兵力の使用が計画された。
5月2日	米軍は東海岸中央高地、西海岸の3正面を中心に、猛烈な攻撃を開始した。
5月4日	最後の攻撃は予定の如く決行された。しかし戦況の把握が不十分であった上、米軍の砲爆撃に遮られ、5月5日に攻勢失敗せるものと認め、これを中止し、再び陣地による持久抵抗に復旧した。
5月10日	朝、米軍は西海岸で舟艇約6000を以って安謝川を渡河し、前田南方高地の奪取を企図した。

5月12日	米軍は全面的な攻撃を開始し、浦添村沢岻北側高地に有力な部隊を差し向け、戦車4～50車輌、兵力約2000をもって真嘉比と泊一帯の高地へ浸透し、日本軍との粉戦が演じられた。米軍は那覇、首里両市の北方と我謝を結ぶ東西10キロの前戦線に第7師団、第77師団、海兵第1師、海兵6師、新4個師の全兵力を投入した。さらに北中飛行場からの基地空軍の協力下に、日本軍主陣地帯に対し全面的な総攻撃が出た。ことにその攻撃の主力は首里、那覇の中間地区を指向し、同市北方に隣接せる泊部落周辺においては、戦車群を先頭に米軍の強力な浸透作戦が行われた。
5月13日	天久方面の米軍陣地に日本軍は斬込を行ったが、14日日米軍が再び攻撃に出た。那覇の一角、安里に突入、首里の平良町北方高地及び末吉附近にも突入した。
5月17日	首里市石嶺町の近くの高地を獲得したが一方浦添の「チョコレート」高地では日本軍の攻撃を撃退したが第6陸戦隊が安里川を渡河して市街中心地区に突入した。
5月21日	首里の北西寒川「シュンガー」高地は11回にわたる奪取戦ののち米軍の手に帰した。米軍第1線部隊は21日迄、首里市石嶺、大名、末吉及び那覇方面では真嘉北、安里を結ぶ線に釘付けにされたまま白浜戦を演じていたが、一方東海岸では海上砲撃を擁護下に戦車を伴い運玉森の東側日本軍陣地内に浸透、更に与那原に進出し、首里を後方から鋏撃しようとする企図に出た。3月28日以後5月21日まで沖縄の地上戦闘並に海上擁護作戦に於いて米軍はすでに戦死8300人の犠牲者を払い戦傷者は22000人を超えた。 米軍は科学的優勢を利して空母、航空兵力を基幹とする異例的な水陸両用攻撃兵器を生み出したが、日本軍は集中砲火の中で決して尋常な手段では対抗せず少なくとも米軍側の最初の希望を修正せざるを得ない異例的な逆襲法に出た。地上における決死的な洞穴作戦と神風攻撃との結合によって米軍の犠牲者は益々大となった。これは東京への道のはるかなものと思わせるものであると米紙は報じた。

昭和20年	
5月22日	上陸以来の米軍のとったコースは南部海岸では大山より嘉数、城間、安謝、天久を経て安里部落に、中部地区では宜野湾から我如古、前田安波茶、経塚を経て首里北側の地点に。東部海岸に於いては津波、小那覇、我謝を経て与那原南部地区に進出した。西部海岸では5月23日、日本軍は安里川を渡河し米軍を安里まで撃退したが、しかし24日の朝、来同方面の米軍は兵力を増加し、其の一部は正午ころ与儀西方地区に浸透し各正面とも彼我至近距離で相峙し熾烈な戦闘が行われた。西部海岸においては大山より安里まで9キロ、中部地区では宜野湾から首里北方高地に至る約6キロ、東部海岸では津波より与那原まで6キロ、右の狭少な地域に進出するに米軍は40数日を要した。
5月23日	義烈空挺隊のなぐり込み。奥山道郎大尉の指導する陸軍挺身隊120名（5筒小隊と指揮班に分かれる）は、爆撃機12機に分乗し破潰用爆薬と軽兵器を以って北中飛行場に夜間強行着陸し米軍の飛行機、飛行場施設等を破潰し基地の使用を一時不能に陥らしめた、所謂なぐり込み戦法であった。 挺身隊中、4機は不時着又は反転し、8機が北中飛行場に着陸し5月27日まで奮闘し続け、5月25日は完全に基地を制圧した。
5月28日	大本営の了解の下に、首里の日本軍司令部は南部に後退した（摩文仁へ）。
5月31日	米軍部隊は那覇市内に侵入し陸戦隊が那覇の東側の国場川、古波蔵の部落に前進した。 さらに首里城跡にも突入し、首里城内には星条旗が揚げられた。
6月6日	米軍は那覇飛行場を占領、全線にわたってさらに南下しその後小禄飛行場を中心とする洞穴戦闘は続けられた。
6月12日	八重瀬陣地の一部は米軍の手におちた。
6月13日	小禄地区における大田少将の指揮する海軍地上部隊も6月13日、14日に同部隊最後の突撃を敢行し、大田実少将及びその幕僚は13日午前1時従容と自決を遂げた。ついに大田少将以下の海軍陸戦隊の殆どが戦死した。

6月13日	首里、那覇、小禄が陥ちて日本軍の組織的抵抗は終わった。（6月以降日本軍降伏の日までの約20日間は、沖縄戦最大の生地獄を現出した。） 6月以来の米軍の南下コースを辿れば、那覇飛行場を攻略した米軍陸戦隊は6月7日小禄村字具志南方に、第1師団は兼城村字武富の西の高地に、偵察隊は糸満北部の地点に到着、96師は高嶺村字与座まで侵入した。かくて日本軍は数平方マイルのポケット地帯の中に追い込まれてしまった。
6月16日	6月6日以来、米軍は具志頭、富盛、世名城、糸満、北側の線にも進出、逐次戦線を拡大しつつあったが16日には米軍の侵出線は東海岸、仲座南側から八重瀬岳南麓の線を連ねた。17日には日本軍は八重瀬岳南方800メートル、158高地及びその南側地区を奪回した。大里南方500メートル附近の一高地では白兵戦が行われた。
6月17日	バックナー中将は日本軍司令官に無条件降伏を要求した。
6月18日	バックナー中将は戦死した（高嶺村真栄里）。
6月21日	島尻戦線中央部では2つの拠点、1つは新垣、真栄平、各東北側台地附近から摩文仁を経て小渡に至る拠点地域と、いま1つは真壁村北側の81高地から西岸の真栄里の線以南の本島西南端地区で決戦が続けられた。米軍は島尻南部地区の戦線中央部を突破し、内部に浸透した。米軍を抑えて日本軍は新垣、真栄平の北側高地東南方と、摩文仁を中心とする一帯の地区西部において、真壁村北側より西に真栄里に至る一帯の台地で拠点を守っていた。
6月23日	軍司令官牛島満中将は、参謀長・長勇中将とともに、6月23日午前4時30分海岸に面する坑道陣地の入口において、次の辞世を残して自決した。 「秋待たで 枯れ行く島の 青草は 皇国の春に 蘇らなむ」 「矢弾尽き 天地染めて 散るとても 魂還り 魂還りつつ 皇国護らん」 沖縄戦は死闘80余日で終焉した。

昭和20年	
7月2日	米軍は沖縄作戦終了宣言。
9月7日	嘉手納にて降伏文書調印。 　　　先島群島陸軍司令官　　　納見敏郎中将 　　　奄美群島陸軍司令官　　　高田利貞中将 　　　奄美群島陸軍司令官　　　加藤唯雄少将 　　　米軍陸軍司令官　　　　　ジョセフW・スチルウェル陸軍大将

6　沖縄・南西諸島空襲概況

次に地上戦闘とは別に、沖縄・南西諸島における米英軍の空襲・艦砲射撃の概況を一覧すると、以下のとおりである。

■ 1944（昭和19）年
★ 10月10日（火）【沖縄　奄美大島　徳之島　宮古島　那覇市】
　米第58機動部隊（正規空母9、戦艦5、軽巡洋艦7、防空巡洋艦3、駆逐艦58隻）が延べ1000機以上で、沖縄、奄美大島、徳之島、宮古島などに大挙来襲し損害甚大。那覇市街地の大部分を焼失。沖縄10・10空襲。
　米機動部隊の沖縄来襲で、沖縄連隊区司令官井口駿3大佐ら陸軍の戦死136名、戦傷227名。海軍の戦死82名、戦傷16名。ほかに陸軍関係の労務者約120名が死亡。那覇市では民家1万10・10戸が全焼、市民255名が死亡したのをはじめ沖縄全県の死者計330名。〔大田昌秀『那覇10・10大空襲』〕
　飛行機の損害＝陸軍が地上で焼失12機、大中破15機、迎撃して未帰還5機。海軍が地上で焼失12機、大中破2機、迎撃して未帰還4機。米軍の喪失機数は12機。
　戦艦の沈没＝潜水母艦迅鯨（5160トン、大山豊次郎大佐）、輸送艦第158号（870トン）、敷設艇鷹島（720トン）、掃海特務艇新浦丸（294トン）、魚雷艇13機など多数。ほかに陸軍の高速艇8隻、大発5隻、徴用の機帆船・漁船94隻が沈没。
　船舶の沈没＝福浦丸（3177トン、船員1名戦死）、太海丸（2478トン、船員26名戦死）、宝来丸（3201トン、乗船員43名・船員17名戦死）、鉄山丸（2018

トン)、第1南海丸（1163トン）、広田丸（2211トン、船員2名戦死）、第6博多丸（262トン、船員1名戦死）、輸送船第2丸神丸（196トン）、沖縄運天港内で電撃を受け沈没。

■ 1945（昭和20）年
★1月3日（火）【沖縄本島　宮古島　石垣島】
　沖縄本島、宮古島、石垣島などに米機動部隊艦載機50機以上来襲。
★1月5日（木）【宮古島】
　米艦載機、宮古島空襲
★1月18日（木）【沖永良部島の和泊】
　B29、沖永良部島の和泊初空襲。知名を銃爆撃。
★1月22日（月）【沖縄本島　奄美大島　喜界島以南の南西諸島】
　米機動部隊の艦載機約900機が沖縄本島、奄美大島をはじめ喜界島以南の南西諸島に大挙来襲。喜界島で1名死亡。
　米艦載機の南西諸島来襲で、沖縄本島を中心に戦死行方不明者25名、負傷24名。一般市民の死者80名。負傷50名。輸送船彦山丸（2073トン、船員1名戦死）、機帆戦18隻のほか小船舶多数が撃沈される。
★3月1日（木）【沖縄本島　大東島　奄美大島　徳之島　宮古島　石垣島】
　米機動部隊の艦載機、沖縄本島（延べ約670機）・大東島（延べ92機）・奄美大島（延べ239機）・徳之島（延べ145機）・宮古島（延べ60機）・石垣島（延べ12機）が来襲（日本軍、撃墜52機、撃破52機、撃破56機と発表）。兵員の死傷65名。民家約200戸が被災、住民の死傷35名。
★3月23日（金）【沖縄　座間味島】
　沖縄に米機動部隊艦載機延べ355機が来襲。24日延べ600機来襲。
　沖縄座間味島に敵大編隊空襲、空からガソリンを散布した後に焼夷弾を投下する。小学校をはじめ部落の大半を焼失。
★3月24日（土）【沖縄本島南部港川　屋久島沖　那覇港内　舟山列島付近
　　　　　　　　奄美大島の古仁屋市街地】
　米艦隊が沖縄本島南部港川に艦砲射撃を開始。
　海軍特攻隊小禄彗星隊（米森義治上飛曹、前橋典美2飛曹）彗星1機が、沖縄沖に突入。

輸送船杭州丸（2812トン）、屋久島沖で空襲を受け沈没。海上輸送大隊など280名・船砲隊51名、船員57名戦死。
　輸送船鳥海丸（1284トン）、那覇港内で空爆を受け沈没。船砲隊20名・船員40名戦死。
　輸送船開城丸（2025トン）、舟山列島付近で約120機の空襲を受け沈没。乗船部隊員・乗客・警戒隊・船員655名戦死。
　第16沼南丸（354トン）・関丸（297トン）、「カナ304船団」護衛中に沖縄本島付近で空襲を受け沈没。船員1名死亡。
　奄美大島の古仁屋市街地、空襲され全滅。
　B29が1機、東京に偵察侵入。
★3月25日（日）【慶良間列島】
米機動部隊、慶良間列島を空襲とともに艦砲射撃。
★3月26日（月）【沖縄　慶良間群島　座間味島　阿嘉島　慶留間島　外地島】
　米軍が空襲・艦砲射撃ののち沖縄・慶良間群島の座間味島、阿嘉島、慶留間島、外地島に上陸。
　沖縄来攻の米機動部隊に英艦隊（戦艦2、空母4、巡洋艦5、駆逐艦15）も参加。
　沖縄・座間味島の陸軍部隊、斬込隊を編成し突撃。村長・助役・収入役ら住民172名が避難壕の中で「集団自決」。島内での終戦までの自決者計217名。
★3月28日（水）【南九州　南西諸島】
　米機動部隊の艦載機1300機が南九州と南西諸島に大挙来襲。
★3月29日（木）【沖縄】
　沖縄来攻の米軍が艦砲射撃を強化、また上陸予定海面の掃海を開始する。那覇港外の無人島神山島に火砲を揚陸、那覇市内を砲撃。
★4月10日（火）【石垣島飛行場・市街地】
　米軍機42機、石垣島飛行場・市街地を攻撃。
★4月11日（水）【石垣島飛行場・市街地】
　米軍機37機、石垣島飛行場・市街地を攻撃。
★4月12日（木）【石垣島飛行場・市街地】
　米軍機、石垣島飛行場・市街地を攻撃。
★4月13日（金）【石垣島飛行場・市街地】

米軍機、石垣島飛行場・市街地を攻撃
石垣島飛行米軍機機、石垣島飛行場・市街地を攻撃。
★4月14日（土）【石垣島飛行場・市街地】
米軍機37機、石垣島飛行場・市街地を攻撃。
★4月15日（日）【石垣島飛行場・市街地】
米軍機37機、石垣島飛行場・市街地を攻撃。
★4月20日（金）【奄美大島名瀬】
奄美大島の名瀬が空襲され市街地の90％を焼失。
★4月23日（月）【石垣島飛行場】
沖縄石垣島、米艦載機53機が飛行場を銃爆撃。
★4月26日（木）【沖縄西表島】
米艦載機33機が沖縄西表島、泊地の市街地を銃爆撃。
★4月28日（土）【石垣島飛行場】
沖縄石垣島、米艦載機13機が飛行場・住宅・港湾施設を銃爆撃。
★4月29日（日）【石垣島飛行場】
沖縄石垣島で、米艦載機113機が飛行場を銃爆撃。
★5月5日（土）【石垣島飛行場】
沖縄石垣島、英艦載機27機が飛行場を銃爆撃。
★5月15日（火）【石垣島飛行場】
沖縄石垣島、英艦載機25機が飛行場を銃爆撃。
★5月16日（水）【石垣島飛行場】
沖縄石垣島、英艦載機25機が飛行場を銃爆撃。
★5月17日（木）【石垣島飛行場】
沖縄石垣島、英艦載機34機が飛行場を銃爆撃。
★5月18日（金）【石垣島飛行場　奄美大島　喜界島】
沖縄石垣島、英艦載機24機が飛行場を銃爆撃。
英軍の中・小型機多数、奄美大島、喜界島を空襲。
★5月21日（月）【石垣島飛行場】
沖縄石垣島、英艦載機22機が飛行場を銃爆撃。
★5月23日（水）【石垣島飛行場・市街地】

沖縄石垣島、米艦載機 36 機が飛行場・市街地を銃爆撃。

★5月24日（木）【石垣島飛行場】
沖縄石垣島、英艦載機延べ 28 機が飛行場を銃爆撃。

★6月6日（水）【石垣島飛行場・市街地】
米艦載機 86 機が沖縄石垣島の飛行場・市街地を銃爆撃。

★6月7日（木）【石垣島飛行場】
沖縄石垣島、米艦載機 5 次にわたり延べ 109 機が飛行場を銃爆撃。

★6月11日（月）【石垣島飛行場】
沖縄石垣島、米艦載機延べ 140 機が飛行場を銃爆撃。

★6月12日（火）【沖縄与那国村久部良】
沖縄与那国村久部良、米艦載機が市街地を銃爆撃。26 戸消失。

★6月13日（水）【石垣島飛行場】
沖縄石垣島、米艦載機 65 機が飛行場を銃爆撃。

★6月14日（木）【石垣島】
沖縄石垣島、米艦載機延べ 100 機が飛行場、市街地、港湾施設を銃爆撃。

★6月16日（土）【石垣島飛行場】
沖縄石垣島、米艦載機が飛行場を銃爆撃。

★6月17日（日）【石垣島飛行場】
沖縄石垣島、米艦載機延べ 100 機が飛行場を銃爆撃。

★6月21日（木）【石垣島飛行場】
沖縄石垣島、米艦載機延べ 85 機が飛行場を銃爆撃。

★6月22日（金）【石垣島飛行場】
沖縄石垣島、米艦載機が飛行場を銃爆撃。

★7月3日（火）【石垣島沖海上】
石垣港を出航した最後の台湾疎開船第 5 千早丸（50 トン）が米軍機に空襲により撃沈。死傷者多数。

〈第3章〉
「沖縄戦」民間人被害の特徴・実態と全容
日本軍は住民を守らないのみならず、殺人等の加害行為を行った

第1　被告国は「沖縄戦」戦争被害調査を実施していない

　被告国や沖縄県が沖縄戦の戦争被害につき未調査であることは、2011年10月20日沖縄県議会における県側答弁によっても明らかである。沖縄戦被害の詳細な実態と全容は戦後67年経っても明らかとなっていない。

　被告国は、沖縄県以外の46都道府県については戦後間もない1947（昭和22）年には調査を実施している。被告国は、前述してきたとおり自らアジア太平洋戦争を開始し、沖縄戦を計画し遂行した結果、沖縄で人的物的精神的被害が発生したことは明白であるにもかかわらず、沖縄戦被害についてはまったく調査を行っていない。

　被告国の沖縄戦遂行の責任とともに被害を調査もせず放置してきた責任は重大であり、政治的にも道義的にも法的にも責任を果たされなければならない。被告国は、沖縄戦被害の全容について悉皆調査を行うべきである。

　沖縄は一木一草まで焼き尽くされ、山容・地形が大きく変容した。民間の沖縄戦研究家や住民の証言等の統計上の資料などによると、15万人を超える県民の生命が失われ、その数を上回る人々が負傷し、なお、後遺障害者が数万人いること、戦争による心的外傷後ストレス傷害（PTSD）症状の人々の存在が明らかになってきており、いまだに苦しみが続いている。

　日本軍による住民殺害や「集団自決」や戦争マラリアの被害者も多数発生し、戦争（戦災）孤児も数多く生み出した。そして、現在、戦争中の砲弾の不発弾が

日常的に発見され、爆発事故も起きており、なお2700トンの不発弾があると言われ、その処理のために今後70年以上かかるのではないかと言われている。

　沖縄は、いまだに一般民間戦争被害については補償されておらず、被告国からの沖縄戦被害についての謝罪もない。先の戦争のけじめがついていない。沖縄は戦争が終了していないに等しく、戦後がまだはじまっていない。戦後ゼロ年である。

第2　沖縄一般住民の15万人を上回る死者と算出不能な重軽傷者

1　沖縄戦被害は軍人よりも民間人被害が多いという異常性

　沖縄戦は守備軍将兵の戦没者よりも民間の沖縄県民の戦没者が異常に多かったところに特徴があった。その原因は、被告国・日本軍が戦闘遂行等にあたり、沖縄の一般住民（非戦闘員）の生命・身体・安全に配慮する保護等をとらなかったことにある。「沖縄戦での人的損害については、諸記録は必ずしも一致しない」（大田昌秀編著『総史　沖縄戦』）としながらも、同書は1953（昭和28）年に琉球政府援護課（当時はまだアメリカの占領下で、軍政がしかれていた。琉球政府は高等弁務官の支配する行政機関）がまとめた次の数字をあげている。今日、ほぼこの数字にしたがって沖縄戦の戦没者数が語られる場合が多い。上記数字は前述したとおり沖縄戦被害について悉皆（しっかい）調査が実施されていないため、「少なくとも」という数字であり、被害の下限とみるべきである。

- ●日本軍将兵　　　　　　94,136人
- 　他府県出身者　　　　　65,908人
- 　沖縄出身者　　　　　　28,228人（防衛隊員を含む）
- ●沖縄県民で戦闘協力者　55,246人
- ●民間の沖縄県民　　　　94,754人

　これによると、沖縄戦の戦没者総数は244136人、日本軍に組みこまれて戦没した将兵を含めた沖縄県民の戦没者は178228人、うち沖縄県民の戦闘協力者と民間人の県民の戦没者は150000人となる。この統計のとり方の場合には、沖縄県民で戦闘協力者と民間の沖縄県民との関係をどう見るか明確とはなってい

ない。

　また、一桁台まで出されているこの数字は必ずしも正確ではない。とくに沖縄県民の戦没者数は、実際に戦没した個人を特定しての数字ではなく、一種の操作の末にはじきだされているからである。前述したとおり、被告国において沖縄戦被害についての悉皆調査が実施されていない結果である。

　そのからくりは次のとおり実際の調査に基づくものではなく机上の統計資料に基づく数字であると思料される。

　「沖縄戦直前の昭和19年2月の沖縄群島の人口（宮古八重山を除く）491912人から敗戦直後の昭和21年1月の沖縄群島の人口315775人と県外疎開者62000人を差し引き、114132人と算出した。さらに、この数字から沖縄出身軍人軍属死没者28228人を引いて、沖縄群島の県民死没者推定数として85909人を算出した。宮古・八重山の戦没者及び調査漏れ等を10％と見込んで、これに8590人を加えると94499人という数字を得て、沖縄県民の死没者総数を約94000人と公称するにいたったものである」（安仁屋政昭「意見書　沖縄戦における住民の被害」安仁屋政昭編著『裁かれた沖縄戦』）

　そして安仁屋政昭氏も、この数字は「援護課の統計にあがっていない住民の死者は非常に多い」とし、マラリア死、餓死、壕を追い出されて死んだ者、スパイの容疑をかけられ殺された者、精神障害者や聾唖者、戦場で自決を強要された住民などを含めると「一般沖縄県民の死者は150000人を上回ると推定される」と述べている。

　要するに、援護課の公称統計は机上の統計資料を操作したものであり、実際の調査に基づくものではない。沖縄県も現在まで沖縄戦被害の調査を実施していない。援護法適用手続上における戦闘協力者と認定された者と非該当者と思われる数字である。机上統計上の数字であり、被害実態を正しく反映していない。

2　年齢別人口比調査において明らかとなった異常性

　太平洋戦争が日本の無条件降伏によって終わりをつげた1945（昭和20）年8月、沖縄を軍政下に置いたアメリカ海軍政府が人口調査をなし、その年齢別人口比を分析したところによると、著しい人口減とともに沖縄戦の影響としか考えられないきわめて大きな特徴が浮かび上がった。

第一に、男女比率が大きく偏っていること。男性38％に対して女性62％だった。男子が女子と比べて戦場・戦闘に動員され死亡したという沖縄戦の実相が明確である。

第二に、男女とも15歳以上の人口比率が15歳未満に比べて極端に小さくなっている。15歳、16歳という若手をはじめこの年齢層の男女が戦闘に参加させられ巻き込まれたことを示している。

第三に、20歳以上から45歳未満までの男性では

1945年8月　沖縄の人口の年齢構成比

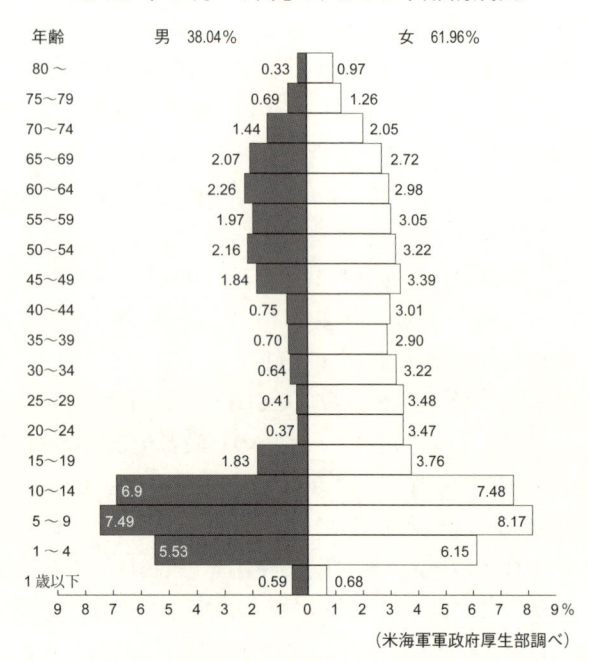

年齢	男 38.04%	女 61.96%
80〜	0.33	0.97
75〜79	0.69	1.26
70〜74	1.44	2.05
65〜69	2.07	2.72
60〜64	2.26	2.98
55〜59	1.97	3.05
50〜54	2.16	3.22
45〜49	1.84	3.39
40〜44	0.75	3.01
35〜39	0.70	2.90
30〜34	0.64	3.22
25〜29	0.41	3.48
20〜24	0.37	3.47
15〜19	1.83	3.76
10〜14	6.9	7.48
5〜9	7.49	8.17
1〜4	5.53	6.15
1歳以下	0.59	0.68

（米海軍軍政府厚生部調べ）

5歳段階に区切った比率はいずれも1％に満たないばかりか、全体でもわずかに2.87％を占めているにすぎない。この年齢層が実際に戦闘に「参加」させられた戦争犠牲者の中核であったことを明確に物語っている。

第四に、零歳の比率は男0.50％、女0.68％しかなく、県民の生活の場が戦場になったために、妊娠・出産という家庭としての基本的な生活が徹底的に破壊されていたことを示している。沖縄戦により一般住民の日常生活と生存体制が崩壊していたことを意味している。

第3　市町村単位の戦死率や一家全滅率で一般住民被害が鮮明に

1　住民の高い戦死率や一家全滅率の異常性—西原町は63.60％

以上述べたように沖縄県民の犠牲は総数でも圧倒されるほどの凄さであるが、これを市町村単位の戦死率や一家全滅した戸数の全滅率で見てみると、住民被

害の実態と地上戦が住民居住地で闘われた凄絶な戦闘であったのかより鮮明になる。

　人口の4分の1以上が戦死した市町村は以下のとおりである。戦死者数は「平和の礎」（「いしじ」は沖縄語）に刻銘された人数を基礎に置いている。満州事変以来の戦死者が数に入っているので、全数が沖縄戦の戦死者とはかぎらないが、99％前後が沖縄戦の戦死者である。人口は太平洋戦争開始前年の1940（昭和15）年10月1日現在の国勢調査である。

■6割以上の戦死率
　①西原町（63.60％）　　人口9,852人（内6,266人戦死）
■5割以上の戦死率
　②東風平町（53.24％）　人口8,899人（内4,738人戦死）
　③浦添市（51.92％）　　人口11,084人（内5,755人戦死）
　④南風原町（50.20％）　人口8,899人（内4,467人戦死）
■4割以上の戦死率
　⑤豊見城村（49.38％）　人口9498人（内4691人戦死）
　⑥北中城村．中城村［当時は中城村］（43.42％）　人口16,731人（内7,265人戦死）
　⑦具志頭村（42.76％）　人口6,315人（内2,700人戦死）
　⑧宜野湾市（42.23％）　人口12,825人（内5,416人戦死）
　⑨渡嘉敷村（42.70％）　人口1,377人（内588人戦死）
　⑩糸満市［旧糸満町と島尻地区の摩文仁村など旧五カ村が合併］（41.97％）
　　人口27,811人（内11,671人戦死）激戦地の旧摩文仁村（47.7％）
　⑪伊江村（41.48％）　　人口6,816人（内2,827人戦死）
■3割以上の戦死率
　⑫与那原町．大里村［当時は大里村］（38.16％）　人口12,632人（内4,821人戦死）
　⑬玉城村（32.34％）　　人口7,575人（内2,450人戦死）
　⑭渡名喜村（30.79％）　人口945人（内291人戦死）
■2割5分以上の戦死率
　⑮座間味村（28.83％）　人口2,348人（内677人戦死）

沖縄県民の犠牲－市町村別犠牲者数－

地区	市町村	「平和の礎」刻銘者数	人口（1940年10月）	犠牲者率（%）
沖縄本島北部	国頭村	1,771	9,969	17.76
	大宜味村	1,471	8,037	18.30
	東村	618	3,171	19.49
	今帰仁村	2,175	11,915	18.25
	本部村	4,088	20,409	20.03
	名護市	5,625	28,635	19.64
	恩納村	1,459	5,764	25.31
	宜野座村	618	8,270	24.45
	金武町	1,404		
沖縄本島中部	石川市	1,321	23,861	28.13
	沖縄市	5,390		
	具志川市	3,247	16,228	20.00
	与那城町	1,773	10,737	16.51
	勝連町	1,043	7,663	13.61
	読谷村	3,834	15,883	24.14
	嘉手納町	1,433	15,131	24.64
	北谷町	2,295		
	北中城村	2,081	16,731	43.42
	中城村	5,184		
	宜野湾市	5,416	12,826	42.23
	西原町	6,266	9,852	63.60
	浦添市	5,755	11,084	51.92
那覇	那覇市	29,266	109,909	26.63
沖縄本島南部	豊見城村	4,691	9,498	49.38
	東風平町	4,738	8,899	53.24
	具志頭村	2,700	6,315	42.76
	玉城村	2,450	7,575	32.34
	知念村	1,271	4,728	26.88
	佐敷町	1,672	6,250	26.75
	与那原町	1,954	12,632	36.16
	大里村	2,867		
	南風原町	4,467	8,899	50.20
	糸満市	11,671	27,811	41.97
離島	伊平屋村	313	2,710	11.55
	伊是名村	441	3,652	12.08
	伊江村	2,827	6,816	41.48
	仲里村	580	7,512	7.72
	具志川村	517	5,902	8.76
	渡嘉敷村	588	1,377	42.70
	座間味村	677	2,348	28.83
	粟国村	599	2,765	21.66
	渡名喜村	291	945	30.79
	南大東村	42	5,844	0.87
	北大東村	9		
宮古諸島	平良市	1,448	26,419	5.48
	城辺町	564	14,947	3.77
	上野町	188	10,974	6.12
	下地町	404		
	伊良部町	467	8,453	5.52
	多良間村	160	3,632	4.40
八重山諸島	石垣市	4,357	20,837	20.91
	竹富町	1,130	8,978	12.59
	与那国町	688	4,580	15.02

⑯知念村（26.88％）　人口4,728人（内1,271人戦死）
⑰佐敷町（26.78％）　人口6,250人（内1,672人戦死）
⑱那覇市（旧首里市含む）（26.63％）　人口109,909人（内29,266人戦死）
⑲恩納村（25.31％）　人口5,764人（内1,459人戦死）

　中南部の激戦地の12市町村（那覇市も含めた）の合計平均戦死率は44.65％と高率となっている。
　現在、沖縄県には41の市町村があるが、大東島（南大東島村、北大東村）を含めて戦死者を出さなかったところはない。それはおそらく、日本全国どこの市町村でも戦死者を出さなかったところはないだろうが、町村民の半数近くが戦死したところがこんなにも多いのは、東京など大空襲を受けた大都市、原爆を落とされた広島、長崎を除いては他にない。
　大空襲や原爆は、大量破壊兵器の一瞬のなせる結果だったが、沖縄の場合は三カ月以上にわたり「鉄の嵐」が間断なく吹き荒れた凄絶な地・空・海における戦闘の結果であり、その点につき沖縄戦被害の深刻さと特徴がある。

2　激戦地旧浦添村の一般住民の戦死率・一家全滅率・家屋焼失率

　浦添市（旧浦添村）のケースをみる。旧浦添村は、沖縄戦の関ヶ原の戦いと言われた第32軍の司令部のある首里攻防までの最大の激戦地区だった。村の全家屋2003戸のうち焼失を免れたのはわずかに16戸（焼失率99.2％）という一事をもってしても、日米軍は一般住民居住地で激烈な戦闘行為を遂行したこと、村が戦場のまっただ中にあったことが一目瞭然となる。
　この旧浦添村の小字単位の住民の戦死率、家族の全滅率を詳細調査したのは沖縄国際大学教授の石原昌家ゼミナールである。ここでは1945（昭和20）年3月現在（米軍上陸直前）の総人口を基礎においている。
　一覧表によると、［総人口8844人、戦死者数3952人、戦死率44.7％］［総戸数2003戸、全滅戸数455戸、全滅率22.7％］［焼失を免れた戸数わずかに16戸、家屋焼失率99.2％］となっている。小字単位で分析すると、18あった小字のうち、戦死率6割以上が1、5割以上が5、4割以上が4、3割以上が7を数え、わずか1小字が2割以下である。全戸数に対する全滅家族も4割以上が

1、3割以上が3、2割以上が7となっている。沖縄戦の縮図のひとつである。

3年間の調査の結果、この実相を明らかにした指導者の石原教授は、「旧浦添村民の戦死者の大部分も首里司令部撤退後の（沖縄）本島南部において斃れていった」とし、次のように述べている。

「米軍上陸前に疎開できなかった旧浦添村民の大半は、（1945［昭和20］年）4月29日までには沖縄本島南部へ避難していた。だが、沖縄戦を『国体（皇室を宗家とする国家。原注）護持』のために出血持久戦と位置づけた日本軍部は、司令部を本島南端の摩文仁丘陵に移動させ、米軍の本土上陸を遅らせるべく時を稼いだ。これまで住民の戦死者はそれほど多くはなかった

旧浦添村（現浦添市）の沖縄戦による住民の犠牲

総人口 8844人　戦死者数 3952人　戦死率 44.7％
総戸数 2003戸　全滅戸数 455戸　全滅率 22.7％
消失を逃れた家はわずかに16戸。全家屋の99.2％が焼失した。
小字ごとの戦死者数などは次のようになっている。

小字	戦死者(人)	戦死率(％)	全滅家族(戸)	全滅率(％)
安波茶	133	63.9	25	42.4
前田	456	59.7	50	30.3
仲間	273	56.1	43	35.5
当山	126	55.0	11	22.4
大平	139	53.1	11	21.6
宮城	225	52.4	40	32.0
西原	773	49.6	46	17.2
港川	100	43.7	6	12.5
経塚	173	43.6	17	18.3
沢岻	247	42.7	18	16.2
屋富祖	129	39.9	27	27.6
牧港	251	39.5	34	22.1
城間	438	37.9	60	21.0
小湾	107	35.7	17	20.7
伊祖	172	32.6	17	15.9
勢理客	78	31.5	8	14.5
内間	92	31.1	18	23.7
仲西	40	18.7	7	12.7

沖縄国際大学・石原昌家ゼミナール（社会学）と石原教授が、1980年から3年にわたって調査を継続した。（『沖縄歴史地図〈歴史編〉』から引用）

のである。戦闘に巻き込まれた住民に対して、日本軍は壕追い出し、陣地漏洩防止のために幼児の殺害・絞殺（乳幼児の泣き声が外に漏れることで、米軍に居所を知られるとして、日本軍将兵が乳幼児の口や鼻をふさいだり、母親にそれを強要するケースが少なくなかった。引用者）、スパイ虐殺、食糧強奪などの行為に及んだ。住民にとって、前門のトラ＝米軍、後門のオオカミ＝日本軍といったいわゆる沖縄戦の悲劇の大部分がここで顕現していった」（『沖縄歴史地図〈歴史編〉』「太平洋戦争と沖縄戦　浦添地区の激闘と住民被災」79頁、143頁）。

浦添の戦闘は5月14日までに終了したにもかかわらず、これほどまでの犠牲者を出した原因・背景がここにある。沖縄戦を開始し、続行した日本軍が沖縄の一般住民の保護策をまったくとらなかった端的な一例である。

3　消滅した3つの村—「皆殺し」（ジェノサイド）の犠牲に

　沖縄戦終焉の地、南部戦線の最終激戦地である摩文仁村、喜屋武村、真壁村は、住民の戦死率がいずれも5割近くあり、一家全滅も最多であったため、3村とも人間関係や独自の村行政や生活基盤などが根底から破壊された。村行政等の機能がマヒし、事実上「消滅した3村」となった。「皆殺し」作戦・ジェノサイドの作戦の犠牲となったのである。そこで、上記3つの村を合併して「三和村」となり、苦難の道を歩んだ。新しい村名は、3つの村を合わせて平「和」を願い、名付けたのであろうか。現在は、三和村は糸満市と合併されている。

　この3村の悲劇は歴史的にもまれにみる出来事であり、日本軍が住民を保護する策を講ずることなく、死の道づれにしたかを如実に物語っている。同時に米軍も住民の犠牲を承知して攻撃を集中したものであり、同罪という他はない。

　沖縄県民は、日本軍の戦闘行為に協力したか否かに関係なく、死の道づれにされたものであり、日本軍は加害者である。

第4　14歳未満の戦没者数及び死因—児童・幼児も射殺対象に

　前述してきたとおり、沖縄県福祉援護課の統計資料でも、沖縄の一般民間戦没者数は約95000人であり、そのうち54000人が事後的に戦闘参加者として取り扱われて援護法の適用を受けていると述べてきた。

　1950（昭和25）年に厚生省が調査した、沖縄における陸軍関係の戦闘協力者48509人の戦没者を年齢別にみると、75歳以上が383人、14歳以上74歳までが36633人、14歳未満が11483人となっている。14歳未満が23・67％を占めている。そのうち、14歳未満の年齢別戦没者の内訳は、次のとおりである。
（注：この統計は日本陸軍の戦闘協力者についての統計である。戦闘協力者と取り扱われなかった一般民間戦没者も39000人いるので、14歳未満の戦没者の合計は前記の2倍近いものと推定できる。）

　次ページ表が示すとおり、5歳以上の戦没者が700人から800人台となっているのに比べ、2歳から4歳にかけては各1000人を越しているのが目立っている。ところで、前述の各世代別の戦没者数は、調査時点が比較的早かったこともあって、実数はこれよりはるかに多いと見られるが、注目に値するのは、14歳

14歳未満の戦没者の年代区分

年齢	戦没者	年齢	戦没者	年齢	戦没者
13	1,074	8	748	3	1,027
12	757	7	767	2	1,244
11	696	6	733	1	989
10	715	5	846	0	181
9	697	4	1,009	計	11,483

（陸上自衛隊幹部学校『沖縄戦作戦講話録』1961年、4〜21頁より引用）

未満で戦没した児童・幼児の数が全戦没者の5分の1以上（23・67％）を占めていること、およびその死因についてである。ちなみに厚生省調査による死因の内訳は、つぎのとおりである。

14歳未満の戦没者の死因別内訳」

死因	戦没者	死因	戦没者
壕提供	10,101	陣地構築	85
炊事雑役救護	343	食糧提供	76
自決	313	友軍よりの射殺	14
糧秣運搬	194	伝令	5
四散部隊への協力	150	患者輸送	3
保護者と共に死亡	100	その他	10
弾薬運搬	89	計(人)	11,483

（陸上自衛隊幹部学校『沖縄戦作戦講話録』1961年、4〜21頁より引用。ただし「その他」と合計欄は引用者・大田昌秀が加筆）

　児童・幼児の死因の意味するものは何か——日本軍により射殺の対象とされたからである。日本軍は、老幼婦女子をいみじくも〈非警備能力者〉と規定したが、ここで死因として壕提供とか食糧提供とあるのは、要するに日本軍将兵によって、壕を追い出されたり、食糧を奪われたことによって死んだ者を意味する。〈友軍

よりの射殺〉とあるのは、正当な根拠もなくして、保護してくれるものと最も頼りにしていたはずの〈友軍〉によって、殺害された者の数である。児童・幼児さえも射殺の対象とされたのである。諸記録から判断すると、実数はこの数倍に達するにちがいない。

つまるところ、〈非警備能力者〉とみなされた人びとは、守備軍将兵にとっては、守護の対象どころか、〈足手まとい〉以外の何者でもなく、したがって作戦遂行上という大義名分をかかげさえすれば、殺害するのもやむなし、といった存在でしかなかったわけである。

第5 「集団自決」

1 「集団自決」の発生原因

沖縄戦時に住民の「集団自決」が各地で多発したことは、"軍民一体"の沖縄戦の悲劇の典型的ケースである。米軍が沖縄上陸の第一歩をしるした慶良間諸島の例がよく知られているが、最も多く発生したのは、やはり激戦地の中・南部戦線で、同様に激しい戦闘がくりひろげられた伊江島も例外ではない。沖縄戦でなぜ「集団自決」が多数発生したか。

1944（昭和19）年3月、沖縄に創設された第32軍（沖縄守備軍）は、軍と行政、住民が一体となって戦う「軍官民共生共死の一体化」を沖縄作戦の基本方針とした。これは、言葉では軍隊も行政も住民も生きるも死ぬも一緒という意味なのだが、住民にとってはともに生きる「共生」の選択は最初からなかった。住民にとって「保護」されることを意味するのではなく「死」を意味した。「軍官民共生共死の一体化」の言葉の実態は、軍がすべてに優先し、そのために住民は犠牲を強いられるというものだった。住民には、「共生の一体化」ではなく「共死の一体化」でもなく、ただただ「死」に追いやられ「死」あるのみであった。その実態は戦闘が始まると明らかになった。

住民がガマ（自然の洞窟）に避難していても、日本軍が陣地に使うからと壕を追い出された。砲弾が飛び交う中に放り出されたことで、多くの人が死んでいった。県民は根こそぎ動員されており、避難民の中には青壮年男子はほとんど残っていなかったが、女性や高齢者も軍の道案内や弾薬運搬、さらには斬り込み隊員

として、強制的に戦闘に追い立てられた。

　ガマの中で、赤ん坊や子どもがむずかると、その声が米兵に聞かれて攻撃されるからと、日本兵が毒殺したり、母親を脅して子どもを手にかけさせた事例もあった。

　住民は戦闘前から「米軍の捕虜になれば、女は強姦されて殺され、男は股ざきにされ、戦車でひき殺される」と恐怖を徹底的に植えつけられていた。そのような中で、住民が軍命、強制、誘導によって追い詰められた「集団自決」は、「軍官民共生共死」の軍事の方針の意味するものが「唯一住民の死」である本質を明らかにしたのであった。

2　主な「集団自決」の例

　沖縄住民の「集団自決」は沖縄各地で発生したが、その全容はいまだに明らかになっていない。明らかになっているものを例示すると次のとおりである。

　慶良間諸島の渡嘉敷島329人、座間味島177人、慶留間島53人、屋嘉比島10人の合計569名となっている。沖縄南部の激戦地喜屋武半島で約500名と推定されているが、実数はそれをはるかに上回ると推定される。

　伊江島で約100人、米軍上陸地の読谷村で84人以上、旧美里村（現沖縄市）で10数人といわれている。以上合計で、1263名となっている。

　❖慶良間諸島の慶留間島の例

　米軍上陸（1945年3月26日朝）と同時に一斉に「集団自決」が行われた。慶留間島に配属された海上挺進隊の舟艇壕は、部落とは反対側の北海岸にあるので住民と部隊との接触はない。男子はほとんど防衛隊として招集されて島外に出ており、女と子どもと老人だけの島になっていた。それでも日本軍からはかねてから敵が上陸してきたら竹槍で戦うよう教えこまれていた。そして、最期の覚悟（死）について防衛隊の男たちは家族の者たちに言いふくめていたのである。

　いざ、敵が上陸してきた時、米軍の上陸用舟艇の陣容の前に竹槍ではどうすることもできなかった。人びとは雪崩をうって標高157メートルの森に逃げ込んだ。どこといって逃げ場はない。森の中ではすでに家族ごとに殺し合いがはじまっていた。手榴弾は配られていないので、子どもは親が手にかけて絞め殺し、ネコ

イラズ（殺鼠剤）を奪い合って口にふくみ、木の枝に縄をかけて首をくくり、あるいは砲爆撃で燃えつづけている炎の中にとびこんで自殺した。
　一時間とたたないうちに島の総人口約100名のうち53名が自決した。

❈座間味島の例
　敵上陸直前に役場の職員が各住民壕をまわって「住民は男女を問わず軍の戦闘に協力し、老人子どもは忠魂碑前に集合」という伝令を伝えてあったが、忠魂碑前は砲弾がはげしくて集合がかなわず、めいめいの家族壕で手榴弾、カミソリ、鎌などで自殺を遂げた者が多かった。
　ヤマト馬という横穴壕では、住民約20名が1本のロープで絞め殺された。絞めたのは体力のある男性で、ロープの端を杭木に結びつけ、一人ひとりの首にロープを巻きつけて一方の端を強く引っ張って絶命させた。もちろん、自分も死ぬ覚悟ではあったが、20名を始末して最後にのこった自分はどうしても死ぬことができず、放心状態で壕から逃げていった。
　また、高月山の中腹にある産業組合壕には、村長、助役以下の村の幹部が避難していたが、敵上陸直後に一斉に「集団自決」が行われた。この壕からは一人の生還者もないので真相は明らかでないが、遺骨の状況からみて防衛隊長がもっていた小銃でとどめをさしたものと推測されている。現場には「村長、助役以下59名集団自決之地」の碑が建っている。自決者178名。

❈渡嘉敷島の例
　隊長命令で西山に終結した渡嘉敷、阿波連部落の住民が日米両軍の狭間においこまれて、恩納河原で一斉に自決した。家族ごとに手榴弾がくばられていたが、不発弾が多く、死にそびれた者たちは棍棒や鍬などで頭を割って凄惨な最期を遂げた。自決者329名。

❈伊江島の例
　前線から逃げてきた防衛隊員が住民壕に合流し、これを追撃してきた敵戦車が洞窟入口から攻撃をかけてきた時、彼らが携帯していた急造爆雷で住民もろとも自爆した。数カ所の壕で「集団自決」が発生したことは確かだが、犠牲者数ははっ

きりしない。アハシャ壕では約120名の避難民が隠れていたが、生き残ったのは20名が確認されているだけである。

3 「集団自決」を「強制」した者は殺人罪が成立する

軍命、強制、誘導による「集団自決」は、それを強制した者に明治憲法下の当時の刑法（規定内容は現行刑法と同じ）において殺人罪、自殺幇助罪、傷害罪などが成立する。「自決」は自ら命を絶つことであるが、その死を強制・強要した場合は、直接手を下していなくとも、間接的正犯としての殺人罪が成立する。

とくに、手榴弾を配ることは、死を命令（強制）することの意味である。

第6　住民虐殺―殺人罪に該当する

1　いまだに全容が明らかとなっていない住民虐殺

日本兵による住民虐殺事件は沖縄本島地区の各地で発生しているが、まだ本格的な調査がなされていないので、全容は明らかではない。現在、40数件の事例が確認されているが、もちろん氷山の一角にすぎない。

「処刑」という名目で虐殺された犠牲者たちは生命を奪われただけでなく、「スパイ」という汚名をはりつけられて人間としての尊厳も奪われてしまった。それゆえ、遺族もこれを世間に公表するのをはばかるのである。その理由もあるので全容を解明することが困難となっている。住民虐殺は戦時中といえども刑法第199条の定める殺人罪に該当し、死刑も適用される（現行刑法は明治40年制定で、殺人罪規定は、戦時中も現在も同じである）。

2　代表的な事例

＊沖縄本島南部の知念村字知念の材木ブローカーのAさんは沖縄戦が始まる前年夏、球部隊に陣地構築用の松材を納入していたが、この代金を請求しに部隊長に会いに行ったところ、「資材を提供するのは当然だ」と支払を拒否された。押し問答の末、部隊長は背後からAさんを拳銃で射殺した。非協力分子として、みせしめに処刑したのだった。現地戦争犠牲者の第1号ともいえる。

＊知念村で、日本兵の横暴なふるまいを注意したBさんは、その場で銃殺刑に

された。反軍的態度が非国民とみなされたのが理由だった。

＊知念村出身で南米移民から帰還したＣさんはスペイン語が話せるので、かねがね危険分子と見られていた。そのために、疎開先の国頭郡宜野座の避難小屋で、日本兵に斬殺された。

＊沖縄戦の末期、沖縄本島北部の久志村の収容所で、米軍の洗濯作業に使役されていた難民女性40名が山から降りてきた日本兵に連行され、浜辺で焚火を囲ませておいて、そこへ手榴弾を投げつけた。そのうちの幾人かが即死した。

＊沖縄本島北部山中にたてこもる護郷隊（第２遊撃隊・村上隊長）は、スパイ取り締まりに暗躍していた。とくに海外移民帰りには目をひからせていたが、名護町許田でハワイ移民帰りのＤさんとその弟Ｅさんが日本刀で斬殺された。

＊沖縄本島北部の本部国民学校のＦ校長は、耳が遠くて、敵機が飛来しているのも気づかずに宇土部隊（国頭支隊）の本部壕付近を徘徊していたところ、敵機を誘導するスパイとみなされて、伊豆味の山道で日本兵にとりかこまれて射殺された。

離島の久米島の鹿山隊（海軍見張所）による連続住民殺害事件の犠牲者は、20名におよぶ。以下４件とも、組織的戦闘終了後である。

＊久米島郵便局のＧさんは６月中旬米軍の捕虜になり、６月27日に米軍の使いで投降勧告状を鹿山隊長に届けに山中の陣地に行ったところ、その場で射殺された（Ｇさんの妻カネ子も山田川に投身自殺した）。

＊久米島字北原の区長Ｈさん、警防班長Ｉさん、Ｊさんの家族３名、Ｋさんの家族４名（合計９名）は、米軍上陸時に"捕虜"になったが、その日のうちに帰宅を許された。６月29日に、この９名は鹿山隊に射殺され、遺体はＬさん宅に集められ家ごと焼き払われた。

＊久米島字銭田のＭさんは沖縄本島の戦線で捕虜になったとき、郷里の久米島が無防備の島であることを説明し、艦砲射撃を中止させた。その後、終戦後の８月18日、米軍とともに島へ渡り、住民に戦争が終わったことを伝え歩いたところ、まだ山中にたてこもっている鹿山隊に親子３名とも捕まり、手榴弾で虐殺された。

＊久米島字上江洲に住む朝鮮出身のＮさん一家７名は、身におぼえのないスパイ容疑をかけられ、８月20日一家全員日本刀で斬殺された。

＊沖縄本島北部の大宜味村渡野喜屋には、5月13日ころ、中南部から避難してきた住民約90名が、米軍に捕まり保護されていた。ある夜、日本兵約10名の集団が山から降りてきて、リーダー格の男たち数名を山の中に連行して斬殺、残りの婦女子を浜辺に集めて一斉に手榴弾を投げつけ、一瞬のうちに25名を殺害、15名に重傷を負わせた。

後に米兵が現場を検証してみると、米軍から支給されていた食糧や毛布類はことごとく持ち去られていた。スパイ容疑と食糧等強奪のために殺害されたものとみられる。

＊大宜味村喜如嘉の元警察官Pさんは、芋掘り作業中に捕虜になったが、ある夜、収容所を脱走して村へ帰ってきたところ、裏山にたてこもる敗残兵グループからスパイの疑いをかけられ、日本刀で斬殺された。

＊首里から国頭に疎開していたハワイ帰りのOさんは中学1年生くらいの孫を日本兵に射殺された。二世で、英語が話せるということがスパイ容疑になったと思われる。

慶良間諸島・渡嘉敷島の赤松隊（海上挺進第三戦隊・隊長赤松嘉次大尉）は米軍占領後も長く山中にたてこもっていたが、8月23日に武装解除されるまでに、渡嘉敷、疎開してきていた伊江島の住民及び朝鮮人軍夫など10数名を殺害している。

＊渡嘉敷島で4月15日ごろ、Qさんはスパイ容疑でR少尉に斬殺された。実は食糧問題が原因だと言われている。

＊渡嘉敷島で4月中旬、Sさんは、「集団自決」で妻子を失い、放心状態で山野をさまよっていたところ、某伍長の軍刀で斬殺された。

＊5月初旬、伊江島から連行されて渡嘉敷の難民収容所に収容されていた若い女性5名と青年1名は、米軍の使者として赤松隊長に降伏勧告状を届けに行ったところ、スパイ容疑でとらえられ、各自の墓穴を掘らされ、軍刀で斬首された。

＊渡嘉敷島でI少年とU少年（いずれも16歳）は「集団自決」で重傷を負っていたところを米軍に救助され、野戦病院で治療を受けて回復、その後米軍の命令で住民避難地区に連絡に行く途中、赤松隊に捕らえられ、スパイ容疑で斬殺された。

＊渡嘉敷島で国民学校のＶ教頭は、防衛召集を受けて赤松隊に配属されていたが、妊娠中の妻の安否を気づかって住民避難地区に出入りしていたところ、敵前逃亡の罪で処刑（斬殺）された（５月ごろ）。
＊渡嘉敷島で８月16日（敗戦の翌日）、ＷさんとＸさん（防衛隊員）は、米軍の命令で赤松隊に降伏勧告状を届けに行ったところ、捕らえられて斬殺された。

＊座間味島阿佐部落の書記Ｙさんは、何者かに斬殺され死体は部落の路上で発見された。斬殺が日本刀によりなされていたと思われるので日本軍による犯行とみなされている。
＊伊江島では、米軍に保護された住民５名が日本軍の残存兵に連行されていったが、後に部落はずれの野原で、銃殺されたらしい５名の遺体が発見された。
＊４月中旬、金武村に疎開していた那覇出身のＺさんは、アメリカ製の空缶を所持していたという理由だけで、海軍の下士官によって家人の目の前で斬殺された。
＊沖縄本島北部の国頭郡今帰仁村字玉城の警防団長ａさんは、５月12日の夜、運天港に駐屯していた海軍特殊潜航艇隊の隊員たちに連行され、翌朝、近くの畑の中で斬殺死体となって発見された。
＊続いて、同部落の英語通訳をつとめていたｂさんも何者かに斬殺された。
＊さらに、７月１日、同部落のｃさんと妻と弟の３名が日本兵に連行されて斬殺された。いずれも、すでに米軍占領下の戦後生活がはじまってからのことである。
＊沖縄本島南部の玉城村糸数のアブチラガマには、陸軍病院分院が喜屋武半島に撤退した後、敗残兵グループが隠れていたが、地上はすでに収容地区になっているにもかかわらず、彼らはまだ"持久戦"をつづけていた。収容地区の住民が食料をさがしに来ると、敵を誘導するスパイとみなして、壕内から無差別に狙撃した。地元住民だけでも５～６名が犠牲になっている。
＊沖縄本島西原村伊保之浜では、４月下旬に集落に残っていた70歳～80歳の７人の老人が、日本兵によって集落内の壕から引きずり出されて斬り殺された。

なお、日本刀で斬殺された朝鮮人軍夫の死体が各所で目撃され、戦隊副官（沖

縄出身）も「朝鮮人を処刑した」と証言しているが、その実数は不明である。
　日本軍による沖縄住民の虐殺、スパイ視は決して一部の心ない将兵による偶然の出来事ではなく、日本軍の組織的な犯罪であった。沖縄戦の中で住民をスパイ視する宣伝が、日本軍・沖縄県・新聞などによって広くなされていたことが、沖縄各地で住民虐殺を引き起こす要因になったと思われる（大城将保『改訂版沖縄戦・民衆の眼でとらえる「戦争」』高文研　160 ～ 165 頁を参照）。

第 7　戦争孤児（戦災孤児）

　沖縄戦は多くの戦災孤児を生んだ。沖縄戦は、「鉄の嵐」と「血の嵐」が吹き荒れた、世界の戦史上、類を見ない、壮絶な戦争であった。
　戦場をさまよい、壕の中から生きながらえて米軍の収容所に収容された人たちの中には、親を失い、兄弟姉妹を失い、親戚を失い、天涯孤独となった多くの孤児もいた。ひとり戦火の中を生き延びて収容されたものの、飢えと渇きによる栄養失調で幼い命を落とす孤児、親のぬくもりを求めて泣き続ける孤児、恐怖に震えて明るいところへ出てこようとしなかった孤児も、現在は 70 歳を超えている。未だに、戦争の深い傷を心の奥に引きずって生きている。
　沖縄の戦災孤児については『沖縄空白の一年 1945 － 1946』（川平成雄著、吉川弘文館 2011 年 2 月 11 日発行）72 頁以下に詳しいので、その一部を紹介する。

　沖縄戦中、そして沖縄戦終結後、両親を失った戦災孤児がどれほどいたかはわからない。1953 年 7 月、琉球政府文教局研究調査課は、宮古群島と八重山群島を除く、沖縄本島及び周辺離島における戦災孤児の実態調査を行っている。
　「沖縄には戦後『戦災孤児』の語が生まれ、『靖国の子』の美名はこの中に影をひそめてしまつた。戦災孤児の多くは親類縁者に引取られ、或は厚生園などの社会施設に収容されてすくすく伸びているが反面、路頭に迷い転落の一途をたどつている者もあり憂慮されている」との世論を受けての実施であった。53 年 11 月時点において、両親を失った児童・生徒は 4050 人、母親を失ったものは 2850 人、父親を失ったものは 23800 人にのぼった。合計 30700 人である。
　「戦争がどれだけの男を、父を殺したか」を端的に語る数値である。この調査

が児童・生徒を中心になされたものであることを考慮に入れるなら、おそらく沖縄戦終結後は、もっと多くの戦災孤児がいたと思われる。(中略)
「孤児院は、1945年には、沖縄本島北部に田井等・瀬嵩・福山・漢那の四か所、中部にコザ・石川・前原の3か所、南部には首里・糸満・百名の3か所の計10か所あったが、47年には沖縄民政府によって田井等・福山・コザ・百名の四か所に統合され、さらに翌48年には那覇市首里石嶺町のチャイナホーゼ(国府軍キャンプ)跡地に建てられた沖縄厚生園の1か所に整理された。また53年9月には、沖縄で唯一の民間養護施設の『愛隣園』が与那原町与那原に開園する。アメリカ・バージニア州のリッチモンドに本部を置く『キリスト教児童福祉会』が、沖縄戦によって多くの戦災孤児を生んだ沖縄に、孤児救済のための施設の設置を考えたのが開園のきっかけであった」

　沖縄の戦災孤児は沖縄戦が生み出したのである。前述のとおり戦災孤児の被った精神的苦痛は筆舌に尽くし難いものがある。しかしながら、被告国は沖縄戦の生み出した戦災孤児に対して謝罪もすることなく、補償もまったく行っていない。

第8　軍人より民間人犠牲がなぜ多いか
　　　―日本軍は住民を守らなかった

1　軍隊は住民を守らない

　太平洋戦争の末期、日米最後で最大の決戦となった沖縄戦。国内で唯一、住民を巻き込んだ地上戦の結末は、20万を超える戦死者だった。中でも一般住民の戦死は十数万人ともいわれ、軍人をはるかに上回った。
　なぜ住民に犠牲者が多かったのか。歴史を検証していくと、住民を守らない軍隊の本質が浮かび上がってくる。戦争は常に、弱い立場にある住民を最大の犠牲者にする。日本軍は住民を守護したのではなく、「加害者」として行動したのである。軍隊は住民を守らない。これが沖縄戦の教訓である。

2　県民の命は本土防衛の「捨て石」に

　日本軍にとって沖縄戦の目的は、本土決戦の準備をするための時間稼ぎだった。

米軍を1日でも長く沖縄に引きつけておくことで、本土への攻撃を遅らせるという「持久戦」作戦である。

1944年11月、東京にある大本営（天皇に直属する日本軍最高司令部）は、沖縄の日本軍（第32軍）から1万数千人規模の第9師団を台湾に引き抜いた。その後、穴埋めの部隊が派遣されなかったため、第32軍は敵を痛めつけながら時間を稼ぐという作戦に切り替えた。

この方針は最後まで貫かれ、45年5月下旬には戦闘能力を失っても南部へ撤退、軍が全滅した6月末には牛島満司令官が「最後の一人まで戦え」と引き延ばしを命令して自決した。

第32軍は県民の命や財産を守るのではなく、本土や天皇制を守ること（国体護持）が大きな使命だった。被告国は国民保護義務に反して沖縄県民の命を「捨て石」にしたのである。

沖縄戦戦没者数（推計）
（県援護課調べ）

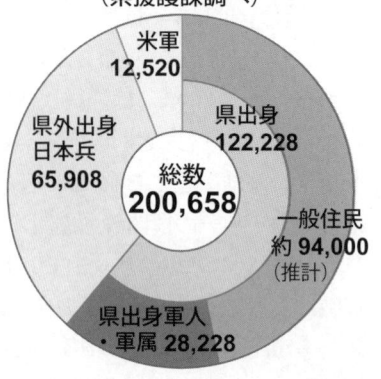

- 米軍 12,520
- 県外出身日本兵 65,908
- 県出身 122,228
- 一般住民 約94,000（推計）
- 県出身軍人・軍属 28,228
- 総数 200,658

・一般住民の数は、沖縄戦前後の人口統計から計算した推計値。終戦前後の餓死やマラリア病死（八重山だけで3600人）などは含まれない。研究者の間では、住民の戦没者は約15万人とみられている。
・防衛隊や男子学徒隊は軍人に、女子学徒隊は軍属に含まれている。
・朝鮮半島から強制連行された1万人ともいわれる戦没者は含まれていない。

3　南部撤退で軍が住民地区へ侵入・侵出

第32軍は5月末までに中部戦線で戦力を失い、敗北は決定的だった。しかし、司令部のあった首里で戦いをやめずに、南部に退いて戦争を続けた。

すでに南部には中南部の住民十数万人が避難し、ガマ（洞窟）や岩陰に身を隠していた。そこに、約30000人の軍人が押し寄せてきたため、南部は危険地帯に一変した。

直径7キロの狭い住民地域（28平方キロ）に軍人が軍事行動を展開し、侵入・侵出したことで、さまざまな悲劇が発生した。28平方キロといえば、第3章第3の沖縄の地誌で述べたとおり、伊江島の面積は23平方キロ、与論島が21平

第3章 「沖縄戦」民間人被害者の特徴・実態と全容

週別の県民戦没者数

（県「平和の礎統計資料」05年6月現在）
※住民だけでなく軍人・軍属も含む

- 1944年 7月: 4985
- 8月: 3322
- この間は未集計
- 3月: 3082
- 4月: 19456
- 5月: 24636
- 6月: 46833
- 7月: 5647
- 8月: 4842
- 9月: 2617
- 不明: 3473

週別の日米軍人戦死者数（米第10軍アクション・リポート）

※5月1日までの日本軍死者は推定

日本軍:
- 4/1: 3198
- 4/7: 5747
- 4/14: 11304
- 4/21: 5221
- 4/28: 7181
- 5/5: 10166
- 5/12: 8833
- 5/19: 6304
- 5/26: 2547
- 6/2: 7739
- 6/9: 11408
- 6/16: 21694
- 6/23: 8217

米軍:
- 4/1: 505
- 4/7: 352
- 4/14: 393
- 4/21: 584
- 4/28: 535
- 5/5: 645
- 5/12: 682
- 5/19: 756
- 5/26: 454
- 6/2: 395
- 6/9: 392
- 6/16: 499
- 6/23: 450
- 6/30: 180

方キロであるからその狭さは一目瞭然である。

　この狭小な地域に80000人の一般沖縄県民、30000人を超える日本軍、そして数万人の米軍、合計150000人以上が入り乱れた状況である。そのような中で戦闘行為が行われたのである。人口密度は、1平方キロ5357人の高密度となる。そこに艦砲、砲撃、銃撃戦、空襲、火炎放射器、戦車、歩兵軍団の進軍等ありとあらゆる戦闘行為が実行されることは、住民と軍隊との区別も困難となり、住民被害が圧倒的に増えることは火を見るより明らかであり、結果もそのとおりとなった。

日本軍は住民をガマから追い出したり、食糧を取り上げたり、泣き声を上げる幼児や投降する住民を殺害したりした。逃げ場を失った住民は、米軍の砲弾が雨あられのごとく降る中をさまよい、次々と命を落としていった。
　グラフを見ると、5月28日南部撤退後の6月以降に、住民の死者が激増したことが分かる（6月と7月で52480人）。住民保護をまったく行っていない日本軍によって、一般住民は死の道連れにされたのである。

4　日本軍が自国民（沖縄県民）を殺害

　戦争が始まるまで住民は陣地造りに動員され、第32軍の協力者だった。しかし地上戦が始まると、それが裏目に出る。軍事機密を知っているとして、日本兵が住民をスパイ容疑で殺害するケースが各地で相次いだ。
　もともと第32軍は、方言を使い、海外移民も多い沖縄県民に不信感を持っていた。そのため方言を禁止し、方言で話す住民はスパイとして殺害した。
　負けが続き、南部まで追いつめられると、今度は住民が足手まといになり、ガマからの追い出しや幼児殺害、食料強奪も増えた。八重山では軍の命令でマラリア発生地域に移され病死する人もいた。
　さらに日本軍は、軍事機密が漏れないように、米軍への投降も許さなかった。当時は、米軍に捕まるくらいなら、その前に自ら命を絶つよう教え込まれていた。前もって手榴弾を配るなど、日本軍の強制や誘導によって、家族同士が死を選ばざるを得なかった「集団自決」は、沖縄戦の悲劇の最たるものである。

5　軍隊がいた地域で一般住民の犠牲大—主な戦場は住民居住地

　犠牲者率40％以上の市町村は、西原町、東風平町、浦添市、南風原町、豊見城市、北中城・中城村、渡嘉敷村、具志頭村、宜野湾市、糸満市、伊江村の11カ所。激戦となった中南部に集中している。渡嘉敷島と伊江島は沖縄戦の特徴的な戦場となった離島である。
　いずれも軍隊が住民地区に侵出・侵入し軍事行動をしていた地域でもある。宜野湾、中城以南の住民は南へ南へと逃げ、南部の戦闘に巻き込まれて命を落とした人が多い（各市町村史の調査に詳しい）。戦闘部隊のいた所ほど住民の犠牲者が多かったことを証明している。日本軍は住民を死の道連れとした。

〈第4章〉
「沖縄戦」被害の特徴と多岐な被害類型

第1　民間人の死者が軍人の死者を上回った異例な事実

　県民人口の4分の1の約15万人の死者、それを上回る数の重軽傷者を出した。死者は若年・壮年の男子の死者が多く男女の人口比率が大きく崩れた。どの家族にも死者・負傷など戦争被害が出て、家庭そのものが破壊された。民間人の死者が日米両軍の死者を上回った。その事実は、世界の地上戦闘における世界の歴史の中でも例のないことである。

　両親を失った戦災孤児約4000人、一方の親を失った戦災遺児約3万人を超えると推定されている。被害者は戦争による精神的被害（PTSD）が現在まで継続するなど、依然として深刻な状態にある。

第2　住民殺害、「集団自決」など日本軍が住民加害行為者となった

　前述したとおり、日本軍は沖縄住民に対し「集団自決」を強要・強制・誘導し、スパイ容疑や食料強奪などのため住民を虐殺し、壕に避難している住民を追い出して死に追いやるなど住民保護策をとらず自らの身の安全のために住民に対する加害行為さえ実行した。

第3　国土が焦土と化し社会的共同体と生存の基盤が破壊された

　一木一草焼け尽くされ、国土は焦土と化し、県民の4分の1の命が失われ、傷ついたのみならず、住宅の9割を焼失、家畜も9割以上滅失、農業、漁業など産

業に壊滅的打撃を受けて基本的な生活手段・生存基盤を失った。社会的共同体が破壊された。マイナスからの出発となった。

第4　沖縄戦被害（体験）の特質―人間性が完全に破壊された狂気

　沖縄戦被害の特質を性格に深く理解するためには、問題が人間の生き死ににかかわる哲学的な深淵部をかかえこんでいることを認識すべきである。
　「沖縄戦の体験が原爆や空襲のそれと決定的に異なるところは、それが三カ月以上におよぶ極限状況の体験だった点である。そこでは、死者も生者もひとしく人間としての悲劇を刻印されている。鉄の暴風が破壊したのは生命や財産だけではなかった。女性の生理も枯渇してしまうほどの苛酷な条件の中で、人びとは人間らしい感性や理性をすりへらしていき、ついには母性の愛情や骨肉のきずなさえ断ち切られてしまった。壕の中で泣きわめくわが子を自分の手で絞めころした母親、動けなくなった老母を生き埋めにして逃げ去った息子……それが戦場の実相だったのだ。
　要するに、人間性が完全に破壊され、狂気のうちに死に、狂気の中から生き返ってきたのである。原爆や空襲、あるいは組織的な戦闘で死んでいった人たちは、すくなくとも死の直前までは人間としての最低限の尊厳は保持しえたはずである。沖縄の戦場ではそうではなかった。人間が人間でなくなったのだ」（大城将保『改訂版沖縄戦・民衆の眼でとらえる「戦争」』高文研 226～227頁）。
　このような人間性が破壊される極限状態の中で原告らの肉親をはじめ多数の沖縄県民は敵の銃弾に、あるいは見方の銃弾等等による無念の死を遂げざるを得なかった。また原告らは負傷するなど、重い後遺障害を負った。

第5　朝鮮人軍夫と朝鮮人「従軍慰安婦」の被害

　強制連行されてきた朝鮮人軍夫は10000人とも20000人とも言われている。連行されてきた朝鮮人「従軍慰安婦」は1000人以上にのぼると見られているが、その正確な数は不明である。その生死の数字もいまだに不明である。

第6 「沖縄戦」被害類型

1 米英軍による被害

＊米英軍の爆撃機・艦載機による空襲による死者・負傷者
＊米英艦船による艦砲射撃による死者・負傷者
＊地上戦闘における米軍の砲・銃撃などによる死者・負傷者
＊米軍の「馬乗り攻撃」による死者・負傷者（避難している洞窟・壕内出入り口や洞窟の天井部分に地上から削岩機で穴を開け、ガソリン・爆雷・ガス弾などでの攻撃）
＊米軍の最高指揮官、バックナー中将の戦死に対する無差別報復攻撃による死者・負傷者
＊米軍の潜水艦攻撃による船舶撃沈による死者・負傷者（沖縄―本土航路・台湾への貨客船や疎開船、南洋・比島などからの引揚船の撃沈）
＊米軍の設置した戦場収容所内での事故・衰弱・負傷・栄養失調・病気などによる死亡・負傷

2 日本軍による被害（日本軍に直接被害を受けた人の態様）

＊スパイ視して殺害・負傷
＊食糧強奪に起因する死亡・負傷
＊避難壕追い出しに起因する死亡・負傷
＊軍民雑居の壕内で、乳幼児が泣き叫ぶのを殺害すると脅迫して親をして乳幼児を殺害・負傷
＊米軍の投降勧告ビラを拾って所持している者をスパイ・非国民視して殺害
＊米軍への投降行為を非国民視して投降行為者を殺害・負傷
＊米軍の民間人収容所に保護された住民を非国民視・スパイ視して襲撃して殺害・負傷
＊米軍に保護され、投降勧告要員にされた住民を非国民・スパイ視して殺害・負傷

3　日本軍の軍命・要請、政府の決定等による被害を受けた人の態様

＊退去命令による死亡（退去先が食料の入手困難な地域で栄養失調・悪性マラリア発生地で罹患）
＊「作戦地域内」からの立ち退き、立入禁止によって砲煙弾雨の中で被弾による死亡・負傷
＊日本兵の自決の巻き添えによる死亡・負傷
＊砲撃の恐怖・肉親の死などによる精神的ショックで精神障害者になった者及び戦場をさまよい被弾による死亡・負傷
＊日本軍の「集団自決」の強制による死亡・負傷
＊砲煙弾雨の中での弾薬運搬・食料運搬・患者の輸送等の強要に起因する死亡・負傷
＊砲煙弾雨の中での水汲み・炊事・救護等雑役の強要による死亡・負傷
＊砲煙弾雨の中での陣地構築の強要による死亡・負傷
＊防衛招集以後に残存していた住民を義勇隊として強制的に編成し戦闘に参加させる等の行為による死亡・負傷
＊避難住民を直接戦闘に参加することの強要による死亡・負傷
＊立ち退き命令などによる肉親の遺棄による死亡・負傷（高齢者、障害者＝精神障害者・聾唖者、病人などの衰弱・被弾）
＊軍の要請並びに閣議決定等に基づく疎開遂行途上の海上死没者
　・本州疎開途上の海上死没者、負傷者
　・台湾疎開途上の海上死没者、負傷者
　・南方より疎開途上の海上死没者、負傷者

4　戦争の事後的影響による被害

＊米英・日本軍の使用して残した不発弾・地雷等による現在に至るまでの事故による死者・負傷者
（注）今後の調査によって上記以外の類型が明らかになってくると思料される。

第4章 「沖縄戦」被害の特徴と多岐な被害類型

第7 アジア太平洋戦争におけるアジア各国の犠牲者数

日 本	約310万人	シンガポール	約5万人
中 国	約1000万人	ビルマ	約5万人
朝 鮮	約20万人	ラオス	不明
ベトナム	約200万人	カンボジア	不明
インドネシア	約200万人	タイ	不明
インド	約350万人	スリランカ	不明

※ベトナムとインドの大部分は餓死といわれる。
※日本を含めアジア全体の死者数は2000万人をこえるといわれる。

(「高校日本史B」実教出版)

沖縄戦で最も熾烈な戦いが行われたシュガーローフ・ヒル(52高地)。

〈第5章〉
米軍の軍事行動における国際法違反

　米軍は沖縄戦の軍事行動において、数々の国際法違反行為を行ってきている。ここではまず、(1) 沖縄 10・10 無差別大空襲、(2) 潜水艦による無警告・無差別船舶撃沈、(3) 住民地区への無差別艦砲射撃について述べることとする。

第1節　国際法違反(その1)―沖縄 10・10 大空襲

第1　沖縄 10・10 大空襲の残虐な無差別爆撃の実態

1　10・10 空襲―南西諸島全域にわたる大空襲

　アメリカの太平洋方面統合参謀本部は 1944（昭和 19）年 10 月 3 日に太平洋戦争で最大の作戦・沖縄攻略作戦（アイスバーグ作戦）を決定し、ニミッツ太平洋方面最高指揮官に対して沖縄攻略を命じ、ただちに実戦に移した。

　太平洋方面米軍は南西諸島に基地を確保せよとの司令を受け、琉球群島の中で最重要な島、日本本土四島への敷居的存在の島、沖縄本島攻略を狙った。沖縄を奪取することにより、日本の喉もとに刀を突きつけ、本土決戦か降伏かを迫る作戦である

　その第 1 戦が同年 10 月 10 日の沖縄本島を中心とする南西諸島全域にわたる大空襲であった。その空襲は、米軍の日本国土に対する初の大規模空襲であった。

　この 10・10 大空襲は事実上の沖縄戦の始まりであった。レイテ上陸予備作

戦中の米第三艦隊所属の第38高速空母機動部隊（司令官ミッチャー中将）は、東南から沖縄島へ向って進行中の台風を、悪天候の航跡を辿るように追いかけ、10月10日未明、沖縄沖に到着した。空母9隻、高速戦艦5隻、護衛空母8隻、重巡洋艦4隻、軽巡洋艦7隻、対空巡洋艦3隻、駆逐艦58隻の船団編成の大艦隊だった。沖縄沖に到着した艦隊は、奇襲作戦を完全に成功させるためにただちに攻撃を開始した。

米軍第三機動部隊の空母から発進した艦載機が五次に渡って、北は奄美大島から南は石垣島までの南西諸島全域に砲爆撃を加えた。

米軍の攻撃は当初は、主に飛行場と船舶や軍施設に対して行われたが、民間施設へと拡大し、なかでも県都那覇市に対しては、日本で初めての焼夷弾による民間居住地域への無差別攻撃を加えた。当時の那覇港は軍事施設もあったとは言え、黒砂糖の樽が港湾の倉庫にひしめき、民間人が自由に出入りする長閑な民間の港であった。

その攻撃の結果、那覇市は一般住宅の9割以上が焼失するなど、多大な人的・物的被害をこおむり、瓦礫の街と化し。市民生活が根底から破壊され機能不全となった。

10・10空襲は、午前6時40分の第一次攻撃から午後3時45分の第五次攻撃まで9時間にわたる波状的な空襲であった。この空襲にはのべ1396機の米軍艦載機が縦横無尽に南西諸島の空を飛び回り、動く標的には機銃掃射を加え、軍民の区別なく施設や建造物に爆弾や焼夷弾を投下するという文字通り無差別攻撃であった。

この空襲によって戦雲が急速に迫り、米軍の沖縄上陸が必至となってきた。県民生活の隅々にまで戦争の足音が忍び寄り、県民は迫り来る戦争を真近に感じつつあった。

10・10空襲は沖縄地上戦の前哨戦であった。沖縄県民に与えた心理的影響は計り知れないものがあった。

2　那覇空襲—日本初の焼夷弾による無差別爆撃

10月10日の朝は、台風一過の秋晴れのすがすがしい空のもと、那覇市民はこの日も前日と変わらない朝を迎えていた。朝餉の準備をする人、職場に向う人、

陣地構築に向う人、野良仕事の最中などと、それぞれの一日が始まろうとしていた。早朝の空の異変と轟音は穏やかな朝を一変させた。読谷・嘉手納飛行場を攻撃した米軍機が東方から大編隊を組み、那覇に向って来た。

第一次空襲（6時40分〜8時20分）が始まった。グラマン機による那覇港内外の船舶や小禄飛行場に対する急降下爆撃の奇襲攻撃であった。

32軍は空襲を具体的に「予知」する努力をしていなかったため迎撃体制をとっておらず、不意打ちをくらったのである。

32軍は具体的に攻撃され初めて高射砲部隊をはじめ各部隊が警戒を開始し、空襲警報を発令した。空襲警報発令さえもなかったため、米軍機の大編隊を「友軍」の演習だと思い込み、小高い丘や家の屋根に登って「観戦」していた住民も少なくなかった。

米軍の奇襲攻撃とそれを具体的に事前に把握してなかった32軍は、これらの動きを次のとおり記している。

「10・10南西空襲戦闘詳報」（第32軍司令部）
　　　　　　　記
「敵機ハ〇六五〇ヨリ〇七〇五ノ間ニ全飛行場ニ来襲シ先ズ掩体内ノ飛行機ヲ銃爆撃シ滑走路ニ投弾ス　各飛行場ニ配置セラレ警休姿勢ニ在リシ高射砲機関砲ハ獨断機ヲ失セズ戦闘姿勢ニ移リ射撃ヲ開始ス

爾後ノ部隊ハ監視哨ノ報告竝空襲警報発令ニヨリただちニ乙号戦備ニ移リ梓檄撃態勢ヲ整ヘ其ノ對空火器ヲ以テ有効射距離ニ侵入セラル敵機ヲ射撃スルトともに兵器資材ノ分散格納ヲ補綴セリ」

「乙号戦備」とは、敵の空襲または砲爆撃がある場合、各部隊には対空・海上警戒を厳重にして戦闘配備に就くことをいう。

この32軍の記録でも明らかなとおり、空襲警報発令は、攻撃前に出されたのはなく、攻撃後に初めて出されたのである。沖縄の一般市民の生命などを守る義務も課せられていたはずである32軍としては、その任務を怠ったことは明らかである。

グラマン、コルセア、カーチスなどの米軍機が、操縦士の顔が見えるほど急降

下爆撃や機銃掃射を繰り返し加えてきた。高射砲陣地からは盛んに対空砲火で応戦したが、弾は敵機に届かず空中や敵機の去った後方で炸裂するのみで、なかなか命中しなかった。

　小禄飛行場からは1機も飛び出すことなく、火の海と化し、飛行機も兵舎も焼失した。さらに米軍機は、那覇港や沖に停泊していた大型艦船を集中的に攻撃、民間の小型船舶には機銃掃射を加えた。泉崎橋が爆破され、橋の下の民間の天馬船に避難していた病院の民間の入院患者が爆風のため犠牲になった。

　第二次空襲（9時20分～10時15分）は、第一次と同じく飛行機や船舶への攻撃が主であったが、那覇港埠頭や隣接していた民間居住地でもある西新町の一部にも爆弾が投下された。軍需物資集積所のあった第二桟橋に集積してあったドラム缶が炎上した。炎は付近の建物や民間家屋に引火して火災を発生させた。警防団が出動、消火に努めたが、消防機材が消防ポンプ自動車3台と手引きポンプ車1台ではなすすべがなかった。第二次空襲の後の11時ころ、桟橋向かいの住民居住地でもある垣花町が炎上した。

　第三次空襲（11時45分～12時30分）は、港湾施設への攻撃が主で、那覇桟橋は火柱が上がり炎に包まれた。また崎原灯台の近くに停泊していた弾薬輸送船に爆弾が命中して大爆発を起こして沈んだ。

　第四次空襲（12時40分～13時40分）は、一般住民居住地への攻撃であった。低空の機銃掃射と焼夷弾の投下で、那覇港近くの一般住民居住地区の上蔵町、天妃町、西新町、西本町、東町が大炎上した。このとき以来、防空活動に当る者はほとんどいなかった。

　第五次空襲（14時45分～15時45分）も、第四次と同様で一般住民居住地域に対する機銃掃射と焼夷弾攻撃であった。

　＊日本初の焼夷弾攻撃―焼夷弾とは
　焼夷弾には2種類あって、1つは黄燐焼夷弾、もう1つは油脂焼夷弾とよばれていた。
　黄燐焼夷弾は、燐を主材にしたもので、空気に触れると自然に発火し、人体にも有害。発火すれば水の中でも消えないという特質をもっている。こうした燐の特性を利用し、小銃弾や機関銃弾などの弾体の鉛部分を取りだし、燐の化合物を

つめ、曳光弾や焼夷弾として使う場合もある。また、手榴弾にも黄焼手榴弾として使用した。
　油脂焼夷弾は、現在のナパーム弾に発達してきた歴史をもつ焼夷弾。主材は、油脂のため、これまた水をかけても消えないし、周りの酸素を奪い取って、側にいる人を酸素欠乏で死にいたらしめ、水をかけるとかえって火炎が勢いよく燃えあがる特質がある。
　那覇市の空襲では、この２種類の焼夷弾が使われたものと思われる。日本の都市の大部分を占めている木造家屋には、通常の爆弾より焼夷弾が有効と知った米軍は、それ以後、各地の都市爆撃に焼夷弾を多用するようになった。
　またベトナム戦争で米軍は、油脂焼夷弾から発達したナパーム弾を使用し、酸素欠乏による死者を多数出した。10・10空襲で米軍は、わが国への空襲では初めて焼夷弾を使用したが、これはのちに米軍が本土各地の都市を無差別空襲したさいに、焼夷弾を使用した端緒となるものであった。その意味では、10・10空襲は、本土空襲の実験場となった。
　那覇空襲は、日本への初めての本格的な無差別爆撃であり、沖縄戦での住民無差別殺傷とともに、国際法違反の蛮行として、米軍を厳しく糾弾しなければならない。

　＊地獄を見て地獄に落とされた那覇市民
　米軍の焼夷弾と機銃掃射による攻撃は、以下に述べるように一般市民の命を奪った残忍で計画的な攻撃であり、執念深いものであった。
　焼夷弾が落ちると「運動会の競争に使う『バトン』みたいな棒が、あちら、こちらで、白い煙を吹き出していると思うと、その辺一帯が忽ち火の海となった」となり、その上「前の飛行機が焼夷弾投下すると、後についている２機が左右から機銃掃射する」と言うように、編隊を組んだ計画的反復攻撃だったため消火作業を続けることは困難であった。那覇は火の海と化し、避難する住民が右往左往していた。電柱や家屋は火を吹き、天を焦がした。
　臨月の身であった崎山芳は、夕闇が間近に迫ったころ、火の海から逃れるため壕を出て必死に避難したが、見たのは次のような地獄の光景であった。
　「知事官舎の裏から通り抜け、若狭大通に出る。何十人とも知れない群衆の大

第5章　米軍の軍事行動における国際法違反

雑踏である。着のみ着のままの群衆がざわめき、うめき、あてもなく名を呼びあっている。道の真ん中で17、8歳位の娘が母親の死がいにとりつき泣き崩れている。また若い青年が血走った目をして母親を背負っている。母親は両脚を折られて青年が歩く度にブランブランと両脚が揺れる。血の色も黒く母を背負って逃げまどっている。二高女は日本軍の陣地であった。隣の県病院の裏通は死がいが、るいるいとして折り重なり、爆風で死んだらしい」（那覇市役所『那覇市史資料編第2巻中6』）。

　二高女の教師であった金城宏吉は、火の海が迫りつつあった二高女の奉安殿から御真影を出して背負い、安全な避難場所を求めて砲弾の中をさまよい、次のように修羅場を見た。

「松山国民学校との間の十字路に出ると、2人の警防団員が二高女の運動場側のブロック壁のそばに斃れていた。1人は頭をすっかりそぎ取られているし、1人は顎から首にかけて削り取られているのを歩きながら見て、足が思うように運べなかった。

　県立病院の裏を通って司令部の前に抜けるつもりで、敵のグラマンを気にしながら、小走りで県立病院の裏門まで来たら、池田検事正の門前に道いっぱい13人が倒れていた。

　白衣の男女、老人、子供らが折り重なって道いっぱいに広がって、通り抜ける隙間もなかった。中には腸がとび出している年輩の婦人がいるかと思うと、片足をもぎ取られて、側に倒れている肥った婦人のお尻を枕にして、虚ろな目で、機銃弾の薬莢をしっかり握りしめて見つめている老人もいた。修羅場とはこんなことを言うのだろうかと怖くなり、震え、何とも表現出来ない程のむごたらしさだった」（那覇市企画部市史編集室『那覇市史資料編第3巻7』）。

＊県都那覇の街―壊滅的打撃

　那覇の街は、経済・商業の中心地であった西本町、西新町、東町、上之蔵町、通堂町、天妃町、辻町、久米町、久茂地町、垣花町が壊滅、若狭町、前島町、泊町は、一部が残っているにすぎない。那覇市街地は壊滅的打撃を受けた。

　第32軍は、10月11日、10・10空襲での那覇市壊滅を第10方面軍と西部軍に次のように打電している。

「那覇市ハ十日午後第四、五両次ノ銃撃及爆撃ヲ伴フ大規模ノ焼夷弾攻撃ニ依リ全市火ヲ発シ十日夜半迄ニ県庁其ノ他一部ヲ残シ烏有ニ帰セリ」(防衛庁防衛研修所戦史室『沖縄方面陸軍作戦』)

3　沖縄本島全域と周辺諸島空襲の状況

　米軍の残忍な10・10空襲は那覇市の都市部のみならず沖縄本島全域・農村部や周辺離島にも及んだ。
　北(読谷)飛行場が空襲されたのは6時50分であった。米軍機は飛行場と関連施設に対して爆撃を開始した。やぐらの立哨兵の「実敵！　実敵！」の叫びで空襲を知った。空襲は「不意打ち」であったが、前日は飛行場の各隊とも宴会をしており、さらに10月6日には風18918部隊の部隊長が、「23日前に敵の偵察機らしきものが沖縄上空を偵察した模様だから、厳重な警戒態勢に入るように」との訓示を受けていた。米軍機は急降下して銃爆撃を反復して加えるという攻撃をしていた。駐機していた飛行機は炎上、兵舎は焼け落ち、燃料タンクが爆発して、飛行場は火炎と黒煙に覆われた。滑走路には飛行機の残骸が5機残っていた。民間人の死傷者も多数出た。
　中(嘉手納)飛行場は読谷飛行場空襲のすぐ後に空襲された。空襲は瞬時しかも猛烈を極め、兵舎は炎上、滑走路には無数の弾痕や飛散物が残され、また民間の家屋の全焼全壊も129戸に及び多数の民間人の死傷者が出た。
　南(仲西)飛行場は、8時30分に機銃掃射を受け、3人の兵隊が死傷、午後になると爆弾が投下された。
　小那覇(西原)飛行場が空襲されたのは、那覇が空襲された後で、しかも焼夷弾が投下された(時間は判明しないが午後)。飛行場建設の飯場が炎上し、民家50戸も焼夷弾攻撃を受けて焼失した。機銃掃射で住民1人が犠牲になった。
　伊江島飛行場は、7時前に米軍機が来襲して、急降下爆撃と焼夷弾投下によって器材庫と兵舎が焼失、また直撃弾や機銃掃射で7人の兵隊が戦死した。

　本部半島渡久地方面には、7時5分に14機が来襲して瀬底島の船舶に急降下爆撃を加え3隻を炎上沈没させた。また海岸一帯の民家にも爆弾が投下され火災が発生。渡久地に配備されていた暁部隊の弾薬庫が爆破され、街は火の海と化し

た。8時ころには魚雷艇部隊と特殊潜航艇部隊が配備されていた運天港も空襲され、船舶や港に積んであった軍事物資、民間の製糖工場などがやられた。

名護方面では、屋我地島にあったハンセン病療養所の愛楽園の病棟も爆撃され、負傷者5人が出た。軍の兵舎と間違われて爆撃されたという。9時35分には名護国民学校が爆撃された。

南風原村与那覇の空襲は午後3時ころであった。西方から低空で飛来した米軍機が焼夷弾を投下した。おそらく第五次の那覇空襲から引き揚げた艦載機と思われる。家屋が燃えると、壕を出て、これまで訓練したバケツリレーで懸命の消火をしたが、焼夷弾にはまったく役に立たなかった。部落はたちまち火の海となり、防空壕まで火の粉が飛び、煙が迫ってきた。幸いに死者は出なかったが、全家屋の90％に当る72戸が焼失した。

糸満に焼夷弾が投下されたのは午後であった。糸満小学校西側から糸満警察署までの家屋が焼かれ、機銃掃射も繰り返しやられたので消火活動もままならなかった。第五次攻撃の時、グラマンが防空監視哨があるサンテンモーに爆撃を投下、幸いに監視哨は直撃されなかったが近くの町端通りの家屋が灰燼に帰した。糸満署管内での被害は、死傷者8人、家屋の全焼全壊155戸、半焼半壊19戸、爆破された船舶は9隻であった。

与那原は兵舎と船舶が攻撃された。

久米島には7時すぎたころ、グラマン機が来襲して、主に船舶への銃爆撃を加えた。八重山での徴用を終えて沖縄本島に帰還中の船が、執拗な攻撃を受け撃沈された。船には約500人の徴用者が乗っていたが、生存者は1人であった。

慶良間諸島は、9時20分から15時45分までの間、四次に渡ってのべ60機による波状的な空襲を受けた。空襲の時間帯は那覇への空襲と連動している。主に停泊中の船舶への爆撃であり、座間味では那覇港との連絡船が撃沈された。

伊平屋・伊是名も空襲を受けたが船舶への銃爆撃が主であった。

4　離島の空襲状況

宮古空襲―宮古島の第一次は7時30分から8時15分で、米軍艦載機16機が、久松海軍飛行場、中飛行場、西飛行場、平良港に停泊していた船舶に爆撃した。

第二次は13時5分に16機が漲水港停泊の船舶に急降下の反復銃爆撃を加えた。伊良部島・池間島・大神島も空襲された。

10月13日にも来襲、平良市の一般住民居住区の市街地と飛行場を攻撃された。

八重山空襲─石垣島は10月10日に米軍機8機が来襲。10月12日と10月13日にも連続して来襲、飛行場と船舶が集中的に攻撃された。

奄美空襲─奄美大島には、7時45分に米軍機が飛来、のべ30機で古仁屋、名瀬を集中的に爆撃した。15時37分には2回目の来襲があり、主に機帆船を攻撃した。徳之島は、14時50分から15時50分の間、50機が主に飛行場に爆撃を加えた。

大東島空襲─南大東島には、13時55分米軍機4機が来襲、停泊していた海軍船舶に対して急降下爆撃、駐機していた飛行機に機銃掃射、さらに投下した焼夷弾でサトウキビ畑に火災が発生した。14時52分には北大東島の上空に2機が偵察で侵入、15時30分には3機が南大東島の飛行場に急降下爆撃を加えた。

5　防空責任を果たさず国民保護を怠った32軍

＊10・10空襲を「予期」していた32軍

9月29日と10月3日の両日、沖縄本島の西450キロに浮かぶ孤島ラサ島（沖大東島）が、B24に空襲された。南大東島、北大東島、ラサ島には第85兵站警備隊が配置されていた。10月5日、第10方面軍から「敵機動部隊ハ比島附近ヨリ北上、台湾、南西諸島方面ニ対シ策動ヲ開始スル算大ナリ厳重ナル警戒ヲ要ス」の速報を受け、さらに7日には海軍からは「花蓮港東方海上ニ敵機動部隊出現」の通報を受けた第32軍は、8日に全部隊に「丙号戦備」（臨戦体制）を下令した（丙号戦備とは、敵機動部隊近接または敵機・敵潜水艦の偵察を認めた時、警戒を強化し、航空射撃に任ずる部隊は戦闘配備ないし警戒配備に就くことをいう。要するに臨戦体制を意味する）。

10月9日、南鳥島が艦砲射撃を受けた。同日鹿屋発信の哨戒機が消息を絶った。大本営は米軍機動部隊は「目下作戦準備中」と判断した。連合艦隊司令部も米軍の南鳥島砲撃を「南西太平洋方面作戦の牽制」と判断したが、同日の夕に哨戒機の未帰還を敵機動部隊遭遇の疑い濃厚ありとして、「翌10日黎明敵機動部隊来襲ノ算アリ」と判断して、南九州所在部隊に対して攻撃待機を下令した。

第5章　米軍の軍事行動における国際法違反

　一方、佐世保鎮守府司令長官は９日夜、「九州及南西諸島方面部隊ハ指揮官所定ニ依リ特ニ黎明時ノ対空警戒ヲ厳ニスルトトモニ被害極限ニ留意スベシ」（佐世保鎮守府信伝令作第113号）を、小禄所在の第４海上護衛隊司令部に打電している。同日には台湾の第８飛行師団長も航空関係部隊に警戒配備を下令している。
　このように大本営や連合艦隊司令部等から10月10日未明には敵襲来の事前情報が飛び交い、第32軍司令部は緊迫し、八原参謀の後述の言のとおり空襲を予期していたのである。

＊前日、32軍幹部はホテル・料亭で大宴会―前後不覚の10・10の朝
　ところで、第32軍は10月10日から３日間にわたる参謀長統裁の兵棋演習を予定していた。そのため９日には本島をはじめ宮古・八重山・奄美・大東島の部隊長や幕僚が那覇に参集していた。司令官は参集した部隊長や幕僚を招待して那覇市内の沖縄ホテルで宴会を催し、宴会のあと、軍参謀らは料亭で二次会をもっていた。第32軍の高級参謀八原博通大佐は二次会のあと宿舎に帰り前後不覚になり眠っていた。
　「ところが翌日未明、参謀部先任書記千葉准尉に叩き起こされてしまった。彼が私に差し出したものは、薬丸参謀が書いた空襲警報発令の起案紙であった。わが電波探知機に米機の来襲状況が明瞭に感知されたのだった。ついに予期されたものが来たのだ」（八原博通『沖縄決戦　高級参謀の手記』）。
　軍が空襲警報を発令した時点には、すでに米軍機の空襲は始まっていた。八原参謀が「予期された」と言うからには、米軍の来襲情報は軍に伝わっていたのである。
　また９日夜には小禄でも、第25航空戦隊司令官主催の宴会が行われていた。

＊砲爆撃を受けてから出された空襲警報
　10月10日午前６時20分、与座岳電探見張所は異常な電探反応を認めた。６時50分には首里電波警戒隊が異常反射を認めた。同時刻、第32軍は海軍から空襲警報発令の通報を受けた。第32軍が空襲警報を発令したのは７時であった。その時は、すでに米軍機が飛行場に砲爆撃を加えていた時刻であった。

177

また与那城監視哨や糸満監視哨からも、警備本部に敵機襲来の打電があった。隊員が軍に電話したら、「どうして敵機ということが判るかと理屈をいうばかり」であったという。10月8日の時点で「丙号戦備」を下令した第32軍にとって、米軍機の来襲は「予期された」出来事であったが、前日から当日の早朝にかけての対応には油断があったことは事実である。
　軍の電波警戒隊や民の監視哨は任務をまっとうしたが、自ら警戒命令を発していた軍首脳の怠慢は指弾されるべきであった。しかしながら、32軍首脳は一片の反省すらなかった。

＊32軍の応戦―戦果軽微、当らない高射砲
　第32軍は米軍機の来襲後に、全部隊に「乙号戦備」を発令、戦闘態勢をとった。飛行場周辺に配備された防空兵力の主力である高射砲部隊は射撃を開始した。しかし戦果が上がらず、高射砲射撃の三原則の「高度・速度・航路角」に従って号令をかけ、「撃て」の命令で弾が発射された時は、すでに後のまつりで、いつも敵機の飛び去った後方で炸裂したという。
　八原参謀も戦果が軽微であったと認めている。
　第32軍の「南西空襲戦闘詳報」では米軍機の撃墜機は37機と記されているが、米軍戦史では21機と記している。

6　甚大な人的物的被害

＊人的被害は民間人の死傷者が軍人の死傷者を上回る
　軍人の死傷者は、第32軍関係部隊では戦死136人、戦傷227人、海軍部隊では戦死82人、戦傷16人を数えた。沖縄連隊区司令官井口駿三の死体は四散し、あとに帽子と左の靴が残されていたといわれる凄惨な死は、軍にショックを与えた。陸軍関係の人夫は、戦死約120人、戦傷約70人であった。
　民間の損害も軍に劣らなかった。
　人的損害の統計は死亡者330人、負傷者445人、そのうち那覇市民は死亡者255人、負傷者358人で死亡者の70%は那覇市民であった。
　死傷者の被害は民間被害の報告のとおり、沖縄全域にまたがっている。

県下の民間被害（各警察署管内の報告）

	那覇	首里	与那原	糸満	嘉手納	名護	渡久地	計
死亡	255	5	7	4	31	19	9	330
負傷	358	7	4	4	2	33	47	455
計	613	12	11	8	33	52	56	785
全焼全壊	11,010	85	72	155	129	—	—	11,451
半焼半壊	22	8	—	19	13	—	—	62
計	11,032	93	72	174	142	—	—	11,532

＊物的被害拡大の原因―軍の防空責任を民に転化

　家屋の全焼全壊は11451戸、そのうち那覇は全戸数の約90％にあたる11010戸が全壊全焼した。この原因について、第32軍は『南西空襲戦闘詳報』で、次のように総括している。
　一、五次ニ亘リ（約9時間）爆撃焼夷弾（油脂）混用並機銃掃射ニ依リ防空活動ヲ封止セシコト
　二、一般ノ都市ニ比較シ密集シアリコト
　三、道路狭ク活発ナル防空活動困難ニシテ引火シ易キコト
　四、消化機材殊ニポンプノ不足
　五、水ノ不足
　六、最初ノ爆撃ニシテ恐怖ノ念ト犠牲的精神ノ欠除並防空訓練ノ不足

　消化ポンプはガソリン自動車3台と手引き車2台があるにすぎず、各町に1、2個の用水池と、各隣組や各戸ごとに防火器具、用水槽が準備されていただけである。バケツリレー対応の消化器具と施設は造られていたものの、八原参謀が「敵の銃爆撃の下、全面的に火を発した市街では、バケツの水送り式防空法はまったく児戯に等しい」と言うように、訓練に訓練を重ねたバケツリレーはまったく役に立たなかった。
　空襲を受けたときの対策として第32軍の防火・消火体制の指導が、まったく欠落していたのである。そのことを棚に上げて、その第32軍が、「恐怖のため犠牲的精神に欠けた」ことを民の消火活動不参加の原因にあげたのは、軍の防空責任を民の責任に転化したとも言える。

第32軍の『南西空襲戦闘詳報』において、民の防空活動について、「当初は防空活動をしていたが、火災が広がった第四次空襲以降は部隊を出動させての破壊消防に変わり、その時点で消防活動をする人はまったくいない」と記されている。軍の記述自体に矛盾がある。
　漁船は30隻が沈没炎上。輸送関係では、軽便鉄道の機関車や客車が焼失、与那原線と嘉手納線の一部が不通になった。また民間所有の自動車の70％が焼失したため、以後輸送問題が深刻になる。食糧の損害も大きく、主食の米では県民生活の1カ月分が失われた。

＊那覇市の人口激減、市財政と市民生活に壊滅的打撃
　10・10空襲前の那覇市の人口は55000人、空襲直後は8000人に激減、すなわち47000人が那覇を離れて、避難生活を余儀なくされたのである。
　その後、那覇市の人口は徐々に回復したが、もとには戻らなかった（空襲による損失額を、那覇市役所は当時の貨幣価格で2億2215万6000円と試算している）。
　昭和19年那覇市一般会計によれば、収入が930500余円と見積っていたが、空襲によって歳入欠陥が生じ、その上臨時経費が必要となり、歳入が882828円不足する。臨時経費の内訳は、庁舎復旧費、喪失した備品、戸籍・帳簿の復元費、罹災した市役所職員の共同住宅建設費が500000余円、救済費として被災跡整理費、橋や道路の復旧費、被災市民への無料飯米配給、爆死した職員への弔慰金が170000余円であった。空襲による損失額は臨時経費の約300倍にあたり、いかに空襲が那覇市に壊滅的打撃を与えたかが分かる。
　さらに那覇市は、歳入不足を国庫補助金に頼り、昭和28年から20年間で償還するという財政再建計画も打ち出している。なお第32軍は那覇市にスズメの涙ほどの救援金10000円を支出している。
　罹災した市民は衣食住に事欠く状態であった。県食糧営団は空襲の翌日から救援米を1人5合配給、以後1日1人1合5勺の配給になったが、野菜の搬入がなく決戦食の雑炊にも事欠く状態であった。その上、水道や電気も止まり、交通機関も壊滅して不通となり、市民の生活基盤は破壊されたままであった。一部の地域に電灯がついたのは同年12月26日であった。

＊県民の食生活にも重大な影響

　空襲は県民の食生活にも影響を与えた。主食の米の配給が、空襲前の1日1人2合から空襲後は1日1人1合5勺に減量された。その理由を県食糧配給課は「罹災非常救援や海上輸送の困難からの不足」と説明している。この食糧難に際して、県は「戦時食糧増産推進本部」を設置して決戦食糧確保・県内食糧自給に県民一丸となって取り組む体制を執った。

　農村に対しては「増産意欲は必勝の信念をもって」(11月23日付「沖縄新報」)と食糧増産を督励、さらに都市地区には焼け跡農村、一坪農園造り、野生植物の食糧化、非常食としての貯蔵用澱粉作りの奨励、中学生・女学生・青年学校生徒による農村奉仕隊も組織され、県民ぐるみの食糧増進運動が実施された。

　12月には、「鍬の少年戦士」と呼ばれた「農兵隊」の第三次募集が始まり、青年学校や国民学校高等科在学中の生徒が勧誘された。「農兵隊」は、北部に約1000人の隊員を集め、仮小屋集団生活をしながら、食糧増産のため開墾や河川改修工事、援農に従事した。

　「食糧増産」が奨励されたものの、沖縄県は主食の大半を県外からの移入に依存していたため、制海空権を奪われ海上輸送が途絶えたことによって、食糧事情は日に日に逼迫していった。60000人の住民に対して30000人の兵隊がいた宮古島では、芋の葉、カエル、ヘビ、ビュウガッサ（食わず芋）、ソテツなどを食べるまでに飢餓地獄と化していた。ソテツを食べた6名が中毒死するいう悲劇も発生した。

7　空襲後の日本軍の横暴な振る舞い

　10・10空襲を境に、県民の軍に対する意識が変わり始めた。第32軍から事あるごとに「軍民共生共死」が強調され、陣地構築や飛行場造りに協力したが、実際の空襲では、敵と戦う友軍機は見当たらず、郷土の空を敵機の蹂躙に任せ、生命や財産を失ったことに、多くの県民は軍への不信感、失望感を覚えた。

　こうした県民感情を増長させたのが、第32軍の現地自活方針であった。兵力や資材、食糧補給のメドが立たなくなった第32軍は、現地の人的・物的資源の最大限活用が図るため、県に「戦力増強」と「食糧増産」を要求した。軍は県に高圧的態度でのぞみ、県民は相次ぐ徴用や供出に息つくひまもなかった。

この軍の横暴が住民とのトラブルの原因となっていく。沖縄視察から帰った内務省防空総本部施設局の高村坂彦資材課長を訪ねた近衛文麿の秘書官・細川護貞は、12月16日の日記に次のように記している。

「沖縄は全島午前7時より4時まで連続空襲せられ、如何なる僻村も皆爆撃、機銃掃射を受けたり。而して人口60万、軍隊15万程ありて、初めは軍に対し皆好意を懐き居りしも、空襲のときに1機飛立ちたるのみにて、他は皆民家の防空壕を占領し、為に島民は入るを得ず。また、4時に那覇立退命令出で、25里先の山中に避難を命ぜられたるものの、家は焼け食糧はなく、実に惨憺たる有様にて、今に至るまでそのままの有様なりと。而して焼け残りたる家は軍で徴発し、島民は雑居し、物は勝手に使用し、婦女子は凌辱せらる等、恰も占領地に在るが如き振る舞ひにて、軍紀はまったく乱れ居れり。指揮官は長某にて、張鼓峰の時の男なり。彼は県に対し、我々は作戦に従い戦をするも、島民は邪魔なるを以て、全部山岳地方に退去すべし、而して軍で面倒を見ることは能はざるを以て、自活すべしと広言し居る由。島は大半南に人口集り居り退去を命ぜられたる地方は未開の地にて、舟と云う舟は全部撃沈せられ居れりと。来襲敵機は一千機、島民は極度の恐怖に襲われ居り、未だ山中穴居を為すもの等ありと」(細川護貞『細川日記』下巻335〜336頁)。

日記には、10・10空襲後の軍の振る舞い—民家の徴発、住民の物を勝手に使用、婦女子の凌辱を、「占領地に在るが如き」で「軍紀はまったく乱れ居れり」と弾劾し、軍の指揮者である長参謀長の名前まで出して、軍の横暴を具体的に記している。

さらに軍自らがこの事実を如実に語ってくれる証拠資料である『石兵団会報綴』を紹介しよう。なお石兵団は第62師団のことで、司令部を浦添国民学校に置いていた。

■第79号　10月26日　午後4時　浦添国民学校
軍会報中必要事項
　一、空襲後那覇宿営部隊ハ各空家ニ宿舎シアルモ、無断借用シ、或ハ釘付セル戸ヲ引脱シ、使用シアリ。又家中ノ物品ヲ勝手ニ持出シ使用シアル部隊アリ。民間ニオイテハ「占領地ニ非ズ無断立入リ禁ズ」等ノ立札ヲ掲ゲアリ。注意ヲ要ス。
　二、混雑ニ紛レ、鶏、豚等フ無断捕獲シ、食用ニ提供シアル部隊アリ。民間ヨ

リ苦情アリタルヲ以テ注意ノコト。

■第86号　11月23日　午後12時　浦添国民学校
憲兵隊長ヨリノ通報ニ依レバ左記ノ如キ事例アリ。
各隊ハ於テ監督指導ヲ厳ニシ、住民ニ対シ不当ナル圧迫ヲ加ヘ、軍民離間ノ因ヲ作ラザル様、之ガ指導ヲ徹セシメラレ度。
　一、夜間、兵ガ民家ニ立入リ附近ノ畑ヨリ持参セシ甘薯ヲ焼芋トナサンコトヲ依頼シ、長時間家人ト談話シアル者アリ。
　二、無意味ニ畑ニ立リ、農作物ヲ荒スモノ、特ニ砂糖黍ヲ無断ニテ取ルモノアリ。厳ニ注意ノコト。
　三、竹及芽ヲ勝手ニ切取リ、持チ行クモノアリ。
　四、農家ヨリ農具ヲ借リ、持チ行クモノアリ。
　五、借用家屋ノ家賃ヲ払ハザルモノアリ。

　第32軍は、軍の規律、風紀、衛生の見地から、11月10日以降からは軍隊と一般住民の混住を禁止する命令を正式に出さざるを得なかった。

第2　沖縄10・10大空襲の国際法違反性

　沖縄10・10大空襲は前述したとおり焼夷弾攻撃により沖縄の平和的市民を多数殺傷し、那覇市の一般住宅の圧倒的多数を全焼させ（那覇市だけでも合計33万坪の焼失）、都市機能に壊滅的打撃を与えたものであった。第二次世界大戦当時、国際法上、戦争（武力行使）はどのように規制されていたのであろうか。

1　戦争の変容に伴う国際法上の戦争（武力行使）の規制

　19世紀後半から、武器の発達による戦争被害の残虐化に伴い、戦争方法に対する国際法上の規制が行われるようになった。その中心概念は、武力行使は可能な限り戦闘の相手方の戦闘能力を失わせるだけに止めるべきである点にある。具体的には、戦争を認めるとしても人間、とりわけ非戦闘員に対する被害を出来るだけ少なく、また、戦争終結後の戦争による影響も出来るだけ少なくしようというものであった。
　そこから生まれたのが武力行使の軍事目標主義（戦闘員と非戦闘員とを区別）

であり、もう1つが、不必要な苦痛を与える兵器の禁止（ダムダム弾や毒ガス等の化学兵器や細菌兵器など生物兵器）である。

そして、当初よりいわれていたのがいわゆるマルテンス条項、つまりハーグ陸戦法規の前文にある「一層完備シタル戦争法規ニ関スル法典ノ制定セラルールニ至ル迄ハ、締約国ハ、其ノ採用シタル条規ニ含マレサル場合ニ於テモ、人民及交戦者カ依然文明国ノ間ニ存立スル慣習、人道ノ法則及公共良心ノ要求ヨリ生スル国際法ノ原則ノ保護及支配ノ下ニ立ツコトヲ確認スルヲ以テ適当ト認ム」の基本精神の尊重である。

マルテンス条項の基礎にあるのは、戦争においても、軍事的効果を超えた被害を人に与えてはならず、そこから、攻撃は軍事目標にとどまる必要があるし、捕虜に対する攻撃は避けられるべきであり、更に攻撃終了後までも苦しみを与えてはならないというものであった。

いわば、人権の基礎にある自然法思想から人間性や人道の視点から人間を保護するために戦争方法に対する規制をかけていこうというものである。

この戦闘方法による規制は、空爆により、民間人をそれも非人道的な方法で攻撃してはならないというのが基本である。第二次世界大戦中、誤爆、報復という連鎖の中で、その自制が失われ、その攻撃について様々な理由をつけて合理化されていった。しかし、第二次世界大戦の当初に、非戦闘員に対する攻撃は行われてはならないという規範が存在していたことは明白である。

その意味で、重慶爆撃等、日本が無差別空爆を行ってしまったことの意味は、極めて大きい。

2　戦争そのものの規制の方向へ

総力戦、そして科学技術の発達に伴う戦争の変容により、戦争被害が増大したことに伴い、戦闘方法だけではなく、戦争そのものを規制して行こうとする方向が生まれた。

近代国民国家の成立、とりわけウェスト・ファリア条約以後、国家間に上下がなくなり、戦争の正・不正の判定者は不在との認識から、すべての戦争は国際法上合法であるという無差別戦争観へと変わった。これを前提に、その後のアメリカ南北戦争、クリミア戦争、イタリア統一戦争等を経て、19世紀には捕虜、傷

病兵の保護、苦痛を無益に拡大する兵器の禁止といった新しい戦時国際法が生まれた。

こうした中で第一次世界大戦が起こった。その結果、新に戦争そのものを規制していこうという方向性が生まれた。

第一次世界大戦が示した戦争の残虐性をきっかけに、1920年に設立された国際連盟では、戦争モラトリアムの規定が挿入されたのをはじめ、1924年の国際紛争平和処理に関するジュネーヴ議定書を受けて、1928年には不戦条約（ケロッグ・ブリアン条約）が締結されるに至った。戦争そのものを規制する方向性が生まれたのである。

より大きな被害が生じた第二次世界大戦を受けて、1945年には国際連合が創設された。国連憲章には、戦争という用語はなく、国連憲章第2条4項は「すべての加盟国は、その国際関係において、武力の行使を……慎まなければならない」として、戦争の違法化と武力行使の原則的禁止を明確にしている。

もっとも、国連が集団的安全保障措置を取るまでの間、個別的あるいは集団的自衛権を行使としての武力行使は許されている（国連憲章51条）。

3　第二次世界大戦における空爆の国際法規則の存在

1．ハーグ陸戦条約の各交戦規定について国際慣習法化を認めた東京大空襲訴訟東京地裁判決（平成21年12月14日）

判決は「ハーグ陸戦条約で定められた各種交戦規定等については、それまで行われた戦争について、その全部又は一部が現に適用され、あるいはその適用の是非が問題とされ、それらの事例を通じて各国間において、交戦行為等を行うに当たって一定の規律に従うべきであるとの認識が形成され、その内容が規範化されていたと考える余地もあり得るものと理解が可能かもしれない。」（4頁）とし、「ハーグ陸戦条約の規定のうち、交戦規定等に相当する部分については国際慣習法化していたと理解する余地がある」（5頁）とした。このように同判決はハーグ陸戦条約の各種交戦規定について国際慣習法化を認めた。

2．同判決が国際慣習法化したと認定したハーグ陸戦条約の交戦規定

1899年にハーグで第1回ハーグ平和会議が開催された。ヨーロッパ諸国を中心に26カ国（日本を含む）が代表を派遣し、「陸戦ノ法規慣例ニ関スル条約」

ならびに条約付属書である「陸戦ノ法規慣例ニ関スル規則」を採択した。
「陸戦ノ法規慣例ニ関スル規則」中の第2款「戦闘」中の第1章「害敵手段、攻囲及砲撃」に爆撃規制に関わる条項がある。

　第22条は害敵手段に関しての次のとおり規定をする。
「交戦者ハ、害敵手段ノ選択ニ付、無制限ノ権利ヲ有スルモノニ非ス」
　この規定は、害敵手段全般にわたる規制であるが、当然、爆撃の場合も、使用兵器と攻撃対象の双方で、重要な規制基準として機能する。
　第23条は害敵手段に関して次のような禁止事項を定める。
「特別ノ条約ヲ以テ定メタル禁止ノ外、特ニ禁止スルモノ左ノ如シ。
　　イ．毒又ハ毒ヲ施シタル兵器ヲ使用スルコト
　　（略）
　　ホ．不必要ノ苦痛ヲ与フヘキ兵器、投射物其ノ他ノ物質ヲ使用スルコト
（以下、チ号まであるが略）」
　この規定も、使用兵器と攻撃対象の双方で、重要な規制基準として機能する。25条から27条までは主に爆撃そのものに関する規制を規定する。
「第25条　防守セサル都市、村落、住宅又ハ建物ハ、之ヲ攻撃又ハ砲撃スルコトヲ得ス」
　また、26条は爆撃予告の原則を掲げ、さらに27条は「宗教、技芸、学術及慈善ノ用ニ供セラルール建物、歴史上ノ記念建造物、病院並病者及傷者ノ収容所」について、原則的に（「軍事上ノ目的ニ使用セラレサル限」）損害発生回避の措置義務があることを規定する。

3．広島・長崎原爆投下事件―下田事件（東京地方裁判所昭和38年12月7日判決）

　同判決は、空襲についての国際法について「空戦法規案はまだ条約として発効していないから、これをただちに実定法ということはできないとはいえ、国際法学者の間では空戦に関して権威のあるものと評価されており、この法規の趣旨を軍隊の行動の規範としている国もあり、基本的な規定はすべて当時の国際法規及び慣例に一貫して従っている。それ故、そこに規定されている無防守都市に対する無差別爆撃の禁止、軍事目標の原則は、それが陸戦及び海戦における原則と共通している点からみても、これを慣習国際法であるといって妨げないであろう」

と明確に判断した。

4．無差別爆撃の先例としての重慶爆撃

国際法違反の残忍な無差別爆撃の先例をつくったのは、日本軍の重慶爆撃である。日本軍が撒いた種が、アメリカの対日政策に大きな影響を与え、より大規模な無差別絨毯爆撃となり、沖縄10・10大空襲、東京大空襲、日本各都市空襲、広島、長崎への原爆投下へと繋がったものである。

重慶爆撃は、都市爆撃と焼夷弾とを組み合わせ、民間人を殺傷し、戦争遂行の戦意を挫くことを目的とした爆撃（戦略爆撃）であった。

5．第二次世界大戦で全交戦国に平等適用すべき空爆の国際法規則

藤田久一関西大学名誉教授は1992（平成4）年から2006（平成18）年まで財団法人国際法学会理事を務め、2002（平成14）年には世界法学会理事長に、2007（平成19）年には世界の著名な国際法学者によって構成される、万国国際法学会（アンスティチュ）の正会員に選出されるなど、国の内外で日本を代表する国際法学者として活躍しておられる。藤田名誉教授は国際人道法の大家であることは周知の通りである。

藤田名誉教授は東京大空襲訴訟で証拠として提出された2010年12月26日付意見書で、「第二次世界大戦において、すべての交戦国が適用すべき空爆の国際法規則は存在した」と東京大空襲の例に則して詳述している。

その指摘・論述等は、日本で初の焼夷弾攻撃である本件沖縄10・10大空襲（那覇空襲）にも基本的にはあてはまることであるので、その重要な点を次のとおり記述する。

ア．第二次世界大戦当時に適用されえた空爆をめぐる国際法に照らして見れば、米爆撃機の焼夷弾による無差別爆撃であった「東京大空襲」は、明らかに違法であり、かつ、東京裁判で認められた戦争犯罪に該当する行為であったとさえいえる。（中略）

イ．……空爆に関する規則は適用されねばならないものであった。この戦争の開始について、満州事件以後の日本の行動や真珠湾の奇襲攻撃が開戦条約違反であり、また、当時の国際法（jus ad bellum）上違法行為（1928年不戦条約〈日本も締約国〉違反）ないし侵略行為と認められたとしても（東京裁判での「平和に対する罪」の認定）、当時の戦争法は交戦国間で平等に適用されるべきものと

みなされていた。米国も開戦当初日本に対して、日本が批准していない1929年ジュネーヴ捕虜条約の相互主義による適用を（赤十字国際法委員会を通じて）要請し、日本も必要な変更を加えて（mutatis mutandis）準用する旨回答したのである。

なお、太平洋戦争、少なくとも日中戦争（満州事変以後）はお互いにいわゆる「戦意の表明」のないままの「事実上の戦争」として推移したが、そこにおいても日本側は必ずしも戦争法の不適用を意図していたのではなく、日中のみならず国際連盟においても空爆規則の適用を肯定していたのである。したがって、空爆に関する国際法規則の違反は双方から非難された。つまり、事実上の戦争であれ、宣言された（戦意の表明のある）戦争であれ、第二次世界大戦の交戦国間に戦争法は平等に適用されねばならないという共通した認識が存在した。

ウ．戦争法の基本原則、戦闘員と非戦闘員（非軍事物）の区別原則および不必要の苦痛を与える害敵手段の禁止原則は、慣習法として第二次世界大戦において適用されるべき最も基本的な原則であった。これらの原則から引き出される特定の規則として、とくに陸戦規則中に規定されたもの、すなわち、いかなる手段（つまり、空爆という手段を含む）によるも無防守都市に対する攻撃・砲撃の禁止（25条）、攻囲・砲撃の際の特定非軍事物の保護（27条）がある。さらに、これを空戦に応用したものとして、軍事目標主義　文民たる住民を威嚇し、私有財産を破壊し、非戦闘員を損傷する空襲の禁止（空戦規則案22条、25条）、軍事目標主義（同24条1、2項）、陸上部隊の作戦行動の直近地域でない都市の爆撃禁止（同24条3、4項）が規定されている。

第二次世界大戦中、東京は、上記の意味における「防守されざる」都市であり、また、都市中に軍事目標は点在していたとしても、敵陸上部隊の直地地域ではなく、進入軍に抗敵する都市でもなかった。立説のいう相対的防守説から見ても、当時の東京は、敵爆撃機を撃墜するための高射砲さえあまり機能せず、防空戦闘機は皆無であり（結果論ではあるが、米報告書（『米国陸軍航空部隊史』）によれば、B 29の損害は軽微であった。防守都市とはみなされなかった。したがって、米軍戦略爆撃機B 29の多数が、夜間に低空から東京の主に住民居住区域に対して焼夷弾により繰り返し絨毯爆撃するという方法をとった。

このような空襲は、戦闘員と非戦闘員の区別原則および不必要の苦痛を与える

害敵手段の禁止という戦争法の基本原則そのものに違反し、それに基づく具体的規則ともいえる軍事目標主義に違反したのである。この空襲による文民の死傷者数と非軍事物の破壊がそれを証明している。また、このような空襲は、敵（日本）の戦争遂行（継続）能力に重要な経済能力を破壊することを目指すものであり、敵戦争能力（軍隊および軍事物）の破壊という伝統的な戦争の目的を逸脱するものであった。また、国民の抵抗する精神力を挫くという心理的効果をも狙っていた。

しかし、そのために行われる無差別破壊は戦争法の基本原則に反するのである。戦後の1977年追加議定書51条で明文化された、文民たる住民に対する無差別爆撃の禁止と軍事目標主義の実行の条件として、上述の均衡性原則の基準のある解釈によれば、軍事行動の目的としての敵経済力の破壊、さらには経費のかかる戦争の早期終結や自国兵士の犠牲の削減をあげることを軍事的利益の基準として認めるとしても、「東京大空襲」は当時の状況からして日本の経済力の破壊と戦争の早期終結に寄与するものであったと認定することは難しいかも知れない。たとえ均衡性原則の基準についてのこのような解釈が認められるとしても、この大空襲はすでに見たように、軍事目標主義に従った空爆ではなかったのであるから、そもそもこの均衡性原則に従ってその合法性を判断すべきものではなかった。

エ．「東京大空襲」におけるB29爆撃機による住宅地木造家屋への焼夷弾の大量投下により一帯は火の海となり、そこに居住していた無数の文民たる住民の無差別的殺傷のみならず、その一帯の家屋の焼失をもたらした。このことから分かるように、焼夷弾の使用が無差別攻撃による被害を一層拡大したのであり、この意味において、この空襲は不必要な苦痛を与える害敵手段の使用禁止原則にも反したことは明らかである。

もっとも、焼夷弾の使用そのものが当時の戦争法上禁止されていたかどうかについては、上述のように、戦間期の連盟主催の軍縮会議における軍縮案をめぐる議論において、平和的人民（文民たる住民）に対する化学兵器（毒ガス）および細菌兵器と並んで焼夷兵器の使用を禁止する条文に同会議参加諸国の賛同を得ていたものの、同会議の中止により軍縮条約が未完に終わった。化学兵器および細菌兵器については使用禁止条約（1925年毒ガス議定書。ただし、日米とも第二次世界大戦の時期にもなお未批准であった）が締結されていたが、焼夷兵器につ

いては、かかる条約はなかった。そのため、不必要の苦痛を与える害敵手段として焼夷兵器の使用禁止が、当時（第二次世界大戦時）すでに慣習法化していたかどうかが問われるが、そのためには（交戦）諸国の意思（法的信念）および慣行（不使用の実行）が証明されねばならない。

ところが、それは十分になされていないのみならず、主要交戦国である米国が焼夷兵器を木造建築に効果的な兵器として使用したのであるから、同兵器そのものが同大戦中の慣習法として使用禁止されていたと認定することは困難である。もっとも、日本政府抗議文は「東京大空襲」を始め日本の諸都市に対する焼夷弾投下の空襲を違法と断定して非難したのであり、右軍縮会議での日本の態度（平和的人民に対する焼夷兵器使用禁止に賛成）から見ても、日本はその使用を慣習法上違法と見なしていたということはできよう。

第二次世界大戦後に起草された特定通常条約の焼夷兵器議定書が住民たる民にする焼夷兵器の使用禁止を規定しているのは、同大戦やベトナム戦争での焼夷弾ないしナパムの対人使用を念頭においていることは明らかである。さらに、国際刑事裁判所（ＩＣＣ）規程における戦争犯罪の構成要件の規定中に焼夷兵器使用への言及はないが、毒ガスやダムダム弾とならんで、「武力紛争に関する国際法に違反して、その性質上過度の障害若しくは無用の苦痛を与え、又は本質的に無差別な兵器、投射物及び物質並びに戦闘の方法を用いること」（8条2〈b〉〈ＸＸ〉）が含まれており、これには焼夷弾兵器使用も含まれるとすれば、国際刑事裁判所の管轄下に入る戦争犯罪とも見なすことさえ可能である。もっとも、ＩＣＣ規程は遡及適用されえず、「東京大空襲」での焼夷弾使用をＩＣＣ規程のいう戦争犯罪と見なすことは困難であろう。

なお、原子爆弾（核兵器）については、焼夷弾と同じように、第二次世界大戦中明文の禁止規定はなく（原子爆弾は同大戦中まだ存在しなかったから禁止規定のないのは当然ではあるが、秘密に開発・製造が進められたためか将来の兵器としても想定されていなかった）、また、慣習法上も核兵器を名指してその使用を禁止する規定もなかったが、いわゆる原爆判決において、日本の裁判所は、広島・長崎に投下された原子爆弾は、戦闘員と非戦闘員（文民）の区別原則に違反したのみならず、不必要の苦痛を与える害敵手段の禁止規定に違反するとして、その使用を国際法上違法と判示した。

オ．……「東京大空襲」は、当時の実定国際法上、戦争法の基本原則たる戦闘員と非戦闘員の区別原則および不必要の苦痛を与える害敵手段禁止原則に違反する違法な戦闘行為であったと言わねばならない。国家の国際責任法上も、違法行為は違法行為国の国際責任を生ぜしめるから、違法な加害行為国である米国は、被害国である日本に対して被害の回復（責任解除）の方法（たとえば損害賠償）をとる義務を負うことは明らかである。米国は、「東京大空襲」の違法性が確認されれば、それに対する損害賠償義務を負うことを否定しなかったと思われる。

4 10・10空襲と東京大空襲が国際法違反であると米国政府に厳重抗議した事実と、指摘した事実を米国政府が認めた上で沈黙し黙殺した事実

1．10・10空襲が国際法違反との米国政府への抗議の経過と内容

ア．当時の日本政府が調査確認した10・10大空襲の国際法違反の具体的状況（敵機ノ國際法違反状況）

日本政府が10・10空襲直後の昭和19年10月ころに調査した結果をまとめた「敵機ノ国際法違反状況」によると、非軍事目標に対する盲銃（爆）撃状況について次のとおり記述されている。

「非軍事目標ニ対スル盲銃（爆）撃状況

敵機ハ主トシテ第四、第五次爆撃ニ於テ各学校、官衙、製糖工場、其ノ他ノ非軍事目標タル一般民家等ニ対シ爆弾、焼夷弾ヲ投下シ被空襲都市戸数ノ約三分ノ二ヲ焼失セシメ尚壕及屋外ニ行動スル非戦闘員ニ対シテハ一人一馬ト雖モ執拗ナル銃撃ヲ加ヘタリ

細部ノ状況左表ノ如シ

■那覇市　各国民学校那覇市第一中学校那覇警察署其ノ他（沖縄県庁及武徳殿ヲ除ク）一般民家全部

各次ニ亘リ投弾セシモ特ニ第四次（一二、四〇―一三、四〇）第五次（一　四、四五―一五、四五）ニ於テ爆弾、焼夷弾ヲ併用投下シ為ニ那覇市内一〇、九二四戸（約九割）ヲ焼失セシメタリ

■国頭郡名護町　各国民学校其ノ他主要官衙

爆撃及一般地方人ヲ銃撃セリ

■国頭郡渡久地　国民学校其ノ他一般民家

爆弾及焼夷弾ヲ投下シ非戦闘員ヲ銃撃シ渡久地ノ三分ノ二戸数ヲ焼失セリ
- ■中頭郡小湾城間　一般民家同右
  第一次空襲時爆弾投下民家数軒ヲ破壊セリ
- ■同右小那覇　同右
  第五次一般民家ニ対シ焼夷弾ヲ投下シ約七〇戸ヲ焼失セリ
- ■同右牧港　湯水楼一般民家
  爆弾及焼夷弾ヲ投下シ附近一般民家数軒ヲ炎上セリ
- ■島尻郡糸満　製糖工場及一般民家
  爆弾及焼夷弾ヲ投下シ糸満約三分ノ二戸数焼失セリ

一、第五次（一四四五─一五四五）那覇刑務所附近ヨリ西北地区ノ防空壕ニ避難中ノ老幼婦女子ニ対シ銃撃ヲ加ヘ十数多ノ死傷者ヲ生ゼシメタリ

二、第一次（〇七〇〇─〇八二〇）敵機ハ那覇市ノ泉崎橋附近ニ爆弾ヲ投下シ被活動者四名ヲ死ニ至ラシム

右ハ那覇市ノ中央附近ニテ武装目標トハ遙カニ距リアリシモノナリ

三、第一次（〇七〇〇─〇八二〇）敵機ハ「アブナイ、サワルナ」ト標記セル長サ約一〇糎ノ小型爆弾及紐付万年筆型爆弾ヲ小禄地区ニ投下シ老婦之ヲ拾得、何ニモ知ラズニ紐ヲ引キ右手首ヲ失ヒ、小児ニ大怪我ヲ負ハセシ事事実アリ、右ハまったくノ謀略資材ニシテ日本語ヲ以テ標記シアルハ責ヲ他ニ荷セシトスル悪逆非人道的行為ト断セザルヲ得ズ」

イ．昭和19年10月16日、朝日新聞において10・10空襲の被害状況が報道された。

ウ．昭和19年12月7日、重光葵外相から駐スペイン須磨公使宛に、10・10空襲に対する国際法違反の抗議文提出が指示された。

「昭和十九年十月十日米機ハ昼間五次ニ亘リ沖縄ヲ空襲シタル処其ノ第一次乃至第三次攻撃ニ於テハ主トシテ軍事目標ニ対シ攻撃ヲ行ヒタルニ反シ第四次（十二時四十分ヨリ十三時四十分迄）第五次（十四時四十五分ヨリ十五時四十五分迄）ニ於テハ専ラ非軍事目標タル那覇市街殊ニ学校、病院、寺院、民家等ヲ盲爆シ之ヲ烏有ニ帰セシメ且同時ニ低空ヨリ無差別ノ銃爆撃ヲ加ヘテ平和的人民多数ヲ殺傷スルノ非道ヲ敢テセリ。

帝国政府ハ斯ノ如キ故意ニ依ル無辜ノ平和的人民ノ殺傷並ニ非軍事目標ノ攻撃ハ今日諸国家ヲ規律スル人道的原則並ニ国際法ニ違反セルモノトシテ飽迄之ヲ糾弾シ斯ル不法且残虐ナル無差別爆撃ニ対シ其ノ一切ノ権利ヲ留保スルモノナル旨茲ニ厳粛ニ宣言スルト同時ニ米国政府ニ於テハ斯クノ如キ行為カ航空機ニ依リテ行ハルル限リ之ヲ国際法ニ違反スルモノト認メザルモノナリヤ至急其ノ見解ノ明示ヲ要求スルモノナリ」

エ．上記抗議文は、10・10空襲について「人道的原則」及び「国際法」に違反するとして抗議する趣旨である。

オ．昭和19年12月11日、上記抗議文が在米スペイン大使より国務省に提出された。

2．再度の10・10空襲に対する抗議及び東京大空襲等に関する日本政府の米国政府に対する国際法違反の抗議の経過と内容（「人道ノ根本原則」及び「国際法」に違反）

昭和20年3月22日、重光葵外相から駐スペイン須磨公使宛に、再度の沖縄10・10空襲への抗議と東京大空襲等に対する国際法違反の抗議文提出が指示された。

「先ニ帝国政府ハ客年十月十日米国機ニ依リ那覇市ニ対シ行ハレタル無差別爆撃殊ニ多数平和的人民ニ対スル故意且非道ノ攻撃殺傷ニ付戦時ト雖モ遵守セラルベキ人道ノ根本原則並ニ国際法ノ指導的理念ニ鑑ミ米国政府ニ対シ厳重抗議シ且斯ノ如キ無差別爆撃ニ対スル同政府ノ見解ヲ照会シタルモ米国政府ヨリ未ダ何等ノ回答ニ接シ居ラザル次第ナリ。

而モ米国機ハ其ノ後帝国本土空襲ニ当リ益々非軍事目標ニ対スル爆撃ヲ熾烈化シテ何等反省ノ跡ナク殊ニ最近ニ於テハ二月二十五日、三月十日、三月十二日、三月十三日、三月十四日、東京、名古屋、大阪等ニ来襲セル米国機ニ依ル攻撃ハ故意ニ無辜ノ平和的人民ヲ殺傷スル方法ヲ採リタルモノト断ズルノ外ナク軍事施設ト何等関係ナキ神社、寺院、学校、病院、住宅地区等ニ専ラ攻撃ノ砲火ヲ集中シテ之ヲ烏有ニ帰セシメ就中平和的人民ノ密集セル地域ニ対スル大規模且集約的ナル爆撃ハ無数ノ老幼婦女子ヲ殺戮シテ酸鼻ノ状目ヲ蔽ハシムルモノアリ。

帝国政府ハ米国機ニ依ル斯ノ如キ残虐非法ナル無差別爆撃ハ人道的原則並ニ国

際法ニ違反セルモノトシテ飽ク迄之ヲ糺弾スベキモノト認メ茲ニ厳粛ニ米国政府ニ抗議スルトトモニ之ニ対スル米国政府ノ責任アル回答ヲ要求シ同時ニ米国機ノ斯ノ如キ所行ニ対シ一切ノ権利ヲ留保スル旨明白ニ宣言スルモノナリ」

　上記抗議文は、2月25日（東京）、3月10日（東京）、3月12日（名古屋）、3月13日、14日（大阪）の各空襲について、「人道的原則」及び「国際法」に違反するとして抗議する趣旨である。

　昭和20年3月29日、毎日新聞において、日本政府が米国政府に対し、10・10空襲及び東京大空襲等について国際法違反として抗議した事実が報道された。

　昭和20年7月30日、上記抗議文が米国政府に届いた（2008〈平成20〉年3月10日朝日新聞記事）。

3．「沈黙」し「黙殺」するアメリカ政府

　日本政府による沖縄10・10空襲に対する抗議を受けて、アメリカ政府は対応を検討し、昭和20年3月6日には、「抗議文のような攻撃が国際法違反であることを否定すれば、当政府がたびたび表明してきた見解と矛盾する。一方、もし国際法違反であると認めれば、敵領内に不時着した兵士を危険に陥れ、戦犯扱いの目にあわせるかもしれない」との理由で国際法違反であるともないとも言わず黙殺する、それが結論だった。

　こうして、東京大空襲等に対する抗議も「黙殺」された。

　前記結論に従い、アメリカ政府は日本政府の2度の抗議に対して「沈黙」し、黙殺するという結論を出したのである。

　アメリカ政府は抗議文を受領後も日本への空爆を継続し、翌月8月6日には広島に、8月9日には長崎にそれぞれ前述したとおり国際法に違反し原子爆弾を投下した。

5　日本政府が国際法と人道の原則に対する最も深刻かつ重大な違反であると指摘して、米国政府に厳重に抗議した事実は重要

　荒井信一茨城大学名誉教授は、東京大空襲訴訟において提出された意見書において沖縄10・10空襲について言及し、「日本政府が『今日、諸国間で合意されている国際法と人道の原則にたいするもっとも深刻かつ重大な違反であることを

第5章　米軍の軍事行動における国際法違反

指摘し』、『米国政府に対して厳重に抗議』した事実は重要である」と指摘している。

《＊空襲と沈黙の構造
　アメリカが、日本における無差別爆撃の事実を知りながら沈黙した例をもうひとつあげておく。アメリカの国家首脳たちが軍事的必要性の名のもとに無差別爆撃の非人道性に目をつぶったケースである。
　沖縄の歴史家大田昌秀は、無差別爆撃に対する日本政府の抗議をめぐるアメリカ政府の対応をあきらかにした」（大田昌秀『那覇10・10大空襲―日米資料で明かす全容』）。
　1944年10月10日、米艦載機199機が白昼5回にわたり沖縄諸島を攻撃した。主として軍事目標を狙った攻撃であったが、「第4回と第5回の攻撃では、学校や病院、寺院等のほか那覇市街の民間人住居など非軍事目標に対し、盲滅法の猛爆を加え、それらを灰燼に帰せしめた。同時に米機は、低空から無差別の爆撃や機銃掃射によって多数の市民を殺傷した」（日本政府覚書）。12月11日、日本政府はこれが「今日、諸国間で合意されている国際法と人道の原則に対するもっとも深刻かつ重大な違反であること」を指摘し、スペイン政府を通じて「米国政府に対して厳重に抗議」した。
　抗議に対しアメリカ国務省は、最初は黙殺する態度をとったが、連合軍捕虜に対する日本側の報復を懸念し、統合参謀本部（JCS）に検討を依頼した。その結果、JCSの統合兵站委員会小委員会により「沖縄諸島の非軍事施設に対する空襲についての日本政府の抗議について」という報告が作成された。報告の結論は次の通りである。
　「結論
　八　日本政府の抗議に主張されている攻撃は、おそらく事実にもとづいていよう。
　九　日本政府の抗議文書にある破壊され殺傷された合法的な軍事目標と民間人との距離近接性については、現在のところ、果たして人々が空襲から保護される距離を保っていたかどうかについては確認できるものではない。
　十　このような攻撃が国際法に違反すると認めれば、敵国領内に強制着陸させられたすべての飛行兵たちを戦犯として処遇せしめる危険がある。

十一　日本政府からの抗議に対しては、これ以上、回答するのは望ましくない」（大田昌秀訳）

大田はこの報告について、「注目される点は、アメリカ側が那覇大空襲に全面的に認めていることである」としている。たしかに報告は、「日本政府の抗議に主張されている攻撃は、おそらく事実に基づいていよう」という言い方で、那覇空襲が無差別爆撃であった事実を基本的に認めている。

しかし米国政府はそれが国際法違反であることについては沈黙した。理由は２つあった。１つは、結論の十のあげた理由であるが、もう１つは、国際法違反であることを否定すれば、日本軍の中国諸都市爆撃などについて、アメリカ政府がこれまで繰り返してきた見解と矛盾するからである。

これらの理由からアメリカは最終的に日本の抗議に回答しないとする選択肢を選んだ。いわば無差別爆撃についての「沈黙の構造」が背後にあり、それが大戦中の地域爆撃を犯罪とみる視点の導入をさまたげ、戦後ながく米空軍の実践と、国際法の進化とのあいだに大きなズレを作り出すことになった。

しかし、日本政府が「今日、諸国間で合意されている国際法と人道の原則に対するもっとも深刻かつ重大な違反であることを指摘し」、「米国政府に対して厳重に抗議」した事実は重要である。》

6　日米両政府は沖縄10・10大空襲の被害に国際法上も条理上も責任を負うべき

以上詳述したとおりアメリカ政府は日本の重慶爆撃などの無差別爆撃に対して、国際法違反と日本政府を激しく批判したにもかかわらず、一方では、沖縄10・10空襲や東京大空襲などで無差別爆撃を行い、日本政府の国際法違反の抗議に対して事実関係を認めながらも、それを黙殺し、その後も爆撃を継続し、原子爆弾も投下し、日本の平和的市民を多数殺傷した。

日米両政府とも自ら無差別爆撃を実行しながら、他国の同じ行為を批判するという自己矛盾した態度（相互に批判しながら相互に実行する態度）をとっており、本件沖縄10・10大空襲の被害についても日本政府とアメリカ政府双方が国際法上も物事の道理・条理から見ても責任は免れない。

第2節　国際法違反（その2）―対馬丸撃沈

アメリカ潜水艦・航空機による民間船舶に対する無警告・無制限攻撃は、パリ講和会議の戦争法規慣例及びワシントン条約による砲撃等の禁止に違反しており、対馬丸撃沈は国際法違反である。

第1　沖縄近海の海は早くから戦場化

1941（昭和16）年12月8日、日本海軍による真珠湾攻撃を受けた米軍は、以後、航空作戦と併せて潜水艦作戦を採って、日本への「無制限船舶攻撃」を強行することにしたのである。この作戦によって、沖縄諸島における日米両軍の最後の地上戦闘以前に、南西諸島近海（九州西岸および南西諸島を含む海域を指す）の海は戦場化していくことになった。

第2　撃沈された船舶数とその犠牲者等

南西諸島近海では、陸海軍に徴用された民間船舶（500トン以上）のうち、日米開戦後の1942年から44年7月までの2年7カ月で58隻が沈没した。沖縄関係戦時遭難船舶は次の一覧表（1）（2）である。全体の半数近い27隻は44年1月から7月に撃沈されている。原因別に見ると、国際法上禁じられている潜水艦による攻撃が8割を占めている。米国は、日本軍によるハワイの真珠湾攻撃から数時間後、日本船舶に対する無制限潜水艦戦を実施。特に43年からは日本商船の撃沈作戦に踏み出しており、多くの日本船舶が米軍の攻撃にさらされた。

南西諸島近海での米潜水艦による船舶攻撃は、42年2月から始まり、同6月から一時沈静化するが、43年3月から活動を再開、同10月から44年8月まで毎月発生。この間、嘉義丸が43年5月26日に撃沈されたほか、湖南丸（同12月21日）、台中丸（44年4月12日）、富山丸（同6月29日）、宮古丸（同8月5日）がそれぞれ撃沈された。死者・不詳不明者は800に達している。

米軍による船舶攻撃が相次ぐ背景には、南方から日本向け資源輸送路の遮断に加え、44年3月の沖縄守備軍（第32軍）創設に伴う中国大陸からの大がかりな兵員、軍需物資の沖縄輸送作戦（ロ号作戦）への対処とみられる。

沖縄関係戦時遭難船舶一覧表（1）

	船　名	船舶会社	航行目的	船の管理区別	護衛の有無	沈没原因	出港地	遭難海域
1	波上丸	大阪商船	引揚船	陸軍	有	雷撃	サイパン	ラバウル近海
2	近江丸	日本郵船	引揚船	不明	無	雷撃	クサイエ	ポナペ近海
3	嘉義丸	大阪商船	本土航路	運営会	有	雷撃	鹿児島	南西諸島近海
4	八重丸	国際汽船	不明	不明	不明	不明	大阪	南西諸島近海
5	湖南丸	大阪商船	本土航路	運営会	有	雷撃	那覇	南西諸島近海
6	赤城丸	日本郵船	引揚船	海軍	有	空爆	トラック	トラック島近海
7	夕映丸	栗林汽船	引揚船	不明	不明	空爆	トラック	トラック島近海
8	亜米利加丸	大阪商船	引揚船	運営会	無	雷撃	サイパン	小笠原近海
9	台中丸	大阪商船	本土航路	運営会	無	雷撃	神戸	南西諸島近海
10	美山丸	日本郵船	引揚船	海軍	有	雷撃	パラオ	マリアナ近海
11	ジョグジャ丸	南洋海運	引揚船	海軍	有	雷撃	パラオ	マリアナ近海
12	千代丸	栃木汽船	引揚船	不明	不明	雷撃	サイパン	小笠原近海
13	白山丸	日本郵船	引揚船	海軍	有	雷撃	サイパン	小笠原近海
14	神島丸	東洋サルベ	引揚船	不明	不明	不明	ロタ	マリアナ近海
15	朝日丸	日本郵船	引揚船	海軍	不明	不明	パラオ	パラオ近海
16	宮古丸	大阪商船	本土航路	運営会	有	雷撃	鹿児島	南西諸島近海
17	広順丸	広海商事	引揚船	不明	不明	雷撃	パラオ	パラオ近海
18	対馬丸	日本郵船	疎開船	海軍	有	雷撃	那覇港	大島悪石島沖
19	横山丸		引揚船	不明	不明	不明	マニラ	フィリピン近海
20	千鳥丸	個人所有	不明	不明	無	座礁	台湾	与那国島
21	広善丸		引揚船	不明	不明	不明	テニアン	小笠原近海
22	開城丸	大阪商船	本土航路	運営会	無	空爆	鹿児島	南西諸島近海
23	第一千早丸		疎開船	陸軍	無	故障	石垣	尖閣諸島近海
24	第五千早丸		疎開船	陸軍	無	空爆	石垣	尖閣諸島近海
25	照国丸	大阪商船	引揚船	不明	不明	不明	フィリピン	フィリピン近海
26	栄丸	関西汽船	引揚船	個人	無	座礁	基隆	台湾近海

1 大阪商船三井船舶株式会社関係……………… 8 隻
2 日本郵船株式会社関係…………………………… 6 隻
3 大阪、日本郵船以外の船舶会社関係………… 7 隻
4 船舶会社不明・個人所有船舶………………… 5 隻

第5章　米軍の軍事行動における国際法違反

沖縄関係戦時遭難船舶一覧表（2）

	船　名	遭難月日(昭和)	乗船人員	船客 死没者 県外	県内	計	生存者	事故報告	死没者名簿	米国資料
1	波上丸	17.10.7	－	－	1	1	－	有	有	有
2	近江丸	17.12.27	124	100	24	124	0	有	有	有
3	嘉義丸	18.5.26	551	38	283	321	230	有	有	有
4	八重丸	18.8.26	－		3	3				
5	湖南丸	18.12.21	587	16	561	577	10	有	有	有
6	赤城丸	19.2.17	565	143	369	512	53	有	有	
7	夕映丸	19.2.17	－	1	1	2	－			
8	亜米利加丸	19.3.6	－	477	17	494	－	有	有	有
9	台中丸	19.4.12	259	23	156	179	80	有	有	
10	美山丸	19.5.14	－	24	3	27	－	有	有	有
11	ジョグジャ丸	19.5.15		6	1	7		有		
12	千代丸	19.6.3		34	63	97			有	
13	白山丸	19.6.4	－	144	133	277	－	有	有	
14	神島丸	19.6.11	－	42	12	54	－			
15	朝日丸	19.7.18	不明	－	3	3		有		
16	宮古丸	19.8.5	86	50	21	71	15	有	有	有
17	広順丸	19.8.12		8	7	15	－			
18	対馬丸	19.8.22	1,661	6	1,478	1,484	177	有	有	有
19	横山丸	19.10	－	－	6	6	－			
20	千鳥丸	19.12.6	－		5	5				
21	広善丸	19.12			3	3				
22	開城丸	20.3.24	109	40	69	109	－	有	有	
23	第一千早丸	20.7.3	180	－	88	88	66		有	
24	第五千早丸	20.7.3				0	－		有	
25	照国丸	20.10.8	不明	－	8	8	－		有	
26	栄丸	20.11.1	－	－	112	112	－		有	
	計			1,152	3,427	4,579		14	18	10

1　疎開船……………3隻―見舞金支給・特別支出金（対馬丸学童）

2　引揚船……………16隻―引揚者給付金

3　本土航路船………5隻

4　不明船……………2隻

第3　当時の国際法による無警告砲撃等の禁止

1　パリ講和会議の戦争法規慣例

　第一次世界大戦はヨーロッパを中心に激烈な戦闘が繰り広げられ、その結果人命、財産等に多大な損害をもたらした。その第一次世界大戦中における交戦方法等に幾多の問題点が明らかとなった。戦争に対する反省の立場から大戦処理のためのパリ講和会議において、32種類の戦闘方法や行為等が戦争法規慣例違反の犯行として認定している。潜水艦攻撃に関する禁止事項のみを次のとおり掲げる（番号は記載順による）。

〔戦争法規慣例違反の32種の犯行〕

1919年3月29日
パリ講和会議開戦責任及制裁調査委員会報告

1〜20（略）
21　警告ヲ与ヘス且乗組員及船客ノ安全ヲ計ラスシテ商船及旅客船ヲ撃沈シタルコト
22　漁船及救助船ノ撃沈
23　故意ニ病院ヲ砲撃シタルコト
24　病院船ヲ砲撃並撃沈シタルコト
25　赤十字ニ関スル其ノ他ノ規則ノ違反
26〜32（略）
（外交史料館所属、外務省『同盟及連合国ト独逸国トノ平和条約説明書』1920年）

2　潜水艦・毒ガス条約（潜水艦及毒瓦斯ニ関スル五国条約）

　　署　名　　1922年2月6日（ワシントン）
　　未発効
　　日本国　　1922年2月6日署名

　亜米利加合衆国、英帝国、仏蘭西国、伊太利亜国及日本国（以下署名国ト称ス。）ハ、戦時海上ニ於ケル中立人及非戦闘員ノ生命ノ保護ニ関シ文明諸国ノ採用シタル規則ヲ一層有効ナラシメ且有害ナル瓦斯及化学製品ノ戦争ニ於ケル使用ヲ防止

セムコトヲ希望シ、之カ為条約ヲ締結スルコトニ決シ、左ノ如ク其ノ全権委員ヲ任命セリ。
　（全権委員名省略）
　右各委員ハ、互ニ其ノ全権委任状ヲ示シ、之カ良好妥当ナルヲ認メタル後、左ノ如ク協定セリ。

第1条 [商船に対する無警告攻撃の禁止] 署名国ハ、戦時海上ニ於ケル中立人及非戦闘員ノ生命保護ノ為文明諸国ノ採用シタル規則中、左ニ揚クルモノハ、国際法ノ確立シタル一部ト認ムヘキコトヲ声明ス。
　①商船ハ、其ノ拿捕セラルールニ先チ、其ノ性質決定ノ為臨検及搜索ニ服スヘキコトヲ命セラルールコトヲ要ス。
　商船ハ、警告ノ後臨検及搜索ニ服スルコトヲ拒ミ、又ハ拿捕ノ後指示セラレタル如ク進航スルコトヲ拒ミタル場合ニ非サレハ、之ヲ攻撃スルコトヲ得ス。
　商船ハ、先ツ其ノ乗組員及乗客ヲ安全ナル地位ニ移シタル後ニ非サレハ、之ヲ破壊スルコトヲ得ス。
　②交戦国ノ潜水艦ハ、如何ナル事情ノ下ニ於テモ、前記一般的規則ヨリ免除セラルールコトナシ。潜水艦カ右規則ニ従ヒ商船ヲ捕獲スルコト能ハサルトキハ、現存国際法ハ、該艦カ攻撃及拿捕ヲ止メ、右商船ヲシテ障疑ナク進航セシムヘキコトヲ要求ス。

第2条 [文明諸国の同意] 署名国ハ、世界ノ輿論カ依テ以テ将来ノ交戦者ヲ批判スヘキ行為ノ準則ニ関シ、全世界ニ明瞭且一般ノ了解アラシメムカ為、他ノ一切ノ文明諸国ニ対シ、前記ノ確立法規ニ同意ヲ表セムコトヲ勧誘ス。

第3条 [違反に対する制裁] 署名国ハ、商船ニ対スル攻撃並其ノ拿捕及破壊ニ関シ其ノ声明シタル現存法規ノ人道的規則ノ励行ヲ確保セムコトヲ欲シ、一国ノ勤務ニ服スル者ニシテ右規則ノ何レカヲ侵犯スルモノハ、其ノ上官ノ命令ノ下ニ在ルト否トヲ問ハス、戦争法規ヲ侵犯シタルモノト認メラレ、海賊行為ニ準シ審理処罰セラルヘク、且右違反者カ何レカノ国ノ法域内ニ於テ発見セラレタルトキハ、当該国文武官憲ノ審理ニ付セラルヘキコトヲ更ニ声明ス。

第4条 [潜水艦の使用制限] 署名国ハ、中立人及非戦闘員ノ生命保護ノ為文明諸国ノ普ク採用シタル規則カ、1914年乃至1918年ノ最近戦争ニ於テ侵犯セラレタルカ如ク、之ヲ侵犯スルニ非サレハ、潜水艦ヲ通商破壊者トシテ使用スルノ実際上不可能ナルコトヲ承認ス。又通商破壊者トシテ潜水艦ヲ使用スルコトノ禁止ヲ国際法ノ一部トシテ普ク採用セシムルノ目的ヲ以テ、署名国ハ、右禁止力其ノ相互間ニ於テ今後拘束力ヲ有スルコトヲ茲ニ受諾シ、且他ノ一切ノ諸国ニ対シ本取極ニ加入セムコトヲ勧誘ス。

（後略）

しかし米国は、日本軍のハワイ真珠湾攻撃が戦時国際法に反する宣戦布告なしの「闇討ち」に当たるとして、それを口実に潜水艦による無制限作戦に方針転換した。船舶は戦争中、重要任務を負っているとして、石油、石炭、鉄、ゴムなどを運ぶ日本の貨物船を、戦艦や空母と同様に「戦争機械の一部分」とみなし攻撃対象にした。

これに対して日本は、一般船舶の護衛を軽視し、42年4月までは船団を組まず独航させていた。同年7月に護衛艦隊を新設し船舶護送を開始したが、護送船団は1隻の旧式駆逐艦か小艦艇に護衛された小規模なもので、米潜水艦部隊の攻撃に十分対処できなかった。

南西諸島近海での米潜水艦による船舶攻撃は、1942年（昭和17年）2月18日、海軍徴用船の信洋丸（1500トン）を撃沈して以後、学童疎開船対馬丸の撃沈、第32軍牛島満司令官が自決した後の1945年7月3日、石垣島を出航した最後の台湾疎開船第5千早丸（50トン）が空襲されるまで、米潜水艦の雷撃によって撃沈された59隻をはじめ空爆その他で撃沈された船舶は、合計で152隻にものぼった。ほとんどの撃沈が国際法違反である。

とくに1944年8月22日に、中国から沖縄へ移駐する兵員を輸送し終えたばかりの対馬丸が九州への「学童疎開船」として使用され、悪石島沖合で米潜水艦ボーフィン号に撃沈された。

その被害者の半数近くが幼気な児童生徒（名前判明者数1418名中、学童775名）であったため、事実が知れ渡らないように強く「かん口令」を敷いていたにもかかわらず「口コミ」によって広く伝わっていき、住民にとっては衝撃的事件

第5章　米軍の軍事行動における国際法違反

として受け止められた。

　学童や引率の先生などが乗船していた対馬丸は上記「旅客船」の撃沈にあたり、明らかに国際法違反である。

　1945（昭和20）年3月26日、米軍が慶良間諸島へ上陸後、沖縄諸島で日米両軍の最後の地上戦闘が展開したが、それ以前に沖縄周辺の海は、すでに戦場化していたのである。事実上制海権はアメリカが握っていた。

第3節　国際法違反（その3）―戦時海軍砲撃条約等違反

第1　「艦砲ヌ喰ェー残サー」(艦砲の食い残し)の意味するもの

　米軍による住民居住地等に対する無差別艦砲射撃は、国際法違反であることは明白である。

　沖縄戦の惨禍を潜り抜け、「鉄の暴風」の砲弾等により傷つきながらも生き残った沖縄の人々は、自らのことを「カンポウヌ　クェーヌクサー」（艦砲の食い残し、艦砲射撃に当たらずに生き残った人のこと）と呼び、生きていることを自嘲気味に表現し生の尊さをかみしめた。

　沖縄戦による沖縄県民の死者15万人、負傷者数十万人のうち、艦砲射撃等による砲弾被害が圧倒的に多いと推定されている。米軍は、日本軍の陣地等のみならず、住民居住地等にも無差別に艦砲射撃を繰り返し繰り返し実行した。

　米軍の攻撃は、戦車、航空及び艦船からの砲撃、及び火砲による陸・海・空の攻撃を組み合わせた集中的総合的な容赦ない攻撃であった。

　当時の空襲や艦砲射撃はそもそも地上における至近距離からの銃撃戦による戦闘行為とは違い、攻撃目標を特定することは困難であった。特に艦砲射撃は目標特定がかなり困難であったので、攻撃効果を少しでも上げるためには一定の広範囲地域に多数発の砲弾を集中的に撃ち込まなければならなかった。

　海上の艦船から攻撃する艦砲射撃の場合は、目標が地上の場合でも、着弾地点などの確認を即時に判断することも容易でなかった。ある程度の目標を定め攻撃範囲を拡大し、射撃砲弾を多くして効果をあげようとした。目標そのものが住民居住地域を除外して行うことはそもそもしなかった。

そのために沖縄戦における米軍の艦砲射撃は、住民居住地域などの攻撃により沖縄戦の民間戦争被害者大半はこの艦砲射撃によるものと推定されており、その事実は日米両軍とも認めているところである。

艦砲射撃による一般住民被害の甚大さを表す言葉が、「艦砲ヌ喰ェー残サー」である。

艦砲射撃を初めて実行したのは、太平洋戦争における南方戦線における日本軍による米軍に対する攻撃であったが、沖縄戦では、逆に米軍がそれをまねて大規模に実行した。

3月23日には、午前7時から沖縄本島は米軍第58機動部隊の艦載機355機による大空襲を受けた。沖縄上陸作戦が始まったのである。

沖縄戦で米艦船による海上からの艦砲射撃による攻撃が始まったのは、1945（昭和20）年3月24日であった。

艦砲射撃援護部隊（TF54）及び空母機動部隊（TF58）の戦艦・巡洋艦等が島尻郡摩文仁村、喜屋武村、具志頭村、玉城村などに700発以上の艦砲射撃を加え、空爆する艦載機は延べ770機にのぼった。以降沖縄戦終結に至るまで艦砲など「鉄の暴風」が沖縄に吹き荒れたのである。

沖縄戦は島尻への艦砲射撃で始まった。島尻は沖縄戦の始まりの地であり、また終わりの地でもある。

1944年の10・10空襲を皮切りに、空爆や機銃掃射を続け、地上戦が始まると海から艦砲射撃、空からは爆撃、陸では銃砲撃に加えて戦車や火炎放射器など住民への無差別攻撃を繰り返した。南部地域では激戦のあった6月の1カ月間に、畳1畳に1発の割合で集中的に無差別に砲弾が撃ち込まれたと言われている。

沖縄戦では「鉄の暴風」と形容されるほどの激しい砲爆撃が3カ月以上も続くことになった。米軍は硫黄島作戦で第二次世界大戦で最大規模の艦砲射撃を行って強行上陸したが、長期戦となった沖縄ではこれを上回る砲弾が使用されたことになる。

山容があらたまるほどの巨弾の雨は沖縄戦の特徴の一つであったが、米軍は、もともと戦艦10、重巡洋艦9からなる艦砲射撃支援艦隊を組織して、艦砲射撃を沖縄攻略の戦術の基本としていた。海戦用の戦艦、巡洋艦の主砲が長期的に地上射撃に用いられたこと自体が戦史上異例のことであった。

第5章　米軍の軍事行動における国際法違反

　この時期、日本海軍の連合艦隊はほぼ壊滅し、世界最強をほこる米第五艦隊にはもはや海戦の相手が存在しなくなっていた。そのため、米軍は大量のありあまる砲弾を沖縄本島の絨毯砲撃に集中したのである。

第2　米軍が沖縄戦に使用した艦砲など砲撃数は約1800万発

1　艦砲射撃支援艦隊の編成・砲撃部隊の配置

　米英の連合軍上陸支援艦隊は、《一覧表1　連合軍上陸支援艦隊》のとおり、侵攻艦艇数1457隻、侵攻総兵力548000人を要する戦史上最大の侵攻規模である。

　そのうちの第5艦隊第54任務部隊には、艦砲射撃支援(専門)担当部隊である。その他にも、第52任務部隊は上陸軍の防護、掃海、火力支援を任務とする部隊があり、その中には火力支援艇193隻なども含まれている。その他にも戦艦10隻、巡洋艦15隻が配置されており、海上における防御と海上からの攻撃を中心とする編成になっていることが判る。

　第10軍連合軍沖縄攻略部隊は、1945年4月1日時点における兵員数は182800人となっており、その部隊編成は、《一覧表2》のとおりである。その後、沖縄地上戦の戦闘状況に推移して上陸部隊が補強されていったが、その全容は《一覧表3》及びアメリカ陸軍省戦史局篇・喜納健勇訳『沖縄戦　第二次世界大戦最後の戦い』504～512頁にまとめられている。

　多くの部隊編成を見ても、海上・陸上・空から砲撃・爆撃部隊が大きなウエイトを占めている。

　米軍の戦術がいかに砲撃・火力・空襲等を重視していたかが容易にわかる。

　なお、1945年5月31日時点における陸軍・海兵隊・海軍の直接戦闘人員が、248658人となっていた《一覧表3》。

一覧表1
■連合軍上陸支援艦隊

部隊名	長	任務	使用艦艇等
第5艦隊	R.A.Spruance 大将		
第51任務部隊	R.K.Turner 中将	統合・陽動・予備等	
第52任務部隊	W.H.P.Blandy 少将	上陸軍の防護、掃海、支援等	軽空母22、駆逐艦33、火力支援艇193等
第53任務部隊	L.F.Reifsnider 少将	北部攻撃部隊（第3軍団）輸送	兵員輸送艦31、LST67、LSM15、駆逐艦17等
第54任務部隊	M.L.Deyo 少将	艦砲射撃支援	戦艦10、重巡9
第55任務部隊	J.L.Hall 少将	南部攻撃部隊（第24軍団）輸送	兵員輸送艦32、LST87、LSM41、貨物輸送船13
第56任務部隊	S.B.Buckner JR. 中将	上陸戦闘部隊	第10軍
第57任務部隊	H.B.Rawlings 中将	イギリス機動部隊	空母4、戦艦2、巡洋艦5、駆逐艦10
第58任務部隊	M.A.Mltscher 中将		アメリカ機動部隊 空母11、戦艦8、軽空母6、重巡5、軽巡5、駆逐艦11
第50-8-4任務部隊		その他輸送船団	弾薬輸送船16、冷凍食品輸送船2、浚渫船2、病院船6、給油船49、タンカー10、工作艦10、ドック6、曳船19

侵攻艦艇数　　1,457隻
侵攻総兵力　　548,000人

『アメリカ海兵隊の太平洋上陸作戦』河津幸英　アリアドネ企画
　『歴史群像「太平洋戦史49」沖縄作戦』　学研パブリッシング
　出典『定本沖縄戦―地上戦の実相』28頁　柏木俊道著（2012年6月23日発行　彩流社）

第5章　米軍の軍事行動における国際法違反

一覧表2
■連合軍沖縄攻略部隊（第10軍）

部隊名	長	編成人員	備考
第10軍司令部	S.B.Buckner JR. 中将	9,200	
第Ⅲ水陸両用軍団（海軍）	R.S.Gelger 少将		
司令部・直轄部隊		12,400	
第1海兵師団	P.A.del Valle 少将	26,300	
第6海兵師団	L.C.Shepherd JR. 少将	24,400	
第24軍団（陸軍）	J.R.Hodge 少将		
司令部・直轄部隊		7,000	
第7歩兵師団	A.V.Arnold 少将	21,900	
第96歩兵師団	J.I.Bradley 少将	22,300	
西部諸島アタックグループ			
陸軍第77歩兵師団	A.D.Bruce 少将	21,000	
陽動グループ			
第2海兵師団	T.E.Watson 少将	22,200	
洋上予備グループ			
陸軍第27歩兵師団	G.W.Griner 少将	6,100	4月9日到着
戦域予備			
陸軍第81歩兵師団	P.J.Mueller 少将		ニューカレドニアで待機
合　計		182,800	

『歴史群像「太平洋戦史49」沖縄作戦』　学研パブリッシング
出典『定本沖縄戦─地上戦の実相』27頁　柏木俊道著（2012年6月23日発行　彩流社）

一覧表3

■琉球方面作戦における第10軍の陸軍・海兵隊・海軍の兵力〕

司令部 部　隊	4月30日			5月31日			6月30日		
	総計	将校	下士官兵	総計	将校	下士官兵	総計	将校	下士官兵
陸軍	102,250	6,379	95,871	167,971	10,991	156,980	190,301	13,810	176,491
第7師団	15,483	794	14,689	17,263	800	16,463	15,584	798	14,780
第27師団	13,488	722	12,766	12,404	679	11,725	11,624	652	10,972
第77師団	12,000	656	11,344	15,185	766	14,419	12,853	824	12,029
第96師団	13,146	798	12,348	14,220	706	13,514	13,140	751	12,389
その他の地上軍部隊	38,200	2,591	35,609	55,607	3,512	52,095	60,501	3,847	56,654
役務部隊	8,918	643	8,275	30,053	2,017	27,946	36,764	2,688	34,076
その他	1,015	175	840	23,239	2,421	20,818	39,853	4,250	35,585
海兵隊	88,500	-	-	58,894	-	-	2,489	-	-
海軍	18,000			21,793			1,225		
陸軍・海兵隊・海軍の総計	208,750	6,379	95,871	248,658	10,991	156,980	194,015	13,810	176,491

（出典『沖縄戦　第二次世界大戦最後の闘い』501頁
編者　アメリカ陸軍戦史局1947年7月1日刊行
訳者　喜納健勇2011年3月27日訳書発行）

2　米軍が沖縄戦で発砲使用した砲弾数と量

　次に米軍が「沖縄戦地上戦」の戦闘中の約3カ月間で使用した兵器の種類、発砲数、重量等は、以下の一覧表4～6のとおりである。

208

第5章　米軍の軍事行動における国際法違反

一覧表4
■第10軍野戦砲兵隊が消費した弾薬（1945年4月1日〜6月30日）

単位：発砲数

武器の種類	発砲数
75mm榴弾砲	166,068
105mm榴弾砲	1,104,630
155mm榴弾砲	346,914
155mm機関砲	129,624
8インチ榴弾砲	19,116
総　　計	1,766,352

（出典「沖縄戦　第二次世界大戦最後の闘い」497頁、一部省略）

一覧表5
■琉球方面作戦でアメリカ海軍が消費した弾薬（1945年3月〜6月）

単位：発砲数

種　類	総　計	時　期		
		4月以前	4月1日	4月2日〜6月24日
全タイプ	600,018	41,543	44,825	513,650
5インチ夜光弾	66,653	500	1,500	64,653
6インチ高性能	432,008	27,750	36,250	368,008
8インチ高性能	46,020	4,200	3,000	38,820
12インチ高性能	32,150	3,700	2,100	26,350
14インチ高性能	2,700	575	175	1,950
16インチ高性能	16,046	3,275	1,325	11,446
総　計	1,195,595	81,543	89,175	1,024,877

（出典『沖縄戦　第二次世界大戦最後の闘い』497頁）

一覧表6

■第24軍団が消費した兵器別弾薬（1945年4月1日～6月30日）

兵器	総計		4月		5月		6月	
	発砲数	米トン	発砲数	米トン	発砲数	米トン	発砲数	米トン
総計	16,467,380	64,324	6,470,104	24,438	7,658,270	28,977	2,339,012	10,905
8in 榴弾砲	19,008	2,224	6,077	684	9,154	1,031	3,777	509
155mm 機関銃	79,888	5,891	32,156	2,362	34,387	2,529	13,345	1,000
155mm 榴弾砲	278,946	16,702	114,770	7,292	113,636	6,907	50,540	2,503
105mm 榴弾砲	792,371	28,152	284,695	10,427	377,436	12,799	130,240	4,926
75mm 榴弾砲	179,977	2,429	68,081	919	91,126	1,230	20,770	280
75mm 機関銃	104,893	1,521	33,019	479	43,808	635	28,072	407
57mm 機関銃	21,997	231	7,118	74	5,682	58	9,197	95
37mm 機関銃	87,193	204	39,362	93	25,066	58	22,765	53
81mm 迫撃砲	443,589	3,672	146,385	1,181	241,853	2,054	55,351	437
60mm 迫撃砲	521,301	1,626	98,117	307	311,722	974	111,462	345
2.36in ロケット砲	20,359	62	10,263	31	7,956	24	2,140	7
手榴弾	366,734	365	111,815	96	181,841	192	73,078	77
銃榴弾	25,670	40	15,220	25	8,254	12	2,196	3
自動小銃	1,461,180	35	612,958	16	683,732	15	164,490	9
カービン銃	2,009,597	34	926,778	16	773,824	13	308,995	5
ライフル銃	9,267,923	372	3,569,182	143	4,545,337	183	1,153,404	46
50mm 機関銃	786,754	137	394,108	59	203,456	42	189,190	36

出典『沖縄戦　第二次世界大戦最後の闘い』496頁　編者　アメリカ陸軍戦史局（訳者　喜納健勇）2011年3月27日発行

一覧表4の第10軍野戦砲兵隊の使用した弾薬は、主に地上戦におけるものであり、その発砲総数各種榴弾砲の合計1766352発となっている。

一覧表6の第10軍に所属する陸軍24軍団の砲兵発砲数と重量であるが、その数は合計16467380発となっている。一覧表4と一覧表6とを比較すると、一覧表4の発砲数が一部重複しているとも思料される点はある。

一覧表5の1195595発のアメリカ海軍の使用した各種タイプの砲弾は、一部を除き主に沖縄本島や離島に対する艦砲射撃に使用されたものである。特に、米軍上陸日1945年4月1日には1日だけで89175発の艦砲射撃が行われたことがわかる。4月以前の81543発は沖縄南部に初の艦砲射撃が行われた1945年3月24日から3月31日までの8日間の主な発砲数と思料される。

3ヵ月間における1日当たりの艦砲射撃の平均発砲数は13284発となる。そのほとんどが沖縄本島中部・南部地域、特に6月以降に日本軍が追いつめられた南部地域の、しかも特定された狭小な地域に集中無差別の艦砲射撃が実行されたことが十分に推測しうる。

上記一覧表6は、米軍の中で地上戦を闘った主な部隊（陸軍第24軍団）であり、その使用兵器の種類はあらゆる火器に及んでおり、使用数が16467380発と莫大な数字となっている。アメリカ海軍の発砲数1195575発と陸軍第24軍団の発砲数16467380発の合計は17662955発となる。これを3ヵ月間の1日当たり平均にすると、196255発となる。1日のうち実際の発砲時間を連続10時間とすると、1時間あたり19625発、1分間で327発、1秒間で約5.5発の計算となる。

日本軍の発砲数は3ヵ月間で1000万発を超えていると推定されている。日米両軍の発砲砲弾数は3000万発位になる。沖縄は「鉄の暴風」が吹き荒れた。

第3　住民居住地等への砲撃は戦時海軍砲撃条約と戦争法規慣例違反

1　陸戦ノ法規慣例ニ関スル条約及び条約附属書による砲撃の禁止

＊陸戦ノ法規慣例ニ関スル条約
（1907年の第4ハーグ条約、条約本文を「ハーグ陸戦条約」、条約附属書は「ハーグ陸戦規則」）

1907年10月18日ハーグで署名
1910年1月26日効力発生
明治44年11月6日批准
明治44年12月13日批准書寄託
明治45年1月13日公布（条約第4号）
明治45年2月12日効力発生

朕枢密顧問ノ諮詢ヲ経テ明治40年10月18日和蘭国海牙ニ於テ第2回万国平和会議ニ賛同シタル帝国及各国全権委員ノ間ニ議定シ帝国全権委員ガ第44条ヲ留保シテ署名シタル陸戦ノ法規慣例ニ関スル条約ヲ批准シ茲ニ之ヲ公布セシム

陸戦ノ法規慣例ニ関スル条約

（中略） 締約国ノ所見ニ依レハ右条規ハ軍事上ノ必要ノ許ス限努メテ戦争ノ惨害ヲ軽減スルノ希望ヲ以テ定メラレタルモノニシテ交戦者相互間ノ関係及人民トノ関係ニ於テ交戦者ノ行動ノ一般ノ準縄タルヘキモノトス

但シ実際ニ起ル一切ノ場合ニ普ク適用スヘキ規定ハ此ノ際之ヲ協定シ置クコト能ハサリシト雖明文ナキノ故ヲ以テ規定セラレサル総テノ場合ヲ軍隊指揮者ノ擅断ニ委スルハ亦締約国ノ意思ニ非サリシナリ

一層完備シタル戦争法規ニ関スル法典ノ制定セラルルニ至ル迄ハ締約国ハ其ノ採用シタル条規ニ含マレサル場合ニ於テモ人民及交戦者カ依然文明国ノ間ニ存立スル慣習、人道ノ法規及公共良心ノ要求ヨリ生スル国際法ノ原則ノ保護及支配ノ下ニ立ツコトヲ確認スルヲ以テ適当ト認ム

締約国ハ採用セラレタル規則ノ第1条及第2条ハ特ニ右ノ趣旨ヲ以テ之ヲ解スヘキモノナルコトヲ宣言ス（後略）

［条約の周知義務］
第1条　締約国ハ其ノ陸軍軍隊ニ対シ本条約ニ附属スル陸戦ノ法規慣例ニ関スル規則ニ適合スル訓令ヲ発スヘシ

［条約の適用－総加入条項］
第2条　第1条ニ掲ケタル規則及本条約ノ規定ハ交戦国ガ悉ク本条約ノ当事者ナルトキニ限締約国間ニノミ之ヲ適用ス

[条約違反の責任]
　第3条　前記規則ノ条項ニ違反シタル交戦当事者ハ損害アルトキハ之カ賠償ノ責ヲ負フヘキモノトス　交戦当事者ハ其ノ軍隊ヲ組成スル人員ノ一切ノ行為ニ付責任ヲ負フ
[1899年条約との関係]
　第4条　本条約ハ正式ニ批准セラレタル上締約国間ノ関係ニ於テハ陸戦ノ法規慣例ニ関スル1899年7月29日ノ条約ニ代ルヘキモノトス
　1899年ノ条約ハ該条約ニ記名シタルモ本条約ヲ批准セサル諸国間ノ関係ニ於テハ依然効力ヲ有スルモノトス

＊条約附属書
陸戦ノ法規慣例ニ関スル条約
　　第1款　交戦者
　　第1章　交戦者ノ資格
[交戦資格―軍・民兵・義勇兵]
　第1条　戦争ノ法規及権利義務ハ単ニ之ヲ軍ニ適用スルノミナラス左記ノ条件ヲ具備スル民兵及義勇兵団ニモ亦之ヲ適用ス
　　1　部下ノ為ニ責任ヲ負フ者其ノ頭ニ在ルコト
　　2　遠方ヨリ認識シ得ヘキ固著ノ特殊徽章ヲ有スルコト
　　3　公然武器ヲ携帯スルコト
　　4　其ノ動作ニ付戦争ノ法規慣例ヲ遵守スルコト
　民兵又ハ義勇兵団ヲ以テ軍ノ全部又ハ一部ヲ組織スル国ニ在リテハ之ヲ軍ノ名称中ニ包含ス
[群民兵]
　第2条　占領セラレサル地方ノ人民ニシテ敵ノ接近スルニ当リ第1条ニ依リテ編成　（中略）
　　第2款　戦闘
　　第1章　害敵手段、攻囲及砲撃
[害敵手段の制限]
　第22条　交戦者ハ害敵手段ノ選択ニ付無限ノ権利ヲ有スルモノニ非ス

［禁止事項］
第23条　特別ノ条約ヲ以テ定メタル禁止ノ外、特ニ禁止スルモノ左ノ如シ
イ）毒又ハ毒ヲ施シタル兵器ヲ使用スルコト
ロ）敵国又ハ敵軍ニ属スル者ヲ背信ノ行為ヲ以テ殺傷スルコト
ハ）兵器ヲ捨テ又ハ自衛ノ手段尽キテ降ヲ乞ヘル敵ヲ殺傷スルコト
ニ）助命セサルコトヲ宣言スルコト
ホ）不必要ノ苦痛ヲ与フヘキ兵器、投射物其ノ他ノ物質ヲ使用スルコト
ヘ）軍使旗、国旗其ノ他ノ軍用標章、敵ノ制服又ハ「ジェネヴァ」条約ノ特殊徽章ヲ擅ニ使用スルコト
ト）戦争ノ必要上万已ムヲ得サル場合ヲ除クノ外敵ノ財産ヲ破壊シ又ハ押収スルコト
チ）対手当事国国民ノ権利及訴権ノ消滅

交戦者ハ、又対手当事国ノ国民ヲ強制シテ其ノ本国ニ対スル作戦動作ニ加ラシムルコトヲ得ス。戦争開始前其ノ役務ニ服シタル場合ト雖亦同シ

［奇計］
第24条　（中略）

［防守されない都市の攻撃］
第25条　防守セサル都市、村落、住宅又ハ建物ハ、如何ナル争段ニ依ルモ、之ヲ攻撃又ハ砲撃スルヲ得ス

［砲撃の通告］
第26条　攻撃軍隊ノ指揮官ハ、強襲ノ場合ヲ除クノ外、砲撃ヲ始ムルニ先チ其ノ旨官憲ニ通告スル為、施シ得ヘキ一切ノ手段ヲ尽スヘキモノトス

［砲撃の制限］
第27条　攻囲及砲撃ヲ為スニ当リテハ、宗教、技芸、学術及慈善ノ用ニ供セラルール建物、歴史上ノ記念建造物、病院並病者及傷者ノ収容所ハ、同時ニ軍事上ノ目的ニ使用セラレサル限、之ヲシテナルヘク損害ヲ免カレシムル為、必要ナル一切ノ手段ヲ執ルヘキモノトス

被囲者ハ、看易キ特別ノ徽章ヲ以テ、右建物又ハ収容所ヲ表示スルノ義務ヲ負フ。右徽章ハ予メ之ヲ被囲者ニ通告スヘシ

［略奪］

第28条　都市其ノ他ノ地域ハ、突撃ヲ以テ攻取シタル場合ト雖、之ヲ掠奪ニ委スルコトヲ得ス

（中略）

第3款　敵国ノ領土ニ於ケル軍ノ権力

［占領地域］

第42条　一地方ニシテ事実上敵軍ノ権力内ニ帰シタルトキハ、占領セラレタルモノトス

占領ハ右権力ヲ樹立シタル且之ヲ行使シ得ル地域ヲ以テ限トス

［占領地の法律の尊重］

第43条　国ノ権力ノ事実上占領者ノ手ニ移リタル上ハ、占領者ハ、絶対的ノ支障ナキ限、占領地ノ現行法律ヲ尊重シテ、成ルヘク公共ノ秩序及生活ヲ回復確保スル為施シ得ヘキ一切ノ手段ヲ尽スヘシ

［情報の供与］

第44条　交戦者ハ、占領地ノ人民ヲ強制シテ他方ノ交戦者ノ軍又ハ其ノ防禦手段ニ付情報ヲ供与セシムルコトヲ得ス

［宣誓］

第45条　占領地ノ人民ハ、之ヲ強制シテ其ノ敵国ニ対シ恩赦ノ誓ヲ為サシムルコトヲ得ス

［私権の尊重］

第46条　家ノ名誉及権利、個人ノ生命、私有財産並宗教ノ信仰及其ノ遂行ハ、之ヲ尊重スヘシ

私有財産ハ、之ヲ没収スルコナヲ得ス

［略奪の禁止］

第47条　掠奪ハ、之ヲ厳禁ス

2　戦時海軍砲撃条約による砲撃禁止対象

次のとおり戦時海軍砲撃条約によって住民地域等への砲撃が禁止されている。
「戦時海軍砲撃条約（戦時海軍力ヲ以テスル砲撃ニ関スル条約）」

　　　　　署名　　　　1907年10月18日（ハーグ）
　　　　　効力発生　　1910年1月26日

日本国　　　　　　1912年2月11日発効

独逸皇帝普魯西国皇帝陛下（以下締約国元首名略）ハ防守セラレサル港、都市及村落ヲ海軍力ヲ以テ砲撃スルコトニ関シ、第一回平和会議ノ表明シタル希望ヲ実行セムト欲シ、為シ得ル限、陸戦ノ法規慣例ニ関スル1899年ノ規則ノ主義ヲ海軍力ヲ以テスル砲撃ニ及ホシ、以テ住民ノ権利ヲ保障シ、且重要ナル建物ノ保存ヲ確実ニスヘキ一般規定ヲ右砲撃ニ適用スルノ必要ヲ考慮シ、之ニ依リテ人類ノ利益ニ貢献シ、戦争ノ惨害ヲ軽減セムトノ希望ヲ体シ、之カ為条約ヲ締結スルニ決シ、各左ノ全権委員ヲ任命セリ

（全権委員氏名略）

因テ各全権委員ハ、其ノ良好妥当ナリト認メラレタル委任状ヲ寄託シタル後、左ノ条項ヲ協定セリ

　　第1章　防守セラレサル港、都市、村落、住宅又ハ建物ノ砲撃
　第1条【砲撃の禁止】　防守セラレサル港、都市、村落、住宅又ハ建物ハ、海軍力ヲ以テ之ヲ砲撃スルコトヲ禁ス
　孰レノ地域ト雖、其ノ港前ニ自動触発海底水雷ヲ敷設シタル事実ノミヲ以テ、之ヲ砲撃スルコトヲ得サルモノトス
　第2条【軍事上の工作物等の除外】　右禁止中ニハ、軍事上ノ工作物、陸海軍建設物、兵器又ハ軍用材料ノ貯蔵所、敵ノ艦隊又ハ軍隊ノ用ニ供セラルヘキ工場及設備並港内ニ在ル軍艦ヲ包含セサルモノトス。海軍指揮官ハ、相当ノ期間ヲ以テ警告ヲ与ヘタル後、地方官憲ニ於テ右期間内ニ之ヲ破壊スルノ措置ヲ執ラサリシ場合ニ於テ、まったく他ニ手段ナキトキハ、砲撃ニ依リ之ヲ破壊スルコトヲ得
　此ノ場合ニ於テ、右指揮官ハ、砲撃ノ為ニ生スルコトアルヘキ故意ニ出テサル損害ニ付、何等責任ヲ負フコトナシ
　軍事ノ必要上、即時ノ行動ヲ要スル為期間ヲ与フルコトヲ得サル場合ト雖、防守セラレサル都市ノ砲撃ニ関スル禁止ニ付テハ、第一項ノ場合ト同一ナルヘク、且指揮官ハ、砲撃ノ為右都市ニ来スヘキ不便ヲ成ルヘク少ナカラシムル為一切ノ相当手段ヲ執ルヘシ
　第3条　（略）
　第4条　（略）

第2章　一般ノ規定

第5条【公共建物等の保護】　海軍力ヲ以テ砲撃ヲ為スニ当リテハ、指揮官ハ、宗教、技芸、学術及慈善ノ用ニ供セラルール建物、歴史上ノ紀念建造物、病院並病者及傷者ノ収容所ハ、同時ニ軍事上ノ目的ニ使用セラレサル限、之ヲシテ成ルヘク損害ヲ免レシムル為、必要ナル一切ノ手段ヲ執ルヘキモノトス

住民ハ、看易キ徽章ヲ以テ右ノ建物、紀念建造物又ハ収容所ヲ表示スルノ義務ヲ負フ。右徽章ハ、堅固ナル方形ノ大板ニシテ対角線ノ一ヲ以テ上部ハ黒色、下部ハ白色ノ両三角形ニ区劃シタルモノナルヘシ

第6条【砲撃の通告】　軍事ノ必要上、已ムヲ得サル場合ヲ除クノ外、攻撃海軍指揮官ハ、砲撃ヲ始ムル前、其ノ旨官憲ニ通告スル為施シ得ヘキ一切ノ手段ヲ尽スヘキモノトス

第7条【掠奪の禁止】　都市其ノ他ノ地域ハ、突撃ヲ以テ攻取シタル場合ト雖、之ヲ掠奪ニ委スルコトヲ得ス

3　戦争法規慣例による砲撃等の禁止

第一次世界大戦はヨーロッパを中心に激烈な戦闘が繰り広げられ、その結果人命、財産等に多大な損害をもたらした。その第一次世界大戦中における交戦方法等に幾多の問題点が明らかとなった。戦争に対する反省の立場から大戦処理のためのパリ講和会議において、以下のとおり32種類の戦闘方法や行為等が戦争法規慣例違反の犯行として認定している。

戦争法規慣例違反の32種の犯行

1919年3月29日
パリ講和会議開戦責任及制裁調査委員会報告

1　殺人及虐殺、組織的ノ恐怖政策
2　人質ノ殺害
3　普通人ニ加ヘタル苦艱
4　普通人ヲ餓死セシメタルコト
5　強姦
6　売淫強制ノ目的ヲ以テ婦女ヲ誘拐セルコト

7　普通人ノ追放
8　普通人ヲ非人道的状態ノ下ニ抑留シタルコト
9　軍事行動ニ関連スル労働ヲ普通人ニ強制シタルコト
10　軍事占領中主権ヲ僭奪シタルコト
11　占領地域住民中ヨリ兵卒ノ強制徴募ヲ行ヒタルコト
12　占領地住民ノ国民性ヲ失ハシメムコトヲ企テタルコト
13　掠奪
14　財産ノ没収
15　違法若ハ過度ノ取立金及徴発ノ賦課
16　貨幣制度ノ変悪及偽造通貨ノ発行
17　連座罰ヲ課シタルコト
18　理由ナクシテ財産ヲ破壊荒廃シタルコト
19　故意ニ無防禦ノ地ヲ砲撃シタルコト
20　理由ナクシテ建設物、歴史上ノ記念建造物、宗教慈善及教育ノ用ニ供セラルール建設物ヲ破壊シタルコト
21　警告ヲ与ヘス且乗組員及船客ノ安全ヲ計ラスシテ商船及旅客船ヲ撃沈シタルコト
22　漁船及救助船ノ撃沈
23　故意ニ病院ヲ砲撃シタルコト
24　病院船ヲ砲撃並撃沈シタルコト
25　赤十字ニ関スル其ノ他ノ規則ノ違反
26　有毒性並窒息性瓦斯ノ使用
27　爆裂性又ハ膨張性弾丸及他ノ非人道的兵器ノ使用
28　助命ヲ為ササルノ命令
29　負傷者及俘虜ノ虐待
30　俘虜ヲ許サレサル労作ニ使役シタルコト
31　白旗ノ濫用
32　井水ニ毒ヲ投シタルコト

（外交史料館所属、外務省『同盟及連合合国ト独逸国トノ平和条約説明書』1920 年）
（『説明書』には日付けはないが、ハンス・ハインリヒ・エシェック『国際刑法上の国家

機関の責任―ニュルンベルク裁判の一研究』藤田久一、『戦争犯罪とは何か』(岩波新書)などによると、この32項目は、責任委員会が1919年3月29日、講和予備会議に提出した最終報告書に収録されている。)

第4　当時も国際法として確立されていた軍事目標主義
　　　―無差別砲爆撃は国際法違反

1　軍事目標主義とは

　すでに沖縄戦が始まる以前には、国際法上において軍事目標主義〔Doctrine of Military Objective〕が確立されていた。この軍事目標主義とは、敵に対する砲撃または爆撃は、軍事目標に限定されなければならないという考え方・規範である。
　ここに掲げた前記の陸戦規則は単に「防守セサル都市、村落、住宅又ハ建物ハ、如何ナル手段ニ依ルモ、之ヲ攻撃又ハ砲撃スルコトヲ得ス」(25条)と規定し、無防守地域に対する一切の攻撃又は砲撃を禁止したようにみえるが、慣習法上で認められてきた無防守地域の中の軍事目標に対する攻撃や砲撃までも禁止する趣旨ではなく、これらの地域に対する無差別の攻撃又は砲撃を禁止したものである。
　1907年、艦砲射撃に関して規整した「戦時海軍力ヲ以テスル砲撃ニ関スル条約」は、「防守セラレサル港、都市、村落、住宅又ハ建物ハ、海軍力ヲ以テ之ヲ砲撃スルコトヲ禁ス」(1条)と規定したのち、「右禁止中ニハ、軍事上ノ工作物、陸海軍建設物、兵器又ハ軍用材料ノ貯蔵所、敵ノ艦隊又ハ軍隊ノ用ニ供セラルヘキ工場及設備並港内ニ在ル軍艦ヲ包含セサルモノトス」(2条)と明示している。
　前述のとおり、戦争法規慣例による砲撃等の禁止条項違反の32種の犯行⑲⑳で住民地域等に対する砲撃を禁止している。
　1922年ワシントン会議によって設けられた専門家委員会の作成した「空戦法規案」も、「空中爆撃は、軍事目標、すなわち、その破壊又はき損が明らかに軍事的利益を交戦者に与えるような目標に対して行われる場合に限り、適法とする」(24条1)とした。
　なお最近では、77年署名のジュネーヴ諸条約追加第一議定書が、軍事目標主義について、周到な規定を設けている(48・51・51・52・57・59条)。

2 アメリカの無差別艦砲射撃は戦争犯罪

＊戦争犯罪とは何か（「戦争犯罪と法」多谷千香子著 59 頁以下を参照）

「戦争犯罪とは、最広義には、① 1949 年のジュネーヴ四条約の重大な違反罪、②戦争の法規及び慣習に違反する罪、③ジェノサイドの罪、④人道に反する罪、のすべてを指し、広義には①及び②を指し、狭義には②だけを指す。

このような説明は、紛らわしい。しかし、戦争犯罪という呼称の由来に遡れば、理解が容易である。

つまり、戦争には手段及び方法についてのルールがあり、その法的枠組みは、主に、1907 年の「陸戦に関する法と慣習についてのハーグ条約及び付属規則」（以下、ハーグ陸戦法規という）に定められている。そこで、戦争についてのルールは、その後の発展を含めてハーグ・ルール（Hague Rule of Warfare）と総称される。ハーグ陸戦法規に違反する罪として挙げられているのは、例えば、毒ガスの使用や文化施設の破壊などで、狭義の戦争犯罪であり、上記の②がこれに当たる。

これに対して、戦争時における、傷病者、民間人、捕虜など保護対象者に対する人道的取扱いについての法的枠組み（＝国際人道法）は、主に、1929 年のジュネーヴ条約及びそれを発展的に引き継いだ 1949 年のジュネーヴ四条約に定められている。そこで、戦争時の国際人道法のルールは、その後の発展を含めてジュネーヴ・ルール（Geneva Rule of Warfare）と総称される。国際人道法のルールの中核を占めるのは、1949 年のジュネーヴ四条約に定められる重大な違反を犯罪として禁圧すべき旨の規定で、これに違反する罪が上記の①である。

以上のように、上記の①及び②は、歴史的に古くから存在し、戦争時の犯罪の双璧をなしてきたため、ふたつを併せて戦争犯罪と呼ぶことがあり、それが広義の戦争犯罪である」（中略）

「ハーグ・ルールの起源として、通常、挙げられるのは、1907 年のハーグ陸戦法規であるが、さらにそのもとになったのは、1868 年のサンクト・ペテルブルグ宣言（爆裂弾の禁止）、1899 年のハーグ陸戦条約及び陸戦規則である。1907 年のハーグ陸戦法規は、これらを改定して新条約を採択したものである」（中略）

＊伝統的な戦争犯罪
　ア．「1949 年のジュネーヴ四条約の重大な違反の罪」と「戦争の法規及び慣習
　　　に違反する罪」の内容と起源
　「ICTY Statute は 2 条で、1949 年のジュネーヴ四条約の重大な違反の罪を規定している。つまり、ICTY Statute 2 条が列挙している犯罪は、殺害、生体実験を含む拷問その他の非人道的取扱い、精神的・肉体的な重傷害、軍事的に正当化されない財産の広範な破壊及び領得、捕虜又は民間人を強制的に敵軍で戦わせること、捕虜又は民間人から公正で正式な裁判を受ける権利を奪うこと、民間人の追放・移送又は拘禁、民間人を人質にとること、である。
　ICTY Statute 2 条は、1949 年のジュネーヴ四条約のそれぞれの中核的規定である重大な違反の罪を引き写した内容であり、それぞれの罪は、これらの条約が保護の対象としている人又は物に対して行われなければならない」（中略）
　「ICTY Statute 3 条は、ハーグ陸戦法規に起源があり、ICTY Statute 3 条が列挙しているのは、ハーグ陸戦法規に規定されている主要な犯罪である。
　　つまり、有毒兵器又は不必要な苦痛を与える兵器の使用、都市・町・村の無差別的破壊、又は軍事的必要から正当化されない破壊、無防備な町・住居・建物の攻撃又は爆撃、宗教・慈善・教育・芸術・科学のための施設、歴史的記念物又は芸術的・科学的作品の接収・破壊・損傷、公的又は私的財産の略奪、である」

　イ．いつから国際慣習法となったのか
　「伝統的は戦争犯罪は、いずれも条約に起源があり、当初は締約国を縛るものであった。しかし ICTY の時間的適用の限界である 1991 年当時には、すでに国際慣習法として確立していた。つまり、『1949 年のジュネーヴ四条約の重大な違反の罪』や『戦争の法規及び慣習に違反する罪』が、国際的な刑事裁判所で裁かれたのは、周知のとおり、第二次世界大戦後のニュルンベルク裁判と東京軍事裁判が初めてである。
　ニュルンベルク裁判で適用された国際軍事裁判所条例（ニュルンベルク条例）は、主にハーグ陸戦法規、補充的に『1929 年の捕虜の取扱いに関するジュネーヴ条約』（the Geneva Convention relative to the Treatment of Prisoners of War of 1929）に基づいて作成され、戦争犯罪を次のように規定している［注：なお、

極東国際軍事裁判所条例（東京条例）にも、ほぼ同様の定めがある］。

　戦争犯罪とは、とくに、戦争の法規及び慣習についての違反である。これらの違反は、例えば、占領地域の民間人に対する、殺人、非人道的取扱い、及び奴隷労働又はその他の目的で行われる追放、捕虜又は海上にある人に対する、殺人、及び非人道的取扱い、人質の殺害、公的及び私的財産の略奪、都市・町・村の無差別的破壊、軍事的必要から正当化されない破壊である」（中略）

「この内容は、ICTY Statute 2条及び3条の内容に極めて近い。

　ニュルンベルク条約6条（b）に規定される戦争犯罪は、ハーグ陸戦法規（条約部分と付属規則からなる）と、1929年の捕虜の取扱いに関する Section Ⅰ chapter Ⅱを補充するもの）でカバーされている。

　つまり、ハーグ陸戦法規の付属規則23条（有毒又は不必要な苦痛を与える兵器の使用、降伏した敵を殺傷すること、敵の財産を戦争遂行に必要がないのに破壊することなどの禁止）、25条（無防備都市の攻撃の禁止）、27条（宗教、科学、芸術、慈善等の施設に、できるだけ被害を避けるため、あらゆる措置をとらなければならない）、28条（略奪の禁止）、46条（占領軍は、敵国の個人の生命・権利・財産などを尊重しなければならない）、50条（占領軍は、ある個人の行為を理由として、無関係な敵国民を一般的に処罰してはならない）、52条（占領軍は、必要な場合を除いて、住民又は市町村から物資やサービスを徴用してはならない）、56条（宗教・教育・芸術などの施設は敵国の所有に属するときでも、私有財産として取扱い、接収及び破壊をしてはならない）、及び1929年のジュネーヴ条約2条（暴力や報復の禁止など捕虜の人道的取扱い）、3条（捕虜の人格及び名誉の尊重）、4条（捕虜は平等に取扱う。異なった取扱いは、軍人としての地位、捕虜の健康状態などに基づくときのみ許される）、46条（捕虜は、敵国の軍隊のメンバーが同様の行為に対して受ける刑罰と同じ刑罰を受ける。捕虜に対する残虐な刑罰の禁止）、51条（捕虜の逃走未遂は、逃走途中で犯した他の罪の悪い情状としても考慮されない。逃走幇助罪は、懲戒処分のみに処せられる）などでカバーされている。

　しかし、ハーグ陸戦法規も1929年のジュネーヴ条約も、禁止される行為を掲げてはいるものの、違反については、前者は締約国の損害賠償義務を定めるだけであり、後者は話し合い解決を予定しているだけで、個人の犯罪として処罰すべ

き旨の規定はない。

　損害賠償義務については、ハーグ陸戦法規3条が、『ハーグ陸戦法規の規定に違反した交戦国は、事件に応じて、損害賠償の義務を負う。交戦国は、軍隊の構成員によって犯されたすべての行為に責任を負う』と規定している。

　それなら、どのようにして、これらの違反が個人の犯罪として処罰されるようになったのだろうか。それは、以下のとおりである。

　ハーグ陸戦法規で禁止される行為は、1907年に同条約ができて初めて国際的に禁止行為として認知されたものではなく、それ以前から国際慣行として守られてきた戦争のルール及び国際人道法に違反する行為であった。つまり、条約は、ルールの新設ではなく、慣行の確認にすぎなかったが、条約が締約されて以降は、締約国は条約を遵守するために、国内的に同条約の違反を犯罪として処罰するようになった。この時点では他国の裁判所や国際的な刑事裁判所が世界管轄のもとに戦犯を処罰することはなかったが、ニュルンベルク裁判では、『文明国では、ハーグ陸戦法規は、(筆者注：個人の犯罪として処罰することが)1939年から(筆者注：第二次世界大戦開戦当時から)国際慣習法として確立している。ニュルンベルク条例は、この国際慣習法を確認したものにすぎない』とされ、国際的な刑事裁判所であるニュルンベルク裁判所で戦犯を処罰するために適用された。

　ニュルンベルク裁判での『ハーグ陸戦法規は、1939年から国際慣習法として確立している』という解釈には、異論もないわけではない。しかし、伝統的な戦争犯罪を国際的に処罰しようという動きは、第一次世界大戦後のヴェルサイユ条約の当時から存在し、ニュルンベルク条例が初めてではない。したがって、それからはるかに時代の下った第二次世界大戦当時には、そのような考え方は多くに国に広く受け入れられ、国際慣習法として確立しており、異論はとるに足らないという議論には説得力がある』（後略）

第5　戦争抛棄に関する条約（不戦条約）の締結へ

　1928年8月27日　パリにおいて戦争放棄を宣言した戦争抛棄に関する条約が締結され、戦争違法化への流れが強まった。この条約は下記のとおりの内容である。

　「（前略）

人類ノ福祉ヲ増進スベキ其ノ厳粛ナル責務ヲ深ク感銘シ
其ノ人民間ニ現存スル平和及友好ノ関係ヲ永久ナラシメンガ為国家ノ政策ノ手段トシテノ戦争ヲ率直ニ抛棄スベキ時機到来セルコトヲ確信シ
其ノ相互関係ニ於ケル一切ノ変更ハ平和的手段ニ依リテノミ之ヲ求ムベク又平和的ニシテ秩序アル手続ノ結果タルベキコト及今後戦争ニ訴ヘテ国家ノ利益ヲ増進セントスル署名国ハ本条約ノ供与スル利益を拒否セラルベキモノナルコトヲ確信シ
其ノ範例ニ促サレ世界ノ他ノ一切ノ国ガ此ノ人道的努力ニ参加シ且本条約ノ実施後速ニ之ニ加入スルコトニ依リテ其ノ人民ヲシテ本条約ノ規定スル恩沢ニ浴セシメ、以テ国家ノ政策ノ手段トシテノ戦争ノ共同抛棄ニ世界ノ文明諸国ヲ結合センコトヲ希望シ茲ニ条約ヲ締結スルコトニ決シ之ガ為左ノ如ク其ノ全権委員ヲ任命セリ

（全権委員名略）

因テ全権委員ハ互ニ其ノ全権委任状ヲ示シ之ガ良好妥当ナルヲ認メタル後左諸条ヲ協定セリ
第1条（戦争放棄の宣言）　締約国ハ国際紛争解決ノ為戦争ニ訴フルコトヲ非トシ且其ノ相互関係ニ於テ国家ノ政策ノ手段トシテノ戦争ヲ抛棄スルコトヲ其ノ各自ノ人民ノ名ニ於テ厳粛ニ宣言ス
第2条（紛争の平和的解決義務）　締約国ハ相互間ニ起ルコトアルベキ一切ノ紛争又ハ紛議ハ其ノ性質又ハ起因ノ如何ヲ問ハズ平和的手段ニ依ルノ外之ガ処理又ハ解決ヲ求メザルコトヲ約ス」（以下略）

「不戦条約」は署名地の名をとってパリ規約、または提唱者の名にちなんでブリアン・ケロッグ規約ともいう。アメリカの第一次大戦参加10周年を記念して、フランス外相ブリアンがアメリカに対して戦争放棄の協定を締結し世界平和に貢献しようと呼びかけたのが発端で、アメリカ国務長官ケロッグはこの提案を歓迎するとともに、これを拡大して多数国間条約の締結を提議した。条約案は、日、英、独、伊四大国の支持を得たのち、ロカルノ条約当事国を含めて15カ国がパリに集まり条約に署名した。
この条約は、連盟規約が一定の条件に反する戦争だけを禁止したのと異なり、

第5章　米軍の軍事行動における国際法違反

戦争を一般的に禁止した。もっとも、自衛権に基づく戦争や条約に基づく制裁戦争はその例外とされた。

　侵略の概念を定義する試みは、1933年の「侵略の定義に関する条約」のように戦前にも行われた。

　このように戦争被害に関する不戦条約も締結されていることからすれば、なおさら、アメリカは沖縄戦における艦砲射撃については自粛すべきであった。

　以上詳述したとおり、諸国際法規に照らしてみるとアメリカの住民居住地等に対する無差別艦砲射撃は国際法違反であり、アメリカ政府は原告ら沖縄戦被害者に対して損害賠償義務を負う。

10・10空襲。米艦載機の空襲で燃え上がる那覇港。

〈第6章〉
沖縄戦被害者への援護行政・救済運動の経過及び現況

　沖縄戦被害者のうち、軍人・軍属・準軍属と一般民間戦争被害者間の差別及び一般民間戦争被害者間の差別（選別）が如何にして生じたか。

　また、沖縄戦における一般民間戦争被害者の甚大な被害はどのように救済されてきたのか、その救済の程度・内容はいかなるものか。一般民間戦争被害者の中で未補償の被害者がいるのか、何故、未補償の一般民間被害者が取り残されているのか、未補償のままで放置していいのか、という点を明らかにしていきたい。

第1　戦争犠牲者遺族組織の軍人・軍属・戦争被害者への援護行政推進運動と救済運動

1　沖縄の日本との行政権の分離（アメリカの直接支配）

　沖縄戦は日米両軍の死闘、文字通り「最も悲惨な、最も残虐な戦争」であり、県民の4分の1の15万人が死亡し、沖縄は焦土と化し、人間の生存基盤が壊滅的打撃を受けた。

　米軍は上陸と同時に1945（昭和20）年4月1日に読谷に海軍軍政府を置き、ニミッツ布告（海軍軍政府布告第1号）によって、奄美諸島、琉球列島は日本本土から行政分離され、米軍統治下での戦後が始まった。

　沖縄に対する米軍の直接占領は1972（昭和47）年5月15日に日本が復帰するまで続いた。

　米軍占領下で沖縄の戦争犠牲者に対する補償・援護・救済運動はどのように行

われてきたか、戦争犠牲者遺族会などの活動をみることにする。

2　日本における遺族会結成と遺族会による戦争犠牲者への援護・救済運動の開始

①ポツダム宣言受諾で公務扶助料停止

　1945（昭和20）年8月15日、日本は「ポツダム宣言」を受諾して無条件降伏し、太平洋戦争が終結した。日本軍は連合軍の占領管理下におかれ、「極東委員会」の決定が次々に日本政府に指令され実施された。

　昭和20年10月24日の恩給及び手当に関する覚書により、日本政府は昭和21年2月1日に勅令第68号を公布実施旧軍人の遺族に対する公務扶助料が停止された。また、昭和20年12月15日、国家と神道との分離（いわゆる神道指令）指令によって靖国神社は国とのつながりを断たれた。

　昭和22年1月4日、「公葬等の執行禁止」により市町村の行う公葬は一切禁止され遺骨の伝達式に一般の者の列席まで止められた。戦没者遺族は精神面のみでなく、公務扶助料の停止により、食糧不足やインフレ昂進の中、老幼を抱え生活の資を絶たれ、母子心中や死を選ぶ老齢遺族の悲劇も起こった。

②全国遺族、団結への胎動

　昭和21年10月、東京都内の戦争未亡人達が各地に発送した「7人の遺族に呼びかける団結の葉書運動」や、聴取者の生の声を放送するNHKラジオ番組「私の言葉」で放送された、武蔵野母子寮長牧野修二氏の「全国の戦争犠牲者遺家族同盟の組織と戦争犠牲者救援会の結成のよびかけ」は、大きな社会的反響をよんだ。急速に戦没者遺族の全国組織結成の気運が高まった。

③日本遺族厚生連盟の誕生―援護は無差別・平等に行われるべきと決議

　昭和22年11月17日、18日の両日、全国28都道府県の代表者130人が参集し、東京都千代田区の神田寺で結成総会が持たれた。戦没者遺族の全国組織結成を満場一致で決定し、会名を「日本遺族厚生連盟」とした。

　結成に当り次の事項を満場一致で採択しただちに実行に移ることを決議した。

　　　決議事項

　本日茲に全国都道府県遺族代表者130余名の総意により、日本遺族厚生連盟の結成を了するに当り、本連盟は、以下事項の貫徹を期し、これが速やかなる実

現を政府に要望する。
1、遺族・戦災者・引揚者の援護は無差別・平等の建前に則り、現下遺族のみの冷遇を速やかに是正するよう具体的措置を講ずること。被戦災者特別税の免税を遺族に対し、戦災者・引揚者と同一に適用すること。
1、共同募金の配分対象として、遺族会をふくむべきこと。
1、恩賜財団同胞援護会の援護策として遺族は戦災者・引揚者と同一に扱わるべきこと。
右決議する。
　昭和22年11月17日

　　　　　　　　　　　　　　　　　　　　　　　日本遺族厚生連盟

④援護法制定と公務扶助料復活

昭和27年4月30日、ついに「戦傷病者戦没者遺族等援護法」（法律第127号）が公布され、同年4月1日にさかのぼって施行されることになった。その内容は極めて不十分であったが、戦没者遺族に対する国家補償の精神に基づいて、遺族年金及び弔慰金を支給する法律の制定がやっと陽の目を見た。その他恩給も復活した。

⑤財団法人日本遺族会

昭和22年結成された日本遺族厚生連盟は6カ年にわたる遺族運動に大きな功績を残して昭和28年3月11日、発展的に解消し、法人化され財団法人日本遺族会に改称した。

3　沖縄遺族連合会を中心とする県民の軍人・軍属への援護行政の推進活動と全戦争犠牲者に対する補償要求運動

①遺族連合会の結成へ

ア　「恩給促進委員会」の発足で刺激

戦後6年目ころから沖縄もようやく落ち着きを取り戻した。米軍の直接支配下にあったため本土の状況が分かりにくい時代だったが、本土での文官恩給受給が戦後も継続されていることが明らかにされ、沖縄でも文官恩給の早急な受給を推進すべく、昭和26年8月13日「恩給促進委員会」が発足した。

熱心な文官恩給受給者運動は、大蔵、外務両省の協力のもと順調に進歩したが、

最も犠牲を受け生活困窮者の多い軍人遺族はまだその埒外にあり遺児を抱えた戦争未亡人の窮状はその極にあった。
　全国唯一、地上戦を経験した沖縄の遺族数は他県の比ではない。恩給問題であれ遺族問題であれ、生活困窮者の救済という趣旨は同一であった。
　遺族は遺族援護のため立ち上がらなければならなかった。
　イ　「琉球遺家族会」発足
　昭和27年2月10日、那覇市内で「琉球遺家族会」の創立結成大会が開催された。
　会は戦没者遺族のみでなく遺族援護の立場から傷痍軍人を含めた組織とし、会長に島袋全発氏、副会長に大城鎌吉氏、理事20人を選任した。そして、日本政府に対し「琉球の遺家族にも援護法を適用されたし」、また琉球政府に対しては「遺族家族援護措置を講ぜられたし」と、2つの陳情文案を満場一致で可決し、日本政府吉田首相と琉球政府比嘉主席宛に送付した。
　4月8日、厚生省復員局美山要蔵部長ら本土政府係官らの来島を機に第2回遺族大会を開き雨の中、約1000人の遺族が集まった。
　　琉球立法院は5月2日。全会一致で「戦傷病者、戦没者遺族等援護法の琉球に対する適用要請」を決議した。
　ウ　援護法施行に向けて総理府、那覇に南連事務所を設置
　昭和27年6月、日本政府は総理府内に南方連絡事務局を創設、8月、現地機関として那覇日本政府南方連絡事務所（「南連」と略称）を那覇市上之蔵に設け、援護法担当として斉藤元之氏を任命した。「南連」はその後、与儀（現那覇署敷地）に移り、昭和47年の沖縄祖国復帰の日まで行政分離された沖縄問題を担当した。
　斉藤事務官は「南連」に着任と同時に援護法施行に向け、戦没者死没処理並びに遺族援護事務開始に伴う諸々の調査事務に当たった。
　エ　琉球遺族連合会と改名、事務所設置
　「南連」の設置で援護法適用の見通しがようやくついた昭和27年11月16日、那覇劇場で多数の遺族参加のもと「第3回遺族大会」を開いた。大会では琉球遺家族会の「琉球遺族連合会」への改名と、「事務局設置、各市町村遺族会結成」の2事項を決議した。
　オ　「援護法の沖縄適用」を実現
　日本政府は、昭和28年3月26日援護第187号で、「北緯29度以南の南西諸

島（琉球諸島及び大島諸島を含む）に現住する者に対し『戦傷病者戦没者遺族等援護法』を適用する」と正式公表した。

琉球政府は昭和28年4月、援護法の事務を主管する「援護課」が新設され、援護法に基づく援護事務等も開始された。

カ　各市町村遺族会、次々結成旗揚げ

第3回大会決議に基づき事務職は各市町村遺族会の結成に着手した。まず各地区毎の集会を持った。昭和28年1月9日に中部地区遺族大会、同月16日北部地区、19日南部地区とそれぞれ遺族大会を開き、各地で遺族会結成の気運が急速に盛り上がり同年4月、5月の2カ月で各市町村遺族会はほとんどが結成された。

キ　琉球遺族会、日本遺族会に加入

昭和28年9月4日付の文書で、日本遺族会への支部加入を申し入れ、1カ月後に正式に加入承認通知が届いた。以来、一支部として沖縄の戦没者及び遺族処遇問題、全国的遺族処遇改善運動に一体となって運動を続けている。

ク　財団法人沖縄遺族連合会と組織変更

昭和29年7月31日の各市町村遺族会会長会で、琉球遺族連合会を発展的に解消、財団組織にして名称を「財団法人沖縄遺族連合会」に変更することが決議された。登記申請書を作成提出し、昭和29年11月1日付で正式に認可された。

②遺族会の活動と援護事務

ア　米軍占領下での遺族援護事務始まる

沖縄の「遺族援護事務」は戸籍簿はじめあらゆる行政資料が焼失した上、米軍占領で日本から行政分離され、勝手もわからないまま細々と開始された。

昭和27年4月28日、日米講和条約が発効し、日本は新生の第1歩を踏み出した。

これを機に本土では「戦傷病者戦没者遺族等援護法」がいち早く制定公布され旧軍人・軍属の遺族に対する恩典の道が開かれた。しかし、行政分離下の沖縄には日本の法律をただちに適用することはできない。日本政府では同年8月総理府の現地機関「那覇日本政府南方連合事務所」を設置した。初代所長今城登氏、事務官斉藤元之氏は援護法による請求事務並びに支払い事務の沖縄での実施につ

いて琉球列島米国民政府（略称・ＵＳＣＡＲ＝ Unaited Stabes Administration of the Ryukyu Islands　以後ＵＳＣＡＲと標記）と長期にわたり折衝した。

その努力の結果、ようやくＵＳＣＡＲの承認をとりつけ、昭和28年3月26日、日本政府は「北緯29度以南の南西諸島に現存する者に対し、戦傷病者戦没者遺族等援護法を適用する」旨、正式公表を行った。

一方、琉球政府では4月1日に当時の社会局に援護課を新設、課長以下15名の定員で、この文官恩給含む援護事務に当たることになった。

| 回想　不安の中で発足した援護事務 | （注）米軍と対立も

元那覇日本政府南方連絡事務所
初代援護担当事務官　斎藤　元之

＊第一の難関、行政権分離

私と沖縄の人びととの出会いは、厚生省で「戦傷病者戦没者遺族等援護法」という長い題名の法案づくりに参画したことがきっかけで、私を沖縄の人びとと結びつけてくれた遺家援法は、いうなれば私の仲人であった。厚生省に入って、最初の任地沖縄での3年間は、私にとって難行苦行の毎日でもあった。本土法の適用についてのユースカー（琉球列島米国民政府）との折衝、住民へのＰＲ、年少学徒の身分問題等々、どれ一つとっても難題ばかりであった。

が幸い、かけだしの私を親身になってご指導くださった地元沖縄の先輩諸賢や、親元（厚生省）の励ましもあって、どうにか、ご遺族の方々に援護の切符を渡して汽車に乗っていただく"道づくり"ができたものと思っている。

在任中に得た貴重な人生経験は、終生わたくしの脳裏から消え去ることはないであろう。沖縄を第2の故郷だと思いこんでいるひとりである。

沖縄の行政権を持たない日本政府が、沖縄に本土法を適用できるかどうかの問題は、立案当初から議論された。しかし本土の防波堤となった沖縄を放置するわけにはいかないとの厚生省首脳の方針により、法的には、附則に戸籍法の適用を受けない者（韓国・朝鮮人・台湾人）を規定することで、政府が行政権を持たない沖縄については、講和条約発効後に、その実施について米国政府との折衝にまつこととした。

＊「援護・恩給」支払方法めぐり米軍と対立

遺家援法案の成立と前後して、米国側から「日本政府と琉球諸島における米国管理当局との間に相互的利害関係のある種々の事項（例えば年金恩給の支払、戦没者遺骨の処理）について適切な連絡を図るための連絡事務所の設置」を要請してきた。これを受けて政府は、昭和 27 年 6 月「南方連絡事務局設置法」を公布し、同年 8 月那覇に南方連絡事務所を設置し、所長以下若干のスタッフが置かれることとなった。

　遺家援法の実施について厚生省内には、復員処理を終わってから法律の適用をという意見と、若干の件数にしろ復員処理の終わっている遺族に対する年金の支払から始め、復員処理を併せて行うべしとする意見とに分かれていたが、結局、遺族の感情を無視できないとして法律の適用を先に行うこととなり、米国側との折衝のことを考慮して、法案づくりをした私に白羽の矢が立ち、人事課長から 1 年の約束だから行ってほしいということで、同年 9 月 1 日付で南方連絡事務所勤務が発令された。

　私としては予期しなかったことだけに戸惑いもあったが、発令された以上は 1 日も早い赴任をと、急ぎ米国側との折衝や実施の手順などの準備を済ませていたが、入国の許可がおりるのに 1 カ月以上もかかり、10 月 4 日ノースウェスト機で赴任の途についた。

　着任して最初の仕事が、ユースカーとの折衝文書の作成であった。厚生省では、本土復帰後のことを考慮して、援護恩給の事務は本土と同様に、請求事務については琉球政府と市町村に、支払事務は郵便局に、それぞれお願いする方針でいた。このことは、着任挨拶のため、当時の比嘉秀平行政主席（故人）にお会いしたときお話しを申上げ、快諾を得ていたので、問題はユースカーであった。

　ユースカーとの折衝で最後まで意見の対立した問題が 2 つあった。

　その 1 つは、日本政府の仕事に琉球政府及び市町村を協力させることはできないということであった。よって、南連事務所が遺族会などの協力を得て直接やればよいではないか、というのが彼等の言い分で、それ以上進展しない。或る日、毎年 1 億 5 千万 B 円（当時の琉球予算の約 1 割）の援護恩給を直接わが方で支払うことはやぶさかではないが、そうなると、住民への琉政への不信や反米思想が起こり得ることを危惧するものであるが、承知の上のことかと問うたところ、そこまでは考えも及ばなかったということで、急転直下、貴方の申出の趣旨は了承

第6章　沖縄戦被害者への援護行政・救済運動

するということになった。

　その２つは、日琉間の貿易収支が入超であることを理由に、援護恩給の資金を貿易決済にしてほしいというもので、これは本国政府の強い要請でもあるということであった。しかし、恩給の資金が沖縄経済の資金ぐりに流用され、遺族への支払が遅延するような事態を起こしかねないと判断したので、民生資金と物資を同じカテゴリーで処理するのは筋違いであるとして最後まで反対した。このためユースカーもこの提案を取下げ、郵政省から直接琉球政府に送金することで６カ月にわたった折衝も決着を見るに至った。（後略）

　イ　援護法の沖縄適用の困難性（戦争での物的資料の焼失とアメリカ占領）
　しかし、沖縄への援護法適用は種々困難な問題を山積していた。
　本土各県では終戦直後から「復員処理」に着手し、すでに一部を除いて「戦没者処理」業務は終わろうとしていた。ところが、沖縄では援護事務の基盤となる「復員処理」も着手できない状態であった。行政が分離され、アメリカの占領下にあったので琉球政府は本土各県と同様な事務処理を進めることが出来なかった。日本の法律に関連する行政事務は他府県と違い、すべて琉球政府、南方連絡事務所、引揚援護庁留守業務部（後に調査課沖縄班）の三者で分担し、どうしても煩雑にならざるを得なかった。
　しかも沖縄の行政機関も本土政府の連絡機関も創立後日が浅く、不慣れな上に制度上の相違から齟齬を生じたり、予想以上に事務が停滞した。
　沖縄戦は戸籍簿などの物的資料のすべてを焼尽し、援護事務を進めるうえで致命的障害となった。
　特に身分の確認事項に欠かせない戸籍の焼失は、事務処理の上で非常な困難をきたした。
　当時沖縄では、沖縄群島政府総務部長通牒によって臨時戸籍が作成されていたが、それは戦後の配給食糧の受給を目的としたもので、援護年金の請求書審査に欠かせない「戦没者登載」の漏れが多く、そのうえ「記事欄」の記載もほとんどなく、臨時戸籍で認める、との特例はあっても事実上、審査は不可能に近かった。
　昭和21年に勅令21号で停止されていたいわゆる「軍人恩給」も本土では昭和28年、法律により復活し請求事務が開始されたが、沖縄では２年遅れの昭和

30年1月からであった。

軍人恩給も援護法と同様、諸種の事情により事務が遅延した。本土各県では復員事務が一段落した後に「援護法」が施行され、つまり「援護法」による請求事務が概ね終わった時点で一つひとつ区切りをつけるように「恩給法」が施行されたため全般的に事務が円滑に進められたのである。ところが、沖縄の場合は戸籍も不整備、死没処理も行われていないところに、援護事務が進められたため、当時の事務は非常に渋滞し、軌道に乗ったのは昭和37、8年ころからである。

ウ 困難を極めた現役兵・防衛招集の実態確認作業

戦時下における沖縄県人の召集は、現役入隊と防衛招集の2通りに分けられた。昭和19年10月15日と20年3月1日の二次にわたり正規の徴兵検査を受けて現役入隊した者と、兵役法による満17歳以上、満45歳までの男子の防衛召集者の2通りである。

防衛召集は連隊区司令官名の召集令状によるのが原則であるが、米軍上陸を間近に控えた昭和20年3月ころの召集は特殊な処理が行われた。

例えば3月6日、県兵事課は第32軍野戦貨物廠から200人の防衛招集の調達命令を受け、その日、恩納村仲泊小学校で、村医による簡単な身体検査を行い"召集"を実施したが約30人の不適格者が出た。同廠からただちにその数を補充せよ、と命ぜられ、17歳未満の者を補充、防召兵として入隊させた。これは違法な防衛召集であった。

また、ある町では昭和20年2月某日、某部隊下士官が直接町役場に来て防召を行う旨を伝え、「人員が1人でも不足しては許さぬ、病人も指定の場所に出頭させよ」と厳命され、兵事主任は総て指定のとおり集合させた。ところが集まった人の中に病人や体の不自由な者もあったが、「一応連行する」とその場から出発させられた。

このように当時の召集状況はまことに問答無用に実行され、異様・異常なものであった。さらに米軍上陸後は、一部の防衛召集が南部の駐屯部隊長の直接命令により、満16歳以上満50歳までと年齢を拡げて行った違法な事実がある。これも違法な防衛召集であった。

このような召集方法で防衛召集を受けた者が約22000人に達し、その内約7

割の 15400 人が戦死したといわれている。現役入隊者は厚生省で把握されていたが、防衛召集者は厚生省でも把握されないまま、戦争で一切の資料が連隊区司令部、部隊とともに焼失してしまった。

　まったくの無の中から、戦没軍人・軍属の処理を行わなければならなかったので、その把握、確認作業は困難を極めたが、遺族の殆どが入隊した部隊名さえ知らなかったのである。

　　エ　軍人・軍属の死亡処理の著しい遅延（行政権の分離が影響）
　昭和30年6月末日現在、戦後10カ年を経たにもかかわらず、軍人・軍属の死亡処理は遅々として進まず、当時の戦没者の死亡処理は半年以上未処理であった。沖縄あげてその善処方を強く要望していた。
　遺族は部隊行動がまったく知らされてなかったため、伝え聞いた情報で「調査票」に適当に記入していたため、厚生省が戦後、生還した生存者から聴取して作成した部隊資料と相違が生ずるという具合で、なかなか処理が難しかった。
　坂本事務官（沖縄班長）は実情調査を終えて帰任に当り、「旧軍人・軍属の処理は調査票のみで死亡処理を行う。1カ月2000人位の戦死公報を発行する」と言明し、ようやく処理方針が確定して本格的にその事務がスピードアップされたのである。
　しかし実際に、遺族が戦没者の「調査票」を居住市町村に提出、援護課で調査の上厚生省に送付すると「部隊行動が資料と合致しない、再調査の要あり」とのことで送り返される、それらをさらに調査して再提出という具合で、書類が沖縄と東京を往復し、なかなか処理が進まなかった。
　戦死公報が発行されなければ次の援護法による弔慰金、遺族年金の請求も出来ず、遺族の不満は増すばかりだった。
　昭和31年6月16日、第6回全琉戦没者遺族大会が挙行され、「旧軍人・軍属の死亡処理を昭和32年4月までに全員処理すること」「復員処理の担当事務官を旧陸軍関係2人、旧海軍関係1人、沖縄に長期派遣させて現地において処理してもらいたい」の2項目の重要事項が決議されたのである。
　この要望が実現して昭和32年3月28日、旧陸軍関係・坂本力沖縄班長、比嘉新英事務官、旧海軍関係・佐藤事務官の3氏が来県し、軍人・軍属の死亡処理

と戦闘協力者の処理に昼夜奮闘した。三事務官には本当にご苦労様であった。滞在期間中で大分処理され、やはり現地での処理の必要性と重要性が再認識された。

　オ　死亡未処理者遺族会

　こうして死亡処理もおそまきながら順調に進みつつあったが、厚生省としてはさらに進めるために、昭和33年4月、旧陸軍関係沖縄班長岩見小四郎事務官らを沖縄に派遣した。沖縄遺族連合会としては「一日でも早く死没処理を終了してもらいたい」というのが全遺族の願望であったので、事務官を迎えたのを機に4月3日、旭町で「死亡未処理者遺族大会」を挙行した。全島各地から1000人を超す遺族の方々が馳せ参じた。

　遺族の赤裸々な意見要望が発表され、ある老人は、私は止むに止まれぬので沖縄方言にて訴えると、方言で「一人息子を沖縄戦で失い、老父母でさびしく余生を送っている。こういう望みなき人生を送らなければならぬのは息子を失ったからである。一体どうしてくれるのだ」と、涙ながらに訴えていた。

　事務官らもこの強い訴えに接して感動し、処理事務に拍車をかけることを約された。

　特にこの大会で問題になったのは、本島から八重山飛行場設営に徴用され任務を終え引き揚げる途中、久米島沖で空襲にあい沈没され死亡した軍属の未処理であった。

　カ　海軍関係未処遇者遺族大会

　死亡処理で陸軍関係はおおむね進んでいたが、海軍関係が一時進歩しなくなった。そこで海軍関係事務取扱の佐世保地方復員局小池兼五郎部長が、実情調査のため来県したのを機に、昭和33年12月13日、那覇市内で「海軍関係未処遇者遺族大会」を多数の関係遺族参加のもとに挙行し、要請決議を行った。

　キ　進展しない戦没男女学徒隊の処遇（国の不誠実な態度）

　沖縄戦では、老幼男女を問わず全県民が、国土防衛の任に当たらなければならなかった。このような、沖縄の特殊な戦時体制から「健児隊」「ひめゆり部隊」等の悲劇が生まれたのである。

昭和20年3月、軍命により男子中学生、師範学校生は厳格な適性検査の上、特殊教育を受け、「鉄血勤皇隊」「通信隊」としてそれぞれ学校毎に命ぜられて入隊、陸軍二等兵として軍務に服した。
　女学校生徒、女子師範学校生も看護教育を受けて、学校毎に部隊に編入され、篤志看護婦として戦闘に加わった。戦局、情勢からいって、軍が学徒を作戦遂行のため活用したことは、やむを得ない事情もあったと思われる。
　当時、沖縄県庁の学務課で中学校教育行政事務を担当していた真栄田義見事務官は、当時の状況を次のように述べている。
　「昭和19年12月から20年1月にかけて、第32軍司令部の三宅参謀と数次にわたって折衝を重ね、次のような事項を決定した。
　1、敵が沖縄に上陸した場合に備えるために、中学下級生に対して通信教育を、女学校上級生に対しては看護教育を実施する。
　2、この学徒通信隊、看護婦隊を動員するのは沖縄が戦場になって全県民が動員される時であるが、このときには学徒の身分を軍人並びに軍属として取扱う。
　かくして、男子2、3年生は適性検査をしたうえで合格した者に通信教育を、女子生徒には看護教育が行われ、3月末、敵の上陸必至となるや、学徒は動員され、部隊に配属されたのである」
　昭和29年5月30日開催の第4回全琉遺族大会で、「学徒隊及び戦争協力者は軍人・軍属同様の処置を取ってもらいたい」との決議によって、戦没学徒の死没処理事務の取扱いについて沖縄遺族連合会と援護課と協議がもたれた。その結果、連合会が総力を挙げて各学校ごとに男女戦没学徒の死亡現認書、各人ごとに部隊行動、その他一切の死亡処理に要する書類を作成する作業が7月初旬より開始された。
　学籍簿も焼失し、氏名を割り出すだけでも困難を極めた。各学校、各クラスごとに生存者を集めて、クラス名簿作成から始まった。
　名簿によって誰と誰はどこで戦死した、という具合に書類の整理を進め、書類が作成され次第、証言者の連名簿を添えて厚生省に送付した。約1年半の日時を要して、戦死者数や氏名が判明した。各学校別の入隊人員、戦死者は一覧表のとおりである。
　ク　沖縄戦戦没学徒援護会を結成し、強力に陳情・署名活動等を行う

中等学校生の入隊者数及び戦死者数（一覧表）

学校名		職員	本科3年	本科2年	本科1年	予科2年		計
男子師範学校	戦死者数	19	59	50	75	40		243

学校名		職員	専攻科	本科2年	本科1年	予科3年	予科2年	計
女子師範学校	入隊者数							175
女子師範学校	戦死者数	8	3	31	34	22	15	
							予科1年	
							11	124

学校名		職員	5年	4年	3年	2年	1年	計
県立第一中学校	入隊者数		85	150	165	180	20	600
県立第一中学校	戦死者数	20	45	66	60	78	11	280
うち 通信隊	戦死者数				3	76	11	90
県立第二中学校	入隊者数		17	45	75	97	14	248
県立第二中学校	戦死者数	7	11	23	39	75	6	161
うち 通信隊	戦死者数			18	37	75	6	136
県立第三中学校	入隊者数		23	68	103	88	35	317
県立第三中学校	戦死者数	2	2	8	16	13	3	44
うち 通信隊	戦死者数				12			12
県立水産学校	入隊者数				5	19	21	45
県立水産学校	戦死者数	7			1	7	19	34
うち 通信隊	戦死者数					6	16	22
県立工業学校	戦死者数				32	54	20	106
うち 通信隊	戦死者数				23	43	17	83
那覇市立商業学校	入隊者数		10	35	50	15	5	115
那覇市立商業学校	戦死者数		6	32	43	10	1	92
うち 通信隊	戦死者数		1	21	40	9		71
県立農林学校	入隊者数				76	82	45	203
県立農林学校	戦死者数				22	26	18	66
私立開南中学校	戦死者数		33	46	52	37	16	184
県立第一高等女学校入隊者数				50	49	11	2	112
県立第一高等女学校戦死者数		8		35	39	11	2	95
県立第二高等女学校入隊者数				29	7	5	3	44
県立第二高等女学校戦死者数		11		24	3	2	2	42
県立首里高等女学校入隊者数				66	7	8		81
県立首里高等女学校戦死者数				38	6	5		49
私立積徳高等女学校入隊者数				47	21			68
私立積徳高等女学校戦死者数		5		17	12			34
私立昭和高等女学校入隊者数				31	30	6		67
私立昭和高等女学校戦死者数		5		24	26	4		59
県立第三高等女学校入隊者数								10
県立第三高等女学校戦死者数								1

総計		職員	鉄血勤皇隊		通信隊	看護隊	総計(人)	
総計	男子戦死者数	55	741		414		1,210	
	女子戦死者数	37				367	404	

戦没学徒の処理事務開始にともない、問題となったのが「身分の扱い」であった。当初厚生省は、「男子学徒の場合、17歳以上は軍人、17歳未満は軍属、女子学徒は軍属」と考えていた。
　「事実に則した処理を」ということで、「男子学徒は全員軍人、女子学徒は軍属の身分処遇」を強く要請するために、生存の教職員と学友をもって「沖縄戦戦没学徒援護会」（会長は当時二中校長・山城篤男）が、昭和29年10月30日に結成され、沖縄遺族連合会と一体となって陳情を展開することになった。結成と同時に次の陳情書を提出した。
　「沖縄戦当時、全島中学校の生徒は厳格な適性検査の上、それぞれ特殊教育をうけ、鉄血勤皇隊、通信隊として入隊、隊員は何れも二等兵の階級を与えられて諸給与一切、軍人としての処遇を受け、ひたすらに命のまま、軍人としての行動し、最後まで郷土防衛に奮戦した。これら学徒がすべて軍人であったことは毫も疑いを容れない厳然たる事実である。
　然るにこの度厚生省と南連の協議の結果、男子生徒の17歳以上は軍人として、17歳未満は軍属として取扱うことに内定したと聞く。17歳未満を軍属扱いとは明らかに厳然たる事実を否定するものである。鉄血勤皇隊及び通信隊員中、戦死した者は1200名、その7割以上が17歳未満の少年である。
　このことからも明らかなように純然たる軍人として同一行動をとって国家に殉じた彼らを単に17歳という年齢を基準に17歳以上は軍人、それ以下は軍属とする時、同一学年で同一部隊に属し同一行動をとり、同一場所で戦死した者が一人は軍人、一人は軍属として取扱われる不合理が生ずる。これは事実を否定し、純真たる青少年を欺く結果となるから国家は当然、事実に則する措置を講ずべきである」

　ところが、厚生省での身分決定の処置はなかなか行われない。
　その渦中で日本遺族会事務局長・徳永正利氏（後の参議院議長）が来県されるのを機に、沖縄遺族連合会では全県をあげて「学徒の軍人処遇について」の署名活動を展開した。
　金城和信事務局長は「事務的にやっては解決されない。国会の場において政治的に解決する以外に方途はない」と判断して、国会の「海外同胞引揚等援護委員

会」で論議され、ようやく解決された。
その経緯について、馬淵新治氏（厚生事務官で当時那覇日本政府南方連絡事務所事務官）は、次のとおり述べている。

《・国が兵役法違反の招集を認める
　国内戦において、最も優秀な素質を有する男女学徒を戦力として活用されることは国家の総力を挙げて戦力化し、戦争を遂行すべき現代戦争の当然の帰結であり、沖縄戦においても歴然たる事実である。
　なお、これが戦力化にあたっては所謂兵役法にある満17歳以上45歳未満の男子総てが防衛招集の対象となり軍人として活用された沖縄戦において最も素養ある優秀な学徒を軍人としての身分を与えてその全能力を発揮させたことも亦当然と謂わなければならない。
　然るに当時の国内態勢は未だ細部に亘る迄整わざるに先立って、最後の決戦に突入したため、不幸にしてこれ等学徒の死亡後の身分保障について、万全の法的措置がなされていなかった。
　即ち、学徒のうちには17歳未満の若年者が多数通信兵として活用せられたからである。その身分関係を如何に取り扱うかということが問題となった。種々検討された結果、厚生省としてはこれ等の戦没学徒は、男子、女子ともに有給の軍属として所謂援護法の適用を受けさせるという結論に達し、先ず女子学徒の最初の死亡公報を昭和30年3月、発行した。
　ところが、厚生省の処理方針が現地に伝わるや、沖縄遺族会、戦没学徒援護会等が中心となって、男子生徒は事実招集されたと同様であり軍服を着用し、階級章を附し帯剣し、一部は武器を支給されて軍人として戦争に参加し名誉の戦死を遂げた暁には靖国の神としてあがめられると信じ、喜んで国難に身を挺して奮戦したものであるから、当然軍人の身分として処遇せよ、有給の軍属として処遇することは純心な戦没学徒の死を冒涜するものであると、強硬な反対意見が出たのである。
　厚生省としては男子生徒のうち、相当数が少年通信兵として参加し、満17歳未満のものが多く、旧兵役法から考えてもこれを軍人扱いにすることは相当の難点がある。少年兵、特別志願兵制度があるが、これも適用するためには事務処理

上の難点がある。又今更、敗戦の結果廃棄せられた兵役法を改正することも至難である等の観点から、容易に事務的には結論が出されなかった。

然るに、現地側の厚生省に対する反論は益々盛んとなり、遂に政治問題化し、国会でも強く現地側の要望を満たすよう政治的配慮を以て解決すべしと論議されるに至った。紆余曲折を経て厚生省としても事実に基づいて、軍人として処理することに決定した。こうして死亡公報の第1回が昭和31年3月に初めて発行せられるに至った。

・男女学徒全員　軍人・軍属として死亡処理

男子戦没学徒は全員陸軍上等兵、女子戦没学徒は全員軍属として死亡処理がなされた。実に2年余の陳情運動であった。かくしてその後、漸次戦死公報が発行されたので、昭和32年9月、戦没学徒援護会は解散した。》

4　一般住民戦災者の処遇（援護）活動

沖縄遺族連合会は、前記各重要課題以外に、一般住民戦災者の処遇運動にも深くかかわり推進してきた。

①沖縄県民の広範囲にわたる「戦闘協力」の実態

沖縄戦では全県民が「国土を守り抜こう」と戦列に加わった。昭和20年に入り上陸必至となると、各市町村では村長、区長を中心に協力隊を組織し、最寄の部隊から要請を受けて、年齢、性別なく可動者の殆どが部隊のあらゆる作業に従事した。部隊からの要請で野菜、芋等の食糧供出にあたり、学童は授業を返上し教師引率のもと一日中、軍の指示する作業に従った。

また女子は看護婦補助員として傷病兵の看護、炊事、洗濯その他の雑役にあたり、老人も老躯に鞭打って壕掘りの突貫作業に従事、全県民あげて駐屯軍に協力した。

米軍上陸後、一般住民は防空壕住まいを余儀なくされていたが、下士官が各壕を廻り可動者を狩り出し強制的に作業に当たらせた。

戦局が不利となり、南部に後退した後も避難中の住民を壕から追い出し、そこへ兵隊が入るという「本末転倒」にして「骨肉相食む」状況が至るところでみられそのために住民の犠牲がふえた。

住民は軍と行動をともにし、軍の駐屯の最初から戦争終了まで前線、銃後の別

ない国内戦を強いられた。したがって県民の犠牲者に対しては当然特別な措置が講じられなければならない。また犠牲者といっても戦闘参加者と戦闘協力者の区分の仕様がなかったのである。

②厚生省、戦闘参加者の処理要綱決定

昭和31年、軍属と戦闘参加者をどう区分し、身分扱いの区別をどうつけるかが難問として持ち上がった。

その基準となる要綱決定が急がれ、戦闘状況の実態調査のため、3月25日、厚生省引揚援護局援護課課長補佐・安福事務官が来県した。

沖縄遺族連合会は戦闘の実態を十二分に把握してもらうため種々の懇談会、協議会を持ち、最も悲惨だった座間味、渡嘉敷両村に金城和信事務局長自ら案内に立ち「集団自決」の模様を直接、生存者から聴取させた。

また4月7日、佐敷村遺族大会を開き赤裸々な報告と広範囲の処遇を要望した。席上、安福事務官は「広範囲の処理要綱を早急に決定する」と述べた。同氏が15日間の滞在後帰任した2週間後、金城事務局長も本会の要望を要領に盛り込んでもらうため上京した。

昭和32年7月、厚生省で沖縄戦の戦闘参加者の処理要綱が決まり、これに基づき「戦闘参加者についての申立書」の提出事務が始まった。

その要綱によれば、対象者は次の20ケースに区分され、そのいずれかに該当する者とされた。

①義勇隊 ②直接戦闘 ③弾薬、食糧、患者等の輸送 ④陣地構築
⑤炊事、救護等の雑役 ⑥食糧供出 ⑦四散部隊への協力 ⑧壕の提供
⑨職域（県庁職員、報道関係者） ⑩区（村）長としての協力
⑪海上脱出者の刳舟輸送 ⑫特殊技術者（鍛冶工、大工等）
⑬馬糧蒐集 ⑭飛行場破壊 ⑮「集団自決」 ⑯道案内 ⑰遊撃戦協力
⑱スパイ嫌疑による斬殺 ⑲漁撈勤務 ⑳勤労奉仕作業

つまり、実情にそって、広範囲に協力従事した者を「戦闘参加者として処遇する」ことになったのである。

③「自己の意思で参加したか否か」

第6章　沖縄戦被害者への援護行政・救済運動

しかしここでまた、「自己の意思」で参加したかどうかということが、新たな問題として生じた。換言すれば、6歳未満の犠牲者の取扱いが課題として残される事になる。が、結局「小学校適齢年齢の7歳以上」という年齢制限で線を引くということで落着した。その結果、該当者は約56000人と推定された。

「戦闘参加者」と認定されなかった一般住民戦没者の処遇（援護）が課題として残された。

戦闘参加死没者と認定された遺族は「援護法」による「弔慰金」と「遺族給与金」を受給することになり、55200余人が戦闘参加者として処遇されることになった。そのうちの約800人は一家全滅者であった。

5　全戦争犠牲者に対する沖縄遺族連合会の援護補償要求運動

①全戦争犠牲者の補償要求運動活発化

沖縄戦における軍人・軍属以外の一般県民の戦没者は約94000人と推定されている。その中、約55200余人は戦闘参加者として処遇され残り約38700余人は未処理のままである（昭和57年2月現在）。

昭和28年から開始された軍人・軍属及び戦闘参加者（いわゆる准軍属）の処理事務がようやく一段落した昭和35年半ばころより、「未処遇の戦争犠牲者の取扱い」が問題視された。

ちょうど、戦闘参加者の処理事務を直接扱っていた厚生省引揚援護局援護課長横溝事務官の来県を機に昭和35年6月18日、沖縄配電ビルホールで約500人の遺族参集のもと「未処遇解決促進遺族大会」を開催し次のような決議を行った。

「未処遇解決促進遺族大会」決議
全戦争犠牲者に対する援護補償要求

今次大東亜戦争は国家未曾有の大戦であり、特に彼我攻防戦の展開された沖縄・南洋・比島等は本土防衛の前線として老幼男女を問わず守備軍に協力、祖国の安泰を守り抜いたのであるが、不運にもその犠牲となった戦没者が相当数に達した。

日本政府は「援護法」を制定して戦傷病者戦没者遺族に対する国家補償の途を講じているが、左記の犠牲者については今日まで何等講じられてないという事実ははなはだ遺憾とするところである。

243

われわれはもはや黙視出来得ない人道問題として、ここに未処理解決促進遺族大会を開催し、かれら戦争のための死没者の補償措置を早急に講ずるよう要求する。
　1、防衛軍の要請並びに閣議決定に基づく疎開遂行途上の海上死没者
　　・本州疎開途上の海上死没者
　　・台湾疎開途上の海上死没者
　　・南方より疎開途上の海上死没者
　2、満14歳未満及び75歳以上の地上における死没者
　3、昭和19年10月10日以後昭和20年4月1日以前における戦争犠牲者

　なお、この補償要求は全県民の声として、昭和35年6月28日開催の第4回全琉社会福祉大会においても満場一致で優先取扱いをきめ、次の決議が採択された。
〈全県民の声―第4回全琉社会福祉大会においても満場一致で決議〉
　全戦争犠牲者に対する援護補償要求
　今次大戦の犠牲となった戦没者及び戦傷病者に対し日本政府は「援護法」を制定して国家補償の途を講じているが、左記の犠牲者の補償については今日まで何等講じていないということは甚だ遺憾である。これら戦争犠牲者の補償措置を早急に講じられるよう要求する。
　1、満14歳未満及び75歳以上の地上戦闘における戦闘犠牲者
　2、防衛軍の要請及び閣議決定に基づく疎開途上の戦争犠牲者
　3、米軍上陸前における空襲砲撃による戦争犠牲者」

②国の不誠実な対応
　この沖縄全県民の党派を超えた要求に対し、厚生省は当初予定の14歳を7歳まで年齢を引き下げて、満7歳以上（学校適齢期）の者に対しては戦闘参加者として認めることになったが、疎開途上及び米軍上陸前の者については「現状ではどうしようもない」と、その処置が見送られることになった。

6　祖国復帰前後の沖縄遺族連合会の活動

①祖国復帰へ向けての山中総務長官への陳情
　昭和45年5月、山中貞則総理府総務長官の来県を機に本会は沖縄の遺族処遇問題について概略、次の要望書を提出、陳情した。
・疎開船対馬丸遭難学童及び附添者として乗船死亡した者を准軍属として処遇していただきたいこと。
・沖縄戦戦没者の遺骨を早急に完全収骨していただきたいこと。
・一家全滅戦没家庭の祭祀永続の為その祭祀者に祭祀料を支給していただきたいこと。
・沖縄の霊域を国で管理していただきたいこと。

②本土復帰に伴う琉球政府への要請事項
　昭和46年8月5日、本会は沖縄の遺族問題を昭和47年5月の本土復帰までに是非実現してもらいたいと琉球政府行政主席宛、おおむね次の通り要請した。
　多年の要望たる祖国復帰が来年中に実現することに鑑み、本会において毎年要請し続けた次の事項について、復帰時までに是非、その実現方を日本政府に強力要請してもらいたい。
・対馬丸遭難死没者の処遇について
・沖縄戦における戦没者の遺骨の完全収集について
・沖縄の霊域の国家管理について
　これらの要請に対して8月17日、行政主席・屋良朝苗から積極的に対応する旨回答があった。

③祖国復帰と沖縄遺族連合会創立20周年記念式典
　昭和47年5月15日、県民待望の祖国日本への復帰が実現し、終戦以来27年間の米国統治に終わりを告げ、日本国憲法下での暮らしが始まった。
　この日、初の沖縄県議会が召集され必要な県条例を可決、これを屋良新知事が署名公布、新生沖縄県が正式発足した。
　「南連」の通称で永い間、日本政府の窓口の役割を果していた日本政府南方連

絡事務所は閉じられ、国の各省の出先機関として沖縄総合事務局が設置された。

復帰にさきがけて、5月13日には沖縄遺族連合会創立20周年記念式典ならびに第22回沖縄遺族大会が、日本遺族会から村上会長、佐藤専務理事、板垣事務局長などが参列、全島から2000余人が参加して那覇市民会館大ホールで開かれた。

④「増額」要求、自民党本部で座り込み

昭和52年1月14日に九段会館で全国戦没者遺族大会が開催され沖縄から7名が参加した。1月19日夜、全国の遺族代表は、全員、自民党本部に駆けつけ、昭和52年度政府予算案承認のための総務会が開催される部屋の前に座り込んだ。遺族代表団と自民党三役との深夜の攻防が続いたが、結局、最重要事項の「公務扶助料、遺族年金の月額60000円(当時月額約50000円)支給、6月実施」の要求に対し、「月額60000円支給は認めるが支給時期は10月1日」と押し切られ、1月20日政府予算案が決定した。

その日のことを、当時の日本遺族会事務局長板垣正氏(後に参議院議員)は著書『声なき声』でこう回想している。

「予算編成の最終段階における遺族代表の"坐り込み"というかつてない激しい怒りと行動によってもたらされた異常な事態も、遺家族議員協議会の斡旋によって一応解決された。考えれば、総務会も閣議も開店休業のまま、延々、未明に至るまで、三役そろって遺族代表の訴えに耳を傾け、また善後措置のため鳩首協議を重ねた。前代未聞のことであり、誠意なしとはいえまい。あとから聞けば、大平幹事長は、福田総理にも、詳しく状況を報告、それが総理から藤田総務長官に対する指示となり、総務長官の4月実施の閣議発言になったという。それにしても、遺族代表の爆発はすさまじく、波紋は大きかった」

その後、昭和52年度政府予算案の国会審議の過程で、「1兆円減税」をめぐる与野党の折衝もあり、遺族代表・徳永正利参議院議員の強い主張もあって、月額60000円支給は予定の10月から2カ月繰り上げられ、8月から実施された。

⑤橋本厚生大臣へ援護法未適用の一般住民戦没者の援護を陳情

昭和54年9月20日、那覇市内で来県中の橋本龍太郎厚相と県内遺族会幹部

が懇談した。大臣は遺族代表の対馬丸遭難学童の処遇、沖縄の霊域管理への要望、さらに「援護法の適用を受けていない戦没者への処遇」について次のような訴えを熱心に聞かれ、「前向きに善処する」ことを約した。
〈「援護法」の適用を受けていない沖縄戦における戦没者に対して「援護法に準ずる処遇」又は「何らかの援護特別措置」を講じていただきたい。
（説明）沖縄県は昭和19年10月10日、米軍の大空襲以来戦闘地域となり、昭和20年8月15日終戦までの間に、県民の戦没者は軍人・軍属が約28000人、一般県民が約94000人と推定される。一般県民戦没者のうち援護法の適用からはずされている約38000人に対しても、法の適用が出来るようお願い致したい。
1、沖縄県は本邦において戦地に指定された唯一の県である。
2、沖縄県は全島が80余日にわたる激戦場となり住民はその戦場のまっただなかにあったこと。
3、島嶼であるが故にいかなる努力をしても戦場から離脱できなかったこと。〉

この問題は2つの方途で検討され、それぞれ事務的に処理されることになった。その1つは、7歳以上の戦闘参加者の「申し立て漏れ」の者の扱いの事務処理である。これについて、厚生省が昭和54年10月11日付通達で取扱うことにより、戦闘参加申立書と遺族給与金請求とを同時に進達することが出来るようになった。
他の1つ、6歳未満戦闘参加者の取扱いは、死没者と戦傷者をあわせて昭和56年度から処理する方向で検討されるようになった。
沖縄戦での6歳未満の戦没者は、「6歳未満では個人の意思は働かず戦闘能力もない。政府との雇用関係もなかった」との理由で、援護法適用から除かれていた。
沖縄県及び沖縄遺族連合会では、昭和47年以降「援護法に準ずる処置を」と要請を続けてきた。

⑥6歳未満戦没者も援護法の適用なる
昭和56年3月に野呂厚生大臣が来県、沖縄遺族連合会は「6歳未満の処遇」を訴えた。野呂大臣は「6歳未満の被災者補償について積極的に援護すべきだ」と述べられ、関係部局で検討が進められた。

「6歳未満では保護者と行動をともにせざるを得なかった」として、保護者の戦闘参加の実態に基づき6歳未満の者も戦闘参加者として認め、昭和56年8月17日、厚生省は「沖縄県で軍命によって戦闘に参加した6歳未満の戦没者、戦傷病者に対しても、援護法が適用されることになった。対象者は戦没者で推定約3000人である。」と発表した。
　この法律が適用されることによって、6歳未満戦没者遺族には「遺族給与金（但し父・母・祖父・祖母のみ）」が、5年さかのぼって支給されることになった。
　その後、沖縄遺族連合会は南洋群島帰還者会等とともに要請活動を続け、昭和63年、南洋群島など外地における6歳未満についても、戦闘参加者とみなして援護法の適用が決定された。

⑦対馬丸遭難学童の処遇―遭難学童へ見舞金
　昭和28年8月22日の慰霊祭の後、対馬丸遭難学童遺族会は、「対馬丸遭難死没者を祖国防衛の犠牲者として適当の処遇をして貰うよう本土政府に請願する」「遺族会は沖縄遺族連合会に加入する」ことを決議し、昭和29年9月4日、琉球政府を通して本土政府に請願第1号を提出した。
　昭和31年小桜会が組織されたが、昭和33年、「対馬丸遭難学童遺族会」と統合し組織が強化された。
- 対馬丸遭難学童に対して戦闘参加犠牲者に準ずる処遇をしていただきたい
- 対馬丸の船体を引き上げ遺骨を故郷の山に葬らせていただきたい
- 靖国神社に合祀していただきたい

　この3つの願いで、沖縄遺族連合会金城和信事務局長と対馬丸遭難学童遺族会新里清篤会長が、日本政府に直接折衝を始めたのは昭和35年であったが、「援護法」の壁は厚かった。
　毎年の金城事務局長、新里会長のアベック陳情の努力が実り、昭和37年、遭難学童の遺族に金20000円の見舞金が支給され、昭和41年には靖国神社へ合祀された。

⑧山中総理府長官に陳情
　昭和45年5月来沖された、山中貞則総理府総務長官に、要望書を提出、陳情した。

1、疎開船対馬丸遭難学童及び付添者として乗船死亡した者を準軍属として処遇していただきたいこと。

（説明）戦争遂行のため閣議決定により、老幼婦女子約1700余名が対馬丸で疎開中、昭和19年8月22日、太平洋上で米軍の魚雷攻撃により沈没、約1500余名の犠牲者が出た。

その内、学童及び引率教師766名は国より20000円宛の見舞金を受けたが、残り700余名は何ら補償を受けていない。彼等はいわば戦闘協力者として行動し、死没した。地上戦闘におけると同様、準軍属として学童及び付添者を処遇していただきたい。

⑨復帰を控え琉球政府行政主席に対馬丸遭難死没者の処遇を陳情

沖縄遺族連合会は昭和46年8月5日、琉球政府行政主席に、本土復帰までに対馬丸遭難死没者の処遇を是非実現してもらいたいと要請した。

琉球政府から、「国の法律の制定（改正）を要するので、琉球政府としても国に対する要請以外の方法がない、貴会においても要請活動を続けるように」との回答があった。

その後、昭和47年、対馬丸遭難者全員への勲8等勲記並びに勲章の授与、付添遭難者への金30000円の見舞金支給、昭和50年の遭難現場での海上慰霊祭と続いた。しかし一番重要な「遭難死没者の準軍属処遇」の要望については、日本遺族会、沖縄遺族連合会、対馬丸遭難者遺族会、沖縄県は、日本政府に対し要望し努力したが、日本政府の対応は次のとおりはかばかしくなかった。

厚生省は、「1、対馬丸遭難による死没者は、学童疎開の途中で被災したものであって、国との間に一定の使用関係、乃至これに準ずるものとは認められない。従って戦傷病者戦没者遺族等援護法の処遇対象とする考えはない。また、政府は疎開児童及び引率教師の遺族に対しては昭和37年に20000円を、疎開学童の付添者の遺族に対しては昭和47年に30000円を、見舞金として支給し、措置済みであると考えている」との回答であった。

⑩対馬丸遺族に対して遺族年金5割の遺族支出金が実現

昭和50年7月、沖縄遺族連合会津嘉山副会長、座間味次長、対馬丸遺族会新

里会長の3名が上京し、日本遺族会未処遇担当常務理事中井澄子氏等と協議の結果、橋本龍太郎衆議院議員に国会として取り上げてもらうよう要請、橋本議員は全面的に検討することを引き受けた。

昭和51年5月6日、衆議院社会労働委員会での橋本議員の努力が実り、厚生大臣に強く要請すると同時に委員会で、「対馬丸遭難学童の遺族の援護について、なお検討を行うこと」との附帯決議が満場一致でなされたが、ロッキード事件の突発で、国会空転のため流産の憂き目に遭った。

昭和52年は本問題解決の正念場の年であった。橋本龍太郎議員が「何が何でも実現させる」、斉藤邦吉衆議院議員は「泥をかぶっても推進する」、徳永正利参議院議員は「解決できねば、私は田舎に帰って百姓をするよ」など、関係議員が不退転の決意を述べた。

日本遺族会でも「公務扶助料、遺族年金の月額60000円の支給、6月実施」とともに「対馬丸遭難学童の処遇実現」を正面から打ち出した。

昭和51年8月、厚生省は52年度政府予算に対する概算要求に、「対馬丸遭難学童については、別に要綱を定めて処遇する」と決め、大蔵省に予算要求した。

52年1月19日、ついに「対馬丸遭難学童の遺族に対して遺族年金の5割の遺族支出金を支給する」との決定報告に接することができた。

対象学童数は436人、一人当たり25万円が支給されることになったが、全国遺族代表の運動、関係国会議員、沖縄県選出自民党所属国会議員、沖縄県知事ら県当局、その他の支援の賜物だった。

⑪兄弟姉妹に対する特別弔慰金の支給を

昭和53年12月3日、来県した小沢辰男厚生大臣へ次の事項を陳情した。

〈対馬丸遭難学童の父母、祖父母以外の遺族に、「特別弔慰金」に相応する弔意を講じてもらいたいこと。

（説明）対馬丸遭難の父母、祖父母に対し、遺族給与金の半額が毎年支給されることになり感謝している。ところが、父母、祖父母が既に死亡し、現に兄弟姉妹等が祭祀を行っている遺族は該当しない。これら兄弟姉妹に対して何らの措置を講じてもらいたい。〉

また、昭和54年9月20日に来県された橋本龍太郎厚相にも、父母、祖父母

に対する特別支出金の増額と、兄弟姉妹へ何等かの処遇を要請した。
　昭和52年には受給対象学童は436人を数えたが、その後、支給を受ける父母が次第に減少し、平成7年現在で198名、支給額は昭和57年に遺族年金の6割、昭和59年には6・2割、平成元年6・7割と次第に増額され、平成4年には7割となった。
　沖縄遺族連合会では、祭祀を行っている兄弟姉妹に対する特別弔慰金支給の陳情を続けたが、実現に至っていない。

⑫対馬丸の船体引き揚げ、遺骨収集の早期実現を
　平成9年12月、船体が53年ぶりに確認され、平成10年3月には洋上慰霊祭が執行された。
　遺族は年々歳老いて減少していく中で、船体内の調査、船体の引き揚げ、遺骨収集の早急な実施を切望している。

◆用語の説明
・恩給法、遺族援護法による身分
　軍　人……元の陸海軍の現役、予備役、補充兵役、国民兵役にあった者
　軍　属……元の陸海軍から正規に給料を受けていた雇員、傭人、救護看護婦等
　　　　　　の者
　準軍属……元の陸海軍の要請に基づく戦闘参加者、旧国家総動員法に基づく徴
　　　　　　用者等の者

・年金の種別
　公務扶助料……軍人の遺族に支給する年金
　遺族年金………軍属の遺族に支給する年金
　遺族給与金……準軍属の遺族に支給する年金

第2　沖縄での軍人・軍属・戦争被害者への援護行政と救済運動

1　沖縄県における援護行政事務

①沖縄の援護業務の沿革
【戦傷病者戦没者遺族等援護法による援護】

　沖縄は、敗戦により引き続きアメリカの軍事占領下にあったため、昭和27年4月28日の講和条約発効に至るまで殆ど本土との交通が途絶した。その間、援護業務としては日本本土を経由して復員引揚等が行われたり、個別の慰霊祭等が執り行われたりしたが、特にみるべきものはなかった。

　昭和27年4月30日に戦傷病者戦没者遺族等援護法（以下「援護法」という。）が日本本土で公布され、4月1日に適用が開始されたが、あいにく沖縄はただちに法の適用を受けることは出来なかった。しかし、翌昭和28年3月26日に「北緯29度以南の南西諸島（琉球諸島及び大島諸島を含む。）に現存する者に対し、戦傷病者戦没者遺族等援護法を適用する場合の取扱いについて」（援護第187号通知）により、沖縄にも援護法が適用されることになった。

　同年4月には、琉球政府においても社会局に援護課が新設され、沖縄の援護事務が開始された。

　また、援護事務の資料として必要な戸籍は、戦災焼失の戸籍等については昭和22年の臨時戸籍取扱要綱により調整されていたが、その公証性に問題があるため昭和28年11月16日には戸籍整備法が公布され、戸籍の整備促進が図られた。

　当初の援護法適用時点では女子学徒で看護婦として従軍した人は軍属として取扱われたが、男子学徒はただちに身分は認められなかったが、その後調査検討がなされた結果、軍人とすることが確定された。

　一般住民被災者についても、昭和34年4月から戦闘参加の実態により、準軍属として障害年金、遺族給与金が支給されるようになった。

　また、6歳未満等の遺族に対しても昭和37年には「沖縄戦戦闘協力者死没者等見舞金支給要綱」により死没者1人当たり20000円の見舞金が支給された。その後、6歳未満の処遇については、沖縄戦障害者の会等の活動により、国は、昭和56年10月から沖縄戦に参加した沖縄戦当時6歳未満の戦傷病者及び戦没

者についても戦闘参加の実態があるものについて援護法を適用し処遇することとなった。

また、サイパン、テニアンなど外地における6歳未満についても、昭和63年に戦闘参加の実態があるものについては援護法を適用することが決定された。

【恩給法による援護】（旧軍人・軍属）

旧軍人・軍属の恩給については、昭和21年に傷病恩給を除いて廃止されたが、昭和28年法律第155号により、旧軍人・軍属等の恩給、扶助料が復元されて、昭和28年4月から支給されることになった。

【特別給付金支給法による援護】（戦没者等の妻）

戦没者等の妻に対する特別給付金支給法は昭和38年法律第61号で制定され、戦没者の妻が一心同体である夫を失ったこと、生計の中心を失い、経済的な困難と戦ってこなければならなかったこと等の精神的苦痛に対して国としての特別の慰謝をするために、一人あたり20万円の国債が交付された。

戦没者の父母等に対する特別給付金支給法が、昭和42年法律第57条で制定された。これにより、先の大戦で公務により子孫が絶えたところの父母及び祖父母に、国として慰謝を行うため特別給付金として一人あたり10万円の国債が交付された。

戦傷病者等の妻に対する特別給付金支給法は昭和41年法律第109号で制定された。この法律は特別な精神的苦痛を蒙ってきた戦傷病者の妻に対し、国として特別な慰謝を行う目的で傷の程度により一人当たり5〜10万円の国債を交付するものである。

【特別弔慰金支給法による援護】（戦没者の遺族）

特別弔慰金は、戦没者の遺族に対する特別弔慰金支給法（昭和40年法律第100号）により、先の大戦において公務等のために国に殉じた戦没者に弔慰を表すため、30000円の10年償還の記名国債を支給するものであった。

以来、各特別給付金は数次の改正を経て現在に至っている。

【戦傷病者特別援護法による援護】

昭和38年法律第168号として制定され、戦傷病手帳を交付し、療養給付や、補装具支給等各種の援護を行っている。

援 護 関 係 法 一 覧

分類	裁定権者	給付の種別	略称	法律の名称	目的	略称	
年金	厚生大臣	障害年金	援護年金	戦傷病者戦没者遺族等援護法（昭27年法第127号）	軍事軍属及び準軍属の、公務上の傷病又は死亡等に関し、援護を行うことを目的とする。	援護法	
		遺族年金					
		遺族給与金					
国債	厚生大臣 知事	弔慰金					特給関係法
		特別弔慰金		戦没者等の遺族に対する特別弔慰金支給法（昭40年法第100号）	軍人・軍属及び準軍属の方々に国として弔慰の意を表すため特別弔慰金を支給するものである。（対象：戦没者遺族の年金等受給権者が失権し他に受給権者がいない場合に支給する）。	特弔法	
		特別給付金		戦没等の妻に対する特別給付金支給法（昭38年法第61号）	戦没者等の妻が特別の精神的苦痛を有する点に鑑み、特別の慰藉をするため特別給付金を支給するものである。	没妻法	
				戦傷病者等の妻に対する特別給付金支給法（昭41年法第109号）	戦傷病者等の妻には、生涯の伴侶である夫が障害の状態であることにより、特別な精神的痛苦がある点に鑑み、特別の慰藉をするためかかる妻に対し特別給付金を支給するものである。	傷妻法	
				戦没者の父母に対する特別給付金支給法（昭42年法第57号）	先の大戦により、すべての子又は最後に残された子を戦闘に関連して亡くした父母及び同様の立場にある孫を亡くした祖父母について、特別の事情がある点に鑑み、これらの父母及び祖父母に対し特別の慰藉をするため特別給付金を支給するものである。	父母法	

第6章　沖縄戦被害者への援護行政・救済運動

分類	裁定権者	給付の種別	法律の名称	目的	略称
国債	厚生大臣　知事	引揚者給付金	引揚者給付金等支給法（昭32年法第109号）引揚者等に対する特別交付金の支給に関する法律（昭42年法第114号）	戦後海外からの引揚者に対し、長年海外で築き上げた財産及び生活の基盤を失ったことから、その生活再建のための援護を行うことを目的とするものである。また、死亡した引揚者の遺族に対しても遺族給付金を支給するものである。	
		遺族給付金			

②戦没者遺族の援護
　ア　戦傷病者戦没者遺族等援護法による援護
　沖縄は、前述のとおり敗戦により日本本土と分離されたため、昭和27年4月28日の講和条約発効に至るまで、ほとんど本土との交通が途絶した。
　その間、執行機関は米軍施政権下のなかで沖縄諮詢会、各群島政府、さらに琉球政府とめまぐるしく変化したが、援護業務としては日本本土を経由して復員引揚等が行われたり、個別の慰霊祭等が執り行われたりしたが、特にみるべきものはなかった。
　昭和27年4月30日に援護法が日本本土で公布され、翌年4月1日に適用が開始されたが、沖縄はアメリカの占領下にあったため等の理由により、ただちに法の適用をうけることはできなかった。沖縄住民に対する援護法の適用については、日本が主権を保有することから、沖縄県人は日本国籍を有するものとして適用されるべきだという議論がなされたが、ただちに適用されるには至らなかった。
　しかし27年7月1日、総理府に南方連絡事務局が設置され、その現地附属機関として那覇日本政府南方連絡事務所（初代所長：今城登）が設置され、援護業務の地ならしが始められた。
　翌昭和28年3月26日に「北緯29度以南の南西諸島（琉球諸島及び大島諸島を含む。）に現存する者に対し、戦傷病者戦没者遺族等援護法を適用する場合の取扱いについて」（援護第187号通知）により、沖縄にも援護法が適用されることになり、いよいよ援護事務が開始されることになった。
　28年4月には、琉球政府においても社会局に援護課が新設された。
　本土都道府県では終戦後復員処理を進めており、すでに戦没者の死亡処理が終

わろうとしていた。ところが沖縄においては、戦後約7年間の空白があって、本土の場合と異なり援護業務の基盤となる復員処理が、まったくと言ってよいほど、行われていなかった。終戦後本土において把握し得た者及び終戦前の死没者の把握済みの者を含めて、約20960件の該当者名簿登載者を掌握していたが、沖縄関係戦没者約20000柱、外地関係戦没者約5000柱については、まったく調整が行われていなかった。

そこで沖縄の援護業務が正式に取り上げられた際、かかる多数の戦没者の復員を未処理のままとして請求事務に専念することは、援護業務の基盤が復員処理にあることから、将来の援護業務実施上支障があるとの反対があった。しかし沖縄で国内戦を戦い、しかも戦後行政が分離され、幾多の辛酸をなめている現況で少なくとも20000柱に対して、早急に援護の手を延ばすことが先決である旨の現実論により、多数の復員未処理の解決を棚上げして、援護の請求事務を最優先として取り上げ、沖縄の援護事務が開始されたのである（昭和28年7月3日）。

＊戦災戸籍の整備

援護事務が具体化するにつれて戦災戸籍の整備が急がれ、昭和28年11月16日付で「戸籍整備法」が公布された。それまで宮古、八重山においては戸籍事務は戦前から引継がれているが、沖縄本島については戦災で旧戸籍簿が消失したため、昭和22年の臨時戸籍取扱要綱により調整されていた。ところが、これでは戸籍の公証性に問題があるため、旧戸籍簿の再製が計画されたものである。

とりあえず援護法、恩給法の請求事務が軌道に乗った昭和30年における課題は、沖縄戦関係軍人・軍属死没者の処理であった。昭和30年後半より死亡公報が続々発せられることとなった。

＊女子学徒・男子学徒の戦没者の処遇

また、当初の援護法適用時点では女子学徒で看護婦として従軍した人は軍属として取扱われたが、男子学徒の身分については現役兵として入営した者等を区分し、復員業務の中で軍人・軍属の身分を決めることとしていた。

そして、昭和30年11月の合同調査会が開かれ個人資料調査を開始し、翌31年3月24日に調査整理を完了し、調査票が「南連」を通じて厚生省へ送付された。

その結果、戦没学徒については軍人とすることが確定された。

＊戦闘参加者認定手続
　また、昭和32年3月28日から5月12日の間、厚生省引揚援護局から、坂本班長、比嘉事務官、佐藤課長らが戦闘参加者調査のため来沖し、各地を回り関係者から事情を聴取し検討した結果、戦闘参加の内容を設定すると同時に援護課、各市町村に対し事務指導を行った（昭和32年7月5日決定）。
　その後、各市町村では戦闘参加申立書を該当者からとり、これを厚生省に進達して戦闘参加者該当者が決定されるようになった。そして、昭和34年4月から準軍属である戦闘参加者にも障害年金、遺族給与金が支給されることになった。
　つまり、戦時中、国家総動員法に基づいて徴用され敵弾により死亡し負傷を受けた者、及び軍の要請により戦闘に協力し任務遂行中、死亡又は負傷した者は戦闘参加者として準軍属の身分を有することになり、援護法適用時は30000円（日債）の弔慰金が国債で支給されたのみであったが、昭和34年からは遺族給与金、障害年金も支給されるようになったのである。
　その認定手続は以下の要領で処理された。

1、遺族から「戦闘参加申立書」を市町村役場に提出する。
2、市町村はこの申立書を審査して、戸籍照合のうえ義勇隊、直接戦闘、弾薬、食糧、患者等の輸送、陣地構築、炊事、救護等雑役、食糧供出、壕の提供等を書き入れ、これに戦闘参加概況書を添付し、連名簿を4部作成して援護課に送付する。
3、援護課では、これを審査して事実認証の上、厚生省未帰還調査部、海軍は佐世保地方復員部に進達する。
4、厚生省未帰還部、または佐世保地方復員部ではこれを審査の上、連名簿に該当、非該当の印を押して、援護課に返信する。
5、援護課では諸帳簿を整理して、連名簿を市町村に送付する。
6、市町村からこれによって、該当遺族に通知して弔慰金の請求手続をさせる。

＊6歳未満の戦傷病者・戦没者遺族の処遇〉

また、昭和37年には「沖縄戦戦闘協力者死没者等見舞金支給要綱」（昭和37年2月16日、閣議決定）により、援護法による弔慰金の支給を受けるための申立書が提出されている者で、同法の給付の対象とならなかった者、例えば6歳未満等の遺族に対し、死没者1人当り20000円の見舞金が支給された。
　6歳未満の処遇については、その後昭和54年12月沖縄戦障害者の会が結成されたことから、援護法適用の要望が持ち上がってきた。
　第1回の総会において、沖縄戦で多くの人命を失い、そのうえに多くの戦災障害者を出したが、当時6歳未満の負傷者については「国との雇用関係がなかった」という理由で、日本政府はなんらの補償も援護もしていないとして、
・6歳未満沖縄戦障害者にも援護措置をすること
・6歳未満沖縄戦障害者の実態調査を早急に実施すること
・戦時災害援護法を即時実施すること
の3項目について決議がなされ、県に要請が行われた。沖縄県は国に対してその適用について強力に要請活動を行った。
　そして、昭和55年1月に来沖した野呂厚生大臣は、沖縄戦の被災は十分理解できるとし、6歳未満の被災者補償について積極的に援護したいと述べた。
　その後、厚生省と沖縄県で調整を重ねた末、国は、昭和56年10月から沖縄戦に参加した沖縄戦当時6歳未満の戦傷病者及び戦没者遺族について保護者と一体となって行動せざるを得なかったため、保護者の戦闘参加の実態により戦闘参加者として援護法を適用し処遇することを決定した。

＊元県援護課長（担当責任者）が語る6歳未満の援護法適用経緯
　〈沖縄戦当時6歳未満の戦傷病者戦没者遺族に対する援護法適用経緯等について与那嶺敏光氏（元県援護課長）は設問に次のように語られた。
　問：与那嶺さんは、6歳未満に援護法が適用された当時援護課長をなさっておりますね。
　――はいそうです。私は昭和55年から昭和57年まで援護課長を勤めておりまして、沖縄戦当時6歳未満の戦傷病者戦没者遺族に対する援護法適用は、私の在任中の昭和56年8月から実現しております。
　問：沖縄戦当時6歳未満の戦傷病者戦没者遺族が援護法の適用になった経緯に

第6章　沖縄戦被害者への援護行政・救済運動

ついてお聞かせください。

——私が援護課長になったころ、沖縄戦当時6歳未満で戦傷病者又は戦没者となった者は、「乳幼児のため、個人の意志力も戦闘能力もないので援護法でいう戦闘参加者とは認められない」として、まだ援護法適用を受けることができませんでした。

これに対し、「沖縄戦当時6歳未満だった私たち戦災傷害者にも国は、救済措置を講ぜよ」と訴える人たちが立ち上がり、昭和54年12月4日に「沖縄戦災傷害者の会」が結成され、国や県に対する要請活動が展開されました。同会の要請は、「私たちは、戦後34年経た現在も戦争の後遺症にさいなまれる。しかるに政府はなんの補償もしていない。国家の戦争により肉体が破壊されたものは、当然国が補償すべきものである。政府は、6歳以下の戦災傷害者の実態調査を早急に実施し、援護措置を講ぜよ」という訴えでした。

それがきっかけとなって厚生省は、沖縄戦当時6歳未満の戦傷病者だけでなく戦没者についても同時に取り上げ、援護法の適用が可能かどうかを真剣に検討するようになりました。

問：援護法適用への行政側の対応はどのようになされましたか。

——県は、厚生省に何回も足を運び、沖縄戦の実態を説明し、援護法適用を訴え、また、県議会も早期実現方の意見書を採択し、代表団を派遣して折衝にあたった。このようなことが功を奏し厚生省においても援護法適用に向けての気運ができたと思う。そして昭和55年1月には、野呂厚生大臣が来県され、沖縄戦における6歳未満の被災者に理解をしめし、また、衆議院予算委員会においても「年齢のいかんに関わらず援護措置を講ずるべきだ」と述べ、6歳未満の被災者についても援護法適用の方向での検討を明らかにした。

問：6歳未満の戦傷病者戦没者が援護措置されるようになった根拠は何だったんですか。

——援護法の適用を受けるには、軍の要請に基づき戦闘に参加して傷病者または死没者になったことが認められなければなりません。それで、沖縄戦当時6歳未満の乳幼児には、戦闘能力も意志力もないので戦闘参加者とは認め難いとして

援護法適用を除外されていたわけです。

　ところが沖縄戦においては、軍の要請によって保護者が食糧供出や壕提供等で軍務に駆り出されると、乳幼児を抱えている保護者の場合は別々に行動をとるわけにはいかないので、一緒に連れていくことになります。従って、乳幼児は保護者の背中に、あるいは手を取られ常に保護者と一体となって行動せざるを得ない沖縄戦の実態がありました。

　この民間人をも巻き込んだ沖縄戦特有の戦争実態に厚生省も理解を示し、軍の要請に基づき戦闘に参加し、保護者と一体となって行動した当時6歳未満の戦傷病者戦没者は、戦闘参加者として認められることになり、援護法を適用することが可能となったわけです。

　問：要請活動が展開されたわけですが、いつから援護法の適用措置がとられましたか。
　──沖縄戦当時6歳未満の戦傷病者戦没者遺族等に対する援護法の適用は、昭和56年8月17日に厚生省から援護法の適用を認める旨の通知を受けた時からです。
　県は早速市町村に対し援護金請求事務説明会を開催し、更に、これを契機に援護法適用対象者に周知徹底を図るため、初めて援護事務巡回相談を昭和56年10月19日から3カ月間かけて県内25カ所の会場で実施し、適当対象者の掘りおこしに努めました。大変反響が大きかったことを覚えております。なお、沖縄戦当時6歳未満の戦没者については、昭和38年2月に「沖縄戦戦闘協力死没者見舞金支給要綱」に基づき、特別見舞金として20000円が5800件余の遺族に支給されております。
　また、沖縄戦当時6歳未満の援護法適用件数は、平成7年3月31日現在、遺族給与金が4600件余、障害年金が64件の実績を得ております。〉（「沖縄の援護のあゆみ」269〜270頁）

＊援護事務補助団体
　以上の援護事務を促進するため、昭和29年には沖縄遺族連合会や沖縄傷病軍人会などの援護事務補助団体に補助金が交付され、同年11月5日には沖縄遺族

連合会が設立認可され、翌 30 年 3 月 28 日には沖縄傷痍軍人会が設立認可され、援護事務の側面からの援助が確立されることになった。

＊サイパン、テニアンなど外地の 6 歳未満の処遇
またサイパンやテニアンなど外地における 6 歳未満についても、県遺族連合会や南洋群島帰還者会の要請活動により、昭和 63 年に戦闘参加者とみなして援護法の適用が決定された。

イ　恩給法（扶助料等）による援護
昭和 28 年法律第 155 号により、旧軍人・軍属等の恩給、扶助料が復元されて、昭和 28 年 4 月から支給されることになった。
扶助料は、公務員が死亡した場合において、一定の条件を備えているとき、その遺族に給される年金恩給であり、死亡原因等により普通扶助料、公務扶助料、増加非公死扶助料、特別扶助料の 4 つに分けられ、扶助料ではないが遺族に給されるものに障害者遺族特別年金がある。

ウ　特別給付金支給法による援護（戦没者等の妻、戦没者の父母等）

＊戦没者等の妻に対する特別給付金
戦没者等の妻に対する特別給付金支給法は昭和 38 年法律第 61 号で制定され、戦没者の妻が一心同体である夫を失ったこと、生計の中心を失い、経済的な困難と戦ってこなければならなかったこと等の精神的苦痛に対して国としての特別の慰藉をするために、特別給付金が支給されることになった。
当初の戦没者等の妻に対する特別給付金支給法による支給対象者は、軍人・軍属または準軍属が昭和 12 年 7 月 7 日（日華事変勃発）以後、公務上負傷し又は疾病にかかり、これにより死亡したことにより、昭和 38 年 4 月 1 日において戦傷病者戦没者遺族等援護法による遺族年金、または遺族給与金、恩給法による公務扶助料等を受ける権利を有する戦没者等の妻であり、1 人当たり 20 万円の国債が 10 年償還で交付された。
沖縄地域における対象者は約 10000 人と見込まれていたが、昭和 41 年から

受付業務が開始されると15408件の申請があり、うち14933件が可決裁定された。また昭和49年法律第51号により、満州事変間（昭和6年9月18日から昭和12年7月6日までの間）に公務上の傷病にかかり、これにより死亡した軍人の妻であったことにより、昭和49年10月1日において公務扶助料または遺族年金を受けることが出来る権利を有する者も、特別給付金が支給されることになった。戦没妻特別給付金は法制定以来、十数次の改正がなされてきた。

＊戦没者の父母等に対する特別給付金
　戦没者の父母等に対する特別給付金支給法は、昭和42年法律第57号で制定された。
　この法律は、先の大戦によりすべての子、または最後に残された子を軍人・軍属または隼軍属として戦闘又はその他の公務により亡くした父母及びこれらの父母と同様の立場にある孫を亡くした祖父母については、その最愛の子や孫を国に捧げ、そのために子孫が絶えたという、言い知れぬ寂寥感や孤独感と戦って生きていかなければならなかったという特別の事情に鑑み、国として慰藉を行うため特別給付金を支給するものであった（10万円支給）。
　沖縄県においても昭和43年から受付業務が開始され499件が可決裁定され支給された。現在まで数次の改正がなされ対象者は拡大されてきた。

　エ　特別弔慰金支給法による援護
　特別弔慰金は、戦没者等の遺族に対する特別弔慰金支給法（昭和40年法律第100号）により、先の大戦において公務等のために国に殉じた戦没者に弔慰を表すため、終戦20周年・30周年・40周年・50周年といった機会にこれらの遺族に支給された。
　支給対象者は、戦没者の遺族で遺族年金、遺族給付金および公務扶助料等の年金受給権者が失権（死亡・再婚等）し、他に年金受給者がない場合や、また弔慰金を受給したものの当初より年金受給権者がいなかった遺族であった（昭和40年6月1日施行）。
　法制定以来、数次の改正が行われ対象者等が拡大されてきた。
③戦傷病者の援護

第6章　沖縄戦被害者への援護行政・救済運動

ア　戦傷病者戦没者遺族等援護法による援護（障害年金）

戦傷病者の援護については、援護法において障害年金、障害一時金の支給措置がある。

障害年金は軍人・軍属及び隼軍属が公務上の負傷もしくは疾病にかかった者が一定以上の障害を残している場合、国家補償の精神に基づき援護するものである。障害の程度は特別項症、第1～6項症、第1款症～5款症まで区分されている。支給額は恩給法の傷病恩給の額に準じている。

また、6歳未満についても、先の戦没者遺族の援護の項で述べたように沖縄県の場合は、本邦唯一の地上戦があったことなどから、保護者が戦闘参加者として認められる場合に保護者とともに行動しなければならないやむを得ない事情がある場合には戦傷病者として処遇されている。

イ　恩給法（傷病恩給等）による援護

傷病恩給は、在職中公務により、受傷、り病した旧軍人に対し、恩給法に規定された症状の程度により支給される。

傷病恩給には、公務員が公務のため負傷し、又は疾病にかかった場合に給される増加恩給、傷病年金又は傷病賜金（一時金）と、旧軍人又は旧隼軍人が昭和16年12月8日以降、特定の地域において職務に関連して負傷し、又は疾病にかかった場合に給される特別傷病恩給がある。

ウ　戦傷病者特別援護法による援護

軍人・軍属等であった者の公務上の傷病に関し、国家補償の精神に基づいて援護を行うことを基本理念としており、その処遇を受けるには厚生大臣から、その権限を委任された都道府県知事が発行する「戦傷病者手帳」の所持が前提となる。

エ　特別給付金支給法による援護（戦傷病者の妻）

戦傷病者等の妻に対する特別給付金支給法は、昭和41年法律第109号で制定された。この法律は戦傷病者等の妻には、生涯の伴侶である夫が障害を有していることにより当該戦傷病者等の日常生活上の介助及び看護、家庭の維持等のため払ってきた特別な精神的苦痛に対し、国として特別な慰藉を行う目的で制定さ

れたものである。

法制定以来、十数次の改正がなされ対象者等が拡大されてきた。

④旧軍人・軍属の援護

ア　恩給法（普通恩給等）による援護

旧軍人・軍属の恩給については、昭和21年勅令第68号により傷病恩給を除いて廃止、軍人・軍属の在職年除算、戦犯者・公職追放者の恩給が廃止された。

恩給法特例審議会の建議に基づき、昭和28年法律第155号として、旧軍人・軍属の恩給は復活した。

しかし、その内容は昭和21年の旧軍人恩給の廃止、制限前のそれとは相当異なっており、加算年は旧軍人恩給廃止制限前に裁定を受けたものについてのみ認めるが、恩給年額計算の際は一定の率で減額することにし、また、一時恩給についても引き続く実在職年が7年以上ということが要件とされ、仮定俸給額も文官に比較して4号棒低く格付けされていた。

昭和37年法律第114号、昭和38年法律第113号と改正が行われ、昭和39年法律第151号で旧軍人等の南西諸島戦務加算等が行われた。

普通恩給とは、公務員が一定の年数以上在職した場合に支給される年金恩給である。

旧軍人は
・陸、海軍の現役、予備役又は、補充兵役にある者
・国民兵役にある者で、召集された者及び志願により国民軍に編入された者
旧準軍人は
・陸軍の見習士官、海軍の候補生及び見習慰官
・勅令で指定する陸軍又は、海軍の学生生徒

一時恩給、一時扶助料とは、実在職年3年以上で、普通恩給を受けることができる年限に達しないで退職した公務員やその遺族に支給される一時金である。

イ　軍歴証明事務

軍歴証明事務は、恩給法に基づく軍人恩給請求のための軍歴証明をはじめ、文官恩給への旧軍人在職期間の通算に伴う軍歴証明、各種共済組合への旧軍人在職

年通算のための軍歴証明等、旧軍人・軍属であった者の恩給請求に関する軍歴の整備、証明の事務である。

軍歴証明事務は、復帰前は旧陸海軍とも厚生省で行っていたが、復帰後、地方自治法施行と同時に同法附則第10条の事務として、陸軍は県に責任と権限が移されたが、海軍は従来どおり厚生省で行っている。

この事務は、沖縄が今次大戦において住民を巻き込んだ唯一の地上戦がくり広げられた事から、戸籍謄本をはじめあらゆる物的資料が焼失したため、軍歴証明はかなり厳しい状況の中で推し進められてきた。このような中で未だ軍歴証明の申立があるが、公的資料の不足に加え、請求者の記憶のうすれ等、軍歴整備の調査究明は、困難な状況となっている。

⑤未帰還者及び引揚者の援護
ア　未帰還者留守家族等援護法による援護

昭和27年4月、日本本土においては戦傷病者戦没者遺族等援護法が制定施行され、昭和28年4月には恩給法の一部改正により軍人恩給の復活となり、軍人・軍属の援護業務が実施されたが、今次大戦により沖縄は行政分離され、米国の統治下にある沖縄はどうなるかと憂慮されていたが、昭和28年4月、当時の社会局に援護課が設置され、各市町村に援護係がおかれるようになった。

その後日本政府より沖縄にも援護法及び恩給法を適用することになり、昭和30年1月から請求事務が開始された。当時はすでに厚生省で発行した死亡公報発令ずみの21000件を最初の援護法対策として実施し、逐次復員業務を進めることになった。

未帰還者留守家族等援護法（昭和28年法律第161号）は、昭和28年8月1日より施行された。この法律は、ソ連、中共等の諸国に残留する未帰還者の留守家族に対して手当を支給し、また未帰還者が帰還した場合に、帰郷旅費等を支給する目的で制定された。同法は沖縄地域にも同時に施行されたが、沖縄地域におかれているアメリカ支配下の特殊事情により実務作業は困難を極めた。

イ　引揚者給付金支給法による援護

昭和20年8月15日、先の大戦の終結時、海外には旧陸海軍軍人・軍属が

330余万人それとほぼ同数の海外在留一般邦人を合わせた660余万人が残されたといわれ、日本政府はそれらの日本への引揚げと併せ、120余万人の在日外国人をそれぞれの祖国へ送還する事業に取り組んだ。

沖縄においては、本業務は本土より約8カ月遅れて開始された。これは、この引揚者給付金申請の基本的な資料となる戸籍類が戦災により焼失し、その整備が始まったばかりであったためである。

沖縄における外地引揚者の8割が南洋方面からの引揚者であった。業務が開始された当初は、該当者の予想も立たず、在外財産獲得期成会のまとめた推定5万世帯、125,000人を差し当たりの目標として開始されたが、立証資料等の不足から事務処理は困難を来していた。

このような中で、昭和32年12月16日付で第1回の認定が行われた。

沖縄県における受付処理件数は51749件（世帯）となっている。

ウ　引揚者等に対する特別給付金の支給に関する法律（在外財産問題解決のための支給）

昭和37年ころから外地引揚者からの在外財産補償の要求が一段と高まり、昭和42年8月には「引揚者等に対する特別給付金の支給に関する法律」が制定された。

この法律は、在外財産の問題の最終的解決を図るため、有形無形の財産の喪失に対して、国が特別の措置として引揚者に交付金を支給するというものであった。

対象者は、外地での居住年数が1年以上の引揚者で終戦時の年齢が50歳以上は160000円、35歳以上50歳未満は100000円、25歳以上35歳未満は50000円、20歳以上25歳未満は30000円、20歳未満は20000円が記名国債で支給されることになった。（ただし、引揚者の遺族、引揚前死亡者の遺族に対しては、上記金額の7割が支給されることになった。）さらに、8年以上の外地居住者に対して、10000円（遺族に対しては7000円）の加算がなされた。

本交付金の施行については、米国民政府の許可を得るため事務の開始が遅れ、昭和43年2月から受付が始まった。請求期間は、当初昭和46年3月31日となっていたが、延長され、昭和47年3月31日までとなった。

昭和46年12月までには、83782人が認定され、平成7年9月末までに

85946人が認定された。

2 沖縄戦における戦没者と援護法の適用

①沖縄戦における戦没者数（琉球政府による昭和32年当時の推計）

わが県は太平洋戦争において、国内で唯一一般住民をも巻き込んだ悲惨な戦場となり、多くの尊い生命を失った。

沖縄戦の特徴は、日米両軍の兵士の戦没者数に加え、非戦闘員一般住民の戦死者が戦闘員の死者の数を上回ったことである。

沖縄戦における戦没者数を掌握することはいろいろと困難で実数をだすことは不可能に近い。そのため昭和32年ころに当時の琉球政府では次のとおり推計されている。

推計の根拠は、軍人・軍属については沖縄護国神社への合祀者数、一般県民については、沖縄戦突入前の昭和19年と沖縄戦終結後の昭和20年の人口比で疎開者推計数などを勘案して算出されている。

沖縄戦戦没者の推計状況

事　項	戦没者数	備　考
全戦没者数	200,656	
1、沖縄県出身軍人・軍属	28,228	厚生省から送付された戦没者名簿に掲載された数及び未帰還者調査票により死亡公報発令数
2、他都道府県出身兵	65,908	沖縄県護国神社合祀者数
3、一般県民（推計）	94,000	昭和19年の人口と昭和21年の人口を勘案して、一般県民約94,000人と推計した数
小計（1～3）	188,136	日本人全戦没者数
米　軍	12,520	米軍政府資料

②沖縄戦における県民の戦没者数（15万人、県民の4分の1）

　現在、沖縄戦研究者の間には、沖縄戦における沖縄県民（軍人・軍属・一般住民）の戦没者数は15万人と推定されている。

③未補償のまま放置されている死者66000人・後遺障害者50000人
（沖縄・民間戦争被害者の会の調査）

　沖縄民間戦争被害者の会の調査によると、沖縄県民の死者及び援護法が適用されず、未補償の死者・後遺障害者は次のとおり推計している。

　一般住民の死没者のうち「戦闘参加者」概念から外されている援護法未適用者は38900人余である。これに、船舶撃沈による死者や戦争マラリア死者などを含めると、後述のとおり約66000人の死没者が放置されている。負傷者で後遺障害者も推定50000人が放置されている。

　沖縄県民の死者を150000人と推定した場合は、未補償の死没者数は、この150000人から、沖縄県出身軍人・軍属28228人と戦闘参加者として取扱われた約55000人を除いた66772人と計算される。

3　困難を極めた遺骨収集の状況

　沖縄県は第二次世界大戦における地上戦終焉の地で全島が戦場となり、軍人・軍属だけでなく、老幼婦女子を問わず、一般県民をも巻き込んだ熾烈な戦闘が展開され、多くの尊い生命が失われた。

　その数は、日米合わせて200000余と推定されている。

　戦争が終わると沖縄の山野にはいたるところに、これらの戦没者の遺骨が残された。

　激戦の中を生き残った県民は避難地や島内各地の疎開地からそれぞれの居住地に帰り、まず手始めになされたのは戦没者の遺骨収集作業であった。衣食住にもこと欠き、日々の生活さえどうすればいいのか思案に暮れる中を、県民はひたすらに戦没者に対する敬虔の一念であった。

　このように、戦没者の遺骨収集は、終戦後すぐに住民によって、各地域で始められ、各字、市町村などで組織的になされた。

　そして収骨された遺骨は薪をたいて火葬に付し、また白骨のままで各地域で納

骨所を急造し、納骨所へ納骨してみ霊を弔っている。
　昭和30年には、これらの納骨所が188基建立されている。この内の71基が旧三和村である。
　平成7年3月末現在の遺骨収集状況は次のとおりである。
　　　遺骨収集対象柱数　　　　188136柱
　　　収集済柱数　　　　　　　182574柱
　　　未収骨柱数　　　　　　　　5562柱
　なお、この未収骨柱数には、すでに遺族が持ち帰ったもの、被弾により飛散したもの、埋没しているもの等も含まれているので完全収骨は困難な面がある。
　しかしながら、悲惨な戦争で犠牲となられた戦没者の遺骨がある限り最後の一柱まで弔う気持ちでこの遺骨収集事業を続けていく方針である。
　なお、沖縄近海に沈没している日本籍船中の遺骨は大部分が未収集である

4　慰霊の塔・碑等の建立

①慰霊塔・碑の概況

　戦没者の遺骨収集は、戦後いち早く地域住民によって始められ、各字、市町村で組織的に取り組まれた。慰霊塔の草分け的存在は魂魄の塔である。真和志村民が、昭和21年1月に沖縄戦の激戦地である糸満市摩文仁へ終結を命ぜられ、同年5月に移動するまでの間、米軍の許可を受け、収骨班を編成し、風雨にさらされた遺骨の収集作業を始めた。集めた遺骨は、集結しているテント部落の前の空き地に、まるく石を積み上げその中に遺骨を納めた。これが最初に建立された魂魄の塔である。
　この塔は、戦闘員、非戦闘員の区別なく35000柱が合祀された無名戦士の塔である。
　真和志村民は収骨を続けているうちに女子師範学校と第一高等女学校生徒及び職員の壕をつきとめ収骨しひめゆりの塔を建立、さらに沖縄師範学校生徒を祀った健児の塔を建てた。健児の塔は金城氏が命名し、田原氏が碑名を書いたが今はその石碑は残っていない。その後「沖縄師範健児の塔」は、遺族や同窓会により三和村の協力を得て仲宗根政善氏の碑文により建立され、昭和25年6月21日除幕式典が執り行われている。各地域においても字、各市町村、遺族会、戦友会

269

等により遺骨が収集され納骨所や慰霊塔が建立された。

また本土各県においても沖縄戦で戦没した同胞将兵に思いをよせ、現地沖縄での慰霊塔建立への熱い思いが高まった。

各都道府県が沖縄に戦没者慰霊の塔（碑）を建立するようになったのは昭和29年ころからである。

昭和29年に北海道の「北霊碑」の建立が始まり北海道は本土出身将兵が最も多い10000人余が沖縄戦で亡くなっている。

昭和38年までには和歌山県・石川県・愛媛県・熊本県・群馬県など6道県、昭和39年から昭和41年まで30県、以降復帰前年の昭和46年までには新潟県（昭和51年）を除き全都道府県が摩文仁地域、米須地域を中心に慰霊塔が建立された。

復帰前の現地沖縄での慰霊塔の建立については施政権が及ばない地域であるため、その建立は容易ではなかった。各都道府県は総理府特別地域連絡局長に対し沖縄への慰霊塔建立についての協力を依頼し、同局長から日本政府那覇連絡事務所長へ、そして同所長により琉球政府や関係団体などとの調整ですすめられた。

とくに、その課題の一つに当時の米民政府布令によって非琉球人の土地の取得は、米民政官の許可がなければできなかった。そのために各都道府県は、沖縄の遺族連合会に土地を買収させ、所要経費（登記資料等を含む）を寄附する方法を取り、同会は、沖縄が本土復帰の際に返す旨の契約を行った。

しかしながら、慰霊塔建立への思いは熱く後をたたない状況で各県・団体等は競うが如くに慰霊塔を建立していった。

地域別では沖縄戦終焉の地である糸満市に103箇所で最も多く、都道府県碑・各種団体碑が集中している。

各都道府県、主要団体塔においては毎年慰霊祭が行われ、また慰霊巡拝者が絶えない状況にある。

②**納骨堂の建設**

昭和32年に政府は当時の琉球政府に委託して、身元確認の出来ない無名の戦没者を収容するために那覇市識名に戦没者中央納骨所を建設させ遺骨を一カ所に集めた。しかし、同納骨所が狭隘となったことから、昭和54年に厚生省により糸満市摩文仁に「国立沖縄戦没者墓苑」が創建され、中央納骨所から同墓苑に転

骨された。
　墓苑の敷地は8520㎡で、墓碑、参拝所、納骨堂からなり、各地の慰霊塔や納骨所から遺骨を転骨し、現在、戦没者180000余柱が納骨され、合祀されている。

③国立沖縄戦没者墓苑
　国立沖縄戦没者墓苑は、沖縄戦において戦没された方々のご遺骨を納めてある国立の墓苑である。
　本墓苑は、これらの方々を永く追悼するため、ここ摩文仁が丘に昭和54年2月25日に創建された。
　沖縄戦において軍民あわせて180000人余の尊い生命が失われた。この戦没者の遺骨収集は、戦後いち早く地域住民からはじまり、納骨所・慰霊塔を急造し、遺骨を納めていたが、昭和32年に政府が当時の琉球政府に委託して、那覇市識名に戦没者中央納骨所が建設され、同所に納骨されていた。しかし、年々収骨が多くなるにつれ、同納骨所が狭隘となったことなどから昭和54年に本墓苑が創建され、中央納骨所から本墓苑に転骨し、現在本墓苑には、戦没者180000余柱が懇ろに納骨合祀されている。

5　戦没者の慰霊

①慰霊の日の制定（恒久平和を願い、戦没者の霊を慰めるため）
　「慰霊の日」を制定し、休日とすることについては、1961（昭和36）年6月6日、当時の琉球政府立法院において、「住民の祝祭日に関する立法」（案）が議員発議され、「慰霊の日　6月22日　沖縄戦の戦没者の霊を慰め、平和を祈る」として可決された。
　「慰霊の日」は、全住民が亡き人々への尊い犠牲を無駄にせず、二度と残酷な戦争が発生しないように祈念しつつ、戦没者の霊を慰める日とする趣旨で6月22日を休日とする「住民の祝祭日に関する立法」が議決され、1961年（昭和36年）7月24日に公布された。その後、1965（昭和40）年に同法の一部改正で、慰霊の日「6月22日」が「6月23日」に改められた。
　「慰霊の日　6月22日」と定めたのは戦時の沖縄防衛第32軍司令官牛島満中将及び同参謀長長勇中将の自決により完全に日本軍の指揮統帥が失われ、沖縄戦

は事実上終了したことによる。

　この自決した日が「6月22日」であるとされていたが、これが「6月22日」ではなく「6月23日」であると、沖縄観光協会事務局長山城善三氏らの証言で「6月23日」に改められたものである。

　この「住民の祝祭日に関する立法」の制定に伴い「琉球政府職員の休日に関する立法」が制定され、「慰霊の日」についても県職員の休日とされた。

　以後、「慰霊の日」は住民の休日として、本土復帰まで行政機関をはじめ、学校や民間企業においても休日とされ広く定着してきたが、本土復帰により「国民の祝日に関する法律」が適用されることとなった。

　そのため、「慰霊の日」の制度的根拠が希薄となったため、昭和49年に「沖縄県慰霊の日を定める条例」が制定され、6月23日が「慰霊の日」として定められた。

　この条例の提案理由は、去る大戦において多くの生命、財産及び文化的遺産を失ったわが県は、戦争の悲惨さに深く思いをいたし、再び戦争が起こることのないようにし、恒久平和を願い、戦没者の霊を慰めるため慰霊の日を定め、その理念を永久に保持しようとするものであるとされている。

②沖縄全戦没者追悼式

　今次大戦において海外で戦没した沖縄県出身者を含め、沖縄戦において戦没した戦没者の霊を慰める「全琉戦没者追悼式」が、昭和27年8月15日の終戦記念日に琉球政府主催で取り行うことが計画されたが、台風のため延期となり、8月19日に首里古城の琉球大学広場に於いて挙行された。

　この追悼式には全琉各市町村遺族代表、日本遺族代表はじめ、日本政府代表として厚生省引揚援護庁・木村長官、故牛島大将夫人、故大田中将夫人、故荒井警察部長令息が来県し参列された。約2千人の参列者は式檀中央に設けられた戦没者の標柱の前に静かに黙祷を捧げ、同時刻全琉各地でも一斉に黙祷を捧げ平和への強い祈りを捧げた。

　比嘉主席は式辞の中で、「今次大戦で琉球は前古未曾有の激戦地となり多数の尊い生命を失った。星移り年はかわり満7年を迎えた本日、戦没者の冥福を祈り、遺家族に思いをいたし再び地上に於いてかかる人類相互の斗争が繰り返されぬよ

う祈念し、この地をして平和発祥の地たらしめたい」と挨拶された。
　以後、毎年「沖縄全戦没者追悼式」が執り行われている。

③「平和の礎」の建立―内外の全戦没者の氏名を刻銘
　平成7年度は沖縄戦終結50周年祈念の節目にあたり、先の大戦において戦没された全戦没者の氏名を刻銘した「平和の礎」が平和祈念公園の一角に建立され、6月23日「慰霊の日」に「沖縄戦終結50周年祈念・平和の礎除幕式典」が執り行われた。
　引き続き平和記念公園の中央広場に設けられた追悼式会場において、午前11時50分「沖縄戦終結50周年祈念沖縄全戦没者追悼式」が挙行され、式典においてこれまでの「平和宣言」に代わり、去る2月に沖縄県議会において採択された「非核・平和沖縄県宣言」が大田知事により宣言された。
　参列者も村山内閣総理大臣をはじめ、土井衆議院議長、原参議院議長、草場最高裁判所長官の三権の長、並びにモンデール駐日米国大使他多数の政府関係者、各都道府県関係者、各種団体等関係者の参列があり、県内外の遺族の方々や関係者の参列を含め約8000名の参列者により、戦没者のみ霊を慰め、世界の恒久平和を祈念した。

④海外の慰霊
＊南洋群島県出身戦没者慰霊墓参
　北マリアナ連邦は1914（大正9）年、第一次世界大戦の最中、日本海軍が無血占領し、1920年国際連盟の決議によりカロリン、マーシャル両諸島とともに日本の委任統治となった。
　戦前旧南洋諸島には、在留邦人の80％を占める約60000人余の沖縄県出身者が在留していたといわれるが、大正9年以来築き上げてきた南洋群島の平和の楽園は、第二次世界大戦の勃発によりたちまち地獄の島と化し、軍属及び民間人あわせ12000余人が戦没したところである。
　これらの戦没者のみ霊を弔うため、沖縄外地引揚者協会からの強い要望もあり、琉球政府は再三にわたり、米国民政府に陳情をくりかえし、戦後23年目の昭和43年6月にサイパン島に墓碑地帯に合石を合わせて3メートル余りもある石碑

「おきなわの塔」を建立し、6日に除幕式典と慰霊祭を挙行した。

　南洋群島慰霊墓参は、昭和43年と45年に実施され、その後、昭和47年度からは毎年慰霊祭を執行している。

　また墓参団は、サイパン在の「おきなわの塔」で慰霊祭を終了後、テニアン島、パラオ島、ロタ島とそれぞれの島々で関係遺族により戦没者の慰霊祭が執り行われている。

＊フィリピン群島県出身戦没者慰霊墓参

　フィリピン群島は、明治36年、ベンゲット道路建設要員として日本から多数の技術者等が参加して完成しており、沖縄からも多数参加していた。道路工事完成後、沖縄出身者の中にはミンダナオ島に渡り、山林を開墾し麻栽培を始め、それ以後沖縄から多くの移民が農業、漁業、商業等に従事し生活の基盤を築いていた。

　ミンダナオ島ダバオには在留邦人の約7割を占める沖縄県人約3万人が居住していたといわれる。

　フィリピン群島は、今次大戦で多くの日本軍が派遣され、各島々で激戦が展開され、移民で活躍していた沖縄県人も、応召のほか戦闘協力によって12000余人の老若男女が戦没したところである。

　そこで、沖縄外地引揚者協会と琉球政府は、フィリピン群島において戦没者のみ霊を祀るために昭和45年1月に「沖縄の塔」を建立した。

　フィリピン群島の慰霊墓参は昭和48年から沖縄県、沖縄県議会、沖縄県遺族連合会の共催により、墓参団を派遣し、慰霊祭を執行してきたが、昭和53年からは沖縄県と沖縄県遺族連合会の共催で執行するようになり、昭和54年からダバオ会沖縄県支部が協力し共催し執り行うこととなった。

＊中国県出身戦没者慰霊巡遙

　今次大戦で中国においては、沖縄県出身の軍人・軍属、民間人あわせて1729人の尊い人命が失われた。

　中国で戦没した沖縄県出身軍人・軍属及び開拓団員の慰霊のための中国墓参の動きが出、昭和53年日中平和友好条約発効に伴いその機運が高まってきた。

県においては、中国で戦没した沖縄出身戦没者の慰霊のため沖縄県遺族連合会と共催により、昭和56年9月に第1回目の中国墓参を実施し、遺族含め17人が参加し東北（旧満州）のチチハルと瀋陽（旧奉天）で慰霊祭を執り行い、さらに天津の宿舎で「中国地区全戦没者慰霊祭」を執行した。

以降、毎年のように慰霊祭を執り行っている。

⑤全国戦没者追悼式について

今次大戦において、全国で310万人余の尊い生命が失われた。昭和27年4月28日対日平和条約が発効され、その祝賀式典の前日5月2日に「全国戦没者追悼式」が新宿御苑において執り行われた。

この追悼式は宗教的儀式を伴わないものとして、中央に戦没者の霊を象徴する白木の追悼の標柱をたて、黙祷、奏楽、追悼の辞、献花を行う形式がとられ、その後、この種の政府行事の式典の典型となった。この追悼式に全国遺族代表が招かれ、沖縄からも泉副主席、山城篤男、島袋遺家族援護会長の三氏が琉球代表として参列した。

昭和38年5月に全国戦没者追悼式の実施に関する閣議決定がなされ、支那事変以降の戦争による全戦没者に対し国をあげて追悼の誠を捧げるため、第1回全国戦没者追悼式が日比谷公会堂で執行され、以後同様の閣議決定に基づき毎年8月15日に実施されてきた。

昭和57年4月13日の閣議決定により、先の大戦において亡くなられた方々を追悼し平和を祈念するため「戦没者を追悼し平和を祈念する日」が設けられ、昭和38年以降毎年実施している全国戦没者追悼式を毎年8月15日、日本武道館において実施し、全国から遺族代表を国費により参列させる等決定された。

沖縄県においても毎年8月15日の全戦没者追悼式に県代表、並びに遺族代表が参列している。

第3　沖縄戦被害補償（援護）運動の経過と到達点

1　対馬丸遭難学童補償問題

①国の指令に基づいて沖縄県と32軍が実行

沖縄の集団疎開は当時の被告国の指令に基づいて沖縄県当局並びに沖縄現地軍（第32軍）に実行に移された。

疎開学童の第一陣は、昭和19年8月14日那覇市学童131人を潜水母艦「迅鯨」に乗船させ、8月16日に鹿児島へ上陸させた。対馬丸は、昭和19年8月21日僚船「和浦丸」、「暁空丸」と駆逐艦「蓮」、砲艦「宇治」の護衛艦で船団を組み、那覇港を長崎へ向け出港した。

対馬丸には西沢武雄船長の外、学童、一般疎開者1661人、船砲隊41人、船員86人の計1788人が乗船していた。8月22日22時12分ころ、鹿児島県十島村悪石島付近で米潜水艦ボーフィン号の魚雷攻撃を受け沈没、学童、一般疎開者1484人（内学童737人）、船砲隊21人、船員24人の犠牲者を出した。

なお、アメリカ潜水艦の対馬丸に対する攻撃は国際法違反であり、その点についてはすでに指摘したとおりである。

②補償要請とその結果

昭和28年8月、対馬丸遭難者の遺族は対馬丸遺族会を設立、沖縄の集団疎開は政府の指令に基づいて県当局並びに沖縄現地の軍によって計画され実施された事故であることを理由に、被告国に対して以下の各要請を行った。

　　　　　　　記
1　避難学童に対して戦闘参加犠牲者に準ずる処遇をしていただきたい
2　対馬丸の船体を引き揚げ遺骨を故郷の山に葬らせていただきたい
3　靖国神社に合祀していただきたい

これに対し被告国は下記のとおりの施策を実施した。

　　　　　　　記
1　昭和37年2月16日「沖縄戦戦闘協力死没者等見舞金支給要綱」が閣議決定され、疎開学童の遺族に対し死没者1人につき見舞金20000円が支給された。
2　昭和41年には靖国陣社に合祀。
3　昭和47年「対馬丸等遭難者の遺族に対する見舞金の支給に関する要綱」に基づき、一般遭難者の遺族に対し死没者1人につき30000円の見舞金

が支給された。
4　昭和48年、遭難学童に対し勲八等の勲記と瑞宝章が贈られた。
5　昭和52年度には、戦傷病者戦没者等遺族援護法の遺族給与金の10分の5相当額を、「対馬丸遭難学童の遺族に対する特別支出金の支給に関する要項」に基づき満60歳以上の遭難学童の父母、祖父母に対し支給することになった。

③不十分な補償

以後、遺族給与金のスライドと併せ支給率の4回にわたる改正で、支給額は制度発足当時の150000円（半年分）から平成7年度は1296161円（年額）とかなり増額されてきているが、それも7割程度であり十分な額とはいえない。

2　八重山地域におけるマラリア犠牲者補償問題

①沖縄県による調査

沖縄戦中、八重山地域においては、軍の命令によりマラリア有病地へ退去させられたため、3000余名の尊い人命が失われた。

これらの犠牲を含めて、沖縄県としては昭和48年から沖縄戦被災者補償について被告国に要請を続けてきたが、平和記念事業特別基金が創設されたことから、実現の見通しが立たないとして昭和63年以降は要請活動を行うことはなかった。

平成元年に篠原武夫琉球大学教授を中心にして、沖縄戦強制疎開マラリア犠牲者援護会が結成され、さまざまな要請活動が開始された。平成元年5月には、沖縄県や県議会に対して陳情を行い、県議会でも採択された。さらに援護会は厚生省や沖縄開発庁に対しても要請活動を繰り広げた。

沖縄県としても、資料の収集や八重山現地での聞き取り調査等を続けたが、平成3年5月には「県立平和記念資料館改築・沖縄戦犠牲者『平和の壁』建設等基本構想検討懇話会（座長：安次富長昭氏）の中でマラリア犠牲者部会（部会長：船越義彰氏）を設け、米国立公文書館等にある関係資料を調査するなど本格的な検討に入った。

そして、平成4年2月に第6回八重山地域マラリア犠牲者部会で「戦時中の八重山地域におけるマラリア犠牲の実態」という報告書が沖縄県生活福祉部長に手渡された。

②報告書では「軍命による強制退去」と規定

八重山地域マラリア犠牲者部会による調査検討の概要。調査の結果、明らかになった事実関係と特徴点を記す。

（1）八重山地域で多発したマラリアは、一般の風土病とは区別して「戦争マラリア」と認識すべきである。

（2）八重山地域の戦争マラリアは熱帯熱マラリアが主流をなしており、他地域の戦争マラリアと比較しても異常に高い致死率を示している。

（3）一般住民が集団的にマラリアに罹患した第一の原因がマラリア有病地帯への強制退去と長期滞在にあったことは明白である。

（4）異常に高い致死率に至った要因として、以下のことが挙げられる。
・マラリアの種類が悪性であったこと
・食糧不足によって栄養状態が悪化していたこと
・医療行政の機能喪失により予防対策や治療活動が皆無であったこと
・米軍占領が遅延したことにより医療救助活動が遅れたこと

（5）沖縄本島と連絡が途絶えた八重山郡においては、現地行政機関の機能が低下したために、住民避難対策などの行政活動も事実上現地部隊の直轄下におかれていた。

（6）石垣島住民の第3避難所への移動や波照間島住民の西表島への移動は諸公文書が規定するところの「退去」に該当し、一般の「疎開」「避難」とは区別されるべきである。

退去は、「守備隊長ノ命ヲ承ケ」て警察署長等の指示によって実施され、命令は口頭で伝達されることが規定されている。また、実際に「其ノ筋ノ命」であるところの認識のもとに集団移動が実施されたことは諸記録が認めるところである。一般住民の有病地帯への移動が軍命による強制退去であったことは否定できない事実である。

（7）都内小離島の場合は、各島に住民対策要員として離島残置工作員が配置されており、彼らは単独で「現地軍」の立場に立って住民運動を指導していた。彼ら工作員の指示によってなされた島外退去も「軍命による退去」とみなされるべきである。

（8）現地部隊が甲号戦備（敵上陸を想定した戦闘態勢）及びこれに準ずる状況

下で官公衙及び一般住民に退去命令を発したことは、軍の作戦行動の一環とみなされる。
　(9) 八重山住民が周知の有病地帯への退去命令にやむなく応じたのは、軍民一体の精神に基づく作戦協力の一環であったとみるべきである。

　上記の事実関係から、八重山地域における戦争マラリアの犠牲者を「戦地における戦闘協力者の戦病死者」と認定することは妥当な結論で、国においても速やかなる問題解決に特段の配慮を講ぜられるよう切に期待する。

③沖縄県は援護法適用による補償等を要請
　沖縄県は、これを受けて、八重山地域におけるマラリア犠牲者は米軍の上陸を必至とした軍の作戦想定による有病地への退去命令により避難した結果発生したものであり、このように戦闘協力の途上でマラリアに罹患し死亡した者については、「戦地における戦闘協力者の戦病死」とみなし、戦傷病者戦没者遺族等援護法による補償又はそれに準ずる補償措置を求めることが適当であると考え、平成4年3月に正式に厚生省や沖縄開発庁並びに関係国会議員に要請した。
　また同時期、国においては平成4年2月に、内閣総理大臣官房総務課参事官、厚生省援護局援護課長、沖縄開発庁総務局参事官の三者による「沖縄県八重山地域におけるマラリア問題連絡会議」が設置され、同問題の連絡及び意見の交換を行うことになった。そして、同会議では沖縄県から説明を受けたり、援護会や石垣市、武富町など関係団体から要請を受けながら問題の検討を行った。
　そして、平成6年8月には社会党、自由民主党、新党さきがけの与党三党による戦後50年問題プロジェクトチームが戦後処理問題の一環として八重山地域の戦争マラリア問題を取り上げ、鋭意検討が進められた。

④被告国の回答—慰藉事業と沖縄県の見舞金負担を要求
　そして、検討の過程で与党プロジェクトでは、マラリア問題連絡会議や沖縄県から発生当時の状況について報告を受け、「地元住民は（疎開を）軍命ととらざるを得なかった」という見解に達し、平成7年4月25日には与党プロジェクトは、与党政策調整会議でチームの合意内容について了承を受け、政府に対し慰藉事業

を行うことを骨子とする合意事項を伝えた。その内容は次のとおりである。
- その特異性に鑑み基金を設け、慰藉事業を行う。
- 対象地域は八重山とする。
- 慰藉事業等の内容については、本プロジェクトチームでの長い間の論議に十分配慮するものである。

政府は、以上の事項に的確に留意の上、基金の規模、運用、事業内容等を策定すること。

この提言を受け、政府はこの事業を沖縄開発庁の所管とすることとした。そして、平成8年8月の概算要求に向けて、沖縄開発庁と沖縄県で事業内容をいろいろ協議していった。

その間、双方いろんな提案をするなかで沖縄開発庁は、次のような提案をした。
- 沖縄開発庁は沖縄県の協力を得て慰藉事業を行う。
- 諸般の事情に鑑み、沖縄開発庁と沖縄県は、慰藉事業を分担実施する。分担については別途決定する。
- 沖縄開発庁は慰霊碑等のいわゆるハードに要する経費については、全額補助となるよう努めるとともに、沖縄県が分担実施する慰藉事業に要する経費についても、他の補助事業費の確保等による方法により実質的補填に努める。
- 慰藉事業については平成8年度概算要求に計上する。
- 慰藉事業は、例えば慰霊碑、祈念館、除幕式、見舞金等とする。

見舞金については、県の分担事業とする。

⑤沖縄県の拒否回答—戦災処理としての見舞金は国が負担すべき

これに対し、沖縄県としては沖縄開発庁に対し下記の理由により受けられないと回答した。
- 県の単独事業として見舞金給付を実施することは、戦災処理について県が責任を負うこととなり、県民の理解を得ることは極めて困難である。
- 沖縄戦強制疎開マラリア犠牲者援護会は、慰藉事業を国において実施することを求めている。
- 従って、ご提案のあった県の単独事業としての見舞金給付は困難である。

このように、個人給付をめぐっては合意に至ることができず、8月末の概算要求では、沖縄開発庁は総額2億円の慰霊碑建立、マラリア祈念館建設の事業を要求し、個人給付については年末の予算折衝まで調整していくこととなった。
　その後、いろいろ調整を重ねながらも、個人給付については沖縄開発庁と沖縄県は意見の一致をみることができないまま、年末の予算折衝にもつれこんだ。

⑥被告国の解決策―個人補償等の個人給付は行わない
　そして、12月19日に沖縄開発調整会議に報告された与党政策調整会議におけるマラリア問題の解決については下記のとおり了承された。
・国は、遺族に対する個人補償等の個人給付は行わない。
・遺族の慰藉をする場合は、沖縄県において措置する。
・上記2点を沖縄県が了承することを前提に、沖縄開発調整会議としては、沖縄開発庁分「マラリア犠牲者慰藉事業」2億円の他に、与党要求として1億円を追加するよう求める。
　沖縄県としては、この提示に対し翌日次のように回答した。
「12月19日の与党政策調整会議で決定され提示されているマラリア犠牲者慰藉事業について、沖縄県は了承いたします。
　与党政策調整会議の提示では、遺族への慰藉が十分なさるよう配慮されているものと認識しております。
　沖縄県としては、遺族への慰藉として次のような事業を実施したいと考えておりますので、特段の御配慮をお願い申し上げます。
　1.慰霊碑建立事業、2.祈念館建設事業、3.慰霊祭実施費用」

⑦慰藉事業のみ実施
　この後、沖縄開発庁と沖縄県は具体的な事業の詰めを行った結果、下記の事業を実施するため平成8年度政府予算案として総額3億円のマラリア慰藉事業費が計上された。
・慰霊碑建立等事業
・マラリア祈念館（仮称）建設等事業
・マラリア慰藉のための死没者資料収集・編纂事業

・マラリア犠牲者のためのマラリア死没者追悼事業

⑧個人補償（損害賠償）請求権消滅せず

　上記の慰藉事業の実施によっては、個々の被害者の被告国に対する個人補償（損害賠償）請求権は、被告国と沖縄県の合意による実施としても消滅しない。

　慰藉事業としては評価できるものの、戦争被害補償問題の解決としては評価できない。

　依然として被害者は、被告国に対して法的に国家賠償請求が可能である。

3　戦時遭難船舶犠牲者補償問題

①犠牲に至る事実経過と犠牲の実態

　昭和16年12月、真珠湾攻撃から太平洋戦争が勃発し、翌年6月には、ミッドウェー海戦でアメリカ艦隊に敗北したことを口火に、当時日本委任統治領であった南洋群島をはじめ、各領外地では戦況が悪化し始めた。そのような緊迫した事態に日本政府の措置は「本邦への引き揚げ」であったが、すでに制空権、制海権は敵の手中にあった。これら南方諸地域には戦争前農業、漁業等に従事するため70000人余の沖縄県人が居住していた。

　昭和17年ミッドウェー海戦によって日本海軍の優位性は失われ、それとともに制空権、制海権も米軍の把握するところとなった。政府は同年「戦時海運管理令」を制定し、昭和17年4月には船舶運営会を設立し、総合計画の下に一元的に船舶の運営にあたらせた。昭和18年から昭和19年にかけての本土、沖縄間の輸送船の大部分は船舶運営会の運行する船舶であった。

　中部太平洋諸島嶼における戦闘は次第に不利になり、昭和19年7月7日にサイパンが玉砕し逐に絶望的な事態になった。

　また一方、昭和19年7月7日に緊急閣議が行われ、その決定により、奄美大島、沖縄島、宮古島、石垣島の5つの島から、老幼婦女子をただちに疎開させるよう、命令が鹿児島県、沖縄県の両県知事に届けられた。

　そして、昭和19年7月19日には「沖縄県学童疎開準備要項」が制定され、国民学校初等科第3学年から第6学年が原則として対象になった。

　このような戦時体制の下で、昭和17年から沖縄の一般県民が乗船し遭難した

船舶は、外地からの引き揚げのため遭難した船舶、本土・台湾への疎開のため遭難した船舶、本土へ就労等で赴く途上で遭難した船舶、本土から帰省等の目的で遭難した船舶があり、これらの船舶は米軍の空爆や魚雷等による攻撃で撃沈されている。

戦時遭難船舶で沖縄県人の関わる船舶は 26 隻（一覧表）あり、死没者は 3427 人となっている。

②遺族会の結成と国家補償等要求運動

遺族会は昭和 57 年に個々の遭難船舶毎に湘南丸遺族会、嘉義丸遺族会、赤城丸遺族会、開城丸遺族会、台中丸遺族会が結成され、それぞれの遺族会は国や県に対して、遺骨収集や援護法の適用等について要請をしてきた。

昭和 58 年 6 月 19 日には、5 隻の遺族会で戦時遭難船舶遺族連合会を結成し、県に対して国家補償や遺骨収集等を求める要請を継続して行っている。

③戦時遭難船舶の実態調査の実施

県は戦時遭難船舶の実態を把握するため、昭和 35 年 7 月には各市町村長の協力を得て「疎開又は引き揚げ途上海没した学童及び一般邦人の調査」を行い、大まかな遭難船舶数、船舶名、市町村毎の死没者数について調査した。

その後、大阪商船株式会社、日本郵船株式会社等や南洋群島協会等から事故報告書や死没者名簿を入手し、さらには、米国公文書館、国内の資料保存機関から資料収集を行い、戦時遭難船舶の実相について調査検討を行ってきた。また、全国の遭難船舶の実態や県内におる遭難船舶の実態について、遺族関係者からの聞き取り調査を実施してきたところである。

県は補償問題調査検討の結果を報告書としてまとめ、戦時遭難船舶犠牲者の補償問題等について検討するため、平成 5 年 11 月 12 日に戦時遭難船舶犠牲者問題検討会（学識経験者、遺族代表、行政関係者 8 人の委員で構成）を県生活福祉部長の下に設置し、同問題について検討を行った。同検討会では県内及び本土関係者からの事情聴取や関係機関からの資料収集を行いながら、乗船目的や、航行目的毎に分類し集中的に調査検討をした。報告書は、第 1 章　戦時遭難船舶と沖縄県民、第 2 章　疎開船の遭難、第 3 章　引揚船の遭難、第 4 章　沖縄定期航路

の遭難、第5章　戦時遭難船舶と米潜水艦作戦、第六章　沖縄の戦争犠牲者と援護法制、まとめ　から構成されており、平成7年3月29日にこの結果をとりまとめ、生活福祉部長へ報告された。

④報告書の内容（補償問題等の早期解決を明記）
報告書は次のように結論づけている。
　　　記
　1　これまで一切の援護法の対象とされなかった本土定期航路船の一般乗客犠牲者は約900名に及んでいるが、同航路が"戦場化"した危険海域であった事情に鑑み、大局的にみれば戦場における戦闘協力者と変わることはない。従って、これらの戦時遭難船舶犠牲者に対しては援護法でいう「戦闘参加者」に準じた判断に立って、何らかの処遇がなされるべきである。
　2　戦時遭難船舶犠牲者の中には、現行制度で適用条件を満たしていながら、何らかの事情で適用を受けていない事例もあると考えられるので、その救済に努力することが望まれる。
　3　引揚者遺族給付金や一般船客の見舞金などの海上犠牲者に対する援護措置については（対馬丸の疎開学童に対する特別支出金を唯一の例外として）陸上の場合と比べて著しく不利な条件におかれており、遺族にとっては不公平感を拭うことができない、国においては、当時の沖縄県民の置かれた特殊事情に鑑み、陸上における「戦闘参加者」に準じた観点に立って、戦時遭難船舶犠牲者全般に対し、補償問題の根本的な解決の方法を図るべく特段の配慮を期待したい。
　なお第一、第五千早丸の遭難学童については、学童疎開に準じた形で疎開準備がなされながら、結果的に船便の都合で両船に乗り合わせて遭難したのであるから、対馬丸遭難学童に準じた処遇が望まれる。
　4　さらに上記の要請事項に加え国や県においては、遺族会活動への補助、記念碑の建立、霊域の維持管理、記念行事の開催、平和行政の拡充、平和教育の推進など、新たな次元に立って遺族及び関係団体に対する集団的で精神的な援護、補償事業を実施して、高齢化しつつある遺族に対して早急に目に見える形での援護事業の前進を図ることが必要であろう。

⑤補償問題は依然として未解決

　沖縄県はこれまで戦時遭難船舶犠牲者補償問題を、戦後処理の一環として取り組み、解決に向け総合的に調査検討を重ねてきたところであるが、同問題の解決には至っていない。その理由は、同問題が全国的な問題であり、沖縄特有の問題としてとらえることは難しく、また犠牲者の中にはすでに引揚者遺族給付金や見舞金等何らかの援護措置の対象となったものもあり、船舶毎に様相を異にしていること。

　国においては、昭和63年5月に「平和祈念事業特別基金等に関する法律」が施行されたが、一般戦争犠牲者については個別的な処遇の対象となっていないこと。また、同犠牲者については、国との一定の身分関係の問題や、戦争公務遂行中の被害といえるかの問題もあり、解決の見通しがついていない状況にある。

　しかし、その法律自体が問題であり、被告国の責任において解決しなければならない重大な課題である。

4　沖縄戦一般被災者補償問題

①沖縄戦における一般民間人の被害の実態

　沖縄は今次大戦で国内唯一住民を巻き込んだ地上戦で、空、海、陸からの鉄の暴風下に曝され、山容地形はすべて変貌し、その戦禍は筆舌につくし難い悲惨なものであった。一般県民94000人（全戦没者数20万人余）の尊い人命を奪い、営々と築き上げた幾多の財産や文化遺産の悉くを灰じんに帰し、多くの負傷者を出した。

　昭和19年10月10日の米軍の大空襲以来、間断なく空襲を受け、昭和20年3月26日慶良間諸島への米軍上陸に続いて、同年4月1日沖縄本島への上陸となり、90日余にわたる攻防戦は、老幼男女の別なく軍に協力して、食料の供出、弾薬、物資等の輸送、飛行場の設営、戦傷病者の手当並びに輸送又は陣地構築、壕の提供等数々の協力を身の危険を顧みず奉仕し、生命、身体、財産の損害を蒙り、奇跡的に生き残った。そして、沖縄での組織的な戦闘は昭和20年6月23日に終了し、9月7日嘉手納で降伏文書が調印された。

②一般民間人被害者の中で「戦闘参加者」として補償された被害者とまったく補償されていない被害者

　沖縄戦における被災者のうち軍人・軍属はもとより、一般県民で戦闘参加の実態がある者については準軍属の戦闘参加者として援護法の適用を受けているが、その他の沖縄戦被災者については何らの措置も講じられていないとして、昭和46年に沖縄戦被災者補償期成連盟が結成された。県は同連盟に対し補助金を交付し、沖縄戦で被災した負傷者、死没者の名簿を作成させた。同連盟は同名簿に基づき、一般戦傷病者及び戦没者の遺族に対し援護法に準ずる措置を講じてもらいたい旨の陳情を、昭和48年9月、昭和49年6月に行った。

③沖縄県の被告国に対する一般民間人被害者に対する補償要請運動

　県はこれらの要請を受け、同問題を戦後処理の主要な課題と位置づけ、昭和48年から昭和63年までの間に国に継続的に強く要請を続けて来た。
　県の要望とその理由は次のとおりである。
　〈要望〉
　沖縄戦における被災者のうち、何らの援護措置も講じられていない戦傷病者戦没者遺族等に対し、戦傷病者戦没者等援護法（以下「援護法」という）に準ずる措置等を講じていただきますよう特段の配慮をお願いします。
　〈理由〉
　沖縄戦における被災者のうち、軍人・軍属はもとより一般県民の戦闘協力者も準軍属として現行援護法の適用を受けていますが、その他の沖縄戦一般被災者については何らの措置も講じられていない現状にある。
　本県は、本邦において戦場となった唯一の地域であり、住民が90余日にわたる激戦場の真っただ中にあったこと、島嶼であったが故にいかなる努力をしても戦場から離脱できなかったこと、戦闘協力者とそれ以外の者との区別が困難な状況にあったこと等他都道府県とはまったく事情を異にしております。
　したがって、いまだ援護措置が講じられていない沖縄戦一般被災者に対しても援護法に準ずる措置等を講ずる必要があります。

④「沖縄戦」一般民間被害者の援護に関する県の補償要請の根拠
—要望書に記載された沖縄戦と他都道府県戦災との相違点

　沖縄戦は、第２次大戦中の唯一の国内戦で、本土防衛の砦として軍部において計画制定されたものであり、90日余に及ぶ激戦が狭い島で続けられ、老幼男女の別なくその渦中に巻き込まれたもので、他の都道府県の空襲による戦災とは、その内容がまったく違うものである。

　沖縄戦当時は、制空権、制海権も敵の手中に堕ち、陸上も敵の中にあってまったく身動き出来ない状況下であったため、島外への離脱はいかなる方法を講じても不可能で戦闘員、非戦闘員の別なく銃弾に倒れた。

　島嶼であるが故に敵艦船1300有余隻に二重三重に包囲され、鉄の暴風ともいわれた艦砲射撃を浴びせられてあらゆるものを焼失した。

　幼老女子以外の17歳以上45歳までの壮年の県外疎開が軍命により禁止された。

　敵上陸後、年齢、性別を問わず、また、時間、場所を選ばずに軍人の個々の要請に基づき戦闘に参加させられた。

　敗戦の様相が濃厚となり、正確な情報も得られなくなった敗戦直前の混乱期に、県民がスパイ容疑で処置（死亡）された。

　壕内で乳幼児の泣き声のため味方の陣地が米軍に察知されることを危ぐして多くの者が殺された。

　食糧の補給が絶たれ軍民ともに極度に食糧が不足し、軍隊の食糧確保のため強制的に食糧の供出をさせられ、また、隊を外れた軍人によって食糧強奪も相次いだ。

　激戦地の沖縄本島の中、南部地区では戦いを避けるため、軍人と民間人がひしめきあい力の弱い民間人が壕を奪われ、多数の者が銃弾の犠牲になった。

　未曾有の激戦で県民の28％に上る多数の者が死亡した。

　以上のように多数の死亡者、負傷者が続出したが、医療機関も皆無の状況で手当の施しようもなく、言語に絶する悲惨なものであった。

　本土防衛に備えて沖縄の部隊配備は南方の各地域から投入されたため、マラリアその他の伝染病の悪疫が流行し多数の犠牲者がでた。

⑤被告国の拒絶と慰藉事業へのすり替え（戦争問題処理の終了へ）

しかしながら、国においては、戦後残された問題を検討するため昭和57年6月に政府は、総理府総務庁長官の私的諮問機関として「戦後処理問題懇談会」を設け、恩給欠格者問題、戦後強制抑留者問題、在外財産問題等のいわゆる戦後処理問題について検討することとした。

政府としては、同懇談会の趣旨に沿って所要の措置を講じることを基本方針とし、残された戦後処理問題として恩給欠格者、戦後強制抑留者、在外財産等の関係者の労苦に対し慰藉の念を示す事業を行うため昭和63年に「平和祈念事業特別基金等に関する法律」が施行されたが、一般戦争犠牲者については個別的な処遇の対象にならなかった。

このようなことから、新たな措置が極めて厳しい状況にあり、補償実現の具体的な展望が見出せない状況にある。沖縄戦被害者及び沖縄県の被告国に対する沖縄戦の一般被害者補償問題の要請等の活動経過は下記のとおりである。

沖縄戦一般被害者補償問題の要請経過

	要請年月日	要 請 先
1	昭和48年 9月14日	総理大臣・厚生大臣・大蔵大臣・総務長官
2	51年 7月 6日	厚生大臣・総務長官
3	53年11月 8日	厚生大臣・総務長官・沖縄開発庁長官
4	53年11月 8日	同 上
5	55年 1月 9日	野呂厚生大臣
6	55年 1月22日	厚生省援護局長
7	55年 4月15日	総理大臣・厚生大臣・大蔵大臣・沖縄開発庁長官
8	55年12月 9日	参議院沖縄問題特別委員会
9	56年 1月20日	参議院社会労働委員会
10	56年 6月12日	参議院沖縄問題特別委員会
11	56年 7月16日	参議院社会労働委員会
12	56年10月 4日	参議院沖縄問題特別委員会
13	57年12月10日	丹羽沖縄開発庁長官
14	58年 5月 6日	同 上

	要請年月日	要　請　先
15	昭和58年8月8日	参議院沖縄問題特別委員会
16	58年8月29日	同　上
17	59年1月13日	中西沖縄開発庁長官
18	60年8月20日	藤本沖縄開発庁長官
19	60年9月9日	参議院沖縄及び北方問題に関する特別委員会
20	60年10月7日	参議院沖縄及び北方問題に関する特別委員会
21	61年9月1日	衆議院社会労働委員会
22	62年8月9日	自由民主党幹事長　竹下　登
23	62年9月30日	参議院沖縄及び北方問題に関する特別委員会
24	62年11月17日	沖縄開発庁長官
25	63年11月18日	参議院地方行政委員会

⑥沖縄戦被災者補償期成連盟

・設立年月日　昭和46年5月21日
・所在地　　　那覇市泉崎2－3－5
・目的及び事業内容

　国に対し沖縄戦で受けた県民の人命、身体、財産等の被害を戦災処理として補償を要求する。

・沿革

　沖縄戦被災者補償期成連盟は、太平洋戦争・沖縄戦で被害を受けた一般県民で戦傷病者戦没者遺族等援護法、恩給法、援護関係諸法から漏れた方々の人命身体財産等の被害補償を国に要求するため、昭和46年5月に任意団体として設立された。

　同団体では戦災未処理の問題は、当時の国策遂行上、犠牲を強いた国が当然その責任に基づいて行うべきものであり、また沖縄戦における被災は他の都道府県の空襲による被災とはその内容が異なるとの認識のもとで、具体的には昭和19年10月10日那覇空襲から昭和20年9月1日まで沖縄県に居住し、沖縄戦に協力した生存者35万人（推定）に対する慰謝料、負傷者5000人に対する補償、一家全滅家族10000人に対する補償、金額にして1500億余円を国に要求する

ため昭和48年6月の第1陣の要請以来、国に対して20余回の要請、陳情を行ってきた。

一方、国においては戦後処理問題について、昭和63年に「平和祈念事業特別基金等に関する法律」を制定施行し、対応してきたが、同団体が要望している一般犠牲者については同法の対象とならず、補償されないまま今日に至っている。

なお、同団体は現在、休眠状態である。

・歴代会長
　　初代　　当間　重剛
　　2代　　川野長八郎

5　平和祈念事業——一般戦争被害者への補償は対象外

①平和祈念事業特別基金
＊未補償のまま放置された沖縄の民間戦争被害者

前述したとおり、被告国は沖縄県及び沖縄民間戦争被害者から要請された沖縄民間戦争被害者に対する個別補償を拒絶し、慰藉事業を中心とする平和祈念事業を行うことによって対応し、一般戦争被害者は未補償のまま放置され現在に至っているのである。

＊「戦後処理問題懇談会」の戦争問題処理についての不当な結論

国においては、戦後残された問題を検討するため昭和57年6月に政府は、総理府総務庁長官の私的諮問機関として「戦後処理問題懇談会」を設け、恩給欠格者問題、戦後強制抑留者問題、在外資産問題等のいわゆる戦後処理問題について検討することとした。

政府としては、同懇談会の趣旨に沿って所要の措置を講じることを基本方針とし、残された戦後処理問題として恩給欠格者、戦後強制抑留者、在外財産等の関係者の労苦に対し慰藉の念を示す事業を行うため昭和63年に「平和祈念事業特別基金等に関する法律」が施行されたが、一般戦争犠牲者については個別的な処遇（補償）の対象にならなかった（一般戦争被害者に対する補償・援護はなく放置されている）。

②平和祈念事業特別基金の事業の概要

平和祈念事業特別基金は、昭和63年法律第66号に基づき、今次の大戦における尊い戦争犠牲者を銘記し、かつ、永遠の平和を祈念するため、恩給欠格者、戦後強制抑留者、引揚者等の関係者の労苦について国民の理解を深めること等により関係者に対し慰藉の念を示す事業を行うことを目的として、昭和63年7月1日設立された。

平和祈念事業特別基金において行う事業は、次のとおりである。

＊慰藉事業

①資料の収集、保管及び展示、②調査研究、③記録の作成・催しの実施等、④催しの助成、⑤目的達成事業がある。

沖縄県においては、平和祈念事業特別基金より恩給欠格者に係る在職年等確認調査に関する業務及び戦後強制抑留者（中途送還者）に係る確認調査に関する業務を受託し、昭和63年度より業務を行っている。

平和祈念事業特別基金の目的達成事業として

●恩給欠格者に対する書状等贈呈事業

旧軍人・軍属であって年金たる恩給又は、旧軍人・軍属としての在職に関連する年金たる給付を受ける権利を有してない者（戦後強制抑留者を除く）のうち、今次の大戦において旧軍人・軍属として現在の本邦以外の地域、南西諸島、小笠原諸島又は、歯舞諸島のいわゆる北方四島に勤務した経験を有し、かつ、恩給法でいう在職年が加算年を含めて3年以上であって、請求時に日本国籍を有する者に対し、内閣総理大臣の書状及び銀杯を贈呈している。

●恩給欠格者に対する新規慰藉事業

恩給欠格者で、書状・銀杯を受けた者に対し高齢者の順に、銀杯ケース、書状用額縁セット、懐中時計、テレホンカード（平成4年1月以降中止）、旅行券等引換券のうちいずれか1点を請求者の希望に応じて贈呈している。

●戦後強制抑留中死亡者に対する慰労品の贈呈事業

戦後、旧ソ連邦または、モンゴル国の地域において強制抑留された者で本邦に

帰還したものまたはその遺族に対しては、昭和63年度から書状及び銀杯の贈呈が行われている。

しかし戦後強制抑留中死亡者の遺族で、平成元年9月1日において日本国籍を有する者に対しても平成元年9月から、内閣総理大臣名の書状及び銀杯の贈呈事業を開始し、その請求期限は、平成5年3月31日に到来したが、現在厚生省が旧ソ連邦から引き渡された「抑留死亡者名簿」に基づき、その遺族に通知を行っているので、これより住所の判明した者には、基金からも事業の案内を送付しており、この通知が実施されている間は請求を受け付けることとしている。

●引揚者に対する書状の贈呈事業

終戦に伴い外地から引き揚げてきた者に対する慰藉事業として平成3年9月から、内閣総理大臣名の書状を贈呈している。書状贈呈の対象は、①引揚者等に関する特別交付金の支給に関する法律（昭和42年法律第114号）に基づき特別交付金を受給した者、②特別交付金を家族の分も含めて一括して受給した者（代表受給者）が死亡している場合にあっては、その代表受給者に特別交付金の受給権を譲渡した者（譲渡した者が2人以上のときは、その総代者）、③代表受給者に特別交付金の受給権を譲渡した者で、離婚または離縁、その他特別の事情にあると認められる者で、この事業の請求期限は平成8年3月31日となっている。

＊戦後強制抑留者に対する特別事業

基金は、慰藉事業のほか、基金法第43号第2項及び第55条第1項の規定に基づき国からの委任又は委託による事業を行っている。

●慰労品の贈呈事業

戦後強制抑留者又はその遺族であって昭和63年8月1日に日本国籍を有する者に対し、内閣総理大臣名の書状及び銀杯（単杯）を贈呈している。なお平成元年度から、恩給等を受給している者に贈呈する銀杯は、3つ重ねとした。この慰労品の請求期限は、平成5年3月31日に到来している。

従来、戦後強制抑留者は兼ねて恩給欠格者であっても、併せて慰藉事業の恩給欠格者の書状等贈呈事業の請求をすることは、認められてなかったが、請求期限

第6章　沖縄戦被害者への援護行政・救済運動

内に、戦後強制抑留者に対する慰労品等の請求を行わなかった者については、平成5年4月1日以降、恩給欠格者としての書状・銀杯の請求を行うことができることとなった。

●慰労金支給事業の受託

戦後強制抑留者又はその遺族のうち、抑留期間が算入された恩給や共済年金又は抑留中の負傷疾病に起因する恩給や、戦傷病者戦没者遺族等援護法による年金等の給付を受ける権利を有していない者に対し、平成5年3月31日までを慰労金の請求期限として、政府は10万円の慰労金（2年償還の記名国債）を支給している。

完全な廃墟と化した首里城周辺。後方に首里の町。手前の池は龍潭池。

〈第7章〉
被告国の法的責任（その1）
国民保護義務違反による不法行為責任

第1　問題の所在

1　「沖縄戦」人的被害の法的責任の解明の必要性

　これまで詳述したとおり、沖縄戦における特徴・異常な事例として沖縄県民の4分の1の少なくとも15万人が死亡したが、それは非戦闘員である一般住民の死がほとんどであり、戦闘員である軍人の死亡数を超えている。日本軍による自国民に対する住民虐殺、「集団自決」、壕の追い出し、食糧強奪などの違法行為が多発した。

　この沖縄戦における非戦闘員たる一般住民の死と被害の実態を見るにつけ、一体戦争行為・戦闘行為を遂行する軍隊と住民との関係はどうあるべきか、日本軍には一般住民の犠牲を出さない行動をとる義務・責任がなかったのか、まず最大の基本的問題点である。その点に関する法的責任の問題は解明されなければならない。

2　戦争当時、有事（戦時）における「国民保護法」が制定されておらず、国内戦における住民保護対策が完全に欠落していた事実

　平成16年に有事（戦時）における国の安全と国民の保護のため国民保護法が制定され、避難方法、避難地区の規定などその保護対策なるものは詳細を極めている。現行の国民保護法の内容の当否は別としても、一般的に有事（戦時）の際

に国土保全と国民の保護対策は万全を期すべきである。

　沖縄戦のように「国土戦」を行う場合は、なおさらそうである。しかしながら、戦前・戦中の日本には国内戦における国民保護策を講ずる法令はまったく制定されていなかった。日本は明治以来、日清戦争、日露戦争など幾多の対外的戦争を遂行してきたが、一度も「国土戦」の経験がなかった。そのために国土戦の場合の国土保全と国民保護対策が欠落していた。

　日本軍は対外戦を行ういわゆる「外征軍」であった。すべてこの「外征軍」としての軍事戦略と軍事思想を中心に行動していたのであるから、自国内において国土戦が実行された場合に国民保護策を講ずるべきであるという思想が亡く、具体的法整備などが実施されていなかった。

　この点に関して、日本軍の元中隊長（自衛隊幹部）の発言は注目に値する（1978年12月2日　朝日新聞）。

　沖縄戦における〈友軍〉による住民の殺害問題と関連して、戦時中は「集団自決」のあった渡嘉敷島で中隊長をつとめ、戦後は自衛隊で、沖縄戦史を教えていたというある元陸将補は、現地部隊長の責任を問うだけでは、単なる個人非難に終わるだけで、将来のための戦訓はえられないとして、次のように主張している。

　「沖縄戦は明治以来、外地ばかりで戦争してきた日本軍が、はじめて経験した国土戦でした。戦争が始まる前に国土戦のやり方を決めておくべきだったが、それがなかったので、外地の戦場でやってきた慣習をそのまま国土戦に持ち込み、沖縄戦の悲劇がおこったのです」

　これは、実におそろしい言葉である。

　ここでいう沖縄戦の悲劇とは、住民虐殺、「集団自決」「住民虐殺」など前述してきた日本軍の各所業のことであり、沖縄戦の悲劇の特徴の根拠を端的に物語る証言として、永久に銘記しておく必要がある。沖縄守備軍は、日本軍が外国の戦場で非戦闘員を虐殺したような数々の非人間的所業を自国領土内でやった、つまり、守備軍将兵にとって、沖縄は〈外地〉に他ならなかったと証言しているに等しいからである。むろん、外地での住民虐殺等の悪業自体、許されるべきことではない。

　この発言は、沖縄戦において、「国土戦のやり方」すなわち、国土保全と国民（沖縄県民）の安全保護策をまったく決めないで、沖縄戦を遂行したことを自認して

いる。日本軍は沖縄において「軍官民共生共死の一体化」の軍事方針を貫徹し、住民を死の道連れとし、保護策をとらなかった。

3 軍事的危機状態の中での国の住民保護義務を認めた判例の立場

本件問題点を考察するにつき参考となる判例を掲げる。中国大陸で日中間の戦闘行為が行われていた戦争末期と引き続く戦後の軍事的危機状態の中、中国で発生した中国残留孤児事件では、判例は国と軍の住民保護義務を認めている。

①中国残留孤児訴訟の大阪地裁判決　平成17・7・6
（判例タイムズ1202号125頁、法律のひろば2005年9月号61頁）
この判決は、次のように判示している。
「日本は、（注：1945年）8月14日、在外機関に対し、『三ケ国宣言受諾ニ関スル在外現地機関ニ対スル訓令』の中で、居留民をできる限り現地に定着させる方針を執り、現地での居留民の生命、財産の保護については、万全の措置を講ずるよう指示したが、その後の同年10月25日の連合国最高司令官総司令部（GHQ）の指令により日本政府の外交機能が全面的に停止されたことや、終戦に伴って発生した現地の混乱によって、在外邦人は、生活手段を喪失し、残留することが極めて危険、不安な状態となっていった」
「原告ら残留孤児は、日本政府の国策に基づいて旧満州地区に送出された移民の子であり、ソ連の侵攻及び敗戦後の混乱の中で孤児となり、中国からの自力による帰国が困難となったことが認められ、このように原告らが孤児となったのは、国策による旧満州地区への入植・国防政策の遂行という日本政府の先行行為に起因するものである……」
この説示前段部分は、明らかに被告国において中国における戦争状態にあった地域の日本人居住者に対する被告国の生命・財産の保護義務を認定しているものである。

②中国残留婦人訴訟の東京地裁判決　平成18・2・15（判例時報1920号45頁）
この判決は、次のように判示している。
「日本政府は、開拓団を外地の危険地帯に送出しながら、現地の軍事的危険性

を開拓民に知らせず、軍事的危険が到来した場合の国民保護策（現実的な避難計画等）を立てることもなく、ソ連軍進攻により開拓団の居住地が戦場と化す危険が切迫してもなお、開拓団の被害を軽減するための策を講じないまま、1945年8月9日にその潜在的危険を現実化させてしまったものである」

と被告国に、「軍事的危険が到来した場合、すなわち戦場化の被告国の具体的な国民保護策を講ずるべき義務がある」ことを前提にしている。

第2　明治憲法下の法令に基づく法的主張

原告らは、被告国の法的責任の根拠として、当時の国権の発動としてなされたアジア太平洋戦争と、その末期に行われた「沖縄戦」自体の違法性を問擬しているのではないことを明確にしておくことにする。

原告らは、大日本帝国憲法（明治憲法）体制下で行われた本件沖縄戦によって被った被害の本件損害賠償請求権の根拠として、被告国（当時）の沖縄戦遂行過程における国民保護義務に基づく注意義務違反による不法行為責任（民法709条、同715条）を主張するものである。

この主張は、大日本帝国憲法（明治憲法）下で遂行された本件沖縄戦の被害について法的賠償義務の根拠として、その当時の明治憲法下での国家観・価値観・成文法令・法解釈等に基づいてまとめたものである。

戦前の国家政策を現行憲法下の国家観・価値観・成文法令・法解釈等に基づいて主張しているのではない。本件戦争当時の国と現在の国は憲法体制に根本的変化はあったものの、国としての実体は同一であるから、当時の損害賠償義務は、現在の被告国が承継している。

原告らは、本件沖縄戦を遂行した被告国、日本軍にとっては、米軍との戦争行為、戦闘行為という非常事態が、沖縄の非戦闘員一般住民に対しては、その生命、身体、安全等に具体的危険を発生させることはいとも容易に予見できることであるから、一般住民の生命、身体、安全等への危険発生を未然に防止する保護義務（法令上、条理上）があるのにそれを怠り、戦争行為・戦闘行為等を開始し遂行した過失があり、それによって被った原告らの被害につき被告国に謝罪と賠償義務があると主張するものである。

第3　国民（人民）保護義務（責任）の法的根拠

1　基本的な考え方（国家と軍隊の存在理由）

　国家とは、一定の領土に定住する多数人から成る団体で、統治組織を持つもの。国家については統治権（又は主権）、領土及び国民（人民）がその3要素と説かれる。国民（人民）は国家構成の必要不可欠な基本3大要素の1つとなっているのである。

　国民とは国家の所属員のことである。国権に服従する地位では、臣民又は人民、国政に参加する地位では公民又は市民と呼ばれている。国民（人民）抜きの国家はそもそも考えられない。国家と国民（人民）は一体不可分の関係にある。

　臣民とは、（1）国権に服従する地位における国民。（2）君主国の国民。条約に「臣民及び人民」とある場合の臣民はこの意味。（3）天皇及び皇族以外の日本人。旧憲法の用語。皇族を臣民に含ませた例もあった（新法律学辞典第3版797頁　有斐閣）。

　臣とは、もと、君主に直接使える人の意である。人民とは、（1）国民の総体。（2）共和国の国民。条約に「臣民及び人民」とある場合の人民はこの意味。（3）国権に服従する地位における国民。（4）旧憲法の下で天皇及び皇族以外の日本人を指して用いられたこともある。（3）及び（4）の場合は臣民と同義である（上同辞典797頁）。

　国家とその根幹をなす基本的構成機構である軍隊の存在理由は次のとおり　国防とともに国民（人民）保護のためにある。国民保護義務（責任）の具体的内容は、国民の生命、身体、安全、財産を保護する義務である。特に戦争の行われた時代（行われるであろう時代）のその保護義務は、（1）外敵から国民の生命、身体、安全、財産を守ることであると同時に、（2）法的根拠なくして自国民の生命、身体、安全、財産を自らの手で侵害してはならない義務を当然の内容とするものである。

　そこで、次に国民保護義務（責任）の法的根拠について述べる。この国民（人民）保護義務の考え方は、次に述べる権利保護請求権が参考となる。この権利保護請求権とは、人民が国家に対し、その私権の保護のために、裁判権の行使を請求する公権のことを意味している。

この観念は19世紀後半ラーバント及びワッハによって唱えられ、民事訴訟の国法的基礎を説明するものとして、多くの学者によって採用された。国家が私人の自力による権利の実現、すなわち自力救済を禁止する代償として、私権の保護を一手に引き受け、自ら権利保護義務を負ったことに対応する人民の請求権が権利保護請求権であるとされる。
　この考え方は、国家が人民の私権保護のための法的義務を負うことを意味する。この権利は、訴訟上だけでなく訴訟外においても存在し、その請求する保護の態様、裁判権の作用の異なるに従って、訴権・強制執行請求権・保全請求権・破産請求権等の形をとって現れる。この説による訴権は、判決による保護、すなわち訴えによって自己に有利な判決を請求する権利となり、具体的な内容の勝訴判決を請求できる権利を認める点で、具体的訴権と呼ばれる。
　この権利の要件を権利保護要件といい、訴訟上勝訴の判決を受ける要件として、その者の主張どおりの私法上の権利関係が存在すること（これを実体的権利保護要件という）のほかに、当事者適格（訴訟追行権）のあること、訴訟物が一般的に裁判上主張できる権利関係であること（権利保護の資格）及び具体的に保護を要求する法律的必要があること（権利保護の利益又は権利保護の必要（→「権利保護の利益」などが含まれる（これを訴訟的権利保護要件という）（後略）（前掲法律学辞典380頁）。
　この考え方は、国民から国家に対する保護請求権の行使として機能しているのである。国家は国民に対して訴訟手続のみならず訴訟外においても国民の私権が保証されるように保護する義務を負う。ここでいう私権とは、国民の生命、身体、自由、安全、財産のことであり、国は訴訟手続外でも、その私権保護の義務がある。前記の中国残留孤児事件の2つの判例も、この考え方が基礎にあると思われる。

2　条理・判例（『法の本質』美濃部達吉著）

　条理は物事の道理・筋道のことである（条理の定義・判例について詳しくは、後述の公法上の危険責任および立法不作為で述べる）。実定法、慣習法などない場合には、法源の一つとして認められている。
　国家とその基本構成要素の軍隊の役割・任務は国家存立・継続の発展であり、そのためには国土防衛と国民の生命、身体、安全、財産を保護する義務を有して

いるとの考え方は、古今東西を問わず物事の普遍的原理であることは、異論をみない。それが物事の道理・条理であり、国家と軍隊の存在理由をそこに見ることができる。

前掲の中国残留孤児事件（2件）で、戦時における戦争状況などにおける国と軍隊の国民保護義務を認めた根拠の一つが条理である。他の一つが、人民（国民）が国家に対して有する権利保護請求権である。

3　五箇条の御誓文（明治元年3月14日発布）
　　―国民（人民）保護を国是と定める

明治政府は明治元年建国に当たり、次のとおり五箇条の御誓文を発布し、国是として「万民保全」[（注）すべての人民（国民）を保護して安全を守ること］掲げている。慶応4（1868）年3月14日、明治天皇が紫宸殿で公卿諸侯を率いて天地神明に誓ったもの。臣民（国民）に対する天皇（明治政府）の誓約文であり、天皇及び政府が国民に対する保護義務を負うことを認めた。

一、広ク会議ヲ興シ、万機公論ニ決スヘシ。
一、上下心一ニシテ、盛ニ経綸ヲ行フヘシ。
一、官武一途庶民ニ至ルマテ、各其志ヲ遂ケ、人心ヲシテ倦マサラシメンコトヲ要ス。
一、旧来ノ陋習ヲ破リ、天地ノ公道ニ基クヘシ。
一、智識ヲ世界ニ求メ、大ニ皇基ヲ振起スヘシ。

我国、未曾有ノ変革ヲ為サントシ、朕躬ヲ以テ衆ニ先ンシ、天地神明ニ誓ヒ、大ニ国是ヲ定メ、万民保全ノ道ヲ立テントス。衆亦此旨趣ニ基キ、協心努力セヨ。

この内容は明治憲法の制定内容の基本となり、その後の明治の立憲制及び議会制の発達はこの御誓文の原則の拡充発展であると説かれてきた。この意味では、最初の重要な法源といわれている。

4　讀法（どくほう）（軍人の基本的規範）（明治4年12月発布、同5年3月改正）
　　―国家禦侮・萬民保護

①明治四年十二月、国家禦侮・萬民保護ノ本、として軍人に対し「讀法」が発布

第一章
陸海軍ヲ設ケ置ルールハ国家禦侮ノ為メ萬民保護ノ本タレハ此兵員ニ加ハル者ハ忠節ヲ盡シ兵備ノ主意ヲ不過失事
（第二章～第七章略）
読法とは、軍人の基本的規範を定めたもので軍隊に入る新兵の誓約書のことである。明治のころの兵隊は、字の読めない者もいたため隊長が読んで聞かせ新兵が誓約書に署名することになっていた。

② （明治5年3月9日改正）讀法
第一条　兵隊ハ第一　皇威ヲ発揮シ国憲ヲ堅固ニシ国家万民保護ノ為ニ被設儀ニ付此兵員ニ加ハル者ハ忠誠ヲ本トシ兵備ノ大趣意ニ背カス兵隊ノ名誉ヲ落トササル様精々可相心得事
明治四年我が国は陸海軍を設置した。その軍隊設置の目的は讀法第一条に謳う「国家禦侮・萬民保護」にあった。また、明治5年改正1条では、「兵隊」（軍人）は、「国家万民保護」がその任務であると明記された。なお、明治15（1882）年3月15日には軍属讀法も制定された。軍人に示した基本的規範を「讀法」といった。
この讀法の規範は後述の「軍人勅諭」に引き継がれた。

5　軍人勅諭（明治15年1月4日発布）

この讀法が明治15年1月4日、明治天皇から「陸海軍軍人ニ下シ給ヘル勅諭」（以下「軍人勅諭」）に承継された。すなわち、軍紀は更に一新、世論に惑わず、政治に拘らず、軍人の実践すべき徳目を主体に掲げ、国防と蒼生（注　人民・国民の意）の保護を軍隊の本義とした。
注目すべきは、讀法にいう「万民保護」の理念である。我が国の人民のみならず日本国内在留外国人も保護の対象とした。明治の先覚者たちの宏遠な博愛の理念が軍隊設置の目的に銘記され国際的感覚の萌芽を見る。
明治15年の「軍人勅諭」では、歴世の祖宗の専蒼生を憐み給ひし御遺澤なりというへとも（中略）汝等皆其職を守り朕と一心になりて力を国家の保護に盡さは我が国の蒼生は永く太平の福を受け我が国の威烈は大に世界の光華ともなりぬべし（以下略）、と告諭した。

憲法の精神を継承した「軍人勅諭」は、「国家の保護に盡さは我が国の蒼生（国民）」は永く太平の福を受け、と結び軍人の至上の責務は、国民の保護に専念、盡くすべきところにぞある、と高らかに命じている。この軍人勅諭は国および軍隊・軍人の国民保護義務を明確に定めている。

この国民保護義務は次の大日本帝国憲法等に引き継がれていく。

6　大日本帝国憲法（明治22年2月11日発布）・告文・憲法発布勅語

大日本帝国憲法とその告文と憲法発布勅語は、国・天皇・軍の国民保護義務をより明確に規定しているので第4で改めて詳述する。

7　戦陣訓（昭和16年1月8日発す）

東條内閣は、対米戦争が必至と判断された昭和16年1月8日に「戦陣訓」を定めた。

戦陣訓は、軍人が戦闘等に関し準拠すべき軍人精神の根本義として定めた規範であるが、「本訓其三第一、七には「皇軍の本義に鑑み仁恕の心強く無辜の住民を愛護すべし」と定め、前述の国民（人民）保護を義務づけている。

8　官報號外・内閣告諭（内閣総理大臣鈴木貫太郎・昭和20年8月14日）

「特に戦死者戦災者の遺族及び傷痍軍人の援護に付いては国民悉く力を效すべし」として戦争被害・損害について国に援護責任があることを認めたことであり、そのことは国民保護義務があることを前提としている。

第4　大日本帝国憲法・告文・憲法発布勅語

1　成立経過と概要

明治4年、「漸次立憲政体を立つるの詔」が下され、14年には10年後に国会を開設する詔勅が発せられるや、各方面で「私擬憲法」が論ぜられるようになった。

政府は伊藤博文らをヨーロッパに派遣して各国憲法を視察・調査させた。そして、憲法制定に先立ち、華族令（明治17年）、内閣制（18年）、枢密院制（21年）などが公布された。そして、伊藤博文・井上毅・伊東巳代治・金子堅太郎を中心

に憲法草案が練られ、明治21年、成案が枢密院の諮詢を経て確定した。
　『大日本帝国憲法』は、明治22年2月11日、欽定憲法として発布された。同時に、この憲法と一体のものとしていずれも天皇の「告文」と「憲法発布勅語」を発した。そもそも立憲主義とは、憲法に基づいて国政が行われることであるが、近代憲法であるためには三権分立が確定されており、人権の保障が整備されていることが当然とされている。
　しかし、『大日本帝国憲法』は、その制定に国民の代表が参加していないだけでなく、天皇が「統治権を総攬」することにより、立法・行政・司法の三権の相互抑制による均衡の原理が機能しないため、「三権分立」は形式上にとどまっている。また、枢密院という天皇直属の機関が存在して、天皇大権（第8～16条及び31条）の諮問にあたり、陸海軍は天皇の統帥大権下にあるなどのため、近代的な立憲主義の条件を充たしていない。
　また、「基本的人権」については、すべて「臣民権利義務」とし、法律の留保（法律を定めれば制約できる）となっており、表現上は天皇から下された「恩恵と臣民としての義務」という関係になっていると言われている。しかし、単なる恩恵的なものではなく、天皇の臣民に対する責務等については、前述の五箇条の御誓文などや憲法の定めにより具体的責務等が定められているのである。一定の人権保障がなされている。さらに、皇族・華族・勅選議員からなる貴族院が存在すること、中央集権制が貫徹され地方自治の規定を欠くことなど、近代憲法の性格とは著しく異なる憲法であった。
　しかし、前述の法律に依らなければ臣民の権利は制限できない点をみれば、衆議院における国民の代表者を通じての政治の民主的コントロールの道は開かれており、裁判もまた法律に基づいて行われることから、デモクラシーの原則が機能する余地は存在した。
　第二次世界大戦の敗戦の結果、『日本国憲法』が制定され、それに伴い日本の国家体制は根本的に変革された。

2　告文

　明治天皇は、告文において臣民たる国民に対して、その臣民の幸福や憲法制定の目的等について、次のとおり意思表示をし明示・明言している。

「(中略)皇宗ノ遺訓ヲ明徴ニシ典憲ヲ成立シ条章ヲ昭示シ内ハ以テ子孫ノ率由スル所ト為シ外ハ以テ臣民翼賛ノ道ヲ広メ永遠ニ遵行セシメ益々国家ノ丕基ヲ鞏固ニシ八洲民生ノ慶福ヲ増進スヘシ？ニ皇室典範及憲法ヲ制定ス」

ここでは「八洲民生」とは民生は国民のことであり、「八洲」の中には、当然のこと「沖縄諸島」が含まれている(伊藤博文著「帝国憲法義解」2～4頁)。

憲法制定の目的は、国家の基礎を鞏固にするとともに、沖縄諸島を含む「八洲民生の慶福の増進」にあることを明記している。

「(中略)皇考ノ神祐ヲ？リ併セテ朕カ現在及将来ニ臣民ニ率先シ此ノ憲章ヲ履行シテ愆ラサラムコトヲ誓フ」

天皇は憲法の履行義務があることが明記(誓約)されている。

3　憲法発布勅語

「(中略)朕国家ノ隆昌ト臣民ノ慶福トヲ以テ中心ノ欣榮トシ朕カ祖宗ニ承クルノ大権ニ依リ現在及将来ノ臣民ニ対シ此ノ不磨ノ大典ヲ宣布ス」

「(中略)朕祖宗ノ遺烈ヲ承ケ万世一系ノ帝位ヲ踐ミ朕カ親愛スル所ノ臣民ハ即チ朕カ祖宗ノ惠撫慈養シタマヒシ所ノ臣民ナルヲ念ヒ其ノ康福ヲ増進シ其ノ懿徳良能ヲ発達セシメムコトヲ願ヒ又其ノ翼賛ニ依リ与ニ倶ニ国家ノ進運ヲ扶持セムコトヲ望ミ」

「(中略)朕ハ我カ臣民ノ権利及財産ノ安全ヲ貴重シ及之ヲ保護シ此ノ憲法及法律ノ範囲内ニ於テ其ノ享有ヲ完全ナラシムヘキコトヲ宣言ス」

ここでいう「臣民の権利」とは、臣民の生命・身体・安全・自由のことであり、天皇はそれらを貴重・保護し憲法及び法律の範囲において完全に「保障」する旨宣言し、臣民に「約束」しているのである。

「(中略)朕カ在廷ノ大臣ハ朕カ為ニ此ノ憲法ヲ施行スルノ責ニ任スヘク朕カ現在及将来ノ臣民ハ此ノ憲法ニ対シ永遠ニ従順ノ義務ヲ負フヘシ」

天皇の憲法遵守義務を明記している。そのことは、臣民の生命・身体・安全・自由・財産を保護する義務のあることを意味しているのである。

4　大日本帝国憲法の規定

①帝国憲法9条（天皇の公共の安寧秩序保護義務と臣民の幸福増進義務）

帝国憲法第9条は天皇の臣民の幸福増進義務について次のとおり定めている。

「天皇ハ法律ヲ執行スル為ニ又ハ公共ノ安寧秩序ヲ保持シ及臣民ノ幸福ヲ増進スル為ニ必要ナル命令ヲ発シ又ハ発セシム但シ命令ヲ以テ法律ヲ変更スルコトヲ得ス」

天皇の発する命令は、法律を変更することができず、天皇も法律に従うことが定められており、天皇も法律の範囲内において施策を実行する義務を負っていた。したがって、皇は憲法及び法律で定められた、生命、身体、安全、自由、財産を保護する義務・責務を負うものである。

②臣民の権利義務（第2章　第18条～32条）

臣民の納税義務、兵役義務の規定とともに、法律の定める範囲とはいえ、臣民の生命、身体、安全、自由、財産を保障している。

この規定からすれば、国と軍隊は、納税義務と兵役義務を負う国家存立の人的基盤をなす国民の生命、身体、安全等を保護する義務を有していることは、相互依存の関係からして当然である。「国なくして国民なく、国民あって国あり」の相互関係にある。

③帝国憲法第32条（軍人の権利義務）と軍人の憲法・法律遵守義務

第32軍は、「本章ニ掲ケタル条規ハ陸海軍ノ法令又ハ紀律ニ牴触セサルモノニ限リ軍人ニ準行ス」と軍人の権利義務を定めている。

軍人には日本臣民として当然に憲法と法令等の遵守義務がある。その義務からすれば、軍人は日本臣民の憲法で定めた権利、すなわち生命、身体、安全、財産を守る憲法上の義務があり、それらを犯してはならないのである。その天皇の義務は通常の国政上も、戦争状態等など非常時においても同様である。

5　刑法などの定めと臣民の生命・身体・自由・安全・財産の保護

軍人といえども上記憲法上の義務からして、諸法規・諸法令を遵守する義務があるので、戦争中であっても一般住民に対する殺人罪、強盗罪など処罰法規や刑事手続法規が適用される。

沖縄戦における日本軍の個々の行為である住民虐殺や「集団自決」、壕追い出し、食糧強奪なども刑法など処罰法規に触れることになる。

第5　戦時・国家事変の場合と臣民の生命・身体・自由・安全・財産の保護（保護義務）―戒厳令施行せず

　沖縄には戒厳令施行せず――沖縄には、戦時中であるにもかかわらず戒厳令が施行されなかった。戒厳令が施行されていれば、司法・立法・行政の基本的権限は戒厳司令官が掌握することになるが、戒厳令が施行されない場合は、通常の平時と同様の手続で民事・刑事についての裁判が行われることになる。
　軍隊といえどもみだりに住民の生命、身体、安全等を侵害してはならないのである。
　日本軍の住民虐殺、「集団自決」その他の違法不法行為と刑事罰――前述のとおり、沖縄には戒厳令が施行されなかったので、日本軍といえども沖縄住民に対しては、裁判を行う権限や刑事罰を科することは出来なかった。もちろん、何らの法的手続を経ることなく、いきなり住民殺傷等を行うと、刑法が適用され、殺人罪、傷害罪等に該当することになるのである。
　仮に戒厳令が施行されていても、戒厳法に定める手続による民事裁判、刑事裁判等が実施されるのであり、いきなり一般住民を殺害するなどということは、その手続抜きには諸法規に違反する違法行為となるのである。
　以上の点から日本軍の沖縄一般住民に対する住民虐殺、「集団自決」などの所業は違法となり、刑事・民事上の責任を負わなければならない。

第6　民法の不法行為の成立要件―国民保護義務違反との関係

　被告国が実行した対米英の「沖縄戦」戦争行為が国権の行使・発動としてそれ自体は全体として合法（違法でない）だとしても、被告国の国民保護義務違反により原告ら一般非戦闘員らが個々の戦闘・戦時行為により受けた被害については、不法行為を構成する。不法行為の成立要件は次のとおりである。
　本件沖縄戦当時においても、現行民法が適用されていた（現行民法は明治29年4月27日制定）。
　民法上の不法行為の成立要件は次のとおりである。（　）内は、本件沖縄戦にあ

第7章 被告国の法的責任（その1）

てはめた場合の要件該当事実の要約である。

①通常の不法行為（民法709条）

民法第709条は、不法行為による損害賠償を規定し「故意又は過失によって他人の権利又は法律上保護すべき利益を侵害した者は、これによって生じた損害を賠償する責任を負う」と定めている。その成立要件を具体的に分けると整理すると次のとおりとなる。

1、違法行為—本件沖縄戦遂行に当たった戦闘行為、作戦行動などでの個々の事実が違法行為であること
2、損害—本件沖縄戦における違法な戦闘行為等により発生した被害
3、違法行為と損害との因果関係—本件沖縄戦の違法な戦闘行為などにより生じた損害であり因果関係があること
4、加害者（使用者、上司・同僚）の故意・過失—具体的な違法行為を行った32軍または各部隊・その司令官・部隊長・隊員の故意または過失によって損害が生じたこと

②使用者責任（民法715条）

民法715条は、不法行為による損害賠償に関する使用者等の責任として「ある事業のために他人を使用する者は、被用者がその事業の執行について第三者に加えた損害を賠償する責任を負う。ただし、使用者が被用者の選任及びその事業の監督について相当の注意をしたとき、または相当の注意をしても損害が生ずるべきであったときは、その限りではない」と定めている。その成立要件を具体的に分けて整理すると次のとおりとなる。

1、ある事業のために他人を使用していること—被告国・大本営が沖縄戦遂行という戦争事業のために32軍及びその隷下部隊隊員を使用し戦闘行為等に従事させていること
2、その被用者が事業の執行につき第三者に損害を加えたこと—その被用者としての32軍及び各部隊・隊員が戦闘行為等を実行するに当たり原告ら一般民間人に損害を加えたこと
3、被用者の加害行為が、民法709条の不法行為が成立すること—被用者と

しての32軍等の加害行為が上記①の1ないし4の要件を満たしていること
4、被用者の選任及び事業の監督につき相当の注意をしなかったこと、または相当の注意をしていれば損害が生じなかったこと――被告国や大本営が32軍の人選及び本件戦争遂行における一般住民保護のため相当な注意をしなかったこと、又は、被告国・大本営が沖縄戦遂行において一般住民被害が生じないように相当の注意と保護策を講じていたならば損害を生じなかったこと

第7 国民保護義務に違反する具体的な不法行為事実の例示

被告国・大本営・32軍は「沖縄戦」開始前、沖縄戦開始時・遂行中の全過程において、住民の保護責任を履行しなかった過失について述べる。

1 戦局の悪化に伴う国民保護義務に基づく戦争回避義務とその不履行

①絶対国防圏の設定とその破綻と戦争終結義務の不履行（その１）

被告国・大本営が設定した「絶対国防圏」、すなわちサイパンなどマリアナ諸島が1944年7月から同年8月にかけて崩壊した時点でアジア太平洋戦争の日本の敗戦は決定的であった。

そのため東條内閣が倒れたのである。その時点で被告国・大本営は国民保護義務を履行し戦争を終結させるべきであった。それを怠ったために沖縄戦を回避できず、沖縄10・10空襲などを回避できなかった。

沖縄戦必至となった状況と沖縄戦回避のため安全保護義務を怠った。

②沖縄10・10大空襲と事前回避の可能性があったのにそれを怠った
・米軍機が、沖縄方面空襲に向けての動向を事前に察知していなかったために、沖縄県民に米軍機の来襲を知らせなかった。
・日本軍は10・10空襲当日に事前警報を発することを怠った。
・32軍司令部の首脳部全員は空襲前夜、那覇の料亭で「大宴会」を催し、避けに酔いつぶれたために10月10日の朝、空襲を受けてはじめて知ったという大怠慢――事前の防護対策をとらなかった。
・したがって、空襲に対する適切な防御措置、反撃防御を講ずることができな

かった。そのため被害が拡大した。原告らの一般市民が多数被害を被ったのである。

・32軍が上記の措置を具体的に講じていたならば、人的被害は最小限度に食い止められた。この損害は被告国・大本営・32軍の住民保護策懈怠により生じた損害である。

③昭和20年2月、近衛上奏と天皇の戦争回避の拒否—戦争終結義務の不履行（その2）

昭和20年2月に近衛文麿は、天皇に対してこれ以上戦いを続けることは無意味であるので戦争を終結させるべきであると上奏したが、天皇は「もう一戦闘い、戦果を上げるべき」と主張し、戦争を終了させなかった。

その結果、本件沖縄戦が開始・遂行され、沖縄戦被害が生じた。天皇がその時点で終戦の決断をしていたならば、沖縄戦被害は回避でき、地上戦等による原告らの被害も生じなかった。

2　陣地構築における国民保護義務違反

住民地域内又は近接して陣地構築をすべきでなかったのにそれを怠り、積極的に住民地域などに陣地を構築して米軍の集中攻撃を受けた。

大本営と32軍の沖縄全島要塞化が米軍の無差別な集中攻撃を受ける直接の原因となったのでことが明らかであり、そのことは事前に十分予見可能であったのであるから、そのことがそもそも国民保護義務に違反する。

32軍司令部（首里）都市部に構築したことは、住民の住む首里地区に対する米軍の攻撃を当然に予見できたのであるから、首里への司令部構築そのものが国民保護義務に反する行為である。

全島要塞化、すなわち全島各地の住民地区内に、あるいは接近して数百にのぼる陣地を構築し、それを軍事拠点として米軍との戦闘行為をおこなったのであり、それによって住民地区が激戦地となり一般住民に多大な死者・負傷者が出たことは事実である。このような陣地構築は国民の生命、身体、安全を侵害することに直接繋がるので、構築とそれに基づく戦争行為を行うことは、国民保護義務に違反する行為である。

3　戦闘作戦方法における国民保護義務違反

①非武装中立地帯や住民避難地区を設置し一般住民を保護すべきであった

日本軍として沖縄戦開始時に沖縄一般住民保護の視点から米軍に対して非武装地帯の設定を通告し、協議して設定すべきであった。

それをすれば沖縄戦における一般住民10万人もの死亡は確実にまぬがれたと推定しうる。沖縄戦開始後でも非武装地帯の設置は可能であったにもかかわらず、それを怠った。このような非武装中立地帯の設定は当時の国際慣習法によっても認められたのである。

②一時休戦（全地域・部分地域）を行い、一般住民を保護すべきであった

日本軍は、沖縄戦の戦闘中といえども沖縄住民保護のため、一時休戦を行い、住民を安全地帯に確実に移してから、戦闘を行うべきであった。にもかかわらず、一時休戦も行うことなく戦闘行為を実行した。そのために多数の死者が出た。

陸戦ノ法規慣例ニ関スル条約は次のとおり「休戦」について規定されており、32軍は、その国際法上、休戦条項を活用できたにもかかわらず、それをすることなく、沖縄戦を遂行した。

「第5章　休戦
第36条【作戦動作の停止】　休戦ハ、交戦当事者ノ合意ヲ以テ作戦動作ヲ停止ス。若其ノ期限ノ定メナキトキハ、交戦当事者ハ何時ニテモ再ヒ動作ヲ開始スルコトヲ得。但シ、休戦ノ条件ニ遵依シ、所定ノ時期ニ於テ其ノ旨敵ニ通告スヘキモノトス。

第37条【全般的と部分的の休戦】　休戦ハ、全般的又ハ部分的タルコトヲ得。全般的休戦ハ、普ク交戦国ノ作戦動作ヲ停止シ、部分的休戦ハ、単ニ特定ノ地域ニ於テ交戦軍ノ或部分間ニ之ヲ停止スルモノトス。

第38条【通告】　休戦ハ、正式ニ且適当ノ時期ニ於テ之ヲ当該官衙及軍隊ニ通告スヘシ。通告ノ後直ニ又ハ所定ノ時間ニ至リ、戦闘ヲ停止ス。

第7章　被告国の法的責任（その1）

第39条【人民との関係】　戦地ニ於ケル交戦者ト人民トノ間及人民相互間ノ関係ヲ休戦規約ノ条項中ニ規定スルコトハ、当事者ニ一任スルモノトス。

第40条【違反】　当事者ノ一方ニ於テ休戦規約ノ重大ナル違反アリタルトキハ、他ノ一方ハ、規約廃棄ノ権利ヲ有スルノミナラス、緊急ノ場合ニ於テハ、直ニ戦闘ヲ開始スルコトヲ得。

第41条【処罰】　個人カ自己ノ発意ヲ以テ休戦規約ノ条項ニ違反シタルトキハ、唯其ノ違反者ノ処罰ヲ要求シ、且損害アリタル場合ニ賠償ヲ要求スルノ権利ヲ生スルニ止ルヘシ」（後略）

③疎開の徹底の必要と問題点
　日本軍は、沖縄が戦場必至となることが分かっていたが戦闘態勢を確立したのである。とすれば、島内外の疎開を開戦前に徹底させるべきであったが、其れを怠った。そのために原告ら一般住民に被害が生じた。

④住民保護対策についての32軍の対応の基本的欠落
　32軍高級参謀八原博通氏は、著書『沖縄決戦』328〜329頁にかけて次のように述べて住民保護対策の致命的な遅れを認めている。
「住民対策
　津嘉山から摩文仁に至る途中のいたましい避難民の印象は、今なお脳裡に鮮明である。
　各方面の情報を総合するに、首里戦線の後方地域には土着した住民のほか、軍の指示に従い、首里地域から避難してきた者が多数あることは確実である。これら難民を、再びここで地獄の苦しみに陥れ、戦いの犠牲とするのは真に忍び得ない。軍が退却の方針を決めたさい、戦場外になると予想される知念方面への避難は、一応指示してあるはずだった。しかし同方面に行けば敵手にはいること明瞭だ。今やそのようなことに拘泥すべきときはない。彼らは避難民なのだ。敵の占領地域内にいる島の北半部住民と同様、目をつむって敵に委するほかはない。そして彼らへの餞として知念地区に残置してある混成旅団の糧秣被服の自由使用を

許可すべきである。

　軍司令官は、この案をただちに決裁された。指令は隷下各部隊、警察機関—荒井県警察部長は、首里戦線末期においても、なお400名の警官を掌握していた。住民の保護指導のために、特に軍への招集を免除されていた。

　——鉄血義勇隊の宣伝班、さらに壕内隣組等の手を経て一般住民に伝達された。戦場怱忙の間、この指令は各機関の努力にかかわらず、十分に徹底しなかった恨みがある。指令に従い、知念に向った人々も、潮の如く殺到する敵の追撃部隊を見ては、怖気を出し、具志頭付近から再び踵を返す始末である。かくて琉球島南端の断崖絶壁上において、多くの老幼婦女子をいたましい犠牲としたのは実に千秋の恨事である」

⑤致命的欠陥

　軍事研究家大田嘉弘著『沖縄作戦の統帥』（相模書房発行、531〜539頁）によれば、大本営と32軍の沖縄住民保護対策として、非武装中立地帯・避難地区の設定と疎開の徹底化を図るべきであったが、それをしなかった点において致命的欠陥があった旨、詳しく述べ今後の教訓とすべき旨指摘している。［注・この著書は加藤陽三氏（元防衛事務次官・元衆議院議員）の序文と栗栖弘泰氏（元統合幕僚会議議長・陸将）の序文がある。］

　多少長くなるが、同書は沖縄戦研究書として、文献的価値も高いと評価しうるので、極めて重要な指摘部分を引用する。

《第9章　沖縄県民の状況

　沖縄作戦によって、沖縄住民の受けた被害は甚大であった。そして戦没者は、軍人・軍属（男女学徒約1300人を含む）19000名、一般戦没者85500名に及んだ。

　これらの戦争犠牲者は、その大部が首里主陣地崩壊後の島尻地区で生じていることは、これまでの太平洋の島嶼での戦闘と異り、国内戦における住民対策の重要なことを物語っている。

　直接戦場に多数の住民が存在したことが、徒らに被害を増大させたもので、多くの国内戦の特長が見られる。

　非戦闘員の犠牲を避け、軍の自主的作戦の自由を確保するため、国内戦におい

ては、住民対策は作戦遂行上の絶対要件であった。しかし、国内戦の経験のない日本軍及び官民にとっては、努力はしたものの、指導要領の不適切、指導企画力の不足、島民の理解の不足などから、大きな犠牲を生じたのは遺憾なことであった。

第1節　沖縄島民の疎開
1、島外疎開

昭和19年7月7日の夜の緊急閣議において、南西諸島から老幼婦女子を本土及び台湾に疎開させることが決定された。戦局の切迫が感じられたのであった。

制空制海権を失い、しかも食糧自給の不可能な沖縄のような離島作戦では、軍の作戦上の要求を達成するためと、住民の食糧確保の観点から、直接戦闘に関係のない老幼婦女子を事前に島外に疎開させることは、絶対に必要なことであった。

中央部では、サイパンの戦闘以後真剣に考慮されたものであり、沖縄県庁においても7月以降、県民の疎開問題が具体化してきた。

計画によると、沖縄県からは本土に8万人、台湾に2万人、計10万人を疎開させることにした。

しかし、疎開は法的に強制力がなくいわゆる「奨励」の形式で行われた。

だが、実際に業務を推進してみると、

・一家の中心である男子が沖縄にとどまり、老幼婦女子のみを未知の土地に旅させることの不安

・未知の地における生活の不安と送金途絶後の生活維持の困難性

・疎開を決意しても、海上輸送上の不安

などのことから、なかなか軌道に乗らなかった。そこで、県当局は、まず県庁職員等の公務員家族を集めて、7月中旬に第1船を仕立てて疎開させ、その方向を示したので、8月になってやっと軌道に乗り始めた。

しかし、8月22日、疎開学童約700名、一般疎開者約1000名が乗船した対馬丸が、米潜水艦により撃沈され、学童の生存者59名、一般生存者168名という遭難被害を出した。

このため、疎開実施は出鼻を挫かれ、停滞するに至った。しかし、10月10日に大空襲を受けるに及んで、島民は沖縄の来るべき運命を予想するようになり、再び疎開は促進され、20年3月上旬まで疎開は続行された。

この結果、予定の8割の8万人以上が県外疎開をした。

疎開は、陸海軍輸送船艇187隻、その他商船、機帆船等で実施されたが、海上における犠牲は、前述の対馬丸のただ1隻だけであったのは、当時としては幸運であったと言える。

中央統帥部では、事態緊迫の場合の住民の処理について研究をしてはいたが、疎開住民生活の維持や疎開先の受け入れ困難などの複雑多岐にわたる問題があり、実行性のある割り切った案に到達していなかった。

従って、第32軍としても法的に強制力の根拠がなく、県に対して強い要請を行うとともに、船舶について援助を与える程度に止まったようである。

実績が計画の80％を達成したことは、比較的良好な成果と思われる。

2、島内疎開

老幼婦女子を島外に疎開させるとともに、戦闘が開始された場合に、予想戦場から非戦闘員を疎開させることも重要なことであった。この島内疎開の地として、北部国頭地区が指定された。

しかし、この問題は国頭地区は森林地帯で生活に適せず、また軍主力がいない事、すなわち軍の直接の庇護のない所に疎開することの不安と、どうせ玉砕するのならば、一族揃って祖先墳墓の地でという強い島民性によって実施が不十分となった。

昭和20年2月、米軍来攻を判断した第32軍の強い指導で、島内疎開はやや促進されたが、この時は米軍が硫黄島に上陸したので一時的安堵を島民に与えた。

結局、多数が北部に疎開を開始したのは、3月23日の沖縄空襲以後である。疎開というより、むしろ避難と云った方が適切な格好となり、その行動は無秩序となり、軍の行動を妨げ、しかも疎開人員数の上からも、十分な成果は得られなかった。北部に疎開したのは約3万人であった。

国頭方面への疎開が促進されなかった原因には、国頭方面の受け入れ態勢の不備もあった。県当局は、第32軍の要請を受けて、国頭地区の疎開準備をしたが、住宅施設が不足し、食糧の集積も極めて不十分であった。

第32軍としても、疎開の裏付けとなる食糧については、援助出来ず、そのせいもあって実施について強力な要請も多少遠慮されたようである。

島内疎開の範囲は、首里、那覇、中頭地区の住民を国頭地区に疎開させることを主とし、島尻地区の住民は、考慮されていなかった。島尻が食糧生産地であることと国頭地区の広さと食糧事情からそのように決められたのであろう。
　いずれにせよ、島内の疎開は非常に困難であった。これを効果的に実施するには、強権を発動しない限り、困難であると思われる。その前提条件として、国頭に食糧を十分に集積することがなにより大切であった。
　長期的な綿密な準備なくして、国頭への疎開成功は、あり得ないと思われた。
　なお、国頭地区には軍主力は存在しないとは云え、国頭支隊や遊撃隊の戦闘が予期された。その意味では非戦闘地域とはいい難い。従って、国頭は疎開地としては非戦闘員を終結させるに妥当な地域とはいい難く、あくまで他地区との比較の問題であった。
　島内疎開を完全にするには、非武装、中立地区を設定し、これを米軍に宣言するより外はあるまいが、当時の一億特攻の国民感情からして、第32軍として、そのような措置を採ることは不可能であったであろう。

第2節　戦闘間における住民処理
1、戦場行政
　沖縄作戦間においては、戒厳令は施行されなかったので、行政は、島田叡知事が県庁を指揮して行った。
　戒厳令が施行されれば、行政は当然軍の責任となるものであった。中央部においては、19年6月ころから沖縄の戒厳について研究もされたが、第32軍に対して戒厳について特別の指導はなかった。
　第32軍自体は、戒厳について一応の研究をして、敵上陸後には発動することを考慮していたようであるが中央に対してこれを要請することはなかった。
　中央部から戒厳施行を明確に指示し得なかったのは、その利害得失について結論が出なかったためである。
　当時において、軍事・行政・司法の面で軍官民を一元的に統制指揮しうる法的根拠としては、戒厳令の施行が最強力である。これにより、軍自らがすべてを指揮するので、人的・物的に軍の作戦に強力な集中が可能で、しかも措置が速やかに行われる利点がある。

しかし、一方では軍に膨大な負担がかかり、軍司令部の業務が複雑となり過ぎる欠点があった。第32軍が戒厳に踏み切れなかった理由もここにある。
　また、従来から沖縄県庁及び島民の軍に対する協力が極めて良好で、作戦準備に特別の支障がなかったため、その必要を感じなかったこともあげられる。
　戦場の行政は県庁の担任であったが、島田知事以下の献身的活動は、よく軍と協力して実績をあげた。
　しかし、戦闘の推移によって、島民の運命は最終的に決定されるものであるだけに、やはり島民の諸行動については、県に委ねることなく、軍が戦闘の前途を予察して強力に指導する必要があったと思われる。
　しかし、第32軍においては、それについての事前の深い検討はなかったようである。
　軍としては、戦に勝つか、または持久に成功するかによって、結果的に住民を保護するという考えであったと考えられ、あくまで戦闘第一で、住民保護は二義的なものとなったのである。

　2、島尻における住民の損害
　沖縄作戦における住民の損害の大部は、首里戦線を第32軍が撤退した以降、喜屋武半島地区において玉砕した直後までである。すなわち、島尻地区で軍とともに大きな犠牲を生じたのであった。
　島尻地区で住民の大損害が生じたのは、島尻地区に住民が、第32軍とともに大挙して落ちのびたこと、また島尻地区での種々の悪条件があった。
　＊島尻地区への住民の避難
　第32軍は、非武装中立地帯を設定する着想はなかったが、戦闘が緩和な地区に住民を避難させたいとは常々考えていた。その具体的なものが、戦闘開始前の国頭地区への疎開であり、もう一つが首里戦線崩壊後の知念半島への避難勧告である。
　米軍戦史によると、住民の犠牲は首里戦線崩壊までは比較的少ない。米軍もまた、住民の無用の犠牲には配慮するところがあり、戦場地域では投降を呼びかけ、戦線後方の住民に対しては、宣伝ビラを空中から撒布して、沖縄住民は白衣を着て銃撃と爆撃を避ける識別が出来るようにと注意をするなどした。

記述のように、首里戦線は両翼包囲の危機が迫り、第32軍は5月20日ころから、首里地区の撤退を研究し、21日には喜屋武半島で最後の戦闘をする策案が成り、22日には軍司令官が裁決した。この間22日早朝には与那原が突破され、雨乞森高地は占領された。

　与那原から東方の津嘉山方向へ突進する米軍は、第32軍の撤退路を遮断する態勢になる関係上、軍も力戦して敵を容易に進出させず、結果として軍の喜屋武半島撤退を成功させた。

　一方、雨乞森方向から南下した米軍は、第62師団の退却攻勢が成功しなかったこともあって、その進出はめざましく、知念半島方面に早期に迫るに至った。

　軍司令官は28日、各兵団に対し、計画に従って、撤退をすべき軍命令を下達した。

　そして29日、住民を知念半島方面に立ち退かせるようにとの要望を、県知事に申し入れた。

　八原大佐の回想手記の中に、軍が退却の方針を決めたさい、戦場外になると予想される知念方面への住民避難を一応指示し、住民への餞として、知念地区に残置してある混成旅団の糧秣・被服の自由使用を許可したとある。

　当時、戦場行政は県庁が行っており、その業務の中心として、警察機関があり、この時期まだその組織は健在していた。しかし、県庁よりの知念半島避難の命令指示が、早くから実施されたとは思われない。

　当時の米軍の投下した宣伝ビラにも、一般住民は知念半島に集結するように書いてあった。

　このことから、早期に住民に対する強い指導がなされておれば、知念半島に相当数の住民を避難させ得たと考えられる。しかし、県庁の活動は、軍と同じく29日以降になったと思われ、時機を失することとなった。

　すなわち、米軍の南下進出は知念半島と喜屋武半島を遮断する形で、知念半島への入口に沿って急速に南下したため、知念半島へ避難しようとした時は、既に米軍と接触するような状況となっていたのである。

　住民を知念半島に完全に避難させるためには、遅くとも4月22日、軍の喜屋武半島撤退決定と同時に県庁に連絡するとともに、その伝達方法を始めとして、軍の強力な指導の下に、ほとんど強権を発動すると同様の形で、推進するよりほ

かはなかったのではあるまいか。
　そうでなくては、米軍南下の速度からして、間に合わなかったであろう。
　また、住民が避難するに際し我が軍の存在しない方面に行くことは、ただちに敵手に陥ることを意味し、当時の住民がいだいていた米軍に対する恐怖心、敵愾心、または自尊心から心理的に容易なことではない。やはり、頼るのは軍しかないと考え、その庇護内に留ろうとする気持ちが強く働いたものである。
　どうせ死ぬなら、軍の玉砕とともにとの考えも一部にはあったと思われる。だが、このため、喜屋武半島では多数の犠牲者を生じた。
　この時期本土決戦は、必至という状況であった。
　しかし、本土決戦において、住民をどのように処理するかは、まだ結論は出ていなかった。
　古来戦場における住民の処理は、どの戦場にあっても満足な結果が出た戦史はない。
　住民の犠牲を少なくするためには、やはり、非武装中立地帯を設置して、住民を予めその方面に誘導しておくよりほかは無いのではなかろうか。
　筆者は、沖縄作戦の緒戦において、非武装中立地区の設定は当時の実情よりして、不可能であると述べた。
　しかし今や、第32軍は戦力の大部を消失して、最後の複廊陣地で、持久しようとしているのであって、余命いくばくもない。
　いうならば、その全力を尽くして消えんとする時、今まで戦闘に強力してくれた住民を、生命の安全な所に送りあとに残った軍のみが、心おきなく最後の戦闘を実施することこそ望ましかったのである。
　その意味で、第32軍は沖縄という国内戦の特質を考え、太平洋戦の初めての例になろうとも、決断を下して、知念半島を非武装中立地区として宣言をし、かつ住民を早期に、そして徹底して指導することが望ましかった。
　第32軍が、そのように決心したとして、決して非難されることはないと考えられる。

　3、島尻における住民の状況
　既述のようにして、喜屋武半島の狭少な地区に約3万の軍隊と多数の住民が混

在することとなった。
　軍の庇護を求めて、島尻に集中した住民にとっては、常に軍と行動をともにしようとするのは当然であって、島尻での軍の戦闘が終結に近づくにつれ爆発的にその損害は増加したものである。
　米軍は、一時戦闘を中止してスピーカーで呼びかけるなど、軍民を切り離して住民の投降を図ったが、住民の総力をあげて軍に協力するとの感情も強く、また一方で、米軍の住民処理について、恐怖と疑念も根強く、最後まで軍と行動をともにしようとする意識が強かった。
　しかし、戦面が圧縮されるにつれ、利用すべき壕が不足し、戦火を直接受けることになって来た。
　そして、敗残負傷兵の住民混入があり、そのために住民が米軍の攻撃の対象となって、更に被害を増す結果となった。
　また、一部の軍人が住民の投降を阻止したことも被害を増大させた。
　住民の戦闘協力間においての死亡時の状況を分けて見ると、おおよそ次のとおりである。
　1、陣地構築等のための協力
　2、弾薬、糧秣等軍需品の運搬
　3、食糧増産、漁獲等の食糧確保のための協力
　4、道案内、伝令等の業務
　5、炊事、雑役、救護業務
　6、壕の提供
　7、自決
　8、友軍により殺害されたもの
　9、米軍により殺害されたもの
　以上のうち、壕の提供という件が最も重要であり、島尻地区に十分な壕があるか、もしくは軍に対して、住民が壕を提供しなかったならば、その被害は減少していたと考えられるものである。
　死没した14歳未満合計11483名の死亡をケース別に見た場合、実に10101名が壕の提供によるものだという資料があることから、その間の事情がよく推定出来ると思われる。

この壕の提供というのは、首里陣地を撤退した軍が後退して、喜屋武陣地につくときにおいて、避難してきた住民が先に入って居住している自然壕を取り上げ、住民を米軍の砲爆撃下に追い出したことをいうのであって、壕のほかにはよるべき地物の少ない島尻の地形から、多数の犠牲を生じたのであった。
　ただし、諸官の回想から見るとき、もともと軍が造った陣地としての壕に軍が前線から後退して見ると、先に住民が入っているので、これでは戦闘にならないと、住民を追い出したといケースも相当にあるようである。
　逃げ場所のない離島においては、追い詰められた住民が軍の玉砕とともに自決を余儀なくせられることは、サイパンにおいて見られた。沖縄の場合は慶良間列島において、痛ましい「集団自決」が生じている。又、伊江島における住民の損害も大である。
　この対策としては、小離島においては住民の完全な疎開以外に方策はないという結論が出てくると思われる。
　友軍による殺害は、スパイ嫌疑によるものの外、住民が避難している自然壕に、敵に追われた部隊が入ってきて、泣き叫ぶ幼児を、敵に発見される原因として殺害したなどがあるようである。
　また、米軍の残虐行為によって、犠牲となった住民もいくらかあると思われる。
　その極端な事例は、6月18日、真栄里付近の小丘阜上において、作戦指導中のバックナー第10軍司令官が、日本軍の砲撃によって戦死を遂げた時、近傍に避難していた住民数十名が日本軍に通じたための結果であるとして銃殺されたという話がある。

　沖縄作戦は大変な激戦であり、わが方の損害は軍民を合して18万人と言われ、または20万人とも言われる。荒廃した沖縄本島では、戸籍資料の散逸したことなどから住民の損害も明確でないという悲惨なものであります。
　沖縄本島上陸の米軍は、最多数時には約239000人に達し、米軍の損害は戦死傷約65600人（うち死亡約12300人）、飛行機の損失763機、艦船の沈没36隻、損傷368隻に及んでいて、これまた大きいものがあります。》

4　戦闘行為終結時期の遅れなど

　第32軍も大本営の作戦思想を忠実に実践した。とくに5月末に首里を放棄し南部撤退を決定したことはきわめて大きな犠牲を生み出した。この南部撤退の決定は、本土決戦準備の時間稼ぎのためでありその時点で降伏すべきであった（ドイツ軍は軍司令官が降伏を申し出て戦闘をやめた）。その結果、南部に避難していた住民を巻き添えにし、多大の犠牲を出した。住民虐殺や壕追い出し、食料強奪などの事態が南部で頻発したことにも示されている。

　また戦闘の長期化により、北部に避難していた人々を含め多数の餓死・マラリア死が生まれた。沖縄戦における住民の戦没者の半数以上、あるいは3分の2以上は、南部撤退後に生じている。

　南部に撤退したとしても、民間人は敵に捕まってもかまわない、民間人を保護しなければならないのが国際法規である、などのことを知らせなければならなかった。

　そして民間人を集める地域を米軍に通報し、民間人保護を要請するべきだった。

　民間人のガマには白旗を揚げることを許可していれば、あるいは野戦病院には赤十字の旗を掲げ、無抵抗で米軍に投降することを認めていれば、多くの犠牲を避けることができた。日本軍はそれらの対策をすべて怠った。

　さらに牛島満軍司令官は、米第10軍司令官バックナー中将の降伏勧告を拒否し、6月19日に「最後迄敢闘せよ」との命令を出して、自らは自決した。そのため、日本軍は組織的に降伏する機会を失い、戦闘が継続し住民被害も続くことになった。無責任な自決である。その時点で降伏していれば、多数の沖縄県民をはじめ原告らの被害は回避できた。

5　北部の山中への住民避難で日本軍がとるべき対策を懈怠した

　北部の山中に避難していても、米軍に保護されることを認めていれば、早く山を降りて、餓死やマラリア死のかなりの部分を避けることができただろう。日本軍は住民が米軍に保護されることを認めなかった。

6　沖縄戦の中での日本軍による直接的、間接的な住民殺害
　　（実質的に日本軍によって死においやられたケース）

　その事実は、前述したとおり刑法などの処罰規定に違反する加害行為・犯罪行為であり、保護義務違反の最たるものである。その点において、被告国の保護義務違反は著しいものがある。

　以上詳述したとおり、被告国においては、原告らの本件「沖縄戦」被害に関して、故意・過失または国民保護義務違反により不法行為責任を負うべきである。

壕から救出され、小さなやかんから水を飲む少女（1945年6月）。

〈第8章〉
被告国の法的責任(その2)
公法上の危険責任(第一次予備的請求)

第1　沖縄戦被害と危険責任の関係

　原告らが既に詳細に主張し証拠も挙げて立証したとおり、日米の壮絶な地上戦が闘われた沖縄戦は、国内において外国軍との地上戦闘が闘われたのは日本の歴史上初めてである上、原告ら沖縄県民の戦争被害はその損害が、日本の歴史上、質においても量においても未曾有のものであり、日本国民としての沖縄県民(その被害者と遺族)が「等しく受忍すべき限度・程度」を大きく超えている。

　沖縄戦における日米の戦争行為(戦闘行為)は、原告らをはじめ沖縄の戦争被害者に対してその生命・身体・財産に対し危険を創出(惹起)させた被告国の先行行為であった。被告国が遂行した本件沖縄戦の結果その発生した(させた)危険(被害)の責任は、被害が自然災害ではない人為災害であるから、誰かが負うべきである。それとも「受忍」すべきことなのか。

　この沖縄戦における被告国の危険な先行行為については、第2章「沖縄戦」に至る歴史的事実経過——で詳述し立証しているとおりであるから、ここでは重複を避けるためこの主張等を引用、援用することにする。

　そこで、本件沖縄戦における責任の主体を検討するにあたり、まず、それが危険責任の類型に属するものであるという「位置づけ」を確認し明確にする必要がある。

第2　本件における危険責任の成立

1　危険責任の意義

原告らの主張する本件公法上の危険責任論の基本は西埜章明治大学法科大学院教授の〔法律論叢第79巻第4・5合併号（2007・3）抜刷 [論説]「中国残留孤児訴訟における国の不作為責任」等に依拠している。

①国家補償の三類型と戦争災害補償

今村成和博士による国家補償の三類型（損害賠償、損失補償、結果責任）においては、戦争災害補償（戦争損害補償）は、第三類型である結果責任の事例に属し、結果責任の細分類である「危険責任」に位置づけられる。危険責任とは、今村説によれば、「相手方を危険状態においたこと、又は、自己の作り出した危険状態に基づいて相手方に損害を生ぜしめたことを帰責事由とするもので、故意過失はもとより、行為の違法性をも、責任要件とするものではない」という類型である（今村『国家補償法』130～131頁〈1957年〉）。

②公法上の危険責任

西埜章教授は、今村説においては、危険責任は第三類型の中の一つとして位置づけられているが、結果責任は無過失責任の寄せ集めであるから、第三類型を「公法上の危険責任」として純化すべきであると主張している（西埜「国家補償の概念と機能」法政理論（新潟大学）32巻2号14頁〈1999年〉）。この西埜教授の考え方によると、危険責任という場合には、結果責任の中の危険責任を指す場合と第三類型としての危険責任（公法上の危険責任）を指す場合とがあることになる。しかし、いずれにしても、本件がこの危険責任のいずれかに該当することになれば、危険責任の側面から国の責任が肯定されることになる。

2　公法上の危険責任該当性

上記の意味での危険責任に該当するか否かは、危険責任の要件を充足しているか否かにかかっている。今村説における危険責任の要件は、「相手方を危険状態においたこと、又は、自己の作り出した危険状態に基づいて相手方に損害を生ぜしめたこと」であり、故意過失や行為の違法性は責任要件とされていない（今村「国

家補償法」130頁)。これに対して、公法上の危険責任の要件は、侵害行為の欠如と特別の危険状態の形成である。責任要件に関する限り、両者間でそれほど大きな相違は認められない。以下においては、侵害行為の欠如と特別の危険状態の形成に分けて検討することにする。

①**侵害行為の欠如（責任成立要件―その１）**

　侵害行為とは、意識的・意欲的に他人の法益へ向けられた行為をいう。危険責任の場合には、この意味での侵害行為が欠如している場合にも成立する。

　沖縄戦遂行について、仮に沖縄戦被害に対する被告国の意識的・意欲的な侵害行為が欠如していたとして、このことは、国の責任を免責するものではなく、かえって第三責任類型としての危険責任を負うべきことを帰結するものである。

②**特別の危険状態の形成（責任成立要件―その２）**

　責任成立要件のその２は、国による特別の危険状態の形成である。本件においては、被告国の（責任成立要件―その２）沖縄の戦争遂行という政策によって原告ら沖縄民間人につき発生する特別の危険状態が形成されたものである。戦前・戦中の本件戦争遂行という国策の当否は別に置くとしても、再三にわたり述べてきたとおり、原告ら沖縄民間人の生命・身体等に未曾有の損害を発生させたのであるから、結果として危険な状態を形成したことは明らかである。原告らの主張する「先行行為」というのは、この意味での特別の危険状態の形成を指しているものと主張するものである。

　■特別の危険状態の形成を認めた判例

　本件とは事案を異にする残留孤児訴訟の大阪地裁判決平成17・7・6（判例タイムズ1202号125頁、法律のひろば2005年9月号61頁。以下「大阪地判平成17年」という）は、次のように述べている。

　「日本は、8月14日、在外機関に対し、『三ケ国宣言受諾ニ関スル在外現地機関ニ対スル訓令』の中で、居留民をできる限り現地に定着させる方針を執り、現地での居留民の生命、財産の保護については、万全の措置を講ずるよう指示したが、その後の同年10月25日の連合国最高司令官総司令部（ＧＨＱ）の指令により日本政府の外交機能が全面的に停止されたことや、終戦に伴って発生した現地の混乱によって、在外邦人は、生活手段を喪失し、残留することが極めて危険、不安な状態となっていった」

「原告ら残留孤児は、日本政府の国策に基づいて旧満州地区に送出された移民の子であり、ソ連の侵攻及び敗戦後の混乱の中で孤児となり、中国からの自力による帰国が困難となったことが認められ、このように原告らが孤児となったのは、国策による旧満州地区への入植・国防政策の遂行という日本政府の先行行為に起因するものである……」
　この説示部分は、当時、国の行為により特別の危険状態が形成されていたことの一端を示しているものといってよい。

　この点について、中国残留婦人訴訟の東京地判平成18・2・15（判例時報1920号45頁。以下「東京地判平成18年」という）も、次のように述べている。
　「日本政府は、開拓団を外地の危険地帯に送出しながら、現地の軍事的危険性を開拓民に知らせず、軍事的危険が到来した場合の国民保護策（現実的な避難計画等）を立てることもなく、ソ連軍進攻により開拓団の居住地が戦場と化す危険が切迫してもなお、開拓団の被害を軽減するための策を講じないまま、1945年8月9日にその潜在的危険を現実化させてしまったものである」
　被告国は、「原告らが家族と離別して孤児となったことを被害ととらえるとしても、その直接の原因は、ソ連軍が満州に侵攻したこと等によって発生した極度の混乱状態とそれに引き続く半年にわたる越冬生活にあり、被告がかかる被害発生の危険を生じさせたものではない」
　「原告らは、違法な先行行為として、原告らのいう満州移民政策、根こそぎ動員、その後の在満邦人の遺棄を主張するが、原告らの主張によれば、これらはいずれも国賠法施行前の権力的作用であり、当時違法でなかったのであって、それにもかかわらず、その後、これに基づき発生した危険を除去しない不作為が違法な『公権力の行使』となるというのは、極めて奇異である。すなわち、原告らの主張によれば、先行行為は、遅くとも、国賠法が施行された昭和22年10月27日より前に行われたものであり、国家無答責の法理が支配した時期の行為であるから、かかる行為については、国家無答責の法理により民法も適用されず、『違法』と評価する根拠となる法令が存在しない」と主張している。
　しかし、このような危険状態の発生は、「国策による旧満州地区への入植・国防政策の遂行という日本政府の先行行為に起因するものである」（大阪地判平成

17年。東京地判平成18年もほぼ同旨）から、国がこの特別の危険状態を形成したものというべきである。またここでは、この危険状態の形成が適法であったか違法であったかは直接問題とはならないのである。

第3　公法上の危険責任の法的根拠

危険責任の根拠は、「危険状態を形成し、それを支配する者は、そこから生じる損害に対して責任を負うべきである」という危険責任法理である。ただ、これはいわば合理的根拠にすぎないから、さらに法的根拠が問題となる。明文の法的根拠は存在しないが、この危険責任法理を支えるものとしては、まず条理法があり、次いで憲法上の根拠（法源）を見出すことができる。

1　条理法としての正義公平の原則

本件沖縄戦においては、被告国が特別の危険状態を形成し、そこから原告らに損害が発生している。「危険状態形成の国家起因性」と「被害の重大性」からすれば、国の責任は正義公平の要請するところである。正義公平の原則は、不文の法ではあるが、一般的法原則として広く承認されているものであり、本件のような場合においても適用されるべきものである。

正義公平の原則という条理法を持ち出すことに対しては、それは立法の際の法理念としては考慮されるべきであるが、法の解釈の次元においてはただちに適用可能な法的根拠とはいえない、との批判が予想される。しかし、正義公平の原則は、単に法の理念としてだけではなく、法の解釈の次元においても基本原理として重要な意義を有しているものと解すべきである。

文献の場合
ア【美濃部達吉博士「法の本質」】
美濃部達吉博士は、「正義は唯法の理想であり、立法の基準であるに止まるや、又は正義それ自身の力に依り詳しく言えば立法者の権威を通じてではなく正義であることのみに依つて法たる力を有することがあり得るや」との問いを発して、これに「正義はそれ自身の力に依つて法たるもので、……それは実定法に対するものではなくして、それ自身実定法の一部を為すものである。……所謂実定法は

単に制定法及び慣習法のみから成るものではなく、其の一部分は自然の条理又は正義の力に依つて当然に法たるもので、此の意味において吾々は制定法及び慣習法の外に自然法又は条理法の存在を認めねばならぬのである。……正義法又は条理法に付いては制定法上に之を認めた規定は無いけれども、条理法は人性の自然に其の根拠を有するものであるから、それが法たり得る為には敢えて制定法の規定を待つまでもないのである。……条理法は時として制定法又は慣習法を修正する力を有つ。それは前に裁判の法修正作用として述べた所で、正確に謂えば裁判に依つて法を修正するといふよりは条理の力に依つて法が修正せられ而して裁判所は其の修正せられた法を宣告するのである」と回答されていた（美濃部達吉『法の本質』162頁以下［1935年］）。

イ【田中二郎博士「行政法総論」】

田中二郎博士も、「ある時代のある社会において、一般人の正義感情に基づいて、『条理』又は『筋合』として認められるところは、すべての法の根底に横たわり、これを支えている基本的な法としての意味をもつものであり、行政も、行政に関する裁判も、究極においては、この条理に従ったものであることを必要とする（明治8年太政官布告103号、裁判事務心得3条参照）のであって、成文法そのものに矛盾や欠陥の多い行政法の分野においては、この意味での条理が支配する余地が大であり、解釈原理としての条理の働く場合が甚だ多いことを注意する必要がある」と説かれていた（田中二郎『行政法総論』162頁（1957年）。

行政法の教科書

行政法の教科書では、現在においても一般に、不文法源の一つとして「法の一般原則」ないし「条理」が挙げられている。これは、前記文献の美濃部・田中説を承継したものであり、内容的にはほぼ同趣旨のものである。

ア【原田尚彦著『行政法要論有斐閣発行〔全訂第7版・補訂2版〕』35頁以下（2012年）】

■法の一般原則

「必ずしも法令上に明示されているわけではないが、一般に正義にかなう普遍的原理と認められる諸原則は法の一般原則ないし条理と呼ばれ、法として扱われる。平等則、比例原則、禁反言の原則、信義誠実の原則、手続的正義の原則など

をあげておこう。これらの諸原則は不文法源の一つとされ、私人間の法律関係のみならず、行政上の法律関係をも拘束する。行政庁の行為が形式上は適法であっても、特定人の信頼を裏切る特段の事由のある場合には信頼保護の見地から違法と扱われるがごとしである。とくに社会保障等の給付行政の分野では、信義則の尊重が強く要請される。国籍要件に欠ける者が勧誘されて国民年金に加入し、保険料を払い続けていた場合には、信義衡平の原則上、年金裁定を拒むことはできない（東京高裁判決昭和58年10月20日行集34巻10号1777頁）。最高裁にも、地方公共団体の工場誘致政策の変更が誘致企業の信頼を裏切るもので、企業との関係では信義則に反し違法となるとした事例（最判昭和56年1月27日民事判例集35巻1号35頁）や、被爆手当の申請を違法な通達に基づいて妨げておきながら当該手当の申請に対し時効を援用するのは、信義則に反し許されないとした事例（最高裁判決平成19年2月6日民事判例集61巻1号122頁）があった。

行政側に重大な落度があり、社会給付の支給が滞ったような場合には、一定の条件下に時効の成立を認めないとする扱いも一般化してきている。厚生年金及び国民年金の給付に係る時効特例法など参照）」

■条理による法解釈の重要性
「行政法は、さまざまな法源によって成り立つため、しばしば法規の内容に矛盾撞着が生じる。これらの矛盾は、原理的には、「上位法は下位法に優先する」「後法は先法を廃す」「特別法は一般法に優る」といった一般原則によって調整され、法秩序全体の統一と調和がはかられる。

行政法規は大量の事案を対象とし反復的に適用されるので、各法規の字句を機械的に適用し、画一平等な扱いをすべき場合が多い。とりわけ租税法などの分野では、法規の杓子定規的・機械的適用が要請される。だが、反面、行政法規の内容は専門技術的であるうえ、その数も多く、しかも成立の時期も異なるため、内容に齟齬があることが多い。これを適用する場合には全体との調和をはかりながら、各法規が狙いとする目的を的確に果しうるよう、法の目的を考慮してケースごとに条文を柔軟に解釈してこれに適切な意味内容を付与していく目的論的・機能的解釈が必要とされることも少なくない。また、同一の言葉でも、法律によってその意味を異にすべき場合もある（同じ道路という言葉でも、道路法と建築基

準法とでは、その意味に違いがある。こうした現象を「法概念の相対性」という）。

　行政法の解釈にあたっては、法の目的、法の成立時期、他の法との調和、現実の社会的要請などを考慮して、柔軟かつ臨機応変な態度で臨み、できるだけ時代の要請にかなった結論を求めることが肝要である。条理ないし正義感覚が、とりわけ重要な意味をもつのである。

　　イ【成田頼明著「行政法序説」（有斐閣昭和 59 年）（66 頁以下）】
　　ウ【塩野宏著『行政法１〔第４版〕』（有斐閣、2005 年）56 頁】
　　エ【芝池義一著『行政法総論講義〔第４版補訂版〕有斐閣発行』12 頁
　　　（2006 年発行）】

判例

　行政判例においても、しばしば正義公平の原則が適用されている。その代表的な最高裁判所判決を挙げる。

　　ア　最高裁判所判決（第２小法廷）「行政上の不当利得返還請求事件」
　　　（昭和 49 年３月８日言渡）（最高裁判所裁判集民事 111 号 291 頁）

　最高裁判所は「納税者が先の課税処分に基づく租税の収納を甘受しなければならないとすることは、著しく不当であって、正義公平の原則にもとる」と判示している。

　　イ　最高裁判所判決（第３小法廷）「行政指導建築確認留保事件　損害賠償請求
　　　事件」（昭和 60 年７月 16 日言渡）（最高裁判所民事判例集 39 巻５号 989 頁）
　　判決要旨

　建築主が、建築確認申請に係る建築物の建築計画をめぐって生じた付近住民との紛争につき、関係機関から話合いによって解決するようにとの行政指導を受け、これに応じて住民と協議を始めた場合でも、その後、建築主事に対し右申請に対する処分が留保されたままでは行政指導に協力できない旨の意思を真摯かつ明確に表明して当該申請に対しただちに応答すべきことを求めたときは、行政指導に対する建築主の不協力が社会通念上正義の観念に反するといえるような特段の事情が存在しない限り、行政指導が行われているとの理由だけで右申請に対する処分を留保することは、国家賠償法１条１項所定の違法な行為となる。

　　ウ　最高裁判所平成 10 年６月 12 日判決「予防接種ワクチン禍事件判決」

第8章　被告国の法的責任（その2）

（最高裁判所民事判例集52巻4号1087頁）

判決は予防接種事故が発生してから20年が経過した後に損害賠償請求訴訟を提起したため、除斥期間の経過が争われた事件において、被害者が相手の不法行為によって心神喪失した場合にも加害者への一切の請求権が失われると解するのは「著しく正義・公平の理念に反するものといわざる」を得ず、被害者を保護する必要から民法724条後段の効果を制限することは「条理」にかなうとして、民法158条の時効停止の規定を類推すべきであると判示している。

エ　条理を「法源」「判断基準」「判断根拠」として認め、損害賠償義務等を肯定（または否定）した判例

■ダイヤルQ2に関するNTTの約款の拘束力を一般市民の予測可能性を超えた著しく不条理な結果を招来することになるので、信義則上も相当でないことを理由に否定し、債務の不存在を確認し、不当利得返還請求を認めた事件（神戸地判平成7年3月28日、判例時報1550号78頁、判例タイムズ887号232頁）。

■水俣病認定業務に関する熊本県知事の不作為違法につき条理上の作為義務があると判断した国家賠償法に基づく損害賠償請求事件（最高裁判所第2小法廷・平成3年4月26日判決、最高裁判所民事判例集45巻4号653頁、判例タイムズ757号84頁、判例時報1385号3頁）。

■小学校2年の児童甲が「鬼ごっこ」中に1年の児童乙に背負われようとして、誤って乙を転倒せしめ、乙に対し右上腕骨骨折の傷害を与えた行為につき、条理等を理由に違法性の阻却を認め損害賠償請求を棄却した事例（最高裁判所第3小法廷・昭和年2月7日判決、最高裁判所民事判例集16巻2号407頁、最高裁判所裁判集民事58号1009頁、判例タイムズ129号47頁、判例時報293号14頁）。

■精神病院従業員の争議行為が条理を理由に正当性につき限界があると判示された労働委員会命令取消請求事件（最高裁判所第3小法廷・昭和39年8月4日判決、最高裁判所民事判例集18巻7号1263頁、最高裁判所裁判集民事75号1頁、判例タイムズ166号118頁、判例時報380号6頁）。

■有限会社の代表取締役が、経営の一切を他の取締役に一任し、みずから会社の経営に関与しなかった場合において、会社の取引先が取引に関して損害を被ったとしても、その損害が経営を一任された取締役の悪意または重大な過失による任務懈怠によって生じたものでないときは、右代表取締役の任務懈怠と右取引先

の損害との間にはなんら業務に関与しなかった取締役に責任を負わせることは条理上到底これを是認しうべきでないとして相当因果関係を欠くものとし、代表取締役は、右取引先に対し、有限会社法33条ノ3第1項に基づく損害賠償の義務を負うものではないと判示された事例（最高裁判所第1小法廷・昭和45年7月16日判決、最高裁判所民事判例集24巻7号1061頁、最高裁判所裁判集民事100号187頁、判例タイムズ252号161頁、判例時報602号86頁）。

　このように、危険責任の法的根拠の第一は条理（法）である。条理を安易に多用すべきでないことはいうまでもないが、本件のような戦争災害補償や戦後補償については明文の規定が置かれていないのが通常であるから、このような場合に条理が前面に登場するのは至極当然のことである。条理を適用することに対する批判は、悪しき法実証主義に囚われたものであり、事物の本性を見据えていないことの結果であるというべきである。

2　憲法上の根拠（行政法の法源としての憲法）

　「危険責任の憲法上の根拠としては、ドイツの文献においては、平等原則、財産的価値及び個人の自由の保障、社会的法治国家原理等が挙げられている（西埜「西ドイツ国家責任法体系における公法上の危険責任について」公法研究42号176頁（1980年）参照）。我が国においても、これらの憲法上の根拠について検討することが必要である。本件において考えられるのは、憲法13条と14条1項である。

　法解釈論としては、一般に、条理（法）と同様に、憲法の規定もまた安易に法的根拠として挙げられるべきではないと解されている。しかし、明文の規定がないことを理由に本件のような被害に対して国の責任が生じないと解することは、かえって現行憲法の基本的人権尊重主義や平和主義に反する結果となるであろう。被害発生の根本的な原因が現行憲法施行前にあったにしても、現行憲法下において責任を負わなくてもよいという理屈は成り立たない。ましてやその被害が現在にまで及んでいる場合には、その救済は憲法13条（個人の幸福追求権）と14条1項（法の下の平等）の要請するところであると解すべきである」（西埜章「法律論叢第79巻　第4・5合併号〈2007・3〉抜刷352頁）。

芝池義一教授は、行政法の法源として憲法を挙げており、憲法は行政法の法源であると述べている（前掲書 13 頁）。行政法の法源の一つとして憲法が挙げられているのである。

憲法 13 条（個人の幸福追求権）は、立法不作為責任（その 2）で主張している特別犠牲を強いられない権利であり、憲法 14 条 1 項（法の下の平等）は立法不作為責任（その 1）で詳述している。そこで、ここにおいては、重複を避けるためにこれらの主張を援用・引用する。

第 4　被告国の公法上の危険責任

前述のように、沖縄戦による原告らの本件被害は被告国による沖縄戦遂行という特別の危険状態の形成により生じたものである。特別な危険状態の形成により生じた被害についての被告国の責任は、違法性も過失も責任成立要件とされないものである。したがって、本件における被告国の責任については、完結しこれ以上の論述を必要としないところである。

よって、被告国は本件危険責任を負うことになり、この危険責任を根拠として原告らに対し本件謝罪と損害賠償義務を負うと解するべきである。

第 5　立法不作為責任等との関係

なお、原告らの損害の発生については、根本的原因が国の本件沖縄戦遂行の結果による特別の危険状態の形成にあるにしても、その後の国の不十分な救済措置にも一因がある。そこで、次に項を改めて、予備的に別個の請求原因として、その後の不作為責任について国の責任を主張し論証することにする。（後述第 9 章立法不作為責任）

前述したとおり、本件危険責任としてこの点に関する原告の主張は完結し、不作為は公法上の危険責任を根拠として原告らは被告国に対して本件謝罪と損害賠償請求をするものである。

〈第9章〉
被告国の法的責任(その3)
立法の不作為責任(第二次予備的請求)

　本件訴訟は、予備的に被告国の立法不作為の違法による国家賠償請求である。その主張の概要を述べると、被告国が、具体的には立法を担当する国会議員が、その職務上遂行すべき立法義務に違反し、長期にわたり、原告らの本件被害を漫然と放置し続けたという不作為の違法を問うものであり、その被告国の違法行為により生命身体という重大な権利侵害を蒙った原告らが国家賠償法1条1項に基づきその賠償を求めるものである。

　そこで原告らは被告国の国会議員の立法義務発生の法的根拠として、①憲法14条1項の法の下の平等原則、②憲法13条の幸福追求権の一形態である特別犠牲を強いられない権利、③先行行為に基づく条理上の作為義務、④個人の損害賠償請求権放棄に伴う外交保護義務を主張する。

　第一に立法不作為の国家賠償の要件について述べ、その次に各不作為義務の内容と各根拠について論述する。

第1節　立法不作為の国家賠償の要件

　立法不作為の国家賠償の要件については、各最高裁判例を中心にしてまとめて述べる。

第1　昭和62年名古屋空襲訴訟最高裁第2小法廷判決

米軍による名古屋空襲の被害者が国に対して補償を求めた訴訟につき、国会が補償立法をしなくても国賠法の違法はないと判断した最高裁判所昭和62年6月26日第2小法廷判決（最高裁判所裁判集民事151号147頁）（以下、「昭和62年最高裁判決」と称する）がある。

1 昭和62年最高裁第2小法廷判決の判示内容「例外的な場合」

昭和62年最高裁判決は、「国会議員は、立法に関し、原則として、国民全体に対する関係で政治的責任を負うにとどまり、個別の国民の権利に対応した関係での法的義務を負うものではなく、国会ないし国会議員の立法行為（立法不作為を含む）は、立法の内容が憲法の一義的な文言に違反しているにもかかわらず国会があえて当該立法を行うというがごとき、容易に想定し難いような例外的な場合でない限り、国家賠償法一条一項の適用上、違法の評価を受けるものではないと解すべきものであることは、当裁判所の判例とするところである（昭和53年（オ）第1240号同60年11月21日第1小法廷判決・民事判例集39巻7号1512頁参照—原告代理人注：以下「昭和60年最高裁判決」という）」とした上で、「この見地に立って本件を考えてみるに、憲法は前記主張のような立法を積極的に命ずる明文の規定が存しないばかりではなく、かえって、上告人らの主張するような戦争犠牲ないしは、戦争損害は、国の存亡にかかわる非常事態のもとでは、国民のひとしく受忍しなければならないところであって、これに対する補償は憲法のまったく予想しないところというべきであり、したがって、右のような戦争犠牲ないしは戦争損害に関しては単に政策的見地から配慮が考えられるにすぎないもの、すなわちその補償のために適宜の立法措置を講ずるか否かの判断は、国会の裁量に委ねられるものと解すべきことは、当裁判所の判例の趣旨に徴し明らかというべきである（昭和40年（オ）第417号同43年11月27日大法廷判決・民事判例集22巻12号2808頁参照）」と判示した。

この昭和62年最高裁判決により、空襲被害等の戦争犠牲や戦争被害についての国家賠償問題は、決着済みであるという主張がある。しかしながら、この考え方は次のとおり誤りである。

2 平成17年最高裁判決による昭和62年最高裁判決「例外的な場合」の基礎の変更

この昭和62年最高裁判決は、①立法不作為の国家賠償に関する最高裁昭和60年判決（在宅投票廃止訴訟）と、②戦争被害補償に関する最高裁昭和43年大法廷判決を基礎とするものであるが、明らかにその基礎（判断基準）は、そのいずれもが変更となったというべきである。

（1）立法不作為の国家賠償の判断基準

まず、第1に上記①の昭和60年最高裁判決は、在宅投票制度の廃止ないし不存在が違憲であるか否かを判断したものであるが、その中で最高裁判所第一小法廷は、上記のとおり、①「立法の内容が憲法の一義的な文言に違反しているにもかかわらず国会があえて当該立法を行うというがごとき、容易に想定し難いような例外的な場合でない限り、国家賠償法一条一項の適用上、違法の評価を受けるものではないと解すべき」と判示していた。

ところが、最高裁平成17年9月14日大法廷判決（民事判例集59巻7号2087頁）は、在外邦人の投票権が制限に関し、立法不作為の国家賠償の適用について以下後述第2で述べるとおり、その判断基準を大きく変更した。

（2）付言・戦争被害受忍論

昭和62年最高裁判決は、付言的とは言いながら昭和43年最高裁判決の受忍論を基礎とした形となっている。しかし、その後、受忍論に関する最高裁判例は大きく変化してきているばかりではなく、国家補償の基礎となる「特別犠牲を強いられない権利」や国際的な戦争被害補償の流れを踏まえるならば、このような判断は維持できないと言うべきである（本件沖縄戦被害と戦争被害受忍論との関係については第10章において述べる）。

第2　平成17年最高裁大法廷判決―立法不作為の国家賠償要件の変化

最高裁判所は、平成17年9月14日、大法廷において在外日本人選挙権剥奪違法確認等請求事件につき、最高裁判所としてはじめての立法不作為の違法を肯

定し、違法な立法不作為を理由とする国家賠償請求を認容した。
　そこで、以下においては、立法不作為が国家賠償法上の違法性を有するための要件を、平成 17 年最高裁判決の意義、評価から論じていくこととする。
　立法不作為が国家賠償法上の違法性を有するための要件については、従前、在宅投票制度復活事件の昭和 60 年最高裁判決が、判例として存在していた。
（１）昭和 60 年最高裁判決（在宅投票制度廃止訴訟）の違法性要件を拡大
　「国家賠償法 1 条 1 項は、国又は公共団体の公権力の行使に当たる公務員が個別の国民に対して負担する職務上の法的義務に違背して当該国民に損害を加えたときに、国又は公共団体がこれを賠償する責に任ずることを規定するものである。したがって、国会議員の立法行為（立法不作為を含む。以下同じ）が同項の適用上違法となるかどうかは、国会議員の立法過程における行動が個別の国民に対して負う職務上の法的義務に違背したかどうかの問題であって、当該立法の内容の違憲性の問題とは区別されるべきであり、仮に当該立法の内容が憲法の規定に違反する廉があるとしても、その故に国会議員の立法行為がただちに違法の評価を受けるものではない」（この判示部分を、以下「**説示 A**」と呼ぶ）
　「そこで、国会議員が立法に関し個別の国民に対する関係においていかなる法的義務を負うかをみるに、憲法の採用する議会制民主主義の下においては、国会は、国民の間に存する多元的な意見及び諸々の利益を立法過程に公正に反映させ、議員の自由な討論を通してこれらを調整し、究極的には多数決原理により統一的な国家意思を形成すべき役割を担うものである。そして、国会議員は、多様な国民の意向をくみつつ、国民全体の福祉の実現を目指して行動することが要請されているのであって、議会制民主主義が適正かつ効果的に機能することを期するためにも、国会議員の立法過程における行動で、立法行為の内容にわたる実体的側面に係るものは、これを議員各自の政治的判断に任せ、その当否は終局的に国民の自由な言論及び選挙による政治的評価にゆだねるのを相当とする。さらにいえば、立法行為の規範たるべき憲法についてさえ、その解釈につき国民の間には多様な見解があり得るのであって、国会議員は、これを立法過程に反映させるべき立場にあるのである。憲法 51 条が、『両議院の議員は、議院で行った演説、討論又は表決について、院外で責任を問はれない』と規定し、国会議員の発言・表決につきその法的責任を免除しているのも、国会議員の立法過程における行動は

政治的責任の対象とするにとどめるのが国民の代表者による政治の実現を期するという目的にかなうものである、との考慮によるのである。このように、国会議員の立法行為は、本質的に政治的なものであって、その性質上法的規制の対象になじまず、特定個人に対する損害賠償責任の有無という観点から、あるべき立法行為を措定して具体的立法行為の適否を法的に評価するということは、原則的には許されないものといわざるを得ない。ある法律が個人の具体的権利利益を侵害するものであるという場合に、裁判所はその者の訴えに基づき当該法律の合憲性を判断するが、この判断は既に成立している法律の効力に関するものであり、法律の効力についての違憲審査がなされるからといって、当該法律の立法過程における国会議員の行動、すなわち立法行為が当然に法的評価に親しむものとすることはできないのである」（この判示部分を、以下「説示Ｂ」と呼ぶ）

「以上のとおりであるから、国会議員は、立法に関しては、原則として、国民全体に対する関係で政治的責任を負うにとどまり、個別の国民の権利に対応した関係での法的義務を負うものではないというべきであって、国会議員の立法行為は、立法の内容が憲法の一義的な文言に違反しているにもかかわらず国会があえて当該立法を行うというごとき、容易に想定し難いような例外的な場合でない限り、国家賠償法１条１項の規定の適用上、違法の評価を受けないものといわなければならない」（この判示部分を、以下「説示Ｃ」と呼ぶ）

昭和60年最高裁判決は、立法不作為が国家賠償法上の違法性を有するための要件について、説示Ｃのように極めて狭い例外的要件を課し、立法不作為を国家賠償で争う道を厳しく制限していた。

（２）平成17年最高裁判決の判示内容（最高裁として初めて立法不作為の違法性を肯定）

ア　これに対し平成17年最高裁判決は、次のとおり判示

「国家賠償法１条１項は、国又は公共団体の公権力の行使に当たる公務員が個別の国民に対して負担する職務上の法的義務に違背して当該国民に損害を加えたときに、国又は公共団体がこれを賠償する責任を負うことを規定するものである。したがって、国会議員の立法行為又は立法不作為が同項の適用上違法となるかど

うかは、国会議員の立法過程における行動が個別の国民に対して負う職務上の法的義務に違背したかどうかの問題であって、当該立法の内容又は立法不作為の違憲性の問題とは区別されるべきであり、仮に当該立法の内容又は立法不作為が憲法の規定に違反するものであるとしても、そのゆえに国会議員の立法行為又は立法不作為がただちに違法の評価を受けるものではない」
　と判示し、昭和60年最高裁判決の説示Aをそのまま繰り返し、「立法内容・立法不作為の違憲性」と「国家賠償法上の違法性」との区別を維持している。
　しかし、平成17年最高裁判決は、昭和60年最高裁判決の説示Bに示された、国会議員の立法責任の政治性に言及することなく、立法行為・立法不作為についても、例外的とはいえ、法的責任に服すべきものとしている点が特徴的である（平成17年最高裁判決では、昭和60年最高裁判決のような「原則として、国民に出動義務を負わない」という判示が消えた」）。

　　イ　昭和60年最高裁判決の「例外的な場合」の内容変更部分
　そして、平成17年最高裁判決は、「例外的に」立法行為・立法不作為が国家賠償法上違法との評価を受ける要件として（この場合は、立法内容・立法不作為は違憲の評価も受けるものである）、昭和60年最高裁判決の説示Cに替えて、
　「しかしながら立法の内容又は立法不作為が国民に憲法上保障されている権利を違法に侵害するものであることが明白な場合や」（以下、「（ⅰ）型」と呼ぶ）、「国民に憲法上保障されている権利行使の機会を確保するために所要の立法措置を執ることが必要不可欠であり、それが明白であるにもかかわらず、国会が正当な理由なく長期にわたってこれを怠る場合」（以下、「（ⅱ）型」と呼ぶ）「などには、例外的に、国会議員の立法行為又は立法不作為は、国家賠償法1条1項の規定の適用上、違法の評価を受けるものというべきである」と判示している。
　このような平成17年最高裁判決は、昭和60年最高裁判決との関係では、「昭和60年判決を維持しつつも、『例外的な場合』の解釈を通じてその射程を実質的に限定し、国会の立法又は立法不作為について国家賠償責任を肯定する余地を拡大したものであり、この点についても、その意義は極めて大きいものである」（最高裁判所判例解説民事編平成17年度（下）657～658頁）と評価されているものである。

(3）昭和60年最高裁判決の厳しい要件（「憲法の一義的文言違反」「例外的場合」の解釈）を実質的に拡大し不法不作為の違法性を肯定してきた下級審裁判例を総合し新たな要件を定立

　昭和60年最高裁判決の後、この最高裁判決を前提にして「引用した上で」「例外的な場合」について解釈し、立法不作為の違法性を肯定した裁判例、あるいは昭和60年最高裁判決を直接引用しないで立法不作為の違法性を肯定した下級審裁判例には、以下のものがある。
・1998（平成10）年4月27日の釜山従軍慰安婦等の謝罪と慰謝料請求事件に関する山口地裁下関支部判決（判例時報1642号24頁）（「関釜元従軍慰安婦訴訟第1審判決」）
・2001（平成13）年5月11日のハンセン病国家賠請求事件に関する熊本地裁判決（判例時報1748号30頁、確定）（「熊本ハンセン病訴訟第1審判決」）
・「学生無年金障害者訴訟東京地裁判決」（2004〈平成16〉年3月24日、判例時報1852号3頁、控訴審も支持＝東京高裁2006〈平成18〉年11月29日判決）
・「学生無年金障害者訴訟新潟地裁判決」（2004〈平成16〉年10月28日、賃金と社会保障1382号46頁）
・「学生無年金障害者訴訟広島地裁判決」（2005〈平成17〉年3月3日、判例集未登載）

　これらの下級審判決は、人権侵害の重大性とこれに対する司法救済の高度の必要性がある場合に、一定の合理的期間を経過しても、立法措置（法規の改廃を含む）を講ずることなく放置したような場合には、国会議員の立法不作為につき、国賠法上の違法性が認められるなどとして、請求の一部を認容した。これらの判決は、昭和60年最高裁判決の厳しい要件（説示C）を実質的に拡大してきたものであり、平成17年最高裁判決は、こうした下級審裁判例を総合して新たな要件を定立したものと見ることができる。各判決の内容・説示は次のとおりである。

　ア　関釜元従軍慰安婦訴訟第1審判決
　同判決は、原告の主張を認容して立法不作為の違法性を理由に元従軍慰安婦3

名の損害賠償請求を認容した。同判決は、立法不作為の違法性について、昭和60年最高裁判決を引用した上で次のように判示している。

「しかし、右結論部分における『例外的な場合』についてはやや見解を異にし、立法不作為に関する限り、これが日本国憲法秩序の根幹的価値に関わる基本的人権の侵害をもたらしている場合にも、例外的に国家賠償法上の違法をいうことができるものと解する」「これが国家賠償法上違法となるのは、単に、『立法（不作為）の内容が憲法の一義的な文言に違反しているにもかかわらず国会があえて当該立法を行う（行わない）というごとき』場合に限られず、次のような場合、すなわち、前記の意味での当該人権侵害の重大性とその救済の高度の必要性が認められる場合であって（その場合に、憲法上の立法義務が生じる）、しかも、国会が立法の必要性を十分認識し、立法可能であったにもかかわらず、一定の合理的期間を経過してもなおこれを放置したなどの状況的要件、換言すれば、立法課題としての明確性と合理的是正期間の経過とがある場合にも、立法不作為による国家賠償を認めることができると解するのが相当である」

同判決は、以上のように判示した上で、遅くとも内閣官房長官談話が出された平成5年8月4日以降の早い段階で、特別の賠償立法をなすべき憲法上の義務が発生し、内閣官房長官談話から遅くとも3年を経過した平成8年8月末には、立法をなすべき合理的期間が経過したとして、立法不作為の違法性を認めたのである。

同判決は、立法不作為の国家賠償法上の違法について、「当該人権侵害の重大性とその救済の高度の必要性が認められる場合であって（その場合に、憲法上の立法義務が生じる）、しかも、国会が立法の必要性を十分認識し、立法可能であったにもかかわらず、一定の合理的期間を経過してもなおこれを放置したなどの状況的要件、換言すれば、立法課題としての明確性と合理的是正期間の経過とがある場合にも、立法不作為による国家賠償を認めることができる」としたものである。

平成17年最高裁判決の（ii）型（＝「国民に憲法上保障されている権利行使の機会を確保するために所要の立法措置を執ることが必要不可欠であり、それが明白であるにもかかわらず、国会が正当な理由なく長期にわたってこれを怠る場合」）は、関釜元従軍慰安婦訴訟第1審判決が示した「立法課題としての明確性

と合理的是正期間の経過」と実質的に軌を一にするものと解される。

　イ　熊本ハンセン病訴訟第1審判決
　このハンセン病訴訟においても立法不作為責任の成否が争われたが、熊本地裁は昭和60年最高裁判決を引用しながらも立法不作為の違法性を肯定した。同判決は、昭和60年最高裁判決の用いた「憲法の一義的な文言に違反している」という表現の意味について、「立法行為が国家賠償法上違法と評価されるのが、極めて特殊で例外的な場合に限られるべきであることを強調しようとしたにすぎない」と述べて、昭和60年最高裁判決の説示Cを、決して絶対的要件ではないとした。そして、「最高裁昭和60年11月21日判決は、もともと立法裁量にゆだねられているところの国会議員の選挙の投票方法に関するものであり、患者の隔離という他に比類のないような極めて重大な自由の制限を課する新法の隔離規定に関する本件とは、まったく事案を異にする。」としたうえで、「新法の隔離規定が存続することによる人権被害の重大性とこれに対する司法的救済の必要性にかんがみれば、他にはおよそ想定し難いような極めて特殊で例外的な場合として、遅くとも昭和40年以降に新法の隔離規定を改廃しなかった国会議員の立法上の不作為につき、国家賠償法上の違法性を認めるのが相当である」と判示した。
　平成17年最高裁判決の（ⅰ）型（＝「立法の内容又は立法不作為が国民に憲法上保障されている権利を違法に侵害するものであることが明白な場合」）は、熊本ハンセン病訴訟第1審判決が示した「人権被害の重大性とこれに対する司法的救済の必要性」と実質的に同一と解される。

　ウ　学生無年金障害者訴訟東京地裁判決
　学生無年金障害者訴訟の最初の判決である東京地裁判決は次のように判示し憲法違反と立法不作為の違法を認めた。
　昭和60年国民年金法改正時点において憲法14条に違反する状態が生じていたと評価すべきであるとした上で、「昭和60年法には、学生について在学中の障害を理由とする年金の受給がより容易となるような制度を設けなかった点において、学生以外の法律上当然には被保険者資格を有しないものとの間に不合理な差別が存在し、憲法14条に違反する状態が生じており、この点について、その

ような評価を受けない程度に是正する立法上の措置が必要な状態が生じていたと認められるところ、その是正措置は、もとより一義的に定まるものではなく、上記の不合理な状態を解消するに足りる措置としての複数の選択肢の中から、立法者がその裁量に基づいて選択したものを採用すれば足りるものであったというべきである。」「しかるに、昭和60年法制定時には、これらの是正措置はいずれも採用されず、上記の差別がそのまま放置されたのであるから、この点において、同法自体は憲法に違反するものであり、立法不作為の違法が存在したものというべきである」と判示している。

エ 学生無年金障害者訴訟新潟地裁判決

同じく学生無年金障害者訴訟の新潟裁判決は、本件における差別は著しく不合理で、憲法14条1項に違反するとして上で、最判昭和60年を引用して次のように判示する。

「立法内容の違憲性が極めて明白であるにもかかわらず当該立法をなし、あるいは立法後違憲性が明白となってから相当期間を経過しても必要な立法措置がなされない場合に、その立法行為によって国民が重大な人権侵害等著しい不利益を受けており、司法による救済の必要性が極めて高いときには、国会議員の立法行為についても、個別の国民の権利に対応した関係での法的義務が認められるものと解するべきである」と判示して、昭和60年改正時までに「相当期間が経過」し、昭和60年法の立法作為または不作為については違法の評価を免れない、としている。

オ 学生無年金障害者訴訟広島地裁判決

学生無年金障害者訴訟の広島地裁判決は、最判昭和60年を引用した上で、立法不作為の違法性について、「違憲性の程度、立法時から経過した期間の長さ、救済の必要性及び法改正を講ずることの容易性等を総合的に考慮すれば、立法行為が違法の評価を受ける場合が行政庁の裁量的権限の場合と比べてもなお限定されるとしても、昭和60年法改正の際、国会及び国会議員が20歳以上の学生を障害基礎年金の受給対象とするために必要な改正を強制適用除外規定及び受給除外規定について行わなかったことの違憲性の程度は「憲法の一義的な文言に違反

している」といえる程度にまで達しており、国家賠償法上もまた違法というべきである」と判示している。

（4）平成17年最高裁大法廷判決―拡大された立法不作為の判断枠組み

以上のとおり、平成17年最高裁判決は、上記下級審判例の集積を是と判断し立法不作為の国家賠償法上の違法要件について、①昭和60年最高裁判決の極めて狭い例外的要件に代えて、②昭和60年最高裁判決以後に立法不作為の国家賠償法上の違法を認めてきた下級審判決の要件を総合して、立法不作為につき国家賠償法上の違法が認められる要件を実質的に拡大したものと評価できるのである。

すなわち、平成17年大法廷判決は、立法行為が国家賠償法1条1項にいう国または公共団体の違法な公権力行使にあたる場合について下記のとおり判示している。

「立法の内容又は立法不作為が国民に憲法上保障されている権利を違法に侵害するものであることが明白な場合や、国民に憲法上保障されている権利行使の機会を確保するために所要の立法措置を執ることが必要不可欠であり、それが明白であるにもかかわらず、国会が正当な理由なく長期にわたってこれを怠る場合などには、例外的に国会議員の立法行為又は立法不作為は国家賠償法1条1項の規定の適用上違法の評価を受けるものというべきである」

ここで判示された内容をまとめると
①「立法の内容又は立法不作為が国民に憲法上保障されている権利を違法に侵害するものであることが明白な場合」
②「国民に憲法上保障されている権利行使の機会を確保するための所要の立法措置を執ることが必要不可欠であり、それが明白である」場合に加えてこれらの事態があるにもかかわらず、
③「国会が正当な理由なく長期にわたってこれを怠る場合」という時間的な経過を経てもなお是正されない場合に、国会議員の立法行為又は立法不作為が国家賠償法1条1項の違法の評価を受ける　　という枠組みである。

第9章　被告国の法的責任（その3）

（5）滝井繁男元最高裁判事による平成17年最高裁判決の評価
　平成17年最高裁判決の評価に関しては、同判決当時、最高裁判事を務めた滝井繁男氏が、その著作（滝井繁男『最高裁判所は変わったか——裁判官の自己検証』岩波書店　2009年7月29日発行）の中で、次のように述べている。
　「立法機関のした具体的な立法行為や、なすべき立法をしない不作為を理由とする国家賠償請求訴訟は今日まで数多く提起されてきたが、ほとんどその請求が認められることはなかった。
　昭和60年11月21日第1小法廷判決（民事判例集39巻7号1512頁）が、立法機関の不法行為責任を肯定する余地のあることを認めたものの、その可能性はほとんど考える余地がないかのような理由をつけて、控訴人の請求を棄却してきたのである」（同書198～199頁）
〈昭和60年最高裁判決の果たしてきた「消極的役割」〉
　昭和60年最高裁判決の「判決理由を読む限り、国会議員の立法行為や立法不作為が国家賠償法上違法の評価を受けるのは立法の内容が憲法の文言に一義的に反する場合でなければならないと言うのであるから、そのようなことはほとんどあり得ないことと受け取られた。その後、国会の立法作業をめぐって多くの国家賠償責任を問う訴訟が提起されたが、この判決を引用してその請求はことごとく斥けられてきた」（同書199頁）
〈平成17年最高裁判決の「積極的」評価と役割〉
　平成17年最高裁判決は、「前記昭和60年判決を同旨のものとして引用しているものの、実質的にはその判決の射程を狭くみることにより、責任を負う機会を拡げたものという評価が多い」（同書199～200頁）
　「昭和60年判決に示された『憲法の一義的な文言に違反』している場合に限るとの表現は、単に権利侵害の明白性を例示したレトリックにとどまるとみることも可能である。」平成17年最高裁判決は、「立法機関に対して違法評価し得るのは例外的であるにしろ、立法措置をとることの必要性、明白性や国会の放置期間などによっては違法になることを示すことにより、国会議員が立法機関としての責任が認められる要件を明確にし、開かずの門の感のあった扉を開いたもので、その意義は極めて大きい」（同書200頁）
　「在外邦人の選挙権事件の1審、2審ともこの60年判決を引用して、簡単に

請求を棄却しています。私は、昭和60年判決の理由づけには、かねてから疑問を抱いていました。そこで、この事件は、当初私の属した第二小法廷に来たのですが、大法廷に受け入れて貰うことになったのです」（同書245頁）

〈小法廷から大法廷へ回付（実質的な判例変更）〉

このように、滝井元最高裁判事は、平成17年最高裁判決が、事案を小法廷から大法廷に回付したうえで、昭和60年最高裁判決の違法性要件を拡大したものである旨を述べている。これは、平成17年最高裁判決が、昭和60年最高裁判決についての実質的な判例変更を行ったことを示すものとみることができる。

さらに、滝井元最高裁判事は次のように指摘している。

「この種の訴訟の多くは損害賠償請求訴訟の形をとってはいるものの、実質的には、憲法上の権利が侵害されていると主張することを通じて、その問題についての立法機関の積極的な対応を期待する趣旨を含むものが少なくなかった。慰謝料の請求をしてはいるが、金銭の支払いを受けることが目的というより、その違憲性を明らかにすることに主たる目的を置いたものと言うべきものがむしろ多かった」

〈昭和60年最高裁判決を引用して斥けられてきた事例の再評価の可能性〉

「今後、行政に対し、当事者訴訟としての確認訴訟が活用されるようになると、損害賠償請求訴訟は、真に損害賠償を求めるものに純化されていくであろうが、同時にその要件が明確にされたことで、従来、昭和60年判決を引用して斥けられてきた事例の再評価の可能性もあり得るのではないかと考える」（同書200〜201頁）

このように、滝井元最高裁判事は、立法作用に関する国家賠償訴訟の違憲状態是正機能、実質的制度改革機能にも言及しており、また、平成17年最高裁判決により「従来、昭和60年判決を引用して斥けられてきた事例の再評価の可能性」（ちなみに、名古屋空襲訴訟の最高裁判所第2小法廷 昭和62年6月26日判決も、昭和60年判決を引用して、空襲被害者の上告を斥けた）を指摘している。

〈判断の先行性と重要な判例変更―人権侵害の重大性と司法的救済の必要性〉

加えて、滝井元最高裁判事は、「請求を認めるかどうかという判断が先行します」と述べ（同書246頁）、立法不作為の国家賠償法上の違法要件の該当性判断にあたり、「憲法価値からみた人権侵害の重大性とこれに対する司法的救済の必要性」

が重要な判断要素であることを示唆している。

滝井元最高裁判事の以上のような指摘は、平成17年最高裁判決を下した当事者の発言として、極めて重要である。

第3　平成17年最高裁判決等の具体化としての違憲違法要件

1　原告らの主張する立法不作為の国家賠償要件とその充足

原告らは、立法不作為が違憲と評価され国家賠償法上の違法と評価されるための要件として、最高裁判決を中心とする以上の判例が挙げてきた諸点をまとめ次の3要件を主張する。

（1＝要件1）人権侵害の重大性と継続性

憲法価値からみた重大な人権侵害があり（憲法の定める根源的価値の侵害）、その立法救済がなされていないためにそれが放置され人権侵害が継続していること。

（2＝要件2）立法課題の明確性と立法義務の存在

上記（1）の重大な人権侵害救済のための立法義務が憲法から導かれ、その立法課題が明確であること。すなわち、立法解決を図るべき明確な作為義務があること。

（3＝要件3）合理的期間を超える立法不作為

①立法の必要性を国会議員が認識していながら、②合理的理由なく立法行為をせず、③それが一定の合理的期間を経過していること。

本件においては、（1）（2）（3）の全要件が充足されており、被告国が立法不作為の違法を理由とする謝罪と賠償責任を負うことは明白である。

2　本件における立法不作為の国家賠償3要件の充足

本件においては、上記（1）～（3）の要件はすべて充足されており、被告国が立法不作為の違法を理由（根拠）とする賠償責任を負うことは明らかである。以下、各要件にそって検討する。

（1＝要件1）人権侵害の重大性・継続性

すでに詳述してきたとおり、原告ら及び肉親の被った生命・身体・自由に対する戦争被害は壮絶極まりないものであり、このような被害が重大な人権侵害であることは火を見るより明らかである。本件沖縄戦被害者である原告らは、被告国においてその被害に対する援護をせず戦後長年月放置してきたことにより人権侵害が継続・拡大され、人間としての尊厳、すなわち人格権を侵害されてきたのである。
　ア　法の下の平等権の侵害・継続（日本国憲法14条）
　日本国憲法14条第1項は、「すべて国民は、法の下に平等であつて、人種、信条、性別、社会的身分又は門地により、政治的、経済的又は社会的関係において、差別されない。」と規定し、法の下の平等原則を規定する。立法の不作為責任（その1）で詳述しているとおり、未補償の原告ら沖縄戦被害者は、「補償」された軍人・軍属をはじめ原告らと同じ一般戦争被害者でありながらも「戦闘参加者」として事後的に準軍属として取り扱われた被害者との間で、現在においても明らかに不平等扱いがあり、その格差も甚大である。それは日本国憲法の規定する法の下の平等原則に反する重大な人権侵害があり、それが継続していることは明白である。その点においても、立法不作為の〔要件1〕を充足している。
　イ　特別犠牲を強いられない権利の侵害・継続（日本国憲法13条・幸福追求権）
　「特別犠牲を強いられない権利」は、立法の不作為責任（その2）に詳述しているとおり、国家行為により、国家構成員が何らかの被害や犠牲を強いられた場合に、共同体における公平負担ないし負担平等の原理という考え方を基礎に日本国憲法13条が規定する権利である。日本国憲法13条によると、「すべて国民は、個人として尊重される。生命、自由及び幸福追求に対する国民の権利については、公共の福祉に反しない限り、立法その他の国政の上で、最大の尊重を必要とする。」と規定している（幸福追求権）。憲法13条の規定は、個人の価値を源泉としてすべての国民は、個人として尊重され、一人ひとりが人格において平等な価値を持つ以上、誰も共同体全体のために犠牲にされてはならないのである。
　本件沖縄戦における被害者は、生命、身体、自由を奪われたのであり、原告らは、自らが傷害を受け、その肉親の生命が奪われ、その権利を承継している者であるところ、現在において、日本国憲法13条の規定する「特別犠牲を強いられない権利」を侵害され、それが継続していることは明らかである。
　したがって、被告国において立法不作為の〔要件1〕を充足している。

（2＝要件2）　立法課題の明確性と立法義務の存在
ア　立法課題の明確性
　原告らは、沖縄戦における戦争被害者であり、その被害に対する賠償立法・補償立法を求めているのであるから立法課題としては明確である。
イ　憲法上の立法義務（13条、14条）
　被告国は、憲法上、原告らに対する賠償ないし補償立法を行うべき立法義務を負う。立法義務の具体的根拠は、原告らが前述したとおり、憲法13条で規定する特別犠牲を強いられない権利及び同14条1項が規定する法の下の平等権を有しているのであるから、それらの侵害状況を解消し、それらの権利回復を具体的に実現するための立法義務を有しているのである。
　以上のとおり立法不作為〔要件2〕も充足している。
ウ　先行行為に基づく条理上の作為義務としての立法義務
　先行行為に基づく条理上の作為義務については、本書面の立法不作為（その3）において詳述する。ここでは結論的にまとめて述べることとする。
　本件沖縄戦における原告らの被害は、すでに本書面第2章以下に詳述したとおり、日米（英）の戦闘行為により発生した損害であり、その戦闘行為は損害を発生せしめた直接行為であるとともに生命・身体・自由に対する危険を発生させた先行行為として評価しうる行為でもある。
　被告国は、本件沖縄戦を遂行し原告らをはじめ沖縄一般住民に対する生命・身体・自由を侵害し、甚大なる損害を生ぜしめたうえ、それを戦後67年間も救済せず放置し、これらの重大な人権侵害である損害を現憲法下においても放置しているのである。このような被告国の自らの沖縄戦遂行行為の結果発生した重大な侵害状態の放置政策は、個人の尊厳に最高の価値を置く日本国憲法の下においては、個人の生命・身体・自由を軽視するものであり、憲法の基本原則である人権尊重主義等に真っ向から反する極めて非人道的なものと言わざるを得ない。
　従って、日本国憲法に立脚する被告国としては、憲法上の基本的人権尊重主義等の基本原則に基づき、自らの行為から生じた本件被害を回復すべき義務を負うものである。
エ　外交保護権放棄による補償立法の義務
　本件沖縄戦においては、米軍は、本書面第5章で詳述してきたとおり、国際法

違反の無差別空襲や無差別艦砲射撃や潜水艦による無警告船舶撃沈を繰り返し実行し、原告らを含む無辜の沖縄一般市民を殺傷してきたものである。

立法不作為（その4）で述べるとおり、原告らはアメリカ政府に対して被害者個人としての戦争損害賠償請求権を有するところ、被告国は、1951年9月8日に締結された対日平和条約第19条（A）において戦争や戦争状態から生じた国民の損害賠償請求権を放棄すると規定されている。

被告国は、対米請求権を放棄したとすれば、日本国憲法下でそれによって生じた原告ら一般戦争被害者がアメリカ政府に対して有する損害賠償請求権を保護する義務を負うものである（外交保護義務違反）。

この外交保護義務違反状態を解消し原告らの権利を保護するための立法義務を負うものである。

（3＝要件3）合理的期間を超える立法不作為

本件沖縄戦の被害者である原告らの損害の回復のためには立法が必要であり、その必要性を国会議員が認識しているにもかかわらず、合理的な理由もなく立法行為をせず、それが沖縄戦終了後67年間も経過しており、そのまま損害を放置し続けており、その期間は余りにも長く原告らが高齢であることを考慮すると合理的期間を経過していることは明らかである。上記〔要件3〕も充足している。

第2節　立法の不作為責任（その1）

第1　法の下の平等原則違反（憲法14条1項）

原告らは、沖縄における軍人・軍属・戦争被害者に対する援護行政・救済運動の経過及び現況（「沖縄戦」被害者のうち、軍人・軍属・準軍属と一般民間戦争被害者間の差別及び一般民間戦争被害者間の差別〈選別〉が如何にして生じたか）については、第6章において詳述したとおりである。

ここでは、原告ら沖縄戦民間被害者間の法の下の平等原則違反の事実について追加して述べた上で、日本における戦争被害補償立法の経緯とその重大な問題点として一般民間戦争被害者差別（不平等）の実態について述べ、合わせて軍人・

第9章　被告国の法的責任（その3）

軍属中心の援護の破綻と一般民間戦争被害者の救済の拡大と取り残された沖縄戦一般民間戦争被害者をはじめ空襲被害者の救済の必要性と被告国の責任について詳述する。

第2　「沖縄戦」民間戦争被害者間の補償差別問題の存在

1　民間戦争被害者間の差別（格差）の実態

「沖縄戦」の被害者である原告ら沖縄の一般民間戦争被害者は、全国及び沖縄の軍人・軍属・准軍属と同様の戦争被害を被ってきた。にもかかわらず、原告らは軍人・軍属・准軍属との間において差別され、まったく補償されていないか、または一部に見舞金程度の金銭の支給がなされているにすぎない。

先のアジア太平洋戦争で死亡した日本人は約310万人と推定されており、そのうち230万人が軍人・軍属（准軍属）、80万人が一般民間人被害者であると言われている。そのうち230万人の軍人・軍属は、1952（昭和27）年に制定された「戦傷病者戦没者遺族等援護法」（以下「援護法」という）に援護されたが、80万人の民間戦争被害者は後述する沖縄戦の「戦闘参加者」以外は「補償」されていない。

特に、米軍占領下の沖縄には、当初援護法は適用されなかった。援護法は、沖縄には1953（昭和28）年3月26日に適用された。軍人・軍属中心の援護法により、「援護」されなかった沖縄一般民間戦争被害者が援護法の拡大適用運動もした結果、被告国が1957（昭和32）年7月に閣議決定により「戦闘参加者」に該当項目20項目を援護法制定7年後に事後的に設けて、一般民間戦争被害者を「戦闘参加者」として行政的に認定して救済した。救済された一般民間戦争被害者との差別（選別）され続けている事態がある。その格差の実体は6500万円対ゼロである。

このような軍人・軍属のみならず、事後的に行政的に戦闘参加者として准軍属扱いされた同じ一般民間戦争被害者間にも、著しい不平等と差別がある。

そのことが原告らが本件訴訟において重大な問題として指摘・主張している点である。

2　沖縄の全民間戦争被害者への戦争被害救済「援護」拡大運動の経過

（1）「沖縄戦」の人的被害

ア　本土防衛のための捨て石

沖縄戦はアジア太平洋戦争における最後の日米決戦であった。545000人の米英の大軍が人口590000人の沖縄に攻め入り、110000人強の日本軍と戦い、凄惨な地上戦が行われ狭い沖縄の島は焦土と化した。

沖縄戦は日本の敗戦が必至となった状況のもとで、本土決戦を1日でも遅らせるための、本土防衛の捨て石作戦であった。帝国陸海軍は「玉砕精神」で戦争指導と作戦遂行をし、この方針を軍のみならず一般住民にまで貫徹した。

イ　県民の4分の1の150000人が死亡

沖縄戦の戦死者数は政府において未調査のため、正確な数は未だに不明であるが、沖縄県福祉・援護課の推定数では次のとおりとなっている。

　　　本土出身兵‥‥‥‥‥‥‥‥65,908人
　　　沖縄県出身軍人軍属‥‥‥‥28,228人
　　　一般住民‥‥‥‥‥‥‥‥約94,000人
　　　米軍‥‥‥‥‥‥‥‥‥‥‥12,520人
　　　　　　合計　200,656人

上記戦没者には、強制連行などによる朝鮮人の軍夫（戦場の雑役夫）、朝鮮人「従軍慰安婦」の戦没者数（推定10000人を超える）は含まれていない。

また、「沖縄出身軍人・軍属」の中には、正規軍人と区別される現地召集された防衛隊、学徒隊、男女の義勇隊も含まれている。この人数に、戦争マラリア死、餓死、住民虐殺、戦時遭難船舶、「集団自決」などを含めると一般住民の犠牲者は15万人前後で、県民の4人に1人が戦没したと推定されている。

ウ　軍人の戦死者を上回る一般住民戦没者

沖縄出身の防衛隊などを含めた日本軍戦死者110071人と、米軍の死者12520人を合計すると122591人となり、沖縄県民の戦没者はその合計を上回る数字である。なお、摩文仁丘の〈平和の礎〉には、国籍を問わず240000人以上の死没者が刻名されている。

第9章　被告国の法的責任（その3）

（2）援護法の米軍占領下の沖縄への適用――一般住民被害者は適用除外

　米軍に占領された沖縄には、軍人・軍属中心の戦傷病者戦没者遺族等援護法（1952年制定）が当初適用されず、一般住民はもとより軍人・軍属も含め「援護金」は支給されなかった。

　県民の4分の1の死者と多数の負傷者を出し、焦土と化した沖縄では、県民の生存が危機に瀕していた。被害者は、遺族の組織である沖縄県遺族連合会などを中心に一致結束し国に対して必死に援護法の適用運動を展開した結果、1953年に援護法が適用された。

　しかし、それは軍人・軍属のみに補償され（沖縄戦関係では28228人に対してのみ）、圧倒的多数の一般住民被害者は適用外とされた。

（3）全民間戦争被害者への援護法適用運動高まる

　これには、一般民間戦争被害者が我慢（受忍）できなかった。沖縄県遺族連合会などを中心に更に県民世論が高まり、全民間戦争被害者救済と援護法の沖縄への適用運動が広がり、対日本政府交渉をねばり強く行った。

　その結果、日本政府は1957（昭和32）年に閣議決定により沖縄の一般住民被害者の中で「戦闘参加者」と取り扱うべき後記の事例20項目（食糧提供、壕の提供など）のパターンを決め、それらにに該当するときは「戦闘参加者」、すなわち「準軍属」として援護法を適用すると決定し、一部の住民を救済する措置をとった。

　日本政府が、もしこのような部分的救済措置でもとらなかったならば、沖縄の世論は、日本政府への批判が高まり、アメリカの支配を揺るがす大運動に発展したことは確実だったと見られたからである。

　しかし、この措置は同じ被害を受けた一般住民の中に選別（差別）を持ち込み、それによって県民世論は分断され、その後全民間戦争被害者救済運動は沈滞し、事実上消えてゆくことになる。

（4）「戦闘参加者」20項目

　政府が閣議決定した一般住民被害者の中で戦闘参加者として援護法適用対象の項目は次の20項目のいずれかに該当すると認定された者である。

①義勇隊　②直接戦闘　③弾薬、食糧、患者等の輸送　④陣地構築
⑤炊事、救護等の雑役　⑥食糧供出　⑦四散部隊への協力　⑧壕の提供
⑨職域（県庁職員、報道関係者等）　⑩区（村）長としての協力
⑪海上脱出者の刳舟輸送　⑫特殊技術者（鍛冶工、大工等）
⑬馬糧蒐集　⑭飛行場破壊　⑮「集団自決」　⑯道案内　⑰遊撃戦協力
⑱スパイ嫌疑による惨殺　⑲漁撈勤務　⑳勤労奉仕作業

（5）戦闘参加者認定と一般住民間差別

　援護法制定後5年後に援護法の拡大適用運動の結果、戦後になって事後的に日本政府が作り出した行政上の基準による一般住民の「戦闘参加者」は、同じ戦争被害者である一般住民の選別（差別）でもあった。
　被告国が事後的行政的に作り出した戦闘参加者とは、次の20項目に該当すると行政当局が認定した被害者のことである。
　両者は沖縄戦の被害者という点ではまったく同じである。沖縄戦の被害者は日本軍の軍事政策・作戦行動に従ったために被害を受け、選別自体根拠はなく不当なものである。

（6）認定された一般住民には6500万円の支給例も

　戦闘参加者として取り扱われた一般住民の数は約55000名で、「準軍属」として軍人・軍属と同額の補償がされている。「戦闘参加者」の受給者数は、沖縄県福祉・援護課の統計資料では、平成23年3月末現在52332人にのぼっている。
　「戦闘参加者」と取り扱われた死没者の遺族に対しては、準軍属の遺族として遺族給与金が公務（戦争）死亡として年間1966800円（最近の年支給額。取扱時より5年間遡及）が支給されている。また、弔慰金として、死没者の遺族に対し10年国債償還方式により年間40000円～50000円が支給される。
　戦闘参加者とされた障害者には、障害年金が支給されている。公務傷病の場合、その程度に応じて、年間、特別項症認定9729100円～第5款症961000円が支払われている。年金にかえて一時金を選択した場合、公務傷病第1款症6088000円～第5款症2855000円が支払われている。

第9章 被告国の法的責任（その3）

（7）未補償の儘放置されている死者66000人・負傷者50000人

一般住民の死没者のうち「戦闘参加者」概念から外されている援護法未適用者は38900人余である。これに、船舶撃沈による死者や戦争マラリア死者などを含めると後述のとおり約66000人の死没者が放置されている。負傷者で後遺障害者も推定50000人が放置されている。

沖縄県民の死者を150000人と推定した場合は、未補償の死没者数は、この15万人から、沖縄県出身軍人・軍属28228人と戦闘参加者として取扱われた約55000人を除いた66772人と計算される。

（8）民間戦争被害者が救済運動を展開

未補償の沖縄の民間戦争被害者は、沖縄戦の民間戦争被害者の初めての自主的な救済運動組織として、2010年10月に個人加盟の「沖縄10・10大空襲・砲弾等被害者の会」を結成し、2011年10月には、「沖縄戦」全民間戦争被害者の救済組織として名称を「沖縄・民間戦争被害者の会」とした。同会は沖縄戦被害の回復等のための新救済立法運動と被害救済を放置し続ける国を被告とする「謝罪と国家補償」を求める集団訴訟の提訴のための活動を強め、その会の会員及び非会員も含めて沖縄県民の世論の支持を得て本提訴に至った。

第3 日本の戦争被害補償立法の経緯と一般民間戦争被害者差別の実態

1 戦争被害補償立法の問題点

日本国憲法下で戦争被害補償を行う場合には、欧米と同様に民間人、とりわけ空襲被害者を含む非戦闘員民間戦争被災者に対する戦争被害補償を軍人・軍属と同様に行うべきであった。そのことは、被告国が戦争終結に当たり昭和20年8月14日に国民に発した官報号外の内閣告諭で「特ニ戦死者戦災者ノ遺族及傷痍軍人ノ援護ニ付テハ国民悉（ことごと）ク力ヲ效（つく）スベシ」と、被告国が一般民間戦争被害者救済が最優先的課題（戦死者戦災者の遺族という文字が傷痍軍人よりも前に来ている点を注目）である旨国民に宣言し「命令」したことによっても明らかである。ところが、戦後、被告国は、軍人・軍属や国家に協力した者を中心に補償を行っ

355

てきた。そして原告らをはじめとする沖縄戦における一般戦争被害者も相当数未補償のまま放置されてきた。更に、全国の空襲被害者も理由もないままに放置されるに至っている。このような立法経過は、憲法の基本価値を損なうものであり、立法不作為の国家賠償要件である「権利侵害の重大性」の要件をより強める事実となっている。

同時に、憲法の基礎になる被害の公平負担の理念を強く侵害し、憲法の平和主義の理念を強く掘り崩すものであり、明白な平等違反であり、その経過をみれば、司法府の関与の必要性を著しく強めるものと言うべきである。

以下、戦争被害補償立法の問題点を述べることとする。

2 戦時中、終戦直後までは戦時災害保護法により、旧軍人・軍属とともに民間戦争被害者も援護の対象

戦時中及び終戦直後までは、民間人の一般戦争被害者や空襲被害者も、被告国による援護対象とされていた（以降は、一般民間戦争被害者や一般戦災者という言葉の中には、特段の断りがない限り空襲被害者の意味も含めて使用する）。

ところが、1946（昭和21）年に戦時災害保護法が廃止され、一般戦争被害者に対する援護制度は消滅した。戦後は、1952年3月12日「戦傷病者戦没者遺族等援護法」が国会に提出され、サンフランシスコ条約発効直後の同年4月30日公布となった。すなわち、戦争中は、軍人のみならず、民間人・空襲被害者も援護されていたにもかかわらず、戦後は、軍人・軍属と民間人・空襲被害者と不平等な法律が制定された。戦後の戦争被害者対策は、日本の独立という出発点の段階で、すでに、一般戦争被害者と軍人・軍属との間で重大な不平等が生じた。

（1）戦時災害保護法

①戦時災害保護法は、太平洋戦争開戦の翌年である1942（昭和17）年に制定された。これは、当時存在した救貧立法である救護法（昭和4年法律第39号）や、後に成立する旧生活保護法（昭和21年法律第17号）よりも民間人戦争被害者に多様かつ手厚い援護策を定めていた。

太平洋戦争の開戦に伴い、軍人以外の者も戦争のために動員する総力戦体制を法的に担保するために作られたため、軍人とそれ以外の一般国民とを区別しない

②同法は、援護の対象とされる「戦時災害」について、以下のとおり規定する。

第1条　戦時災害ニ因リ危害ヲ受ケタル者並ニ其ノ家族及遺族ニシテ帝国臣民タルモノハ本法ニ依リ之ヲ保護ス

第2条　本法ニ於テ戦時災害トハ戦争ノ際ニ於ケル戦闘行為ニ因ル災害及之ニ起因シテ生ズル災害ヲ謂フ

　地上戦や空襲などの戦闘行為により直接生じた災害だけでなく、「之ニ起因シテ生ズル災害」による被害も対象とした。例えば、戦闘行為や空襲により避難場所に殺到した者が負傷した場合や、戦闘行為や空襲により橋梁が破壊されたのを知らずに通行して負傷した場合等も、戦争災害にあたるというのが政府の公式見解であった。

　同3条は、被害者への保護の内容を3種類（救助、扶助、給与金ノ支給）定めた。

第5条　救助ハ戦時災害ニ罹リ現ニ応急救助ヲ必要トスル者ニ対シ之ヲ為ス

第6条　救助ノ種類左ノ如シ
　　一　収容施設ノ供与
　　二　焚出（たきだし）其ノ他ニ依ノレ食品ノ給与
　　三　被服、寝具其ノ他生活必需品ノ供給及貸与
　　四　医療及助産
　　五　学用品ノ給与
　　六　埋葬
　　七　前各号ニ揚グルモノノ外地方長官ニ於テ必要ト認ムルモノ

と救助の対象者を「現ニ応急措置ヲ必要トスル者」と定め貧富・資力を要件としていない。

　救助の内容は上記のとおり多岐にわたっており、衣食住のすべてについて無償での原物給付がなされ、空襲後に仮設住宅が建設されたり、旅館や公的施設を収容施設（居住場所）に指定する措置がとられるなどした。

　同法は、戦災による傷病者および遺族への生活支援制度として「扶助」を定め、扶助の対象者は、戦時災害による傷病のための生活困窮者で（16条）、当時の救貧立法であった救護法が救護要件とした「生活スルコト能ハザルトキ」との生活不能者よりも緩やかな要件であった。戦災による傷病者だけでなく、その配偶者・

直系卑属も扶助を受けられることになっている。

　扶助については、生活扶助、療養扶助、出産扶助、生業扶助（17条）と、埋葬または埋葬費の支給（19条）の合計5種類がある。

　当時の救貧施策を定める救護法10条は、「救護」の4種類（生活扶助、医療、助産、生業扶助）を規定していたが、同法は更に、埋葬、または埋葬費の支給という類型を加えて援護の内容を拡大している。

　生活扶助の額は、一日60銭とされており、これは救護法による生活扶助費一日50銭よりも高い。

　同法は、戦時災害による死亡者遺族や戦災障害者（同法22条）、戦時災害により住宅や家財を滅失・毀損させた所有者（同法23条）、戦時災害を受ける危険性の高い業務従事者および遺族（同法24条）に対する「給与金」を一時支給することを定めていた。

　当時の救護法における「生活不能」や、戦時災害保護法16条の扶助における「生活困難」の要件と比較すると、極めて緩やかな基準であった。

　給与金の額は、同法施行令の「別表第二」において、以下のように定められていた。当時の警察巡査の初任給（月45円）の約8～16カ月分にあたる金額が支給されていたことになる。

遺族給与金		500円
障害年金	終身雇用が不可能	700円
同	終身義務に服することが可能	500円
同	著しい障害、女子の外貌に醜状痕	350円

このように、戦時災害保護法は、民間戦災者や遺族に対して、きわめて緩やかな所得制限に該当しない限り、少なくとも数か月分は生活に困らない程度の給与金を支給していた。

　現在の国家補償の水準と比較すれば不十分な内容ではあるが、戦時中の救護法にも戦後の旧生活保護法にもみられない多種多様な民間被災者援護の措置がとられていたのである。

　確かに、当時の立法担当者の解説による、「戦時に際して、国民一人残らず、之が防衛に当たるべきは、家族国家たる我が国の国情からみて当然であり、国民的責務であらねばならない。従って戦時災害に因り、国民が、人的、物的に被害

第9章　被告国の法的責任（その3）

を受くることありとするも、国家からの損害補償を要求すべき性質のものではないのみならず、そうした補償を期待すべきものですらない。」として、欧米の国家補償思想に基づくものではないとされている（高橋敏雄「戦時災害保護法について」厚生問題26巻4号10頁）が、その内容自体から見て、国家補償的性格を持っていたことは明らかである。

③ 1942（昭和17）年に同法が施行されてから1945（昭和20）年の終戦までに、同法による援護の実施件数・金額は下記のように増大していった。

空襲の激化と被害の拡大に応じて、援護の実施件数も急増した。

年度	件数	費用（支給額と実施費用）
1942年	1,469件	263,255円
1943年	2,248件	199,274円
1944年	1,163,601件	15,532,125円
1945年	2,979,562件	227,709,611円

軍事扶助法による傷痍軍人や軍人遺族への補償額も、1943（昭和18）年には約1億円、1945（昭和20）年には約2億2千万円と徐々に増加している。1945年には、戦時災害保護法による支出額が、軍事扶助法の支出額を逆転して大きく上回ることになった。

このことは、終戦前後に極めて多くの一般民間戦災者が援護を必要としていたことの表れである。当時において、決して軍人・軍属よりも民間戦災者の方が援護の必要性が低いということはなかった。

④ 1944（昭和19）年10月10日の沖縄10・10大空襲を皮切りに1945（昭和20）年3月の東京大空襲など、全国の都市が空襲の火の海に包まれ、極めて多数の犠牲者を生みだし、沖縄では「一般住民をまきこんで国内唯一の地上戦が壮絶に斗われて終戦を迎えることとなった。

被告国は前述のとおり終戦に際し国民に対し号外を発し、一般民間戦争被害者救済が最優先課題であると明言し、国民に周知した。

民間被害者は悲惨な窮状におかれ、飢餓に苦しむ市民、家と仕事を失って浮浪者となる者、親を失った戦災孤児などが街にあふれた。

そのような社会状況からみて、一般民間被害者などを援護する必要性は極めて高かった。もちろん被告国もそのことを明確に認識していた。被告国は幾度にも

わたって被害者援護を重視すると言明し、そのことを国民にも周知したことからもわかる。

　被告国は1945（昭和20）年12月15日「生活困窮者緊急生活援護要綱」を閣議決定した。

　この「生活困窮者緊急生活援護要綱」によれば以下のとおり定められている。

　「生活援護ノ対象ト為スベキ者ハ一般国内生活困窮者及左ニ掲グル者ニシテ著シク生活ニ困窮セルモノトス

　　一　失業者
　　二　戦災者
　　三　海外引揚者
　　四　在外者留守家族
　　五　傷病軍人及其家族並ニ軍人ノ遺族」

　この規定では、まず1項で失業者を規定し、2項で「戦災者」、5項で「軍人」およびその家族・遺族と記載されていることからも明らかなとおり、軍人・軍属よりも戦災者の方が先順位に規定されているのである。もちろん、国との雇用関係があった者か否かによる区別もされていない。「著シク生活ニ困窮セルモノ」に対しては、平等かつ公平に生活援護を行う趣旨と解される。

　注意すべきことは、上記要綱が特に「戦災者」という言葉を用いていた点である。この用語は前述号外内閣告諭と同じである。同要綱の制定は終戦4カ月後であり、都市も農村も混乱・疲弊した状況にあった。そのため、「戦災者」でなくとも困窮に陥っている者は多数いたのであり、その類型は多種多様であった。しかし、上記の要綱は、「戦災者」という類型を規定することによって、特に一般民間戦争被害者に対する援護を重視すべき姿勢を明確にしていたのである。

　1945（昭和20）年8月の終戦後、沖縄をはじめ国内各都市は、一般戦争被害者や戦争孤児の餓死など深刻な状況となって、援護の必要性は、終戦後一層高まっていった。

　⑤こうした中で、全国の戦争犠牲者らが1946（昭和21）年6月8日に「戦災者団体全国協議會」を開催した。翌9日には、大阪の「日本戦災者同盟」と東京の「全國戦災者同盟」を統一した「日本戦災者同盟聯合會」が結成され、5項

目の対策（戦災復興対策、戦災者の住宅対策、戦災者救護対策、戦災者復興対策、戦災者食糧対策）を要求する決議をあげた。

　このような、終戦直後から一般戦争被害者や空襲により生じた戦災孤児らが困窮を極める状況下で、1946（昭和21）年6月までに戦災者同盟などが援護と補償を求める運動が開始されるようになった。本来であれば、被告国は、こうした国民の困窮の実情に目を向けて、早急に援護措置を充実・拡大すべきであった。

　ところが被告国は、こうした国民の願いに反する政策をとったのである。

　⑥すなわち、1946（昭和21）年9月に上記の「戦時災害保護法」を廃止して一般戦争被害者などへの援護措置を廃止した。前述の閣議決定による「生活困窮者緊急生活援護要綱」も失効させた。その上で、その6年後の1952（昭和27）年に、「戦傷病者戦没者遺族等援護法」を制定して、軍人・軍属およびその遺族に対して手厚い援護・補償を開始したのである。

　戦時災害保護法の廃止は、一般戦争被害者への援護を日本の法制度上から完全に消滅させるものであった。決して、民間被災者への援護が、他の何らかの施策へと移行した訳ではない。

　前述のとおり、1942（昭和17）年に戦時災害保護法が制定された当時は、今の生活保護法に連なる救貧立法として「救護法」（昭和4年法律第39号）が存在した。その特別法として、特に民間被災者を援護する「戦時災害保護法」が制定されたのである。

　救護法と戦時災害保護法は、立法趣旨も援護対象もまったく異なるものであった。厚生省生活局は、1942年3月発行の週報283号9頁において、「本法（戦時災害保護法）による保護は、戦時災害といふ特殊な原因に基づく保護であって、一般の生活困窮者に対する救助や扶助とは性質をまったく異にするものである」と明記している。

　そして、1946（昭和46）年9月に救護法と戦時災害保護法が廃止され、それと同時に旧生活保護法（昭和21年法律第17号）が制定された。しかし、このことは「戦時災害保護法の施策が旧生活保護法に引き継がれた」ということを意味しない。なぜなら、旧生活保護法は救護法を継承したものであり、戦時災害保護法が独自に定めた各種の一般戦争被害者らへの援護施策はまったく引き継がれなかったからである。

これは、わずか9カ月前に閣議決定された「生活困窮者緊急生活援護要綱」が戦災者の援護を明記していたこととまったく矛盾する方針変更である。下記の表をみると、戦時災害保護法が定めた各種施策のうち、もともと救護法に同様の規定があったものだけが旧生活保護法に引き継がれたことがわかる。

各種施策の内容	救護法 （昭和4年制定）	戦時災害保護法 （昭和17年制定）	旧生活保護法 （昭和21年制定）
＊救　助			
収容施設の供与	×	○6条1項	×
炊出し、食品の給与	×	○6条1項	×
被服、寝具、生活必需品の給与	×	○6条1項	×
医療・助産	×	○6条1項	×
学用品の給与	×	○6条1項	×
＊扶　助			
生活扶助	○10条1項	○17条	○11条1項
療養扶助	○10条1項	○17条	○11条1項
出産扶助	○10条1項	○17条	○11条1項
生業扶助	○10条1項	○17条	○11条1項
埋葬・埋葬料の支給	○17条1・2項	○19条	○11条1項
＊給与金			
遺族給与金	×	○22条前段	×
傷害給与金	×	○22条後段	×
住宅・家財給与金	×	○23条	×

　戦時災害保護法と救護法とに重複する施策だけが旧生活保護法に残されており、「戦時災害保護法の施策が旧生活保護法に継承された」とはいえないことがわかる。
　このように、被告国は、国民の切実な願いに反して、わずか9カ月前の閣議決定にも反して、1946（昭和21）年9月に戦時災害保護法を廃止し、一般戦争

被害者の救済を排除し、軍人・軍属と一般戦争被害者との不平等を拡大させ始めたのである。

このような点からも、国内の戦後補償の不合理性は明らかとなっている。その点は被告国の国家補償立法を制定しなければならない立法作為義務を基礎づける事実である。

3 軍人・軍属を中核とした援護制度

(1) 旧軍人・軍属・準軍属は、総合計52兆円を超える補償

それにもかかわらず、民間空襲被害者は、まったく補償されていないし、前述したとおり沖縄戦一般戦争被害者のうち67000人の死没者と50000人の後遺障害者がまったく補償されていない。戦時中でさえ民間人に対する補償がなされ、更に基本的人権を守るべき価値の中核におき平和主義を基調とする憲法の下で、戦争被害補償について、軍民平等であるべきことは明らかであり、民間人の補償をしないことは、法の下の平等原則（憲法14条1項）と平和主義に明白に違反している。

ア　軍人恩給の復活と戦傷病者、戦没者遺族等の援護法の制定

戦前の日本の援護立法体系は、前述したように、1917年には軍事救護法（後の軍事扶助法）が公布され、その後1942（昭和17）年には戦時災害保護法及び同法施行令が制定され、これらのもとで、軍人・軍属だけでなく、民間人も援護の対象とされていた。

しかし、戦時災害保護法は軍事扶助法同様、1946（昭和21）年9月に廃止された。これは、GHQの強調した「無差別平等」原則に基づき、軍人・軍属、民間人とを問わず生活困窮者を「無差別平等」に保護する趣旨に基づくものであり、軍人・軍属を含む戦災者は生活保護法等一般社会保障法の枠内での補償という体制となった。

そして、生活保護法だけでは社会保障法として十分ではないとされ、1947（昭和22）年に児童福祉法、1949（昭和24）年に身体障害者福祉法が制定された。

すなわち、この時点までは、軍人・軍属を含む戦災者は、一般社会保障の枠内において保護が図られることとなっていたのである。

しかし、日本が対日平和条約を締結し、占領体制から脱した軍事体勢への逆コースと言われている中で、1952（昭和27）年、戦傷病者戦没者遺族等援護法が制定され、翌1953（昭和28）年、恩給法が改正された。これにより、旧軍人・軍属に限定して援護が行われることとなり、「無差別平等」原則は後退し、その後その差別は拡大することになる。
　そして、戦傷病者戦没者等援護法により、軍人・軍属・準軍属に対する遺族年金制度が設けられることとなり、恩給法により、軍人に対して恩給法による公務扶助料が支給されることとなった。その結果として、恩給法に該当する軍人の遺族については恩給法の規定により公務扶助料が、恩給法に該当しない軍人・軍属・準軍属の遺族については、戦傷病者戦没者等援護法の規定により、それぞれ遺族年金ないし恩給が給付されることとなった。
　これ以降、①未帰還者留守家族等援護法（1953［昭和28］年）、②旧軍人等の遺族に対する恩給の特例に関する法律（1956［昭和31］年）、③引揚者給付金等支給法（1957［昭和32］年）、④未帰還者に関する特別措置法（1959［昭和34］年）、⑤戦没者等の妻に対する特別給付金支給法、⑥戦傷病者特別援護法（1963［昭和38］年）、⑦戦没者等の遺族に対する特別弔慰金支給法（1965［昭和40］年）、⑧戦傷病者等の妻に対する特別弔慰金支給法（1966［昭和4］）年）、⑨戦没者の父母等に対する特別弔慰金支給法（1967［昭和42］年）、⑩旧植民地出身軍人・軍属（1987［昭和62］年）等、制定され、軍人・軍属に対する救済の範囲は徐々に広がっていった。

イ　未帰還者留守家族等援護法（1953［昭和28］年）・未帰還者に対する特別措置法（1959「昭和34」年）・引揚者給付金等支援法（1957［昭和32］年）による各援護措置と沖縄民間戦争被害者の未補償についての若干のコメント
　前述したとおり沖縄戦の民間人犠牲者のうち、約67000人の戦没者、および約50000人の後遺障害者が未だに補償されていない。
　ちなみに未帰還者留守家族等援護法（昭和28年法律161号）では、ソビエト社会主義共和国連邦、樺太、千島、北緯38度以北の朝鮮、関東州、満州又は中国本土地域等に居た一部邦人にさえ特別未帰還者として、死亡した者には葬祭料（同法第16条、第25条）、遺骨引取経費（同法17条）、傷病者には療養給

付（同法第18条）、障害一時金（同法第26条）等の措置があり、又引揚者給付金等支給法（昭和32年法律109号）においては引揚前若しくは引揚後死亡した者にさえ遺族給付金（同法8条）支給の措置がなされている。

　よってこれらの趣旨が、その法律の適用地域が海外や旧植民地等という特殊地域における特殊事情による措置と言うならば、沖縄における島ぐるみ戦争において、被告国の遂行した軍事行動や戦闘行為等により傷病を受け又は死亡した一般犠牲者はむしろそれ以上であってそれ以下ではないはずである。これらの法律を制定し、海外や旧植民地における日本人戦争被害者を援護することは、むしろ当然であるから、原告ら沖縄民間戦争被害者も援護されることには合理的理由がある。

　その具体的な救済方法としては、現行の戦傷病者戦没者遺家族等援護法（昭和27年法律127号）の中でその措置を講ずるか、或いは若し戦闘参加者として準軍属に含めることが無理と解釈するならば、沖縄地域における一般戦争犠牲者に対する特別措置として、別個に特別立法をするか、司法における救済か、である。本件訴訟においては、当然のことであるが、司法的救済を求めているのである。いずれにしても、過酷な沖縄戦の一般民間戦争被害者を「未補償のまま歴史の闇に葬ってはならない」のである。

　ウ　旧軍人・軍属・準軍属に対する補償の援護費関係の支出累計は52兆円

　1952（昭和27）年以降から1997（平成9）年までで、総計43兆9925億円であり、うち軍人・軍属関係が41兆2103億円（全体の94％）、留守家族、引揚者援護が134億円、原爆医療が約2兆4095億円、その他の援護関係費（1960年から1997年）が2307億円である。

　そして、軍人・軍属関係の恩給と遺族年金の支給額は、現在でも年間平均1兆円近くの予算が組まれている。したがって、軍人・軍属関係の支出は、2011年現在時点で52兆円を優に超える莫大な数字となっていると考えられる。それに対して、原告らのような沖縄戦被害者グループなどには、1円たりともまったく補償されていない。

　エ　軍人・軍属・準軍属に対する他の民間戦争被害者と違った手厚い補償
　①旧軍人・軍属・準軍属に対する金銭給付としては、軍人については、恩給法

に基づく普通恩給、傷病恩給として、増加恩給、傷病年金、特例傷病恩給があり、恩給の対象とならない軍人及び軍属、準軍属については、戦傷病者戦没者等援護法に基づく障害年金の給付があり、その障害の程度や障害を負った原因により、受給金額が決定される。

　恩給の対象外となる元軍人や軍属、準軍属に対しては、戦傷病者戦没者遺族等援護法7条1項による障害年金制度がある。これには、在職期間の長短による区分はない。

　傷害の程度による区分は、恩給法と同一の基準が用いられている。すなわち、重度障害（特別項症および第1項症〜第7項症）および軽度障害（第1款症〜第4款症）の症状区分と、各区分に応じた障害年金額が定められている（同法7条1項、8条）。

　恩給法ないし戦傷病者戦没者等援護法に基づき旧軍人・軍属・準軍属に対して恩給ないし障害年金が支給されることは先に述べたとおりであるが、同法律らは、その一定の遺族に対しても、遺族給付を規定しているのである。

　戦傷病者戦没者等援護法の遺族年金の受給権者は、同法第23条各号に規定されている者の遺族であり、基本的には疾病又は死亡当時に軍人・軍属であった者またはその遺族（同法第23条第1）であるが、準軍属又は準軍属であった者の遺族も対象であり（同法第23条第2項）、公務上負傷し又は疾病にかかり、これによって死亡した場合（同法第23条第2項第1号）だけでなく、準軍属としての勤務に関連して負傷し、又は疾病にかかり、これにより死亡した場合や（同法第23条第2項第4号）、障害年金の受給権者であったものが、その権利を失うことなく当該障害年金の支給事由以外の事由により死亡した場合の遺族（同法第23条第2項第5号）、昭和12年7月7日以降準軍属としての勤務に関連して負傷し、又は疾病にかかり、当該負傷又は疾病の発した準軍属たる期間内またはその経過後6年後（事由によっては12年）以内に死亡した準軍属又は準軍属であった者の遺族（同法23条第2項第9号）等、幅広く受給権者が規定されているのである。

　このように準軍属の概念が広がっていっても、一般戦争被害者はこれに含まれないという扱いをされたため、原告ら被害者は遺族年金を受給できないでいる。後述するようにその範囲設定は、極めて恣意的である。

このように、軍人・軍属・準軍属本人に対する障害年金給付だけでなく、その遺族に対する遺族給付ないし遺族給与金についても、相当な範囲、相当な内容の支給がなされる一方で、他の民間戦争被害者との関係でも、また、まったく補償の対象とならない空襲被害者との間の著しい格差が広がっているのである。

②軍人・軍属・準軍属に対しては、先に述べた戦傷病者戦没者遺族援護法による、援護の対象となるが、その中でも、恩給法に規定される「軍人」に対しては、先に述べた恩給を受給することができる。そして、その遺族に対しては、下記に述べる恩給法に基づく扶助料を受給することができるのである。

恩給法における遺族とは、祖父母、父母、配偶者、子、兄弟姉妹であって、旧軍人・軍属死亡当時、旧軍人・軍属と生計維持、又は生計を同一（死亡が昭和22年5月3日の日本国憲法施行の日より前であるときは、同一戸籍内にあった）の関係にあった者である。

扶助料は、旧軍人・軍属が死亡した場合において、一定の条件を備えているときに、その遺族に支給される恩給法上の年金で、死亡原因等により4つに分かれている。

　　a　普通扶助料（恩給法第73条第1項、恩給法第75条第1項1号）

普通扶助料は、普通恩給受給者（資格者含む）が公務傷病によらないで死亡（平病死）した場合に、その遺族が受給できるものである。年額は、原則として普通恩給年額の2分の1相当額又は最低保障額で、さらに受給者が妻で、一定の条件を満たしている場合には寡婦加算額が加えられる。

　　b　公務扶助料（恩給法第75条第1項2号）

公務扶助料は、旧軍人・軍属が、公務（みなし公務含む）傷病又は戦傷病者がその傷病により死亡した場合に、その遺族が受給できるものである。

　　c　増加非公死扶助料「3号扶助料」（恩給法第75条第1項3号）

増加非公死扶助料は増加恩給受給者（資格者含む）が、平病死した場合、その遺族が受給できるものである。年額は、普通扶助料年額に階級により定められた倍率を乗じて得た額又は最低保障額で、さらに公務扶助料と同額の遺族加算額と扶養遺族加給額が加えられる。

　　d　特例扶助料（昭和31年法律第177号）

特別扶助料は、特例傷病恩給と同系列のもので、軍人・準軍属が昭和16年

12月8日以後、内地等で職務に関連した傷病にかかり、そのために死亡した場合に、その遺族が受給できるものである。年額は、普通扶助料年額に階級により定められた倍率を乗じて得た額又は最低保障額で、さらに公務扶助料と同額の遺族加算額と扶養遺族加給額が加えられる。

なお、最低保証額とは、戦傷病者戦没者遺族援護法における職務関連死亡の場合における額であり、金1573500円である、

さらに、恩給は、軍人が在職中特殊な勤務に服した場合に、その間の勤務期間を割増しして評価するという加算制度がある。そして、この加算制度により算出された仮想の在職期間により額を算出しているのである。対象となる地域や、期間、勤務の状況、加算の程度は、恩給法及び附則別表等に別途規定されている。

この加算制度によって、実際の勤務期間より長い勤務期間が前提とされる場合があり、恩給額が増額されることになるのである。

そして、軍の関係者は、階級が高ければ高いほど、高額の補償がされ、階級的な差別がなされている。

(2) 軍人・軍属と民間戦災者、空襲被害者との間の不平等への批判
　ア　学者による批判

一般戦争被害者への援護を廃止しながら軍人・軍属への援護を復活することは、当時の社会において、決して当たり前のように受け止められた訳ではない。

とりわけ、軍人・軍属への援護を定める戦傷病者戦没者遺族等援護法に対しては、当時の著名な法学者から強い批判が提示された。

たとえば、民法の大家である鈴木禄彌博士は、「民商法雑誌」27巻4号（1952年7月号）の掲載論文「戦傷病者戦没者遺族等援護法雑考」（谷口知平博士・阿南成一氏と共著）において、以下のように述べている。

「本法の対象とする(遺族年金の)受給者の範囲は妥当なものとは思えない。(中略)今日わが国において生活を保障されるべき者はいわゆる遺族のみではなく、生活困窮者である。(中略)特に遺族のみが、優先待遇を受ける理由はないのである」「戦争被害者は遺族に限られないのであり、戦災者・引揚者等の直接被害者はもとより、全国民が戦争被害者であり、しかもみな少なくとも充分には補償を得ていないのである。(中略)かくのごとく被害者の層が広汎に分布している

場合には、結局富者＝被害の少なかったものの犠牲において貧者＝被害の多かったものを救済する一般的な社会政策が行われるべきであり」「軍人市民として死んだかは本質的差異をもつものではない。かく考えると本法の定める弔慰金受給権者の範囲は、妥当とは思われない」

このように、鈴木禄彌博士は、一般戦争被害者と軍人・軍属には本質的差異はないと述べ、軍人・軍属などの「特殊な被害者群」のみを援護対象とすることに強く反対したのである。

その後、立命館大学の赤澤教授は軍人恩給復活の点について、「日本の戦争犠牲者への補償が国民平等主義に立たなかった最大の理由は、その補償が逆コースの中で行われたという点にあるといえよう。占領軍の指令に基づく戦後改革の指定と戦前への復活、復帰の思考が軍人恩給の復活を当然視させ、また少なくても当初は軍人恩給復活要求の一部は、再軍備への動きとも結びついていたのであった。従って戦争犠牲者に対する補償問題の論議は、事実上軍人恩給復活の是非を争うという形で前記のように進められたのであった」と述べ、名古屋空襲裁判を紹介した論文で赤澤教授は、「戦争は果たして正当な行為なのか。現憲法下の国民に奉仕する公務とは矛盾し、旧憲法下の公務を戦後の日本国憲法下でそのまま正当な行為と認めるということは憲法に違背である」ことを指摘し、「現実に公務性を問題とせず、戦争による受傷を全部救済するならば、当然民間戦傷者であっても同じように救済されても良いのではないか」と名古屋裁判の批判として指摘している。

この意味で、憲法の平和主義の基本理念に大きく反しているのである。

イ　国会審議で出された批判

戦傷病者戦没者遺族等援護法の法案を審議する第13回国会衆議院厚生委員会の公聴会（1952［昭和27］年3月25日）において、早稲田大学教授の末高信氏は、次のように同法案を批判した。すなわち、国の費用により与える保護は「無差別平等の原則」が適用されるべきであるとの立場から、戦争による犠牲負担は「あらゆる階層、あらゆる人々に対して、ほぼ同一に発生するものであり、（中略）これらの人々に、何らの特別の措置を講ずることなく、単に軍人の遺族である、あるいは傷病者であるがために特別の措置を講ぜられるということは、国民のう

ちに、党中党を立てるような感じがありまして、私ども納得できない」と述べた。
　なお、同教授は、翌1953（昭和28）年7月27日の参議院内閣委員会において、恩給法改正審議の参考人として出席し、戦時災害補償の全面的実行をさしおいて軍人恩給のみを復活するのは不公平であると陳述した。
　こうした批判は、同教授のみならず当時の社会において軍人・軍属のみに手厚い補償をすることへの根強い批判があったことを示すものである。

　ウ　1970年代80年代の国会での批判
　① 1970年代から80年代にかけての、戦時災害援護法案の国会での審議の中で、野党はこの軍民格差、不平等を追及し「昭和56年4月14日に閉かれた参議院労働委員会において、園田直厚生大臣は、以下のように述べている。
　「そういう理論から言うと、国家から召されていったから、あるいはそうじゃなかったからということで本当は区別するのは理論的には間違いであって、やはりひどい目に遭われた程度によって区分するのが本当の私は理屈だと思います。しかし、現状としてはなかなか現在ではそれは困難であることは私も承知しております。（中略）日本の戦争災害者の方々に対する基本的な姿勢は、戦後の処理問題であって、その受けられた災害の度に応じて考えるべき問題であると考えておりますが、現実はいろいろ違っておりまして、縦割りというか何か軍人・軍属あるいは軍の命令というようなものが先に立っておりますが、これは私は理論としてはなかなか筋の通らぬところもある。やはり全般的に災害に、ひどい思いをされた、つらい思いをされた方々の度に応じてやるべきだと思いますものの、現実としては、ここまでやってきました問題を切りかえることは非常に困難である、せめてそういう網から漏れた方々を戦後の処理は終わったなどと言わずに、一つ一つ努力をして網の目から漏れた気の毒な人々に対する対応の策を講ずることが必要であると考えております。（中略）戦争の被害というものは、年がたつにつれて戦闘員と非戦闘員の区別なしに被害を受けるものでありまして、場合によっては、戦地でひどい目に遭ったつらさよりも、内地で日常生活をしながらひどい目に遭った方々もたくさんあるわけでありますから、（中略）戦時災害援護法、この趣旨は戦争災害を受けた者は、身分、立場、その他にかかわらずひとしく戦争災害者としてこれに対する国の責任を果たす、こういう理論から言って私は理

論はそうあるべきであると思います。しかしながら、実際に行政を担当する私といたしましては、これが現実の政治環境からなかなか実行することは困難である、こう思っております」

②昭和48年7月に開かれた第71回国会において、齊藤厚生大臣は国会で、「大東亜戦争は私が申し上げるまでもなく、総力戦というようなことで、いろいろな義務を国民が負わされて戦争に望んだということは仰せの通りでございます」「防空壕その他について、やはりこれは何か特別な関係があるのではないかと、こう思われるものにつきましては、その都度具体的な例を拾いながら援護法の中で面倒をみるようにしようじゃないか。こういう範囲を拡大して今日まで努力をしておるわけでございます」と述べた。

2008年4月の第169回国会参議院厚生労働委員会において、福島みずほ委員の質問に対して、舛添厚生労働大臣は、「我が国には、民間の、例えば外国の軍隊による空爆の被害者についての特段の措置はございません。こういうものについてどうするか、これはきちんと議論をすべき課題であると思います。福島委員の御提案も受け止めさせていただいて、これは厚生労働省というよりは、国会議員として、政治家として、きちん議論を重ね、最終的に戦後処理をきちんとやりたい」とこれら軍人・軍属だけが優遇され、空襲被害者等にまったく補償されていないのはおかしいのではないかとの質問に対し、このように国会で政府責任者は答弁しているのである。

エ　判決による不平等批判

①名古屋空襲訴訟第一審判決（判例時報1006号）は、次のように判示している。「国の立法府たる国会の範囲に属するのであって、援護法制定が立法裁量の範囲を逸脱し、また不合理な理由による差別立法であると認められない」としているが、一方で、「社会保障の見地に限れば、民間被災者たると、旧軍人たるとに拘わらず、同等の障害を負った者に対して同等の保障をなすのが当然である上、戦争犠牲者に対する国家補償という面に於いても、国の遂行した戦争において、障害等を折った者は民間戦災者であっても旧軍人・軍属であっても、その保障の必要性に原則的にはそれ程顕著な差異は認められず、ただ旧軍人・軍属が民間被災者とは異なり、国から戦う義務を課されて戦地とう勤務を命ぜられ、生命の

危険に晒されながら苛烈な環境下に於いて戦いを為さざるを得ない立場にあったという事実を考慮すれば、旧軍人・軍属については民間被災者より保障の必要性が強くなることが考えられるに過ぎない。従って、社会保障及び国家補償の見地だけからすれば、軍人・軍属と民間被災者の間に顕著な援護上の差異を設けることは合理性を欠くものと言わざるを得ない……」と述べ、「勿論、戦後 30 年以上を経た今日に於いても十分な保障を受け得ず、今尚戦争による傷跡に苦しみつつ、日々の生活を送っている民間被災者が存在することは控訴人らの弁論の全趣旨に徴して容易にこれを伺い知ることができるのであって、これらの人々に対し、国が国家補償の精神に基づき、できるだけ広範囲に亘って援護の措置を講じていくことが望まれる」と述べるまでに至っている。

　②東京大空襲訴訟一審判決（2009 年 12 月 14 日言渡、訟務月報 56 巻 9 号 2211 頁）は次のように判示している。

　「原告らは、第二次世界大戦中は、国家総動員体制の下で、旧軍人・軍属のみならず、国民すべてが戦争に協力し、あるいは巻き込まれたのであるから、原告らのような東京大空襲の一般戦災者も、国会の主導の下で被害を受けたという点においては旧軍人・軍属と同様であるにもかかわらず、旧軍人・軍属に対してのみ救済、援護措置が執られ、東京大空襲の一般戦災者に対しては救済、援護措置が執られていないのは平等原則に違反する差別的取扱いというべきところ、沖縄戦被害者や原爆被害者のような一般戦争被害者の一部に対してまで救済、援護措置の対象が拡大されているにもかかわらず、なお東京大空襲の一般戦災者に対して救済、援護措置がとられないことは、差別を更に拡大するものであって、最早平等原則に違反することは明らかであるという趣旨の主張をする。たしかに、第二次世界大戦中の日本国民が、国家総動員法等の下で、戦争協力義務を課せられ、必然的に戦争に巻き込まれていったことなどの事情を考慮すると、一般戦争被害者（本件においては、東京大空襲の一般戦災者）が受けた戦争被害といえども、国家主導の下に行われた戦争による被害であるという点においては、軍人・軍属との間に本質的な違いはないという議論は、成り立ち得るものと考えることができる。また、東京大空襲による被害の実情については、（中略）（原告らが）その本人尋問において供述し、あるいは、その余の原告らが、各陳述書に記載しているとおりであって、原告らの受けた苦痛や労苦には計り知れないものがあったこ

とは明らかである。そうだとすれば、原告らのような一般戦争被害者に対しても、旧軍人・軍属等と同様に、救済や援護を与えることが被告国の義務であったとする原告らの主張も、心情的には理解できないわけではない」とまで述べるに至っている。

　オ　日本弁護士連合会決議
　日本弁護士連合会は1975年11月15日、開催地名古屋にて、「太平洋戦争終結後30年が経過したが、理不尽な戦火にさらされ、生命と健康を失ったきわめて多くの民間戦災死者、障害者に対して、現在なんらかの援護の措置も講じられていない。右戦争においては、前線と後方の区別なく、すべての国民生活が戦争にくみこまれ、その惨禍が日本国民すべてに及んだ事実を直視すると、軍人・軍属等にのみ限定された戦災者援護の法制は法の下の平等に反するばかりでなく、右大戦の体験の上に制定された平和憲法の基本精神にも背くものである。政府は既に国会で決議されている『戦時災害による負傷疾病障害および死亡に関する実態調査』をただちに実施するとともに、民間戦災死者、傷害者に対する援護法をすみやかに制定すべきである」と決議し、この不平等について批判している。

4　援護法適用の拡大による軍人・軍属中心主義の変容

　戦後の援護の歪んだ歴史の中で、軍人・軍属に限定した援護法の不合理とこれを乗り越えようとする国民の闘いがあり、その結果、準軍属、民間被害者について、一定の援護補償立法がなされるに至った。その結果、空襲被害者（原爆戦死者、沖縄空襲被害者も含む）、艦砲射撃被害者と「沖縄戦」の被害者の一部がまったく補償されずに取り残されるに至っている。このことは軍人・軍属のみを補償するという論理は変容している。そのことは憲法14条違反を基礎付ける事実である。また、等しく受忍せよという受忍論がもはや崩壊・破綻していることも意味している。
　これら援護法の拡大について次の通り述べる。

（1）援護対象の拡大が意味するもの
　1952（昭和27）年4月の戦傷病者戦没者遺族等援護法の制定後戦争による被

害に対する援護は順次拡大していった。その法形式としては、①各種の援護立法の制定によるものと、②戦傷病者戦没者遺族等援護法の明文改正や通達による解釈変更によるものの2つがあった。

　これらの法制定や法改正により、軍人・公務員以外の者が幅広く援護対象となる一方で、依然として一般戦争被害者は援護を受けられないまま放置される結果となった。

　このことは、次の3つの結果を生じさせた。

　a　適用範囲が狭義の「軍人・軍属」に限定されなくなった結果、「国と雇用関係にある者のみ補償する」という被告国の大義名分が成り立たなくなった。

　b　戦闘に参加しない者に対する援護が拡大された結果、生命身体に対する危険性という点で民間の一般戦争被害者と実質的に何ら異ならない者が援護を受けるようになり、一般戦争被害者が援護を受けられないことの不合理性・不平等性は著しく拡大した。

　c　同法および他の援護立法の適用対象が拡大した結果、「援護を受けられない者」の範囲が狭められ、空襲被害者（原爆戦死者、沖縄空襲被害者、艦砲射撃被害者も含む）と「沖縄戦」の一部だけが取り残され差別される結果となった。

　空襲被害者や沖縄戦争被害者の一部のグループが取り残されている状況下では、被告国が「等しく受忍せよ」と主張するとすれば、あまりにも不条理・不平等であり、憲法13、14条などに違背していること明らかとなっている。一般戦争被害者が取り残されている故に「等しく補償せよ」が条理にかなうし、憲法13、14条にかなったものである。したがって憲法13、14条に基づき、不合理なこの明白な差別を解消しなければならなくなっており、被告国の受忍論も立法裁量論もはや崩壊しなくなっている。

　以下（2）および（3）ではまず、援護法の明文改正、及び通達等による援護法の解釈の変更について述べるが、このような援護法の明文改正や通達等による解釈変更により、適用範囲の拡大が急速に進められた結果、同法の規定は以下のように変容していった。

　a　戦闘行為とは無縁の地位にある者も、軍属・準軍属とされた。

　b　それらの者に対して、戦闘行為や空襲以外の原因により業務遂行中に生じた傷病についても、同法による障害年金が支給されることになった。

この点を詳しくみるために、次項（2）で同法の明文改正について、次いで（3）で通達等による適用対象の拡大についてみることとする。

（2）明文改正による援護法の対象拡大

戦傷病者戦没者遺族等援護法は、制定当初は陸海軍の兵役にあった者（「軍人」）と、陸軍見習士官や海軍候補生など（準軍属）のみを援護対象としていた（同法2条1項1号）。ところが、法改正により適用対象が急速に拡大していった（「援護法Q＆A」224～245頁）。

以下に、改正の順に沿って主要なものを示す。

ア　民間船舶の乗組員

1953（昭和28）年に、船舶運営会の運航する民間船舶の乗組船員が「軍属」に加えられた（2条1項3号。昭和28年法律第181号。）。

これは、軍人や公務員ではない民間の海運会社の従業員である。政府や軍部の指揮命令下で就労していた者ではなく、海運会社の指揮命令下で就労していた者である。このような者でも、たまたま船舶運営会を通じて軍需物資などを輸送する船に乗船していた場合には、傷病を受けた場合に軍属と同様に扱われることとなったのである。

イ　いわゆる「戦争指導責任自殺」をした者

1955（昭和30）年には、いわゆる「責任自殺」をした者（終戦時に戦争の指導責任を感じて自殺をした者）の遺族も遺族年金の支給対象に加えられた（附則11項。昭和30年法律第144号）。

これは、戦闘行為や空襲による死亡ではなく、本来の「戦傷病者」には該当しない。それどころか、むしろ多くは戦争を遂行した責任を問われるべき立場の人物であり、多数の国民に重大な被害を与えたことを謝罪すべき立場の人物である。このような人物を「戦傷病者援護」の名の下に手厚い援護を与えながら、悲惨な空襲に苦しんだ民間人の被害者には何ら補償をしないことにはまったく合理的理由がない。

ウ　民間の被徴用者・動員者、民間の国民義勇隊、民間の戦争参加者

1958（昭和33）年には、民間の被徴用者・被動員者、民間の国民義勇隊員、民間の戦闘参加者が「準軍属」に加えられた（2条3項1号・2号。昭和33年

法律第125号）。

　被徴用者とは、直接の戦闘行為に徴用された者を差すのではなく、国民総動員法により軍需工場や輸送現場での就労を命じられた者である。

　たとえば、徴兵によって男手が不足している職場（国鉄の駅員、路面電車の車掌、被災道路の復旧工事など）での短期就労を命じられた女性なども、これにあたる。これらの場合、被徴用者と国の間に雇用関係が生じることはなく、被徴用者が公務員になる訳ではない。あくまで国が指定した徴用先の事業主（鉄道会社や工事業者）に労務を提供して、その対価を事業主から受け取るものである。

　徴用・動員された業務は、必ずしも戦闘行為による死傷の危険性が高いものではない。たとえば、東京地裁昭和57年2月9日判決（判例時報1035号41頁）によって戦傷病者等援護法の被動員者と認められた事例は、兵庫県北部の運送業者の運送業者のもとで荷役作業に従事中に転倒して負傷した事例であり、何ら軍事組織の指揮命令下にあった訳でもなく、戦闘行為の犠牲になる危険性が高い業務でもない。運送していた荷物も、兵器や軍需物資ではなく養蚕に必要な「蚕座紙」であった（養蚕により製造された絹糸が軍需品の原料となるという程度であり軍事行為そのものとは直接関連がない）。

　これらの者が補償を受けられるのであれば、それ以上に危険な戦場の火の海の下に縛り付けられた原告ら沖縄戦民間戦争被害者は、その全部が当然補償を受けられるべきである。

　　エ　戦時災害以外の理由で傷病を受けた者

　1961（昭和36）年には、「戦時災害要件」が撤廃され、戦闘や空襲以外の理由による傷病死の場合も援護対象とされた（7条・23条。昭和36年法第134号）。

　法律の名称は「戦傷病者」への援護法であるが、その援護対象は「戦傷病者」に限られないこととなった。つまり、少しでも戦争遂行に役立つことをした者に対しては、戦争以外の原因で傷病を受けた者も援護するという法律へと一大転換を遂げたのである。この法改正により、同法による援護対象は一段と増加した。援護対象が広がる一方で、民間の戦争被害者の放置の問題性が一層明確さを増したのである。

　　オ　非戦地の有給の徴用者

　1961（昭和36）年には、国内の非戦地勤務の有給軍属のうち被徴用者が「準

軍属」に加えられた（2条3項6号。昭和36年法第134号）。

　これは、軍人ではない有給の事務職員や補助員などであり、その多くは公務員の身分を持たない者である。いわゆる前線での戦闘行為に参加する者ではなく、非戦地で勤務する者であるが、空爆・空襲の標的となりやすい軍事拠点や要塞地域で勤務しているために、空襲で死亡した者が多数存在した。そのような者は、前線で戦闘行為をする軍人と同様に生命・身体への危険を受ける地位にあるために、手厚く補償することとしたのである。

　そうであるならば、本件沖縄戦被害者である原告らや空襲の標的となった大都市に居住しているために被害を受けた民間被害者も、同様に生命・身体への危害の可能性は重大であったのであるから、同等に補償されるべきである。

　カ　民間会社である満鉄社員

　1963（昭和38）年には、民間会社である南満州鉄道株式会社の従業員のうち、軍部の要請を受けた業務に従事していた者が「軍属」に加えられた（2条1項4号。昭和38年法律第74号）。

　南満州鉄道は国策会社ではあるが、その従業員は国と雇用関係にない。その業務内容の一部には、軍事物資や兵士の輸送もあったが、従業員自身が戦闘行為に参加することはなかった。したがって、軍人と同様の危険性を受ける業務とはいえない。それでも、鉄道施設や車両が空爆・空襲の標的となり犠牲になることも多かったために、一定の軍事関連業6務に従事していた鉄道職員も援護対象とされることになったのである。地上戦や空襲により生命・身体に危険が及ぶ可能性という点では、満鉄職員と沖縄民間戦争被害者や民間の空襲被害者との間で区別を設けるべき理由はまったくない。むしろ本件沖縄戦における原告ら沖縄民間戦争被害者の方が満鉄職員よりも犠牲が多かった事実からすれば、全部援護の対象とすべきである。

　キ　兵士や武官ではない公務員

　1964（昭和39）年には、従軍文官（兵士・武官ではないが従軍勤務していた公務員）までも「軍人」に加えられた（2条1項1号後段。昭和39年法律第159号）。

　これには、戦闘行為の最前線ではない軍事拠点（物資中継地点や連絡拠点など）に勤務していた者も多く含まれる。非戦地である中国の都市の陸軍司令部に勤務

していた書記官や警察官も、陸軍部内文官として、援護の対象となった(「援護法Q&A」40～41頁)。

　直接の戦闘行為に従事している訳ではないという点では、身体・生命への危険性の度合いは民間人被害者と同じであり、これらの者と援護の有無において重大な格差を設ける合理的理由はない。

　ク　満州で軍事工場などに動員された民間人

　1966(昭和41)年には、満州で国民総動員法により動員された民間人(おもに動員学徒)も「準軍属」に加えられた(2条3項1号後段。昭和41年法律第108号)。

　これも前述した国内での民間徴用者と同様に、国との雇用関係にある者ではないうえ、戦闘行為による死傷の危険性が高いものではない。これらの者を、民間被害者とは区別して特に手厚く補償することに合理的理由はない。本件沖縄戦においては一般住民が戦場動員され、狭小な島に閉じ込められ激しい空襲・艦砲射撃戦に身をさらしたのであるから、軍事工場に動員された民間人よりも戦闘行為による危険が高かったことは結果が示していることである。したがって、原告ら沖縄戦被害者が「援護」されない理由はまったくない。

　ケ　隣組で指名された防空担当者

　1969(昭和44)年には、隣組や町会を通じて指名された防空担当者(防空監視隊員)が「準軍属」に加えられた(2条3項7号。昭和44年法律第61号)。

　これは防空法6条により地方長官から従事命令を受けて防空を担当することになっているが、その実態は各隣組において形式的に数名ずつ指名された者が氏名を役所に届け出て、空襲警報発令時に見回りや警戒を義務付けられたというものである。一般市民と比較して特段の資格や能力を要求された者ではなかった。

　もちろん、これらの者は国と雇用関係にある者ではない。そのうえ、強度の防空義務・消火義務を課せられて空襲から逃げることを禁止された点では、他の民間被害者も同じ立場にあった。

　したがって、民間の空襲被害者のうち防空担当者(防空監視隊員)のみを取り出して援護の対象とすることには何ら合理的理由はない。

　コ　隣組で指名された警防団員

　1974(昭和49)年には、隣組や町会を通じて指名された警防団員や、防空業

務に従事する民間の医療従事者、児童生徒や教員により編成された学校報国隊の防空補助員が「準軍属」に加えられた（2条3項7号。昭和49年法律第51号）。

これも前述の防空担当者（防空監視隊員）と同様に、隣組ごとに数名ずつを指名して防空義務の遂行を確認する役割を担ったというだけの者である。この者だけが特に他の民間人よりも重大な危険性を帯びた職務を遂行していた訳ではない。むしろ、警防団員は市民を監視する役割を担い、空襲警報時は「逃げるな」、「消火活動をしろ」という命令を発する立場にいたのであるから、一般市民を危険な状態に追い込む役割を担っていたともいえる。このような者だけを特に他の民間人と区別して援護する必要はない。

（3）通達等により更に広げられた援護対象
　上記にみた明文改正のほか、通達等によっても同法による援護対象は広げられた。その例を以下に示す。
　ア　赤十字社の救護員
　1953（昭和28）年の通達により、日本赤十字社の救護員のうち軍部から給与支給を受けていた者に対しても「軍属」として援護対象とされることになった。さらに1958（昭和32）年には、軍部から給与支給を受けていなかった者も援護対象に含まれることとなった。
　これらの者は、国と雇用関係になく、軍部の指揮命令下にあった訳でもないが、援護対象に含まれたのである。
　イ　従軍報道班員
　1963（昭和38）年には、従軍報道班員も準軍属として援護対象に含まれることとなった。
　従軍報道班員は陸海軍組織の一員ではなく、あくまで出身母体の身分（新聞社の社員など）の身分を維持したまま報道の任にあたり、自己の所属する報道機関に記事を配信する役割を担っていた。当然ながら、軍部の指揮命令の下で就労していた訳ではなく、国と雇用関係にある者ではない。
　ウ　軍需会社の従業員
　1974（昭和49）年には、武器や軍需物資を生産する会社の従業員として以前から就労していた者（いわゆる正社員であり、徴用や動員による者ではない）に

対しても、通達により「徴用された者とみなす」という扱いになり、したがって民間の被徴用者と同じく「準軍属」（2条3項1号）として援護の対象となった。

軍需会社の定義は、軍需会社法（昭和19年12月27日施行）により定められている。すなわち、兵器、航空機、艦船、車両その他の軍需物資の生産・加工・修理など軍需事業を営む会社のうち政府の指定を受けた会社（同法2条）であり、これには兵器・航空機やその部品を直接に生産する会社だけでなく、それらの素材・原材料の製造やその関連事業者なども包括的に含まれている（同法施行令1条）。

軍需会社として政府の特例を受けた場合であっても、あくまで純然たる民間会社であることに変わりなく、その従業員と国には雇用関係は存在しない。にもかかわらず、軍人・軍属と同様の補償を受けているのである。

確かに、1943（昭和18）年〜1944（昭和19）年の初期空襲は軍需工場や軍事基地を標的としていた。しかし、戦争末期の1945（昭和20）年3月以降、全国の都市が大規模空襲により壊滅的被害を受けたのであり、もはや軍需工場だけが危険という状況ではなかった。

その事実を知りながら、戦後29年もたってから突如として「軍需工場は空襲を受けたから援護対象とする」などという理由をあげて、あたかも軍需工場の従業員だけが空襲等の危険を受けていたかのように援護対象に加えるのは不合理である。

エ　沖縄戦被害者

1．沖縄戦民間被害者と「空襲被害者」との同一性

本件沖縄戦における民間戦争被害者は、民間人でありながら、「準軍属」と同様の補償を受けている場合がある。これは、「我が国」唯一の地上戦の犠牲者」であることの特殊性と説明される。その実態は「地上戦」そのものではないが沖縄10・10大空襲の空襲被害者も同一である。

そこで、以下に沖縄戦災者の援護の実態について説明し、空襲被害者との類似性を述べる。

2．沖縄戦被害者の一部は「戦争参加者」として「準軍属」とされた

すでに第3などにおいて詳述したとおり、1945（昭和20）年3月26日、米軍は沖縄の慶良間諸島に上陸し、4月1日、沖縄本島に上陸した。この後、沖縄

戦終結の日とされる6月23日（この日は日本軍司令官牛島満中将が自決した日であり、実際にはこの後も民間人が多数犠牲になっていた）まで、沖縄では凄惨な地上戦が繰り広げられ、地上戦は多くの住民を巻き込んで戦闘行為が行われたため、一般住民多数が犠牲になった。

　この沖縄での地上戦での戦没者は正確に把握されていないが、民間人38754名、戦闘参加者55246名、沖縄県出身軍人・軍属28228名、県外出身日本兵65908名、合計200656名の犠牲者を出した、との記録がある。

　これほど多くの民間人が犠牲になったのは、日本軍が本土決戦を少しでも先延ばしにして終戦交渉を有利にするために、最初から民間人を巻き込む戦争作戦計画の下、沖縄に米軍を引きつけ、民間人の血をもって時間稼ぎをする、という作戦をとったためであった。すなわち、日本軍の沖縄守備軍の任務は、沖縄を守り抜くことではなく、本土決戦を遅らせ、終戦交渉の時間を稼ぐことだった。沖縄戦が、「国体護持のための捨て石作戦」と言われるゆえんである。

　このように、この沖縄戦においては、多くの民間人の犠牲者を出したが、戦争病者戦没者遺族等援護法は、補償の対象を、「軍人・軍属・準軍属であり、かつ、戦闘に際して公務もしくは国家の命令による死傷者のみ」としていたため、それ以外の民間人の被害者は、戦傷病者戦没者遺族等援護法の対象外とされていた。

　そこで第6章で詳しく述べたとおり、沖縄戦の民間人被害者の遺族らが、被告国に対し、一般民間人被害者にも同法の適用を求める運動を展開した。

　1957（昭和32）年5月の厚生省方針により、一般民間人被害者であっても戦闘に協力した「戦闘参加者」に該当すれば、援護法にいう「準軍属」に認定するよう改められ、1959（昭和34）年4月からは遺族年金や遺族給与金などが支給されるようになった。このとき厚生省引揚援護局の職員が沖縄を訪問調査した結果、沖縄が日本で唯一一般民間人多数を巻き込む地上戦が行われた沖縄戦特有の実態を理由に、実質的に一般民間人も同法の対象となるように、以下の20項目のいずれかに該当し犠牲を被れば「戦闘参加者」として準軍属に該当するものとされた。

　すなわち、①義勇隊、②直接戦闘、③弾薬・食糧・患者等の輸送、④陣地構築、⑤炊事・救護等雑役、⑥食料供出、⑦四散部隊への協力、⑧職域による協力、⑨区村長としての協力、⑩壕の提供、⑪海上脱出者のくり船輸送、⑫特殊技術者、

⑬馬糧蒐集、⑭飛行場破壊、⑮「集団自決」、⑯道案内、⑰遊撃戦協力、⑱スパイ嫌疑による斬殺、⑲漁労勤務、⑳勤労奉仕作業、である。
　要するに、これら20項目のいずれかに該当し被害を受けた一般民間戦争被害者は、援護法の適用対象となったのである。
　ところが、これら20項目の中で、被告国との雇用関係があったと言いうるのは、⑲漁労勤務のみであり、その他は国との雇用問題があったということはない。ここでいう20項目の「戦闘参加者」は、戦争中に確立された類型や項目ではなく、すでに述べたとおり、戦後になって「援護法」に基づいて沖縄の一般戦争被害者救済を拡大する被告国の方針によって、事後的に確立されたものである。その限りにおいては合理的な根拠のある取り扱いである。
　3．東京大空襲訴訟　東京高等裁判所判決（平成24年4月25日判決）
　東京大空襲訴訟の控訴審判決は、この沖縄の「戦闘参加者」問題について下記のとおり判示する。
　「また、沖縄戦の被害者については、控訴人らの主張にあるように、被害者の戦闘参加の内容が四散部隊への協力、壕の提供、「集団自決」、勤労奉仕作業などであって、軍部等からの要請・指示が必ずしも明確ではない場合や、被害者が幼少者である場合についても準軍属たる「戦闘参加者」に該当すると判断される場合のあることが認められる。（略）
　しかし、これは、沖縄においては国内で唯一多数の民間人を巻き込む地上戦が行われ、民間人の中に現実の戦闘の場で軍の命令により戦闘に参加する例が多数みられたという実態に沿うよう法を適用するとの趣旨に基づくものであることからすれば、このような法の解釈運用には合理的な理由があるということができる」
　この東京高裁のこの判示部分は、基本的な考え方として沖縄の地上戦をはじめ沖縄戦の空襲等の実態を踏まえたものであり、積極的に評価しうるものである。この考え方の範疇には、被害を受けたときの実態を踏まえれば、原告ら沖縄戦の一般民間戦争被害者はすべて補償救済されることが公平平等であり合理的結果となる。
　一般民間人被害者が「戦闘参加者」に該当するとして援護法の適用を受けようとする場合、遺族が「戦闘参加申立書」を援護課に提出する。その際、関係者の現認証明を「死の状況」として添付するのが通例であった。そこには、以下のよ

うな状況が記載された。

例えば、民間人が日本兵から壕を強制的に追い出されたりすれば、それだけで⑩「壕の提供」とされた。したがって、そのために米軍の銃撃等により死亡した場合には、援護法の適用対象となった。

また、日本兵に食糧を強奪され餓えて死んだ場合であっても、⑥「食料供出」とされた。

4．「集団自決」も「準軍属」になった

⑮「集団自決」の場合は、軍の強制により住民が生きて敵のスパイや敵から殺されることのおそれを自決によって自ら防ぎ、その結果、軍の戦闘能力の低減の未然防止に寄与したと評価されたため、「戦闘参加者」に該当するとされた。ゆえに、例えば米兵に追われ、自決をせざるをえなかった者も⑮に該当し、「戦闘参加者」とされたのである。

このいわゆる「集団自決」者が戦闘行為に参加した「戦闘参加者」でないことは、大江健三郎氏の『沖縄ノート』訴訟を例に挙げるまでもなく、既に周知の事実である。

これらのことから明らかなように、上記20項目のいずれかに該当し「戦闘参加者」として扱われた民間人の多くは、地上戦の戦闘行為自体には直接加担していないが、被告国の軍事行動等によって悲惨な沖縄戦に自己の意思に反して巻き込まれ、死傷した者ばかりである。申請書類上では、「戦闘に参加」したことになっているが、その実態はまさに原告ら一般戦争被害者と同じように、被告国が悲惨な戦争行為に巻き込んだ民間人被害者なのである。

5．6歳未満の児童も「準軍属」になった──援護法のさらなる適用拡大

さらに、これまで戦闘時において6歳未満の児童は「戦闘参加者」として扱われていなかったところ、1981（昭和56）年10月から、援護法の運用上の改善として、6歳未満の児童も援護法の対象となった。

これは、1980（昭和55）同年1月に沖縄を訪問した野呂厚生大臣が、これらの者に対しても積極的に援護したいという意向を示したことから、「沖縄戦に参加した沖縄戦当時6歳未満の戦争病者及び戦没者遺族について保護者と一体となって行動せざるを得なかったため、保護者の戦闘参加の実態により戦闘参加者として援護法を適用し処遇」することが決められたのである。

すなわち、6歳未満であっても（たとえ0歳児であっても）、親の「戦闘参加」の状況によっては、「戦闘参加者」とされるようになったのである。

常識的に考えてみても、0歳児など6歳未満の者が、直接的な意味での戦闘参加をすることなど不可能であることはいうまでもない。にもかかわらず、6歳未満の児童が上記20項目のいずれかに該当し、「戦闘参加者」として認定されるに至ったということは、すなわち、6歳未満の児童がなすすべもなく戦闘に巻き込まれて犠牲になったことに対して、実質的にほぼ無条件で援護法の対象とするべく、運用が変更されたのである。

このことからも、形式は準軍属という認定を受けているとしても、その実態は、沖縄戦に巻き込まれた民間人という点において、原告ら一般戦争被害者と同一であって、国家との身分関係や、国・軍等からの命令も受けない場合でも沖縄戦の犠牲者となった一般民間戦争被害者に対して援護法が適用されることとなったのである。原告ら民間戦争被害者をもはや補償できない合理的理由はまったくなくなってしまっているのである。

6．疎開学童も実質「準軍属」になった

1962（昭和）年2月、「沖縄戦闘協力者死没者等見舞金支給要項」が閣議決定され、死没者一人当たり2万円の見舞金が支給されることになったが、同支給要項では、対馬丸事件で死亡した学童等の遺族に対しても、同様に2万円の見舞金が支給されることとされた。

対馬丸事件とは、1944（昭和19）年8月22日、疎開学童1661名を乗せて沖縄から九州方面へ航行中の疎開船・対馬丸が、鹿児島県の悪石島沖で米軍潜水艦の攻撃を受けて沈没し、学童737名を含む計1484名が死亡した事件である。

この対馬丸事件の死亡学童の遺族に対して、上記の通り見舞金の支給がなされたほか、さらに、昭和52（1977）年には、法の適用ではないものの予算措置により、死亡学童が実質援護法上の「準軍属」として取り扱われることとなり、遺族給与金の10分の5（現在は支給率が10分の7に改正されている）が支給されることになった。

疎開船に乗っていた学童が現実に戦闘行為に参加したり、その補助行為をしたわけではないことは明らかである。ここでも、学童は被告国が沖縄戦に巻き込んだ民間人被害者であって、国家との身分関係がないにもかかわらず戦争の犠牲者

となった者に対して実質援護法が適用されたと同様の予算措置がとられているのである。

 7．沖縄戦民間被害者についてのまとめ
　凄惨な日米軍の地上戦の舞台となった沖縄においては、沖縄戦は元々民間人の犠牲を想定した捨て石作戦だったのであり、犠牲となった多くの民間人は、日本軍の強制のもと、その意志に基づいた自由な避難も許されず、また当然、避難に必要な情報も与えられることなく、為す術もなく被害を受けたのである。

（4）一般戦争被害者の援護　沖縄県民の声―沖縄戦終結50周年記念「沖縄の援護のあゆみ」（沖縄県生活福祉援護課発行　平成8年3月25日発行）の資料編「援護のあゆみ」（琉球政府社会局1958年6月発行）から
《沖縄地域における一般戦争犠牲者を援護せよ（援護措置の一考案）
　　糸満町一家族　　玉城次郎
　世界第二次戦争における日本が沖縄を断末魔の喚き場として永久に歴史の一頁を汚した事は当時の一億玉砕いわゆる肉を切らし骨を斬る戦略的見地からまた止むを得なかったとはいえ、山容改まったこの古里を眺めるとき新たなる涙が今日も亦湧き出づる。最愛なるわが両親を失い、何時迄降りしきるかわからない弾の雨から泣き喚く子を背なに危餓の中から、辛うじて生きのびた私達はある者は生涯の不具の身となり、ある者は前身醜くい火傷を受けながらも無から有を生むために、ここ迄苦難の道を歩み続けてきたのだ、たとえ肉親の骨は拾われ祭られても、野や山に染みた赤い血潮は、未来永劫拭い去る事はできまい。
　我々に残された道は只一つ、再びこのような惨禍が起こらないよう人類恒久の平和を確立することだ。そして傷ついた同胞を援け祖国再建の礎となった万霊の冥福を祈りたい。ここにひるがえってこれらの援護措置をみるに、昭和27年日本がサンフランシスコ講和条約により国際的にその地位を再確保した事に始まり昭和27年戦傷病者並びに遺家族の援護措置（法律127号）が講ぜられ、続いて翌28年旧軍人等に対する恩給の復活（法律155号）、未帰還者留守家族等の援護（法律161号）等の援護措置が講ぜられてきている。たとえ行政は分離してもこれらの諸立法を沖縄にも適用させたことについては日本政府並びに祖国9千万同胞に万腔の感謝を捧げる者の一人であり、更に、これらの援護諸法令が、

社会経済水準の上昇と国家財政の伸長とに相俟って幾度か拡大改正され処遇の改善を図ってきたことは、まだその処遇に不均衡はあるにしても、誠に御同慶に堪えないものである。

ところで、ここで私が申し述べたい事はこれらの多くの措置の中でも沖縄戦における一般戦争犠牲者に対し未だに援護の手がさしのべられていないことだ。ただ、軍の要請に基づいて戦闘に協力した人々は遺家族援護法において準軍入軍属として扱われている。これは当然の措置といえよう。だが直接戦闘にこそ協力することはできなかったが、郷土防衛のために、最後の勝利のために、作戦遂行を妨げないように協力したのではなかったか、そのために傷つき、そのために死んだのではなかったのか、この措置が講ぜられていないということが大きな不均衡でなくして何であろうか。因みに未帰還者留守家族等援護法（昭和28年法律161号）ではソビエト社会主義共和国連邦、樺太、千島、北緯38度以北の朝鮮、関東州、満州又は中国本土地域等に居た一部邦人にさえ特別未帰還者として、死亡した者には葬祭料（同法第16条、第25条）、遺骨引取経費（同法17条）、傷病者には療養給付（同法第18条）、障害一時金（同法第26条）等の措置があり、又引揚者給付金等支給法（昭和32年法律109号）においては引揚前若しくは引揚後死亡した者にさえ遺族給付金（同法8条）支給の措置がなされている。よってこれらの趣旨が、特殊地域における特殊事情による措置と言うならば、沖縄における島ぐるみ戦争において、傷病を受け又は死亡した一般犠牲者はむしろそれ以上であってそれ以下ではないはずだ。

それでは古山に眠る数万の柱、閣議決定に基づいて本土又は台湾への疎開途中、海没した千余（学童も含めて）の霊は、岩の中から、海の底から、何といっているだろうか、まったく浮かぶ瀬もあるまい。

あれから十有余年、何としても今がこれらの措置をする時節ではなかろうか、その事については、現行の戦傷病者戦没者遺家族等援護法（昭和27年法律127号）の中でその措置を講ずるか、或いは若しこれらが戦闘協力者として準軍属に含めることが無理と解釈するならば、沖縄地域における一般戦争犠牲者に対する特別措置として、別個に立法してもよいだろう。

それは立法技術に俟つものとしておいて、必然的にその措置を講ずべきではなかろうか。勿論その対象とする数が大きく幾多の財産的困難はあろうが、それを

なすことによってこそ、其の国家補償の精神は確立されるものと信ずるのである。
　なおそのためには我が沖縄の全遺族（全遺族即ち全住民）から盛り上がるところの声が聞こえなければならないはずだ。そしてその声を我が立法院、援護諸団体、社会福祉団体等が、強く本土政府に訴えるべきではなかろうか。》

　このように、沖縄においては戦後一貫として現在に至るまで原告らをはじめ未補償の一般民間戦争被害者援護については、主義、主張、思想、信条などあらゆる立場を超えた人々の心を一つにした声である。

**（5）沖縄民間戦争被害者間において拡大の一途をたどる補償格差の実態―
　　沖縄の場合6500万円対ゼロの絶対的な格差も**
　補償の格差は全国的にみても拡大の一途を辿っており、軍人・軍属には52兆円もの補償をしている。沖縄戦民間被害者については前述したとおり、軍人・軍属との格差はもとより、同じ民間戦争被害者である「戦闘参加者」として準軍属として取り扱われた被害者との間に6500万対ゼロという絶対的格差が生じているのである。
　民間戦争被害者は、一般社会保障法の枠内の中での救済にとどめられたため、地上戦や空襲により障害を受けたとしても、年金を受け取るためには、国民年金法に基づく障害基礎年金を受給する他なかった。
　しかし、障害基礎年金を受給するためには、同法独自の基準による障害等級のうち1級もしくは2級（恩給法と比較して重度障害に限られ、その範囲は極めて限定される）に該当しなければならない（国民年金法施行令4条の6および別表）。
　また、受け取れる年金の額も、軍人・軍属の場合と比較していずれも極めて低額となっている。
　このように、戦争遂行を目的とした戦前の国の政策による被害に対する補償の対象者が広がっていく一方で、このような補償をまったく受けない原告ら民間戦争被害者との差別の程度も著しく広がっている。名古屋最高裁判決以降も、補償の対象や補償枠の格差も、拡大の一途をたどっている。

　本件原告ら沖縄民間戦争被害者は、戦傷病者戦没者遺族等援護法その他の立法

あるいは行政措置により救済を図られてきた軍人・軍属・準軍属、沖縄戦の「戦闘参加者」及びその遺・家族である民間被災者に比較して、まったく救済がなされない、あるいはなされたとしても障害年金などの一般的な社会保障の枠内による極めて不十分な救済が講ぜられるのみであった。

その放置による格差ないし不平等の拡大は、全国的にも沖縄戦被害に限定してももはや誰の目から見ても合理的に説明できるような状況にはなく、憲法14条が定める平等原則に明らかに反するものであり、まさに憲法違反の人権侵害の重大性・継続性を示すものである。

そのことは、被告国における立法不作為の違法性を基礎づける事実であり、被告国は原告らに対し損害賠償責任を負うべきである。

第3節　立法の不作為責任（その2）

第1　特別犠牲を強いられない権利（憲法13条）

本件は、原告ら「沖縄戦」の一般戦争被害者が被告国に対して、国家補償立法をしない不作為が違憲であり国家賠償法上違法であるという判断を求めるものである。前述の平成17年最高裁判決における（ii）型、つまり、国民に憲法上保障されている権利行使の機会を確保するために所要の立法措置を執ることが必要不可欠であり、それが明白であるにもかかわらず、国会が正当な理由なく長期にわたってこれを怠る場合」に該当すると主張するものである。

原告らは、本件訴訟において被告国の責任として立法の不作為責任を主張するものであるが、その根拠として、①特別犠牲を強いられない権利（憲法13条）、②法の下の平等原則違反による生存権の侵害（憲法14条、同25条）、③危険な先行行為に基づく条理上の作為義務違反、④個人の損害賠償請求権放棄に伴う外交保護義務違反を主張するものである。

ここで、原告らが主張する憲法上重要な権利が「特別犠牲を強いられない権利」である。この特別犠牲論そのものは、ドイツ法を基礎にして、国家補償法の全体の基礎として戦前から行政法で議論されてきたものであるが、これを憲法上の視点、特に憲法13条（幸福追求権）や同25条（生存権）から一般戦争被害者の

権利として位置づけたのが、「特別犠牲を強いられない権利」である。
　そして、本章では、国家補償を立法不作為の基礎づける権利として、「特別犠牲を強いられない権利」を主張するものである。そして、この「特別犠牲を強いられない権利」は、合わせて前記昭和62年最高裁判決が前提としている戦争被害受忍論批判の意味を持つものでもある。

第2　国家補償法と特別犠牲を強いられない権利

1　国家行為による公平負担と特別犠牲

　憲法には、国家の行為により、国家構成員が何らかの被害や犠牲を強いられた場合に、国家賠償（憲法17条）、損失補償（憲法29条3項）、そして刑事補償（憲法40条）を規定している。これらについて、学説上、違法行為に基づく損害賠償、損失補償は適法行為に基づく損失補償、そして刑事補償は結果責任或いは、谷間補償等と呼ばれる（今村成和「国家補償法」有斐閣刊、下山瑛二「国家補償法」筑摩書房刊等）。
　これら国家補償における損失補償と損害賠償は、よって立つ原理を異にしているものの、ドイツ等では、「これらの制度を包括して早くから制度の基礎に横たわる公平負担の原則が析出されていた」とされる。
　また、フランスでも、フランス人権宣言17条による「公の負担の前の平等」が言われ、今村成和は、その著「国家補償法」（有斐閣法律学全集9昭和32年刊）の頁において、「国家補償法は、国によって・・差はあるけれども、次第に対象を広げている……このような国家補償法の発展に重要な役割を果たしてきたものに、『負担の平等』の観念がある」と述べている。また、塩野宏は、「共同体のために個人が被らなければならない不利益は、万人によって、国家負担という組織的な平均化の中で負担されるように、損失補償を通じて、万人に転嫁される」と指摘している。
　そして、公平負担ないし負担平等の概念は、日本でも決して新しいものではなく、後述する戦争被害受忍論を基礎づけたと考えられる田中二郎元最高裁判事が既に戦前において、次のように考えて、公平負担を想定していた。
　「此の問題が、結局において経済的価値の分配に関する正義の実現を目指して

居るものであると考へることが許されるならば、……理論的には、我が国では、従来原理的に区別して取り扱はれていた国家の適法行為に基づく損失補償と不法行為に基づく損害賠償の両者を包括する統一的理論の構成―公平負担の原則を中核にして―が可能になるとともに必要であり、之によって国家の一般的賠償責任を基礎づけ得るのではないかと考へられる」（田中二郎「不法行為に基づく国家の賠償責任」法時5巻7号1933年36頁）。

このような国家行為による公平負担を前提に、国家行為による補償の対象となる被害が「特別犠牲」であり、この概念自体は、ドイツ法を基礎に、行政法学者に広く認められた概念である。

2　憲法と特別犠牲を強いられない権利

高橋和之は、共同体、更に各国の国家補償制度に共通する「公平負担の原理」という考え方を基礎に、憲法上「特別犠牲を強制されない権利」を措定する。それは、「日本国憲法は、個人の価値を源泉とし、憲法13条が高らかに謳うようにすべての国民は、個人として尊重される。一人ひとりが人格において平等な価値をもつ以上、誰も全体のために犠牲にされることがあってはならないからである」

君主制国家の下で、個人には価値をおかないというのであればともかく、個人の尊厳を基礎に基本的人権を有する個人が国家という共同体を構成し、その個人にこそ基本価値をおいて日本国憲法が成立している以上、国家の行為によって一部の人にのみ必要以上の犠牲を強いたままにしておくことは、日本国憲法の基本価値に反する。確かに共同体を構成し、社会を形成する場合に、建物建築被害の日照権等でみられるように社会生活上、一定の受忍を強いられることもあるが（受忍限度論）、被害が著しい場合には、日常生活上受忍限度を超えるものとして、損害賠償請求権が発生し、それがなお著しい場合は、建物建築工事差し止めも認容される（判例）。憲法の基本価値からみて、放置することが不正義と認められる場合には、放置は許されないというべきであり、そのために「特別犠牲を強いられない権利」による補償が考えられるべきである。

3　国家補償における社会的正義の基本的重要性

第9章　被告国の法的責任（その3）

　戦争被害救済に関する国家補償のあり方を考える上で基本的に重要なことは、「社会的正義」である。
　この「特別犠牲を強制されない権利」を考慮する上で重要な視点を提供するのが、刑事補償、予防接種をめぐる判例、大阪空港公害訴訟最高裁判決（更には、戦争被害「受忍論」を先導したとされる田中二郎の意見である—この点は、後述する）である。そしてそこに共通する理念として社会的正義観念から放置できない特別犠牲の観念が存在していることを理解することが重要である。そして、国家補償上その「特別犠牲」の場合における社会的正義をどう捉えるかが、本件の核心的問題なのである。

（1）刑事補償
　憲法17条（国家賠償請求権）、40条（刑事補償請求権）は、いずれもＳＣＡＰ草案にも、政府原案にもなかったところ、国会のイニシアティブの下で、第90回帝国議会衆議院で追加修正されたものである。
　この刑事補償について、国家賠償とは異なるという性質を持つとされるが、注目すべきこととして、刑事補償法の歴史がある。既に戦前の昭和6年以来刑事補償法が存在していた。旧法制定に当たりなされた議会での司法大臣の答弁によれば、「国家ガ賠償スル義務モナシ、補償スル義務モナイノデアリマスケレドモ、国家ハーツ仁政ヲ布キ国民ニ対シテ同情慰謝ノ意ヲ表スルノガ、此法律ノ精神」とされていた。そのため、「冤罪者中のいわば優等生についてのみ補償を認め」るに過ぎなかった。日本国憲法40条は、このような恩恵ではなく、個人の権利として補償請求権を保障したのである。
　何が恩恵から請求権への変化させたのか、ここで注目されるのが、冤罪被害が救済されないことを「不正義」ととらえる感覚の存在である。冤罪被害への救済の法律が存在しないことの状況を糾弾した末弘厳太郎の著名な文章があるが、それはまさにその正義の感覚を物語っている。
　「誤りたる刑事裁判のために長く牢獄の惨苦を嘗めさせられた人々、又甚だしきに至っては死刑に依って生命までも奪はれた人々、夫れ等の罪なくして罰を受けた人々は異日其の無辜の明白となりたる暁に於て、当然国家に向かって何らか求むる所があって然るべきである。国家も亦必然之に対して責任を感じて然るべきである。吾々の胸に潜んで居る『社会的正義』はかくの如く叫ぶ。而も大声を

391

以て叫ぶ。それにも拘わらず、今日吾国の法律はかく如き責任を否定して居る。国家は其の責任を負はないのである。しかし、それは果たして正しいことであろうか。否否、私にはどうしてもかく考へることが出来ない」（注：旧仮名遣いを変更　末弘巌太郎「法窓閑話」67頁改造社、1925年）

日本国憲法40条で権利として規定されたのは、このような「社会的正義」を前提にして、国家の犯す不法の典型である冤罪被害を、税金により皆の負担で填補することであった。そして、このような「社会的正義」を前提にするからこそ、「費用補償制度」「少年の保護事件に係る補償に関する法律」等、補償の範囲が拡大してきたのである。

そして判例は、「抑留または拘禁された被疑事実が不起訴となった場合には、同条の補償の問題を生じないことは明らか」として、被疑者には本条が適用されないとしながら、「不起訴となった事実に基づく抑留または拘禁であっても、そのうち実質上は無実となった事実についての抑留または拘禁であると認められるものがあるときは、其の部分の抑留及び拘禁」にも刑事補償が適用されると述べている（最大決昭和31年12月24日　刑集10巻12号1692頁）。

これもまた社会的正義の要請の表れというべきである。

国家の犯した冤罪被害に関するこれらの基本的考え方は、国家が引き起こした戦争被害救済における社会的正義はいかにあるべきか、共通の問題点である。

（2）予防接種

同様に一部の人に犠牲を強いたことで問題となったのが、予防接種禍問題である。

すなわち、感染症予防に予防接種が意義を有することは、一般に認められており、それゆえに接種が義務化或いは勧奨の対象となったが、接種に伴い一定の割合で副作用により被害を受ける者が出てしまう。予防接種被害については、当初、遺族への弔慰金や後遺症一時金等の行政措置がとられ、その後予防接種法による給付（同法「第三章　予防接種による健康被害の救済措置」参照）により、死亡や障害等に対する救済措置が執られるようになった。しかし、これでは十分ではないとして、裁判的な救済を求める訴えが提訴された。国家賠償法の要件（接種に当たる故意等の故意又は過失と行為の違法性）を満たせば、救済が図られる。しかし、厳密にこれらの要件を求めるならば、損害を蒙った者すべてを救済する

ことは困難であった。

　そこで直接憲法29条3項による損失補償請求が請求原因とされて、地裁レベルでは、類推解釈をするもの（東京地判昭和59年5月18日判例時報1118号28頁）、勿論解釈をするもの（名古屋地判昭和62年9月30日判例時報1255号45頁）、更に、憲法25条によるもの（名古屋地判昭和60年10月31日判例時報1175号3頁）などにより、裁判所は、故意、過失とは異なる要件の下に救済を図ってきた。

　例えば、上記東京地裁判決は、以下のように判示していた。

　①「被控訴人国の係る公益実現のための行為によって、各被害児の両親は、各被害児に本件各接種を受けさせることを法律によって強制され或いは心理的に強制された状況下におかれ、その結果、……各被害児は、本件接種を受け、そのため死亡しあるいは重篤な後遺障害を有するに至ったものであり」、通常発生する精神的苦痛を「著しく逸脱した犠牲を強いられる結果」となった。

　②特別の犠牲による損失を個人の負担に帰せしめることは、「生命・身体・幸福追求権を規定する憲法13条、法の下の平等と差別を禁止する同14条1項、更には、国民の生存権を保障する旨を規定する同25条のそれらの法の精神に反する」のであり、「かかる損失は、本件各被害児らの特別犠牲によって、一方では利益を受けている国民全体、すなわち、それを代表する被控訴人国が負担すべきものと解するのが相当である。そのことは、価値の根元を個人に見出し、個人の尊厳を価値を原点とし、国民すべての自由・生命・幸福追求を大切にしようとする憲法の基本原理に合致するというべきである」

　③「憲法13条後段、25条1項の規定の趣旨に照らせば、財産上特別の犠牲が課せられた場合と、生命・身体に対し特別な犠牲が課せられた場合で後者の方を不利に扱うことが許されるとする合理的理由はまったくない」

　上記の東京地裁等の判決は、いずれも、「法の精神」や「憲法の基本原理」といった高次の法的見地から補償請求権が要請されるとの理解を示したのである。

　ところが、上記のような憲法29条3項等による損失補償請求権による救済の構成は、判例法理として確立するところとはならず、平成3年の小樽予防接種禍訴訟最高裁判決では、予防接種により重篤な後遺障害が発生した場合には、「特段の事情」が認められない限り、予防接種実施規則4条に定める「禁忌者」に該

当していたと「推定」するのが相当であるという判断を示し（最高裁平成3年4月19日第2小法廷判決民事判例集45巻4号267頁）、それ以後は、この推定法理により、救済が図られることになった。

ただ、ここで注意すべきこととして、原審の札幌高裁判決は、予防接種実施規則4条が予防接種の禁忌者に該当すると認められる場合には、予防接種を実施してはならないと定めていることについて、「本件接種当日の同上告人は、一時的にかかった咽頭炎が既に治癒した状態にあったものであり、同条の掲げる禁忌者には該当しない。」と判示して請求棄却したにもかかわらず、最高裁は、「禁忌者として掲げられた事由は一般通常人がなり得る病的状態、比較的多く見られる疾患又はアレルギー体質等であり、ある個人が禁忌者に該当する可能性は右の個人的素因を有する可能性よりもはるかに大きいものというべきであるから、予防接種によって右後遺障害が発生した場合には、当該被接種者が禁忌者に該当していたことによって右後遺障害が発生した高度の蓋然性があると考えられる。したがって、予防接種によって右後遺障害が発生した場合には、禁忌者を識別するために必要とされる予診が尽くされたが禁忌者に該当すると認められる事由を発見することができなかったこと、被接種者が右個人的素因を有していたこと等の特段の事情が認められない限り、被接種者は禁忌者に該当していたと推定するのが相当である。」としたのである。

このような高裁の事実認定を「推定」により、破棄差し戻す判断については、「医学的判断を要する事項について、法律審たる最高裁が、およそその医学的判断を裏付ける根拠を示すことなく、『推定』することが果たして可能なのか」という批判（宇都木＝平林勝政「インフルエンザ予防接種禍訴訟最高裁判決について」ジュリスト631号97頁）との強い批判もなされた。

ここで注目すべきことは、かなり異例な「推定」というある意味での論理的飛躍を図りながら、それを被害者を救済のために利用したということである（ちなみに、原審の昭和61年7月31日札幌高裁判決では、憲法29条3項による損失補償請求を請求原因として追加する追加的予備的請求の変更が認められなかったという経緯がある）。

上記最高裁判決から伺われるのは、予防接種の場合には、一部の人間に重大な特別の犠牲、つまり重篤な後遺障害を強いたままでは放置してはならないという

価値判断による結論があり、その結論に向けた理由を付加したという点である。

その後、損失補償請求権による請求と認めた上記東京地裁判決の控訴審である東京高裁平成4年12月18日判決では、最高裁判決後であることもあって、損失補償は認めずに国家賠償による請求認容判決を言い渡したが、その国家賠償制度に関して以下のような判断を示していた。

「国家賠償制度も、国民の納める税によって運用されるのであるから、国民全体による損害の分担の意味を持つのであり、公権力の行使の過程で特定の個人に生じた損失を国民全体で填補する実質を有するのであって、正義実現のための公平原則ないし平等原則にむすびつくものである」

（3）大阪空港公害訴訟最高裁判決と特別犠牲

さらに大阪空港国際空港公害訴訟における最高裁昭和56年12月15日大法廷判決（民事判例集35巻10号1369頁）は、損害賠償の判断をしながら、実体的には、損失補償的な判断が随所に見える。

上記最高裁判決は、「結局、前記の公共的利益の実現は、被上告人らを含む周辺住民という限られた一部少数者の特別の犠牲の上でのみ可能であって、そこに看過することのできない不公平が存することが否定できないのである」として国家賠償法2条による損害賠償を認めた。

尾川一郎東大教授は、このような被害については、「受忍限度」ということが良く問題とされるが、当事者の権利の相互の限界というよりも、国家作用によって被った損害が「特別の犠牲」と認めうるかどうかという意味を持つのではないかと指摘している（尾川一郎・現代行政法大系第6巻「国家補償総説―国家補償法の一般的問題」12～13頁参照）。

第3　憲法上・行政法上からも特別犠牲を強いられない権利

以上述べたように本件戦争被害についての「特別犠牲を強いられない権利」が憲法上・行政法上からも導き出される。本件でも問われるべきは、戦争行為（公権力の行使）という国家行為の過程で、一部の人間に生じた特別の犠牲（特別な戦争被害）、とりわけ、生命、身体の重大な犠牲を強いたこと、そして長期間放置するのが、憲法の価値から見て社会的正義に反しないか、という問題なのである。今、司法に求められているのは、このような意味での結論なのである。

確かに戦争の評価をめぐって、政治的に議論が分かれていることは事実であり、そこに司法府として関与したくないという意識が存在することは理解できる。
　しかし、本件訴訟では先の戦争の是非を問うているのではないが、憲法問題は、多かれ少なかれ一定の価値判断が伴っていることも事実である。その場合には、イデオロギー的価値判断ではなく、日本国憲法が確立した人権、平和、民主主義という基本価値を基礎に置いて判断することが可能であり、その価値を基礎に置く限り、生命・身体の戦争被害を救済することなく放置することが不正義と考えられるか否かが問題である。
　国家補償請求権そのもの憲法条項により訴訟上直接請求出来るか否かは別として、国家補償法が問題となる事案において、憲法の保障する「全体の利益のために特別の犠牲を強いられない権利」から見て、立法府が放置し続けていることは不正義であり、そのため司法府として政策是正機能を果たすことが可能というべきであり、そして、長期間放置という事情を考えれば、今こそ違憲判断に踏み込むべきである。

第4節　立法の不作為責任（その3）

第1　先行行為に基づく条理上の作為義務

　次に原告らは、本件戦争被害の救済義務の法的根拠（立法不作為責任の根拠）として条理上の義務を主張する。これまでに詳論・詳述してきたとおり、本件沖縄戦被害者である原告らの深刻かつ継続的な各被害に対しては、特別に立法及び行政措置がまったくとられず、63年間も長期間にわたり放置されてきていることは、厳然たる事実である。いわゆる「被害救済と被害補償の空白」である。実定法源と現実の社会生活の乖離であり、「法の欠缺」の場合である。この長期間にわたる深刻な被害に対する救済の法的「空白状態」は、次に詳述するとおり物事の道理である「条理」からすれば、許されることはできない。そこで条理を根拠に原告らの被害の救済と補償・賠償を認めるべきである。
　要約すれば、本件沖縄戦被害を作出した行為、すなわち戦争を開始し遂行しその過程の中で本件沖縄戦を招いた被告国の行為は、違法・合法を問わず危険を発

生せしめる行為・被害を発生・継続せしめた行為であり、その結果原告の身体・財産・精神に対し法益の侵害を生じせしめた行為と言うすべきである。被告国においては、開戦により国民に被害をもたらすことを十分に予見できた。その意味において被告の開戦行為・戦争遂行行為・戦争終結遅延行為等の結果、本件沖縄戦により発生せしめた被害とそれを今日に至るまで放置・継続せしめた被害につき、被告は条理に基づいて救済・賠償する義務を負うべきである。

　以下本項では被告国の本件沖縄戦を引き起こすこととなった原因行為等に基づく条理上の作為義務について述べて原告らの本件訴訟における請求の正当性と被告の責任について述べる。

第2　条理（法源または実定法解釈の根本的指導原理としての準則）

　条理とは、国語としては「物事の道理」「すじみち」の意味である（広辞苑・岩波書店発行）。法的には、事物の本質的法則、理法又は事物の自然ともいう。いわゆる道理で、社会通念・公序良俗・信義誠実の原則等の名称で表現されることもある。法の欠缺を補充する解釈上並びに裁判上の基準を意味する。

　ところで、民法第1条は「権利の行使及び義務の履行は、信義に従い誠実に行わなければならない」と規定している。明治8年太政官布告103号裁判事務心得3条は、「民事ノ裁判ニ成文ノ法律ナキモノハ習慣ニ依リ習慣ナキモノハ条理ヲ推考シテ裁判スヘシ」と規定する。スイス民法1条が「文字上または解釈上この法律に規定の存する法律問題に関しては、すべてこの法律を適用する。この法律に規定がないときは、裁判官は慣習法に従い、慣習法もまた存しない場合には、自分が立法者ならば法規として設定したであろうところに従って裁判すべきである。前2項の場合において、裁判官は確定の学説および先例に準拠すべきである」と定めるのと大体同様な意味だと解せられる（石田穣「スイス民法1条の法源イデオロギー」法律協会雑誌89巻2－6号〔昭47〕参照）。条理とは、理性による「筋合」「筋道」（末川・民法〔昭23〕9、舟橋19）、「自分が立法者ならば規定したであろうと考えられるもの」（我妻21、松坂23）などと定義され、裁判官が規範の解釈にも事実の確定にもよるべき理性による筋道だから、それ自体法的規範でないとして、本来の法源ではないとする考え方もあるが、本来的にも法源であることを認める考え方もある。筋道といっても具体的には、わが国の制定

法、慣習法、判例を通じて窺われ、またそれらの基底に横たわるところの規範であり、さらに近代資本制文明諸国の私法を通じて看取せられる法的規範であるといってよいであろう。裁判官の精神活動により裁判規範として発見されるものであるとか、最後の補充的法源とする考え方であり、私法法規ないし慣習法欠缺の場合に補充的に条理裁判を許すべしという考え方である。

　以上のように考え方の多少の差異はあっても、法源として認めるとすれば、成文法、慣習法、判例法の次に条理が位置する。法典が十分制定されていなかった明治初期には、前記太政官布告の定める条理に依拠した裁判がなされた。確かに、その後、民法典・商法典などの法律の整備が進むにつれて、条理を根拠としないと裁判ができないという事態は明治のころと比較すると減少したことは事実である。しかしながら、経済的・社会的活動が複雑化するにつれ法の制定・立法作業が追いつかない事態は常に存在し、法の欠缺の場合が常に存在する。実定法源と現実の社会生活の乖離である。このような場合には物事の道理・正義・公平等の観点から、乖離をうめるために条理によって裁判を行うことが必要不可欠な場合が存する。
　こうして条理は他の法源のない場合に適用されるべきであり、また、実定法解釈の根本的な指導原理としても依拠すべき具体的な準則となる。

　野田良之氏（1912〜1985、元東京帝国大学法学部教授、元学習院大学法学部教授）は「明治八年太政官布告第百三号第三条の「条理」についての雑感（法学協会編『法学協会百周年記念論文集　第1巻』〔有斐閣、1983年〕所収）の「むすび（279頁）」において、「法問題の望ましき解決」のためには、「常に条理ないし事物の本性が指導原理」として働いていなければならない旨下記のとおり述べている。
　「明治八年太政官布告第百三号第三条に定める条理の語をめぐって、まことに雑駁な思想の漫歩をつづけてきたが、その途次出会った複数の問題を顧みても、条理が単なる補充的法源といういわば expedient（※）たるに止まらず、遙かに深い意味を秘めていることが憶測される。本稿ではそこまでふみこんだ考察をなす意図はもっていないこと冒頭に述べた通りである。筆者はこの自らもあきたり

第9章　被告国の法的責任（その3）

ない問題追及を通じて、条理ないし事物の本性は制定法を含むあらゆる法の根源をなす基本原理であり、その意味でこれこそが真の法源であるのではないかという感想をもつ。いわゆる実定法源はいずれもこの基本法源のある歴史的時点の、ある社会における言語的定式化・固定化であり、そのかぎりで、社会生活に内在して定向的でありながら、社会とともに無限に豊かに発展する条理ないし事物の本性と異なり、現実に生きつづける社会生活から多かれ少なかれ乖離することを免れない。だから実定法源を現実具体の社会生活に適用するためには、常に社会生活に内在する条理ないし事物の本性に照らしてその社会生活との生きた関連を回復しなければならない。これが「解釈」と呼ばれる操作だと考える。かくていかなる法問題の解決においても、それが望ましき解決であるためには、常に条理ないし事物の本性が指導原理として働いていなければならないのではなかろうか」

※ expedient：（とりあえずある目的のためにとる）手段、便法、臨機の処置

　本件のような場合は、前述したとおり深刻な沖縄戦被害者である原告らの請求の当否を判断するにあたっては、人道的にみても、正義公平の観念からみても、少なくとも条理を根拠として救済すべきである。

第3　先行行為と作為義務と作為義務違反

（1）先行行為とは、一般的に「自己の行為によって当該結果発生の危険を生じさせること」（危険を創始する行為）である。作為義務とは結果発生を阻止しなければならない法律上の義務であり、その根拠を条理におく「先行行為に基づく条理上の作為義務」である。

（2）すなわち、先行行為に基づく条理上の作為義務にいう条理とは、危険を創始する行為「先行行為を行った者は、それが現実化して損害を生じさせる結果を回避すべく措置を取る義務」「作為義務を負うべきであるということ」で、こうした条理は民事不法行為法や刑事事件に係る不真正不作為犯にも見出されるものであり、その理を分かりやすく表現すれば、「自ら蒔いた種を刈り取る責任」（宇賀克也『国家補償法』有斐閣、1997年、170頁）、「自らの不始末の後始末をちゃんとつけていないことによる責任」（遠藤博也『国家補償法・上巻』青林書院、

1981年、427頁）ということになる。

（3）被告国は、自らの先行行為に基づき条理上の作為義務を負うところ、前述したとおり開戦し終戦を遅らせた本件空襲をもたらした作為が「先行行為」にあたる。被告国はその先行行為に基づき本件空襲被災者である原告らに対し援護策を講ずるべき条理上の作為義務を負っているが、その作為義務を履行せずに前述したとおりの原告らを放置した違法があり、その結果原告らの被害及び人格権侵害を深刻化させたものである。これらの点において被告国の作為義務不履行の違法性は重大といわなければならない。

第4　被告国の沖縄戦における危険な先行行為

被告国は、本件沖縄戦を遂行した。危険な先行行為として沖縄戦に至る経過及び沖縄戦の戦闘行為については、すでに第2章で詳述してきたとおりであるので、ここでは援用する。

沖縄戦における危険な先行行為の結果の被害発生については第3章と第4章で詳しく述べたとおりであるので、重複を避けるためここでは援用する。

第5　作為義務とその違反

被告国が「沖縄戦」民間戦争被害者のうち原告らをはじめ67000人について補償せず放置してきたことは、第6章において詳述してきたとおりである。

沖縄戦遂行という危険な先行行為により生じた原告らの損害を救済せず放置することは、先行行為に基づく条理上の作為義務違反として不作為責任が認められるべきである。

第6　条理を「法源」「判断基準」「判断根拠」と認め、損害賠償義務等を肯定（否定）した判例

①ダイヤルＱ２に関するＮＴＴの約款の拘束力を一般市民の予測可能性を超えた著しく不条理な結果を招来することになるので、信義則上も相当でないことを理由に否定し、債務の不存在を確認し、不当利得返還請求を認めた事件（神戸地判平成7年3月28日、判例時報1550号78頁、判例タイムズ887号232頁）。

②水俣病認定業務に関する熊本県知事の不作為違法につき条理上の作為義務があると判断した国家賠償法に基づく損害賠償請求事件（最高裁判所第２小法廷・平成３年４月26日判決、最高裁判所民事判例集45巻４号653頁、判例タイムズ757号84頁、判例時報1385号３頁）。

③小学校２年の児童甲が「鬼ごっこ」中に１年の児童乙に背負われようとして、誤って乙を転倒せしめ、乙に対し右上腕骨骨折の傷害を与えた行為につき、条理等を理由に違法性の阻却を認め損害賠償請求を棄却した事例（最高裁判所第３小法廷・昭和年２月７日判決、最高裁判所民事判例集16巻２号407頁、最高裁判所裁判集民事58号1009頁、判例タイムズ129号47頁、判例時報293号14頁）。

④精神病院従業員の争議行為が条理を理由に正当性につき限界があると判示された労働委員会命令取消請求事件（最高裁判所第３小法廷・昭和39年８月４日判決、最高裁判所民事判例集18巻７号1263頁、最高裁判所裁判集民事75号１頁、判例タイムズ166号118頁、判例時報380号６頁）。

⑤有限会社の代表取締役が、経営の一切を他の取締役に一任し、みずから会社の経営に関与しなかった場合において、会社の取引先が取引に関して損害を被つたとしても、その損害が経営を一任された取締役の悪意または重大な過失による任務懈怠によつて生じたものでないときは、右代表取締役の任務懈怠と右取引先の損害との間にはなんら業務に関与しなかった取締役に責任を負わせることは条理上到底これを是認しうべきでないとして相当因果関係を欠くものとし、代表取締役は、右取引先に対し、有限会社法33条ノ３第１項に基づく損害賠償の義務を負うものではないと判示された事例（最高裁判所第１小法廷・昭和45年７月16日判決、最高裁判所民事判例集24巻７号1061頁、最高裁判所裁判集民事100号187頁、判例タイムズ252号161頁、判例時報602号86頁）。

第7 「先行行為による条理上の作為義務」を認めた判例

1 レール置石事件の最高裁判所第1小法廷判決（昭和62年1月27日）

上記事件は「レール上の置石により生じた電車の脱線転覆事故について置石をした者との共同の認識ないし共謀のない者が事故回避措置をとらなかったことにつき過失責任を負う場合（京阪電鉄置石事件上告審判決）」である。

上記最高裁判例は、一般民事の損害賠償請求事件において列車の脱線転覆等をさせる危険な先行行為としてのレール置石について先行行為者に対して危険回避等のための作為義務を明確に認め、過失責任を認めたのである（最高裁判所民事判例集41巻1号17頁、最高裁判所裁判集民事150号27頁、判例タイムズ640号101頁、判例時報1236号66頁）。当然の道理である。

2 日本軍遺棄毒ガス・砲弾事件1審判決（平成15年9月29日）

日本軍遺棄毒ガス・砲弾事件は旧日本軍が中国国内に遺棄した毒ガス兵器や砲弾のガス漏れや爆発によって中国人の作業員（浚渫・下水道施設・道路工事）に死傷の被害が生じた事案で、国家賠償法に基づく損害賠償請求事件である。その1審判決は次のとおり、①条理により法的義務としての作為義務を認め、②条理により不作為による違法な公権力の行使を認定し、③条理により除斥期間の適用を制限し、国に賠償責任を認めて合計1億9798万円の支払を命じた（判例タイムズ1140号300頁、判例時報1843号90頁）。

（1）作為義務の認められる要件

ア　国家賠償法1条は違法な公権力の行使による損害の賠償責任を認めている。公権力の行使は、公務員がその職務を行うについて遵守すべき法規版に違反したときに違法とされるから、不作為が違法な公権力の行使に当たるというためには、公務員に職務上の法的義務として一定の作為義務が認められることが必要である。

公務員の職務上の義務や権限は、法律やその委任を受けた省令などの法令によって定められているから、この法的義務としての作為義務も、法令によって定められているのが原則である。

イ　しかし、法令上に具体的な根拠規定がない場合であっても、条理により法的義務としての作為義務を認めなければならないことがある。

本件の毒ガス兵器や砲弾の遺棄は、国の公権力の行使として実行されたものであり、これによって人の生命や身体に対する危険な状態を作り出したものである。このような先行行為があるにも関わらす、公務員の職務上の義務を定めた根拠規定がないという理由で、国にはその危険な状態を解消するための作為義務はないと考えることは、正義、公平にかなうものではない。

したがって、このような場合には、国に対し、一定の要件の下に、危険な状態を解消するための作為義務を認めなければならない。

ウ　条理により法的義務としての作為義務を認めるということは、その作為義務が履行されない場合に、その不法行為を違法と評価するのが物事の道理であると考えることである。

したがって、国の公権力の行使によって危険な状態が作り出されたという先行行為がある場合に、国に法的義務としての作為義務を認めるためには、具体的な事案において、①人の生命や身体などに対する差し迫った重大な危険があり（危険の存在）、②国としてその結果の発生を具体的に予見することができ（予見可能性）、かつ、③作為に出ることにより結果の発生を防止することが可能であること（結果回避可能性）が要件になるものと考えられる。このような場合には、その不作為は違法なものと評価されなければならないからである。

エ　この場合、被告としては、この作為義務につき具体的な担当機関が定められていないことを理由に、義務を免れることはできない。

この作為義務は条理を根拠とする義務であるから、そもそも法令上の担当機関の定めは想定できないものである。国としての作為義務が認められる以上は、国のいずれかの機関がその義務を履行すべきことは当然であって、ここ的な担当機関の特定は要件にはならない。

（2）不作為による違法な公権力の行使

以上によれば、被告には、旧日本軍が中国国内に遺棄した毒ガス兵器や砲弾により被害が発生するのを防止するために、条理により、①終戦時における日本軍の部隊の配置や毒ガス兵器の配備状況、弾薬倉庫の場所、毒ガス兵器や砲弾の遺棄状況、各兵器の特徴や処理方法などについて可能な限りの情報を収集したうえ

で、中国政府に対して遺棄兵器に関する調査や回収の申出をするという作為義務、あるいは、②少なくとも、遺棄された毒ガス兵器や砲弾が存在する可能性が高い場所、実際に配備されていた兵器の形状や性質、その処理方法などの情報を提供し、中国政府に被害発生の防止のための措置をゆだねるという作為義務があったと認めることができる。

ところが被告は、1972年9月に日中共同声明により日本と中国の国交が回復されて、この作為義務を履行することが可能になった後においても、その義務を履行せず、本件の各事故が発生した。

したがって、1972年9月の日中共同声明以降、それぞれの事故発生の時までの継続的な不作為は、違法な公権力の行使に当たる。

(3) 除斥期間の適用制限

民法724条後段の20年の期間を除斥期間と解釈するとしても、除斥期間の適用が著しく正義・公平に反するときは、条理上、その適用は制限されるべきである（最高裁平成10年6月12日判決参照）。

本件においては、①加害行為の残虐性・悪質性、被害の重大性から、被告の責任を明確に実現する必要性が高いこと、②被告は戦後も事実の隠蔽に努め、関係資料を焼却して証拠を隠滅することにより、原告らの権利行使を妨げていること、③被告は加害行為について認識しながら回避措置を怠ったものであり、保護の適格性を欠くこと、④不法行為の存在が明白であり、時の経過による攻撃防御・採証上の困難がないこと、⑤原告らの権利行使の客観的可能性は1995年3月まで存在せず、原告らに権利の上に眠っていたとの評価は妥当しないことなどの事情がある。

これらの事情を考慮すれば、20年の期間が経過したことをもって原告らの権利行使が許されないとすることは、著しく正義・公平に反する。

なお、上記事件の東京高等裁判所判決（平成19年7月18日判決）は、不当にも公権力の行使に当り結果回避可能性がなかったとして、賠償請求は棄却したが、違法な先行行為（遺棄行為）による条理上の作為義務の発生を次のとおり認めている（訟務月報53巻8号2251頁、判例時報1994号36頁）。

「旧日本軍関係者が、人の生命、身体に重大かつ重篤な被害をもたらすイペリットやイペリットとルイサイトの混合剤が施され、又は入れられた本件毒ガス兵器

等を上記のような態様で遺棄し、適切な管理ができない状態に置いた結果、中国国民が、その生命、身体に重大かつ重篤な被害を被る危険が生じたのであるから、我が国の公務員がある具体的な措置（公権力の行使）を執ることによって上記危険が現実化しなかったであろう高度の蓋然性を肯定できる場合において、当該措置を執ること（公権力の行使）が、被害者との関係で法的に義務付けられていると解されるときは、当該措置を執らなかったこと（不作為）は、条理上、違法と評価されるものというべきである。そして、かかる作為義務の発生には、必ずしも法令上の根拠を要するものとは解し得ない」

3　中国残留孤児訴訟神戸地裁判決（平成18年12月1日）

　中国残留孤児訴訟の神戸地裁判決は、原告ら61名の請求を一部認容し、賠償額4億6860万円を認容し、同判決は、原告が主張していた「先行行為に基づく条理上の作為義務」を認め、以下のように判示した。
　（1）同判決は、孤児を発生させた「国策として行われた移民、関東軍の大幅な転用、静謐確保の優先、満州防衛の放棄といった一連の政策」について、「戦後の憲法が立脚する価値観に立って見たとき」、戦闘員でない一般の在満邦人を無防備な状態においた政策は、「自国民の生命・身体を著しく軽視する無慈悲な政策であった」と述べ、「戦後の政府としては、可能な限り、無慈悲な政策によってもたらされた自国民の被害を救済すべき高度の政治的責任を負う」と判示している。
　（2）帰国に向けた政府の責任を論じて、「政府自身、残留孤児が中国内で生存していることを認識していたのであるから、集団引揚げが終了した昭和33年7月以降も、残留孤児の消息を確かめ、自国民の救済という観点からその早期帰国を実現すべき政治的責任を負っていた」とした。
　そして、日中国交正常化までは、残留孤児救済責任を果たすための具体的な政策の実行は困難であったとしたが、日中国交正常化によって具体的な政策を実行に移すことができるようになったから、特段の合理的な根拠なしに、帰国を制限する行政行為をしたとすれば違法な職務行為となり国家賠償法上の責任を負うとした。
　（3）自立支援に向けた政府の責任を論じて、「残留孤児の大半が日本社会で

の適応に困難を来たす状態での永住帰国を余儀なくされたのは」、前述の無慈悲な政策に加え、「日中国交正常化後も孤児救済に向けた政治的責任を果たそうとしなかった政府の姿勢」、「帰国制限という政府関係者による違法な措置が積み重なった結果」だと指摘し、政府は、条理上の義務として、日本社会で自立して生活するために必要な支援策を実施すべき法的義務（自立支援義務）を負っていたと明確に判断している。

（4）このように、残留孤児訴訟神戸地裁判決は、戦前の移民政策や満州防衛の放棄などの国策および戦後の帰国制限などを自ら行ってきた国は「条理上の義務」として残留孤児への自立支援義務を負っていると明確に認めたのである。

戦前および戦後を通じた国の行為を先行行為ととらえている点などは、本件訴訟と類似点があり、重要な参考判例である。

4　劉連仁訴訟一審判決（平成13年7月12日）

劉連仁訴訟一審判決（判例タイムズ1067号119頁）は、太平洋戦争中に日本へ強制連行されたうえ、強制労働に従事していた中国人が耐えかねて逃走し、その後13年間にわたり北海道内の山中での逃走生活を余儀なくされた深刻な事案である。

（1）同判決は、国は「降伏文書の調印とそれに伴う強制連行の目的の消滅によって、事柄の性質上当然の原状回復義務として、強制連行された者に対し、これらの者を保護する一般的な作為義務を確定的に負ったもの」と認定している。

（2）また、この保護義務は、本国への送還の希望の確認ないし帰国の援護の当然の前提であり、このような救済業務は被告が国策として行った強制連行、強制労働の目的消滅と降伏文書の受諾によって条理上当然に生じた義務であるとも判示している。

（3）そして、被害者が「逃走を余儀なくされた結果、その生命、身体の安全が脅かされる事態に陥っているであろうことは相当の蓋然性をもって予測できた」とした。

（4）そのうえで、保護義務の懈怠と被害との相当因果関係を検討し、被害者とともに逃走した4名が1946（昭和21）年4月までに次々と発見され、中国に送還されたことから、これらの者からの事情聴取や警察力等の援助を得ること

によって、「早期に被害者を保護することができた可能性を否定できない」として相当因果関係を肯定している。

（5）このように、劉連仁訴訟一審判決は、国が自ら国策として行った行為に基づいて、条理上当然に作為義務が生じる場合を認めているのである。本件においても、国が開戦した行為や終戦を遅らせた行為に基づいて生じた本件沖縄戦被害を受けた原告らに対し、被告国は条理上の援護義務を負うと解されるべきである。

5　松江地裁判決（1957年12月27日）

農地委員会が策定した農地買収計画が判決によって取り消され確定し失効したにもかかわらず、上記委員会が上記買収計画を前提としてなされた買収処分・売り渡し処分による移転登記の抹消のための措置をとることを著しく遅延した事案。

6　東京地裁判決（1959年9月19日）

検察事務官が、前科登録の誤りが判明した後も、他庁の前科登録抹消の手続を怠ったことについての国の責任を肯定した事案。

7　最高裁判決（1971年11月30日）

土地区画整理事業の施行者である市長が、仮換地を指定して従前地の使用を禁止しながら、仮換地上にある第三者所有の建物について移転除却の権限を行使しなかったことについて損害賠償責任を認めた事案。

8　東京地裁判決（1974年12月18日）

日本軍が海中に投棄した砲弾が海岸に漂着して、それが子ども達により火中に入れられて爆発して被害が発生した新島砲弾事件において国の責任が認められた事案。

被告国においては、危険な先行行為としての沖縄戦の遂行により、原告らに発生させた被害とそれを今日まで長期間放置・継続せしめた被害につき、被告国は、先行行為に基づく条理上の作為義務に基づき救済・賠償する義務を負うべきである。そのための救済立法をなす義務がある。

第5節　立法の不作為責任（その4）

第1　外交保護権放棄による補償立法の義務

　第5章で詳述したとおり、原告ら沖縄戦被害者は、米軍の軍事行動における国際法違反行為によって被害を受けた。原告らは国際法上次のとおり個人の被害についてアメリカ政府に対して戦争被害損害賠償請求権を有しているのである。
　国家は、外国の領域内に在留する自国民が、その身体や財産を侵害され、しかも当該外国によって十分に保護・救済されないときは、外交手続きをとおして保護・救済を請求することができる。これを外交的保護又は在外国民の外交的保護という。
　しかし、この外交的保護が行われるためには、まず所在国の国内的救済手続きを尽くした、尽くしても救済されないことが明白であるか、あるいは国内手続きによる救済を拒否されたことが必要である。これを「国内的救済の原則」という。
　また、国家がその外交保護権を行使するためには、被害者がその身体又は財産を侵害された時から外交的保護がなされるまで、継続的に自国の国籍を保有していることが必要である。これを「国籍継続の原則」という。
　この外交的保護は、私人に対する対人主権に基づいて行使する国家の権利であるとされ、被害者の要請の有無に関係なく、国家の便宜と論理によって行われるため、歴史的には、被害者個人の保護よりも国家的理由によって行使されることが多く、大国による弱小国への内政干渉の「隠れミノ」として濫用されることが多かった。アルゼンチンの国際法学者カルヴォが主張した、いわゆる「カルヴォ条項」も、自国民保護を理由にした外交保護権の濫用による大国の干渉を排除しようとする南米諸国の意図をあらわしたものである。

第2　個人の賠償請求権と平和条約

1　被害者個人のアメリカ政府に対する損害賠償請求権

（1）ハーグ条約による損害賠償請求権

第9章 被告国の法的責任（その3）

　1907年に採択されたハーグ陸戦条約は、3条において、軍隊構成員が戦争法規に違反する行為を行った場合には、その被害者個人が、加害国に直接に損害賠償を請求する権利を定めている。沖縄戦の被害者である原告らは、国際慣習法（慣習国際法）となったハーグ陸戦条約3条に基づき、米国政府に対して損害賠償請求権を有する。

（2）同条約第3条の解釈

＊条約法に関するウィーン条約

　同31条1項は条約解釈に関する一般規則について「条約は、文脈によりかつその趣旨及び目的に照らして与えられた用語の通常の意味に従い、誠実に解釈するものとする」としている。

　国際条約の解釈として目的解釈と文理解釈が重要である。

＊目的解釈

　同条約の目的は戦争被害者に対する事後処理措置であり、被害者を救済することである。同3条の被害者とは被害者を受けた個人単位の被害者である。事後処理措置を執る義務がある側は加害者である、戦闘行為を行った交戦当事者で、事実上、通常は国にある。同3条は事後処理の義務を有する国家を対象としているが、目的の対象は被害者であり、個人単位の被害者である。

＊文理解釈

　同条は、「前記規則の条項に違反したる交戦当事者は、損害あるときは、之が賠償の責任を負うものとす。」と規定する。「賠償の責任を負う」対象は国家間及び国家と個人間である。「責任を負う」対象は個人も含まれる。

（3）外国の裁判所の判決

　ア　国際慣習法に成立の判断には「国際司法裁判所の判例だけではなく、各種の国際司法裁判所並びに国内裁判所の判例も含まれると解する。（宮崎繁樹『国際法綱要』）

　イ　戦争被害者は個人の戦争被害者の賠償請求権を認めた外国の裁判所の判決が重要である。

　①ベルサイユ条約と混合仲裁裁判所

　　第一次世界大戦中の戦争被害者個人の賠償請求権を認めた。

　②ドイツ・ミュンスター行政控訴裁判所（1952年）

戦争被害者個人の賠償請求権を認めた。
③ドイツ・ボン地方裁判所（1997年）
戦争被害者個人の賠償請求権を認めた。
④アメリカ・コロンビア地区地方裁判所（1996年）
戦争被害者個人の賠償請求権を認めた。
⑤ギリシャ・レバデア地方裁判所（1997年）
戦争被害者個人の賠償請求権を認めた。
⑥ランダ・オランダ高等裁判所（2000年）
戦争被害者個人の賠償請求権を認めた。
⑦イタリア高等裁判所（2004年）
戦争被害者個人の賠償請求権を認めた。

（4）西松建設事件最高裁2007年4月27日判決

ア　同判決は、「日中戦争の遂行中に生じた中華人民共和国の国民の日本国又はその国民若しくは法人に対する請求権は、日中共同声明5項によって、裁判上訴求する権能を失ったというべきである」とする。

イ　同判決よれば、訴権のみを放棄されたと解釈することにより、逆に中国国民個人の国際法上の請求権が存在したことを認めたことになる。日本の司法部が日中戦争中に戦争法ないし人道法違反行為による被害者個人の損害賠償請求権の存在そのものを否定しなかったことは重要である（藤田久一『国際人道法と個人請求権』、五十嵐正博『西松建設事件・コメント』）。

2　被告国の外交保護義務違反

（1）対日平和条約

1951年9月8日に締結された対日平和条約第19条（A）は、「日本国は、戦争から生じ、又は、戦争状態が存在したためにとられた行動から生じた連合国及びその国民に対する日本国及びその国民のすべての請求権を放棄し、かつこの条約の効力発生の前に日本国領域におけるいずれかの連合国の軍隊又は当局の存在職務遂行又は行動から生じたすべての請求権は放棄する」と規定する。

日本政府は対日平和条約を締結することによって、原告ら沖縄戦被害者が米国政府に有する損害賠償請求権に外交保護を与えず、現実的には重大な支障を与え、

極めて困難ないし不可能にした。したがって、日本政府の原告らについての外交上の不保護は、任務違反であり、憲法17条の「公務員の不法行為」に該当すると主張するものである。

（2）外交保護義務違反

日本国憲法の下で、日本政府が国民の人権を保護すべき義務を負っていることは当然である。このことは、国連憲章55条が、国連の目標として「人権の普遍的な尊重及び遵守」を掲げ、同56条が国連の目標を実現するための加盟国の協力義務を課していること、世界人権宣言、国際人権規約前文などからも明らかである。日本国憲法第13条は「すべての国民は、個人として尊重される。生命、自由及び幸福追求に対する国民の権利については、公共の福祉に反しない限り、立法その他国政の上で、最大の尊重を必要とする」と定めている。

これらの諸規定を総合すると、国家には自国民に対して外国からの侵害があった場合には、それを防止し保護を与える権利を有するとともに、国内法上の義務があるのである。この国家の権利行使と義務履行を受け止め可能にする国際法上の制度が外交保護権である。

ちなみに、1961年外交関係に関するウィーン条約は、外交使節団の任務として、「接受国において、派遣国及びその国民の利益を国際法が認める範囲内で保護すること」をあげているが、これは、本国政府が負っている国民保護の一発現であると解すべきである。

したがって、被告国は、外交保護権を行使すべき国内法上の義務を負担しており、国民の外交的な不保護は任務違反の不作為であり、憲法第17条の「公務員の不法行為」に該当する。

第3　国内補償条項が存在しない放棄条項の異常性

第二次世界大戦に関する条約などで「請求権放棄」条項がある場合、国内補償条項を定めることが通常である。例えば、1947年2月10日にパリで署名されたイタリア、ハンガリー、ルーマニア、ブルガリアの平和条約は、それぞれ敗戦国による国家・政府及び国民のための請求権放棄の規定があるが、同時に政府が国民に対して公平な補償をすることを定めている（イタリア平和条約76条Ⅱ項、ブルガリア平和条約第28条Ⅱ項、ハンガリア平和条約第32条Ⅱ項、ルーマニ

ア平和条約30条Ⅱ項)。

　また、ドイツでは1952年5月26日「戦争及び占領によって生じる事項の解決に関する条約」第5条で「連邦共和国は……従来の所有者が補償されることを配慮する」と規定し、1955年12月1日制定の「占領損害賠償法」によって国内法的処置が取られた。

　ところが、対日平和条約第19条（A）に関しては、前記のとおり、同条約において所属国である日本政府の補償義務が規定されず、かつ、国内法的処置も取られていない。

　被告国は、対日平和条約第19条（A）で外交保護権を放棄することにより、原告らが米国政府に対して損害賠償請求権を行使してもこれに応ぜず、米国の裁判所が裁判拒絶をしても救済も道が閉ざされることによって、原告らが損害賠償請求権の行使が困難ないし不可能にし、しかも、原告らに対して国内法的補償を行わない。

　被告国が国内法的補償を行わないことは立法不作為の違憲性を基礎づける。

〈第10章〉
沖縄戦被害に「戦争被害受忍論」は通用するのか

第1　言語を絶する沖縄戦被害の特徴・実態

　長く壮絶な地上戦の闘われた沖縄戦の戦闘行為の実態とその被害については、すでに第3章、第4章、第5章で詳しく述べてきたので重複を避けることとする。

　まさに、「沖縄戦」被害は、戦争損害（戦争犠牲）であり、沖縄戦は当時の日本国民の中で沖縄県民にだけ「特別な犠牲を強いた戦争」であった。

　時の沖縄県民の4分の1の15万人が死没し、数え切れないほどの重軽傷者を出し、アメリカの国際法違反の軍事行動により一般住民が死没し、被告国の被用者である日本軍の行為により住民虐殺、「集団自決」、幼児虐殺等の残虐非道なる行為によってもたらされたものである。「人間性が否定され完全に破壊され尽くされた狂気」それが沖縄戦における原告らの被害の特質である。

　その沖縄における戦争損害（戦争犠牲）は、その点において住民地区で地上戦が闘われなかった他の日本各地の戦争被害とは明らかに相違する。

第2　戦争被害受忍論は机上の空論に等しい考え方である

　沖縄県民に犠牲を強いた沖縄戦被害の実態に即して考えてみると、「戦争被害受忍論」は戦争被害の実態をみない机上の空論に等しいと言っても決して過言ではない。

　1968（昭和43）年在外資産喪失補償事件最高裁判決は、カナダから引き上げた日本人が現地に残した資産について、サンフランシスコ講和条約によって、そ

の処分権が日本政府からカナダ政府に引き渡されたことについて憲法29条3項を適用して日本政府を相手に補償を求めたことに対し、

「国民のすべてが、多かれ少なかれ、その生命・身体・財産の犠牲を堪え忍ぶべく余儀なくされていたのであり、これらの犠牲は、いずれも、戦争犠牲または戦争損害として、国民のひとしく受忍しなければならなかったところであり……在外資産の賠償への充当による損害のごときも、一種の戦争損害として、これに対する補償は、憲法のまったく予想しないところというべきである」と判示した。

この判決は、財産問題についての判決であって、具体的に生命、身体について争点になっていないのにもかかわらず、生命・身体被害まで国民が等しく「受忍すべき」「堪え忍ぶべく余儀なくされている」と言及しているので、法的判断としての越権行為な判決である。

沖縄戦被害者の立場をみたら、いくら最高裁判決が沖縄戦被害を受忍せよ、堪え忍べと強調されても「受忍も出来ない」し「堪え忍ぶこと」も到底出来ないのである。悲惨な沖縄戦被害者の体験からすれば、この最高裁判所の判決は「机上の空論」にしか思えないのである。

特に、沖縄戦被害者の中でも未補償のまま放置されている原告らをはじめとする沖縄民間戦争被害者の立場からすると、軍人・軍属をはじめ他の一般戦争被害者には、手厚い補償をし、原告らにまったく補償されていないのにもかかわらず「等しく受忍せよ」などと言われてもそのこと自体矛盾しており到底納得が出来ない理屈である。現実に即した理論ではない。

第3　時代の推移とともに一貫しなくなった受忍論

1　受忍論は法的にも現実的にも破綻している

広く知られるとおり、これまで判例は「国民のすべてが、多かれ少なかれ、その生命、身体、財産の犠牲を耐え忍ぶことを余儀なくされていた」と、国民に受忍を迫る、いわゆる受忍論を採ることを通じ、国は戦後の戦争被害援護法制度を、一般戦争被災者へ救済が及ばないよう意図的に制度構築をしてきた。

この受忍論を前提に戦争被害者援護行政は、一貫して意識的に一般民間被災者などの一般戦災者を、援護対象から外してきたのである。

しかし、受忍論は特別犠牲を強制されない国民の憲法上の権利に反する。

日本国憲法の拠って立つ原理よりすれば、受忍論のような議論はもはや採ることができないはずである。憲法 13 条を中心とする憲法価値体系により、「特別犠牲を強制されない権利」が日本国民に保障されていることを説き、何人も自らの生命、身体を全体の利益の為に犠牲にさせられない憲法上の権利があり、特別犠牲に対し補償をなすことは憲法の要請するところであり、生命・身体に対する戦争被害は特別犠牲であることから、特別犠牲を強制されない憲法上の権利が存在することを明らかにした。

さらに、歴史的に見ても、受忍論主張は、昭和 62 年 6 月 26 日名古屋空襲最高裁判決後、現在までの戦争被害の補償立法・補償実態の流れからみても著しく説得力を欠くものとなっている。

一般戦争被害者グループ中、集団としては沖縄戦民間戦争被害者の一部と空襲被害者グループのみが補償対象から排除されている俯瞰的考察からも、原告らに対して、「戦争被害を国民として等しく受認せよ」と強いる受忍論を維持し押しつける論拠は失われている。

2「戦争被害受忍論」を援用しなくなった最近の判例の立場

東京大空襲訴訟・東京地裁判決（2009 年 12 月 14 日）及び東京高裁判決（2012 年 4 月 25 日）においても、最大かつ基本的争点であった「戦争被害受忍論」を採用しなかった。

大阪空襲訴訟・大阪地裁判決（2011 年 12 月 7 日）においても戦争被害受忍論は排斥された。

このように戦争被害受忍論は司法の場においても克服されつつあるのである。それが時代の趨勢である。

以上のとおりであるから、少なくとも沖縄戦被害においては、「戦争被害受忍論」は机上の空論に等しく通用しないであろうことを強調しておくこととする。

〈終　章〉
「平和の礎」に込められた沖縄県民の優しさと憂い

1　後世に戦争を伝えても怨みを伝えない県民の選択

　前述したとおり、悲惨な戦争体験をした沖縄県民は、ある時期から、あの戦争で斃れたすべての人の霊を慰めることによって、戦争は伝えても怨みは伝えない選択を行ったように思える。怨みを批判精神に純化・昇華させて、恒久平和への祈りと誓いに転化させた。
　沖縄県は日本復帰前から、日本軍の組織的戦闘が終息した6月23日を戦没者慰霊の日と定め、休日とし（1961年）、積極的に取り組んできた。それは忘却ではなく体験の継承を、復讐ではなく許しを、争いではなく共生を、戦争ではなく平和を、永久に訴え続けようという精神で営まれてきた。

2　平和のための記念碑として世界に例のない「平和の礎」の建立

　そうした精神の高まりは、日本降伏50年目にあたる1995年、摩文仁の丘に「平和の礎」を建立することによって、凝縮した形で実現した。それはまた、沖縄人の伝統的精神に根づく優しさの発露であり、堪え忍んだ受難を二度と再び繰り返さないという決意の表明でもある。
　すなわち、平和の礎には沖縄県民や残虐非道の所業を行った日本軍司令官亡牛島中将を含む日本軍将兵、敵対した米軍司令官亡バックナー中将を含む将兵、当時日本人として参戦を余儀なくされた朝鮮人（韓国・北朝鮮）など、すべての戦没者の使命をそれぞれの国の文字で刻銘した。

終章　「平和の礎」に込められた沖縄県民の優しさと憂い

「6月23日　人類普遍の恒久平和を希求し戦没者の霊を慰める日」(沖縄県条例)の式典は、大理石でつくられた扇状の刻銘版114基(刻銘面は1184面)が並ぶ平和の礎の杜で挙行される。2010年6月23日現在240931名が刻銘されている。

3　大田昌秀知事の挨拶「平和の息吹が世界に波及することを……」

平和の礎の杜で挙行された最初の式典で、平和の礎を建設した当時の大田昌秀知事は、「50年前の鉄の暴風を平和の波濤に変え、この地から暖かい平和の息吹が世界に波及することを念願する」と訴えた。

大田氏は沖縄戦当時、沖縄師範学校生徒として鉄血勤皇隊に組み込まれ、戦闘に参加し、辛くも生還した。その訴えは掛け値なしの叫びであったろう。

4　沖縄県民は「平和への戦い」を続ける

この「平和の礎」は、敵味方を顕彰している点で「平和のための記念」としては世界に例がない。

ともかく、沖縄は毎年、6月23日を「慰霊の日」として、休日として全県に渡り香煙がけぶる。悲惨な沖縄戦を体験した沖縄県民の闘いは「平和への戦い」に装いを変えて、今後も続く。

417

■結 び

真実の究明を
沖縄戦の死者を歴史の闇に葬ってはならない

　原告らは、被告国に対して各主張したとおりの事実と法的主張を根拠として、請求の趣旨記載のとおりの謝罪と損害賠償請求のため本件訴訟を提起する。損害賠償請求については、慰謝料の内金として一律に請求する。

　第1の主的請求の不法行為に基づく請求の遅延損害金の民事法定利率年5分の発生については、戦争行為が終了した終戦の日である1945（昭和20）年8月15日を起算日した。

　第1次予備的請求の公法上の危険責任はその根拠として条理の他、日本国憲法13条、同14条も根拠としているので、損害賠償請求権の発生時期が日本国憲法施行日である昭和22年5月3日であるので、遅延損害金の発生日も同日を起算日とした。

　第2次予備的請求の立法不作為責任に基づく請求は、訴状送達日の翌日を起算日とした。

　原告らは、本件訴訟において、沖縄戦の真実と真相を究明することによって、「沖縄」と「本土」との間にある歴史的な「差別」を解消し、真の「和解」への道につながる結論が下されることを強く期待している。

　そのためにも、貴庁におかれましては、原告らの訴えに謙虚に耳を傾けられ、原告らに十分な主張の機会を保障されたうえ、「沖縄戦」の死者を歴史の闇に葬ることのない、日本の歴史の上でも後世に残る「人道的判決」、国際的にも評価される「品格のある判決」をなされたく切にお願いする。

以上

謝 罪 文

２０１　年　月　日

住所（省略）
野　里　千恵子　殿（以下、原告79名）

内閣総理大臣　野田佳彦（注：最終準備書面で安倍晋三と修正）

１　日本国は、自ら開始したアジア太平洋戦争において沖縄を戦場とし、その結果、沖縄県民の４分の１に当たる150000人が死亡し、多数の重軽傷者を出し、「鉄の嵐」の砲火により沖縄は一木一草まで焼き尽くされて焦土と化し、県民の生存基盤が破壊されました。

２　日本国軍隊は沖縄戦の中で、住民の生命・安全を守るべき保護義務があるにもかかわらず、住民を守りませんでした。それどころか、日本国軍隊は、沖縄住民に対する虐殺行為を行うなど残虐無道の非人道的行為を行い、沖縄県民は塗炭の苦しみを舐めました。

３　にもかかわらず国は沖縄戦被害についての実態調査さえも実施せず、しかも沖縄県民に対して、いまだに沖縄戦被害についての謝罪を行っていません。また、沖縄民間戦争被害者のうち一部の人々には「援護法」による補償を行っていながら、同様の被害を受けた原告らを中心とする多数の民間戦争被害者に対してはまったく補償をせずに同じ県民の中に差別と選別を行っています。

　国は以上の歴史的事実経過を踏まえて、以下のとおり深く謝罪し、約束する。
（１）国は、旧軍人・軍属・一部の民間戦争被害者には国家補償をしてきたが、原告ら沖縄民間人被害者には何らの援護・補償をなさず、放置してきたことを深く謝罪する。
（２）国は、これまで「沖縄戦」の死傷者や行方不明者の実態調査、犠牲者の氏名を記録せず、遺骨の収容も完全に行っていないことを深く謝罪する。
（３）国は、これらに対する謝罪の証として、沖縄民間戦争被害者をはじめ日本全国の民間人戦争被害者補償のための新たな立法措置、沖縄戦による死亡者の追跡調査、遺骨の完全収容、民間人犠牲者を悼み、後世に「沖縄戦」の実相を知らせるための国立の資料センターや追悼施設の建設を約束し実行する。

★原告名簿

No.	氏　名	生年月日
1	野里　千恵子	1936年（昭和11年）5月11日（原告団長）
2	稲福　和男	1935年（昭和10年）7月5日
3	上運天　トミ	1931年（昭和6年）3月5日
4	上原　良子	1929年（昭和4年）10月28日
5	上間　千代子	1935年（昭和10年）1月6日
6	内間　善孝	1936年（昭和11年）11月10日
7	運天　先記	1945年（昭和20年）9月20日
8	大城　勲	1942年（昭和17年）8月23日
9	大城　絹枝	1951年（昭和26年）6月26日
10	大城　トミ	1924年（大正13年）9月10日
11	大城　政子	1940年（昭和15年）8月10日
12	大城　安信	1935年（昭和10年）6月30日
13	大西　正子	1931年（昭和6年）11月6日
14	大嶺　宗利	1934年（昭和9年）9月29日
15	神谷　洋子	1937年（昭和12年）11月4日
16	宜保　千恵子	1936年（昭和11年）10月1日
17	金武　正市	1935年（昭和10年）5月6日
18	金城　眞徳	1938年（昭和13年）9月14日
19	金城　千枝	1929年（昭和4年）3月20日
20	久保田　正男	1921年（大正10年）11月25日
21	古波倉　政子	1941年（昭和16年）12月15日
22	崎山　朝助	1928年（昭和3年）6月10日
23	當眞　嗣文	1937年（昭和12年）10月19日
24	豊見山　貢宜	1938年（昭和13年）9月10日
25	仲間　弘	1932年（昭和7年）9月9日
26	仲嶺　眞通	1942年（昭和17年）7月15日
27	比嘉　千代子	1933年（昭和8年）7月13日

28	前原 生子	1936年（昭和11年）3月31日
29	又吉 康鉄	1939年（昭和14年）11月30日
30	又吉 眞雄	1938年（昭和13年）9月10日
31	松田 タモ	1922年（大正11年）10月30日
32	宮城 ヨシ子	1925年（大正14年）8月9日
33	宮里 清昌	1941年（昭和16年）3月10日
34	宮里 秀子	1941年（昭和16年）6月24日
35	屋嘉比 柴徳	1922年（大正11年）10月21日
36	山川 幸子	1941年（昭和16年）4月16日
37	山城 照子	1933年（昭和8年）9月25日
38	山城 弘永	1934年（昭和9年）2月14日
39	與古田 光順	1934年（昭和9年）8月15日
40	吉元 恵美子	1944年（昭和19年）1月16日
41	新垣 太郎	1943年（昭和18年）1月6日
42	嘉数 ノブ	1927年（昭和2年）9月5日
43	金城 恵美子	1931年（昭和6年）10月13日
44	金城 盛昭	1942年（昭和17年）8月7日
45	島袋 朝正	1943年（昭和18年）8月6日
46	新里 キク	1929年（昭和4年）3月20日
47	新城 宣勇	1934年（昭和9年）6月9日
48	田仲 初枝	1927年（昭和2年）9月6日
49	田場 弘子	1933年（昭和8年）3月15日
50	當間 實	1941年（昭和16年）11月10日
51	仲井間 憲裕	1936年（昭和11年）4月3日
52	仲田 幸子	1943年（昭和18年）7月20日
53	中村 ミツ	1937年（昭和12年）8月16日
54	普天間 道子	1935年（昭和10年）12月12日
55	宮里 朝幸	1942年（昭和17年）3月16日
56	宮里 政登	1942年（昭和17年）5月23日
57	大田 ツル	1934年（昭和9年）9月15日

58	島根 照子	1946年（昭和21年）12月10日
59	島袋 繁雄	1930年（昭和5年）9月29日
60	武島 キヨ	1931年（昭和6年）11月6日
61	新田 一	1932年（昭和7年）11月29日
62	比嘉 繁直	1927年（昭和2年）8月3日
63	山岡 芳子	1941年（昭和16年）9月3日
64	上間 幸仁	1933年（昭和8年）12月17日
65	大城 ツネ	1919年（大正8年）3月3日
66	大城 太	1951年（昭和26年）9月24日
67	金城 ツル子	1936年（昭和11年）6月7日
68	新垣勝江ガーナー	1937年（昭和12年）9月25日
69	當銘 德吉	1929年（昭和4年）4月13日
70	比嘉 ヨシ子	1929年（昭和4年）2月28日
71	池原 德次	1952年（昭和27年）11月13日
72	新城 正幹	1969年（昭和44年）9月6日
73	桃原 政秋	1932年（昭和7年）4月25日
74	富村 初美	1941年（昭和16年）10月22日
75	國吉 新德	1936年（昭和11年）5月10日
76	沢岻 孝助	1933年（昭和8年）8月20日
77	比嘉 洋子	1943年（昭和18年）4月8日
78	宮里 勇	1947年（昭和22年）5月30日
79	山田 秋子	1937年（昭和12年）5月22日

★原告代理人名簿

No.	弁護士名
1	瑞慶山　茂（弁護団団長）
2	加藤　裕（弁護団副団長）
3	松本　啓太
4	阿波根　昌秀
5	赤嶺　朝子
6	新垣　勉
7	伊志嶺　公一
8	伊志嶺　善三
9	池宮城　紀夫
10	上原　智子
11	大井　琢
12	岡島　実
13	岡田　弘隆
14	折井　真人
15	垣花　豊順
16	金高　望
17	亀川　偉作
18	亀川　榮一
19	喜多　自然
20	栗田　妃呂子
21	小園　恵介
22	齋藤　祐介
23	城間　博
24	砂川　満邦
25	田村　ゆかり
26	高塚　千恵子

No.	弁護士名
27	高良　誠
28	寺田　明弘
29	照屋　寛徳
30	中尾　義孝
31	中村　照美
32	中村　昌樹
33	仲西　孝浩
34	原田　敬三
35	日高　洋一郎
36	白　充
37	松崎　暁史
38	三宅　俊司
39	宮里　猛
40	山城　圭
41	横田　達

★原告各人の被害内容一覧表

作成者　弁護士　瑞慶山　茂

作成年月日　2015年7月31日

原告番号	原告氏名	被害について
1	野里　千恵子	空襲被害（祖母死亡）　父親戦死
2	稲福　和男	銃撃による負傷（本人）　外傷性精神障害（記憶の再想起）
3	上運天　トミ	銃撃により死亡（母親）　兄がフィリピンにて現地兵隊となり死亡　外傷性精神障害（心的外傷性ストレス障害）
4	上原　良子	艦砲弾による負傷（本人）
5	上間　千代子	戦争孤児　艦砲による負傷（本人）　外傷性精神障害（心的外傷後ストレス障害・解離性障害・トラウマ後回避性人格障害）
6	内間　善孝	戦争孤児　壕の追い出し　艦砲射撃・銃撃により死亡（叔母・母親・弟）栄養失調（弟）外傷性精神障害（心的外傷後ストレス障害・トラウマ後回避性人格障害）
7	運天　先記	空襲により死亡（祖父）
8	大城　勲	戦争孤児　銃撃により死亡（母）外傷性精神障害（トラウマ後回避性人格障害）
9	大城　絹枝	栄養失調により兄死亡
10	大城　トミ	艦砲射撃（本人負傷）　外傷性精神障害（戦争体験によるストレストラウマ反応）
11	大城　政子	戦争孤児　銃撃により負傷（本人）外傷性精神障害（心的外傷後ストレス障害・トラウマ後回避性人格障害）
12	大城　安信	強制集団自決（本人負傷）外傷性精神障害（心的外傷後ストレス障害・身体表現性障害）
13	大西　正子	艦砲射撃により死亡（父・姉）・母親と本人負傷
14	大嶺　宗利	機関銃射撃により本人負傷　外傷性精神障害（心的外傷後ストレス障害）
15	神谷　洋子	戦争孤児　艦砲射撃により母親死亡・本人負傷　外傷性精神障害（心的外傷後ストレス障害・解離性障害・パニック障害）
16	宜保　千恵子	銃撃により負傷（本人）・死亡（祖父母）　外傷性精神障害（過覚醒不眠）
17	金武　正市	銃撃により負傷（本人）　壕が洪水により流され祖母死亡
18	金城　眞徳	壕の追い出し　砲弾により死亡（姉・妹）・本人負傷　外傷性精神障害（心的外傷後ストレス障害・身体表現性障害・解離性障害）

原告各人の被害状況一覧表

原告番号	原告氏名	被害について
19	金城　千枝	戦争孤児　爆撃により死亡（母親・妹）・本人負傷　栄養失調（妹）外傷性精神障害（身体表現性障害）
20	久保田　正男	病死（父）捕虜収容所にて
21	古波倉　政子	黄燐弾により本人負傷(ケロイド状の重度の後遺障害)、外傷性精神障害（心的外傷後ストレス障害・解離性障害・トラウマ後回避性人格障害
22	崎山　朝助	銃撃により本人負傷　戦争孤児
23	當眞　嗣文	壕の追い出し　艦砲により死亡（妹）
24	豊見山　貢宜	年少者の強制労働(本人)銃撃により本人負傷　外傷性精神障害（パニック障害、解離性意識障害・心的外傷後ストレス障害）
25	仲間　弘	空襲により本人負傷
26	仲嶺　眞通	艦砲射撃で一家（家督相続先）全滅
27	比嘉　千代子	壕の追い出し　銃撃により死亡（父親）・負傷（母親・本人）外傷性精神障害（心的外傷後ストレス障害）
28	前原　生子	戦争孤児　銃撃により死亡（母・祖母）・本人負傷　外傷性精神障害（回避性人格障害、外傷性否定的認知、過覚醒刺激）
29	又吉　康鐵	艦砲射撃により死亡（母・姉・兄・弟）・本人負傷　外傷性精神障害（外傷性否定的認知）
30	又吉　眞雄	艦砲射撃により本人負傷　外傷性精神障害（心的外傷後ストレス障害、回避性人格障害）
31	松田　タモ	手榴弾により本人負傷　壕の中で出産した子が死亡
32	宮城　ヨシ子	銃撃により本人負傷
33	宮里　清昌	砲弾により死亡(母親)　外傷性精神障害（心的外傷後ストレス障害）
34	宮里　秀子	戦争孤児　軍へ協力作業中死亡（母親）
35	屋嘉比　柴徳	砲弾により本人負傷
36	山川　幸子	戦争孤児　壕の追い出し　銃撃で父死亡　手榴弾で母親と妹死亡　外傷性精神障害（心的外傷後ストレス障害・トラウマ後回避性人格障害）
37	山城　照子	壕の追い出し　砲弾により本人負傷　外傷性精神障害（心的外傷後ストレス障害・身体表現性障害・パニック障害・解離性障害）
38	山城　弘永	砲弾により本人負傷・祖母死亡
39	與古田　光順	銃撃により妹死亡・母親負傷　外傷性精神障害（心的外傷後ストレス障害・パニック障害・非定型うつ病）
40	吉元　恵美子	砲弾により祖母死亡・本人負傷　外傷性精神障害（パニック障害、アタッチメント障害、フラッシュバック、トラウマ性否定的認知）
41	新垣　太郎	艦砲射撃により本人負傷　栄養失調で母親死亡　外傷性精神障害

原告番号	原告氏名	被害について
		（心的外傷後ストレス障害）
42	嘉数　ノブ	機関銃で本人負傷
43	金城　惠美子	集団自決により家族死亡　外傷性精神障害（心的外傷後ストレス障害）
44	金城　盛昭	戦争孤児　父と長兄戦死　兄弟が栄養失調
45	島袋　朝正	爆弾により本人負傷（失明）
46	新里　キク	艦砲射撃により母・きょうだいが負傷　外傷性精神障害（パニック障害　心的外傷後ストレス障害）
47	新城　宣勇	戦争孤児　祖父が行方不明
48	田仲　初枝	艦砲により家族死亡・本人負傷　外傷性精神障害（心的外傷後ストレス障害・解離性障害・パニック障害・身体表現性障害）
49	田場　弘子	戦争孤児　艦砲射撃により母親死亡　父は戦死
50	當間　實	壕の追い出し　戦争孤児　艦砲により兄と妹が死亡・本人負傷（右眼失明）
51	仲井間　憲裕	爆撃により母親死亡・本人負傷　叔母が米兵により焼殺
52	仲田　幸子	軍の爆薬搭載の汽車に乗車していて叔母が死亡（軍の手伝い）
53	中村　ミツ	壕の追い出し　爆撃により祖父・叔父死亡　本人負傷
54	普天間　道子	銃弾と米軍に短刀で刺され母親死亡　傷性精神障害（心的外傷後ストレス障害・解離性障害）
55	宮里　朝幸	手榴弾により祖父死亡
56	宮里　政登	日本軍の道案内により負傷（左眼失明）　外傷性精神障害（心的外傷後ストレス障害）
57	大田　ツル	艦砲射撃により弟死亡・本人負傷　外傷性精神障害（心的外傷後ストレス障害）
58	島根　照子	不発弾によりおじ死亡
59	島袋　繁雄	壕の追い出しにより祖父が行方不明
60	武島　キヨ	艦砲射撃により祖母死亡・本人負傷　外傷性精神障害（非精神病性幻覚状態、外傷性否定的認知、パニック障害）
61	新田　一	壕の追い出し　砲弾により本人負傷
62	比嘉　繁直	戦争孤児　対馬丸沈没により母と弟死亡
63	山岡　芳子	戦争孤児　壕の追い出し　艦砲射撃・砲弾に弟・妹・両親死亡
64	上間　幸仁	戦争孤児　弟・妹が栄養失調で死亡
65	大城　ツネ	マラリアにより夫の両親死亡
66	大城　太	マラリアにより祖父母死亡
67	金城　ツル子	戦争孤児　壕の追い出し　砲弾により母・弟・妹死亡　外傷性精神障害（心的外傷後ストレス障害・外傷性否定的認知（回避性人

原告各人の被害状況一覧表

原告番号	原告氏名	被害について
		格障害）・身体表現性障害）
68	新垣勝江ガーナー	戦争孤児　火焔放射器で母死亡
69	當銘　徳吉	戦争孤児　銃により母と妹死亡　食糧調達で父死亡
70	比嘉　ヨシ子	足のけがが原因で妹死亡　食糧を強奪される 外傷性精神障害（心的外傷後ストレス障害）
71	池原　徳次	対馬丸撃沈により異母と異母兄2人・異母姉3人の6人が死亡
72	新城　正幹	曾祖母が昭和20年3月12日の東奥武島での空襲被害
73	桃原　政秋	妹二人が栄養失調で死亡
74	富村　初美	軍の命令により食料調達のため漁に出て空爆により死亡 外傷性精神障害（パニック障害、心的外傷後ストレス障害）
75	國吉　新徳	戦争孤児　壕の追い出し　両親が艦砲射撃により死亡、本人も負傷　外傷性精神障害（感情失禁、記憶の再想起、身体化障害）
76	沢岻　孝助	戦争孤児　壕の追い出し　両親・兄が砲弾により死亡、本人も負傷　外傷性精神障害（ストレス後自律神経過敏状態）
77	比嘉　洋子	祖父がスパイ容疑で連行され殺害された
78	宮里　勇	異母兄弟が対馬丸沈没により死亡
79	山田　秋子	日本軍の命令により水汲み作業中、艦砲射撃により負傷（本人）

★被害類型原告一覧表
（被害様態ごとに数えているので複数回の人がいる）

作成者　弁護士　瑞慶山　茂
作成年月日　2015年7月31日
（　）内の番号は原告番号

番号	被害の様態	人数	氏　名
1	「集団自決」	2人	(12)大城安信、(43)金城惠美子
2	日本軍にスパイ容疑で斬殺	1人	(77)比嘉洋子
3	壕の追い出しによる死亡・負傷	12人	(6)内間善孝、(18)金城眞徳、(23)當眞嗣文、(27)比嘉千代子、(36)山川幸子、(37)山城照子、(50)當間實、(53)中村ミツ、(59)島袋繁雄、(61)新田一、(63)山岡芳子、(67)金城ツル子、(75)國吉新德、(76)沢岻孝助
4	食糧強奪による死亡	1人	(70)比嘉ヨシ子
5	年少者の強制労働中の機銃射撃による負傷	2人	(22)崎山朝助、(24)豊見山貢宜
6	栄養失調による死亡・餓死・病死	10人	(6)内間善孝、(9)大城絹枝、(8)金城千枝、(20)久保田正男、(31)松田タモ、(41)新垣太郎、(44)金城盛昭、(64)上間幸仁、(70)比嘉ヨシ子、(73)桃原政秋
7	戦争マラリアによる死亡	2人	(65)大城ツネ、(66)大城太
8	銃撃戦・艦砲射撃・砲弾等の戦等行為による死亡・負傷	47人	(2)稲福和男、(3)上運天トミ、(4)上原良子、(5)上間千代子、(6)内間善孝、(11)大城政子、(13)大西正子、(15)神谷洋子、(16)宜保千恵子、(17)金城正市、(18)金城眞德、(19)金城千枝、(21)古波倉政子、(22)崎山朝助、(23)當眞嗣文、(24)豊見山貢宜、(26)仲嶺眞通、(27)比嘉千代子、(28)前原生子、(29)又吉康鐵、(30)又吉眞雄、(31)松田タモ、(32)宮城ヨシ子、(33)宮里清昌、(35)屋嘉比柴德、(37)山城照子、(38)山城弘永、(39)與古田光順、(40)吉元惠美子、(41)新垣太郎、(42)嘉数ノブ、(45)島袋朝正、(48)田仲初枝、(49)田場弘子、(50)當間實、(51)仲井間憲裕、(55)宮里朝幸、(57)大田ツル、(60)武島キヨ、(61)新田一、(63)山岡芳子、(64)上間幸仁、(67)金城ツル子、(69)當銘德吉、(75)國吉新德、(76)沢岻孝助、(70)山田秋子

被害類型原告一覧表

番号	被害の様態	人数	氏　　名
9	特殊爆弾（黄燐弾）による負傷	1人	(21) 古波倉正子
10	火炎放射器による焼殺	1人	(68) 新垣勝江ガーナー
11	米兵に短刀で刺殺	1人	(54) 普天間道子
12	米兵により焼殺	1人	(51) 仲井間憲裕
13	空襲による死亡	5人	(1) 野里千恵子、(7) 運天先記、(25) 仲間弘、(72) 新城正幹、(74) 富村初美
14	疎開船撃沈(対馬丸)(死亡)	3人	(62) 比嘉繁直、(71) 池原徳次、(78) 宮里勇
15	戦争孤児	21人	(5) 上間千代子、(6) 内間善孝、(8) 大城勲、(11) 大城政子、(15) 神谷洋子、(19) 金城千枝、(22) 崎山朝助、(28) 前原生子、(36) 山川幸子、(43) 金城惠美子、(47) 新城宣勇、(49) 田場弘子、(50) 當間實、(62) 比嘉繁直、(63) 山岡芳子、(64) 上間幸仁、(67) 金城ツル子、(68) 新垣勝江ガーナー、(69) 當銘徳吉、(75) 國吉新徳、(76) 沢岻孝助
16	日本軍の道案内による負傷	1人	(56) 宮里政登
17	不発弾被害(死亡)	1人	(58) 島根照子
18	沖縄戦に起因する外傷性精神障害（PTSDを含む）(2015年7月13日現在)(今後、診断予定者がいるため増える可能性あり)	37人	(2) 稲福和男（記憶の再想起）、(3) 上運天トミ（心的外傷後ストレス障害）(5) 上間千代子（心的外傷後ストレス障害・解離性障害・トラウマ後回避性人格障害）、(6) 内間善孝（心的外傷後ストレス障害・トラウマ後回避性人格障害）、(8) 大城勲（トラウマ後回避性人格障害）、(10) 大城トミ（戦争体験によるストレストラウマ反応）、(11) 大城政子（心的外傷後ストレス障害・トラウマ後回避性人格障害）、(12) 大城安信（心的外傷後ストレス障害・身体表現性障害）、(14) 大嶺宗利（心的外傷後ストレス障害）、(15) 神谷洋子（心的外傷後ストレス障害・解離性障害・パニック障害）、(16) 宜保千恵子（過覚醒不眠）、(18) 金城眞徳（心的外傷後ストレス障害・身体表現性障害・解離性障害）、(19) 金城千枝（身体表現性障害）、(21) 古波倉政子（心的外傷後ストレス障害・解離性障害・トラウマ後回避性人格障害）、(24) 豊見山貢宜（パニック障害・解離性意識障害・心的外傷後ストレス障害）、

番号	被害の様態	人数	氏　名
18	沖縄戦に起因する外傷性精神障害（PTSDを含む）（2015年7月13日現在）（今後、診断予定者がいるため増える可能性あり）	37人	(27) 比嘉千代子（心的外傷後ストレス障害）、(28) 前原生子（回避性人格障害・外傷性否定的認知・過覚醒刺激）、(29) 又吉康鐵（外傷性否定的認知）、(30) 又吉眞雄（心的外傷後ストレス障害・回避性人格障害）、(33) 宮里清昌（心的外傷後ストレス障害）、(36) 山川幸子(心的外傷後ストレス障害・トラウマ後回避性人格障害)、(37) 山城照子(心的外傷後ストレス障害・身体表現性障害・パニック障害・解離性障害、(39) 與古田光順（心的外傷後ストレス障害・パニック障害・非定型うつ病）、(40) 吉元惠美子（パニック障害・アタッチメントメント障害・フラッシュバック・トラウマ性否定的認知）、(41) 新垣太郎（心的外傷後ストレス障害）、(43) 金城惠美子（心的外傷後ストレス障害）、(46) 新里キク（パニック障害・心的外傷後ストレス障害）、(48) 田仲初枝（心的外傷後ストレス障害・解離性障害・パニック障害・身体表現性障害）、(54) 普天間道子（心的外傷後ストレス障害・解離性障害）、(56) 宮里政登（心的外傷後ストレス障害）、(57) 大田ツル（心的外傷後ストレス障害）、(60) 武島トミ（非精神病性幻覚状態・外傷性否定的認知・パニック障害）、(67) 金城ツル子（心的外傷後ストレス障害・外傷性否定的認知(回避性人格障害)・身体表現性障害)(70) 比嘉ヨシ子(心的外傷後ストレス障害)(74) 富村初美（パニック障害・心的外傷後ストレス障害）、(75) 國吉新德(感情失禁・記憶の再想起・身体化障害、(76) 沢岻孝助（ストレス後自律神経過敏状態）
19	避難中の壕が洪水により流され家族死亡	1人	(17) 金武正市
20	軍へ協力作業中の死亡	1人	(34) 宮里秀子
21	祖父が戦場で行方不明	1人	(47) 新城宣勇
22	軍の爆薬搭載の汽車(沖縄の当時の軽便鉄道)に乗車し、爆発して叔母が死亡	1人	(52) 仲田幸子
23	日本軍の命令による水汲み作業中負傷	1人	(79) 山田秋子

特別寄稿―1

❖沖縄戦被害と国家責任

行政法学者　西埜　章

◆――はじめに

　筆者は、これまでに戦後補償訴訟について、いくつかの小論と意見書を執筆してきた。中国人強制連行・強制労働訴訟、旧日本軍毒ガス兵器遺棄被害訴訟、中国残留孤児訴訟等についてである。これらの訴訟の中には、一審で国の責任が認められたものもあるが、最終的には、上訴審においてすべて国の責任が否定されている。

　戦後補償訴訟において、被告国は、しばしば判例法理としての国家無答責の法理、戦争損害受忍論、除斥期間論等に基づいて戦後補償責任がないことを主張し、判例も国家責任を否定してきた。本件沖縄戦被害国賠訴訟においても、被告国は、答弁書や準備書面において繰り返して、この判例法理を振りかざして、国家責任がない旨主張している。

　筆者は、弁護団からの依頼により、被告国の主張する国家責任否定の論拠を批判的に検討し、いくつかの意見書・陳述書として那覇地裁に提出した。本稿は、これらを要約したものである。

I　沖縄戦被害の諸相

1　沖縄戦被害の類型

　原告らの主要な被害類型としては、①集団自決（強制集団死）、②住民殺害、③壕追い出し、④年少者の強制労働による死亡・負傷、⑤栄養失調による死亡・餓死、⑥戦争孤児、⑦戦時・戦場体験に起因するPTSDを含む外傷性精神障害等がある。集団自決・住民殺害の被害類型は、沖縄戦の悲劇の典型的ケースである。そのほか、⑧銃撃戦による死亡・負傷、⑨艦砲射撃による死亡・負傷、⑩空襲による死亡等があり、これらは、直接的には日米軍の戦闘行為や軍事行動によるものであるが、間接的には旧日本軍の存在が誘因となっている例もある。

2　沖縄戦被害の特異性と悲惨さ
(1) 訴状等にみる沖縄戦被害の実態

上述のように、原告らの被害類型は様々であるが、そこに共通するものを見出すことができる。本件の訴状は、第4章を「『沖縄戦』被害の顕著な特徴と多岐にわたる被害類型」と題して、沖縄戦被害の特異性を原爆や空襲と対比して、大城将保『改訂版 沖縄戦・民衆の眼でとらえる「戦争」』の中の1節を引用している。すなわち、「沖縄戦の体験が原爆や空襲のそれと決定的に異なるところは、それが3カ月以上におよぶ極限状況の体験だった点である。そこでは、死者も生者もひとしく人間としての悲劇を刻印されている。鉄の暴風が破壊したのは生命や財産だけではなかった。女性の生理も枯渇してしまうほどの過酷な条件の中で、人びとは人間らしい感性や理性をすりへらしていき、ついには母性の愛情や骨肉のきずなさえ断ち切られてしまった。壕の中で泣きわめくわが子を自分の手で絞めころした母親、動けなくなった老母を生き埋めにして逃げ去った息子……それが戦場の実相だったのだ。要するに、人間性が完全に破壊され、狂気のうちに死に、狂気の中から生き返ってきたのである。原爆や空襲、あるいは組織的な戦闘で死んでいった人たちは、すくなくとも死の直前までは人間としての最低の尊厳は保持しえたはずである。沖縄の戦場ではそうではなかった。人間が人間でなくなったのだ。」

(2) 判例にみる沖縄戦被害の実態

家永教科書検定第三次訴訟の最高裁大法廷平成9年8月29日判決は、原審の東京高裁が認定した事実として、次のように説示している。「当時の学界では、沖縄戦は住民を全面的に巻き込んだ戦闘であって、軍人の犠牲を上回る多大の住民犠牲を出したが、沖縄戦において死亡した沖縄県民の中には、日本軍よりスパイの嫌疑をかけられて処刑された者、日本軍あるいは日本軍将兵によって避難壕から追い出され攻撃軍の砲撃にさらされて死亡した者、日本軍の命令によりあるいは、追い詰められた戦況の中で集団自決に追いやられた者がそれぞれ多数に上ることについてはおおむね異論がなく、その数については諸説あって必ずしも定説があるとはいえないが、多数の県民が戦闘に巻き込まれて死亡したほか、県民を守るべき立場にあった日本軍によって多数の県民が死に追いやられたこと、多

数の県民が集団による自決によって死亡したことが沖縄戦の特徴的な事実として指摘できるとするのが一般的な見解であ（る）。」

　また、旧日本軍隊長が提訴した沖縄戦集団自決名誉毀損損害賠償等請求事件においても、上告審の最高裁平成23年4月21日決定は、原審の大阪高裁平成20年10月31日判決の事実認定を是認して、上告棄却・不受理決定をしている。

(3) PTSD 等の精神的被害

　沖縄戦被害のもう一つの特異性は、県民の戦場体験者の4割程度がPTSDに罹患していると推定されており、原告らの多くも心的外傷後ストレス障害（PTSD）を受けていることである。原告らの最終準備書面の記述によれば、精神科医の診察を受けた原告39名中37名がPTSDを含む外傷性精神障害と診断された。それら以外にも診察を受けていない戦場体験を有する原告の中には、多数の罹患者がいると推定できる。沖縄戦の戦時・戦場体験によりPTSD等の被害を受けた住民らは、現在においてもその深刻な症状が継続しており、その症状が世代間に承継されるなど重大な社会問題となっているのである（蟻塚亮二『沖縄戦と心の傷』218頁以下（大月書店、2014年）参照）。

Ⅱ　被告国の国家責任否定の論拠

1　国家無答責の法理

　被告国が国家責任を否定する論拠にはいくつかのものがあるが、その最初のものが国家無答責の法理である。これは、国家賠償法（以下、「国賠法」という）施行前においては、国の権力的作用に係る行為から生じた損害については、私法である民法の適用はなく、国が損害賠償責任を負うことはない、という法理である。

　被告国の主張を「第1準備書面」でみれば、次のようになっている。「そもそも、『国家無答責の法理』とは、国賠法施行前において、国家の権力的作用に係る行為から発生した損害について、損害賠償請求権を発生させる法的根拠がないことを理由として、国は損害賠償責任を負わないとする実体法上の法理である。したがって、仮に、原告らが主張するように、その法理の適用を制限したところで、国家の権力的作用に係る行為について損害賠償請求権発生の法的根拠がない状態

自体に変わりはなく、原告らの損害賠償請求権の発生が基礎づけられるものでもない。……国の違法行為に民法の不法行為規定が適用されることにもならない。」

そして、この法理を本件訴訟に当てはめて、沖縄戦における旧日本軍の戦闘行為・戦争行為に係る作為または不作為は、国の権力的作用であるから、国は損害賠償責任を負わないことになる、と主張している。

2　戦争損害受忍論

国の損害賠償責任を否定する論拠として、次に挙げられているのは、戦争損害受忍論である。これは、「戦争損害は国民のひとしく受忍しなければならないものであって、これに対する補償は憲法の全く予想しないところである」という法理である。被告国は、これは確立した判例法である、と主張している。

戦争損害受忍論を説いた最高裁の判例としては、最高裁大法廷昭和43年11月27日判決（以下、「最高裁昭和43年判決」という）が最初であるが、これは在外資産の喪失についてのものであった。その後、名古屋空襲訴訟において、最高裁昭和62年6月26日判決（以下、「最高裁昭和62年判決」という）は、「上告人らの主張するような戦争犠牲ないし戦争損害は、国の存亡にかかわる非常事態のもとでは、国民のひとしく受忍しなければならなかったところであって、これに対する補償は憲法の全く予想しないところというべきであり、したがって、右のような戦争犠牲ないし戦争損害に対しては単に政策的見地から配慮が考えられるにすぎない」と判示して、上記最高裁昭和43年判決を引用している。その後のシベリア抑留訴訟の最高裁平成9年3月13日判決等においても、ほぼ同様の趣旨が述べられている。

3　除斥期間論

国の損害賠償責任を否定する論拠として、さらに除斥期間論がある。被告国は、概略次のように主張している。①原告らが主張する旧日本軍による国民保護義務違反なる行為は本訴提起より20年以上前の行為であるから、民法724条後段の除斥期間の経過により、その損害賠償請求権は法律上消滅している。②民法724条後段が除斥期間を定めたものであり、かつ、除斥期間の経過が信義則違反または権利濫用である旨の主張が主張自体失当として排斥されるべきもので

あることは、判例上確立した見解である。③予防接種事故訴訟の最高裁平成10年6月12日判決（以下、「最高裁平成10年判決」という）と小学校教員殺害事件訴訟の最高裁平成21年4月28日判決（以下、「最高裁平成21年判決」という）は、正義・公平の理念に基づいて20年期間の適用制限を認めたが、この除斥期間の例外は極めて限定的な場面にのみ認められるものであり、本件はその例外に該当しない。

　被告国が指摘しているように、最高裁の判例は、20年期間の法的性質については、一貫して除斥期間であると解してきた。最高裁平成元年12月21日判決（以下、「最高裁平成元年判決」という）は、民法724条後段の規定は、不法行為によって発生した損害賠償請求権の除斥期間を定めたものであるとした上で、「被上告人らの本件請求権は、すでに本訴提起前の右20年の除斥期間が経過した時点で法律上当然に消滅したことになる。……したがって、被上告人ら主張に係る信義則違反又は権利濫用の主張は、主張自体失当であって採用の限りではない」と説示している。

III　沖縄戦被害と国家責任

1　国家無答責法理批判

（1）実定法説の揺らぎ

　被告国の主張は、実定法説に依拠するものである。実定法説とは、国家無答責の法理は実定法上の根拠に基づくとする見解をいう。明文の法的根拠とはいえないにしても、行政裁判法16条、裁判所構成法2条、26条、旧民法373条等の制定過程を見れば、国家無答責の法理がその前提に置かれていた、との見解である（宇賀克也『国家責任法の分析』411頁（有斐閣1988年）、塩野宏『行政法II〔第5版補訂版〕』290頁以下（有斐閣2013年）等）。しかし、この見解は、最近になって判例法理説からの厳しい批判に曝されている。判例法理説とは、国家無答責については実定法上の根拠はなく、あくまでも司法裁判所である大審院の判例法理である、との見解である。

　判例法理説によれば、「旧民法373条の草案には『公私ノ事務所』の賠償責任に関する規定があり、草案修正の際にこの規定を削除したが、その趣旨はけっして官署の免責のためではなく、法文で定めなくても自明だったから削除に至った。

なぜなら、国や府県等の官庁も義務の成立に関しては民法等に従わなければならないのであって、官吏が受任の仕事を行う際に他人に損害を与えたときは、官公庁が賠償責任を負うということは誰もが認めているところだからだ……。これが、立法作業を進めていた者たち自身による『公私ノ事務所』の削除の経緯に関する説明である」(岡田正則『国の不法行為責任と公権力の概念史』178頁（弘文堂、2013年))、「明治憲法体制確立期の国の不法行為責任に関する諸立法は、国家無答責の法理を確立するものではなかったし、またいずれの立法者も同法理を確立させるという意図を有していなかった。したがって、『行政裁判法と旧民法が公布された明治23（1890）年の時点で、公権力行使についての国家無答責の法理を採用するという基本的政策が確立した』という命題は妥当ではないこと、ましてや行政裁判法16条や旧民法373条等の当時の立法を国家無答責の法理の実定法上の根拠とみなす実定法説が誤謬であることは明らか（である)」(岡田・前掲202頁。同旨、松本克美「『国家無答責の法理』と民法典」立命館法学292号343頁以下(2004年)等)。

　このように、国家無答責の法理の成立過程については、学説が分かれている。被告国の主張は実定法説に全面的に依拠するものであるが、現在においては、実定法説は必ずしも多数説とはいえない状況にあるから、これを無批判に受け入れるべきではない。

(2) 民法の適用

　先に私見を述べれば、国家無答責の法理は、残虐非道行為に対しては、正義・公平の原則から適用が制限されるべきである。そして、正義・公平の原則により国家無答責の法理が適用制限される場合には、民法の適用が全面に出てくるのは当然ということになる。

　裁判例をみると、上記の私見に対して肯定的なものと否定的なものに分かれていいる。肯定的なものとしては、まず、中国人強制連行・強制労働訴訟の新潟地裁平成16年3月26日判決は、「現行の憲法及び法律下において、本件強制連行・強制労働のような重大な人権侵害が行われた事案について、裁判所が国家賠償法施行前の法体系下における民法の不法行為の規定の解釈・適用を行うに当たって、公権力の行使には民法の適用がないという戦前の法理を適用することは、正義・

公平の観点から著しく相当性を欠くといわなければならない」と判示している。また、同じく中国人強制連行・強制労働訴訟の福岡高裁平成16年5月24日判決も、「本件強制連行・強制労働は、公務員の権力的作用に基づく行為ではあるが、正義・公平の理念に著しく反し、行為当時の法令と公序に照らしても許されない違法行為である。国家無答責の法理を適用して責任がないというのは不当であり、民法による不法行為責任が認められるべきものである」と判示している。

　これに対して、否定的なものも少なくない。例えば、中国人従軍慰安婦第１次訴訟の東京高裁平成16年12月15日判決は、「国家無答責の法理の実質は、損害賠償の規定の根拠となる実体法の規定を欠くというものであるから、日本軍もしくはその将兵等において、与えられた職務権限の著しい濫用逸脱が仮にあったとしても、それゆえに国家無答責の法理が排除される理由となる余地はなく、国家賠償法附則6項の適用を制限すべき事情ともならないと考えられる」と判示している。

　この点について詳論している裁判例は、中国人強制連行・強制労働訴訟の宮崎地裁平成19年3月26日判決である。概略次のように説示している。〈行政裁判法16条及び裁判所構成法26条の手続規定は、国家無答責の法理を基礎付ける根拠とはならない上、実体法である旧民法及び現行民法の解釈上も、国家無答責の法理を採用したものということはできない。したがって、国家無答責の法理は、制定法上の根拠を有するものではなかったというべきである。以上によれば、本件強制連行・強制労働については、国賠法附則6項により、同法施行前の実体法が適用されるが、同法施行前の実体法上、被告国には不法行為に関する民法の規定が適用されると解されるから、被告国は、民法709条、715条に基づき、原告Ａらに対して損害賠償責任を負ったというべきである。〉

　上記の宮崎地裁判決は、私見とは異なる部分が少なくないが、最終的に民法709条、715条が適用されるという点において私見と一致している。このことは、前掲新潟地裁平成16年3月26日判決や前掲福岡高裁平成16年5月24日判決等においてもほぼ同じである。

(3) 最高裁判例の射程

　被告国は、答弁書や準備書面において、国家無答責の法理が大審院の判例にお

いても最高裁の判例においても確立していると主張している。しかし、最近の文献においては、このような判例の見方に対しては批判的な見解が有力になっている。裁判例をみても、前掲宮崎地裁平成19年3月26日判決は、大審院判例について、民法の不法行為法の適用を否定した大審院判例は、本件強制連行・強制労働の事案とは全く異なるものであって、判例法の射程範囲外にあり、また、最高裁昭和25年4月11日判決（警察官の防空法に基づく家屋の破壊に対して国家無答責法理を適用した原判決を是認）について、強制連行・強制労働とは事案を異にするとして、判例法の「射程範囲外」にある、と判示している。

私見は、このような学説・裁判例とは若干異なるところがあるが、国家無答責法理の適用を制限し、国の残虐非道行為には適用されないとする点において共通している。前掲最高裁昭和25年4月11日判決は、戦前の日本軍の残虐非道行為を想定したものではなく、その射程は本件沖縄戦被害には及ばないものと解すべきである。

2　戦争損害受忍論批判
(1) 判例法理としての戦争損害受忍論の破綻

被告国は、戦争損害受忍論は確立した判例法理であると主張しているが、最高裁昭和43年判決の戦争損害受忍論は、その後の判例・裁判例において変遷してきており、典型的な形としての戦争損害受忍論は、現在においては破綻している。判例動向としての戦争損害受忍論は、現在においては結局、「立法府の裁量的判断に委ねられている」ということを補強しようとしているにすぎず、ほとんど意味のない枕詞のようなものになっている。

(2) 文献に見る戦争損害受忍論批判

文献の多くは、最高裁判例の戦争損害受忍論に批判的である。例えば、永田秀樹「『戦争損害論』と日本国憲法」阿部照哉先生喜寿記念『現代社会における国家と法』164頁以下（成文堂、2007年）は、次のように説いている。①最高裁は、非常事態下の戦争損害だから憲法の予想外だという理由で、いわば超憲法的な事件として憲法判断を回避したものであり、戦争損害論は憲法解釈回避のための逃げ口上として使われている。②非常事態と戦争犠牲は、日本国憲法制定の直前に

発生したものであり、それなのに、日本国憲法が戦争犠牲の補償を全く予想していないなどといえるであろうか。政府の行為によって二度と戦争の惨禍が起こらないようにすることを誓っている憲法が、その元となった戦争犠牲に対してあっけらかんと「全く予想しないところ」などという態度をとっていられるはずがない。③最高裁昭和62年判決が、最高裁昭和43年判決を引用しながらも、最高裁昭和43年判決には存在しなかった立法裁量論を登場させているのは、補償を不要とする戦争損害論を補強するためであると思われるが、立法裁量論は「補償は憲法の全く予想しないところ」という判断と原理的に矛盾するものである。

(3) 戦争損害受忍論の批判的検討

憲法は、前文において、「政府の行為によつて再び戦争の惨禍が起ることのないやうにすることを決意し」、「日本国民は、恒久の平和を祈念し」、「国際社会において、名誉ある地位を占めたいと思ふ」と宣言している。このような前文の趣旨からすれば、戦後補償についても当然何らかの対応をすべきであるとの意味を含んでいるものと解釈すべきである。戦後補償を考慮することなくしては、前文の趣旨を活かすことは不可能である。「恒久の平和を祈念する」のであれば、まずは、過去の戦争損害に対して誠実に向き合い、正当な補償・賠償をすることから始めなければならない。

最高裁判例の戦争損害受忍論は、典型的な形としては、現在においてはすでに破綻しており、重点は立法裁量論に移行している。仮にその法理を受容するとしても、沖縄戦被害の特異性を考慮すれば、その射程は本件沖縄戦被害には及ばないものと解すべきであろう。

3 立法不作為の違法性
(1) 相対的立法の不作為

「援護立法を制定するか否かは、国会の自由裁量に委ねられている」との考え方が間違っていることは、憲法の前文に照らして明らかである。裁量の余地があるとしても、それは自由裁量などというものではない。

立法の不作為には、絶対的立法の不作為と相対的立法の不作為がある。本件訴訟においては両者が問われているが、重点は相対的立法の不作為に置かれている

ものと思われる。

　仮に戦争損害は国民がひとしく受忍すべきであるとの「戦争損害受忍論」を受容するとすれば、軍人や軍属だけが手厚く救済されるというのは、この趣旨に反するものである。戦争損害受忍論の趣旨を貫徹すれば、軍人・軍属や「戦闘参加者」をも含めて、すべての戦争被害者は無補償でよいはずである。しかし、現実にはそうなっておらず、戦争被害者間には大きな差別が存在する。

(2) 沖縄戦被害者救済の特異性

　沖縄戦被害者の救済について特異な点は、本来であれば一般戦争被害者に分類される者が、戦傷病者戦没者遺族等援護法（以下、「援護法」という）の拡大適用の結果、「戦闘参加者」（準軍属）として分類され、救済されるようになったということである。援護法の適用が拡大されること自体は、戦争被害者救済の観点からすれば歓迎されるべきことではあるが、他面、これによって、一般戦争被害者間で救済される者と救済されない者との「不合理な差別」が新たに発生したのである。ここでは、軍人・軍属と一般戦争被害者との不合理な差別とは別に、「戦闘参加者」と「非戦闘参加者」との不合理な差別が大きな問題となっている（日弁連が、平成 27 年 11 月 10 日に、内閣総理大臣、厚生労働大臣、衆議院議長及び参議院議長に提出した「空襲被害者等援護法の制定を求める人権救済申立事件」についての「要望書」も、この点を指摘している）。

(3) 平等原則違反

　このような相対的立法の不作為の場合には、「非戦闘参加者」を救済しないことが、「戦闘参加者」との対比において平等原則の違反となり、それを解消するための「立法義務」が生ずる。援護法の改正や新しい救済立法の制定、場合によれば通達等の改廃により、この不平等状態を解消しなければならない。相対的立法不作為については、立法府の広範な裁量は認められない（日弁連の前掲「要望書」参照）。

4　除斥期間論批判
(1) 最高裁判例の揺らぎ

被告国の主張は、「判例上確立した見解である」という一点に集約される。しかし、最高裁判例は具体的事案に即した判断であり、当然のことながら、本件訴訟のような事案を想定したものではない。最高裁平成10年判決と最高裁平成21年判決において、「特段の事情」による例外が認められ、また、最高裁平成元年判決における河合裁判官の意見及び反対意見、最高裁平成21年判決における田原裁判官の意見によって、「最高裁判例の揺らぎ」の現象がみられるようになっている。

(2) 最高裁判例の射程
「特段の事情」により20年期間の適用制限をした最高裁平成10年判決と最高裁平成21年判決について、被告国は、調査官解説を参照しつつ、その射程を極めて狭く限定している。しかし、そのように理解したのでは、最高裁判例の意義は著しく減殺され、ほとんどなくなってしまうのではないかと思われる。「時効の停止等その根拠となる規定」を要素としたのでは、射程が類似の事案に及ぶとしても、どのような事案がそれに該当するのか、類似の事案を想定することは困難であろう。

(3) 民法1条の一般条項の意義
文献においては、民法1条2項は信義誠実の原則を、同条3項は権利濫用禁止の原則を定めており、民法724条後段はその例外を定めているわけではないにもかかわらず、何故に724条後段の適用に際してこの一般条項の適用が排斥されるのか疑問である、との見解が有力である（松本克美『続・時効と正義』189頁（日本評論社、2012年）、金山直樹『時効における理論と解釈』224頁（有斐閣、2009年）等参照）。最高裁判例も被告国の主張も、この点については何も述べていないが、重要な論点というべきである。

(4) 20年期間制度創設の主体としての被告国
国賠訴訟においては、20年期間の経過を理由にして被告国が損害賠償責任を免れようとすることは、被告国が20年期間制度創設の主体であることからして、疑問を禁じ得ない。中国人強制連行・強制労働訴訟の東京地裁平成13年7月

12日判決が説示しているように、「消滅の対象とされるのが国家賠償法上の請求権であって、その効果を受けるのが除斥期間の制度創設の主体である国であるという点も考慮すると、その適用に当たっては、国家賠償法及び民法を貫く法の大原則である正義、公平の理念を念頭において検討をする必要がある」というべきである。

(5) 信義則・権利濫用禁止の法理からする適用制限

最高裁判例は、20年期間の性質を除斥期間と解しているが、たとえ除斥期間であると解しても、信義則違反や権利の濫用が認められれば、除斥期間の適用は制限されるべきである。

前述したように、沖縄戦被害には顕著な特異性が認められる。また、沖縄戦の一般戦争被害者は、これまでしばしば救済立法の制定や救済措置の実施を国に対して要請してきた。さらに、沖縄は戦後長らくアメリカの施政権の下に置かれていて、国に対して損害賠償請求訴訟を提起することは困難な状況にあった。沖縄戦の実態と特異性を直視し、当時の沖縄県民の置かれていた状況等に照らせば、提訴が遅れたことについて、正義・公平の理念から20年期間の適用を制限するについて特段の事情が認められる。被告国の主張は、信義則・権利濫用禁止の法理に反するものというべきである。

IV 公法上の危険責任論

1 公法上の危険責任の意義

最後に、公法上の危険責任論に基づいて、沖縄戦被害に対する国家責任を根拠づけることにする。

公法上の危険責任とは、国・公共団体によって形成された特別の危険状態から生じた損失(損害)に対する填補責任の総称である。特別の危険状態を形成した者は、そこから生じた損害に対して責任を負わなければならず、故意・過失や違法性の要件を必要としないという考え方である。これは、危険責任主義に基づくものであり、民法717条の土地工作物責任や国賠法2条の営造物責任において採用されている。

2　被告国の反論

公法上の危険責任論は筆者の持論であるが、弁護団が採用したために、被告国は、答弁書や準備書面において、原告側の主張に対してのみならず、私見に対しても厳しく反論している。「第1準備書面」でみると、①民法や国賠法等の個別に規定された実定法上の根拠がないまま、「公法上の危険責任」という抽象的な概念を根拠に、戦争損害について損害賠償請求権が発生するとは考えられない、②条理並びに憲法13条及び14条1項を直接の根拠として具体的な損害賠償請求権が発生するとは考えられない、などと主張している。要するに、沖縄戦被害に対して国家責任を認める明文の法的根拠が存在しないということである。

3　判例の基礎にある公法上の危険責任論

公法上の危険責任を認める実定法上の根拠規定が存在しないというのは、見方の相違によるものである。一見すると国賠法等の実定法上の規定を根拠としているようにみえながらも、その実質においては公法上の危険責任論に依拠している判例・裁判例が多数存在する（新島漂着砲弾爆発事故訴訟の東京地裁昭和49年12月18日判決、その控訴審の東京高裁昭和55年10月23日判決、その上告審の最高裁昭和59年3月23日判決、予防接種事故訴訟の東京地裁昭和59年5月18日判決、爆雷爆発訴訟の横浜地裁横須賀支部平成15年12月15日判決、中国残留孤児訴訟の神戸地裁平成18年12月1日判決等）。これらの判例・裁判例の基礎にある事案は、仔細にみれば、いずれも国が形成した特別の危険状態から発生した損害の賠償請求事件である。国家責任を基礎づけているのは公法上の危険責任論であって、国賠法等の規定は理論的補強として単に借用されているにすぎない。

4　法的根拠不存在の主張について

被告国の主張は、公法上の危険責任を認めた法的根拠の不存在に集中している。確かに、本件沖縄戦被害について国家責任を認めた明文の規定は存在しない。しかし、この種の被害類型について明文の法的根拠が存在しないことは、ある意味でやむを得ないことではないかと思われる。

爆雷爆発訴訟の前掲横浜地裁横須賀支部平成15年12月15日判決は、「本件

は、終戦直後の混乱のさ中に爆雷を本件土地中に埋設した、という特殊例外的な事象であり、このような事案を想定した法令の制定は期待し得ないこと、しかしながら、建築工事等に伴う土地の掘削により爆雷の爆発という危険が現実化するおそれがあることに照らせば、本件は、正に法の欠缺の場合として、災害対策基本法や火薬類取締法等の基底を貫く条理に作為義務の根拠を求めるほかないと考える」と判示している。

　本件沖縄戦被害について救済立法が存在しないことは、立法不作為の違法と評価すべきものであるが、そのことは措くとしても、明文の法的根拠がなければ国家責任は一切生じないとの立論は、社会通念に反するものである。明文の法的根拠がなくても、条理や憲法13条、14条1項に基づいて、国家責任が肯定されるべき場合があり、本件沖縄戦被害はまさにこれに該当するものというべきである。中国残留孤児訴訟の前掲神戸地裁平成18年12月1日判決は、「残留孤児の救済責任の実定法上の根拠を敢えて挙げるとすれば、援護法19条の規定を挙げることができるが、この責任は、実定法上の根拠規定の有無にかかわりなく、端的に、国民の生命、自由及び幸福追求に対する国民の権利は国政の上で最大限尊重しなければならないとする憲法13条の規定及び条理により当然に生ずると考えるのが相当である」と判示している。

◆——おわりに

　以上論述したとおり、被告国は沖縄戦被害につき、（1）民法の不法行為論、（2）立法不作為の違法論、（3）公法上の危険責任論、に基づき、法的責任としての国家責任を負うべきである。

　沖縄戦被害国賠訴訟は、これまでの戦後補償訴訟と比較して著しい特異性を有している。従来の判例や学説では、十分に対応することは困難であろう。裁判所が、法の解釈適用に創意工夫を凝らして、沖縄戦被害に対処することを期待したい。

【筆者：西埜　章（にしの・あきら）】

行政法学者、弁護士。新潟大学名誉教授、元・明治大学法科大学院教授。
主著：『国家補償法概説』（勁草書房、2008年）、『国家賠償法コンメンタール〔第2版〕』（勁草書房、2014年）など多数。

特別寄稿—2
❖沖縄戦のトラウマ(心の傷)と精神被害

精神科医　蟻塚　亮二

1 はじめに

　沖縄戦は日本国内で行われた唯一の地上戦であり、住民の4人に1人が亡くなった。しかも住民の生活の場が戦場となったので、兵士の犠牲よりも住民の犠牲者のほうが多かった。このため生き残った戦争体験者は多くのトラウマ(心の傷)を抱えた。
　最近でも地元の新聞に掲載される戦争体験の記録に、しばしば戦時記憶のフラッシュバックや不眠、動悸などのトラウマ反応が読み取れる。
　沖縄戦のトラウマ反応について最初に言及したのは、當山富士子(前・沖縄看護大学教授)であった。彼女が保健婦時代に、沖縄県南部の村で、沖縄戦に由来するPTSDやてんかんなどを見つけて報告した(當山富士子「本島南部における沖縄戦の爪痕」(佐々木雄司編『沖縄の文化と精神衛生』弘文堂、1984年)。しかし、當山のこの報告は精神医学的には追跡されなかった。
　當山の報告から20年の時を隔てて、蟻塚はたまたま戦後60数年後に発症した沖縄戦のPTSDを見つけた(拙著『沖縄戦と心の傷』大月書店を参照)。蟻塚が沖縄で見た戦争後遺性の精神疾患には次のようなものがある。
①晩発性PTSD
②命日反応型うつ状態
③匂いの記憶のフラッシュバック
④パニック発作
⑤身体表現性障害、または慢性疼痛
⑥戦争記憶の世代間伝達
⑦破局体験後の持続的人格変化または/及び精神病エピソード

⑧認知症に現れる戦争記憶
⑨トラウマ体験による幻視、幻聴（解離性幻覚）
（このほかに、うつ病、統合失調症、てんかん、DV、アルコール依存、自殺、幼児虐待、離婚などの心理的な問題が戦争を契機として多発したものと推測される。）

　私は、沖縄戦被害・国家賠償訴訟の原告を39名診察し、うち37名について心的外傷後ストレス障害（PTSD）など21症状の外傷性精神障害の診断を下した。37名についての診断書を発行し、その各診断書を総合的にまとめた医学的鑑定書も作成した。それらはいずれも原告らが裁判所に証拠として提出したとのことである。後記3（沖縄戦を体験された方たちの診察から）の7例と同じく4の1例は、その診断内容の一部の紹介である。

2　PTSDなどの発症を高めた要因

　いくつかの要因が沖縄戦による住民の心の被害を拡大したと思われる。ここでは4点について述べたい。
　1つは生活の場が戦場となったことである。
　日本軍第32軍司令部は首里の陣地を撤退するときに降伏せず、大量の住民と避難民でごった返す南部半島に、「戦闘しながら撤退して住民を巻き込む」作戦を取った。そのため生活の場が殺戮や砲爆撃の修羅場となった。
　生活の場とは、「アットホーム」という言葉に表されるように、心のよろいを取り払い、安息して自分を取り戻し、自分が自分であることを再確認し、自らの心身をあそばせる空間である。
　人はこのような「自己保存と回復の時間」を持つことによって、自我の再生産をできる。
　例えば、このような「自己回復のための時間」を与えられない長時間労働の生活を続けていると、「寝る、食べる」ことによって生物学的には死なないが、眠れなくなり、「何のために生きて働いているのか」分からなくなって、過労性自殺が発生する。
　生活の場が戦場となることによって、このような「自己保存と回復の時間」が

奪われた。さらに、生活の場が殺戮の場となった。PTSDや過覚醒型不眠など、さまざまなトラウマ反応がここから発生する。

PTSDに代表されるストレス・トラウマ反応とは、交感神経の持続的な緊張状態による。そして生活の場が奪われて戦場に放り込まれたとき、住民たちは持続的な交感神経緊張状態となり、眠らず食べず痛みも忘れるような日々を過ごした。

かくして、生活の場が戦場となることにより、戦争によるPTSDなどの発症率はいっそう高められた。

2つには「日本軍という異民族の軍隊」との共生を余儀なくされたことではないかと思う。日本軍は、この土地の住民の言葉を理解できなかった。琉球民族とヤマト民族とは、言葉も歴史も気質も習慣も立ち居振る舞いも顔つきも異なっている。いわば異民族の軍隊を「友軍」とすることで住民の心の被害は増えたであろう。

かりにベトナム戦争の時の、ベトナム民族解放戦線と住民との関係に置き換えて想像すると違いが明白である。ベトナムでは解放戦線の兵士も住民も、米軍は共同の敵であり、解放戦線の兵士と住民との間に、沖縄のような「米兵より日本兵が怖かった」という「友軍」に対する感情はなかった。

沖縄戦では「友軍」が住民の言葉を理解できず、信用せず、方言を使うとスパイ扱いした。「捕虜になったら生きて帰るな」と教え、現に目の前で軍に逆らった住民が日本兵に斬殺された。との証言もある。

そのような「怖い日本軍」に命令されながら、「友軍」によって住民たちは戦火の下に捨てられた。

PTSD発症を予防するレジリアンス因子とは「楽観主義、利他主義、確固とした道徳的基盤、信仰心、他人からの社会的な支え、恐怖を直視、使命感を持っている」などと言われる（ベトナム戦争で撃墜されて捕虜となった米軍パイロットのPTSDの研究、『レジリアンス〜現代精神医学の新しいパラダイム』、金原出版、86ページ）。

「捕虜になったら生きて帰るな」「米兵より日本兵が怖かった」という「友軍」に対する感覚をもってすれば、住民たちが戦場で、上記の「楽観主義、利他主義、確固とした道徳的基盤、信仰心、他人からの社会的な支え、恐怖を直視、使命感」

などを持つことができなかった。むしろ絶えず日本軍と米軍との２つの軍にびくびくし、「２つの恐怖の板挟み」となっていた。それはPTSD発症率を高める。

いっぽう、PTSDなどの発生率が高まるかどうかは、社会や社会のマジョリティー（最も強いもの）から支えられるかどうかによる。

例えば、ベトナム戦争帰還兵が祖国に帰った時、彼らを迎えた米国社会ではベトナム戦争を『汚い戦争』と呼んでいて、帰還兵たちは再就職を断られたり、妻から離婚されたりした。つまり社会的にベトナム戦争は不正義だとされ、彼らの帰還兵としての身分は社会が支持・承認しなかったので、PTSDは多発した。

だから「友軍」に支えられなかった住民の戦争被害が、心の傷として拡大したのは当然である。沖縄の言葉を理解できなかった日本軍は、住民を精神的物理的に支えなかった。もしも沖縄駐留日本軍が、住民と同じ言葉で語り、ともに泣いて笑って、命がけで住民を守る姿勢を貫いていたなら、住民たちは常に「守られている」という感覚にひたることが出来て、PTSDなどの発生率は確実に減ったのである。

３つ目には沖縄戦の根底を貫く差別構造である。

そもそも沖縄駐留の日本軍は「本土防衛」に主目的があり、沖縄という島と人を「本土決戦」までの時間稼ぎに利用しようとした。戦前の日本には、「一等国民日本人、二等国民琉球人、三等国民朝鮮人、四等国民台湾人」という差別があった。そして、国体（天皇制）を生き延びさせるために「二等国民琉球人」を犠牲にしてもよいという差別意識によって、沖縄戦は行われた。

住民に対する差別思想を前提に行われた戦争だから、戦時中の住民の安全は軍によっては顧みられなかった。それは戦争被害者となった住民たちの心の傷をもっと深くし、PTSDなどの発症率を確実に高くした。世界中の戦争の歴史の中で、これほど「友軍」による住民の虐殺や、暴行や略奪が問題となった戦争は例をみないのではないか。

日本軍は鬼畜米英と闘う友軍だと思っていたのに、「壕から出ていけ」と刀を振り上げられた。それは、「おかあちゃん、抱っこ」と駆け寄る子供を、母親が無視し、逆に叱りつけて、時に体罰を与えることに等しい。精神分析学の言葉でいえば、子供の心に「見捨てられ不安 abandonment anxiety」が引き起こされ、

その強烈なトラウマは心に刻み込まれてPTSDの発症率を高める。

　沖縄の住民が戦時中に味わった過酷体験の中には、無意識的にせよ日本軍によるこうした「見捨てられ体験」も含まれ、それは心の傷口を拡げたであろう。

　4つ目には、戦中も戦後とも根こそぎ喪失体験を味わったことである。

　沖縄戦後に住民が米軍により収容所に閉じ込められた。本土では戦後、進駐軍により鉄条網で囲われた収容所に囚われることはなかった。

　そもそも沖縄では、生活している場所が戦場になった。そのあげく住民たちは収容所に閉じ込められた。つまり家族や財産を失っただけでなく生活の場を奪われ、さらには故郷を追われて収容所に閉じ込められた。

　川平成雄（琉球大学教授・沖縄社会経済史）は『沖縄　空白の一年』（吉川弘文館2011年）で指摘する。「戦場を彷徨し、親を失い、夫や妻を失い、子を失い、兄弟姉妹を失い、壕から追い出され、生きながらえて収容された住民は、どのような精神状態にあったであろうか。このことを少しでも知ることなしには収容された住民の生活の意味が分からない」

　それは、かつてポーランドにあるナチスによるアウシュビッツ収容所を訪ねたときに見た、鞄の山を想いおこさせる。生活の場を追い立てられて、アウシュビッツ収容所まで運ばれた人たちの、唯一の所有物だった鞄の山が積み上げられたコーナーがあった。持ち主のない、それらのどの鞄にも自宅の住所が大書してあった。それくらい住む場所は、人々にとって心のよりどころとなっているのだった。

　これらのアウシュビッツの鞄の山が語りかけているのと同じように、沖縄戦体験者も、同様の根こそぎ喪失状況に直面させられた。ナチスに強制移住させられたユダヤ人たちの精神反応を、ドイツの精神科医・ミッチャーリヒは「根こそぎうつ病」と呼んだ。

　沖縄の住民たちも、戦中と戦後とを通じてドイツのユダヤ人たちと同じく、根こそぎ喪失状態に置かれた。

　それまでなじんだ生活や近所付き合いや、見慣れた山や川、家族、健康や文化・芸能を奪われて、このような根こそぎ喪失状況は、日々の生活上のストレスに対抗する精神的能力を低下させるので、うつ病やPTSDなどを多発させる。

3 沖縄戦を体験された方たちの診察から

　以下に沖縄戦を体験された高齢の方々の診察を通して、何人かの方の体験と症状とのつながりについて述べて、考察する（戦争当時の年齢が分かるように生年その他を西暦でなく元号で標記した。名前のアルファベットは暗号処理によって名前その他を特定されないようにした）。

ア、L・Z（女性・昭和11年生まれ）

　父は軍の命令で漁船を沖に出していて米軍の空爆を受けて死亡。母と弟ともに那覇市の国場から真玉橋を通り根差部の坂を上って南風原に逃げた。壕に隠れていたが、爆弾が落ちて生き埋めになり母と弟は見つからず、自分は助け出されたが8歳で孤児となった。孤児となって戦場をさまよい、転んでは起き泣きながら歩いた。水には人間が浮いていて生臭く、それを払いのけて飲んだ。夜中に水だと思って飲んだものは、死体から流れた血だった。それに気が付かないくらい「精神は極限状態」だった。

　川に死体が連なっていて、「橋」のように見えた。その「橋」の死体につかまりながら川を渡った。何度も手が滑って落ちそうになった。やっとたどり着いた壕の入り口で泣いていたら、泣き声が聞こえるからと、足でけられて坂を転げ落ちた。昼に歩いていて米軍の飛行機が来たら道端の死体の山の中に潜り込んで隠れた。その後米軍の捕虜となり孤児院で生活。のちに叔母と出会い高校を卒業して結婚し、子供もできた。

　高校を終わって上京し工場で働いたが、人ごみに入るとパニック発作をきたしたので怖くて沖縄に帰った。しかし帰省後もパニック発作、不眠、頭痛が続いた。東京に行った後の20代のころから、戦時記憶がフラッシュバックするようになった。それまで子供時代の戦時記憶が頭に浮かぶことはなかった。今も頻回に覚醒を繰り返す過覚醒不眠が続いている。「眠ったら撃たれる」という恐怖に今も襲われる。電気掃除機の音が米軍機の音に聞こえるので、今も電気掃除機を使えない。頭痛も続いている。新聞やテレビを見て、何を読んだか聞いたか分からない。

　　　この方は上京してパニック発作を発現した。この時も戦時体験が意識下で前駆トラウマとして潜在していた。そこに東京という異文化ショックと、

大人社会で働くという負担が重なり、戦時記憶によるストレス脆弱性も相まって東京でパニック発作を引き起こした。このことを契機として、子供のころの戦時記憶のフラッシュバックが喚起され、不眠や頭痛も出現した。今も頭痛や不眠などの過覚醒症状は続いている。電気掃除機の音に対しても過敏さがあって、それを使うのを回避している。これはPTSDである。8歳で戦争孤児となってから20歳前後までの12年ほどの期間は、トラウマ反応は表面化せず東京の工場に就職して戦時記憶が引きずり出された。新聞やテレビを見るという精神活動が、解離性の意識の断裂によって寸断されるから、「何を読んだか聞いたか分からない」ということになる。解離障害でもある。

イ、H・U（女性・昭和11年生まれ）

沖縄戦の時9歳で小学生だった。祖父母と一緒に那覇から南部に逃げた。祖母の膝に抱っこされていたが、米軍の大型戦車から攻撃され、周囲は真っ暗で火の海となった。気づいたときには祖母とは離れたところに飛ばされていた。祖母は口から血をだし即死だった。太腿、左の薬指がちぎれそうになり、足にも無数のけがをしていたが、祖父に指摘されるまでそのことに気付かなかった。その後祖父とともに捕虜になったが祖父とはそれきり会っていない。

70歳過ぎてから眠れなくなった。夜間の覚醒を繰り返すのみならず寝つきが悪い。戦争記憶や、戦後に結婚生活を送ったのちに亡くなった夫の記憶を思わない訳ではないが、「いまは忙しくしているから」大丈夫だと自分に言い聞かせて極力考えないようにして生活している。急にめまい、動悸と不安が襲ってくることがあるが、自らに言い聞かせて精神的に負けないようにしてバランスを取っている。

70歳過ぎて夫が亡くなったのを契機として不眠が発生して持続しており、また急な不安や動悸など不安、パニック障害の症状を認める。夫の死という、近親死によってトラウマ反応が顕在化した。晩年に発症したPTSDである。

ウ、N・T（男性・昭和16年生まれ）

母と祖母たちと避難した。夜に砲撃を受けた。まるで畑の中に火の雨が降って

いるようだった。祖父母も母も見えなくなった。自分は左ひざを負傷して意識を失い、米兵に運ばれた。その後米軍病院から、収容所に1年くらいいた、学校ではビッコと言われていじめられ。傷跡をみられたくなくて半ズボンを履けなかった。父には学校に行かせてもらえず、牛馬のように働かされた。歩くのが遅いと父に叩かれた記憶もある。

　食堂のコック見習いとして働いたが、字が読めないのでメニューを書けなかった。24歳ころ、お金を出して大学生から字を学んだ。土木または大工など建築関係の仕事をしていたが、腰痛のため60歳ころ仕事が出来なくなった。このころから、オスプレイの音に過剰にドキドキしたり、昔のことを夢に見るようになり途中で覚醒するようになった。小学のころの父に虐待されていた時代のことを頻繁に思い出して眠れない。

> 　子供時代に学校に行かせてもらえず、牛馬のような労働を繰り返し、父からはさらにたたくなどの虐待を受けた。これらは、沖縄戦後の混乱した社会がもたらしたものである。そして60歳以後、退職を契機に不眠や戦時記憶の再想起を繰り返すようになった。退職以後に、戦時体験と戦後の過酷体験とが記憶の中に活性化している。
> 　しかし退職の原因となった腰痛が、戦争トラウマによる身体化障害であり、老年期になってトラウマ記憶が暴れだしたから、60歳以後に不眠や戦時体験の再想起が続いている可能性がある。

エ、L・D（女性・昭和4年生まれ）

　沖縄戦で両親はじめ一家9名が亡くなり、戦争孤児となった。沖縄本島北部の叔母の下に引き取られた。いつも孤独で、いつも死にたいと思っていた。それまで平気で10キロくらい歩いていたのに、60歳過ぎてから足が痛くて長く歩けなくなった。同時に「入る壕がなく岩陰に隠れていて、艦砲射撃で家族が亡くなり自分が足にけがをした場面」がしきりに再想起されるようになった。

　この診察をしている時も、戦時の感情がよみがえり、あふれて止められなくなった。そして急に空咳を繰り返し、会話が不能となった。

> 　この方は60歳となって実生活から退却したことを契機に、戦時のトラウマ記憶がよみがえるようになった。そして足が痛くて長い距離を歩けな

くなり、トラウマ記憶が増大すると咳という身体症状が表れる。足の痛みは、トラウマ後の身体表現性障害であり、戦争体験を語るときに決まって咳き込むのは、咽頭喉頭の身体部位の緊張という、トラウマ性解離性障害と思われる。

オ、L・F（女性・昭和6年生まれ）

沖縄戦の当時14歳だった。昭和20年3月27日に、渡嘉敷島に米軍が上陸するとの情報が駆け巡った。3月28日の雨の日に、「北山（にしやま）に集まれ」という指示があり、「集団自決」の現地に集合した。父は防衛隊に召集されていたので、「集団自決」の現場にはいかなかった。

現場には200名くらいの住民が集まっていた。そして各家族単位に手りゅう弾が配られた。やがて敵が近づいているとの情報に、集まった人々は口々に「天皇陛下万歳」を叫びながらも、あちこちで爆発音とともに悲鳴が聞こえ、騒然となった。

自分も「天皇陛下万歳」を叫んだが、父がいなくて女だけの世帯で避難していたせいか、自分たちに手りゅう弾が配られなかった。「集団自決」では家族6人が亡くなった。

「集団自決」のことを語ると眠れなくなる。空を飛ぶ米軍のジェット機が「落ちてこないか」と不安になる。他人の中や人がたくさんいるところには、出ていけない。山の形を見ただけで、当時の「集団自決」の現場を思い出して苦しくなる。

診察の場面でも、やっとやっと語ったのであって、今にもつぶれそうだった。「集団自決」を契機とした重症のPTSDが70年も続いている。

カ、Z・L（女性・昭和19年生まれ）

昭和20年6月頃、母と祖父母とともに避難した。隠れていた民家が艦砲で直撃されて、本人を抱いていた祖母は即死した。本人は左手、左足、腹部にやけどを負った。

父は防衛隊に召集されて亡くなり、母は日雇いなどの仕事で家にいないことが多かった。そのため5歳のころから掃除、洗濯、食事の支度をやっていた。小学に入ったころ母は働きに行くため、自分と兄はそれぞれ親戚に預けられた。何

しろ貧しくて、少女時代のことを思い出すと今でも涙が出る。

　結婚して子供が出来て、働いたが眠れないこともあった。子供を育てるに際してうまく子どもを受け入れられず、「自分は母親にふさわしくない」と、自分を責めた。

　夜中に動悸して目が覚める。眠っているときに飛行機の爆音が聞こえてくる感覚がして目覚める。娘に対するしつけが厳しすぎたと自分を責めつづけている。

> 　戦後に母に十分甘えることが出来ずに育ったことがトラウマとなっている。母親に十分に甘えたり褒められたりしなかったというアタッチメント障害（愛着障害）によって「「自分は母として欠損している」と自分を責めておられる。
> 　このように自分と母との間のアタッチメント障害が、世代を超えて自分と娘との間にも表れる。こうしたメカニズムを通して、トラウマ性心理が世代を越して伝達していく（世代間伝達 inter-generational transmission of trauma）。

キ、L・N（女性・昭和16年生まれ）

　当時3歳だったが、母と兄とともに壕を転々とした。ある壕の中に親戚がいて入れてもらえたが、壕の中に小さい川が流れていてとてもかび臭かった。あの匂いを今でも思い出す。やがて米軍が壕に黄燐弾（ナパーム弾）を2発投げ込んだので、髪も目も口も背中も腕も大やけどをおった。壕から出て米兵に水を欲しいと言った時に飲んだ水が、消毒された塩素臭の強い水だった。

　今でも洗剤のハイターなど塩素系のものは使えない。戦争の音を思い出すので、花火が怖いし、ジェット機の音が嫌い。壕に放り込まれた黄燐弾の匂いがするので、今もマッチをすれない。梅雨時になると、壕の匂いやカビ臭さ、米軍が提供した塩素消毒の強い水を思い出すので5月、6月頃がつらい。

　やけどの痕が顔に大きく残っており、大人になっても人ごみに出るのがつらかった。いつも引っ込み思案で他人に遠慮して生きてきた。だから、「どうして自分が生き残ったのか」分からない。自分が生きていることは悪いことで、自分が生きることは他人の迷惑になっていると感じている。

　いつも自分から「ここぞという的をはずす生き方」をしてきた。

この方は、花火やジェット機の音や、マッチなど戦場の記憶を少しでも刺激しそうなものには、いまだに強い嫌悪感を抱いている。梅雨時の湿度と温度によって、戦争記憶が賦活されて、カビの匂いや米軍の水の匂いがよみがえるものと思われる。
　「どうして自分が生き残ったのか分からない。自分が生きていることは悪いこと。自分が生きることは他人の迷惑になる」と、戦後70年たっても「生存者罪悪感」（サバイバースギルト）を抱き、トラウマ後の否定的な認知にさいなまれている。

　以上の症例のほかに拙著『沖縄戦と心の傷』で示したが、命日反応型うつ状態、死体の匂いのフラッシュバック、パニック発作と中年からの心気的愁訴、過酷な戦時体験後の人格変化と晩年の一過性精神病エピソード、認知症に現れる戦争記憶などがある。
　毎年6月23日の沖縄戦の慰霊の日が近づくと、地元の新聞やテレビなどでは、沖縄戦に関する体験などの報道が多くなる。したがって、戦争トラウマを持つ人で、決まって6月のこのころや、8月のお盆のころになると、うつ状態に陥り、眠れないという人は沖縄では多い。いくつか例をあげる。

◆ある男性は、毎年お盆のころに1カ月間、夜になると死体の匂いがして、同時に強烈な不眠を呈した。同時に彼は、日の丸や自衛隊を見ると、激しい生理的身体的な戦慄や、嫌悪感を感じる。筆者の外来に受診して、幼いころに戦場を家族とともに逃げた時のトラウマ体験が原因だと分かった。足が柔らかい死体にめり込み、足を持ち上げると腐敗した肉がべっとりと、くっついてくる感覚を、彼は語ってくれた。
　その後の治療によって、この匂いの記憶から解放されたと思っていた矢先、亡くなった兄の法事に出ることがあった。法事で親戚から戦時体験のことをいっぱい聞かされて帰宅した。彼はたちまちその夜から、死体の匂いのフラッシュバックと不眠と、抑うつと不安に脅かされるようになった。

◆ある女性は72歳の時に、一人息子が亡くなったのを契機に、不眠、幻聴、

寝ているときに足を触られるという幻覚、死体の匂い、下半身に力が入らず歩けない、という症状に見舞われた。整形外科では腰椎圧迫骨折と診断され、車いすで生活していた。

それらのエピソードから8年後に筆者の外来に車いすに乗って初診をされた。彼女は米軍の上陸直前に、家族とともに艦砲射撃の中を死体を踏みながら北部に向かって逃げた。不眠も匂いのフラッシュバックも戦時体験によるものだと思われた。

治療を続けて2年後、彼女の家を訪ねた。初めて病院に来られた時には車いすだったが、杖も使わず、元気に歩いておられた。つまり、彼女が初診の時に、車いすを使用していたのは、戦争トラウマが抑うつ気分や不眠を引き起こし、死体の匂いを復活させただけでなく、「歩けないという障害」つまり身体化障害も引き起こしていたことが分かった。整形外科の医者も「車いすを卒業した」ことに驚いていたという。

◆70歳代の女性が、不眠を訴えて診察に来られた。聞くと、動悸、不安などのパニック発作に長年苦しんでおられた。少しストレスがかかると、すぐ動悸や不安などを訴えるので、30歳代のころから「弱虫母さん」と子供たちから呼ばれていた。

晩年になって過覚醒型不眠を呈していたので、「戦争の時にはどこにおられましたか」と聞いた。家族とともに摩文仁の丘を逃げたという。

彼女の不眠は、戦時トラウマによる不眠であり、30歳代のころからパニック障害を体験していた。ご家族に、「お母さんは弱虫母さんでなくて、戦争トラウマの被害者だ」と伝えたら、息子夫婦がよく理解してくれた。今では彼女は「弱虫母さん」を卒業して、毎日孫の世話で忙しく息子夫婦に感謝される「頼もし母さん」である。

◆70歳代女性は肺炎で入院したが、急に興奮したり怒ったりする。不眠、独語、幻聴、家族を叩く、無断で病院から出ていく、などの行動があり、内科医からの依頼によって診察した。やや粗雑な感情反応を示すが、決して感情が鈍麻しているわけではない。

沖縄戦のトラウマと精神被害

　戦争で親を失い、小学3年の時から弟妹達を育てるために自分の面倒はそっちのけで頑張って生きてきた。しかし言動が男のように荒っぽいので、娘たちはそのような彼女を疎んじて、距離をおいて接してきた。その彼女が、10年前に、息子が死んでから夢を見て眠れなくなり、外出できなくなった。自室にいて、頭の中に様々な嫌な考えが入ってくるようになり、手が震えて動悸して泣いて、死んだほうがましだと思う毎日が続いた。

　そしてたまたま肺炎で入院した時に、それまで経験しなかった、幻聴が出現して、不眠、独り言の世界に没入するようになり、周囲が敵に見えたので他人と娘たちに暴力をふるって、無断で病院を脱走した。

　沖縄戦の時には、死体の上を超えて逃げた。壕の中に隠れていたところ、米兵から「デテコイ、デテコイ」との呼びかけを受けて捕虜になった。大人たちはみな死んで子供たちだけが残ったという。彼女が男のように荒っぽい言動を示したのは、戦争トラウマによる人格変化によるものと思われる。晩年に息子の死という近親死に衝撃を受けて、戦場体験がフラッシュバックしてきて自宅で泣いて暮らすようになった。さらに入院という環境刺激の中で、幻聴や不眠、被害妄想を呈して精神病的な言動を呈した。病院という環境の中で、戦場体験がフラッシュバックして、「必死で『病院という修羅場』から身を守るために逃ようとした」のではないかと思う。

　彼女のような派手な精神病エピソードを呈することなく、軽い不眠や幻聴だけの事例も見られる。また、逆に風に吹き飛ばされた後のように、無力的で、生活の何事にも積極的に関与せず、言葉も少なく「若いころから世捨て人」のような生活を送ってこられた方もいる。

　◆98歳の老婆が、背中におもちゃの赤ん坊を背負って外来に来られた。「3カ月になる『背中の赤ん坊』にミルクをあげなければいけない」と言い張って老人施設から脱走しようとする。沖縄戦の時に5人いた子供のうち、今回同伴した娘以外の4人を亡くしたという。若いときは家族のために頑張って生活してきたが、認知症で老人施設に入ってからこのような奇異な言動を呈した。

　認知症というのは、過去の記憶の脱落が主たる内容の疾患である。しかし、戦争トラウマのように痛みを伴った記憶は脱落することなく、否、周囲の記憶が脱

落する中で、より一層鮮明に記憶内容がよみがえってくる。トラウマ記憶に限って言うと、認知症になることによって「記憶は良くなる」のである。この女性は、認知症になることによってそれまで潜在させていた戦時記憶がむしろ表面化したものと思われる。背中の、おもちゃの赤ん坊は、沖縄戦で亡くした子供（たち）だろう。

4 トラウマを受けて否定的認知―『まちかんてぃ！』から

　ストレス・トラウマ反応の中ではPTSDに注目が集まるが、目立たなくて知られていなくて、実はもっと深刻な反応は、トラウマを受けたことによる否定的認知の存在である。次に示すL・Uさんは、「戦争孤児となり学校に通えなかったので」「読み書きをうまくできない」「だから人の前に出るのが怖い」「いつも自分は間違っているのではないか」という思いが取れない。これはトラウマ後の否定的認知である。

　社会からはやや消極的な人だというくらいにしか映らないが、本人はいつも「他人の中に出る時にびくびくして、他人よりも一線を引いて」生きている。しかし他人の目からは何の異常も見えないので、社会的に問題にならない。本人にしてみると、一生の間に何ほどの損失を重ねることだろうか。これも戦争トラウマ反応である。私たちの身近な体験でいうと、「どうせできっこないからあきらめよう」と早々と諦めることによって失敗を避けるというのが、否定的認知である。

L・U（女性・昭和11年生まれ）
　沖縄中部から南部に家族ぐるみで逃げた。遺体がそこら中にごろごろ転がっていた。最近、イスラム国の事件をテレビで見たら、この場面を思い出した。
　避難していた壕を日本軍に明け渡すように命じられた。壕を出て、家族8人と祖父母とでサトウキビ畑のそばに逃げた。そのとき爆弾の直撃を受けて父が亡くなった。壕を出なかったら日本軍に殺されたと思う。あの時の場面を今も思い出して暗然とし、煩悶する。遺体の腐敗臭を思い出してしまう。今も戦争で追われている夢を見ることがある。
　海から照明弾が上がり周りの人が倒れて行った。妹と姉と弟と一緒に逃げた。

みな逃げるのに必死で他人のことを考えられなかった。叔母さんは赤ん坊をおんぶしていたが、赤ん坊が亡くなった。亡くなった母たちの様子を確認することもなく逃げた。歩けなくなった叔母をおいて逃げた。捕虜になり、姉とともに米軍病院に連れて行かれたが姉はまもなく亡くなり、孤児となった。

孤児となって、さびしくて悲しくて何故一人にさせたのか親を恨んだ。小学5年の時に、死ぬ気持ちで海に行ったが、夕空を見上げたら星も見え、死ぬことを思いとどまった。

最近、子どもの頃みた戦場で遺体が転がっていた風景が、急に思い出されるようになった。イスラム国事件のテレビを見ると涙が出る。

小学3年までしか学校に通えなかったので、読み書きをうまくできない。だから人の前に出るのが怖い。いつも「自分は間違っているのではないか」という思いがつきまとうので他人の前で発言できない。

> この方は、戦場の場面の情景や死体の腐敗臭がフラッシュバックして苦しんでいる。今も戦争で追われている夢を見る。
>
> また歩けなくなった叔母が「水を頂戴」と言ったのに、何もしないで逃げた自分を責めつづけ、それを思い出しては今も苦しんでいる。叔母を見殺しにおいてきた「生存者罪責感」(survivor's guilt)に、戦後70年たっても苦しんでいる。これらは沖縄戦に由来するPTSDである。
>
> 同時に、「小学3年までしか学校に通えなかったので、読み書きをうまくできない。だから人の前に出るのが怖い」「いつも自分は間違っているのではないか」という思いが取れない。」とある。「読み書きできない」ことによる劣等感によって「いつも一歩引いて生きてきた」という言葉に見られるのは、トラウマ後の否定的な認知という心理傾向が続いている。

沖縄戦で孤児になり学校に行けなかった方は多い。那覇市にある珊瑚舎スコーレでは、このような方たちを対象に夜間中学を開いている。この学校で学ぶ高齢者たちの聞き書き体験記録『まちかんてぃ！ 動き始めた学びの時計』(高文研)が、2015年に刊行された。

この本にあるのは、戦争トラウマだけでなく「読み書きができない」というハンディキャップによって、いかに否定的認知が彼らの人生を苦しめたかが記録さ

れている。それは沖縄戦を体験した人たちに多く共通する心理的な負荷である。
『まちかんてぃ！』の中から、どのように社会的場面で「一歩引いて生きてきた
か」を取り上げる。引用した文の中で、読み書きできないがための否定的認知や、
戦争体験を含む何らかのトラウマによる反応だと思われた部分を、ゴシック体で
強調した。

❖女性。なんでもやってきた一方、**人前に出ると怖くなって**自分の名前、住所
すら書けないのです。ひとりでいる時は書ける字がどうしても浮かばず、震え
ます。胸が痛くなります。お店の領収書も値段だけ書き入れるのに、お客さんの前
だと一度紙に1500と書いてみないと間違えるのです。

❖女性。結婚しましたが、**人の妻としてやっていけるのか、子育てできるのか**
不安でした。……絶えず学校に行きたい、学びたいと思い続けてきました。自分
は何のために生まれてきたのか。

❖いつも学校を出ていないことが胸につかえていました。オオトロバイ（とっ
ても鈍い）なので、子どもや孫に関する世間話しかできませんし、話を合わせら
れないことがコンプレックスになり、**引っ込み思案のまま生きてきました**。

❖女性。読み書きができないことに悔しい思いを何度もしました。平仮名とカ
タカナは書けます。読み方もほとんどＯＫです。でも会議の中で**聞き取ったり、
それをそのまま文章にすることはなかなかできません**。全部ひらがなで記録し、
帰ってから辞書を引き引き、この漢字なのかあの漢字なのか、迷いながら文章に
直していきます。

❖男性。**字を書けない、計算ができないことは恥ずかしい**ことです。酒が入る
とお互いのそうしたことをあげつらって、けんかも起き、情けなくなります。無
学ですと社会に出て困ります。

❖女性。商売をやってきました。仕事柄外に出ることも多いのですが、**どこか**

自信がなく、つい隅っこに行ってしまいます。外国人はイエス、ノーがはっきりしているので楽ですが、日本人との会話はうまく会話できないヒガミがあるせいか、**引いてしまいます。特に書くことに立ちすくんでしまうのです。**

❖女性。以前は役所に代書屋がいたのですがいなくなり、自分で記入するのですが、**係の人から「あなたの名前の漢字はこれでいいのですね」と言われてドギマギします。**カタカナでしか書けないので、自分の名前の漢字すら分からないのです。着付けの教師になって、実技はいいのですが、教室の生徒の名前が書けないのです。ボランティアをしたいと望んでも、アンケートの記入ができません。

❖女性。女ひとりで住んでいるので、男たちがうるさくてたまりません。結婚すればこうしたこともなくなると思い結婚しました。**そうでもなければ結婚しなかったと思います。人が怖く、信用することが出来ません。**

❖女性。そのころからです、自分の中に中学生のままの自分がいる、成長しきれない自分がいると分かり始めたのは。中学時代に母が次々と弟や妹を出産し、特に弟が産まれたときの母の喜びようを見て、**母に捨てられたという思いがいつまでも残っているのです。**

❖女性。結婚しましたが、親に育てられていないせいもあり、いろんなことがチャースガー（どうしよう）ばかりでした。体調が悪くまともに動けない状態の中、お舅さんが癌でも世話ができないありさまでした。親戚たちからは……怠けていると言われましたが、**引っ込み思案でうまくモノが言えずビクビクしていました。**

❖女性。結婚して4人の子どもを育てると、**自分の無学が悔しくてなりません。**はがき1枚書けません。学校に通っていない、字が書けないことは、いつまでも心に刺さっています。死ぬまでには書けるようになりたいです。

❖女性。無学のままのこの60年間は、真っ暗だった。言葉で言っても通じな

いかもしれないけど、無学ということは暗闇、真っ暗ということなんだよね。やるべきことは努力してみんなやってきた。人間としてしそこなっているのは学校に行くということだけ。**物心ついてから、そのことが苦しい。こんな哀れはずっと残るんです。**10歳から（この学校を）待っているんですから。

❖女性。役所に行って、**住所、名前をここに買いてと言われると、あれほど家で練習してきたのに、頭が凍ってしまいます。**手紙が来ても、どんな内容か分からないので、誰かに読んでもらうしかない。大事な書類も書けない。借用証も書いてもらう。どんなことが書いてあるのか確かめるすべがない。

❖女性。女優の飯田蝶子が「焼き芋を買いに行くのが楽しみ、包んである新聞を読むことが出来るから」と語っています。そのころはフリガナがふってあったんですね。この気持ちよくわかります。「おしん」は苦労したと思いますが、読み書きは教えてもらっているのでうらやましいですよ。

❖女性。学校に行ったことのない者が**結婚などできないと思っていましたから、嫁にはいかんと決めていました。**学校に行っていないというのは恥ずかしいです。何かにつけて遠慮します。書ける名前も、受付の前に立つと机がガタガタするほど震えます。年賀状も書いてもらってしか出せません。自分で書いてみたいです。

❖女性。子供が大きくなると婦人会、PTAなどの活動が増えます。お手伝いをしたいのですが読み書きができないので、**人の後ろからついていくしかないのです。いつも人の後ろに隠れているのです。**心が痛いですよ。

❖女性。PTAや婦人会などで**意見を言ったりすることが、まるで出来ないんです。**まして役員の話など出ると恐ろしくてなりません。……学校を出ていないヒケメを植え付けられてしまっているのか、**字を書く場面になると頭が真っ白になり、ひらがなすら忘れてしまいます。**自分の家だったら話したり、書けることも、他人の前ではヒケメがまず出てしまうのでしょう。

5 高齢者に対して戦争記憶が与える影響

　沖縄戦によるトラウマは、戦後60年以上たってから発症したものが珍しくない。どうしてトラウマ記憶が60年以上も過ぎてから表面化するのだろうか。
　1つは、戦争によるトラウマ記憶は通常の生活の枠内の刺激によっては再想起されにくいことである。戦時の悲惨な場面を目撃して自分も危うく命を失いそうになったものの、その後の彼らの実生活体験の中で、その場面の記憶を呼び起こすに足るだけの過酷な感情体験や刺激に直面することは多くない。
　もっとも普段から彼らは、東日本大震災の被災地のテレビ映像を見ないとか、交通事故の画像を見ない、夏祭りの花火を避けるなどの回避行動を習慣化しているのだが。
　2つ目には、幼いころのトラウマ記憶が、成人以後の実生活体験によって隠蔽されることである。彼らは、生きていくための目前の計画や実行に没頭するので、非日常的な戦時記憶は隅に追いやられる。一時的に戦時記憶は実社会体験の前で、「寝たふり」をする。
　しかしそのトラウマ記憶は消えたわけではない。晩年に定年退職とか、息子に家業を譲る、あるいは近親死などの激しい衝撃や体験によって、「寝たふり」をしていた記憶が容易に表面化してくるのである。
　3つ目には、老いることが過去の痛み体験に再度直面する過程であるということである。
　老いるということは、若い時の体力や気力、社会的な地位や役割、家庭内での役割、経済力、時には友人や肉親を失うという、喪失のプロセスを受け入れることである。
　このような「老いという喪失のプロセス」を受け入れるにあたって、人はそれまでの来し方を振り返り、改めて自分のいまを確認し、これからの老年期の心の在り方を再構成する。この時に、過去の人生時間の中にある痛み記憶と、再度直面することになる。過去の、痛みを伴った記憶にはいろんなものがあって必ずしも戦時記憶だけではない。
　しかし、幼いころに戦場で体験したトラウマ記憶を持つ人は、好むと好まざる

とにかかわらず、老年期になって、戦場の記憶に向き合わないわけにはいかないものと思われる。
　したがって、戦時記憶に限って言えば、年を取ればとるほど「記憶はよくなる」のである。

6　終わりに

　前に引用した珊瑚舎スコーレの『まちかんてぃ！』の最後の部分に、夜間中学校の生徒が書いた詩があるので紹介しよう。

　　勇気とは
　　新しい自分を
　　つくりだす
　　わたしは何もできないといってきた
　　自分をつくるには
　　勇気をだし
　　前に進む

　ここで書かれている「前に向かって進む勇気」は、すべてのトラウマ記憶を乗り越えるために欠かせないものである。
　ただしあまりにもつらい時や、立ち向かう相手が巨大であったり、ものすごい大波が押し寄せてくるときには、逃げよう。しかしまた戻ってきて生きる。生きることをあきらめないことが、トラウマ記憶を乗り越えるコツだ。

【筆者：蟻塚亮二（ありつか・りょうじ）】
メンタルクリニックなごみ（福島県相馬市）所長。1947年福井県生まれ。1972年弘前大学医学部卒業。精神保健指定医、1985年から1997年まで弘前市・藤代健生病院院長。2004年に沖縄県に移住。2013年4月から現職。
著書:『うつ病を体験した精神科医の処方せん』大月書店、『統合失調症とのつきあい方』大月書店、『誤解だらけのうつ治療』集英社、『沖縄戦と心の傷』大月書店など多数。

戦場の少女たち。ひとりは生後間もない赤ん坊を背負っている（1945年5月10日）。

捕虜収容所で屈辱感と疲労感に打ちひしがれる防衛隊の少年。

【資料編】

- 提訴経過一覧
- 口頭弁論期日一覧
- 提出証拠等一覧
- 本書関連の用語解説

❖沖縄戦訴訟・提訴経過一覧❖

第1次提訴　　2012年　8月15日（40名）
第2次提訴　　2012年　12月7日（16名）
第3次提訴　　2013年　4月1日（7名）
第4次提訴　　2013年　8月15日（7名）
第5次提訴　　2014年　8月15日（4名）
第6次提訴　　2015年　5月26日（5名）

原告合計　　　　　　　79名

❖沖縄戦訴訟・口頭弁論期日一覧❖
（那覇地方裁判所101号法廷）

（沖縄戦訴訟・提訴日2012年8月15日）

第1回　　2012年10月24日
　　　　　裁　判　官　　酒井良介（裁判長）、吉野俊太郎、船戸容子
　　　　　原告意見陳述　弁護団団長　弁護士 瑞慶山茂
　　　　　原 告 本 人　内間善孝、神谷洋子、野里千恵子

第2回　　2013年1月30日
　　　　　裁　判　官　　酒井良介（裁判長）、吉野俊太郎、船戸容子
　　　　　原告意見陳述　弁護団団長　弁護士 瑞慶山茂
　　　　　原 告 本 人　豊見山貢宜、大城安信

第3回　　2013年4月24日
　　　　　裁　判　官　　鈴木博（裁判長）、柴田啓介、内藤智子
　　　　　原告意見陳述　弁護団団長　弁護士 瑞慶山茂
　　　　　原 告 本 人　比嘉千代子、神谷洋子、野里千恵子

第4回	2013年7月3日
	裁　判　官　　鈴木博（裁判長）、柴田啓介、内藤智子
	原告意見陳述　　弁護団団長　弁護士 瑞慶山茂、原告本人　大城勲
第5回	2013年9月11日
	裁　判　官　　鈴木博（裁判長）、片山信、内藤智子
	原告意見陳述　　弁護団団長　弁護士 瑞慶山茂、原告本人　比嘉繁直
第6回	2013年11月13日
	裁　判　官　　鈴木博（裁判長）、片山信、内藤智子
第7回	2014年2月5日
	裁　判　官　　鈴木博（裁判長）、片山信、内藤智子
	原告意見陳述　　弁護団団長　弁護士 瑞慶山茂
第8回	2014年5月14日
	裁　判　官　　鈴木博（裁判長）、片山信、内藤智子
	原告意見陳述　　原告本人　新垣勝江ガーナー
第9回	2014年7月23日
	裁　判　官　　鈴木博（裁判長）、片山信、内藤智子
	原告意見陳述　　弁護団団長　弁護士 瑞慶山茂
第10回	2014年9月17日
	裁　判　官　　鈴木博（裁判長）、片山信、内藤智子
	原告意見陳述　　弁護団団長 弁護士 瑞慶山茂、原告本人　前原生子
第11回	2014年11月5日
	裁　判　官　　鈴木博（裁判長）、柴田啓介、内藤智子
	原告意見陳述　　弁護団団長　弁護士 瑞慶山茂
第12回	2015年1月14日
	裁　判　官　　鈴木博（裁判長）、片山信、内藤智子
	原告意見陳述　　弁護団団長 弁護士 瑞慶山茂、原告本人　與古田光順
第13回	2015年3月4日
	裁　判　官　　鈴木博（裁判長）、片山信、内藤智子
	原告本人尋問　　豊見山貢宜、前原生子、山岡芳子

第 14 回　2015 年 5 月 13 日
　　　　　裁　判　官　　鈴木博（裁判長）、片山信、内藤智子
　　　　　原告本人尋問　　大西正子、神谷洋子
第 15 回　2015 年 5 月 27 日
　　　　　裁　判　官　　鈴木博（裁判長）、片山信、内藤智子
　　　　　原告本人尋問　　仲嶺眞通、金城ツル子、新垣勝江・ガーナー
第 16 回　2015 年 6 月 17 日
　　　　　裁　判　官　　鈴木博（裁判長）、片山信、内藤智子
　　　　　原告本人尋問　　野里千恵子、大城安信
第 17 回　2015 年 9 月 30 日
　　　　　裁　判　官　　鈴木博（裁判長）、片山信、中町翔
　　　　　最　終　弁　論　　弁護団団長　弁護士 瑞慶山茂
　　　　　原告本人最終陳述　　神谷洋子
第 18 回　2016 年 3 月 16 日　判決言渡日
　　　　　裁　判　官　　鈴木博（裁判長）、片山信、中町翔

❖ 提 出 証 拠 等 一 覧 ❖

※証拠数字番号のあとは、書名などの資料名、発行・作成日、執筆者などの順で掲載
（番号 298 から 321 は陳述書面として提出したもの）

1　官報號外（1945 年 8 月 14 日）被告
【立証趣旨】被告国が、沖縄戦を含むアジア太平洋戦争の被害者につき、「特に戦死者　戦災者の遺族」等に対し援護することを国民に命ずると共に約束した事実

2　平和の礎のパンフレット（2010 年頃）沖縄県
【立証趣旨】沖縄戦被害者につき、国内外、県内外を問わず慰霊のために刻銘している事実

3　戦史叢書沖縄方面陸軍作戦（1968 年 1 月 15 日）防衛庁防衛研修所戦史室
【立証趣旨】被告国の遂行してきた地上戦をはじめあらゆる軍事作戦・軍事行動の計画、立案、実行した事実、アメリカ軍との戦闘行為を行った事実及びこれらの事実が国民保護義務に違反する行為であること

4　沖縄戦第二次世界大戦最後の戦い（2011 年 3 月 27 日）アメリカ陸軍省戦史局編　喜納健勇訳
【立証趣旨】アメリカ軍が沖縄戦において日本軍との戦闘行為を遂行した事実及び対立的戦闘行為等によって日本軍と共に沖縄一般住民の生命身体等に被害を生じさせた事実

5　沖縄戦記　鉄の暴風（1950 年 8 月 15 日）沖縄タイムス
【立証趣旨】沖縄戦における被害の実態と沖縄が焼土と化した事実

6　鉄血勤皇隊（1977 年 6 月 23 日）大田昌秀
【立証趣旨】学徒召集された学徒隊の運命と沖縄地上戦の凄惨な実態

7　沖縄戦関係公文書 14 分冊中 13（1944 年 6 月〜1945 年 8 月）被告
【立証趣旨】沖縄戦に関する被告国の公文書による沖縄戦の事実経過とアメリカの軍事行動が国際法に違反している事実

8　十・十空襲（2010 年 10 月 10 日）十・十空襲を風化させない市民の集い実行委員会
【立証趣旨】沖縄 10・10 大空襲の市民の被った被害実態

9　那覇 10・10 大空襲（1984 年 6 月 1 日）大田昌秀
【立証趣旨】沖縄 10・10 大空襲の被害実態とその国際法違反について

10　那覇市の 10・10 空襲被害資料（1979 年 2 月 9 日）那覇市
【立証趣旨】沖縄 10・10 大空襲によって那覇市と那覇市民の被った被害実態

11　沖縄戦研究 I（1998 年 10 月 23 日）沖縄県教育委員会
【立証趣旨】沖縄戦の全体的遂行過程と日本軍の法令違反等の行為とそれらが国民保護義務に違反する行為であること

12　沖縄戦研究 II（1999 年 2 月 5 日）沖縄県教育委員会
【立証趣旨】沖縄戦の全体的遂行過程と日本軍の法令違反等の行為とそれらが国民保護義務に違反する行為であること

13 　総史　沖縄戦（1982 年 8 月 10 日）大田昌秀
　　【立証趣旨】被告国の沖縄戦全体の軍事行動の事実経過と住民被害の実態とそれらが国民保護義務に違反すること
14 　防衛隊（1985 年 5 月 15 日）福地曠昭
　　【立証趣旨】日本軍の防衛隊召集の実態とその法令違反の事実とそれらが国民保護義務に違反すること
15 　沖縄作戦の統帥（1979 年 2 月 10 日）大田嘉弘
　　【立証趣旨】沖縄戦において日本軍が非武装中立地帯も休戦を実施せずに疎開対策も不十分であったため住民の生命・安全等の保護を怠った事実
16 　沖縄決戦高級参謀の手記（1972 年 8 月 15 日）八原博通
　　【立証趣旨】日米戦闘経過と日本軍が沖縄戦で住民保護対策をとらなかった事実
17 　沖縄の援護のあゆみ（1996 年 3 月 25 日）沖縄県生活福祉部援護課
　　【立証趣旨】沖縄戦被害についての援護行政と沖縄県としても全民間戦争被害者の救済活動を行ってきた事実
18 　悲しみをのり越えて（1997 年 3 月 10 日）沖縄県生活福祉部援護課
　　【立証趣旨】沖縄戦被害についての援護行政と沖縄県としても全民間戦争被害者の救済活動を行ってきた事実
19 　沖縄の遺族会五十年史（2002 年 3 月 31 日）財団法人沖縄県遺族連合会
　　【立証趣旨】沖縄県の遺族会としての援護活動と全民間戦争被害者の救済活動を行ってきた事実
20 　法の本質（1948 年 10 月 20 日）美濃部達吉
　　【立証趣旨】条理の法源性について
21 　西ドイツ国家責任法体系における公法上の危険責任について（1980 年）西埜章
　　【立証趣旨】公法上の危険責任と「戦争損害」の救済
22 　中国残留孤児訴訟における国の不作為責任（2007 年 3 月）西埜章
　　【立証趣旨】公法上の危険責任と「戦争損害」の救済
23 　国家補償の概念と機能（1999 年 11 月）西埜章
　　【立証趣旨】公法上の危険責任と「戦争損害」の救済
24 　図説　沖縄の戦い（2003 年 6 月 23 日）森山康平
　　【立証趣旨】日本軍とアメリカ軍の沖縄戦の戦闘経過とそれらが被告国の国民保護義務に違反していること
25 の 1 　沖縄戦新聞　第 1 号（2004 年 7 月 7 日）琉球新報
　　【立証趣旨】1944 年 7 月 7 日にサイパンが陥落し、日本人 1 万人（沖縄県出身者 6000 人）が犠牲になり、米軍の沖縄上陸が確実になった事実など
25 の 2 　沖縄戦新聞　第 2 号（2004 年 8 月 22 日）琉球新報
　　【立証趣旨】1944 年 8 月 22 日に学童疎開船の対馬丸が米潜水艦の魚雷を受けて沈没し、学童 775 人を含む 1418 人が犠牲となった事実など
25 の 3 　沖縄戦新聞　第 3 号（2004 年 10 月 10 日）琉球新報
　　【立証趣旨】1944 年 10 月 10 日、米軍が沖縄県全域に無差別空襲を行い、民間人を含む 668 人が死亡し、那覇市の約 9 割が焼失した事実など

25の4　沖縄戦新聞　第4号（2004年12月14日）琉球新報
　【立証趣旨】1944年12月14日、日本軍は沖縄本島が戦場になった場合の対策として、本島中南部の老人・女性・子どもは北部に疎開させ、戦闘能力のある者は防衛隊として戦闘に参加させるように要求し、中学の女子生徒も学徒隊として戦場に動員するなど、住民を総動員する作戦を立てたこと

25の5　沖縄戦新聞　第5号（2005年2月10日）琉球新報
　【立証趣旨】1945年2月10日、沖縄県知事が本島中南部の市町村長に対して、住民10万人を北部へ疎開（立ち退き）させることを指示し、翌日から戦時行政に移行した事実など

25の6　沖縄戦新聞　第6号（2005年3月26日）琉球新報
　【立証趣旨】1945年3月26日、米軍が慶良間諸島に上陸し、座間味島や渡嘉敷島において、住民が米軍の侵攻と日本軍に追いつめられて、家族や親戚同士で互いに殺し合う「集団自決」が発生した事実など

25の7　沖縄戦新聞　第7号（2005年4月1日）琉球新報
　【立証趣旨】1945年4月1日、米軍が読谷村から北谷村の海岸に一斉に上陸を開始し、各地で「集団自決」が発生したことなど

25の8　沖縄戦新聞　第8号（2005年4月21日）琉球新報
　【立証趣旨】1945年4月21日、米軍が伊江島を占領し、戦闘に動員されたり「集団自決」によって、住民約1500人が死亡した事実など

25の9　沖縄戦新聞　第9号（2005年5月5日）琉球新報
　【立証趣旨】1945年5月5日、沖縄守備軍第32軍が米軍に対して総攻撃を行ったが失敗し、沖縄戦の敗北がほぼ決定的になった。そして、日本軍による住民の壕からの追い出しも行われ、住民が砲弾の雨の中を避難していた事実など

25の10　沖縄戦新聞　第10号（2005年5月27日）琉球新報
　【立証趣旨】1945年5月27日、沖縄守備軍第32軍が司令部のある首里を放棄して南部への撤退を開始した事実。住民も南部への避難をするなかで犠牲になった事実など

25の11　沖縄戦新聞　第11号（2005年6月23日）琉球新報
　【立証趣旨】1945年6月23日、第32軍の牛島司令官が自決し、沖縄戦が事実上終結した事実。米軍は、同日から掃討作戦に入り、南部での戦闘では、日本軍が住民をスパイ視して殺害、壕追い出し、食糧を強奪、「集団自決」などの惨劇が起きた事実など

25の12　沖縄戦新聞　第12号（2005年7月3日）琉球新報
　【立証趣旨】1945年7月3日、石垣島の住民など約180人を乗せた疎開船が、尖閣諸島近海において米軍機の機銃掃射を受けて沈没し、約50人が死亡した事実。八重山では、軍命で強制疎開させられた住民のマラリアによる死亡が増加していた事実など

25の13　沖縄戦新聞　第13号（2005年8月15日）琉球新報
　【立証趣旨】1945年8月15日、日本政府がポツダム宣言を受諾して無条件降伏をした事実。同日以降も、久米島では、日本軍がスパイ容疑で住民を殺害していた事実など

25の14　沖縄戦新聞　第14号（2005年9月7日）琉球新報
　【立証趣旨】1945年9月7日、日本側代表団と連合国側代表が降伏文書に調印し、沖縄を含む南西諸島において、米軍政が開始した事実。沖縄は本土防衛の捨て石にされ、日本軍が住民を守らなかっ

た結果として、沖縄戦における一般住民の犠牲者が推計で9万4000人に上った事実など

26　意見書〔沖縄戦被害国家賠償訴訟と国家無答責の法理〕（2013年1月23日）西埜章
　　【立証趣旨】沖縄戦訴訟において、国家無答責の法理が適用されるべきでないこと

27　沖縄戦の絵　地上戦　命の記録（2006年6月10日）日本放送協会出版
　　【立証趣旨】沖縄戦において住民らが受けた被害の実態など。50頁から51頁の絵は、原告番号12の大城安信が被害を受けた「集団自決」の状況であり、55頁の絵は原告番号39の與古田光順が目撃した憲兵から拷問を受ける青年の絵である

28　沖縄戦「集団自決」を生きる（2009年1月15日）森住卓
　　【立証趣旨】慶良間諸島において軍命・強制によって住民が「集団自決」に追い込まれた事実

29　証言 沖縄「集団自決」慶良間諸島で何が起きたか（2008年2月20日）謝花直美
　　【立証趣旨】慶良間諸島において軍命・強制によって住民が「集団自決」に追い込まれた事実

30　「集団自決」消せない傷痕（2012年9月29日）山城博明
　　【立証趣旨】慶良間諸島における「集団自決」の実態、被害者の受けた傷害についてなど

31　友軍とガマ　沖縄戦の記憶（2008年10月20日）屋嘉比収編
　　【立証趣旨】沖縄戦において、軍命・強制によって住民が「集団自決」に追い込まれた事実

32　「集団自決」を心に刻んで（1995年6月23日）金城重明
　　【立証趣旨】軍命・強制によって住民が「集団自決」に追い込まれた事実

33　最前線兵士が見た「中国戦線・沖縄戦の実相」（2011年9月18日）近藤一・宮城道良
　　【立証趣旨】日本軍が中国戦線において残虐な行為をおこなった事実。沖縄戦において軍命・強制によって住民が「集団自決」に追い込まれた事実など

34　沖縄ノート（1970年9月21日）大江健三郎
　　【立証趣旨】慶良間諸島において軍命・強制によって住民が「集団自決」に追い込まれた事実

35　大阪高等裁判所判決〔平成20年（ネ）第1226号〕（2008年10月31日）大阪高等裁判所
　　【立証趣旨】太平洋戦争末期の沖縄戦で、旧日本軍が「集団自決」を命じたとする作家の『沖縄ノート』などの記述をめぐり、沖縄・慶良間諸島の当時の守備隊長らの、名誉を傷付けられたとして、書籍の出版差止等を求めた事案において、「集団自決」に日本軍が深くかかわっていたことは否定できず、総体としての軍の強制ないし命令と評価する見解もあり得るなどとして、一審判決を支持し、控訴等を棄却した事例

36　沖縄「集団自決」裁判（2012年2月14日）岩波書店
　　【立証趣旨】沖縄戦において、軍命・強制によって住民が「集団自決」に追い込まれた事実

37　東日本大震災の「震災孤児」への救援募金を訴えます、との文書（2011年4月14日）沖縄・民間戦争被害者の会
　　【立証趣旨】沖縄・民間戦争被害者の会（沖縄10・10大空襲・砲弾等被害者の会）が東日本大震災の震災孤児への募金を呼び掛けていたこと

38　東日本大震災の「震災孤児」への救援募金募集趣意書（2011年4月14日）沖縄・民間戦争被害者の会
　　【立証趣旨】沖縄・民間戦争被害者の会が東日本大震災の震災孤児への募金を呼び掛けていたこと

39 ご連絡（2011年7月27日）沖縄・民間戦争被害者の会
【立証趣旨】沖縄・民間戦争被害者の会が東北大学在学中に被災した震災孤児の学生に対して、救援金を交付したこと

40 沖縄・民間戦争被害者の会会則（2010年10月9日）沖縄・民間戦争被害者の会
【立証趣旨】沖縄・民間戦争被害者の会の目的・活動などについて

41 活動ニュースNo.1（2010年11月25日）沖縄・民間戦争被害者の会
42 活動ニュースNo.2（2010年12月28日）沖縄・民間戦争被害者の会
43 活動ニュースNo.3（2011年3月15日）沖縄・民間戦争被害者の会
44 活動ニュースNo.4（2011年4月21日）沖縄・民間戦争被害者の会
45 活動ニュースNo.5（2011年1月12日）沖縄・民間戦争被害者の会
46 活動ニュースNo.6（2011年9月22日）沖縄・民間戦争被害者の会
47 活動ニュースNo.7（2011年11月16日）沖縄・民間戦争被害者の会
48 活動ニュースNo.8（2012年3月31日）沖縄・民間戦争被害者の会
49 活動ニュースNo.9（2012年4月13日）沖縄・民間戦争被害者の会
50 活動ニュースNo.10（2012年6月20日）沖縄・民間戦争被害者の会
51 活動ニュースNo.11（2013年1月7日）沖縄・民間戦争被害者の会
【41から51立証趣旨】沖縄・民間戦争被害者の会のこれまでの活動について

52 意見書〔沖縄戦被害と公法上の危険責任〕（2013年4月12日）西埜章
【立証趣旨】公法上の危険責任の意義。公法上の危険責任の法的根拠。沖縄戦における被害の特殊性からすれば、そこに特別の危険状態が形成され、各種の被害はこの特別の危険状態の現実化によって生じたものであることは明らかで、沖縄において形成された危険状態は、当時日本日本国民の生存していた他の地域をはるかに超える特別の危険状態であり、そこから生じた被害については、「戦争損害受忍論」は妥当しないこと。特別の危険状態を形成した者は、ここから生じた被害に対して無過失で補償責任を負わなければならず、被告国は、自ら形成した特別の危険状態から生じた被害に対して、違法性や過失がないことを理由にして責任を免れることはできないことなど

53 判例時報〔No.1623〕（1998年2月11日）判例時報社
【立証趣旨】家永教科書検定第3次訴訟上告審判決において、最高裁判所は、沖縄戦について、「原審の認定したところによれば、本件検定当時の学界では、沖縄戦は住民を全面的に巻き込んだ戦闘であって、軍人の犠牲を上回る多大の住民犠牲を出したが、沖縄戦において死亡した沖縄県民の中には、日本軍によりスパイの嫌疑をかけられて処刑された者、日本軍あるいは日本軍将兵によって避難壕から追い出され攻撃軍の砲撃にさらされて死亡した者、日本軍の命令によりあるいは追い詰められた戦況の中で集団自決に追いやられた者がそれぞれ多数に上ることについてはおおむね異論がなく、その数については諸説あって必ずしも定説があるとはいえないが、多数の県民が戦闘に巻き込まれて死亡したほか、県民を守るべき立場にあった日本軍によって多数の県民が死に追いやられたこと、多数の県民が集団による自決によって死亡したことが沖縄戦の特徴的な事象として指摘できるとするのが一般的な見解であり、また、集団自決の原因については、集団的狂気、極端な皇民化教育、日本軍の存在とその誘導、守備隊の隊長命令、鬼畜米英への恐怖心、軍の住民に対する防諜対策、沖縄の共同体の在り方など様々な要因が指摘され、戦闘員の煩累を絶つための崇高な犠牲的精神によるものと美化す

るのは当たらないとするのが一般的であった」と判示していること

54 判例時報〔No. 1999〕（2008年6月1日）判例時報社
【立証趣旨】沖縄「集団自決」出版差止等請求訴訟第一審判決において、大阪地方裁判所は、沖縄戦における事実認定を詳細に行い、「集団自決」について、「こうした事実に加えて、第4・5（1）イ（エ）で判示したとおり、座間味島、渡嘉敷島を始め、慶留間島、沖縄本島中部、沖縄本島西側安里、伊江島、読谷村、沖縄本島東部の具志川グスクなどで集団自決という現象が発生したが、以上の集団自決が発生した場所すべてに日本軍が駐屯しており、日本軍が駐屯しなかった渡嘉敷村の前島では、集団自決は発生しなかったことを考えると、集団自決については日本軍が深く関わったものと認めるのが相当」と判示したこと。住民加害について、「元大本営船舶参謀であった厚生省引揚援護局の厚生事務官火野信彦の調査によれば、軍の住民に対する加害行為が各地で行われていた」と判示したことなど

55 判例時報〔NO. 2057〕（2010年1月1日）判例時報社
【立証趣旨】沖縄「集団自決」出版差止等請求訴訟第一審判決において、大阪高等裁判所は、「以下に原判決を補正引用して示すとおり、集団自決に日本軍が深く関与しそれによって住民が集団自決に追い込まれたという要素は否定しがたいところである」と判示したことなど

56 新聞記事（2012年8月15日）琉球新報
【立証趣旨】原告野里千恵子が沖縄戦で祖母を失ったこと、援護法申請を行ったが認められなかったこと、原告宜保千恵子、同金城眞徳の被害内容

57 新聞記事（2012年6月16日、同月17日）沖縄タイムス
【立証趣旨】原告神谷洋子が沖縄戦で受けた被害内容、同原告が沖縄戦により孤児となったことなど

58 新聞記事（2013年3月23日、同月24日）琉球新報
【立証趣旨】原告神谷洋子が沖縄戦で受けた被害内容、同原告が沖縄戦により孤児となったことなど

59 新聞記事（2012年8月15日）沖縄タイムス
【立証趣旨】原告比嘉千代子が沖縄戦で受けた被害内容など

60 新聞記事（2012年12月8日、同月9日）琉球新報
【立証趣旨】原告比嘉千代子が沖縄戦で受けた被害内容など

61 意見書〔沖縄戦被害と立法不作為の違法性〕（2013年6月1日）西埜章
【立証趣旨】立法不作為の概念。同じく沖縄戦の一般民間被害者でありながら、「戦闘参加者」とされた者とそうでない者とが差別されている。「非戦闘参加者」を救済しないことが、「戦闘参加者」との対比において平等原則の違反となり、それを解消するための「立法義務」が生ずるのである。援護法等の法律改正や新しい救済法の制定、場合によっては、通達等の改廃（この場合は、「行政の不作為」でもある）により、この不平等状況を解消しなければならない。このような相対的な立法の不作為の場合には、立法的手当て（場合によっては、行政的手当て）は、沖縄戦における「非戦闘参加者」すべてに「戦闘参加者」と同じ程度の補償を認めれば足りる。相対的立法の不作為については、立法府の広範な裁量は認められず、裁判所の審査に服することなど

62 平成24年度重要判例解説（2013年4月10日）有斐閣
【立証趣旨】PTSDが刑法上の傷害にあたることを認めた裁判例

63 資料収集報告書（2013年6月25日）原告ら訴訟代理人弁護士・松本啓太
【立証趣旨】民間戦争被害者の救済運動および訴訟について、「沖縄・民間戦争被害者者の会」結成ま

での動き及び同会の活動内容、全国空襲被害者連絡協議会の結成及び活動、「空襲被害者等援護法」「沖縄戦被害者援護法」制定を求める動き、本件訴訟についての報道など

64 意見書〔「沖縄戦」被害と戦争被害受忍論批判〕（2013年8月31日）西埜章
【立証趣旨】被告の依拠する戦争損害受忍論は、現在では、理論的に破綻している。文献における批判的見解に何らの考慮をも払わないないような立論は、著しく説得力を欠くものというべきであること。判例・裁判例の採る立法裁量論は、残虐非道な沖縄戦被害の実態をみれば通用しない考え方であり、これをも立法裁量論で立法不作為の違法性を否定することになれば、日本国憲法の前文等の趣旨は全く考慮されず、国の戦後補償責任が簡単に否定されることになりかねないこと。それは、形を変えた戦争損害受忍論の復活であり、憲法の精神を踏みにじるものというべきであること。
沖縄戦における一般住民の戦争被害は、本土における空襲被害と共通する面もないわけではないが、それとは異なる顕著な特異性を有しており、仮に戦争損害受忍論に成立余地があるとしても、少なくとも沖縄戦による一般戦争被害には及ばないものと解するべきであること

65 訴状〔南洋戦〕（2013年8月15日）「南洋戦」被害・国家賠償訴訟弁護団
【立証趣旨】平成25年8月15日に、南洋戦での被害について、謝罪と損害賠償を求める訴訟が提起されたこと。南洋群島やフィリピンにおいては、アジア太平洋戦争で初めて一般住民居住地で一般住民を巻き込んだ壮絶な日米の地上戦が闘われたこと。サイパンをはじめ南洋群島は、本土防衛の第一の「防波堤」とされたこと。この戦争が原因で当時の南洋群島やフィリピン群島に住んでいた沖縄県出身約8万人のうち約25000人が命を失い（死亡率30％・推定）、数え切れない程の身体的後遺障害者や心的外傷後ストレス障害（PTSD）の発症者を生み出し、甚大な財産的損害を被り、言語に絶する苦しみや悲しみを体験し今日に至っていること。南洋群島での戦争は「もうひとつの沖縄戦」と表現されることがあり、沖縄県人が大半を占めた民間人犠牲の実態、これを生み出した構造が、沖縄戦と共通すること。南洋戦、特にサイパン戦の際だった特徴は、アジア太平洋戦争の中で日本人住民居住地を戦場として初めて地上戦が闘われたこと、一般住民の犠牲が生じたこと、本土防衛の防波堤とされた末に軍さえも見捨てられたことなどが共通すること

66 新聞記事（2013年6月13日）琉球新報
【立証趣旨】沖縄戦第4次提訴の原告（No.68）新垣勝江ガーナーの被害状況および米国に在住している原告の裁判に対する特別な思いなど

67 新聞記事（2013年6月14日）沖縄タイムス
【立証趣旨】沖縄戦第4次提訴の原告（No.68）新垣勝江ガーナーの被害状況および米国に在住している原告の裁判に対する特別な思いなど

68 新聞記事（2013年8月15日）琉球新報
【立証趣旨】平成25年8月15日に、南洋戦での被害について、謝罪と損害賠償を求める訴訟の提訴があったこと

69 新聞記事（2013年8月15日）琉球新報
【立証趣旨】南洋群島戦争被害者訴訟の原告の被害状況、心情など

70 新聞記事（2013年8月15日）沖縄タイムス
【立証趣旨】南洋群島戦争被害者訴訟の原告の被害状況、心情など

71 新聞記事（2013年8月16日）琉球新報

【立証趣旨】平成 25 年 8 月 15 日に、南洋戦での被害について、謝罪と損害賠償を求める訴訟の提訴があったこと。

72　新聞記事（2013 年 8 月 16 日）日本経済新聞・東京新聞
【立証趣旨】平成 25 年 8 月 15 日に、南洋戦での被害について、謝罪と損害賠償を求める訴訟の提訴があったこと。提訴が全国的に報道されたこと

73　新聞記事（2013 年 8 月 16 日）千葉日報
【立証趣旨】平成 25 年 8 月 15 日に、南洋戦での被害について、謝罪と損害賠償を求める訴訟の提訴があったこと。提訴が全国的に報道されたこと

74　新聞記事（2013 年 8 月 25 日）中日新聞東海本社版
【立証趣旨】平成 25 年 4 月 1 日に、原告（No. 63）山岡芳子が沖縄戦での被害について、第 3 次の謝罪と損害賠償を求める訴訟の提訴を行ったこと。提訴が全国的に報道されたこと。原告（No. 63）山岡芳子の被害状況・心情

75　新聞記事（2013 年 8 月 26 日）中日新聞東海本社版
【立証趣旨】平成 25 年 4 月 1 日に、原告（No. 63）山岡芳子が沖縄戦での被害について、第 3 次の謝罪と損害賠償を求める訴訟の提訴を行ったこと。提訴が全国的に報道されたこと。原告（No. 63）山岡芳子の被害状況・心情

76　対馬丸遭難の真相（2004 年 8 月 20 日）琉球新報
【立証趣旨】原告（No. 62）比嘉繁直の母、弟 2 人は、対馬丸に乗船して死亡した事実。昭和 19 年 8 月 22 日学童疎開船対馬丸がアメリカ潜水艦に撃沈され、学童をはじめ、一般民間人 1484 名が死亡した事実。アメリカ潜水艦の撃沈行為が国際法違法である事実。被告国の国民保護義務を怠った事実など

77　海鳴りの底から―戦時遭難船舶の記録と手記（1987 年 8 月 15 日）戦時遭難船舶遺族会連合会
【立証趣旨】アジア太平洋戦争末期に沖縄近海や南洋方面でアメリカの空爆や潜水艦による国際法違反の無警告攻撃により湖南丸、赤城丸、開城丸、嘉義丸、台中丸等が撃沈され、多数の一般沖縄民間人が死亡した事実とその被害について未補償である事実。被告国が国民保護義務違反により責任を負うことなど

78　戦時遭難船舶犠牲者問題検討会〔報告書〕（1995 年 3 月 29 日）戦時遭難船舶犠牲者問題検討会
【立証趣旨】アジア太平洋戦争末期に沖縄近海や南洋方面で、アメリカの空爆や潜水艦による国際法違反の無警告攻撃により撃沈された船舶の被害調査と、一般民間犠牲者について国が法的責任を負うべきであるとする沖縄県への提言（沖縄県の諮問に対する報告書）

79　意見書〔沖縄戦被害に対する除斥期間適用の批判的検討〕（2013 年 11 月 5 日）西埜　章
【立証趣旨】日本軍の残虐非道行為による沖縄戦における原告らの被害については除斥期間適用については信義則・権利濫用の法理及び正義・公平の理念等からして制限されるべきであることなど

80　新聞記事（2013 年 8 月 15 日）琉球新報
【立証趣旨】日本軍の残虐非道行為による沖縄戦被害の前触れとなった南洋戦の被害者が原告となった訴訟提起がマスコミで全国的に報道され、国民世論が注目している事実等

81　新聞記事（2013 年 8 月 16 日）琉球新報
【立証趣旨】日本軍の残虐非道行為による沖縄戦被害の前触れとなった南洋戦の被害者が原告となっ

た訴訟提起がマスコミで全国的に報道され、国民世論が注目している事実等
82 新聞記事（2013年8月15日）沖縄タイムス
【立証趣旨】日本軍の残虐非道行為による沖縄戦被害の前触れとなった南洋戦の被害者が原告となった訴訟提起がマスコミで全国的に報道され、国民世論が注目している事実等
83 新聞記事（2013年8月16日）沖縄タイムス
【立証趣旨】日本軍の残虐非道行為による沖縄戦被害の前触れとなった南洋戦の被害者が原告となった訴訟提起がマスコミで全国的に報道され、国民世論が注目している事実等
84 新聞記事（2013年8月16日）日本経済新聞　東京新聞
【立証趣旨】日本軍の残虐非道行為による沖縄戦被害の前触れとなった南洋戦の被害者が原告となった訴訟提起がマスコミで全国的に報道され、国民世論が注目している事実等
85 新聞記事（2013年8月16日）千葉日報
【立証趣旨】日本軍の残虐非道行為による沖縄戦被害の前触れとなった南洋戦の被害者が原告となった訴訟提起がマスコミで全国的に報道され、国民世論が注目している事実等
86 新援護法制定を採択した沖縄県内の自治体（2012年8月20日）沖縄・民間戦争被害者の会
【立証趣旨】①新援護法の制定について、2014年1月現在、沖縄県内の各議会で採択した自治体、②新援護法制定要求は県内でかつてなく高まっている事実
87 請願書（2012年6月4日）沖縄・民間戦争被害者の会
【立証趣旨】①新援護法の制定について、糸満市長並びに糸満市議会議長宛へ送付した請願書、②新援護法制定要求は県内でかつてなく高まっている事実
88 通知書（2012年7月3日）糸満市議会
【立証趣旨】①糸満市議会において採択された通知書、②新援護法制定要求は県内でかつてなく高まっている事実
89 民間戦争被害者を救済する「新たな援護法」の制定を求める意見書（2012年6月27日）糸満市議会
【立証趣旨】①新援護法について、糸満市議会が関係省庁宛に送付した意見書、②新援護法制定要求は県内でかつてなく高まっている事実
90 通知書（2012年12月21日）那覇市議会
【立証趣旨】①那覇市議会において採択された通知書、②新援護法制定要求は県内でかつてなく高まっている事実
91 民間戦争被害者を救済する「新たな援護法」の制定を求める意見書（2012年12月21日）那覇市議会
【立証趣旨】①新援護法について、那覇市議会が関係省庁宛に送付した意見書、②新援護法制定要求は県内でかつてなく高まっている事実
92 法廷で裁かれる日本の戦争責任（2014年3月15日）瑞慶山茂
【立証趣旨】①戦後、日本の戦争被害（戦後補償）裁判は、約90件あるところ、本書ではそのうち沖縄戦訴訟や南洋戦訴訟の継続事件も含めて基本的重要事件50例を取り上げ、主に担当弁護士にまとめてもらっている。判決が下された事件については、その判決の事実認定（不法行為事実の認定）や法的判断を整理した内容となっている。②最高裁判決も含めてほとんどの判決が日本軍等の不法行

為事実を認定している内容となっていること。③日本における戦争損害賠償訴訟判例の事実認定（不法行為事実の認定）及び法的判断と沖縄戦訴訟の個別被害立証と法的判断の関係

93　国家賠償法コンメタール第2版（2014年3月30日）西埜章
【立証趣旨】①本件訴訟で原告らが主張している立法不作為は相対的立法不作為の問題であること。②相対的立法不作為と沖縄戦被害の原告各人の個別被害立証との関係

94　定本沖縄戦　地上戦の実相（2012年6月23日）柏木俊道
【立証趣旨】①沖縄戦における地上戦被害の実相、②沖縄戦における地上戦被害の特徴と原告らの個別被害とその立証との関係

95　空襲被災者の救済と立法不作為の違憲―国家賠償責任について（2011年8月5日）青井美帆
【立証趣旨】①立法不作為の違憲要件と国賠法上の違法性。②特別犠牲を強制されない憲法上の権利。③国家賠償責任の成立要件。④沖縄戦被害国賠訴訟にみる相対的立法不作為。⑤戦後になって事後的に日本政府が作り出した行政上の基準により、一般民間被災者は「戦闘参加者」と「非戦闘参加者」に区別され、後者は何らの補償も受けることができないことになっているが、この行政基準の設定と適用について、その恣意性や理論的破綻を指摘していることなど

96　沖縄における戦闘参加の実態と援護法の適用（1990年9月14日）被告国・旧厚生省
【立証趣旨】旧厚生省が策定した沖縄戦における20項目の戦闘参加者の行政上の適用基準と運用の実態及びその運用が恣意的に実施されやすい恐れが十分にあることなど

97　孤児院のあったコザキャンプ〔嘉間良収容所〕（2010年6月20日）沖縄市
【立証趣旨】①沖縄戦において多数の戦争孤児を生み出した事実。②コザ孤児院に戦争孤児が数百人も収容されていた事実など

98　沖縄戦と心の傷（2014年6月10日）蟻塚亮二
【立証趣旨】①戦争と精神障害の関係。②沖縄戦により精神疾患の多発している事実。③沖縄戦のトラウマによるストレス症候群（PTSD）の発生事実。④沖縄戦PTSD（心的外傷後ストレス障害）が被害者個人及び沖縄社会に対しして与えている影響など

99　決定版写真記録　沖縄戦（2014年5月1日）大田昌秀
【立証趣旨】①沖縄戦に至る経過を写真によって明らかにする。②沖縄戦の戦闘経過及び戦闘内容を写真によって明らかにする。③沖縄戦における一般住民被害の実態を写真によって明らかにする。④沖縄戦における人的被害・物的被害・自然被害の実態を写真でもって明らかにする。⑤沖縄戦における捕虜と収容所の実態を写真でもって明らかにする

100　沖縄方面作戦歴日表〔昭和19年1月～昭和20年6月〕（1968年1月15日）防衛庁防衛研修所戦史室

101　第三十二軍戦闘序列および指揮下部隊一覧表、第三十二軍司令官指揮下部隊（1968年1月15日）防衛庁防衛研修所戦史室

102　昭和19年3月下旬頃における全般状況図（1968年1月15日）防衛庁防衛研修所戦史室

103　南西諸島全般図（1968年1月15日）防衛庁防衛研修所戦史室

104　第三十二軍沖縄本島配備要図（昭和19年7月～昭和20年3月）（1968年1月15日）防衛庁防衛研修所戦史室

105　各兵団の攻勢要領および軍砲兵隊の作戦準備（1968年1月15日）防衛庁防衛研修所戦史室

106 昭和20年4月1日米軍上陸直前における沖縄本島（南部）配備要図および米軍進出経過図
（1968年1月15日）防衛庁防衛研修所戦史室
107 前方部隊戦闘経過概要図（1968年1月15日）防衛庁防衛研修所戦史室
108 昭和20年4月7日、8日頃の第一線戦況図〔軍砲兵隊配置概要〕（1968年1月15日）防衛庁防衛研修所戦史室
109 昭和20年4月1日頃における国頭方面部隊配備概要図（1968年1月15日）防衛庁防衛研修所戦史室
110 首里戦線から島尻南部への撤退行動概要図〔昭和20年5月26日～6月5日頃〕（1968年1月15日）防衛庁防衛研修所戦史室
111 第三十二軍島尻南部陣地配備概要図〔昭和20年6月5日頃〕（1968年1月15日）防衛庁防衛研修所戦史室

【100～111立証趣旨】①証拠100～111は、証拠3の戦史叢書沖縄方面陸軍作戦に付録として添付されている資料である。3と100～111は一体の文書である。②沖縄戦における日本軍の配備状況・配備経過を明らかにし、沖縄全島が要塞化されていた事実。③日本軍の作戦計画及び実際に実行された戦闘作戦行動が主に沖縄の住民居住地で実行された事実。④日本の戦争作戦が主に住民の居住地を中心に行われ、沖縄一般住民に多数の死者・負傷が出た事実。⑤陣地構築が住民居住地内又は至近距離の場所に設置されたこと及びその陣地攻略戦において多数の住民に犠牲者が発生した事実。⑥日本軍の沖縄作戦行動が沖縄の一般住民の生命・身体・自由・財産などに何らの考慮を計らうことなく計画され、実行された事実など。⑦以上を通じて原告の主張する被告国の国民保護義務違反による不法行為責任及び公法上の危険責任並びに立法不作為責任を基礎づける基礎的事実を立証する

112 大田昌秀が説く　沖縄戦の深層（2014年8月15日）大田昌秀
【立証趣旨】①沖縄戦に至る歴史的経過。②沖縄戦の事実経過。③沖縄戦の特質・無謀な戦闘行為と幼少の住民、中学生まで戦場に投入した事実。④沖縄戦の教訓―軍隊は軍隊を守り、軍隊は住民を信じない。軍隊は住民（非戦闘員）を守らず犠牲にした事実。⑤沖縄戦で老人、子供、女性が最大の犠牲となった事実。⑥戦争孤児が生まれた原因。⑦一般民衆にとって軍備は有害である事実。⑧一般民間人の「集団自決」と「スパイ事件」の発生要因―食糧難と守備軍の住民への不信感とスパイ疑惑。⑨日本軍の沖縄一般住民に対する残虐非道行為を明らかにする

113 わたしの沖縄戦1　「集団自決」なぜ～いのちを捨てる教育（2013年11月30日）行田稔彦
【立証趣旨】①沖縄戦における「集団自決」の実相とその原因。②対馬丸事件の実相。③その他

114 わたしの沖縄戦2　ガマであったこと～沖縄戦の実相がここにある（2014年3月25日）行田稔彦
【立証趣旨】①人間が人間でなくなった沖縄戦の実相。②沖縄戦の経過。③日本軍による壕追い出しの実態。④ガマの中で死体と向き合い「人間が人間でなくなった」実態。⑤日本軍に壕を追い出された一般住民の死に至る実態

115 わたしの沖縄戦3　弾雨の中で～沖縄島南端で迫る恐怖（2014年3月25日）行田稔彦
【立証趣旨】①日本軍の首里放棄（南部撤退）から摩文仁までの最後に至る戦闘経過。②南部戦線での砲弾に追われる一般住民の死に至る実態。③戦場を彷徨う子供達の実態。④壕追い出しの実態と死に至る実態。⑤日本軍が住民を死の道連れにした沖縄戦の実態

116 わたしの沖縄戦4　摩文仁の丘に立ち〜「生かされた」人びとの告白（2014年3月25日）
行田稔彦
【立証趣旨】①沖縄戦「最後の戦闘」の実態。②無差別の砲爆撃―摩文仁の丘。③女子学生の最後。④戦闘終了―死体処理班（復興作業のはじめ）

117 沖縄戦　衝撃の記録写真集（1988年6月初版）佐久田　繁
【立証趣旨】①沖縄戦の実態。②一般住民被害の実態。③一木一草まで焼き尽くされ破壊された沖縄。④住民居住地を主な戦場として日米の戦闘行為が行われた事実

118 沖縄戦記録写真集　日本最後の戦い（1977年9月15日）佐久田繁
【立証趣旨】①沖縄戦の実態。②一般住民被害の実態。③一木一草まで焼き尽くされ破壊された沖縄。④住民居住地を主な戦場として日米の戦闘行為が行われた事実

119 沖縄戦記録写真第2集　沖縄戦と住民（1978年4月1日初版）佐久田繁
【立証趣旨】①沖縄戦の実態、②一般住民被害の実態。③一木一草まで焼き尽くされ破壊された沖縄。④住民居住地を主な戦場として日米の戦闘行為が行われた事実

120 《証言・沖縄戦》沖縄一中・鉄血勤皇隊の記録　上（2000年6月23日）兼城一
【立証趣旨】①沖縄戦において14歳から17歳の学生が招集され、戦場に散っていった実相を県立一中の生徒のたどった運命で明らかにする。②20年歳月をかけ400人から聞き取った証言で340名の生徒のうち240名（60％）が戦死した事実をもって、住民や学生を保護せず犠牲にした日本軍の軍事政策の残虐非道性をを明らかにする

121 《証言・沖縄戦》沖縄一中・鉄血勤皇隊の記録　下（2005年9月10日）兼城一
【立証趣旨】①沖縄戦において14歳から17歳の学生が招集され、戦場に散っていった実相を県立一中の生徒のたどった運命で明らかにする。②20年歳月をかけ400人から聞き取った証言で340名の生徒のうち240名（60％）が戦死した事実をもって、住民や学生を保護せず犠牲にした日本軍の軍事政策の残虐非道性をを明らかにする

122 戦傷病者戦没者遺族等援護法の解説（1989年3月6日）厚生省援護局援護課
【立証趣旨】①先の大戦で戦没した者、負傷した者に対して、法的にいかにして援護が行われているかを明らかにする。②戦闘参加者の処遇内容を明らかにする。③沖縄戦闘参加者の取扱の例

123 援護法Q＆A（2000年6月15日）厚生省社会・援護局援護課
【立証趣旨】①先の大戦で戦没した者、負傷した者に対して、法的にいかにして援護が行われているかを明らかにする。②戦闘参加者の処遇内容を明らかにする。③沖縄戦闘参加者の取扱の例

124 戦後処理の残された課題（2008年12月頃）社会労働調査室・宍戸伴久
【立証趣旨】①日本における一般市民の戦争被害の補償と対象。②例外的救済における一般市民の戦争被害の差別化・沖縄戦一般住民被害者のうち戦闘参加者と認定された者とそれ以外の者との差別が発生している事実。③沖縄戦における一般住民間戦争被害者に対する援護法の拡大適用と適用されない一般住民被害の差別化。④ドイツにおける一般市民の戦争被害の補償―人的被害の補償と物的被害の補償がなされている事実。⑤英国、フランス、アメリカにおける一般市民に対する戦争被害の補償がなされている事実

125 沖縄作戦における沖縄島民の行動に関する史実資料（1960年5月）陸上自衛隊幹部学校
【立証趣旨】①国・県・日本軍と共に一般住民保護対策を具体的にはほとんどとらなかった事実。②

日本軍が沖縄一般住民に通敵行為（スパイ）を疑っていた事実。③日本軍は対住民防諜対策を講じていた事実。④沖縄戦における一般住民の戦闘協力の特性として、1「国内線を戦い抜き、己の家屋敷を砦として戦線の前後、老若男女の区別なく最後まで戦った沖縄戦の場合には、自ら戦闘協力の線（即ち一般戦闘に関係のない住民と、軍の行動に協力した住民との区別）をかくすることが頗る困難な問題であること」、2「複雑多岐な様相を帯びている沖縄戦では、戦闘協力者と有給軍属、戦闘協力者と一般軍に無関係な住民との区別を如何なる一線でかくするか、誠に至難な問題が介在しており、結局総ゆる事例について調査糾明して最も明瞭なものから、逐次処理しつつ、その範囲を縮小していく必要があること」を被告国が認めていること（P41）

126 沖縄・台湾・硫黄島方面陸軍航空作戦（1970年7月30日）防衛庁防衛研修所戦史室
【立証趣旨】沖縄戦が大本営下で陸軍作戦、航空作戦、海軍作戦の三軍の総合総力戦体制で遂行された事実

127 沖縄方面海軍作戦（1968年7月30日）朝雲新聞社
【立証趣旨】沖縄戦が大本営下で陸軍作戦、航空作戦、海軍作戦の三軍の総合総力戦体制で遂行された事実

128 陸海軍年表 付・兵器・用語の解説（1980年1月20日）朝雲新聞社
【立証趣旨】旧日本軍陸海軍の使用した兵器や用語の解決

129 意見書〔被告国の「第1準備書面」の批判検討〕（2014年10月25日）西埜章
【立証趣旨】被告国が主張する①国家無答責論、②除斥期間の適用制限論、③戦争損害受任論、④公法上の危険責任否定論、⑤立法不作為の違法性否定論がいかに誤りであるかを明らかにする

130 PTSD 概念と諸問題（1997年）小西聖子
【立証趣旨】①沖縄戦による原告らのPTSDには権利濫用や信義則により除斥期間の適用が「排除」されること。②沖縄戦による原告らのPTSD被害が継続している限り20年期間の起算点は進行しない等

131 PTSD 被害と損害論・時効論（2003年）松本克美
【立証趣旨】①沖縄戦による原告らのPTSDには権利濫用や信義則により除斥期間の適用が「排除」されること。②沖縄戦による原告らのPTSD被害が継続している限り20年期間の起算点は進行しない等

132 沖縄戦における戦闘参加者の取扱いについて（1996年頃）旧厚生省
【立証趣旨】沖縄戦における戦闘参加者認定手続の運用基準が曖昧であり、恣意的であること

133 都市居住・災害復興・戦争補償と批判的「法の支配」（民法理論研究第4巻）北海道大学大学院法学研究科叢書（19）（2011年3月31日）吉田邦彦
【立証趣旨】①平成19年最判は、信義則による消滅時効の排除をした。②平成19年最判においては、民法158条や160条の類推適用という構成がとられていないこと

134 史料・太平洋戦争被害調査報告（1995年8月5日）中村隆英、宮崎正康
【立証趣旨】①被告国が昭和22年頃から沖縄県を除く46都道府県において太平洋戦争被害に関する実態調査を実施した事実。②被告国が戦後69年たっても沖縄県における太平洋戦争（沖縄戦や南洋戦）による戦争被害の実態調査を行っていない事実

135 第45回 九弁連大会シンポジウム報告集 日本の戦後処理を問う―復帰二十年の沖縄か

ら（1992年10月24日）九州弁護士会連合会
【立証趣旨】①1992年10月24日に那覇市で行われた表題のとおりのシンポジウム報告である。②日本の戦後処理問題、とりわけ沖縄被害問題を中心に解決すべき問題点が明らかにされた事実。③南西諸島守備大綱（32軍作成）。④戦闘参加者概況表（沖縄県生活福祉部援護課作成）。⑤その他の資料多数

136 沖縄戦　アメリカ軍戦時記録　第10軍G2㊙レポートより（1986年7月31日）上原正稔
【立証趣旨】①沖縄戦の戦闘経過の詳細。②南西諸島守備大綱（32軍作成）。③沖縄戦における軍人・住民被害の実態。④その他の資料多数

137 沖縄戦トップシークレット（1995年3月8日）上原正稔
【立証趣旨】①沖縄戦における戦闘行為の実態。②沖縄戦における住民被害など人的被害の実態。③その他

138 路傍の空襲被災者　戦後補償の空白（2010年3月10日）池谷好治
【立証趣旨】①援護史における一般戦災者の位置づけ。②軍人軍属と一般戦災者の処遇格差の実態。③沖縄戦一般戦災者に対する処遇の問題点。④その他統計資料

139 琉球弧の住民運動（1981年5月31日）CTS阻止闘争を拡げる会〈代表世話人・新崎盛暉〉
【立証趣旨】「沖縄県戦災傷病者の会（6歳未満）」が発足し、被災者の救済運動を行った事実

140 遺族年金等の請求について（1979年10月11日）厚生労働省
【立証趣旨】①沖縄戦被害者で戦闘参加者と認定された一般民間被害者と原告らが差別的な取扱いがなされている事実。②原告らに補償請求権が存在すること

141 質問主意書（1975年1月6日）喜屋武眞栄
【立証趣旨】①沖縄戦被害者で戦闘参加者と認定された一般民間被害者と原告らが差別的な取扱いがなされている事実。②原告らに補償請求権が存在すること

142 質問主意書（1975年2月4日）喜屋武眞栄
【立証趣旨】①沖縄戦被害者で戦闘参加者と認定された一般民間被害者と原告らが差別的な取扱いがなされている事実。②原告らに補償請求権が存在すること

143 答弁書（1975年2月21日）内閣総理大臣　三木武夫
【立証趣旨】①沖縄戦被害者で戦闘参加者と認定された一般民間被害者と原告らが差別的な取扱いがなされている事実。②原告らに補償請求権が存在すること

144 答弁書（1975年1月17日）内閣総理大臣　三木武夫
【立証趣旨】①沖縄戦被害者で戦闘参加者と認定された一般民間被害者と原告らが差別的な取扱いがなされている事実。②原告らに補償請求権が存在すること

145 沖縄戦戦闘協力死没者等見舞金支給要綱（1962年2月16日閣議決定）国立国会図書館
【立証趣旨】①沖縄戦被害者で戦闘参加者と認定された一般民間被害者と原告らが差別的な取扱いがなされている事実。②原告らに補償請求権が存在すること

146 対馬丸等遭難者の遺族に対する見舞金の支給に関する要綱（1972年8月19日）沖縄開発庁告示
【立証趣旨】①沖縄戦被害者で戦闘参加者と認定された一般民間被害者と原告らが差別的な取扱いがなされている事実。②原告らに補償請求権が存在すること

147 対馬丸遭難学童補償措置経緯（1992年10月24日）九州弁護士会連合会
【立証趣旨】①沖縄戦被害者で戦闘参加者と認定された一般民間被害者と原告らが差別的な取扱いがなされている事実。②原告らに補償請求権が存在すること（証拠135の一部である）

148 国家賠償法コンメンタール・第2版〔第4章・第3節 P.1137～1180〕（2014年3月30日）西埜章
【立証趣旨】原告らの主張する損害賠償請求権が、沖縄被害の特殊性からして民法724条後段の20年間の適用制限がなされるべきことなど

149 終戦から67年目にみる沖縄戦体験者の精神保健（2013年3月）沖縄戦トラウマ研究会
【立証趣旨】①沖縄戦によるトラウマなど外傷性精神障害の実態調査と研究がなされていること。②沖縄戦による外傷性精神障害の具体的症例など

150 新聞記事（2015年5月19日）琉球新報
【立証趣旨】①蟻塚亮二医師は『沖縄戦と心の傷』（証拠98）の著者であり、外傷性精神障害の研究者であり、それを専門とする精神科医である。②戦争により外傷性障害の具体的な症状例の説明

151 民法724条後段の20年期間の起算点と損害の発生―権利行使可能性に配慮した規範的損害顕在化時説の展開（2015年3月25日発行）松本克美
【立証趣旨】原告沖縄による外傷性精神障害や身体的後遺障害のある者について、民法724条後段の20年間の起算点が到来していないことなど

152 新聞記事（2014年3月20日）琉球新報
【立証趣旨】①『沖縄戦と心の傷』の著者・蟻塚亮二医師の診断経歴等について。②沖縄戦外傷性精神障害（PTSDを含む）の診断経歴等について

153 新聞記事（2015年6月7日）朝日新聞
【立証趣旨】①蟻塚亮二医師の沖縄戦による外傷性精神障害の診断経歴について。②沖縄戦による外傷性精神障害が朝日新聞全国版で掲載され、全国的に注目され日本社会全体の問題となってきたこと。③沖縄戦の悲惨な実態など

154 新聞記事（2015年6月10日）朝日新聞
【立証趣旨】①沖縄戦の悲惨な被害の実態。②蟻塚亮二医師が沖縄戦による外傷性精神障害の救済を説明していること。③朝日新聞が沖縄戦に関する被害などの実態等、沖縄戦による外傷性精神障害のことを大きく取り上げ、全国的な社会問題となっていることなど

155 意見陳述書（2015年6月10日）西埜章
【立証趣旨】①原告らに対する加害行為と原告らの被害の実態。②沖縄の加害と被害が特異なものである事実及びそのことが最高裁判所大法廷判決で事実認定され確定した判例となっていること。③被告国の主張する戦争被害受忍論・国家無答責論・除斥期間論が、少なくとも沖縄戦被害の原告らには適用されないこと。④被告国が原告らの被害につき、不法行為責任・公法上の危険責任・立法不作為責任を負うこと。⑤「戦闘参加者」認定基準及び運用基準が非合理的で恣意的なものであること。⑥「戦闘参加者」として認定された「準軍属」と認定されていない者との間に相対的な立法不作為の違法が生じていることなど

156 新聞記事（2015年6月10日）朝日新聞
【立証趣旨】①証拠154と一体となる記事であること。②沖縄戦による外傷性精神障害（心的外傷後

ストレス障害など）に心に傷をもつ住民が多数いること。③沖縄戦や収容所生活で家族を亡くした人の割合が64.5％を占めている事実。④日常生活の中で沖縄戦の体験を突然思い出すことがある人が64.9％を占めている事実

157　現代の病態に対する＜私の＞精神療法（2015年6月5日）金剛出版
【立証趣旨】精神科医（蟻塚亮二医師）による沖縄戦の外傷性精神障害の診断方法と実態、精神医学の立場の臨床研究と症病名の分析など

158　国の不法行為責任と公権力の概念史―国家賠償制度史研究（2013年2月28日）岡田正則
【立証趣旨】①国家無答責の法理が制定法上の根拠がないこと、判例上も確立されていないこと。②本件において不法行為が適用されていること。③被告国の見解・主張が根拠を欠き誤りであること。④国家賠償制度において行政救済制度の形成過程の到達点のまとめ

159　新聞記事（2015年6月14日）朝日新聞
【立証趣旨】①2015年6月14日、夜9～10時に放送されたNHKスペシャル「沖縄戦　全記録」に原告大城positiveが登場し、自分が強制「集団自決」にあったガマを案内し、事件当時の状況を語った事実。②特にこの番組が住民地域で日米の戦闘行為が実行され、そのため住民の犠牲者が圧倒的に増加したことが報道されたこと。③昭和20年5月31日の首里の32軍司令部陥落によって勝敗が決したこと。④その後6月23日までの20日余りで7万人近い住民が戦死した事実など

160　新聞記事（2015年6月17日）朝日新聞
【立証趣旨】①沖縄戦被害事実について、朝日新聞が全国報道した事実。②沖縄戦被害について、意識調査の結果とその被害事実の継承について。③沖縄戦被害がいまだに被害回復なされていない事実など

161　新聞記事（2015年6月18日）朝日新聞
【立証趣旨】①沖縄戦における住民被害の実態。②「集団自決」の事実とその場所。③日本軍による住民被害のあった事実とその場所。④沖縄戦が本土決戦への時間稼ぎとされ、捨て石となった事実。⑤沖縄県民4人に1人が死亡した事実

162の1　新聞記事（2015年6月19日）朝日新聞
【立証趣旨】①沖縄戦における住民被害の具体的例。②沖縄住民が集団自決した理由

162の2　新聞記事（2015年6月19日）朝日新聞
【立証趣旨】精神科医蟻塚亮二氏による、沖縄戦による外傷性精神障害の具体例と深刻な実態

163　新聞記事（2015年6月24日）朝日新聞
【立証趣旨】①沖縄戦において年少者が少年兵として戦闘参加させられ、秘密遊撃隊（ゲリラ戦）に編成され、被害を被った事実。②大本営の軍事方針が沖縄の正規軍による戦闘終了後も、沖縄を本土防衛の捨て石にするために、長期のゲリラ戦を展開する方針であった事実

164　シリーズ戦争孤児3　沖縄の戦場孤児―鉄の雨を生き抜いて（2015年1月）平井美津子
【立証趣旨】①沖縄戦における戦争孤児の発生と悲惨な実態・運命。②沖縄の戦時孤児院の数と実態。③原告神谷洋子（原告№15）が取り上げられている（P14～17）等

165　ニミッツの太平洋海戦史（1992年8月30日）チェスター・W・ニミッツ　エルマー・B・ポッター
【立証趣旨】①太平洋戦争におけるアメリカ海軍が日本軍といかに闘ってきたか。②アメリカ海軍が潜水艦作戦を実施した事実。③アメリカ海軍の沖縄攻略戦等

166 沖縄戦史　研究序説　国家総力戦・住民戦力化・防諜（2011年2月10日）玉木真哲
　　【立証趣旨】①日本軍の国家総力戦の内容。②日本軍の沖縄住民戦力化の方針と具体化。③日本軍の沖縄住民に対する防諜対策。④日本軍の沖縄住民虐殺の原因と住民を保護しなかった理由等

167 改訂版・沖縄戦　民衆の眼でとらえる［戦争］（1985年6月23日）大城将保
　　【立証趣旨】①沖縄戦における住民被害の実態。②沖縄戦における日本軍による住民虐殺の実態と「集団自決」の原因と実態。③沖縄戦と本土の空襲被害との相違点等

168 農兵隊―鍬の少年兵士（1996年11月20日）福地曠昭
　　【立証趣旨】①日本軍が沖縄戦遂行のために食糧増量の必要性から少年を対象に農兵隊を組織した事実。②沖縄戦において総動員体制としての少年徴用がなされた事実等。③沖縄住民被害の実態等

169 沖縄　陸・海・空の血戦（1971年6月28日）B・M・フランク
　　【立証趣旨】①日米軍の陸・海・空の血戦といわれた沖縄決戦が英国の当時首相チャーチルをして、「世界の軍事史上もっとも苛烈で有名な戦い」であり、沖縄の民間人が多数犠牲になった事実。②沖縄戦の詳細な激烈な戦闘経過。③沖縄戦の民間人被害をはじめとする被害の実相（P209～210）。④アメリカ軍が新兵器（ナパーム弾や火炎放射器など）を使用した事実等

170 沖縄戦敗兵日記（1974年10月15日）野村正起
　　【立証趣旨】①沖縄戦に参戦した日本軍の一等兵から見た沖縄戦の苛烈な実態。②日本軍が沖縄住民(中学生、女学校生、老年など)を根こそぎ動員して強制的に戦闘に参加させた事実。③沖縄戦における住民被害の実相等

171 沖縄戦　野戦重砲　第一連隊　兵士の記録（2005年8月10日）山梨清二郎
　　【立証趣旨】①日本軍の砲兵隊として沖縄戦を闘った兵士が体験した沖縄戦の過酷な実体。②日本軍の沖縄一般住民に対する加害行為。③一般住民の被害実態（P152他）

172 証言　沖縄戦の日本兵―60年の沈黙を超えて（2008年12月19日）國森康弘
　　【立証趣旨】①沖縄戦を闘った日本兵が自己体験・見聞により沖縄戦の実相を具体的明らかにしていること。②日本軍による沖縄住民への様々な加害行為の実体と実相。③日本軍兵士の沖縄女性に対する強姦の事実。④日本軍の強制による集団自決の実態。⑤日本軍による住民虐殺の実態。⑥日本軍による壕追い出しの実態。⑦日本軍による強盗・強奪行為の具体例。⑧日本軍による食糧をめぐる住民に対する暴行・脅迫・処刑の実態等

173 対馬丸　沈む　垣花国民学校四年生上原清　地獄の海より生還す（2006年8月22日）
　　上原清
　　【立証趣旨】①疎開船の対馬丸に乗船した生還者の手記。②同船へ乗船の経過。③撃沈時の地獄の海の状況。④被害の実態等

174 沖縄戦の記録　日本軍と戦争マラリア（2004年2月5日）宮良作
　　【立証趣旨】①日本軍による八重山群島での食糧強奪。②日本軍の「軍令」による強制避難令が原因でマラリアが発生した事実。③八重山群島におけるマラリア発生の実態と死者の数（4000人の死者）等

175 鎮魂の地図　沖縄戦・一家全滅の屋敷跡を訪ねて（2015年3月25日）大城弘明
　　【立証趣旨】①沖縄戦における一家全滅の実態。②糸満市における一家全滅の実態。③沖縄戦における戦闘が住民居住地を中心に行われ、一般民間人が多数犠牲となった事実。④日本軍は沖縄住民を保

護しなかった事実等

176 　ドキュメント　沖縄1945（2005年8月10日）玉木研二
　　【立証趣旨】①沖縄戦の戦闘経過の詳細。②沖縄戦が本土の捨て石とされた事実。③沖縄の被害の実態。④民間人の深刻な被害等

177 　沖縄県史　各論編第五巻　近代（2011年3月31日）沖縄県文化振興会史料編集室
　　【立証趣旨】①沖縄県における国家総動員体制の確立の経過。②32軍の創設の経過。③沖縄住民動員体制。④32軍牛島満軍司令官の7項の訓示。⑤軍民雑居と陣地構築の経過と実態。⑥学童疎開の経過。⑦軍官民共生共死の一体化の方針の意味するもの―住民犠牲の必然性と被害の実態

178 　生と死・いのちの証言　沖縄戦（2008年8月30日）行田稔彦
　　【立証趣旨】①沖縄県では軍人よりも住民の死者が多く、日本軍（天皇の軍隊）のために、住民が死に追いやられたことが沖縄戦の特徴である。日本軍の「軍官民共生共死の方針」が住民一人一人に浸透し、強制退去・食糧強奪・戦場動員・壕追い出・スパイ容疑での虐殺・自殺の強要など、住民被害を広げていった事実を体験者の「証言」を通して明らかにする。②一般住民を安全に保護する立場にあった日本軍は、一般住民を保護せずに加害者となった事実を「証言」を通して明らかにする

179 　沖縄戦　米兵は何を見たか―50年後の証言（1996年8月5日）吉田健正
　　【立証趣旨】①著者は1941年に激戦地となる沖縄本島南部の当時の兼城で生れ4歳の頃沖縄戦を体験し、戦場をさまよい九死に一生を得た。米国ミズーリ大学院で修士号を取得後、14年間カナダ大使館勤務。桜美林大学国際学部教授。退職。専門はカナダの政治とアメリカ合衆国の現代政治。②著者が現認した沖縄戦の戦場の体験とその後、語学力を生かし沖縄に参戦した各兵の体験やアメリカ軍の軍事資料を分析し、沖縄におけるアメリカ軍兵士から見た沖縄戦の実態、特に沖縄住民被害の実態について明らかにする

180 　沖縄海軍部隊の最後（1971年7月）宮里一夫
　　【立証趣旨】①沖縄海軍部隊の沖縄戦における戦闘経過。②沖縄県民の「自己犠牲的協力」に対し、昭和20年6月6日、大田司令官が海軍次官宛てに「沖縄県民かく戦えり、県民に対し後世特別のご高配を賜らんことを」と、沖縄県民の犠牲と将来を憂えた切々たる電文を発電した事実

181 　裁かれた沖縄戦（1989年12月15日）安仁屋政昭
　　【立証趣旨】①第3次家永教科書裁判を通して裁かれた「集団自決」「住民虐殺」など住民被害の実態について明らかにする。②沖縄戦における一般住民の戦死者が15万人を上回ると推定されること（P134～135）

182 　太平洋戦争（2002年7月16日）家永三郎
　　【立証趣旨】①太平洋戦争の歴史的経過。②太平洋戦争が侵略戦争であったこと。③太平洋戦争における国内外における住民被害の実態。④太平洋戦争で失ったもの、得たもの

183 　最後の決戦　沖縄（2013年4月24日）吉田俊雄
　　【立証趣旨】①著者は元大本営海軍参謀である。②沖縄戦の日米軍の激烈な戦闘の実態。③最初にして最後の国内戦であった沖縄戦が、本土の「捨て石」となり、狭い沖縄において住民居住区を中心に日本軍10万人、米軍18万人の激戦のため逃げ場のない沖縄県民の犠牲が甚大にのぼったこと。④日本軍が沖縄一般住民（非戦闘員）の保護策をとらなかった事実（P259～260、P302～308）。⑤沖縄県民が献身的に日本軍に協力してきた事実（P300～302）。⑥昭和20年5月30日頃の島尻地

区の狭い戦場に混在していた沖縄県民は約30万人とみられていたが、日本軍が住民保護策をとらなかった事実（P302～303）。⑦大本営と日本軍が首里撤退の頃に沖縄戦をやめて休戦協定等を結ぶか降伏して沖縄戦を終結させておけば原告らを始め住民犠牲は7～8割は減ったと推定できること。

184の1　憲法義解（1889年6月1日）伊藤博文
　【立証趣旨】①明治憲法制定の中心となった伊藤博文の著書である。②著者は天皇主権の明治憲法の制定に当たってでさえ「憲法を設く趣旨は第1、君権を制限し、第2、臣民の権利を保全することにある」と説明している事実。③この明治憲法の第2の趣旨からして、本件訴訟で原告らが主張している軍隊に「国民保護義務」があることの根拠となること

184の2　新聞記事（2013年5月30日）朝日新聞
　【立証趣旨】明治憲法制定の趣旨として「君権を制限し、臣民の権利を保全することにある」と制定者の伊藤博文が述べていると解説していること

185　空襲罹災者の保護（1944年5月10日）増子正宏
　【立証趣旨】戦前戦中において軍人軍属以外の一般住民の空襲被害の場合も補償されていた事実

186　祖川武夫論文集　国際法と戦争違反化―その論理構造と歴史性（2004年5月20日）小田滋、石本泰雄
　【立証趣旨】①国際法の発展が戦争違法化にあり、論理的かつ歴史的根拠を明らかにすること。②沖縄戦の実態からみて、アメリカ軍の攻撃が焼夷弾による那覇空襲や艦砲射撃、潜水艦攻撃などが国際法上違法であること

187　戦後補償と国際人道法―個人の請求権をめぐって（2005年10月31日）申惠丰 他
　【立証趣旨】①国際人道法の趣旨に従い、戦争被害者個人の救済・補償を行うべきとする法的根拠を明らかにする。②沖縄戦における一般住民被害が国際法上から見ても「違法」とみなされること

188　戦争犯罪の構造　日本軍はなぜ民間人を殺したのか（2007年2月20日）田中利幸
　【立証趣旨】①日本軍がアジアにおける各戦争において占領地・占領地の一般住民を虐殺した具体例と原因。②沖縄戦における日本兵の住民虐殺等の原因

189　引揚げと援護三十年の歩み（1978年4月5日）厚生省援護局
　【立証趣旨】①軍人軍属中心の援護行政が行われてきた事実。②被告国が沖縄戦における一般住民被災者を援護してこなかったことの不当性など

190　日本の戦後補償（1994年7月30日）日本弁護士連合会
　【立証趣旨】①日本の戦後補償の実態。②一般民間人の被災者の差別的に補償されていないことの不法性と不当性。③沖縄戦一般民間被災者が補償されるべきこと

191　戦時・軍事法令集（1984年3月20日）現代法制史料編纂会
　【立証趣旨】太平洋戦争当時の戦前の軍事関係法、戦時特別法、条約、詔勅等を明らかにして、原告らの請求の正当性を明らかにする

192　戒厳令（1978年2月20日）大江志乃夫
　【立証趣旨】①戒厳令の内容。②戒厳令の発動例。③沖縄戦において戒厳令が発動されなかったこと

193　徴兵制（1981年1月20日）大江志乃夫
　【立証趣旨】①戦前の日本の徴兵制度。②徴兵令の内容について（3）沖縄戦における「徴兵」が徴兵令に反して実施された例もあること

194 　戦争責任（1978年7月）家永三郎
　　【立証趣旨】①太平洋戦争における日本の戦争責任。②戦争責任の内容

195 　私の沖縄戦記　前田高地・六十年目の証言（2006年6月23日）外間守善
　　【立証趣旨】沖縄生まれで法政大学名誉教授の著者が、戦時中に沖縄師範学校在学中に、現地入隊し最激戦地前田高地の戦いに参加し、奇跡的に生還したことなどの体験記を通して、沖縄戦において学生・少年・一般市民の犠牲が甚大にのぼったことを明らかにする。

196 　沖縄戦史（1959年11月1日）執筆者代表・上地一史
　　【立証趣旨】①沖縄戦の実相と戦闘経過。②日本軍の沖縄一般住民に対する加害行為とその実態(P203～219)。③北部戦線における日本軍の住民殺害の例(P121～122、P129)。④一般住民を守らなかった日本軍

197 　細川日記　下（1979年8月10日）細川護貞
　　【立証趣旨】①近衛文麿首相の秘書官として沖縄10・10大空襲の現地調査担当者の報告を受け、空襲の惨状と「日本軍の沖縄一般住民に対する横暴な振る舞い、婦女子を陵辱するという占領地の如き行為をした状況にあった事実及び日本軍がそもそも沖縄住民に対し加害行為を行い、保護する立場になかった事実（P334～336）。②昭和20年2月16日の日記に、近衛首相が天皇に対して戦争をやめることを上奏（近衛上奏）した旨記載されている事実(P352～354)

198 　ペリリュー・沖縄戦記（2008年8月7日）E・Bスレッジ
　　【立証趣旨】①ペリリュー島攻略戦に参加したアメリカ第一海兵師団が沖縄戦上陸作戦と戦闘行為に参加し、主導的役割を果たした事実。②地獄の沖縄戦の実態。③沖縄戦の住民被害の実態

199 　大元帥・昭和天皇（1994年10月30日）山田朗
　　【立証趣旨】①沖縄戦をはじめアジア太平洋戦争における天皇の指導責任(P289～320)。②沖縄戦における天皇の責任(P295)

200 　沖縄戦が問うもの（2010年6月11日）林博史
　　【立証趣旨】①沖縄一般住民の被害の実態。②日本軍の沖縄一般住民に対する加害行為の実態。③日本軍による残虐行為の実態。④日本軍は沖縄住民を守らず、加害者となった事実

201 　沖縄戦　強制された「集団自決」（2009年6月20日）林博史
　　【立証趣旨】①住民が犠牲にされた沖縄戦の実態。②「集団自決」発生の全般的要因(P170以下)。③「集団自決」の軍人の個人責任と国家責任(P233以下)

202 　沖縄戦と民衆（2001年12月7日）林博史
　　【立証趣旨】①筆者は沖縄戦研究の第一人者である。②沖縄戦において住民が犠牲となった原因と経過。③日本軍の住民加害の実態と住民被害の実態。④住民を保護しなかった日本軍

203 　沖縄戦の真実と歪曲（2007年9月10日）大城将保
　　【立証趣旨】①筆者は沖縄戦研究の第一人者である。②「集団自決」の実態と原因。③日本軍の住民に対する加害行為の実態。④住民を保護しなかった日本軍の実態

204 　沖縄陸軍病院南風原壕（2010年6月23日）吉浜忍　他
　　【立証趣旨】①南風原には、日本軍の陣地が各部落（集落）に配置・構築され、日本軍と住民が混在していた実態。②激戦地・戦場となった南風原の村民の戦死の実態。③戦争遺跡文化財して全国第1号となった沖縄陸軍病院南風原壕を通して、沖縄戦の住民被害と日本軍の加害の実態・沖縄戦の実相

を明らかにする

205 沖縄大観（1953年4月4日）西銘順治
【立証趣旨】①戦前における沖縄各産業の実情と沖縄戦による破壊と戦後の状況。②沖縄戦における人的被害・犠牲者数の実態。③沖縄戦により喪失した名勝旧跡

206 糸満市史　資料編7　戦時資料上巻（2003年12月26日）糸満市史編集委員会
【206、207立証趣旨】①現在の糸満市は沖縄戦の最大の激戦地であった南部地域の当時の糸満町、兼城村、眞壁村、喜屋武村、摩文仁村が合併したものである。なお、眞壁村、喜屋武村、摩文仁村は、昭和21年5月10日に戦争による人口激減等のため、新たに三和村として出発した。その経過を経て三和村が糸満市と合併。②南部地域における日本軍の配備状況と陣地構築の実態。③日米両軍が住民居住地区を最大の戦場として戦闘行為を行った実態。④南部地域全般にわたる日本軍の住民に対する加害行為と住民被害の実態。⑤米軍の住民虐殺の実態

207 糸満市史　資料編7　戦時資料下巻―戦時記録・体験談（1998年11月30日）糸満市史編集委員会

208 浦添市史　第五巻資料編4　上（1984年3月31日）浦添市史編集委員会
【208、209の1立証趣旨】①沖縄中部の激戦地であった浦添で住民地区で行われた日米の戦闘行為の実態。②浦添地域における日本軍の配備と陣地構築の実態。③住民被害の実態と日本軍の住民に対する残虐行為。④人口激減と一家全滅

209の1　浦添市史　第五巻資料編4　下（1984年3月31日）浦添市史編集委員会・編集

209の2　浦添市史　第五巻資料編4　戦争体験記録・別刷付録（1984年3月31日）浦添市史編集委員会
【209の1、2の立証趣旨】浦添市における一般住民が援護法上の戦闘参加者に該当すると認定された準軍属の戦死状況と戦死者数（年齢・性別・戦死地・戦死時期）

210 玉城村史第6巻　戦時記録編（2004年3月31日）玉城村史編集委員会
【立証趣旨】①南部の玉城村の住民居住地区で行われた日米の戦闘行為の実態。②玉城村における日本軍の配備状況と陣地構築の実態。③玉城村における住民被害の実態。④日本軍による住民加害の実態

211 知念村史　第3巻　戦争体験（1994年7月30日）知念村史編集委員会
【立証趣旨】①南部の知念村の住民居住地における日米の激戦の実態。②知念村における日本軍の配備状況と陣地構築の実態。③知念村における住民被害の実態。④日本軍による住民加害の実態

212 南風原が語る沖縄戦　南風原町史　第3巻　戦争編ダイジェスト版（1999年3月31日）南風原町史戦争部会専門委員会
【立証趣旨】①南部の南風原町の住民居住地で行われた日米の激戦の実態。②南風原町における日本軍の配備状況と陣地構築の実態。③南風原町における住民被害の実態。④南風原町内の日本軍の住民加害行為とその実態

213 与那覇が語る沖縄戦　南風原町沖縄戦戦災調査5（1992年3月）南風原町史編集事務局
【立証趣旨】①南風原町字与那覇地区における日本軍の配備状況と陣地構築の実態。②「与那覇」における日米の戦闘状況。③「与那覇」における住民被害の実態。④「与那覇」における日本軍の住民に対する加害行為の実態

214の1　大名が語る沖縄戦　南風原町沖縄戦戦災調査6（1993年3月）南風原町史編集事務局

491

【立証趣旨】南風原町字大名に関する被害立証、立証趣旨は上記212、213の①〜④と同じ
214の2　宮平が語る沖縄戦　南風原町沖縄戦戦災調査7（1993年3月）南風原町史編集事務局
　　　【立証趣旨】南風原町字宮平に関する被害立証、立証趣旨は上記212、213の①から④と同じ
215　山川が語る沖縄戦　南風原町沖縄戦戦災調査8（1994年3月）南風原町史戦災調査部会
　　　【立証趣旨】南風原町字山川に関する被害立証、立証趣旨は上記212、213の①から④と同じ
216　照屋が語る沖縄戦　南風原町沖縄戦戦災調査9（1994年3月）南風原町史戦災調査部会
　　　【立証趣旨】南風原町字照屋に関する被害立証、立証趣旨は上記212、213の①から④と同じ
217　新川が語る沖縄戦　南風原町沖縄戦戦災調査10（1995年3月）南風原町史戦災調査部会
　　　【立証趣旨】南風原町字新川に関する被害立証、立証趣旨は上記212、213の①から④と同じ
218　本部が語る沖縄戦　南風原町沖縄戦戦災調査11（1995年6月23日）南風原町史戦災調査部会
　　　【立証趣旨】南風原町字本部に関する被害立証、立証趣旨は上記212、213の①から④と同じ
219　神里が語る沖縄戦　南風原町沖縄戦戦災調査12（1996年8月15日）南風原町史戦災調査部会
　　　【立証趣旨】南風原町字神里に関する被害立証、立証趣旨は上記212、213の①から④と同じ
220　南風原の学童疎開　もうひとつの沖縄戦（1991年3月）吉浜忍
　　　【立証趣旨】南風原の学童疎開の実態と問題点（日本軍による強制疎開であること）
221　読谷村史　第五巻資料編4　戦時記録上巻（2002年3月29日）読谷村史編集委員会
　　　【立証趣旨】①沖縄中部の米軍上陸地である読谷村は日米の戦闘地域。②住民被害の実態。③日本軍の住民に対する加害行為の実態
222　読谷村史　第五巻資料編4　戦時記録下巻（2004年3月31日）読谷村史編集委員会
　　　【立証趣旨】①沖縄中部の米軍上陸地である読谷村は日米の戦闘地域。②住民被害の実態。③日本軍の住民に対する加害行為の実態
223　読谷村史　第五巻資料編4　戦時記録上巻附録　読谷山村の各字戦時概況図及び屋号等一覧表（2002年3月29日）読谷村史編集委員会
　　　【立証趣旨】①沖縄中部の米軍上陸地である読谷村は日米の戦闘地域。②住民被害の実態。③日本軍の住民に対する加害行為の実態
224　金武町史　第二巻　戦争・本編（2002年3月31日）金武町史編さん委員会
225　金武町史　第二巻　戦争・証言編（2002年3月31日）金武町史編さん委員会
226　金武町史　第二巻　戦争・資料編（2002年3月31日）金武町史編さん委員会
　　　【224から226立証趣旨】①沖縄北部の金武町における日米軍の戦闘行為の実態。②住民被害の実態。③日本軍による住民加害行為の実態。④米軍の住民強制収容所とその実態
227　本部町史　通史編・上（1994年10月31日）本部町史編集員会
228　本部町史　通史編・下（1994年10月31日）本部町史編集員会
　　　【227、228立証趣旨】①沖縄北部の本部町における日本軍の部隊配備状況と陣地構築の実態。②本部半島における日本軍のゲリラ戦と日米の戦闘行為。③本部半島における住民被害の実態。④本部半島における日本軍の住民虐殺など一般住民加害の実態
229　伊江村史　下巻（1980年3月1日）伊江村史編集委員会
　　　【立証趣旨】①沖縄北部の離島の伊江島における日本軍の部隊配備と陣地構築の実態・状況。②伊江島における日米の戦闘行為の実態。③伊江島における日本軍による「集団自決」の実態。④伊江島に

おける日本軍の住民虐殺の実態

230 渡嘉敷村史　通史編（1990年3月31日）渡嘉敷村史編集委員会
【立証趣旨】①沖縄中部の離島の渡嘉敷村における住民被害の実態。②日本軍による「集団自決」と住民斬殺の実例と実態

231 大宜味村史　通史編（1979年3月31日）大宜味村史編集委員会
【立証趣旨】①沖縄北部の大宜味村での日米軍の戦闘行為の実態。②大宜味村での住民被害の実態。③日本軍による住民虐殺の例と実態

232 糸数字誌（2012年3月30日）糸数字誌編集委員会
【立証趣旨】①沖縄守備軍（第32軍）の玉城村における部隊と陣地構築。②玉城村糸数一区における一般住民居住区で行われた日米の戦闘状況。③糸数一区の区民の戦死者の状況。④糸数一区の住民戦災状況。⑤日本軍は糸数区民を守らず、加害行為を行った事実。⑥日本軍に壕を追い出され戦死した糸数区民の実態。⑦日本軍により「集団自決」させられた区民

233 特攻と沖縄戦の真実（2015年6月30日）森山康平
【立証趣旨】①沖縄戦における住民被害の原因と実態。②沖縄戦における日本軍による強制「集団自決」、住民斬殺、食糧強奪などの非道行為の実態。③壕追い出し等の住民被害の原因となった実態。④日本軍が住民を守らなかったこと及び住民に加害行為を行った実態。⑤沖縄戦における天皇の戦争責任

234 往還する〈戦時〉と〈現在〉—日本帝国陸軍における「戦争神経症」（2015年1月31日）中村江里
【立証趣旨】①戦場心理の特徴。②戦時神経症の定義と具体的症状。③戦時、戦場に起因する精神神経疾患。④戦争と精神疾患の「起因」性。⑤日本帝国陸軍が明治初期の陸軍発足以来、継続して戦争・戦場と精神疾患、兵士の精神疾患とその種類・治療方法等について調査研究等を重ねてきた事実。⑥戦争犠牲者に対する補償・援護制度と戦時精神疾患。⑦沖縄戦における一般住民被害者の精神疾患の原因と症例。⑧日本軍が上記⑤の調査・研究等の実績からすれば、沖縄戦において沖縄一般住民の精神疾患が発生することが予見し得たこと

235 診断書〔稲福和男　原告番号2〕（2015年7月17日）蟻塚亮二
【立証趣旨】①沖縄戦の戦時・戦場体験に起因する外傷性精神障害（記憶の再想起）に罹患した事実。②、①により現在まで精神的肉体的苦痛が継続し、日常生活に重大な支障をきたし、労働能力も制限されている事実及び、これらのことは将来にわたっても改善されない蓋然性が高いこと

236 診断書〔上運天トミ　原告番号3〕（2015年7月12日）蟻塚亮二
【立証趣旨】①沖縄戦の戦時・戦場体験に起因する外傷性精神障害（心的外傷後ストレス障害）に罹患した事実。②、①により現在まで精神的肉体的苦痛が継続し、日常生活に重大な支障をきたし、労働能力も制限されている事実及びこれらのことは将来にわたっても改善されない蓋然性が高いこと

237 診断書〔上間千代子　原告番号5〕（2015年6月13日）蟻塚亮二
【立証趣旨】①沖縄戦の戦時・戦場体験に起因する外傷性精神障害（心的外傷後ストレス障害、解離性障害、トラウマ後回避性人格障害）に罹患した事実。②、①により現在まで精神的肉体的苦痛が継続し、日常生活に重大な支障をきたし、労働能力も制限されている事実及び、これらのことは将来にわたっても改善されない蓋然性が高いこと

238 診断書〔内間善孝　原告番号6〕（2015年6月13日）蟻塚亮二

【立証趣旨】①沖縄戦の戦時・戦場体験に起因する外傷性精神障害（心的外傷後ストレス障害、トラウマ後の回避性人格障害）に罹患した事実。②、①により現在まで精神的肉体的苦痛が継続し、日常生活に重大な支障をきたし、労働能力も制限されている事実及び、これらのことは将来にわたっても改善されない蓋然性が高いこと

239 診断書〔大城 勲 原告番号8〕（2015年6月13日）蟻塚亮二
【立証趣旨】①沖縄戦の戦時・戦場体験に起因する外傷性精神障害（トラウマ後回避性人格障害）に罹患した事実。②、①により現在まで精神的肉体の苦痛が継続し、日常生活に重大な支障をきたし、労働能力も制限されている事実及び、これらのことは将来にわたっても改善されない蓋然性が高いこと

240 診断書〔大城トミ 原告番号10〕（2015年6月13日）蟻塚亮二
【立証趣旨】①沖縄戦の戦時・戦場体験に起因する外傷性精神障害（戦争体験によるストレストラウマ反応）に罹患した事実。②、①により現在まで精神的肉体の苦痛が継続し、日常生活に重大な支障をきたし、労働能力も制限されている事実及び、これらのことは将来にわたっても改善されない蓋然性が高いこと

241 診断書〔大城政子 原告番号11〕（2015年6月13日）蟻塚亮二
【立証趣旨】①沖縄戦の戦時・戦場体験に起因する外傷性精神障害（心的外傷後ストレス障害、トラウマ後回避性人格障害）に罹患した事実。②、①により現在まで精神的肉体の苦痛が継続し、日常生活に重大な支障をきたし、労働能力も制限されている事実及び、これらのことは将来にわたっても改善されない蓋然性が高いこと

242 診断書〔大城安信 原告番号12〕（2015年4月28日）蟻塚亮二
【立証趣旨】①沖縄戦の戦時・戦場体験に起因する外傷性精神障害（心的外傷後ストレス障害、身体表現性障害）に罹患した事実。②、①により現在まで精神的肉体的苦痛が継続し、日常生活に重大な支障をきたし、労働能力も制限されている事実及び、これらのことは将来にわたっても改善されない蓋然性が高いこと

243 診断書〔大嶺宗利 原告番号14〕（2015年7月17日）蟻塚亮二
【立証趣旨】①沖縄戦の戦時・戦場体験に起因する外傷性精神障害（心的外傷後ストレス障害）に罹患した事実。②、①により現在まで精神的肉体的苦痛が継続し、日常生活に重大な支障をきたし、労働能力も制限されている事実及び、これらのことは将来にわたっても改善されない蓋然性が高いこと

244 診断書〔神谷洋子 原告番号15〕（2015年4月28日）蟻塚亮二
【立証趣旨】①沖縄戦の戦時・戦場体験に起因する外傷性精神障害（心的外傷後ストレス障害、解離性障害、パニック障害）に罹患した事実。②、①により現在まで精神的肉体的苦痛が継続し、日常生活に重大な支障をきたし、労働能力も制限されている事実及び、これらのことは将来にわたっても改善されない蓋然性が高いこと

245 診断書〔宜保千恵子 原告番号16〕（2015年7月17日）蟻塚亮二
【立証趣旨】①沖縄戦の戦時・戦場体験に起因する外傷性精神障害（過覚醒不眠）に罹患した事実。②、①により現在まで精神的肉体的苦痛が継続し、日常生活に重大な支障をきたし、労働能力も制限されている事実及び、これらのことは将来にわたっても改善されない蓋然性が高いこと

246 診断書〔金城眞德 原告番号18〕（2015年6月13日）蟻塚亮二

【立証趣旨】①沖縄戦の戦時・戦場体験に起因する外傷性精神障害（心的外傷後ストレス障害、身体表現性障害、解離性障害）に罹患した事実。②、①により現在まで精神的肉体的苦痛が継続し、日常生活に重大な支障をきたし、労働能力も制限されている事実及び、これらのことは将来にわたっても改善されない蓋然性が高いこと

247　診断書〔金城千枝　原告番号19〕（2015年6月13日）蟻塚亮二
【立証趣旨】①沖縄戦の戦時・戦場体験に起因する外傷性精神障害（身体表現性障害）に罹患した事実。②①により現在まで精神的肉体的苦痛が継続し、日常生活に重大な支障をきたし、労働能力も制限されている事実及び、これらのことは将来にわたっても改善されない蓋然性が高いこと

248　診断書〔古波倉政子　原告番号21〕（2015年6月13日）蟻塚亮二
【立証趣旨】①沖縄戦の戦時・戦場体験に起因する外傷性精神障害（心的外傷後ストレス障害、解離性障害、トラウマ後回避性人格障害）に罹患した事実。②、①により現在まで精神的肉体的苦痛が継続し、日常生活に重大な支障をきたし、労働能力も制限されている事実及び、これらのことは将来にわたっても改善されない蓋然性が高いこと

249　診断書〔豊見山貢宜　原告番号24〕（2015年7月12日）蟻塚亮二
【立証趣旨】①沖縄戦の戦時・戦場体験に起因する外傷性精神障害（パニック障害、解離性意識障害、心的外傷後ストレス障害）に罹患した事実。②、①により現在まで精神的肉体的苦痛が継続し、日常生活に重大な支障をきたし、労働能力も制限されている事実及び、これらのことは将来にわたっても改善されない蓋然性が高いこと

250　診断書〔比嘉千代子　原告番号27〕（2015年6月13日）蟻塚亮二
【立証趣旨】①沖縄戦の戦時・戦場体験に起因する外傷性精神障害（心的外傷後ストレス障害）に罹患した事実。②、①により現在まで精神的肉体的苦痛が継続し、日常生活に重大な支障をきたし、労働能力も制限されている事実及び、これらのことは将来にわたっても改善されない蓋然性が高いこと

251　診断書〔前原生子　原告番号28〕（2015年7月17日）蟻塚亮二
【立証趣旨】①沖縄戦の戦時・戦場体験に起因する外傷性精神障害(回避性人格障害、外傷性否定的認知、過覚醒刺激)に罹患した事実。②、①により現在まで精神的肉体的苦痛が継続し、日常生活に重大な支障をきたし、労働能力も制限されている事実及び、これらのことは将来にわたっても改善されない蓋然性が高いこと

252　診断書〔又吉康鐵　原告番号29〕（2015年7月17日）蟻塚亮二
【立証趣旨】①沖縄戦の戦時・戦場体験に起因する外傷性精神障害(外傷性否定的認知)に罹患した事実。②①により現在まで精神的肉体的苦痛が継続し、日常生活に重大な支障をきたし、労働能力も制限されている事実及び、これらのことは将来にわたっても改善されない蓋然性が高いこと

253　診断書〔又吉眞雄　原告番号30〕（2015年7月17日）蟻塚亮二
【立証趣旨】①沖縄戦の戦時・戦場体験に起因する外傷性精神障害（心的外傷後ストレス障害、回避性人格障害）に罹患した事実。②、①により現在まで精神的肉体的苦痛が継続し、日常生活に重大な支障をきたし、労働能力も制限されている事実及び、これらのことは将来にわたっても改善されない蓋然性が高いこと

254　診断書〔宮里清昌　原告番号33〕（2015年7月17日）蟻塚亮二
【立証趣旨】①沖縄戦の戦時・戦場体験に起因する外傷性精神障害（心的外傷後ストレス障害）に罹

患した事実。②、①により現在まで精神的肉体的苦痛が継続し、日常生活に重大な支障をきたし、労働能力も制限されている事実及び、これらのことは将来にわたっても改善されない蓋然性が高いこと

255　診断書〔山川幸子　原告番号36〕（2015年6月13日）蟻塚亮二
【立証趣旨】①沖縄戦の戦時・戦場体験に起因する外傷性精神障害（心的外傷後ストレス障害、トラウマ後回避性人格障害）に罹患した事実。②、①により現在まで精神的肉体の苦痛が継続し、日常生活に重大な支障をきたし、労働能力も制限されている事実及び、これらのことは将来にわたっても改善されない蓋然性が高いこと

256　診断書〔山城照子　原告番号37〕（2015年6月13日）蟻塚亮二
【立証趣旨】①沖縄戦の戦時・戦場体験に起因する外傷性精神障害（心的外傷後ストレス障害、身体表現性障害、パニック障害、解離性障害）に罹患した事実。②、①により現在まで精神的肉体的苦痛が継続し、日常生活に重大な支障をきたし、労働能力も制限されている事実及び、これらのことは将来にわたっても改善されない蓋然性が高いこと

257　診断書〔與古田光順　原告番号39〕（2015年6月13日）蟻塚亮二
【立証趣旨】①沖縄戦の戦時・戦場体験に起因する外傷性精神障害（心的外傷後ストレス障害、パニック障害、非定型うつ病）に罹患した事実。②、①により現在まで精神的肉体的苦痛が継続し、日常生活に重大な支障をきたし、労働能力も制限されている事実及び、これらのことは将来にわたっても改善されない蓋然性が高いこと

258　診断書〔吉元恵美子　原告番号40〕（2015年7月12日）蟻塚亮二
【立証趣旨】①沖縄戦の戦時・戦場体験に起因する外傷性精神障害（パニック障害、アタッチメント障害、フラッシュバック、トラウマ性否定的認知）に罹患した事実。②、①により現在まで精神的肉体的苦痛が継続し、日常生活に重大な支障をきたし、労働能力も制限されている事実及び、これらのことは将来にわたっても改善されない蓋然性が高いこと

259　診断書〔新垣太郎　原告番号41〕（2015年7月17日）蟻塚亮二
【立証趣旨】①沖縄戦の戦時・戦場体験に起因する外傷性精神障害（心的外傷後ストレス障害）に罹患した事実。②、①により現在まで精神的肉体的苦痛が継続し、日常生活に重大な支障をきたし、労働能力も制限されている事実及び、これらのことは将来にわたっても改善されない蓋然性が高いこと

260　診断書〔金城惠美子　原告番号43〕（2015年7月12日）蟻塚亮二
【立証趣旨】①沖縄戦の戦時・戦場体験に起因する外傷性精神障害（心的外傷後ストレス障害）に罹患した事実。②、①により現在まで精神的肉体的苦痛が継続し、日常生活に重大な支障をきたし、労働能力も制限されている事実及び、これらのことは将来にわたっても改善されない蓋然性が高いこと

261　診断書〔新里キク　原告番号46〕（2015年7月17日）蟻塚亮二
【立証趣旨】①沖縄戦の戦時・戦場体験に起因する外傷性精神障害（パニック障害、心的外傷後ストレス障害）に罹患した事実。②、①により現在まで精神的肉体の苦痛が継続し、日常生活に重大な支障をきたし、労働能力も制限されている事実及び、これらのことは将来にわたっても改善されない蓋然性が高いこと

262　診断書〔田仲初枝　原告番号48〕（2015年6月13日）蟻塚亮二
【立証趣旨】①沖縄戦の戦時・戦場体験に起因する外傷性精神障害（心的外傷後ストレス障害、解離性障害、パニック障害、身体表現性障害）に罹患した事実。②、①により現在まで精神的肉体的苦痛

が継続し、日常生活に重大な支障をきたし、労働能力も制限されている事実及び、これらのことは将来にわたっても改善されない蓋然性が高いこと

263 診断書〔普天間道子　原告番号54〕（2015年6月13日）蟻塚亮二
　【立証趣旨】①沖縄戦の戦時・戦場体験に起因する外傷性精神障害（心的外傷後ストレス障害、解離性障害））に罹患した事実。②、①により現在まで精神的肉体的苦痛が継続し、日常生活に重大な支障をきたし、労働能力も制限されている事実及び、これらのことは将来にわたっても改善されない蓋然性が高いこと

264 診断書〔宮里政登　原告番号56〕（2015年7月17日）蟻塚亮二
　【立証趣旨】①沖縄戦の戦時・戦場体験に起因する外傷性精神障害（心的外傷後ストレス障害）に罹患した事実。②、①により現在まで精神的肉体的苦痛が継続し、日常生活に重大な支障をきたし、労働能力も制限されている事実及び、これらのことは将来にわたっても改善されない蓋然性が高いこと

265 診断書〔大田ツル　原告番号57〕（2015年7月17日）蟻塚亮二
　【立証趣旨】①沖縄戦の戦時・戦場体験に起因する外傷性精神障害（心的外傷後ストレス障害）に罹患した事実。②、①により現在まで精神的肉体的苦痛が継続し、日常生活に重大な支障をきたし、労働能力も制限されている事実及び、これらのことは将来にわたっても改善されない蓋然性が高いこと

266 診断書〔武島キヨ　原告番号60〕（2015年7月12日）蟻塚亮二
　【立証趣旨】①沖縄戦の戦時・戦場体験に起因する外傷性精神障害（非精神病性幻覚状態、外傷性否定的認知、パニック障害）に罹患した事実。②、①により現在まで精神的肉体的苦痛が継続し、日常生活に重大な支障をきたし、労働能力も制限されている事実及び、これらのことは将来にわたっても改善されない蓋然性が高いこと

267 診断書〔金城ツル子　原告番号67〕（2015年4月28日）蟻塚亮二
　【立証趣旨】①沖縄戦の戦時・戦場体験に起因する外傷性精神障害（心的外傷後ストレス障害、外傷性否定的認知〈回避性人格障害〉、身体表現性障害）に罹患した事実。②、①により現在まで精神的肉体的苦痛が継続し、日常生活に重大な支障をきたし、労働能力も制限されている事実及び、これらのことは将来にわたっても改善されない蓋然性が高いこと

268 診断書〔比嘉ヨシ子　原告番号70〕（2015年6月13日）蟻塚亮二
　【立証趣旨】①沖縄戦の戦時・戦場体験に起因する外傷性精神障害（心的外傷後ストレス障害）に罹患した事実。②、①により現在まで精神的肉体的苦痛が継続し、日常生活に重大な支障をきたし、労働能力も制限されている事実及び、これらのことは将来にわたっても改善されない蓋然性が高いこと

269 診断書〔富村初美　原告番号74〕（2015年7月17日）蟻塚亮二
　【立証趣旨】①沖縄戦の戦時・戦場体験に起因する外傷性精神障害（パニック障害、心的外傷後ストレス障害）に罹患した事実。②、①により現在まで精神的肉体的苦痛が継続し、日常生活に重大な支障をきたし、労働能力も制限されている事実及び、これらのことは将来にわたっても改善されない蓋然性が高いこと

270 診断書〔國吉新徳　原告番号75〕（2015年7月17日）蟻塚亮二
　【立証趣旨】①沖縄戦の戦時・戦場体験に起因する外傷性精神障害（感情失禁、記憶の再想起、身体化障害）に罹患した事実。②、①により現在まで精神的肉体的苦痛が継続し、日常生活に重大な支障をきたし、労働能力も制限されている事実及び、これらのことは将来にわたっても改善されない蓋然

性が高いこと

271　診断書〔沢岻孝助　原告番号76〕（2015年7月17日）蟻塚亮二
　　【立証趣旨】①沖縄戦の戦時・戦場体験に起因する外傷性精神障害（ストレス後自律神経過敏状態）に罹患した事実。②、①により現在まで精神的肉体的苦痛が継続し、日常生活に重大な支障をきたし、労働能力も制限されている事実及び、これらのことは将来にわたっても改善されない蓋然性が高いこと

272　昭和史　1926—1945（2009年6月11日）半藤一利
　　【立証趣旨】①1926年〜1945年まで日本人と日本国は昭和の時代に何故戦争を繰り返したか。②その過ちの原因は何か。③昭和の戦争は侵略戦争であったこと。④310万人の戦死者が国民に語りかけてくれるものは何か。⑤沖縄決戦の意味するものは何か。⑥同じ過ちを繰り返さないために何をなすべきか。⑦一般民間戦争被害者救済の必要性

273　昭和史　戦後編　1945−1989（2009年6月11日）半藤一利
　　【立証趣旨】①1945年〜1989年までの昭和史の歩み。②軍国主義の解体と平和憲法の制定。③天皇の戦争責任。④東京裁判で裁かれた日本。⑤沖縄返還（1972年）で完結した日本。⑥一般民間戦争被害者救済の必要性。⑦日本はこれからどうなるのか。

274　アメリカ第1海兵師団　沖縄特別作戦報告書（2005年6月7日）吉田健正
　　【立証趣旨】①訳者の吉田健正は、証拠179『沖縄戦　米兵は何を見たか』の著者である。②米軍の沖縄戦の戦闘経過。③民間人収容所の建設。

275　現代の戦争（2002年5月8日）前田哲男 他
　　【立証趣旨】①日本の軍国主義について。②戦争指導について。③戦争における加害と被害。④沖縄戦における沖縄県民の被害

276　日本軍事史年表　昭和・平成（2012年3月10日）吉川弘文館編集部
　　【立証趣旨】①昭和における詳細な軍事的出来事について。②沖縄戦における日米軍の軍事と戦闘行為の全てについて

277　沖縄戦と民間人収容所（2010年12月20日）七尾和晃
　　【立証趣旨】①沖縄戦中、その後、米軍が設置した沖縄の民間人収容所の数と実態。②収容所での民間人の生活と死者

278　沖縄の玉砕（1971年8月30日）浦崎純
　　【立証趣旨】①沖縄戦被害の実態。②集団自決の実態。③八重山での日本軍の軍命による避難地でのマラリアによる住民の悲劇。④沖縄戦での一般住民の悲劇。⑤日本軍の非情残忍な沖縄作戦と住民の被害

279　沖縄を襲った米大艦隊（2004年7月30日）久手堅憲俊
　　【立証趣旨】①沖縄10・10大空襲による人的物的被害の全容。②アメリカ軍の空襲に対して宴会にうつつを抜かす日本軍（32軍）司令部。③アメリカ軍の攻撃が国際法に違反していること

280　戦時体制下の沖縄−軍官民一体論と秘密戦を中心に（2006年）我部政男
　　【立証趣旨】日本軍は「軍官民一体共生共死論」の立場に立ち、住民を戦力化し、スパイ容疑で住民を虐殺など行った事実

281　司令官の見た戦場　バックナー中将の日記（1985年頃）上原正稔
　　【立証趣旨】①沖縄侵攻アメリカ軍の総司令官日記から、沖縄戦の実態を明らかにする。②日本軍の

住民虐殺の事実が数例記録となっている事実（1945年5月16日）。③アメリカ軍の沖縄住民保護策と日本軍の沖縄住民に対する加害行為。④日本軍（牛島司令官）に対して降伏勧告をしたが、日本軍が拒絶した事実（6月9日）。⑤その結果、民間人の死者・負傷が圧倒的に増加した事実

282　証言・沖縄戦　戦場の光景（1984年11月15日）石原昌家
　【立証趣旨】①住民の「証言」による沖縄戦における日本軍の住民に対する加害行為と住民被害の態様・実態。②住民を守らなかった日本軍

283　戦時国際法規　要綱（1937年5月30日）海軍大臣官房
　【立証趣旨】①1933年頃の戦時国際法規の内容。②当時の国際法からすると、アメリカ軍の沖縄10・10空襲や米軍の艦砲射撃等が国際法違反であったこと

284　戦時国際法論（1931年4月15日）立作太郎
　【立証趣旨】①1931年頃の戦時国際法の内容。②当時の国際法からみた場合、沖縄10・10大空襲や米軍の艦砲射撃が国際法違反であること

285　陸軍成規類聚　研究資料・全（2009年11月30日）松本一郎
　【立証趣旨】①日本陸軍の軍制史の概要。②戦闘員と非戦闘員の区分（P594）。③交戦国の兵力としての非戦闘員（交戦者、P594）。④交戦国の住民としての非戦闘員（平和的市民、P595）

286　永遠平和のために（1985年1月16日）カント
　【立証趣旨】①世界の恒久的平和はいかにもたらされるべきか。②カントの恒久平和論は、日本国憲法の平和主義そのものである。③原告ら沖縄戦被害者は、沖縄・日本・世界の永遠平和を願ってこの訴訟に加わったのである。

287　沖縄県史　資料編23　沖縄戦日本軍史料（2012年3月26日）沖縄県教育庁文化財課史料編集班
　【立証趣旨】①沖縄戦に関する大本営をはじめとする日本軍の作成し、発するなどした法令その他の軍事関連資料をもって、沖縄戦の真相実態を明らかにする。②大本営関係軍事資料。③第32軍司令部関係軍事資料。④飛行場部隊関係軍事資料。⑤各戦闘部隊関係軍事資料。⑥日本軍の沖縄県民観関係資料。⑦海軍電報資料。⑧空襲関係資料。⑨戦訓・秘密戦・防諜関係資料。⑩防衛隊関係資料。⑪米軍押収に日本軍の資料。⑫沖縄・奄美に配備された部隊一覧表。⑬第32軍主要部隊配備図。⑭上記各資料により、日本軍が戦闘作戦中心主義で沖縄県民の生命財産などを守るという方針は基本的になかったこと

288　路傍の空襲被災者―戦後補償の空白（2010年3月10日）池谷好治
　【立証趣旨】一般民間戦争被害者に対する補償のあり方について

289　意見書〔東京大空襲に適用される国際法〕（2008年）藤田久一
　【立証趣旨】①東京大空襲訴訟で証拠として提出された意見書である。②東京大空襲が国際法違反であること。③沖縄10・10大空襲が国際法違反であること

290　意見書〔東京大空襲の歴史的考察及び国際法の適用〕（2008年）荒井信一
　【立証趣旨】①東京大空襲訴訟で証拠として提出された意見書である。②東京大空襲が国際法違反であること。③沖縄10・10大空襲が国際法違反であること

291　検証防空法―空襲下で禁じられた避難（2014年2月10日）水島朝穂、大前治
　【立証趣旨】①防空法は退去を禁止し、消火を義務づけていたため、市民の死亡者が増加した。②防

空法は人命軽視の結果をもたらした。③大阪空襲訴訟の判決文では、司法史上初めて防空法制を詳しく認定し、国の防空制のあり方（空襲予測を一般市民に伝達しない方針など）が批判された。④沖縄10・10大空襲においても、第32軍が事前に空襲予測を発することがなかったために、市民の被害が増加し、原告らの一部が被害を被った事実

292 那覇無差別爆撃関係　資料（1944年10月中旬から1945年3月29日にかけて）資料のまとめはアジア歴史資料センター
【立証趣旨】①沖縄10・10空襲のアメリカによる加害行為と一般市民の被害。②沖縄10.10空襲が国際法違反であること。③当時の外務省は国際法違反であるとしてスペイン大使館を通じて2度もアメリカに抗議をしたこと。④その抗議をアメリカが受理したこと

293 アメリカを動かした日系女性―第二次世界大戦中の強制収容と日系人のたたかい
（2001年10月31日）メアリー・ツカモト　エリザベス・ピンカトーン
【立証趣旨】①この本の訳者の一人は、本件訴訟代理人垣花豊順弁護士である。②第二次世界大戦中にアメリカ政府より強制収容所に収容された日系人が、戦後アメリカ政府の不法行為責任を追及し、立法運動を展開した物語である。③本出版後の1988年にアメリカにおいて「強制収容所保障法」が成立し、日系人被収容者への補償が開始された（一人当たり2万ドル）。④我が国における一般民間戦争被害者に対する補償立法の必要性

294 沖縄返還協定の研究（1982年8月15日）瑞慶山茂
【立証趣旨】①原告訴訟代理人弁護士瑞慶山茂の著書である。②同書の原稿は1971（昭和46）年12月22日に完成し、出版は1982年8月15日である。③沖縄返還協定に関する逐条解説のまとめの単行本としては唯一と言われている。④同書は山﨑豊子著「運命の人」（沖縄返還密約事件の西山記者のことを取り扱った小説）の参考資料となった書物である。⑤沖縄県は沖縄戦終了後、アメリカに国際法に違反し、引き続き占領され、日本の施政権（司法・立法・行政）がなかったために、原告ら沖縄県民の沖縄戦被害についての権利行使（例えば被告国とする訴訟の提起など）が事実上妨げられていた事実。⑥沖縄戦における沖縄県民の被害実態と日本軍の住民虐殺、集団自決その他の日本軍の住民加害行為の具体例（P296～310）。⑦沖縄返還協定の条文やその他の取り決めにおいても、沖縄戦における沖縄県民の戦争被害について対日請求・対米請求について何ら取り決めがなく、放置している事実。⑧従って、原告らの本件請求が除斥期間などの適用のないこと

295の1　陳情書（2014年5月26日）野里千恵子
【立証趣旨】沖縄戦・南洋戦の一般民間戦争被害者救済のための新援護法制定のための国会等に対する意見書採択の陳情をしたこと

295の2　意見書他（2015年3月27日他）沖縄県議会　他
【立証趣旨】沖縄県議会が全会一致で意見書を採択し、関係官庁に送付したこと

295の3　新援護法制定を採択した沖縄県内の自治体に関する一覧（2015年7月31日）
　　　野里千恵子
【立証趣旨】①新援護法制定の意見書を沖縄全自治体で全会一致で採択されて、意見書が関係官庁に送付されたこと。②新援護法制定せずに一般民間戦争被害者を救済せず放置してきたことを沖縄県民全体から批判されており、立法不作為の違法を是正する必要性があること

296　戦争孤児の70年（2015年7月28日）朝日新聞

【立証趣旨】①戦争孤児の悲惨な実態。②沖縄戦における戦争孤児である原告らの救済の必要性

297　鑑定書（2015年7月30日）蟻塚亮二
　　【立証趣旨】37名の原告らが沖縄戦による外傷性精神障害に罹患していると医学的鑑定が行われたこと
298　原告本人意見陳述要旨（2012年10月24日）原告番号15 神谷洋子
299　原告本人意見陳述要旨（2012年10月24日）原告番号6 内間善孝
300　原告本人意見陳述要旨（2012年10月24日）原告番号1 野里千恵子
301　原告本人意見陳述書（2013年1月30日）原告番号12 大城安信
302　原告本人意見陳述書（2013年1月30日）原告番号24 豊見山貢宜
303　原告本人意見陳述要旨（2013年4月24日）原告番号15 神谷洋子
304　原告本人意見陳述要旨（2013年4月24日）原告番号27 比嘉千代子
305　原告本人意見陳述要旨（2013年4月24日）原告番号1 野里千恵子
306　原告本人意見陳述要旨（2013年7月3日）原告番号8 大城勲
307　原告本人意見陳述要旨（2013年9月11日）原告番号62 比嘉繁直
308　原告本人意見陳述書（2014年5月14日）原告番号68 新垣勝江・ガーナー
309　原告本人意見陳述要旨（2014年9月17日）原告番号28 前原生子
310　原告本人意見陳述要旨（2015年1月14日）原告番号39 與古田光順
　　【298から310立証趣旨】同原告の沖縄戦に起因する被害事実など
311　意見陳述書①（2012年10月24日）瑞慶山茂
312　意見陳述書②（2013年1月30日）瑞慶山茂
313　意見陳述書③（2013年4月24日）瑞慶山茂
314　意見陳述書④（2013年7月3日）瑞慶山茂
315　意見陳述書⑤（2013年9月11日）瑞慶山茂
316　意見陳述書⑥（2013年11月13日）瑞慶山茂
317　意見陳述書⑦（2014年2月5日）瑞慶山茂
318　意見陳述書⑧（2014年7月23日）瑞慶山茂
319　意見陳述書⑨（2014年9月17日）瑞慶山茂
320　意見陳述書⑩（2014年11月5日）瑞慶山茂
321　意見陳述書⑪（2015年1月14日）瑞慶山茂
　　【311から321立証趣旨】原告らの事実的主張及び法的主張などについて
322　札幌高等裁判所　平成25年(ネ)第226号判決（2014年9月25日）札幌高等裁判所
　　【立証趣旨】札幌高等裁判所において、心的外傷後ストレス障害に関する除斥期間の起算点について発症時と判断したことなど
323　新聞記事（2015年7月10日）毎日新聞
　　【立証趣旨】最高裁判所が証拠322の判決を認容したことなど
324　インターネット記事（2015年7月9日）産経ニュース
　　【立証趣旨】最高裁判所が証拠322の判決を認容したことなど
325　新聞記事（2015年8月18日）朝日新聞
　　【立証趣旨】①戦前・戦中に日本軍人において戦場体験に基づく「戦争神経症」が多発していた事実。

②その事実から沖縄戦においても一般民間人が戦場において外傷性精神障害を発生することが予見できたことなど

326 　新聞記事（2015年9月28日）東京新聞
　　【立証趣旨】①本件訴訟で原告神谷洋子他36名の沖縄戦戦時・戦場体験に起因する外傷性精神障害の事実と評価が重要な争点となっていることが東京中心に報道された事実。②沖縄戦に起因する外傷性精神障害が全国的にも注目されている事実など

327 　ICD-10 国際疾病分類第10版〔精神科診断ガイドブック〕（2013年5月20日）
　　中根充文・山内敏雄、中山書院
　　【立証趣旨】精神科医・蟻塚亮二氏が原告37名について、沖縄戦の戦時・戦場体験に起因する外傷性精神障害であると診断及び鑑定した診断基準マニュアルと、その症状等の説明等

328 　ICD-10〔精神および行動の障害〕（2008年12月1日）融道男ほか4名、医学書院
　　【立証趣旨】精神科医・蟻塚亮二氏が原告37名について、沖縄戦の戦時・戦場体験に起因する外傷性精神障害であると診断及び鑑定した診断基準マニュアルと、その症状等の説明等

❖本書関連の用語解説❖

(50音順)

1 【アジア太平洋戦争】　満州事変（1931年9月18日）から日本の敗戦（45年8月15日）に至る日中15年全面戦争と、日米戦争（41年12月8日開始、45年8月15日終結）を中心とするアジア・太平洋地域で行われた戦争の総称。沖縄戦はアジア太平洋戦争末期（最後）の地上戦であり、第二次世界大戦（1939年9月〜1945年8月15日）最後の激しい地上戦である。

　アジア太平洋戦争の特質は、第1に日独伊三国のファシズム諸国と英米にソ連・中国を加えた民主主義・自由主義と社会主義・民族自決主義をスローガンにしたイデオロギーの正統性を問う戦争であったことにある。

　第2に日独伊など後発の資本主義諸国が新たな市場と資源を求めて支配地域の拡大を目的とし、先発の資本主義諸国の覇権地域や利権を奪うための戦争であったことである。第3に、これら植民地の現地住民、また日本が従来から植民地化していた朝鮮・台湾、事実上軍事占領していた中国の東北部（満州地域）をはじめとする主要部における抗日民族解放勢力との戦争であったことである。アジア太平洋戦争は間違いなくアジア侵略戦争であった。今日この歴史的事実を"アジア解放戦争"あるいは"聖戦"の名で修正・歪曲する動きが活発化している。沖縄戦は、アジア太平洋戦争の最後の地上戦となり、沖縄県民は歴史上未曾有の被害を被った。

2 【帷幄上奏（いあく・じょうそう）】　統帥事務に関し、天皇に希望または意見を述べること。元来、帷も幄も幕（の布）のことで、帷幄は、作戦を立てる所または参謀の意。旧憲法時代に、作戦用兵に関する軍令事務（統帥事務）は一般の国務の外に置かれ、これに関しては軍令機関（参謀総長、軍令部総長等）が内閣とは独立して直接に上奏を行ったが、軍令が国務である軍政と密接な関係にありその限界が明確でないため、上奏の対象範囲が運用上拡大され、問題を生じた。→統帥権、軍令

3 【牛島満】　第32軍（沖縄守備軍）司令官。明治20年、鹿児島藩士・牛島実満（陸軍中尉）の三男として鹿児島県に生まれる。鹿児島一中から熊本地方幼年学校を経て、明治41年、陸軍士官学校卒（第20期）。大正5年、陸軍大学を卒業。近衛歩兵第4連隊中隊長（大尉）、歩兵第36旅団（鹿児島）旅団長（少将）、予科士官学校校長兼戸山学校校長、第11師団（善通寺）師団長、17年、陸軍士官学校校長。中将。19年3月、第32軍が沖縄に編成され、

503

その司令官に就任して、沖縄戦を指揮、20年6月23日に玉砕、大将に進級。57歳。
兄・省三は朝鮮総督府内務局長・茨城県知事を務めた。

4 【沖縄戦】　アジア太平洋戦争の末期において、日本の国内の住民地区で唯一の戦場となった戦闘である。第二次世界大戦の後半、イタリアとドイツが降伏し、連合軍と唯一戦争継続の最中にあった日本を攻略するため、連合軍は1944年9月に早くも沖縄攻略作戦を計画していた（アイス・バーグ作戦）。アメリカ軍を主力とする連合軍は、日本領土の一部である沖縄を軍事占領することで日本政府の継戦意欲を削ぎ、軍事的には沖縄全島を基地化することにより南西諸島の制海権・制空権を確保して日本本土攻略の強固な軍事拠点を築こうとしたのである。

一方、日本本土へのアメリカ軍の侵攻作戦が時間の問題とみた大本営は、本土決戦に備える時間確保の必要に迫られ、そこから沖縄を本土侵攻を可能な限り食い止めるための持久戦とする構想を描いていた。要するに、沖縄県民の命は本土防衛と本土に展開する兵力温存のための"捨て石"とされたのである。最近、強く言われている米軍基地の沖縄に対する集中押付けと同様に、日本政府の沖縄に対する「構造的差別」の典型である。米英の連合軍は1945年3月26日に渡嘉敷島をはじめとする離島を占拠し、同年4月1日、沖縄本島中部（嘉手納・北谷海岸）へ上陸した。その中心部隊はアメリカ軍55万人であった。日米両軍は嘉数、浦添、前田などで激戦を繰り広げ、短期間に双方に多大の被害を出したが、日本軍は6月になると、本島南部の摩文仁半島に敗残兵3万人、住民10万人が追いつめられた。6月23日には牛島満軍司令官、長勇参謀長が自刃し組織的戦闘は終わったが、9月7日に嘉手納で降伏調印式が行われるまで小規模の戦闘が続いた。これら一連の沖縄戦の過程で、避難していた壕から住民が日本軍によって追い出されたり、戦闘への支障と秘密性保持などを理由に殺害されたり、強制「集団自決」に追い込まれたりする残虐非道行為が繰り返された。この結果、日本人犠牲者は18万8136人に達する。これにアメリカ軍の戦死者1万2520人を加えると総計20万656人と記録されている。95年に摩文仁丘に建立された"平和の礎（いしじ）"には、その後確認された戦死者や在沖縄朝鮮人らの犠牲者を加え、24万1336人（2015年6月29日現在）の名が刻まれている。

5 【沖縄のアメリカ軍による軍事占領の国際法違反】　沖縄は国内における唯一の日米軍の地上戦が行われ、アメリカ軍に軍事占領され、沖縄県民は27年間米軍の軍事的統治を体験した。1945年3月26日、米軍が慶良間列島に上陸、4月1日には主力が沖縄本島に上陸して日本軍守備隊と住民を巻き込む地上戦にはいった。そのなかで、太平洋艦隊司令官チェスター・ニミッツ海軍大将による布告第1号〈米国軍占領下の南西諸島及び

その近海居留民に告ぐ〉（通称ニミッツ布告）にはじまる、権限の停止、戦時刑法、金融機関の閉鎖・支払い停止、財産の管理など10布告が発せられ、5日には読谷村比謝に米国海軍軍政府を設置、占領地域における軍政を開始した。アメリカ軍はその根拠を「ハーグ陸戦条約（条約附属書・陸戦の法規慣例に関する規則第3款第42条）」に基づく〈敵国の領土における軍の権力〉（戦時占領）の確立であると主張しているが、それは誤った見解である。それが沖縄戦継続中やその終了後短い期間ならば占領地として米国軍が「戦時占領」することは、前記国際法で認められている。

しかし、長期にわたる占領や軍事基地建設は同条約に違反している。すなわち、46条「私権の尊重」では、私有財産の没収を禁じ、「敵の財産の破壊、又は押収の原則禁止」していることからも、いずれにしても日本本土が敗戦後におかれたような、ポツダム宣言（降伏条件）履行のための"保障占領"と明確にことなっている。軍事占領地では住民は捕虜収容所に隔離され、行政権・司法権が真空化した状態のなかで、日本軍軍用地だけでなく民有地・農耕地も直接支配下におかれ米軍の戦闘推進のために使用された。6月23日、日本軍の組織的抵抗が終わり、8月、日本が降伏したのちも"戦場の継続"としての軍事占領が全島でつづけられた。沖縄占領と統治の特異性は、その始まりにもあらわれている。前記国際法の原則からして、アメリカ軍の軍事基地建設は国際法違反である。その実質が現在も続いているのである。

1952年4月28日、対日平和条約（サンフランシスコ条約）が発効したことで、日米間の戦争状態は終結し独立回復がなされた。しかし沖縄は、平和条約第3条により日本本土から分断され、アメリカの施政下にとどめられた。4月28日は現在沖縄では「屈辱の日」と呼ばれ、強い抗議行動が行われている。巨大な軍事基地権益を手放すつもりのない米政府は、"民政府"設置と"任命知事"導入でうわべを取りつくろいながら、国防長官―高等弁務官（軍人）―行政命令（布令）による軍政（軍事占領）を実質的に継続した。アメリカ政府（実体は軍事占領政府）は自らの占領支配の意思を「布令」という形式にした。53年4月公布された「米民政府布令第109号」は、土地を軍用地として収用するための強制手続を定めた。住民は"銃剣とブルドーザー"による土地取り上げに島ぐるみ土地闘争で抵抗した。そのなかから、"核も基地もない沖縄"をめざす本土復帰運動が形成されていった。

1972年5月15日、沖縄返還協定により、27年ぶりに沖縄の日本復帰が実現した。しかし、同協定第2条（安保条約の適用）と第3条（基地の使用）により、本島の2割をしめる広さの米軍基地の存続は従前どおり保証されたので、"異民族支配"に終止符は打たれたものの、沖縄の軍事的な"占領状態"が終わることはなかった。「核抜き本土並み返還」は砂上の楼閣と化しており、今日の沖縄で深刻な問題となっているアメリカ軍基地は、そもそもその発端から国際法違反の存在である。

6 【沖縄戦の日本軍の配備状況】　南西諸島防備のための第32軍＝沖縄守備軍が昭和19（1944）年3月22日、創設され、軍司令官は牛島満中将、軍司令部は首里に置かれた。主要部隊の第24師団（熊本）、第62師団（京都）、独立混成第44旅団は沖縄本島に配備され、さらに、宮古島に第28師団（東京）、独立混成第59旅団、同60旅団、歩兵第64旅団、八重山に独立混成第45旅団が配備された。このほか、砲兵隊、海上挺身隊、秘密遊撃隊、船舶工兵隊などが編制された。その後、第9師団が台湾へ移動したため、3個師団、5個混成旅団を主軸に、兵員は全体で94,000であった。

7 【海軍軍令部】　海軍の中央統帥機関。海軍の軍令機関・軍令部ができたのは、日清戦争の前年、明治26年5月であった。

　海軍の軍令事項は、明治5年に海軍省が設立された当初は、同省内の軍務局、軍事課が軍政事項と併せて管掌していたが、同17年、軍務局を軍事部に改め、部長を将官とする軍令専管機関とした。軍事部は2年後の19年3月、廃止され、軍事部が管掌していた軍令事項を、参謀本部の海軍部に移した。

　陸軍の軍令機関として発足した参謀本部が「陸海軍事計画ヲ司ル」として拡大改組された。これによって、海軍の統帥・軍令機関は海軍省から独立したが、同時に海軍が陸軍の下に置かれることになった。2年後の21年5月公布の海軍参謀本部条例により参謀本部の陸海参謀本部は、陸軍参謀本部、海軍参謀本部に改称された。

　改称されても、陸軍の下位にあることに変わりなく、海軍はこれを不満として、海軍参謀本部を海軍省にいったん戻し、その後、海軍軍令部条例の制定により、同省から独立させて、海軍軍令部を新設した。→統帥権、参謀本部

8 【戒厳】　戦時またはこれに準ずる事変に際し、立法・行政・司法の事務の全部または一部を軍の機関（軍司令官または軍法会議）の手に移すこと。それによって平時における国民の権利の保障を多かれ少なかれ制限することを目的とする。いわゆる国家緊急権制度の典型的なもので、旧憲法では、天皇がこれを宣告する権能をもっていた（14条）が、現行憲法ではこの制度は全く認められない。

9 【戒厳令】　戒厳を宣告する命令。戒厳に関する法令（の名称）。旧憲法は、「天皇ハ戒厳ヲ宣告ス」（14条1）とするとともに、「戒厳ノ要件及効力ハ法律ヲ以テ之ヲ定ム」（14条2）としていたが、これに基づく法律は制定されず、明治15年太政官布告36号「戒厳令」がこれに代わるものとして行われていた。沖縄戦では、戒厳令は宣告されなかった。従って、戦時の沖縄においても、県民の権利は平時と同様に保障されしおり、日本軍といえども県民の生命・身体・自由を制限したり、奪うことは法的に正当化されなかった。

県民の生命・身体・自由等を奪った場合は殺人罪、傷害罪などが成立し、犯罪者として処罰されるべきであった。しかし、住民殺害、強制「集団自決」、食糧強奪などを行った日本軍人が処罰された例はない。→合囲地境

10 【外交的保護】　国家は、外国の領域内に在留する自国民が、その身体や財産を侵害され、しかも当該外国によって十分に保護・救済されないときは、外交手続をとおして保護・救済を請求することができる。これを、外交的保護または在外国民の外交的保護という。しかし、この外交的保護が行われるためには、まず所在国の国内的救済手続きをつくしたか、つくしても救済されないことが明白であるか、あるいは国内手続きによる救済を拒否されたことが必要である。これを「国内的救済の原則」という。

　また、国家がその外交保護権を行使するためには、被害者がその身体または財産を侵害されたときから外交的保護がなされるまで、継続的に自国の国籍を保有していることが必要である。これを「国籍継続の原則」という。

　この外交的保護は、私人に対する対人主権に基づいて行使する国家の権利であるとされ、被害者の要請の有無に関係なく、国家の便宜と論理によって行われるため、歴史的には、被害者個人の保証よりも国家的理由によって行使されることが多く、大国による弱小国への内政干渉の「隠れミノ」として濫用されることが多かった。アルゼンチンの国際法学者カルヴォが主張した、いわゆる「カルヴォ条項」も、自国民保護を理由にした外交保護権の濫用による大国の干渉を排除しようとする南米諸国の意図をあらわしたものである。

11 【外交保護義務（違反）】　空襲被害者らは国際法違反行為を行ったアメリカ政府に対して被害者個人としての戦争損害賠償請求権を有すると解する見解がある。しかし、1951年9月8日に締結された対日平和条約第19条（a）において戦争や戦争状態から生じた国民の損害賠償請求権を放棄すると規定されている。国が、対米請求権を放棄したと解釈すれば、日本国憲法下でそれによって不利益を受けた空襲被害者ら一般戦争被害者がアメリカ政府に対して有する損害賠償請求権を保護（不利益の解消）する義務を負うものである（外交保護義務）。国はこの被害者らにとって不利益である外交保護義務違反状態を解消し、被害者らの権利を保護するための立法義務を負うとする主張。

12 【外交保護権】　外国人に対して国際法上要求されている十分な保護を与えなかった場合に、外国人の本国が在留国政府に事態改善や損害賠償支払いを要求できる権利。一般に領域主権を認められている在留国の国内管轄時効に介入することになるため、外交保護権行使の際には次の条件を満たす必要がある。①本国と被害者との間に国籍上の真正の

結合があること（真正結合の原則）、②その国籍が侵害を受けたときから最終的な解決に至まで継続して保有されること（国籍継続の原則）③在留国の国内救済手続きを十分に尽くすこと（国内的救済完了の原則）④侵害国の国籍をもたないこと。

13 **【開戦】** 戦争の開始には戦争宣言または、最後通牒の手続が必要とされる。1907年のハーグ平和会議の「開戦ニ関スル条約」もこの2つを要件としたが、"敵対行為"によっても事実上の戦争は開始される。戦争宣言は開戦宣言または単に"宣戦"ともいい、この条約によれば理由を付する必要がある。最後通牒は最終的の要求を提出し、受諾されなければ自由行動をとる旨の通告で、特に戦争に訴える旨を明示したものを条件付戦争宣言を含む最後通牒という。敵対行為による開戦をこの条約は認めていないが、敵対行為が大規模に引き続いて行われるときは事実として戦争の存在を認めなければならない。ただし、敵対行為の程度で戦争開始の時期の決定は困難なことが少なくない。開戦の直接の効果の主要なものは交戦国間の外交断絶、条約の失効または停止、通商、敵国の国民の在留条件、敵国の財産特に商戦に対する制限などである。なお開戦により第三国との間では"中立法規"の適用が生ずる。

14 **【海戦法規（ハーグ条約）】** 海上の戦闘に関する国際法上の規則の総称。その主な規則は1856年のパリ宣言、1907年のハーグ平和会議の多数の条約によって成文化された。1909年のロンドン宣言も重要な規則を成文化したが、正式に効力を発生しなかった。

15 **【海戦法規に関する宣言】** 1909年2月26日ロンドン海戦法規会議の結果採択された条約。英国内の反対もあり、署名されただけで批准が得られず、発効しなかった。ただし、内容的には従来の慣習法の法典化であり、第一次世界大戦後、実際の戦争でよく遵守された。戦時封鎖、戦時禁制品、非中立役務、被捕獲中立船の破壊、国旗の移転、敵性、軍艦の護送を受ける中立船の臨検免除、臨検に抵抗する船舶の没収、交戦国の捕獲権濫用の場合の損害賠償を規定している。

16 **【慣習国際法】** 諸国の慣行を通して形成される成文化されていない国際法。主要国を含む諸国の一般的慣行と法的信念の二要素によって成立する。条約と並ぶ国際法の主要な法源で、日本国憲法九八条二項に規定する「確立された国際法規」がこれに当たる。一般国際法として多数の国家を拘束する反面、形成に時間を要し、内容も明確ではないという問題点もある。このような決定を克服するために国際法の法典化が進められている。

17【款症】 戦傷病者戦没者遺族等援護法に基づく障害年金と障害一時金支給については、その障害の程度に応じて所定の金額が支給される仕組みとなっている。障害の程度として第1款症から第5款症まである。支給金額に違いがある。恩給法でも障害の程度に応じて1款症から第5款症までに分ける仕組みである。例えば交通事故でいえば、1級から14級までの等級があり、それは傷害の程度を表しているのと同様である。→項症

18【艦砲射撃】 軍艦が装備した大砲による対地射撃。日本軍が初めて発案し実行した攻撃方法であり、1942（昭和17）年10月のガダルカナル島の飛行場に戦艦が実行。それをまねたアメリカ軍は44年6月のサイパン戦や45年3月の沖縄戦から本格的に実行し、45年7月に岩手県の釜石、茨城県の日立・水戸、千葉県の千倉においても戦艦などが実施した。

19【危険責任】 社会に対して危険を作り出している者（危険な施設の所有者、危険な企業の経営者等）は、そこから生じる損害に対して無過失の場合にも責任を負わなければならないという考え方、あるいはその損害賠償責任。危殆（きたい）責任ともいう。報償責任とともに、無過失責任を認めるための有力な（中核的）論拠とされる。民法717条の工作物所有者等の責任もこの原理を含んでいるといえる。これを適当に拡大して不可避的な危険を含む近代的企業等に及ぼすのが妥当であると説く。→報償責任、無過失責任

20【休戦】 戦争中、交戦国や軍司令官が合意によって一時戦闘行為を停止すること。「陸戦ノ法規慣例ニ関スル条約」の附属書は、休戦に関する一般的規則（休戦の期間、全般的休戦と部分的休戦、通告、違反の場合等）を定めている。休戦規約とは、戦争中、一時戦闘行為を停止する旨の合意。政府代表または軍司令官が文書によって締結する。

21【休戦規約】 戦争中、一時戦闘行為を停止する旨の合意。政府代表または軍司令官が文書によって締結する。

22【極東国際軍事裁判所（東京裁判）】 第二次大戦における我が国の重大戦争犯罪人（A級戦争犯罪人）を裁判するため、1946（昭和21）年に極東国際軍事裁判所条例に基づき東京に設けられた裁判所。東条英機等28名が起訴され、48年11月に全員（途中死亡等3名を除く）有罪（死刑7名）の判決があった。この裁判を東京裁判という。

23【軍機保護法】 軍事上の秘密保護のため一定の行為を処罰した法律。昭和12年に全面改正され、昭和20年に廃止。なお、改正後の同法1条2項では、軍事上秘密を要する事

項または図書物件の種類範囲は陸軍大臣または海軍大臣の命令に委任されていた。

24 【軍使】　交戦者の一方の命を帯びて他の一方と交渉するため白旗を掲げて来る者。旗手その他の随従者とともに不可侵である。他方の交戦者は軍使を接受する義務はないが、接受すれば安全に帰還させなければならない。ただし軍使がその使命を利用して情報を得るのを防止するため一切の手段をとることができる。軍使が使命を濫用すれば、一時的にこれを抑留することができ、背信行為を実行または教唆するために特権的地位を利用すれば、不可侵権を失う。

25 【軍事裁判】　明治憲法下で軍人の犯罪を裁くための特別な裁判手続。明治憲法下においては、陸海軍軍人を裁判する特別刑事裁判所として陸軍刑法及び海軍刑法により軍法会議が置かれていたが、昭和20年に廃止された。なお、戦争犯罪人を裁判するために設けられる国際的な軍事法廷手続の場面でもこの語が用いられることがある。

26 【軍事大権】　明治憲法によって天皇に与えられた条約大権、非常大権（31条）など12ある大権の1つ。軍令大権と軍政大権とに区別される。軍事大権は、軍部が政治的に大きな地位を占めるに至る法的裏付けとなった。

27 【軍事目標主義】　戦争中、敵に対する攻撃または砲弾は、軍事目標に限定されなければならないという主義。ここに掲げた陸戦規則は単に「防守セサル都市、村落、住宅又ハ建物ハ、如何ナル手段ニ依ルモ、之ヲ攻撃又ハ砲撃スルコトヲ得ス」（25条）と規定し、無防守地域に対する一切の攻撃または砲撃を禁止したようにみえるが、慣習法上で認められてきた無防守地域の中の軍事目標に対する攻撃や砲撃までも禁止する趣旨ではない。無防守の地域に対する無差別の攻撃または砲撃を禁止したものである。1907年、艦砲射撃に関して規整した「戦時海軍力ヲ以テスル砲撃ニ関スル条約」は、「防守セラレサル港、都市、村落、住宅又ハ建物ハ海軍力ヲ以テ之ヲ砲撃スルコトヲ禁ス」（1条）と規定した後、「右禁止中ニハ、軍事上ノ工作物、陸海軍建設物、兵器又ハ軍用材料ノ貯蔵所、敵ノ艦隊又ハ軍隊ノ用ニ供セラルヘキ工場及設備並港内ニ在ル軍艦ヲ包含セザルモノトス」（2条）と明示している。

　1922年ワシントン会議によって設けられた専門家委員会の作成した「空襲法規案」も、「空中爆撃は、軍事目標、すなわち、その破壊又はき損が明らかに軍事的利益を交戦者に与えるような目標に対して行われる場合に限り、適法とする」（24条1）とした。

　最近では、77年署名のジュネーブ諸条約追加第一議定書が、軍事目標主義について、周到な規定を設けている（48、51、52、57、59条）。

28【軍縮】 原義は武装解除、転じて国家間の合意による軍備の撤廃、縮小を指す。思想的には国家間の戦争が難しくなる程度の軍備撤廃を意味した。しかし19世紀以降、多くの提案にもかかわらずほとんど実現せず。国際連盟の軍縮会議（1932年）、国連軍縮特別総会（1978、82、88年）などが目指した国際社会全体の一般軍縮も実現しなかった。合意の多くは特定国間の特定兵器の規制である。この現実の中で軍縮は、必ずしも軍縮に至らない多様な規制を包括する用語として使われる。その1つに戦時国際法（国際人道法）上の規制がある。ハーグ平和会議（1899、1907年）は、軍縮を目指して招集されたが合意できたのは陸戦法規、空爆規制など戦時法の取り決めであった。第一次大戦後の化学兵器、生物兵器使用禁止のジュネーブ議定書（1925年）もこの系統の合意である。戦時法は、戦争は否定せず交戦下での人道的な配慮から戦い方、兵器の使用を規制するが、若干の軍縮が含まれることがある。

29【軍人】 旧軍隊に属する将校、下士官、兵等の総称。元の陸海軍の現役、予備役、補充兵役、国民兵役にあった者。

30【軍人恩給】 旧軍人、旧準軍人若しくは旧軍属またはこれらの者の遺族が一定の要件の下で恩給法に基づいて支給される恩給。軍人、軍属等に対する恩給は、戦後、連合国最高司令官の覚書に基づく「恩給法の特例に関する件」によって廃止または制限されたが、その後昭和28年の恩給法の一部改正によって再び設けられた。恩給法等による年金種別としては公務扶助料（軍人の遺族に支給する年金）、遺族年金（軍属の遺族に支給する年金）、遺族給与金（準軍属の遺族に支給する年金）がある。

31【軍人勅諭】 陸軍参謀本部御用掛の哲学者・西周（にしあまね）が起草し、参謀本部長山県有朋らが加筆修正後、1882（明治15）年1月4日、明治天皇の名で日本帝国軍人に下付された勅諭。〈一、軍人は忠節を尽すを本文とすべし〉で始まる本文では、忠節・礼儀・武勇・信義・質素を軍人の守るべき条件として、皇軍兵士の天皇への忠誠心を徹底して説き、〈夫兵馬の大権は、朕が統ぶる所〉と記して天皇の統帥権（軍隊指揮権）が強調される。また、〈只々一途に己が本分の忠節を守り、義は山嶽よりも重く、死は鴻毛よりも軽しと覚悟せよ。其操を破りて不覚を取り、汚名を受くるなかれ〉の有名な一文は、天皇の命令を絶対視し、その前には兵士の生命を無価値とする。命令への服従を強い、自発性や積極性を排除して、軍隊内秩序を保とうとする前近代的な日本軍の体質は、戦争目的の曖昧さと劣悪な条件下での戦闘ゆえに、侵略戦争の過程で日本兵士のあいだに様々な不満を生み出し、それが虐殺事件などを引き起こす原因の1つともなったと考えられる。

511

32 【軍属】　一般に、明治憲法下で軍人以外の軍に所属する公務員を指す場合の用語。具体的には、元の陸海軍から正規に給料を受けていた雇員、傭人、救護看護婦等の者。

33 【軍部の独立】　軍は明治40年9月、「軍令ニ関スル件」を制定した。軍令とは、陸海軍の統帥に関し、勅裁を経た軍事法規のこと。規程の立法手続きによることなく、天皇の統帥大権の発動というかたちで立法できるようにし、軍独自の立法権である軍令制定権を獲得した。
　　軍はこれで司法、行政、立法の三権を合わせ持つ、独立した政治勢力としての軍部を確立した。司法とは軍法会議による司法権、行政とは、軍隊内の指揮命令権と、陸軍大臣－師団長－連隊区司令官－郡市町村長系統の行政権である。

34 【軍法会議】　旧陸海軍における特別刑事裁判所。現役軍人の刑事事件のほか、一部の非軍人の刑事事件についても審判した。昭和21年勅令278号で廃止された。

35 【軍律】　旧軍人に関する法律または軍法。

36 【軍令】　①明治憲法下において、軍の統帥に関して軍隊に対して発せられた天皇の命令。勅令が人民に対し拘束力を有するものに対し、軍令は軍隊に対してのみ拘束力をを有した。②軍政に対する語として、用兵に関する統帥の事務を軍令と呼ぶこともあった。軍令大権などがその例。

37 【軍令大権】　→統帥権

38 【原爆投下裁判】　（概要）東京裁判の戦犯弁護活動にかかわった大阪弁護士会所属の弁護士岡本尚一が若き弁護士松井康浩とともに、ビキニ事件がおきた1954年、原子爆弾の被爆者下田隆一らを原告とし国（日本政府）を被告として提起した裁判。原告は広島・長崎への原子爆弾投下が国際法違反だと主張し、国家賠償法により損害賠償を請求したが、被告はこれを認めず国際法専門学者による鑑定の結果に待つとした。判決は原告の損害賠償請求を棄却したが、原告の主張と学者たちの鑑定結果にそって原爆投下が国際法違反だと認定した。その要点は①原爆投下（無差別爆撃）とその効果（被害の残虐性・非人道性）、②国際法による評価、③国内法による評価、④被害者の損害賠償請求権、⑤対日平和条約による請求権放棄、⑥請求権放棄による被告の責任に及んだ。原告は主張が実質的に認められたとして控訴せず、また勝訴した被告も控訴せず、東京地裁判決が確定した。原爆投下が国際法違反だと初めて判断した本件は、「下田事件（Shimoda Case）」として世

界的に知られている（東京地方裁判所判決、1963年12月7日『法廷で裁かれる日本の戦争責任』452頁、高文研発行）。

　（影響）国内法ではこの裁判提起を契機に「原爆被害者医療法」(1957年)が制定されたが、判決は一歩進んで戦争災害の結果責任に基づく国家補償法（被爆者援護法）の必要にも言及した。国際法による評価の点では、原爆投下時点での「戦争法」（慣習法と条約）の法理を適用している。本件判決は、ハーグ法とジュネーブ法という基本枠組みを継承した「国際人道法」の発展過程において、"核兵器"それ自体と核兵器の使用に関する法理の原点を示したといえよう。このことは、核兵器使用の一般的違法性を認めた国際司法裁判所（ICJ）の勧告的意見（1996年）で実質的に継承され展開されている。なお付言すれば勧告的意見の問題点は自衛権論と核抑止論を取っている点である。

39【憲法】　国家の統治体制の根本的事項を定める法（根本法、基礎法）の全体。この意味の憲法（固有の意味の憲法）は、国家であれば全て存在するのに対し、自由主義の原理に立脚する憲法を「近代的（立憲的）意味の憲法」と呼ぶことがある。また、憲法という名称の法典を「形式的意味の憲法」といい、これを含めて国の統治体制の根本的事項を内容とする法を「実質的意味の憲法」と総称することがある。憲法は、国の最高法規として、法令の再頂点に位する。なお、憲法を分類して、文書化の有無により成文憲法と不文憲法に、改正するための要件の難易度により硬性憲法と軟性憲法に、制定の主体により欽定（きんてい）憲法、民定憲法、協約憲法等に区分することがある。

40【憲法違反】　法令または国家機関が行う処分が憲法の規定に違反すること。この状態を排除するため憲法上何らかの制度を設けるのが例である。

41【憲法義解（ぎかい）】　伊藤博文の著書で、正式には「帝国憲法典範義解」という。明治22年刊。内容は、大日本帝国憲法及び皇室典範の逐条解説である。実際は井上毅が筆を執ったといわれる。憲法草案起草者による解釈を示す書として、旧憲法の研究上重要な文献である。なお、「義解」を「ぎげ」と読んでいる例もある。

42【権利侵害】　故意・過失とともに不法行為の成立要件の一つ。明治31年7月16日施行された民法は、平成16年の改正前は、故意または過失によって他人の権利を侵害することを不法行為と規定していた。

　判例は、当初、成文法上の権利に限るとしていたが、その後、広く法律上の保護に値する利益の違法な侵害と解するに至った。これを受けて、前記改正により、不法行為の成立要件として「他人の権利又は法律上保護される利益」の侵害と規定された。

43【権利保護請求権】　私人がその私法上の権利を侵害されたときに、司法機関たる裁判所に対しその保護を要求することができる公的権利。私権保護請求権ともいう。この権利を自己に有利な具体的な内容を持つ判決を求める権利と構成するときは具体的訴権という。

44【権利濫用】　形式上権利の行使としての外形を備えるが、その具体的な状況と実際の結果に照らし、その権利の本来の目的内容を逸脱するために実質的には権利の行使として認めることができないと判断される行為。その権利者個人の利益と義務者または社会全体に及ぼす害悪などを比較衡量して、権利濫用となるか否かが判断される。権利濫用は一般には権利行使の効果がなく、権利者の要求に従わなくても責任は生じない。権利者が逆に不法行為責任を負うこともある。

45【権利濫用の禁止】　権利の行使であっても、それが濫用にわたる場合には違法となり、法的に保護されないとする原則。民法には当初この旨の明文の規定はなかったが、昭和22年の改正で、権利の濫用は許さないとの規定が置かれた。

46【合囲地境】　合囲とは周りを取り囲むことであり、合囲地境とは、敵の合囲（包囲）または攻撃を受けている地域をいう。戒厳令が布告される場合は、戒厳の対象となる区域の一つである。特に注意しなければならないことは、戒厳令が布告のためには、一定の法的要件の定めがあり、特に布告される場合でも国民の権利等については戒厳令法上の定めるところによる裁判手続によらなければ生命・身体の自由等奪うことは出来ない仕組みとなっている。
　1945年3月23日から慶良間諸島は米軍の猛烈な空襲と艦砲射撃をうけ、26日には阿嘉島・慶留間島・座間味島に米軍が上陸し、27日には渡嘉敷島に上陸している。沖縄本島その他の離島との連絡は完全に遮断され、孤立していた慶良間諸島の当時の状況はまさに軍事的には合囲地峡であったと言える。戦時の沖縄においては「戒厳令」は宣告されなかったものの、事実上の「合囲地境」であった。特に住民にとっては逃げ場がないところとなった。戒厳令下の合囲地境においては駐屯部隊の上級者が全権を握って「憲法を停止」し、行政権及び司法権の一部もしくは全部を軍の統制下に置くことになっている。しかし日本は、慶良間諸島をはじめ沖縄に戒厳令を宣告しなかった。その理由は準備不足と戒厳令宣告行為をとる国家的体制現地第32軍の体制が全く整っていなかったからである。しかし、実際には、軍の力は圧倒的なものであり、「集団自決」を命令、強制・強要したり、住民殺害を実行した。このような場合は、法的には刑法・民法などが通用され殺人罪や不法行為等の責任が生ずるのである。→戒厳令

本書関連の用語解説

　渡嘉敷島においては、赤松嘉次大尉が全権限を握り、渡嘉敷村の行政は軍の統制下に置かれ、民政はなかった。事実上の合囲地境であった。この場合、日本軍は圧倒的な軍事力による強制で住民に対処した。そのことも「集団自決」の直接の発生原因となった。

合囲地境と沖縄の戦場

　狭い沖縄の島を54万人のアメリカ軍が取り囲んで上陸し、戦闘行為を行い、次第に日本軍と住民を囲い込んで一定の狭い地域に押し込んで殺傷していた状況からすると、沖縄島全体が日本軍が住民に対して軍事的権力を行使できる圧倒的な強制力を行使できる地位にあったという意味で、事実上の「合囲地境」であったと言える。特に沖縄の中でも激しい日米戦が行われた地域では、なお一層合囲地境であったと言える。日米の主要な激しい戦闘地域は、慶良間諸島、沖縄本島の中頭部、北部の本部半島、伊江島である。壕追い出し、虐殺（スパイ容疑・投降阻止・食糧強奪など）「自決の強要」などの陰惨な事件は、主に日米の戦闘地域で、かつ、軍民雑居のこれらの地域で多く起きている。

島尻の戦場と二重の合囲地境

　島尻は沖縄本島の南部一帯のことをいう。1945年6月中旬以降、日本軍は島尻に追いつめられた。直系7キロメートルの円内に入るような狭い地域に、3万の日本軍と10万近い住民が押し込められ、ガマ（自然洞窟）も墓も道路下の暗渠も溝も難民であふれていた。そうした中で日本軍は、住民を砲爆弾雨のなかへ追い出して避難壕を奪い、出ていかない者は非国民・スパイとして殺害した。軍民雑居の壕では、「乳幼児が泣くと米軍に察知されて攻撃される、殺せ」と命令、日本軍が絞め殺したり刺し殺したりした。米軍は住民と日本兵に対して、「戦争は終わった、出てこい」と投降を呼びかけてきたが、日本軍は、投降勧告に従って出ていこうとする住民を射殺した。米軍は、陸上からは砲兵部隊と戦車部隊によって、海上からは艦砲射撃によって、軍民無差別の集中砲火をあびせた。さらに米軍の歩兵部隊は、火焔放射を先頭に、火焔放射器と手榴弾によって洞窟を攻撃し日本兵を殲滅していった。米軍はこれをジャップ・ハンティング（日本兵狩り）といった。これが沖縄戦最後の島尻の状況である。

　沖縄住民の立場からすると、米軍の攻撃の包囲と日本軍の残虐非道行為が行われたという意味で、まさに「二重の合囲地境」であった。これが沖縄戦の実相である。

47【項症】　恩給法に基づく障害年金と障害一時金支給について、その障害の程度に応じて所定の金額が支給される仕組みとなっている。その場合の障害の程度に応じて特別項症、第1項症から第6項症までのランクがある。恩給法の場合も、障害の程度に応じて第1款症から第5款症まで分ける方法もある。恩給法の場合は12段階に分かれている。支給金額に違いがある。→款症

48 【降伏】　交戦国の軍隊または艦隊が戦闘行為をやめ、自己の兵員、軍事施設等を敵の権力下に置くこと。当事者間の合意に基づく場合と一方的に行われる場合とがある。降伏した者を殺傷することは禁じられ、降伏規約には軍人の名誉に関する例規を参酌すべきものとされている（陸戦ノ法規慣例ニ関スル規則35）。

49 【公平】　偏りがなく、えこひいきのない状態を指す語。例えば、「公平な裁判所」という場合の「公平な」とは、構成その他において偏頗（へんぱ）のおそれがないことをいう。

50 【公法】　①私法に対する語。私法との区別の標準としては、権力関係の法か対等関係の法か、公益に関するか私益に関するか、国家に関するものか私人に関するものか等の説がある。この区別によって、適用すべき法原理の違いや訴訟手続の相違を生ずるとされている。②一般的な用法としては、憲法、行政法、刑法、訴訟法、国際法等が公法に属するとされる。憲法及び行政法のみを指すことも多い。

51 【公法上の時効】　行政法関係で認められる時効の制度。金銭債権の消滅時効は、会計法などによって原則5年と定められている。時効の中断や停止については民法の規定が準用される。納入の告知が時効中断の効果をもち、また、この消滅時効は、時効期間の経過によって権利の絶対的な消滅をきたし、当事者の援用を必要としないなどの特徴がある。→時効

52 【公法上の損失補償】　国、公共団体等の公権力の主体が適法な公権力の行使により加えた特定人の経済上の損害に対して、その損害を補填するために金銭その他の財産的給付を行うことをいう。行政上の損失補償ともいう。土地収用に対する補償などがこれに当たる。憲法は、私有財産を公共のために用いるについて正当な補償を要求し、損失補償の制度について一般的基礎を置いている。→国家の不法行為責任（公権力の行使が違法な場合は不法行為責任が成立する）

53 【国際人道法】　武力紛争において、人道的配慮から、紛争当事者による戦闘方法や捕虜取扱い、攻撃対象や攻撃手段などについて規制する国際法規範。かつてはこの種の法は戦争法ないし交戦法規と呼ばれていたが、国連の集団安全保障体制の下で戦争が禁止されたことにより、交戦法規は不要と考えられるようになった。しかし、国連の下でも武力紛争は継続しており、戦闘に適用される法の重要性が再認識され、1971年に赤十字国際委員会が国際人道法と呼ぶようになった。

　この分野の条約には、1907年の陸戦の法規慣例に関するハーグ条約があるが、第二次

世界大戦後は、武力紛争の際の捕虜、傷病者、非戦闘員、文化財などの保護を目的とする49年のジュネーブ諸条約及びその追加議定書、化学兵器禁止条約、生物毒素兵器禁止条約、特定通常兵器禁止条約、対人地雷禁止条約、クラスター（集束）爆弾禁止条約などが締結された。

54【国際法】　主として複数国家の関係を規律する国際社会の法。国際法の起源は16、17世紀のヨーロッパに求められる。当初ヨーロッパ近代国際社会において君主の間で守られるべき法として形成された国際法は、やがて、18世紀後半の市民革命を経て諸国家間の関係を規律する法として定着・発展し、20世紀に入ると個人、企業、国際機構などの非国家行為主体の活動をも規律する法として変容を遂げている。

　従来、国際法は諸国家の明示の合意としての条約及び黙示の合意としての慣習法を前提に形成されてきた。しかし近年では人道の原則など国家意思を超越する規範（ユース・コーゲンス［強行規範］）の存在を認める考え方や、国連総会決議などに一定の法的効果を認める考え方（ソフト・ローなど）が出てきている。

55【国際法上の個人】　従来、伝統的には国家のみが国際法の主体と考えられてきたが、最近では個人にも一定の範囲で国際法の主体性を認める見解が通説となっている。個人が国際法主体といえるためには、①個人の権利・義務が条約等に規定されていること、②これらの権利・義務を実現するための手続が個人に関して規定されていることが必要であると解されている。

56【国体】　天皇の神性を根拠に明文化された日本の国柄、または天皇を中心とする政治体制・民族的結束。国家のあり方という意味で尊王思想家が使用したものを語源とする。1890（明治23）年、歴史的に発達、形成された日本国家の最も重要な特質（建国以来の万世一系の皇統による統治が中心要素とされた）を指す歴史的、倫理的概念を表した語で、主として幕末から第二次大戦後の一時期にかけて一般に用いられた。教育勅語で使用されて以来、国民統合の原理として一般社会に浸透した。天皇と日本の神聖性を強調する概念。

57【御前会議】　重大な政治決定を行う場合に、天皇が出席して開かれた超憲法的機関。日清・日露戦争時にも開催されたが、政治や戦争を指導するうえで、内閣行政権の主導性を発揮するため天皇の権威が利用される場として企画された。

　1940年9月19日、日独伊三国同盟締結方針を決定する際に開催されたのを皮切りに、日米戦争の開始を前に合計4回開催された。

58【国家責任】 ①国内法上は、国家の不法行為責任や国家賠償責任と同義。国家が違法に人民の権利を侵害した場合の賠償責任（国家の不法行為責任、国家賠償法）。②国家が国際法上の義務違反に対し、国際法上負う責任。国家機関の故意または過失によって国際義務違反が生じた時に成立する。この責任を解除する方法としては、原状回復、損害賠償、違法行為の否認、陳謝、責任者の処罰等がある。

59【国家総動員法】 国家の総力を戦争目的を理由に統制・運用する権限を政府に与えるため、日中全面戦争開始の翌年1938（昭和13）年4月1日に公布された法律。日華事変発生後、人的物的資源の戦力化のために制定され戦時立法。戦時またはそれに準ずべき事変に際して、国防目的達成のために政府が人的・物的資源を統制運用できるよう政府に広範な権限を授権した法律。同法に基づき、国民徴用令、物資統制令等、国家総動員のための多くの勅令が制定され、我が国は本格的な戦時統制経済に移行した。昭和21年4月1日に廃止。

60【国家の不法行為責任と国家無答責の法理】 国または公共団体が違法に人民の権利を侵害した場合の賠償責任。国家賠償責任ともいう。旧憲法下では、公権力の行為に基づく損害の賠償責任が認められない（国家無答責の原理）など、これに関する一般的規定がなく、必ずしも確立したものではなかった。現行憲法ではこれを明定し、憲法の規定に基づいて国家賠償法が制定されている。

61【国家賠償責任】→国家の不法行為責任

62【国家賠償法】昭和22年法律125号。国または公共団体の不法行為による損害賠償責を定めた憲法17条の規定に基づき、その具体的要件を定める。国または公共団体の賠償責任につき、公務員の公権力の行使に基づく損害、公の営造物の設置・管理の瑕疵（かし）に基づく損害に分けて、規定し、本法の規定によるほかは民法の規定を運用することとしている。（国家の不法行為責任）

63【国家補償】 国家作用（行為）によって生じた損失を填補すること。その種類としては、適法な国家作用に関する公法上の損失補償、違法な国家作用に関する国家の不法行為責任、適法・違法を問わない結果責任に基づく国家補償がある。狭義では、公法上の損失補償を指す。→公法上の損失補償、国家の不法行為責任

64【近衛文麿】 1891～1945年、政治家。東京生まれ。近衛篤麿の長男。公爵。京大卒。

「革新貴族」の代表として国家改造勢力の期待を集め、1937年に第一次内閣、40年には新体制運動を背景にして第二次内閣、41年には第三次内閣を組織したが、日中戦争・日米交渉ともに打開できなかった。43年末頃から東条内閣打倒工作、終戦工作を展開し、45年2月に天皇に戦争終結を勧告する上奏を行った（近衛上奏文）。天皇はその勧告を米軍に打撃を与えたうえで講和を模索するとして拒否した。45年12月戦犯に指名され服毒自殺した。→近衛文麿の単独上奏、天皇（昭和）の沖縄戦総括

65 【近衛文麿の単独上奏】　近衛文麿が昭和20（1945）年2月14日、天皇に「敗戦は遺憾ながら、最早必至なりと存候」と、戦争早期終結の上奏文を提出したこと。

　近衛は上奏文のなかで「敗戦は我国体の瑕瑾（かきん＝恥辱・引用者）たるべきも、英米の輿論は今日までのところ、国体の変更とまでは進み居らず、（勿論、一部には過激論あり、又、将来、いかに変化するやは測知し難し）、随て敗戦だけならば、国体上は、さまで憂うる要なしと存候、国体護持の立前より最も憂うべきは、敗戦よりも、敗戦の伴うて起るべきこととあるべき共産革命に候」と述べている。これに対して、天皇は「陸海軍共、敵を台湾沖に誘導するを得ば、是に大損害を与え得るを以て、其の後、終結に向うもよしと思う」と、戦争継続の意思を明確に示し、近衛上奏を拒否した。

　その後の事実経過をみると、3月10日の東京下町の大空襲など米空軍B29による本土空襲がさらに激化、3月下旬、米軍は沖縄の慶良間諸島に、つづいて4月1日からは沖縄本島に上陸を開始、沖縄戦では20万人の犠牲者を出した。4月5日、ソ連は日ソ中立条約の不延長を通告し、欧州では5月7日、ドイツ軍が降伏して、ヨーロッパ戦争が終結した。孤立を深める日本に対し、米軍は8月6日、広島に、9日には長崎に原爆を投下、無数の死者・被爆者を出した。8月15日に敗戦。→近衛文麿、天皇（昭和）の沖縄戦総括、天皇（昭和）の沖縄戦における戦争責任

66 【在外公館】　海外に設置されているわが国の政府機関。大使館、総領事館、政府代表部等。外務省設置法の定める在外公館は、外国に置いて外務省の所掌事務を行う。

67 【在外選挙権】　国外に居住する有権者に与えられる選挙権。アメリカ、イギリス、オーストラリア、スウェーデン等の国において、一定の条件の下に認められている。わが国では、平成10年の公職選挙法改正により、衆議院及び参議院の比例代表選出議員について在外投票が認められ、在外日本人の選挙権制限違憲判決（平成17年9月14日）を受けた平成18年の同法改正により、衆議院及び参議院の選挙区選出議員についても在外投票が認められることとなった。

68 【債務不履行】 債務者が債務の本旨に従った履行をしないこと。履行遅滞、履行不能、不完全履行の三類型に分かれる。その主な効果は、履行が可能な場合にその強制履行を求め、損害賠償を請求し、契約の解除をすることができることである。

69 【31軍】 →第31軍

70 【32軍】 →第32軍

71 【サンフランシスコ講和条約】 日本（吉田茂内閣）と48の連合国との第二次世界大戦の講和条約。「日本国との平和条約」が正式名称。1951（昭和26）年9月8日調印。日本の独立と領土確定、極東国際軍事裁判判決受諾、連合国の賠償要求原則の放棄、米軍駐留と沖縄・小笠原諸島のアメリカ信託統治領化、千島列島の放棄などを定めた。ソ連など三カ国は調印せず。同日夕、日米安全保障条約調印。国内では日本をアメリカの零戦戦略に組み込むもので、中国・朝鮮・ソ連・インドなどを除く片面講話でなく全面講和をすべきとの声が高まった。この条約により、日本の戦後体制が確立した。

72 【参謀本部】 陸軍の中央統帥機関。内閣から独立して、国防・用兵のことをつかさどった。明治11年12月5日、参謀本部条例が制定されて、設置された。新設の参謀本部は、天皇に直属し、太政大臣などにも拘束されない、独立の軍令機関となった。

明治10年代に入るや、自由民権闘争は士族民権の波に豪農民権の波が続き全国規模の波涛となった。反政府運動が高まるなか、11年には陸軍軍人による竹橋事件が勃発し、政府、軍部首脳を驚かせた。軍隊が自由民権などの政治運動に巻き込まれることを、政府、軍部首脳はなにより恐れた。

軍隊が政治の動きに左右されないためとして、参謀本部・軍令部の統帥部を政府から独立した、天皇の直属機関とした。政治の波動を受けず、天皇が直接統率し得るものとした。

明治7年から、国会が開設された23年まで戦われた全国的な民権闘争は、揺籃期の軍隊に大きな影響を与えた。

一つは統帥権の独立という、近代国家の軍隊にはみられない奇形性の権力構造を生み出した。

第二に、統帥権の独立ということから、軍人勅諭に見られるように、軍隊の精神的支柱が「国家への忠誠」ではなく、「天皇への忠義」に置き換えられた形になったことである。

73 【時効】 ある事実上の状態が一定期間継続した場合に、真実の権利関係にかかわらず、

その継続してきた事実関係を尊重して、これに法律効果を与え、権利の取得または消滅の効果を生じさせる制度。私法上だけでなく、公法上も認められる（取得時効、消滅時効、公法上の時効）。

74【時効期間】　時効の完成のために必要な期間。取得時効では、20年または10年である（民法162条、163条）。消滅時効では、債権以外の財産権は20年であり、債権は10年が原則である（民法167条）が、各種の短期時効に関する規定が有る（民法170条以下等）。

75【醜業条約】　一連の婦人・児童の売買禁止に関する国際条約の俗称。第二次大戦当時は、①「醜業を行わしむる為の婦女売買取締に関する国際協定」（1904年）②「醜業を行わしむる為の婦女売買取締に関する国際条約」（1910年）③「婦人及児童の売買禁止に関する国際条約」（1921年）④「成年婦女子の売買の禁止に関する国際条約」（1933年）の4つがあった。日本は①②③の3つの条約を批准していた。

　これら一連の条約は、未成年の女性の場合は、本人の承諾の有無にかかわらず売春に従事させることを禁止し、成年であっても詐欺や強制手段が介在していれば刑事罰に問われる旨を定めている。これらの条約の未成年の定義は、②は20歳未満、③では21歳未満となっていた。日本政府は当初、未成年を18歳未満とするという留保条件を付けて条約に加入していたが、1927年にはこの留保条件を撤廃した。

　「従軍慰安婦」問題はこの条約違反とされる。

76【ジュネーブ諸条約】　1949年にジュネーブで締結された、陸上の傷病兵の保護に関する第一条約、海上の傷病兵・難船者の保護に関する第二条約、捕虜の待遇に関する第三条約、文民の保護に関する第四条約の総称（1949年赤十字諸条約とも呼ぶ）。日本は昭和28年4月21日に加入。いずれも武力紛争の被害を最小限に抑えることを目的とし、捕虜や傷病兵に一定の人道的待遇を与えるべきことなどを定めている。

　その後、民族解放戦争やゲリラ戦、内戦の増大を受けて1977年には、ジュネーブ諸条約の内容を補完・拡充し、攻撃の対象を軍事目標に限定（軍事目標主義）した第一追加議定書、内戦における犠牲者保護の内容をより補完・拡充した第二追加議定書が採択された。日本は2004年の有事関連法制定を受けて、8月31日にこれらの追加議定書に加入（05年2月28日発効）。

77【準軍属】　旧陸海軍の要請に基づく戦闘参加者、旧国家総動員法に基づく徴用者。

78【使用者責任】　ある事業を行うために他人を使用する者は、被用者たる他人がその事業

521

を執行するについて第三者に損害を加えた場合には、損害賠償責任を負うとされており、この責任。

79【詔書】　国家機関としての天皇が発する公文書。国家機関としての天皇の意思表示を内容とし、一般に公示される。旧憲法時代に公式令で定められていたが、現行法上明文の規定のあるものは国会の召集詔書だけである。実際には、衆議院の解散及び国会議員の選挙の施行の公示も詔書によって行われるしきたりとなっている。親署があり、御璽（ぎょじ）が押され、内閣総理大臣が副署する令である。

80【上告】　①民事訴訟では、原則として控訴審の終局判決に対し、（例外として、高等裁判所がする第一審判決及び跳躍上告の場合の第一審判決に対し）、一定の理由により不服を申し立てる上訴。ほかに上告受理の申立ての制度がある。②刑事訴訟では、高等裁判所が第一審または控訴審としてする判決に対する上訴。
　　ただし、ほかに跳躍上告及び上告受理の制度がある。

81【上告受理の申立て】　民事訴訟において、原判決に不服のある当事者が、原判決に判例違反等の法令違反があることを理由に、最高裁判所に対して、上告審として事件を受理するように求める申立て。
　　平成8年の民事訴訟法の改定により、最高裁判所にする上告の理由が原判決の憲法解釈の誤りや重大な手続違反に限られ、原判決の法令違反は上告理由とはならないこととなったが（民訴312）、同時に、最高裁判所の判例解釈の統一の機能を重視する観点から、原判決に最高裁判所等の判例と相反する判断がある事件、その他の法令の解釈に関する重要な事項を含むものと認められる事件について、上告受理申立て制度が設けられた。最高裁判所が上告審として事件を受理する決定をした場合には、上告があったものとみなされる。刑事訴訟法にも、同様の制度がある。

82【上告理由】　上告に当たっての原判決に対する不服申立ての理由。民事訴訟では、原判決に憲法の解釈の誤りその他憲法の違反があること及び訴訟手続上の法令違反で一定の重要なもの（絶対的上告理由）が上告理由である。原判決に法令の違反がある旨の主張は、高等裁判所にする上告の場合は上告理由となり得るが、最高裁判所にする上告の場合は、一定の場合に上告受理申立ての理由となるにすぎず、上告理由とはならない。

83【消滅時効】　一定期間行使しない権利を消滅させる制度。取得時効とともに広く時効と呼ばれる。所有権以外の財産権はすべて消滅時効にかかる。債権は民事は10年、商事は

5年、それ以外の財産権は20年の不行使によって消滅するのが原則であるが、その期間（時効期間）には権利の性質により多くの特則がある。期間の起算点は権利を行使できる時である（166）。→時効、除斥期間

84【上諭】　旧憲法時代に、憲法、皇室典範、法律、皇室令、勅令、条約、予算、軍令など一定の重要な国家行為を発表するには、天皇の名によるその旨の前文が付されており、その前文を「上諭」と呼んだ（公式令）。多くは、単なる公布文であった。

85【条理】　社会生活における根本理念であって、物事の道理、筋道、理法、合理法と同じ意味。社会通念、社会一般の正義の観念、公序良俗、信義誠実の原則等と表されることもある。一般的には法の欠缺（けんけつ）を補うものとして考えられ、裁判事務心得によれば、成文法も慣習もないときに裁判の基準としてとり上げられるものとされている。民事調停法1条に用例がある。

86【除斥期間】　権利関係を短期間に確定する目的で一定の権利について法律の定めた存続期間。中断がなく、当事者が援用しなくても当然に権利消滅の効力を生ずるなどの点で、消滅時効と異なっている。法律に権利の存続期間の定めがある場合に時効と解するか除斥期間と解するかの基準については、判例・学説が分かれているが、婚姻・縁組の取消権、上訴権に関する規定は除斥期間の例である。

87【信義誠実の原則】　人の社会共同生活は、相互の信頼と誠実な行動によって円滑に営まれるべきであるとの考えに基づき、権利義務という法律関係の履行についても同様の行動をとることを求める法理。信義則ともいう。法と道徳の調和を図るための重要な観念となっており、民法1条2項は、「権利の行使及び義務の履行は、信義に従い誠実に行わなければならない」と規定する（「信義則」）。

88【心的外傷後ストレス障害（PTSD）・外傷性精神障害】　沖縄戦に起因する心的外傷後ストレス障害（PTSD）は、戦時戦場体験に起因する外傷性精神障害の一つである。自然災害や戦争・事件事故など、生死に関わるような体験をきっかけに起きる精神疾患。症状は、体験を何度も思い出したり夢に出てきたりする「再体験」や、気持ちが不安定になって眠れなくなったりする「過覚醒」など。厚生労働省のガイドラインによると、災害や広域犯罪では、半年以内の罹患率は3〜4割程度。うち半数程度は自然回復する。一年後の罹患率は1〜2割程度で、慢性化するとされる。

　1945年の沖縄戦を体験した沖縄の高齢者の4割が、現在心的外傷後ストレス障害

(PTSD) を含む外傷性精神障害に罹患している可能性が高いことがわかった。沖縄戦被害の際立った特徴である。沖縄の研究者グループが、2013年に約400人を対象に調べた。68年経ってなお、4割もの人に症状がみられる背景には、沖縄戦が激烈な地上戦だったことに加え、米軍基地が身近に多く、戦争を思い出しやすい環境があると研究者たちはみている。空襲被害者にも罹患者が多いことが指摘されている。沖縄戦訴訟や南洋戦訴訟の被害者の中には、多数の罹患者がいることが、精神科医蟻塚亮二の診断で明らかとなっている。

89【人道に対する罪】　戦争前または戦争中に、一般人民に対して殺戮（さつりく）、殲滅（せんめつ）、奴隷的虐使、追放その他の非人道的行為を行うことであって国際法上の個人の違法行為として特に国際犯罪の名において処罰される罪。第二次世界大戦の際、ニュルンベルク及び東京で国際軍事裁判による処罰が行われたが、このとき「平和に対する罪」「通常の戦争犯罪」と並び犯罪の類型とされた。「国際刑事裁判所に関するローマ規程」の中にも、国際刑事裁判所が管轄権を有する犯罪の一種として盛り込まれている。

90【臣民】　①国民と同義。国権に属するという観点からみた場合の用語。②君主国における国民。③旧憲法下における用語として、天皇及び皇族以外の日本人を指した。

91【人民】　実定法上の用語ではないが、文脈により、国民の全体、一般住民、国家権力に服従する者の全般に意で用いられる場合があるほか、特に共和国の国民のみの意で用いられる場合がある。

92【正義】　正しいすじ道。人の行うべき正しいこと。何が正義かについては、普遍的正義の発見への努力も行われてきたが、時代により、また依拠する立場により、それぞれ異なり、法令上も特定の内容を示すものではない。例、「日本国民は、正義と秩序を基調とする国際平和を誠実に希求し」（憲法9条）、「原判決を破棄しなければ明らかに正義に反すると認めるときは、判決で原判決を破棄することができる」（刑事訴訟法397条2項）。

93【絶対国防圏】　日本軍は連合軍のガダルカナル反攻以来、連合軍と激闘が続いたが昭和17年12月末、ついに日本軍は撤退を決定。それ以降、日本軍は後退に後退を余儀なくされ、基本作戦の見直しを迫られた。1943（昭和18）年9月30日の御前会議で決定された「今後採ルヘキ戦争指導ノ大綱」において、日本の大本営が「戦争目的達成上絶対確保ヲ要スル圏域」として設定した地域。その範囲は「千島、小笠原、内南洋（中、西部）及西部ニューギニア」、「スンダ」、「ビルマヲ含ム圏域」とされ、戦線を縮小して防衛戦の強化を企図

したが、44年7月のサイパン島陥落によって日本本土が米軍のB29爆撃機の航続圏内となったため、崩壊した。

94 【戦時占領】　ハーグ陸戦条約（条約附属文書・陸戦の法規慣例に関する規則第3款第42条）にもとづく「敵国の領土における軍の権力」の確立のことをいう。それは戦闘継続中や戦争終了後短期間における軍事権力を樹立し、占領軍の権力を移行し得る範囲に限定される。このように戦時占領の「占領の時期、期間限定」と「占領権力の地域的限定」がその特徴である。この点からしてアメリカ軍の沖縄占領は、沖縄戦継続中、沖縄戦終了後の短期間内であれば国際法上の戦後占領として国際法上合法である。しかし、1945年6月23日の沖縄戦終了後1972年の日本復帰まで27年間も事実上の軍事占領を続けたことは、国際法違反であった。→占領、保障占領、ハーグ陸戦条約、沖縄のアメリカ軍による軍事占領の国際法違反

95 【戦時復仇】　戦時における復仇で、戦闘法規の違反に対するもの。交戦者の一方による違反に対して、他方がその違反を止めさせるために対等な戦闘法規違反を行うこと。→復仇

96 【戦傷病者戦没者遺族等援護法（援護法）】　昭和27年法律127号。軍人軍属等の公務上の負傷もしくは疾病または死亡に関し、国家補償の精神に基づいて、軍人軍属等であった者またはこれらの者の遺族を援護することを目的とする法律。この場合の公務は、戦闘行為や戦時行為等も含まれる。援護の種類としては、障害年金及び障害一時金、遺族年金及び遺族給与金、弔慰金の支給の5種がある。費用は全額国庫負担である。

97 【先行行為】　作為犯によって充足されることを予定した構成要件を不作為によって実現する犯罪。不真正不作為犯、不作為による作為犯ともいう。例えば、殺人罪は、通常、作為によって実現されるが、場合によっては、不作為によっても実現されることがある。母親が乳児に授乳しないで餓死させるとか、父親がおぼれた子供を救助しないで溺死させる場合などがその例。

　不真正不作為犯が成立するためには、上例からもわかるように、一定の結果の発生を防止すべき義務を負った主体の不作為が必要である。問題は、この作為義務をどの範囲で認めるかにあるが、通説は、この義務の根拠を法律、契約、条理特に自己の行為によって当該結果発生の危険を生じさせたこと（先行行為）の3つに求めている。

　例えば、沖縄戦における被害は、日本軍の軍事的公権力の行使等及び日米（英）の戦闘行為等により発生した損害であり、その戦闘行為は損害を発生せしめた直接行為である

とともに生命・身体・事由に対する危険を発生させた先行行為として評価しうる行為でもある。自ら行った戦闘行為によってその結果発生（戦争被害）の危険を生じさせた行為のことを先行行為という（不真正不作為犯）。

98【戦時国際法】　戦場に適用される国際法。交戦国間に適用のある交戦法規と、交戦国と中立国の間に適用のある中立法規とに区分される。戦争が違法とされる今日、その意識は変化したが、武力紛争に際して適用可能なもの（特に人道的なもの）は依然通用があると考えられている。→ジュネーブ諸条約

99【宣戦】　一国が他国に対して戦争状態に入る意思を宣言すること。宣戦をせずに戦争を開始することは違法である（開戦ニ関スル条約）。国際連合の下では、いわゆる戦争の違法化とともに、伝統的な意味での宣戦は考えにくく、また、奇襲戦法の一般化とともに、事前には何らの意思表示も行われないことが多い。→開戦

100【宣戦・終戦の詔勅】　宣戦及び講和に関する天皇大権の施行に関する勅旨として、国民に向けて宣布されたもの。

　　1941（昭和16）年12月8日に公布された「米国及英国ニ対スル宣戦ノ詔書」は、開戦に至った理由を、中国の〈重慶ニ残存スル政権ハ米英ノ庇陰ヲ恃ミテ兄弟尚未タ牆に相閱クヲ悛メス……帝国ノ平和的通商ニ有ラユル妨害ヲ与ヘ〉るので、これに対して〈帝国ハ今ヤ自存自衛ノ為蹶然起ツ〉たとし、徹底した防衛戦争という認識を示す内容であった。そこには中国侵略戦争の実体を覆い隠す意図が露骨であった。

　　また、45年8月14日、最後の御前会議で決定・公布された「終戦ノ詔書」は、無条件降伏による敗戦の事実を"終戦"の言葉ですり替え、〈朕カ陸海将兵ノ勇戦朕カ百僚有司ノ励精朕カ一億衆庶ノ奉公各々最善ヲ尽セルニ拘ラス戦局必スシモ好転セス……敵ハ新ニ残虐ナル爆弾ヲ使用シテ頻ニ無辜ヲ殺傷シ惨害ノ及フ所〉に至ったので、降伏によって国民の安全と生命を保守しようとするためという自己弁護に終始するものであった。これら2つの詔書からは天皇の政治・戦争責任の認識をも垣間見ることは出来ず、逆に天皇の"聖断"による国民救済説が、戦後一人歩きした。

101【戦争】　国家間の兵力による闘争であるが、国際法上は戦争と呼ばれる法的状態のこと。宣戦または条件付最後通牒によって開始され、戦時国際法の適用が開始される。通常は、休戦によって戦闘行動が停止されて後、講和条約の締結によって戦争状態が終了する。戦争による惨禍の規模が拡大するにつれ戦争禁止の気運が高まり、不戦条約における試みを経て国際連合憲章により違法とされた。

102【戦争指導】「国務」と「統帥」との統合運営のことをいい、明治憲法に基因する日本独特の問題だった。

　明治憲法下では、作戦用兵のことを「統帥」といい、統帥を管掌する機関は参謀本部・軍令部、その他の行政事項を「国務」といい、国務を管掌する機関は内閣であった。その統帥は明治憲法第11条などにより、「統帥権の独立」として国務の圏外に置かれ、したがって、国家権力構造は国務・統帥、つまり行政府としての内閣と、統帥部としての参謀本部・軍令部の二本建てになっていた。

　国務・統帥並立のままでは戦争遂行は不可能であって、戦争指導のためには、これらの統合調整が不可欠である。具体的には、内閣総理大臣、外務大臣、陸海軍大臣、企画院総裁などと、参謀総長、軍令部総長などとの合議である。このための会議が「大本営政府連絡会議」であった。→統帥権、参謀本部

103【戦争状態終結宣言】　戦勝国が戦争状態を終了させるため、一方的に発する宣言（例、1947年9月、イギリスのオーストリアに対するもの）。その効果は、結局、宣言の内容によるが、一定の平和的関係の回復が普通である。全面的に戦争状態を終結させるためには、通常、講和条約の締結が必要。

104【戦争の放棄】　国家の伝統的な権利とされてきた戦争に訴える権利を放棄し否認すること。1928年の不戦条約は、締約国が国家の政策の手段としての戦争を放棄することを宣言していた。が、1946年に公布された日本国憲法は、「戦争の放棄」と題する第二章において、「日本国民は、…国権の発動たる戦争と、武力による威嚇または武力の行使は、国際紛争を解決する手段としては、永久にこれを放棄する」（9条1）としたうえ、「前項の目的を達するため、陸海空軍その他の戦力は、これを保持しない。国の交戦権はこれを認めない」（9条2）として、戦争法規の立場を徹底している。→**戦争抛棄ニ関スル条約**

105【戦争犯罪】　狭義では、軍隊構成員または一般市民により交戦相手国に対してされた一定の行為（戦争法規の違反行為であるが、例外もある）であって、交戦相手国がその行為者を捕らえたときに処罰することができるものをいう。普通、戦時犯罪といわれるもの。広義では、第二次大戦後において、戦時犯罪とあわせて戦争準備（平和に対する罪）や非人道的行為（人道に対する罪）を含んだ意味で用いられている。戦争犯罪については、その処罰が戦争終了後にも行われる。

106【戦争犯罪人の類別】　極東国際軍事裁判所条例では三つの罪が審理の対象と明記された。第一は「平和に対する罪」である。これは宣戦の布告の有無にかかわらず、侵略戦

争及び戦争の準備・計画・開始・遂行に関わった者に対する罪である。第二は「通例の戦争犯罪」である。第一次世界大戦前後に成立したハーグ陸戦条約やジュネーブ条約といった「戦争の法規・慣例」に違反する行為、つまり通常の戦闘中における非戦闘員の殺害や捕虜に対する虐待行為などが含まれる。第三は「人道に対する罪」であり、第二の「通例の戦争犯罪」において裁くには不十分な行為が戦争犯罪とされた。

またそれぞれの戦争犯罪には「個人的責任」が認められた。すなわち、戦争の開始や遂行といったような国家的行為は国家指導層に、また部隊レベルの戦争犯罪行為は指揮官や実行者にそれぞれ責任をという処罰方法が適用されたのである。よって、東京裁判では「平和に対する罪」を罪状とする主要戦争犯罪人を含む「重大戦争犯罪人」が裁かれることになった。いわゆる「A級戦争犯罪人（A級戦犯）」と呼称される人たちで、罪の性格上、戦前戦中の国家指導者たちであった。

この分類をもとに東京裁判において戦争犯罪人として起訴された者がA級戦犯と呼ばれた。東京裁判の起訴状では「平和に対する罪」だけではなく「通例の戦争犯罪」が含まれていたが、「人道に対する罪」はドイツの戦争犯罪（特にユダヤ人虐殺）を裁くことを目的に分類されたもので、対日戦犯裁判の判決では明確に分類されなかった。

また、中国やフィリピン・東南アジアなど、日本の旧占領地において引き起こされた「通例の戦争犯罪」や、日本本土内の捕虜収容所での虐待行為などは、連合国各国によって行われた戦犯裁判（「ＢＣ級戦犯裁判」）で裁かれた。この戦犯裁判において戦争犯罪人として裁かれた者たちは一般的に「ＢＣ級戦争犯罪人（ＢＣ級戦犯）」と呼ばれた。

107【戦争抛棄ニ関スル条約】　昭和4年条約1号。1928年8月28日にパリにて署名され、翌年7月24日に発効。日本は1929年6月27日に批准。略称「不戦条約」といわれている。発案者の名をとってケロッグ・ブリアン条約とも呼ばれる。

　国際紛争の解決のために戦争に訴えることを非とし、かつ、国家の政策の手段としての戦争を放棄することを宣言するとともに、紛争の平和的解決の義務を定めたが、違反の場合の措置を定めていない点で不十分であった。戦争を禁止した最初の条約であり、国際連合憲章の先駆けとされる。

108【戦闘員】　交戦国の兵力に直接に属し、戦闘そのものに従事する人。非戦闘員に対する用語。両者によって交戦国の兵力を構成し、文民と区別される。敵対行為に正当に従事でき、捕らえられた場合には捕虜の待遇を受ける。近年、戦闘形態の変化から文民との境界が薄れ、捕虜の資格もこれと切り離されつつある。

109【戦闘参加者】　戦闘地域の陸軍海軍の現地軍部隊長等の要請（指示）に基づき、戦闘に

参加させられた者または戦闘幇助に携わり死亡・負傷した者（援護法2条3項2号該当者）。戦闘参加者は、準軍属の一類型で軍人同様に援護法による各種補償の対象となる。準軍属とは直接軍に雇用されたものではないが、軍の命令により直接の戦闘または戦闘を幇助する用務に携わった者や国徴用令などにより総動員業務に従事させたりした者など、国との雇用類似の関係にあった者をいう。

特に法令上の根拠はないが、昭和34年1月1日に適用開始されたもので、年齢制限はないが地域は限定され、地上戦闘など行われ戦場となった沖縄、満州、サイパン、テニアンなどの南洋群島、フィリピン群島などの地域に限定されている。

これらの者は、この制度が法律に基づかないため、実際に軍事行動によって負傷または死亡した者（戦時災害）のみが法令上の戦闘参加者の身分を取得する。一般的に戦闘参加者という身分そのものがあるのではない。戦闘参加者の3要件としては、（1）陸海軍の要請または指示があったこと、（2）直接戦闘に参加または軍の戦闘行為を幇助したこと、（3）原則、戦時災害による傷病であること、となっている。上記3要件に該当しない者、例えば空襲による一般犠牲者等は戦闘参加者としては認められない。一般民間人が戦争に巻き込まれて死亡などしても、補償の対象にはならない。その点において、軍人軍属と一般民間人は同じく戦闘行為による被害としても不平等扱い（差別）が生じているのである。

沖縄戦の戦闘参加者

援護法の米軍占領下の沖縄へ適用は、次の経過による。

日本国内で住民地区で唯一の地上戦が闘われ、多数の犠牲者が出た沖縄は、戦争終結後も引き続きアメリカ軍に軍事占領され、軍人軍属中心の戦傷病者戦没者遺族等援護法（1952年制定）が当初適用されず、一般住民はもとより軍人軍属も含め「援護金」は支給されなかった。

焦土と化した沖縄では、県民の生存が危機に瀕していた。被害者は、国に対して必死に援護法の適用運動を展開した結果、1953年に援護法が適用された。
しかし、それは軍人軍属のみに補償され（沖縄戦関係では28,228人に対してのみ）、圧倒的多数の一般住民被害者は適用外とされた。

これには、一般民間戦争被害者が我慢（受忍）できず、遺族会を中心に世論が高まり、全民間戦争被害者救済と援護法の沖縄への適用運動が広がり、対日本政府交渉を粘り強く行った。

その結果、政府は1957（昭和32）年に一般住民被害者の中で「戦闘参加者」と取り扱うべき事例20項目（食糧提供、壕の提供など）を決め、それらに該当するときは「戦闘参加者」、すなわち「準軍属」として援護法を適用すると決定し、一部の住民を救済する措置をとった。

戦闘参加者20項目
①義勇隊　②直接戦闘　③弾薬・食糧・患者等の輸送　④陣地構築　⑤炊事・救護等の雑役⑥食糧供出　⑦四散部隊への協力　⑧壕の提供　⑨職域（県庁職員、報道関係者）⑩区（村）長としての協力　⑪海上脱出者の刳舟輸送　⑫特殊技術者（鍛冶工、大工等）⑬馬糧蒐集　⑭飛行場破壊　⑮集団自決　⑯道案内　⑰遊撃戦協力　⑱スパイ嫌疑による斬殺　⑲漁撈勤務　⑳勤労奉仕作業

　この20項目は、食糧供出や壕の提供などのように任意になされた表現となっているが、いずれも軍の強制・命令に基づくものであるところ、実態を隠蔽する表現となっている点、強い批判がなされている。

　日本政府が、もしこのような部分的救済措置でもとらならかったならば、沖縄の世論は、日本政府への批判が高まり、アメリカの支配を揺るがす大運動に発展したことは確実だったと見られたからであった。

　しかし、この措置は同じ被害を受けた一般住民の中に選別（差別）を持ち込み、それによって県民世論は分断され、その後、全民間戦争被害者救済運動は沈滞し、事実上消えてゆく。

戦闘参加者認定と一般住民間差別

　戦後になって事後的に日本政府が作り出した基準による一般住民の「戦闘参加者」は、同じ戦争被害者である一般住民の選別（差別）でもあった。

　両者は沖縄戦の一般民間人被害者という点では全く同じである。沖縄戦の被害者は日本軍の軍事作戦行動に従ったために被害を受けたものであり、選別自体根拠はなく不当なものである。

　戦闘参加者として取り扱われた一般住民は、「準軍属」として軍人軍属と同額の補償がされている。一般住民の「戦闘参加者」の受給者数は、沖縄県福祉・援護課の統計資料では、平成23年3月末現在52,332人にのぼっている。

放置されている死者約7万人・負傷者5万人

　「戦闘参加者」概念から外されている援護法未適用者は、沖縄県の資料によると38,900人余であるが、その数字は戦争被害調査に基づくものではなく、統計の机上の計算で、実態からかけ離れている。これに、船舶撃沈による死者や戦争マラリア死者などの被害者が統計上の対象となっていない。沖縄県民の戦死者を15万人と推定した場合は、未補償の死没者数は、15万人から、軍人軍属28,228人と戦闘参加者として取り扱われた焼く52,332人を除いた69,440人と計算される。負傷者で後遺障害者も推定5万人が放置されている。

沖縄・民間戦争被害者の会の結成と救済運動の展開

　未補償の民間戦争被害者は、2010年10月に「沖縄・民間戦争被害者の会」を結成し、

立法救済運動と国を被告とする「謝罪と国家補償」を求める集団訴訟の提訴を決定した。この沖縄戦被害国家賠償訴訟は、この流れの中で提起されたものである。なお付言するに、一般民間戦争被害者救済立法運動は、全国的に展開されており、現在、国会内には立法促進のための超党派の議員連盟が結成され、活動を続けている。

110 【戦没者】 戦争で死亡した人。戦死者・戦傷死者（戦闘での負傷がもとで死亡した人）及び戦病死者（戦場で病気になり死亡した人。餓死も含む）の総称。靖国神社に合祀されている戦没者は軍人・軍属（扱い含む）に限られている。

111 【占領】 他国の領土の全部または一部を自己の事実上の支配下に置くこと。戦時占領と平時に行われる保障占領とに分かれる。占領者による行政が行われ、秩序がおおむね維持される必要がある点、侵入と異なる。占領は、占領軍の権力を行使し得る範囲に限られる。戦時占領に関しては、「陸戦ノ法規慣例ニ関スル条約」に規定がある。→保障占領、沖縄のアメリカ軍による軍事占領の国際法違反

112 【総加入条項】 第一次大戦前の戦争法規に共通にみられた条項で、交戦国の全てが条約当事者である場合に限り、当事国相互の間でその条約を適用する旨を規定したもの。主権平等の観念に基づき、かつ、交戦国の中に非締約国が存在することから生ずる問題を回避するために用いられた。第一次大戦以降は、戦争が世界戦争に拡大したため、不都合が多く、第二次世界大戦後に作成された1949年のジュネーブ条約では、明確に除外された。

113 【第一次世界大戦】 三国同盟（独・墺・伊）と三国協商（英・仏・露）との対立を背景として起こった世界的規模の大きな戦争。サラエボ事件を導火線として1914年7月オーストリアはセルビアに宣戦、セルビアを後援するロシアに対抗してドイツが露・仏・英と相次いで開戦、同盟側（トルコ・ブルガリアが参加）と協商側（同盟を脱退したイタリアのほかベルギー・日本・アメリカ・中国などが参加）との国際戦争に拡大。最後まで頑強に戦ったドイツも18年11月に降伏、翌年ヴェルサイユ条約によって講和成立。欧州大戦。第一次大戦。

114 【大権】 旧憲法において、天皇の権能、特に帝国議会の参与なしに行使されるものを指した語。→大権事項

115 【大権事項】 旧憲法下での天皇の権能のうち、帝国議会の召集、命令の発布、文武官の

531

任免、軍の統帥、宣戦、栄転の授与など帝国議会の参与なしに行使できた事項。これらの大権のうち、皇室の事務に関するもの（皇室大権）と軍の統帥に関するもの（統帥大権）は、大臣助言制の外に置かれ、それぞれ宮内大臣または軍令機関の輔弼（ほひつ）によって行われた。輔弼とは君主を輔佐すること。→大権

116【第31軍（大本営直轄・中部太平洋方面全陸軍部隊）】 大本営が設定した絶対国防圏を死守することが困難となってきたので、大本営は1944（昭和19）年2月16日大本営直轄の第31軍を創設し、軍司令官に小畑英良中将を配して、中部太平洋方面全陸軍部隊を統率させることになった。第31軍の戦闘序列には第52師団、第29師団、第1～第8派遣隊など既に中部太平洋方面に派遣中または派遣を発令された部隊のほか、新たに第35師団（在中支）、戦車第9連隊、高射砲第25連隊（ともに在満）及びその他の部隊が編入された。

　第31軍はトラック地区集団、マリアナ地区集団、パラオ地区集団、小笠原地区集団及びマーシャル諸島、クサイ、ウェーク、南鳥島、メレヨン島に配備（または配備予定）の部隊と所要の軍直部隊からなっていた。

　一方、海軍においては、陸軍の第31軍司令部新設に伴い、従来中部太平洋方面において作戦中の第4艦隊と新たに編成した第14航空艦隊を基幹として、3月4日中部太平洋方面艦隊（司令長官・南雲忠一中将）を編成し、中部太平洋方面の陸海軍をその指揮下に入れて同方面の作戦を担当させることになった。

117【第32軍（大本営直轄・南西諸島方面防衛軍・沖縄守備軍）】 1944（昭和19）年3月22日に屋久島から南、沖縄を中心に台湾から北の範囲の防衛軍として大本営直轄の第32軍を創設した。

　南西諸島での不沈空母化の航空基地等の建設が進行中の1944（昭和19）年2月17日～18日、中部太平洋カロリン諸島中央部に位置する日本の委任統治領トラック諸島（現在チューク諸島）の日本軍が米機動部隊の艦砲射撃や空襲を受け、艦船等40余隻が沈められ、飛行機約270機を失うという大被害をうけた。大本営にとってそれはきわめて深刻な打撃であった。なぜならその前日の2月16日、米英の反撃を阻止するためサイパン・テニアンなどマリアナ諸島方面の兵備強化を目的に、第31軍（中部太平洋方面全陸軍部隊）の創設を企図したばかりだったからである。

　そこで同年2月19日に大本営は、日本本土、南西諸島、台湾方面の防衛の強化を決定した。そのうえに、佐世保鎮守府司令長官が南西諸島防衛強化の詳細な意見具申を行った。それによると、南西諸島海域で米軍潜水艦攻撃を頻繁に受けていたので、対潜水艦作戦と海上交通路確保のため、航空基地建設にとりかかりつつあったが、敵の空襲並びに上

陸作戦に対しては無防備の状態だった。そこで海軍としてはマリアナ諸島同様の兵力を南西諸島防備のため急速に強化することを求めたのである。

大本営はその意をうけ、南西諸島防衛強化のために、1944（昭和19）年3月22日に屋久島から南、台湾から北に大本営直轄の第32軍を創設したのである。

一般に、第32軍を「沖縄守備軍」という呼び方をしてきたので、その作戦範囲は恰も沖縄県域だけに限定されているように思われがちである。しかし、第32軍の作戦地域は、沖縄県だけでなく、鹿児島県の奄美諸島にまたがっており、沖縄戦は、特攻攻撃を含めて九州から南、台湾から北の南西諸島全域に渡って展開することになったのである。

当初の軍司令官は渡辺正夫陸軍中将であったが、病気のため転出し、後任には牛島満中将が就任し、沖縄戦を指導したが敗北し1945（昭和20）年6月23日に自決、沖縄戦の組織的戦闘は終了し、第32軍が壊滅した。

118【第二次世界大戦】　後進資本主義国である日・独・伊3国（枢軸国）と米・英・仏・ソなど連合国との間に起こった全世界的規模の大きな戦争。1939年9月ドイツのポーランド侵入、英・仏の対独宣戦により開始。ドイツ軍は一時欧州諸国を席捲、40年6月にはパリを占領、41年には独ソ不可侵条約を破ってポーランド東部・ウクライナ地方に侵入して独ソ戦争が勃発。一方、同年12月、日本の対米宣戦で太平洋戦争が起こり、戦域は全世界に拡大。42年夏以降連合国軍は総反攻に転じ、43年にはスターリングラードにおけるドイツ軍の全滅、英・米連合軍の上陸によるイタリアの降服、45年5月には英・米・ソ軍のベルリン占領によるドイツの降服、8月には原爆投下とソ連の参戦による日本の降服となって終了。戦後、アジア・東欧に社会主義国が生まれ、資本主義国との矛盾が一層深まり、米・ソの対立は再び激化した。

119【大日本帝国】　旧憲法下における日本国家の呼称。現行憲法では「日本国」と改められた。

120【大日本帝国憲法】　明治22年2月11日公布、23年11月29日施行。旧憲法、明治憲法と俗称される日本の憲法典の正式の題名。7章76箇条からなる欽定（きんてい）憲法。日本で初めての近代憲法であり、昭和22年5月2日まで存続した。その特色は、天皇主権と民主主義の原理の実際的・政治的妥協にある。すなわち、帝国議会を設け、衆議院については公選の議員によって構成されることとして、民主的要請を満足させる一方、天皇主権の原理に基づき、天皇を国の元首、統治権の総攬（そうらん）者として、軍の統帥権をはじめ多くの大権を与え、議会の政府に対するコントロールをできるだけ制約しようとした。→日本国憲法

121【大本営・最高戦争指導機関】　戦時において作戦立案や作戦を指導する天皇直轄の最高戦争指導機関。戦時大本営条例（1893年5月22日公布）によって設置され、当初は陸軍の参謀総長を幕僚長とし、海軍も含めた全軍の作戦指揮を統轄した。1944年8月4日に小磯国昭内閣下で最高戦争指導会議に取って代わられるまで、日本の最高の戦争指導機関としての役割を果たした。アジア太平洋戦争期にあって大本営は、本来ならば統一的な戦争指導機関として機能することが期待されたが、陸海軍間の作戦や軍需物資の配分をめぐる深刻な対立は、大本営によっても最後まで解決することができず、また日本の陸海軍に特有の独善性もあって、アメリカやイギリスなどに見られるような戦争指導と政治指導の連携を作り出すことができないままであった。つまり、大本営は政治指導部を排除する形で戦争指導を強引に押し進め、常に政略と戦略の連携を欠落させる限界を露呈した制度だった。沖縄戦を指揮した第32軍、南洋戦を指揮した第31軍は、いずれも大本営直轄であった。

122【大本営発表】　大本営による国民向けの戦況の発表。大本営陸・海軍部報道部による戦況の公式発表のことで、軍事機密を保護するとともに国民の戦意を高揚させることを目的としていた。アジア太平洋戦争中に合計846回の発表が行われた。
　　ミッドウェー海戦時より戦果の誇張と損害の隠蔽が本格化し、次第に国民の信頼を失っていった。戦後は「誇大発表・ウソ」の代名詞となった。戦果の誇張は故意による場合や、大本営の情報収集能力の不足からくるものであった。

123【朝鮮（韓国）】　朝鮮とは、アジア大陸東部の大半島。面積22万平方キロメートル。北緯38度線を境に、1948年8月南部に大韓民国が、翌年9月北部に朝鮮民主主義人民共和国が成立。韓国とは李朝末期の朝鮮の称。大韓民国の略称。
　　李氏朝鮮は、1392年李成桂によって建国され、1897年に国号を大韓帝国と改め、1910（明治43）年日本に併合された。一般に、1897年までを「朝鮮」あるいは「李朝朝鮮」、以後を「韓国」、併合後を「朝鮮」と呼称される。

124【徴兵区域】　一般師団―師団を構成する連隊の兵士は、連隊所在地を中心に、それに隣接する市町村をまとめた連隊区から徴集された。
　　近衛師団―全国の徴兵検査合格者のうちから成績優秀の者を集めた。
　　第七師団〈旭川〉―師団管区の人口が稀薄だったため、定員に足りない分を東北・関東方面からの徴集兵で補った。
　　沖縄―沖縄には連隊がなかったため、九州所在の師団の歩兵連隊に徴集された。

125【徴兵制】 一般国民に対して、個人の意思のいかんにかかわりなく、兵役に服することを強制する制度。志願兵制度に対応するもの。わが国では、明治5年に強制徴兵の制度が採られ、旧憲法の下では、兵役の義務は教育・納税の義務と並ぶ国民の3大義務の一つであった。しかし、第二次大戦の終了とともに徴兵制度は廃止された。現行憲法の下では、徴兵制をとることは憲法上許されない。

126【徴用】 日中戦争時より行われた強制労働。国家総動員法及び1939（昭和14）年制定の国民徴用令により実施された。戦争遂行の要である軍需工業に労働力を集中させるため、被徴用者は政府が定めた労働条件の下、軍需工場に釘付けにされた。

　はじめは一定の有技能者に対してのみであったが徐々に拡大され、44年からは国民学校児童と既婚女性、60歳以上の者を除く全国民が徴用対象者として登録された。終戦時の被徴用者数は約616万人であった。

127【天皇（昭和）の戦争責任】 戦後70年を超えても、アジア太平洋戦争に関する戦争責任がなぜ問題となるか。

　対外的には、今なお慰安婦や強制連行、朝鮮人・台湾人軍人軍属、朝鮮人被爆者などからの補償要求・謝罪要求が出されている現状がある。戦争や植民地・占領地支配によって筆舌に尽くしがたい惨禍を被ったアジア・太平洋地域の諸国民にとっては、日本の侵略による被害は過去のことではなく明らかに現在の問題である。

　対外的な問題だけではなく、国内においても戦争と軍国主義・植民地支配は、未だに癒やされぬ多くの傷跡を残している。国内における空襲被害者、被爆者、沖縄戦における住民虐殺や「集団自決」の問題などからも分かるように、今なお戦争によって被った精神的・肉体的苦痛を被っている人々がいる。そして、国内外の戦争被害者に対する日本国家からの謝罪と補償が皆無に等しい状態で放置され、日本国に対する国家賠償責任追及の法的手段が講じられるなど未解決の問題となっている。その責任を誰が負うべきかは、議論になることは当然の道理である。

　ここでいう戦争責任とは、国内外の戦争被害救済責任のことである。戦争の後始末の一つとして、戦争責任が問われるのは当然である。戦争責任を問題にすると、昭和天皇を含む政府・軍の指導者個人に対する「死者に鞭打つ」非難・弾劾を行うことではない。再び戦争が起こらないようにするため、確かな土台作りのために必要不可欠である。戦争責任には国家の戦争責任と天皇の戦争責任問題、国民の戦争責任問題等がある。ここでいう戦争責任とは、国民の生命・身体・財産・文化等の全戦争被害に対する法的責任・政治的責任・道義的責任のことである。アジア太平洋戦争について、昭和天皇は戦争責任があるか否かについて、肯定論・否定論がある。

責任肯定論

　最終的な戦争責任は戦前の国家元首であり、陸・海軍の最高統帥者たる大元帥・昭和天皇にあると肯定すべきである。
　その理由は次のとおりである。大日本帝国憲法（旧憲法）は、天皇主権の原理に基づき、天皇を国家の元首、統括権の総攬者として軍の統帥権をはじめ多くの大権を与えた。第31条で天皇に軍事大権・条約大権・非常大権など12ある大権を付与した。大権とは、旧憲法において天皇の権能のうち、特に帝国議会の参与なしに行使されるものであり、それを大権事項と言われた。
　その大権事項は、旧憲法下での天皇の権能のうち、帝国議会の召集、命令の発布、文武官の任免、軍の統帥、参戦、栄典の授与など帝国議会の参与なしに行使できた事項。これらの大権のうち、皇室の事務に関するもの（皇室大権）と軍の統帥に関するもの（統帥大権）は、大臣助言制の外に置かれ、それぞれ宮内大臣または軍令機関の輔弼（ほひつ）によって行われた。
　軍事大権は、この大権事項の一つである。軍事大権と軍政大権とに区別される。軍事大権を実行できるようにするために、アジア太平洋戦争時には天皇直轄の大本営を最高戦争指導会議にした。
　統帥とは、用兵・作戦のこと、または軍を指揮すること。その権限を「統帥権」という。軍の統帥は、欧米では行政権の範疇に入り、政府の管掌するところ。
明治憲法には第11条に「天皇は陸海軍を統帥す」とあり、通称、天皇の「統帥大権」と呼ばれていた統帥権は、行政権の範疇外、行政府とは別個の、天皇に直接隷属する統帥部が、それを管掌する仕組みになっていた。→統帥権
　統帥権は、軍の最高指揮権。明治憲法において天皇の大権事項の一つとされていたが、国務大臣の輔弼の外に置かれ、政府も帝国議会も全くこれに関与できないとされた（統帥権の独立）。
　実際には、参謀総長（陸軍）と軍令部総長（海軍）などの軍令機関が輔弼にあたり、統帥権の範囲が本来の作戦用兵にとどまらず広く軍に関係する政治行政の領域にまで及ぶとされるに至って、軍による政治干渉の足がかりとなった。
統帥部は、陸軍の参謀本部、海軍の軍令部のこと。それぞれの長官にあたる参謀総長（陸軍）、軍令部総長（海軍）が、天皇の、陸軍、海軍に対する統帥権の行使をそれぞれ輔翼していた。
　これらの陸・海軍に対する指揮は、全て天皇を頂点とするものであり、天皇は陸・海軍に対する最高統帥者であり大元帥である。
　戦争指導とは、「国務」と「統帥」との統合運営のことをいい、明治憲法に基因する日本独特の問題だった。

明治憲法下では、作戦用兵のことを「統帥」といい、統帥を管掌する機関は内閣であった。
　その統帥は明治憲法第11条などにより、「統帥権の独立」として国務の圏外に置かれ、したがって、国家権力構造は国務・統帥、つまり行政府としての内閣と、総帥部としての参謀本部・軍令部の二本建てになっていた。
　国務・統帥並立のままでは戦争遂行は不可能であって、戦争指導のためには、これらの統合調整が不可欠である。具体的には、内閣総理大臣、外務大臣、陸海軍大臣、企画院総裁などと、参謀総長、軍令部総長などとの合議である。このための会議が最高戦争指導機関であった。それは、天皇の直轄下により、その会議が大本営としての最高戦争指導会議であった。
　以上の諸理由により、昭和天皇には大日本帝国の元首、陸・海軍を指揮・統率する最高統帥者（＝大元帥・最高戦争指導者）として、アジア太平洋戦争に関する戦争責任が肯定されるべきである。

否定論に対する批判

　天皇の戦争責任否定論とは、（1）天皇の憲法上の機能からの否定論（大日本帝国憲法の条文を根拠とする否定論）と、（2）天皇の戦争にかかわり方の実態からの否定論がある。
（1）昭和天皇に戦争責任がないとする旧憲法上の第一の理由として、旧憲法第3条の神聖条項「天皇は神聖にして侵すへからす」に基づく天皇無答責任論である。しかしこの3条そのもの条文において明文的な無答責規定がないのである。その天皇無答責論は拡大解釈であり、それについて合理的根拠がない。旧憲法以外の法律等によっても天皇免責の規定がない。否定論には、要するに明治憲法下における実定法上の根拠が全くない。しかも、天皇無答責論は、立憲君主制＝君主無答責、という考えが前提となっている。しかし、大日本帝国憲法は立憲君主制（国民主権と両立する君主制）ではなく、限りなく絶対君主制に近い。要するに、大日本帝国憲法における天皇の地位は、西欧・北欧と同様の立憲君主というよりも絶対君主に近いものである。従って、西欧・北欧の立憲君主論（国民主権と両立）とは前提を異にする議論である。
（2）大日本帝国憲法第55条の国務大臣の輔弼条項を根拠とした輔弼機関答責論も、そもそも戦前日本における統帥権の独立というシステムを無視した議論である。軍令機関（参謀本部・軍令部）の長は、天皇に直属する幕僚長であり、最高命令を下す権限を持っていなかった。憲法第55条は、軍事命令発令の責任の所在については全く触れていないのである。統帥権が政府から独立しており、かつ幕僚長に最高命令を下す権限がないのであるから、その責任は最高命令を出す権限を有する最高統帥者たる天皇に帰着せざるを得ない。
　天皇の憲法上の機能からの否定論（大日本帝国憲法の条文を根拠とする否定論）はともに西欧流の立憲君主制の理念を前提とし、むしろ大日本帝国憲法が運用されていた政治体

制の実態にはそぐわない議論であるといわざるを得ない。

　以上述べたように、天皇の戦争責任について大日本帝国憲法の各条文を根拠とする各否定論はいずれも根拠がない。

　第二の天皇の戦争との関わり方の実態論からの否定論にも根拠がない。その理由は次のとおりである。

　その否定論は、①天皇は軍事には素人、戦争に主体的に関与しなかった。②戦争は軍部の独走であり、軍部の方針・作戦を押さえていた平和主義者であった。③天皇は戦況を知らなかった、知らされていなかった。④天皇が決断したからこそ戦争が終わり平和となった、という主張である。

　しかしながら、いずれの理由・主張も根拠がない。まず①の点については、天皇は「御下問」「御言葉」を通じて戦争指導を行い、軍事作戦指導に深く関わり大元帥として戦争指導を行い、天皇は常に主体的に関与していた。

　②については、昭和天皇は軍事に素人などではなかった。天皇の大元帥としての責任感、軍事人としての資質・素養は、アジア太平洋戦争において大いに発揮した。

　昭和天皇は東郷平八郎から直接・間接に帝王学・軍人哲学を学んでいた。

　昭和天皇は作戦内容についても介入の度を深めるようになり、政戦略の統合者として世界情勢と戦況を常に検討し、統帥大権を有する大元帥として統帥部を激励したり、叱責して戦争指導を行った。昭和天皇は、沖縄戦においては現地軍の考えを押さえて攻勢作戦を実施（1945年）し、大敗した例もある。

　確かに、昭和天皇は軍部による手段を選ばない強引な勢力圏拡大・戦争遂行路線に、常に賛成していたわけではなかった。

　昭和天皇はどのような軍事行動であっても戦闘に勝利し、結果として「国威発揚」に成功した場合は、軍部に対し積極的に賞賛もした。天皇は帝国主義国家日本の君主として、なるべく露骨な手段を使わずに領土と勢力圏を拡張していくという膨張論者であった。

　③については、日中戦争・アジア太平洋戦争を通じて、昭和天皇は常に重要な最新の軍事情報を提供され、軍事情報は掌中されていた。従って、戦況を知らなかったという主張は全く以て不当である。

　④については、決断したから戦争が終わったということは、天皇が決断しなければ大日本帝国憲法の下では戦争は終了しないのであるから、決断さえすれば戦争が終わることは当然である。その点からして④は理由にならない。むしろ、昭和天皇の戦争終結の決断が遅かったことに責任がある。

　原爆投下・ソ連参戦という軍事的破綻をきっかけに、天皇は宮中グループの「聖断」シナリオに乗り、本土決戦に執着する軍部に継戦を断念させたが、それは時機に遅れた決断であり、戦争責任を否定する論拠でなく戦争責任を肯定する論拠となる。

アジア太平洋戦争は、すでにマリアナのサイパンが陥落した1944年6月～7月より最終段階に入っており、以後の統帥部と天皇の決戦への執着が、いたずらに犠牲を拡大させたのである。1945年2月14日の近衛上奏の時に戦争を終結させておけば、その後最も悲惨な戦争被害である3月10日の東京大空襲など全国各地に対する空襲、4月の沖縄地上戦、8月の広島・長崎への原爆投下は間違いなく防げたものである。歴史的に見れば、天皇が「聖断」シナリオに乗って、最後の最後に「決断」したから戦争が終わったことよりも、マリアナ陥落や近衛上奏という決定的な転換期に決断しなかった不作為（統帥部を信頼しすぎた）ために戦争が続いて、国民・国内の犠牲が圧倒的に増えたことこそが重大な問題である。原爆投下、ソ連参戦という末期的な軍事的破綻に追い詰められて戦争終結を決めざるを得なかったのである。それは天皇が決断したから戦争が終わったという評価ではなく、天皇の戦争終結行為が遅かったために戦争被害が飛躍的に増大したという責任の問題である。→近衛文麿の単独上奏

昭和天皇の戦争責任の内容と国家の戦争責任との関係
（1）昭和天皇の戦争責任の具体的内容

天皇の戦争責任は詳細に検討すれば、実はそれは複合的な内容をもっている。

①国家の最高責任者（元首）として日米開戦を決定・承諾した開戦の責任
②国務と統帥（軍事）を統轄できる唯一人の最高責任者として戦争を遂行した責任
③最高軍事命令（大本営命令）の唯一の発令者としての責任
④統帥権の実際の行使者として現実の作戦指導・戦争指導を行ったことに伴う責任
⑤戦争終結決定遅延責任、サイパン陥落により日本の敗北が決定的になったとき及び戦争終結の近衛文麿上奏を拒否した点、特に戦争を終結しなかったために被害を拡大させた責任

などから構成される。

（2）国家責任との関係

これからもわかるように、天皇の戦争責任はまさに国家の戦争責任の中核をなすものである。つまり、天皇の戦争責任を曖昧にすることは、国家の戦争責任をうやむやにすることである。一般国民の戦争被害者に対する国家の戦争責任を曖昧にしている。天皇無答責論は、国家無答責論の根拠となっており、ひいては戦争被害受忍論の理由とされ、戦争被害者（空襲被害者や沖縄戦被害者、原爆被害者）を救済せず放置している流れとなっている。ここであえて天皇の戦争責任を論ずる意味は、日本国が国家として戦争被害者に対する救済を放置している現実があり、国家責任として、一般民間戦争被害者の救済が強調されだしているから、天皇の戦争責任を論じざるを得ないのである。なにも昭和天皇を個人的に感情的に非難しているからではなく、歴史の総括のため客観的な理由がある。戦争責任の所在を曖昧にすることは歴史を歪曲することであり、教育・マスコミ

報道を通じて、日本国（日本人）の歴史認識・国家認識をゆがめ、ひいては国際的な批判・反発を招き、結局は日本人に跳ね返ってくるのである。

平成天皇は昭和天皇の戦争責任を承継するか

　なお、昭和天皇に戦争責任があるとすれば、昭和天皇の子である平成天皇には昭和天皇の戦争責任を承継するか否かも問題となる。

　賛否両論あると考えるが、特にその点を論じた書籍等は見当たらない。太平洋戦争の戦争責任を国民が負うか否かも論じられている。現在の国民も戦争責任として間接的責任・政治的責任・道義的責任を負うとする立場とパラレルにして考えると、平成天皇にも同様の戦争責任があると考えることも一理はある。皇室として相続が行われる事実等、戦前から承継されている点もその根拠となると考えられる。平成天皇が高齢にもかかわらず、アジア太平洋戦争での戦没者の慰霊のために沖縄・サイパン・パラオ・フィリピン等まで出かけていることは大変注目に値するが、アジア太平洋戦争についての反省から出てきているものであるか否かは判然としない。

128【天皇（昭和）の沖縄戦における戦争責任】　昭和天皇のアジア太平洋戦争における戦争責任があることは、天皇（昭和）の全体的戦争責任のところで述べたとおりである。それに加えてここでは沖縄戦について、昭和天皇の戦争責任について述べる。

　ここでいう戦争責任は、沖縄戦による沖縄県民の生命・身体・精神・財産・文化等の全被害に対する法的責任、政治的責任、道義的責任のことである。この根拠として次の諸点を列挙する。

（1）天皇直轄の大本営が1944年3月22日に大本営直轄の第32軍（南西諸島方面防衛軍・沖縄守備軍を創設し、国体（天皇制）護持・本土防衛のための沖縄捨て石作戦の軍事基地としたことにより、必然的に米軍との戦闘行為が発生し、それにより沖縄県民に深刻な被害をもたらした責任。

（2）元首相近衛文麿が1945年2月14日に天皇に敗戦は必至であるとして早期の戦争終結を勧告したのに対し、天皇は米軍に打撃を与えてから講和を模索するとして拒否したことにより、その後の沖縄戦を回避しなかった責任。

（3）沖縄戦開始後には、1945年5月4日に第32軍に対して長期持久戦の作戦を短期決戦に変更させて大敗北を期し、県民を護るべき立場にあった第32軍の精鋭部隊など約6割を壊滅させて第32軍に著しい戦闘能力低下をもたらし、そのことにより沖縄戦の県民被害の増大をもたらしたことになった責任。

（4）大本営は連敗に次ぐ連敗の第32軍が1945年5月28日に首里の第32軍司令部を放棄させ、第32軍は南部方面へ撤退したが、その日本軍の首里撤退は大本営が沖縄戦放棄を決定したものであるにもかかわらず、その事実を現地第32軍の幹部にも沖縄県民に

も通知等せずに沖縄戦を終結させることなく第32軍に戦闘を維持・継続させ、そのことによりその後日本軍の組織的抵抗が終わった6月23日までの20日余で沖縄戦最大の生き地獄を現出し、その期間内だけでも沖縄県民約7万人の戦死者を出すことになった責任（大本営が第32軍の首里撤退の時に沖縄戦を終結させなかった責任）。

（5）沖縄戦についての国家責任と天皇責任との関係は、別々に成立するものであり、一方が他方を吸収する関係であるものではなく、併存している責任である。すなわち、国家責任が成立するからといって天皇の戦争責任が消えるものではないのである。その逆も同じである。

（6）沖縄戦終了後70年も経過した今日においても、その戦争被害（特に一般民間戦争被害者）の救済をせず放置している債務（救済）不履行責任。→「天皇（昭和）の沖縄戦統括」、近衛文麿、近衛文麿の単独上奏

129【天皇（昭和）の沖縄戦総括】　昭和天皇は、沖縄戦について「昭和天皇　独白録」（113、114頁）のなかで次のように語っている。

　「之（沖縄戦）は陸海作戦の不一致にあると思ふ。沖縄は本当は三ケ師団で守るべき所で、私も心配した。梅津（美治郎）は初め二ケ師団で充分と思ってゐたが、後で兵力不足を感じ、一ケ師団を増援に送り度いと思った時には己に輸送の方法が立たぬという状況であった。所謂（いわゆる）特攻作戦も行ったが、天候が悪く、弾薬はなく、飛行機も良いものはなく、たとへ天候が幸ひしても、駄目だったのではないかと思ふ。

　特攻作戦といふものは、実に情に於て忍びないものがある。敢て之をせざるを得ざる処に無理があった。

　海軍は『レイテ』で艦隊の殆んど全部を失ったので、とっておきの大和をこの際、出動させた。之も飛行機の連絡なしで出したものだから、失敗した。

　陸軍が決戦を延ばしてゐるのに、海軍では捨鉢の決戦に出動し、作戦不一致、全く馬鹿馬鹿しい戦闘であった。詳しい事は作戦記録に譲るが、私は之が最后の決戦で、これに敗れたら、無条件降伏も亦已むを得ぬと思った」

　昭和天皇は、この独白録によると、沖縄戦について兵力・装備ともに不十分、陸海軍の作戦不一致、捨鉢作戦、勝てぬ決戦などと認識していたことが素直に表現されている。これでは、沖縄戦で戦死した一般住民や軍人も浮かばれない。その責任を誰がとるのであろうか。→近衛文麿の単独上奏、天皇（昭和）の沖縄戦における戦争責任

130【天皇（昭和）の沖縄に関する戦後責任＝「沖縄メッセージ」】　昭和天皇には沖縄戦自体についての戦争責任が肯定されることは「天皇（昭和）の沖縄戦における戦争責任」の項で述べたとおりである。

昭和天皇は大元帥として大本営を指導し、大日本帝国の最高責任者として沖縄戦を遂行し、沖縄県民に歴史上未曾有の多大の犠牲を強いておきながら、それを反省せず、戦後にあって沖縄をアメリカに「差し出し」アメリカの沖縄軍事占領継続を認容する考え方を占領軍アメリカに伝えた。
　それがいわゆる「沖縄メッセージ」である。1947年9月19日、天皇の密使として宮内府御用掛・寺崎英成がGHQ外交顧問シーボルトを訪ねた〈『昭和天皇独白録　寺崎英成・御用掛日記』332頁〉。その時、寺崎は、天皇が「アメリカが沖縄を始め琉球の他の諸島を軍事占領し続けることを希望している」こと、それがソ連の脅威に対抗する日米両国にとって利益になること、占領は主権は日本に残した形で、25年ないし50年といった長期のものがよいと天皇が思っていることなどをシーボルトに語った。シーボルトはさっそく翌日そのことをマッカーサーに報告している。これが天皇自身の考えにもとづくものであったことは、のちに天皇が侍従長・入江相政に語っているところである〈『入江相政日記』第5巻、419頁。1974年4月19日の項〉。
　米ソ対立の激化を見通し、沖縄をアメリカに差し出すことによって日本本土の安泰をはかる戦略は、沖縄戦において沖縄を天皇制（国体）の護持と本土防衛のため捨て石にした軍事戦略と同一のものである。『芦田均日記』によれば「沖縄メッセージ」をマッカーサーに伝えた当時、天皇は外相・芦田均に「内奏」をしばしば求め、片山哲・中道内閣の頭越しに保守勢力の代表として二重外交を展開していたことは確かである。天皇のこのような言動は日本国憲法第2条 象徴天皇制により国政に関する権能を有しないと限定されている象徴天皇の越権行為である。アメリカは、結果として天皇側の意見を取り入れたのであるから、昭和天皇の判断と「希望」は、基地問題にあえぐ沖縄の戦後から現代に至るまでの状況に決定的な役割を果たしたと言える。

131【東京裁判】　第二次世界大戦で日本が降伏した後に、連合国が戦争犯罪人として指定した日本の指導者などを裁いた一審制の裁判。日本の重大戦争犯罪人（A級戦争犯罪人）を裁くため行われた国際裁判。正式には極東国際軍事裁判という。
　1946年1月に「極東国際軍事裁判所条例（極東国際軍事裁判所憲章）」が定められ、東京・市ヶ谷の旧参謀本部の講堂にて行われた。起訴は1946年4月29日、48年11月12日に判決の言い渡しが終了、12月23日に東条英機らの死刑が執行された。しかし、天皇の追訴は行われなかった。

132【東京大空襲】　1945（昭和20）年3月10日午前零時過ぎから2時間半に渡って、木造家屋の密集する東京下町一帯に米軍が行った大規模空襲。マリアナ基地の司令官にC・ルメイ少将が就任すると、軍事施設への精密爆撃から大都市への夜間焼夷弾絨毯爆撃へ

本書関連の用語解説

と戦略方針を転換した。334機のB29が超低空から推定1665トンの焼夷弾を投下、折からの強風もあって約40万平方メートルを焼き払った。死者は推定約10万人、罹災者は100万人を超えた。

133【統帥】　用兵・作戦のこと、または軍を指揮すること。その権限を「統帥権」という。軍の統帥は、欧米では行政権の範疇に入り、政府の管掌するところ。
　明治憲法には第11条に「天皇は陸海軍を統帥す」とあり、通称、天皇の「統帥大権」と呼ばれていた統帥権は、行政権の範疇外、行政府とは別個の、天皇に直接隷属する統帥部が、それを管掌する仕組みになっていた。→統帥権

134【統帥権】　軍の最高指揮権。明治憲法において天皇の大権事項の一つとされていたが、国務大臣の輔弼（ほひつ）の外に置かれ、政府も帝国議会も全くこれに関与できないとされた（統帥権の独立）。
　実際には、参謀総長（陸軍）と軍令部総長（海軍）などの軍令機関が輔弼にあたり、統帥権の範囲が本来の作戦用兵にとどまらず広く軍に関係する政治行政の領域にまで及ぶとされるに至って、軍による政治干渉の足がかりとなった。

135【統帥部】　陸軍の参謀本部、海軍の軍令部のこと。それぞれの長官にあたる参謀総長（陸軍）、軍令部総長（海軍）が、天皇の、陸軍、海軍に対する統帥権の行使をそれぞれ輔翼していた。

136【特攻隊】　特別攻撃隊の略称。1944（昭和19）年10月のレイテ沖海戦に際し、日本海軍は米空母の活動を封じるために航空機による体当たり攻撃を実施し、「神風特別攻撃隊」と称したため、以後、特攻隊・特攻は体当たり攻撃の代名詞となった。特攻は「志願」によるものとされたが、次第に命令による部隊ぐるみの特攻が常態となり、陸海軍あわせて約2500機が特攻に投入された。戦艦大和の「海上特攻隊」、「回天」など特攻兵器も実戦に投入された。

137【日本国憲法】　大日本帝国憲法（旧憲法）に代わって昭和22年5月3日から施行された日本の憲法典。前文及び11章103箇条から成る。連合国最高司令官の指導と助言の下に起草され、旧憲法の規定による改正案として帝国議会に付議され、昭和21年11月3日公布された。憲法は政治権力者を規制する法であるとする立憲主義の立場に立ち、国民主権、平和主義及び基本的人権の尊重という三原則のほか地方自治の保障等について規定し、旧憲法に比べて徹底した民主主義原理を打ち出している。→大日本帝国憲法

138【日本国との平和条約（サンフランシスコ条約）】　昭和27年条約5号。対日平和条約、サンフランシスコ平和条約ともいう。第二次大戦を終了させるため、1951年9月8日サンフランシスコにおいて連合国の大部分と日本との間で署名され、52年4月28日発効。同時に署名された日米安全保障条約とともにいわゆるサンフランシスコ体制を構成したといわれる。戦争状態の終了、日本の主権の承認、日本による領土権の放棄、国際連合憲章第2条の執務の受諾、戦前の日本との条約の効力、賠償の支払等が定められている。

139【ニュルンベルク裁判】　第二次世界大戦中に日本と同じ枢軸陣営であったドイツの戦争犯罪人を裁く目的で行われた裁判。
　1945年8月8日、ヨーロッパ枢軸諸国の重大戦争犯罪人の訴追・処罰に関する協定である「ロンドン協定」が調印された。この「ロンドン協定」に付属したものが、「国際軍事裁判所条例（憲章）」である。
　この条例を直接の根拠法として、1945年11月からニュルンベルク裁判が開廷された。

140【ハーグ条約】　一般にオランダのハーグで結ばれた条約を指す。陸戦法規や海戦法規など戦争に関する諸条約から、現在では離婚に関する子どもの引渡問題を定めた条約まである。

141【賠償と補償】　賠償とは、一般的には、他人に与えた損害を償うこと。法令用語としては、民法上の債務不履行または不法行為に基づく損害の「賠償」や国家賠償法に基づく損害の「賠償」のように、通常、違法な行為により他人の権利・利益を侵害して損害を与えた場合にその損害を補填するため金銭等を支払うことを意味する。適法行為に基づく損害の補填の場合には「補償」の語を用いることが多い。

142【東久邇宮の「一億総懺悔」】　1945年9月5日、施政方針演舌で以下のように述べたことが有名である。「敗戦の因って来る所は固より一にして止まりませぬ、前線も銃後も、軍も官も民も総て、国民悉く静かに反省する所がなければなりませぬ、我々は今こそ総懺悔し、神の御前に一切の邪心を洗い浄め、過去を以て将来の誡めとなし、心を新たにして、戦いの日にも増したる挙国一家、相援け相携えて各々其の本分に最善を竭し、来るべき苦難の途を踏み越えて、帝国将来の進運を開くべきであります」これは戦争被害受忍論の根拠ともなった演舌である。

143【ＢＣ級戦犯裁判】　捕虜や一般市民への通例の戦争犯罪を指揮、または実行した者を裁

いた軍事裁判。米・英・蘭・仏・豪・フィリピン・中国国民政府の7カ国（ソ連も実施したが詳細は不明）が 1945（昭和 20）年 10 月〜51 年 4 月までに、アジア・太平洋各地域の 49 法廷で実施した。

総件数は 2,244 件、5,700 人の日本軍人・軍属が起訴され、984 名が死刑判決を受けた（死刑最終確認者は 934）。捕虜収容所監視員などに従事した朝鮮人 23 人、台湾人 26 人が「日本人」として処刑されるなど、問題を残した。

144【非戦闘員】　伝統的には、事務的要員、兵站部員、医師、従事記者、教誨（きょうかい）師など交戦国の兵力に属するが直接に戦闘には従事しない者。戦闘員、平和的人民と区別された。

なお、1977 年の「ジュネーブ四条約追加議定書」では、広く軍隊の構成員（衛生要員・宗教要員を除く）を「戦闘員」とし、右のような区別をしていない。

145【復仇】　国際法違反の行為の中止または救済を求める目的で被害国によってとられる強制手段。その目的の範囲内で相手国の不法行為と対等なものであれば、被害国の強制行為の違法性は阻却される。国際連合憲章により武力の行使は一般的に禁止されているので、今日では武力による復仇は違法と解される。→報復

146【不法行為】　故意または過失によって他人の権利または法律上保護される利益を侵害し、これによって他人に損害を生じさせる行為。一般の不法行為と、その特則としてより重い責任の認められる特殊の不法行為とがある。

不法行為の効果として、加害者は、財産的損害のほか精神的損害を賠償しなければならない。一般の不法行為の成立要件には、①主観的要件（行為が故意または過失に基づくこと、加害者に責任能力があること）と、②客観的要件（加害行為の違法性と被侵害利益との態様を比較して権利侵害があること、行為と損害との間に因果関係があること）とがある。

147【俘虜の待遇に関するジュネーブ条約】　1929（昭和 4）年 7 月に調印された世界初の俘虜（ふりょ・捕虜）に関する独立した多国間条約（97 カ国）。第一次世界大戦の経験をもとに、「ハーグ陸戦規則」第 2 章 17 ケ条を発展、独立させたもので（49 年 8 月に 143 カ条に発展）、俘虜への報復の禁止などが謳われている。日本は「帝国軍人が俘虜になることは予期していない」などを理由に批准しなかったが、対米英開戦の際、米英には俘虜に対して同条約の規定を準用すると伝えた。

しかし、日本軍はこの条約違反の行為が多く、戦争犯罪として裁かれた。

148【報償責任】　無過失責任の理論的根拠の一つ。「利益あるところに損失もまた帰せむべし」という考え方に立つ。民法の使用者責任等はこの考え方に基づくものとされている。企業活動の巨大化に伴い、企業責任を広く認めるべきとの主張の論拠とされている。民法715条の使用者責任は、このような思想の現れであるとして、大きな利益を収める企業等の責任を広く認めることが主張されている。→危険責任

149【法廷（民衆法廷）】　一般的に法廷とは国の司法機関としての裁判所が審理及び裁判を行う機能の備わった「場所」や裁判体ことをいう。例えば、最高裁判所の場合は、大法廷また小法廷で審理・裁判を行う。この場合の判決は国家権力を基にして強制（執行）力を有する。

　これに対して「民衆法廷」とは、国家権力や軍事権力を有しない民間の個人や国体などが特定の課題、例えば「従軍慰安婦」問題をテーマにして、裁判の形式を借りて有責・有罪などの「判決」を出す形式のことを示している。この場合は、前者とは異なって強制力がないので、世論を喚起して問題解決を図るための活動や運動を行うが、そのことを「民衆法廷運動」という。

　典型的例として、2000年12月に行われた「日本軍性奴隷制を裁く2000年女性国際戦犯法廷」などがあげられる。

150【法の下の平等】　封建的な身分制度や男女の差別などを廃止し、全ての人間は平等であるとする、近代憲法の基本原則の一つ。ただ、平等といっても、不合理な差別を禁止するのであり、全ての差別待遇を禁止する趣旨ではない。旧憲法では、公職就任については平等の原則がとられていたが、現行憲法は、華族制度を廃止し、男女同権を確立するなど、法の下の平等を徹底している（法の前の平等）。

151【報復】　国際法上は、ある国が国際法違反を構成しない範囲でとった不当な行為に対し、その被害を受けた国が対抗してそのある国の利益を害する同種類の行為をもって報いること。通商の制限、関税の引上げ等が典型例であるが、それらの手段が国際法上合法なものである限り法の問題とはならない。

　相手国の不法行為を前提とする復仇とは異なる。→復仇

152【保障占領】　相手国による義務の履行を確保するために行われる相手国領域の一部または全部の占領。戦勝国が敗戦国に対し降伏条件や講和条件の履行の確保のため、両者間の合意に基づいて（この点が戦時占領との差異）行うのが普通。ポツダム宣言（降伏条件）履行のために行われた日本本土の占領がその例。日本本土は1952年4月28日サンフラ

ンシスコ講和条約締結時までアメリカによる「保障占領」が実施されたことになる。→占領、戦時占領

153【ポツダム宣言】　1945（昭和20）年7月26日、米（H・S・トルーマン）、英（C・アトリー）、中（蔣介石）首脳名で発表し、ソ連も参戦後に加わった対日降伏勧告宣言。

　日本に軍国主義の除去、連合国による軍事占領、領土の制限、戦争犯罪人の処罰、民主化の推進、条件付きでの政体選択の自由などを求めていた。鈴木貫太郎内閣は「黙殺」と発表、原爆投下やソ連参戦を招いた。その後、日本政府は連合国側に天皇制容認の意思があると認め、同年8月14日に受諾し無条件降伏した。

154【捕虜】　戦争の際、敵側に身柄を確保された戦闘員のこと。俘虜ともいう。

　日露戦争や第一次世界大戦では、日本軍は日本の国際的地位向上の観点から、1907年の「ハーグ陸戦規則」などの国際条約を遵守、捕虜を人道的に取り扱うことに努めたが、その一方で、日本人が捕虜になることは恥辱であるという観念も強かった。

　1932（昭和7）年第一次上海事変の際、捕虜になった空閑（くが）昇少佐が、停戦後に自決した事件は「帝国軍人の鑑」として称えられ、以後、捕虜になるよりも死を選ぶことを美徳とする考えが広まった。41年1月に出された「戦陣訓」は、捕虜否定思想の一つの帰結であった。

　日本軍は、政府が調印した俘虜の待遇に関するジュネーブ条約（1929年）を批准させず、捕虜の取扱いに関する教育はなされなかった。

　また、満州事変以降、捕虜になった中国兵を現地指揮官の独断で殺害することが日常茶飯事となったこともあって、アジア太平洋戦争でも、連合軍捕虜に対する処遇は多くの場合、非人道的な過酷なものとなった。

　その結果、戦後、関係軍人が戦犯として多数裁かれた。

155【マリアナ沖海戦】　1944（昭和19）年6月19、20日、マリアナ諸島西方海域での日米機動部隊による大規模な海戦。

　15日の米軍のサイパン島上陸に伴い空母9隻を基幹とする日本艦隊は、空母15隻の米機動部隊を先制攻撃したが、航空機395機を喪失、逆に、米軍の空襲と潜水艦の攻撃により大鳳・翔鶴・飛鷹の空母3隻を撃沈され、日本側の完敗に終わった。

　この結果、制空・制海権を得た米軍はマリアナ諸島を制圧し、B29による本土空襲の出撃基地を確保した。絶対国防圏・サイパンの陥落となった。

156【無過失責任（無過失賠償責任）】　①損害の発生について故意・過失がなくてもその賠

償責任を負うこと。無過失賠償責任ともいう。「過失なければ責任なし」という過失責任主義は近代法の大原則の一つであるが、近時の経済的発展、特に大企業の発達は、危険を伴う活動をしながら巨額の利益を収める企業には、その危険から生じた損害に対して常に賠償責任を負わせることを妥当と感じさせ、損害の公平な負担を図るために、無過失責任の思想が発展した（「企業責任」）。結果責任主義または原因責任主義ともいい、その理論的根拠について危険責任・報酬責任・原因責任等の説明がされている。実際には企業の内部（労働者への災害）・外部（一般人への危害）に対する責任について無過失責任を認める特別の立法が各国で試みられ、判例もこれに応じていく傾向にある。わが国では前者については労働者の災害補償の制度があり、後者については鉱業法、原子力損害の賠償に関する法律、大気汚染防止法、水質汚濁防止法による賠償責任等の制度がある。②わが国の国家賠償法は、過失責任主義を採用しているため、違法であっても無過失の行為については採用されない。また、「公法上の損失補償」は適法行為に対するものである。したがって、違法無過失の行為に基づく損害に対する救済は、いわゆる国家補償の谷間となる。そこで、違法侵害に対しては、過失の有無を問わず、国家責任を認めるべきであるという主張がなされることがある。これが行政上の無過失責任である。現行法上は、消防法6条3項、国税徴収法112条など特別の定めがある場合にだけ認められるが、それ以外の場合にも過失の客観化・推定等の手法により、無過失責任主義に近い運用がなされることがある。なお、国家賠償法2条の定める営造物責任は、従来の学説によれば無過失責任を定めたものであるが、最近は、これに反対する説も唱えられている。

157【無条件降伏】　第二次世界大戦において新たに定められた戦争終結方式。戦勝国の要求に条件をつけず従うことを意味する。
　　日本に対する降伏要件はポツダム宣言で提示されたが、天皇制の維持に日本が固執していたため、主権は連合国軍最高司令官により制限されるが天皇制の存否は日本国民に委ねる見解がアメリカから重ねて示された（バーンズ回答）。これを天皇制の保障と解釈した日本は宣言受諾を決め、降伏文書調印により正式に内容が確定した。

158【靖国神社】　明治2年に招魂社として創立された神社。明治12年に現在名に改称されるとともに、別格官弊社となる。明治維新前後から、戦没者など国事に殉じた人々をまつる。旧憲法下においては、「神社は宗教にあらず」との立場から、他の神社と同様特別の待遇を受けたが、政教分離の原則に立つ現行憲法下においては、何ら特別の地位を有しない。

159【ヤルタ協定】　1945年2月、ソ連クリミア半島のヤルタにおいてルーズベルト大統領、

チャーチル首相及びスターリン元帥が戦後処理問題等を話し合った際に、日本に関して結ばれた協定。戦後の1946年2月に公表された。

この協定により、ソ連は当時中立関係にあった日本に対する参戦を約し、アメリカ、イギリスはソ連への樺太南部の返還及び千島列島の引き渡し等を約した。ソ連は、この協定に基づき対日参戦を行った。

160【陸戦ノ法規慣例ニ関スル条約】 明治45年条約4号。1899（明32）年の第一回ハーグ平和会議で採択され、1907年に改正されたもので、ハーグ陸戦条約と通称される。56条から成る「陸戦ノ法規慣例ニ関スル規則」（通称、ハーグ陸戦規則）が附随しており、交戦者の資格、俘虜（ふりょ）の取扱い、害敵手段の制限、休戦等に関する規程を置いている。いわゆる戦時国際法の一つ。

161【陸戦法規】 陸戦に関する国際法上の規則の総体。その主要な規則はハーグ平和会議で成文化された「陸戦ノ法規慣例ニ関スル条約」に附属する「陸戦ノ法規慣例ニ関スル規則」である。前者をハーグ陸戦条約、後者をハーグ陸戦規則または陸戦法規と略称する。それは陸戦に関する重要な規則をほぼ網羅したもので、大体に陸戦法規の法典に当たる。陸戦とのかかわりで、第二次大戦後、捕虜・文民・傷病者の保護等に関しては新たな条約が締結され（「ジュネーブ四条約」）、兵器に関しても若干の条約ができた（「通常兵器規制条約」）。

❖用語解説のための主な参考引用文献❖

- 有斐閣　法律用語辞典［第4版］
  （2012年6月25日発行）
- 解説条約集［第3版］
  （1998年4月1日発行）三省堂
- 軍縮条約・資料集
  （1998年3月21日発行）有信堂
- 戦時・軍事法令集
  （1984年3月20日発行）図書刊行会
- 完本日本軍隊用語集　寺田近雄著
  （2002年6月14日発行）学研パブリッシング
- 日本の戦争ハンドブック　歴史教育者協議会編
  （2002年8月25日発行）青木書店
- 近代日本戦争史事典　古賀牧人編著者
  （2006年4月5日発行）光陽出版社
- 戦傷病者戦没者遺族等援護法　援護法Q&A＝仕組みと考え方
  （2000年6月15日発行）監修　厚生省社会・援護課
- 岩波 天皇・皇室辞典　原武史・吉田裕編集
  （2005年3月10日発行）岩波書店
- 法廷で裁かれる日本の戦争責任　瑞慶山茂編著
  （2014年3月15日発行）高文研
- 大元帥昭和天皇　山田朗 著
  （2006年3月15日発行）新日本出版社
- 新法律学事典［第三版］
  （1994年10月30日発行）有斐閣
- 資料集20世紀の戦争と平和　吉岡吉典・新原昭治 編
  （2000年8月30日発行）新日本出版社

瑞慶山　茂（ずけやま・しげる）

沖縄戦被害・国家賠償訴訟弁護団長。弁護士。1943年6月、南洋群島パラオで生れる。1歳の時、米軍の空襲を避けるための避難船が沈没、奇跡的生還。姉（3歳）は水死。1946年沖縄県に引き揚げ。66年琉球大学法文学部卒。68年第9回世界青年学生平和友好祭（ブルガリア首都ソフィア）の日本代表、アメリカの軍事支配下の沖縄問題を世界の青年に訴える。

1971年弁護士登録。千葉県弁護士会会長、関東弁護士会連合会常務理事、日本弁護士連合会理事、商工ローン被害対策千葉県弁護団長を歴任。現在、東京大空襲訴訟常任弁護団、沖縄・民間戦争被害者の会顧問弁護団長、「南洋戦」被害・国賠訴訟弁護団長、「赤ちゃんの急死訴訟研究会」代表世話人、弁護士法人瑞慶山総合法律事務所代表などを務める。

編著書：『法廷で裁かれる日本の戦争責任』（高文研）『未解決の戦後補償Ⅱ　戦後70年・残される課題』（共著、創史社）『災害・事故トラブル解決大百科』（共著、講談社）『沖縄返還協定の研究』（汐文社）など。

法廷で裁かれる沖縄戦〔訴状編〕
──初めて問う日本軍の国家賠償責任──

● 2016年4月1日 ──────── 第1刷発行

編著者／瑞慶山　茂
発行所／株式会社　高文研

東京都千代田区猿楽町2-1-8　〒101-0064
TEL 03-3295-3415　振替 00160-6-18956
http://www.koubunken.co.jp

印刷・製本／精文堂印刷株式会社

★乱丁・落丁本は送料当社負担にてお取替えいたします。

ISBN978-4-87498-592-2 C0021

◇沖縄の歴史と真実を伝える◇

観光コースでない 沖縄 第四版
新崎盛暉・謝花直美・松元剛他　1,900円
「見てほしい沖縄」「知ってほしい沖縄」の歴史と現在を、第一線の記者と研究者がその"現場"に案内しながら伝える本！

新・沖縄修学旅行
梅田・松元・目崎著　1,300円
戦跡をたどりつつ沖縄戦を、基地の島の現実を、また沖縄独特の歴史・自然・文化を、豊富な写真と明快な文章で解説！

修学旅行のための沖縄案内
目崎茂和・大城将保著　1,100円
亜熱帯の自然と独自の歴史・文化をもつ沖縄を、作家でもある元県立博物館長とサンゴ礁を愛する地理学者が案内する。

改訂版 沖縄戦
大城将保著　1,200円
●民衆の眼でとらえる「戦争」
「集団自決」、住民虐殺を生み、県民の四人に一人が死んだ沖縄戦とは何だったのか。最新の研究成果の上に描き出した全体像。

ひめゆりの少女●十六歳の戦場
宮城喜久子著　1,400円
沖縄戦"鉄の暴風"の下の三カ月、生と死の境で書き続けた「日記」をもとに伝えるひめゆり学徒隊の真実。

沖縄戦 ある母の記録
安里要江・大城将保著　1,500円
県民の四人に一人が死んだ沖縄戦。人々はいかに生き、かつ死んでいったか。初めて公刊される一住民の克明な体験記録。

沖縄戦の真実と歪曲
大城将保著　1,800円
教科書検定はなぜ「集団自決」記述を歪めるのか。住民が体験した沖縄戦の「真実」を、沖縄戦研究者が徹底検証する。

決定版 写真記録 沖縄戦
大田昌秀編著　1,700円
沖縄戦体験者、研究者、元沖縄県知事として自身で収集した170枚の米軍写真と図版とともに次世代に伝える！

沖縄戦「集団自決」消せない傷痕
山城博明／宮城晴美　1,600円
カメラから隠し続けた傷痕を初めて撮影、惨劇の現場や海底の砲弾などを含め沖縄の写真家が伝える、決定版写真証言！

写真証言 沖縄戦「集団自決」を生きる
写真／文　森住卓　1,400円
極限の惨劇「集団自決」を体験した人たちをたずね、その貴重な証言を風貌・表情とともに伝える！

新版 母の遺したもの
宮城晴美著　2,000円
沖縄・座間味島「集団自決」の新しい事実
「真実」を秘めたまま母が他界して10年。いま娘は、母に託された「真実」を、「集団自決」の実相とともに明らかにする。

「集団自決」を心に刻んで
金城重明著　1,800円
●沖縄キリスト者の絶望からの精神史
沖縄戦"極限の悲劇""集団自決"から生き残った十六歳の少年の再生への心の軌跡。

※表示価格は本体価格です（このほかに別途、消費税が加算されます）。

沖縄（本）島略図